U0133636

中國歷代畫家存世作品總覽

第四冊

佘　城編著

文史哲出版社印行

名稱	形式	質地	色彩	尺寸 高×寬cm	創作時間	收藏處所	典藏號碼

清　代（續）

（釋）道　濟

名稱	形式	質地	色彩	尺寸 高×寬cm	創作時間	收藏處所	典藏號碼
蘭竹	卷	紙	水墨	32.5 × 294.4		台北 故宮博物院	國贈 005324
自寫種松小像圖	卷	紙	設色	40.2 × 170.4	甲寅（康熙十三年，1674）冬日	台北 故宮博物院	國贈 003176
詩畫合璧	卷	紙	水墨	不詳		台北 故宮博物院	國贈 003177
菜蔬（詩書畫三絕卷之1）	卷	紙	水墨	24.8 × 101.6	庚辰（康熙三十九年，1700）夏日	台北 故宮博物院	國贈 0026750
竹西之圖	卷	紙	設色	22 × 178		台北 黃君璧白雲堂	
溪山隱居圖	卷	紙	設色	34.3 × ？		台北 陳啟斌畏壘堂	
黃山圖（為蘇易門作）	卷	紙	設色	20 × 112	庚辰（康熙三十九年，1700）夏五月	香港 何耀光至樂樓	
水墨山水圖	卷	紙	水墨	19 × 129.2	（癸丑，康熙十二年，1673）冬	香港 趙從衍先生	
松風泉石圖	卷	紙	水墨	32.1 × ？		香港 羅桂祥先生	
四時花果圖（為馬玉子作）	卷	紙	設色	不詳	乙丑（康熙二十四年，1685）	香港 劉作籌虛白齋	
梅竹圖（詩畫2段合璧）	卷	紙	水墨	18.5 × 277	丁巳（康熙十六年，1677）夏日	北京 故宮博物院	
.搜盡奇峰打草稿圖（為慎庵作）	卷	紙	水墨	43 × 287	辛未（康熙三十年，1691）二月	北京 故宮博物院	
清湘書畫稿	卷	紙	設色	25.5 × 421.2	丙子（康熙三十五年，1696）長夏六月	北京 故宮博物院	
墨蘭	卷	紙	水墨	不詳	丙子（康熙三十五年，1696）	北京 故宮博物院	
梅竹圖（2段）	卷	紙	水墨	19.3 × 33.5；18.5 × 55	丙戌（康熙四十五年，1706）秋仲	北京 故宮博物院	
山水人物圖	卷	紙	水墨	27.7 × 313.5		北京 故宮博物院	
山水圖	卷	紙	水墨	25 × 154		北京 故宮博物院	
山水圖（4段）	卷	紙	設色	（每段）32.1 × 38.1		北京 故宮博物院	
松竹石圖	卷	紙	水墨	31.5 × 342.2		北京 故宮博物院	

名稱	形式	質地	色彩	尺寸 高×寬㎝	創作時間	收藏處所	典藏號碼
雙清閣圖	卷	紙	水墨	23.1 × 167.9		北京 故宮博物院	
垂綸圖（蔣恒、道濟合作）	卷	紙	設色	32.8 × 54		北京 故宮博物院	
古木叢篠圖	卷	紙	水墨	29.5 × 189.4		北京 首都博物館	
大江紅樹圖	卷	紙	設色	32 × 59		合肥 安徽省博物館	
山水圖（4段）	卷	紙	設色	（每段）23×13		合肥 安徽省博物館	
梅菊合璧（2段）	卷	紙	水墨	19.4 × 56.7 不等	甲寅（康熙十三年，1674）	上海 上海博物館	
書畫合璧	卷	紙	水墨	29 × 350	庚申（康熙十九年，1680）閏八月	上海 上海博物館	
梅花圖	卷	紙	設色	不詳	乙丑（康熙二十四年，1685）	上海 上海博物館	
雙松靈芝圖	卷	紙	設色	30 × 234.1	丁丑（康熙三十六年，1697）冬十一月	上海 上海博物館	
平山折柳圖	卷	紙	設色	24 × 124		上海 上海博物館	
西園雅集圖	卷	紙	設色	36.4 × 327.1		上海 上海博物館	
餘杭看山圖（為少文作）	卷	紙	設色	30.5 × 134.2		上海 上海博物館	
長干圖	卷	紙	設色	26.3 × 29.2		上海 上海博物館	
為蒼公作山水圖	卷	紙	水墨	25.6 × 227.1		蘇州 江蘇省蘇州博物館	
潑墨山水圖	卷	紙	水墨	25.5 × 229	乙丑（康熙二十四年，1685）新夏	蘇州 靈巖山寺	
山水圖（2段）	卷	紙	水墨	18.5 × 56.5：21.2 × 63	乙亥（康熙三十四年，1695）	成都 四川省博物院	
書畫	卷	紙	設色	18.8 × 53	癸亥（康熙二十二年，1683）	南寧 廣西壯族自治區博物館	
花果圖	卷	紙	水墨	不詳	丁卯（康熙二十六年，1687）夏日	日本 東京菊池惺堂先生	
山水圖（半壁江山圖）	卷	紙	水墨	25.6 × ?	丙戌（康熙四十五年，1706）秋八月之望後二日	日本 東京細川護貞先生	
萬點惡墨圖	卷	紙	水墨	不詳	乙丑（康熙二十四年，1685）新夏	日本 京都橋本關雪先生	
黃山圖	卷	紙	設色	不詳	己卯（康熙三十八年，1699）又七月	日本 京都泉屋博古館	

名稱	形式	質地	色彩	尺寸 高x寬cm	創作時間	收藏處所	典藏號碼
花卉雜畫	卷	絹	水墨	38.1 x 352.2	甲午（順治十一年，1654）秋九月廿六日	日本 京都泉屋博古館	
寫東坡詩意	卷	紙	水墨	不詳		日本 大阪市立美術館	
水墨山水圖	卷	紙	水墨	不詳		美國 波士頓美術館	
佛會圖	卷	紙	水墨	不詳	癸亥（康熙二十二，1683）	美國 波士頓美術館	
鬼子母天圖	卷	紙	水墨	不詳		美國 波士頓美術館	
山水圖	卷	紙	設色	28.9 x 116.9		美國 普林斯頓大學藝術館	67-19
海棠桃花詩畫	卷	紙	水墨	22.5 x 48.7	康熙三十五年（丙子，1696）寒食日	美國 普林斯頓大學藝術館	67-18
梅花圖	卷	紙	設色	30.5 x 205	庚寅（？已卒）	美國 普林斯頓大學藝術館	67-3
梅花圖	卷	紙	水墨	30.5 x 132.9	康熙廿四年（乙丑，1685）	美國 普林斯頓大學藝術館	68-174
補景洪陔華畫像圖	卷	紙	設色	36 x 175.8	丙戌（康熙四十五年，1706）冬日	美國 普林斯頓大學藝術館（私人寄存）	L13.67
白描十六應真圖	卷	紙	水墨	46.2 x ？	康熙六年（丁未，1667）	美國 紐約大都會藝術博物館	1985.227.1
忍庵居士像	卷	紙	設色	57.4 x 135.7		美國 紐約大都會藝術博物館	1987.149A
遊張公洞圖	卷	紙	設色	45.6 x ？		美國 紐約大都會藝術博物館	1982.126
山水（桃源圖）	卷	紙	設色	25 x 157.8	甲子（康熙二十三年，1684），冬月上浣	美國 華盛頓特區弗瑞爾藝術館	57.4
秋景山水圖	卷	紙	設色	26.4 x 313.2		美國 華盛頓特區弗瑞爾藝術館	44.16
十六羅漢圖	卷	紙	水墨	不詳	丁未（康熙六年，1667）	美國 華盛頓特區弗瑞爾藝術館	
畫山水	軸	絹	設色	154.7 x 47.6		台北 故宮博物院	故畫 02426
寫竹通景屏（12幅）	軸	紙	水墨	（每幅）195 x 49.7	癸酉（康熙三十二年，1693）初冬	台北 故宮博物院	國贈 005306-005317
霜山煙樹圖	軸	紙	水墨	72.8 x 36.8		台北 故宮博物院	國贈 005318
憶個山僧圖	軸	紙	水墨	63.6 x 37.8		台北 故宮博物院	國贈 005325
梅竹圖	軸	紙	設色	不詳		台北 故宮博物院	國贈 024977

名稱	形式	質地	色彩	尺寸 高x寬㎝	創作時間	收藏處所	典藏號碼
黃山潔空金碧圖	軸	紙	設色	106.3 × 30.8		台北 故宮博物院	國贈 026749
寫唐人詩意圖	軸	紙	設色	89.5 × 43		台北 故宮博物院	國贈 024912
白描蓮花真跡	軸	紙	水墨	91 × 35.3		台北 故宮博物院（蘭千山館寄存）	
雙清圖	軸	紙	水墨	42.5 × 79.8		台北 長流美術館	
墨竹圖	軸	紙	水墨	139.4 × 44.5		台北 長流美術館	
麻姑仙圖	軸	紙	水墨	91.8 × 45		台北 蘭千山館	
三清圖	軸	紙	水墨	63.3 × 32.3		台北 蘭千山館	
橫絕峨眉圖	軸	紙	水墨	223.2 × 132		台北 張群先生	
雨蕉圖	軸	紙	水墨	102.4 × 37.8		台北 王世杰先生	
蘭竹圖	軸	紙	水墨	93.5 × 63	戊辰（康熙二十七年，1688）三月	台北 王世杰先生	
江村清夏圖	軸	紙	水墨	96 × 50		台北 王世杰先生	
山水圖	軸	紙	設色	45.6 × 31.3		台北 陳啟斌畏疊堂	
瓜果圖	軸	紙	水墨	46 × 37		台北 王靄雲先生	
蘭竹圖（為問亭作，王翬補石）	軸	紙	水墨	131 × 56.5	辛末（康熙三十年，1691）	香港 何耀光至樂樓	
墨竹笋圖	軸	紙	水墨	177.2 × 71.3	丁□（？）秋三日	香港 何耀光至樂樓	
松石圖	軸	紙	水墨	118.2 × 40.6	甲申（康熙四十三年，1704）秋七月	香港 何耀光至樂樓	
山水圖	軸	紙	設色	75 × 31.3	己巳（康熙二十八年，1689）春月	香港 黃仲方先生	
設色荷花圖	軸	紙	設色	64.8 × 46.9		香港 黃仲方先生	
峨嵋山圖	軸	絹	設色	205.1 × 62.5		香港 趙從衍先生	
聽秋圖	軸	紙	設色	188.2 × 99.4		香港 徐伯郊先生	
翠蛟峰觀泉圖	軸	紙	水墨	114.5 × 38		香港 劉作籌虛白齋	
長干風塔圖	軸	紙	設色	230 × 99		香港 劉作籌虛白齋	
柳溪放棹圖	軸	紙	設色	127.2 × 54.1		香港 劉作籌虛白齋	69
湖邊書屋圖	軸	紙	水墨	89 × 48.5		香港 香港美術館・虛白齋	XB1992.120
山居論道圖	軸	紙	設色	79.7 × 33.5		香港 香港美術館・虛白齋	XB1992.121
松巖瀉瀑圖	軸	紙	水墨	98.9 × 47.4		香港 羅桂祥先生	

名稱	形式	質地	色彩	尺寸 高x寬cm	創作時間	收藏處所	典藏號碼
松庵圖	軸	紙	水墨	不詳	康熙四十一年（壬午，1702）	香港 Li Mo-chao 先生	
松窗讀易圖	軸	紙	設色	187 x 80	辛巳（康熙四十年，1701）	瀋陽 故宮博物院	
松石圖	軸	紙	水墨	173.5 x 73	甲寅（康熙十三年，1674）	長春 吉林省博物館	
出峽圖	軸	紙	設色	103 x 69	庚午（康熙二十九年，1690）	長春 吉林省博物館	
蘭竹石圖	軸	紙	水墨	157 x 98		長春 吉林省博物館	
長夏山居圖	軸	紙	水墨	51 x 29.5		瀋陽 故宮博物院	
秋花疏篁圖	軸	綾	水墨	149.1 x 44.5		瀋陽 故宮博物院	
郊行圖	軸	紙	水墨	132 x 40		瀋陽 故宮博物院	
書畫合璧	軸	紙	水墨	292 x 42.7		瀋陽 故宮博物院	
古木垂陰圖	軸	紙	設色	175 x 50.7	辛未（康熙三十年，1691）	瀋陽 遼寧省博物館	
梅竹圖	軸	紙	水墨	不詳	戊寅（康熙三十七年，1698）	瀋陽 遼寧省博物館	
黃山圖	軸	綾	水墨	172 x 50		瀋陽 遼寧省博物館	
梧桐松石圖	軸	紙	水墨	173.3 x 73	甲寅（康熙十三年，1674）夏日	長春 吉林省博物館	
松石圖（為爾翁作）	軸	紙	水墨	不詳	康熙十三年（甲寅，1674）夏日	吉林 吉林省博物館	
采菊圖	軸	紙	水墨	不詳	辛亥（康熙十年，1671）	北京 故宮博物院	
太白詩意圖	軸	紙	水墨	不詳	乙卯（康熙十四年，1675）	北京 故宮博物院	
山水圖	軸	紙	水墨	93.7 x 46.2	丙辰（康熙十五年，1676）	北京 故宮博物院	
太白詩意山水圖	軸	絹	設色	203.8 x 63	己卯（康熙三十八年，1699）	北京 故宮博物院	
雲山圖	軸	紙	設色	45 x 30.8	壬午（康熙四十一年，1702）三月	北京 故宮博物院	

名稱	形式	質地	色彩	尺寸 高x寬㎝	創作時間	收藏處所	典藏號碼
三桃圖	軸	紙	設色	不詳	乙酉（康熙四十四年，1705）榴月	北京 故宮博物院	
山水圖	軸	紙	水墨	128 x 41.3		北京 故宮博物院	
山水圖	橫幅	紙	水墨	104.5 x 165.2		北京 故宮博物院	
竹石圖	軸	紙	水墨	96.5 x 34.2		北京 故宮博物院	
采石圖	軸	紙	設色	206.4 x 95.5		北京 故宮博物院	
梅竹圖	軸	紙	水墨	115.1 x 33.2		北京 故宮博物院	
梅花圖	軸	紙	水墨	51.5 x 35.2		北京 故宮博物院	
荷花圖	軸	紙	水墨	90 x 50.5		北京 故宮博物院	
菊竹石圖	軸	紙	水墨	114.3 x 46.8		北京 故宮博物院	
對牛彈琴圖	軸	紙	水墨	114.5 x 50.3		北京 故宮博物院	
對菊圖	軸	紙	水墨	99.6 x 40.3		北京 故宮博物院	
橫塘曳履圖	軸	紙	水墨	131.4 x 44.2		北京 故宮博物院	
蕉菊圖	軸	紙	水墨	91.5 x 49.5		北京 故宮博物院	
牡丹蘭石圖	軸	紙	水墨	123.7 x 51.4		北京 中國歷史博物館	
仿梅道人山水圖	軸	絹	設色	87.5 x 51.4		北京 中國歷史博物館	
江干訪友圖	軸	紙	設色	134.5 x 54.1		北京 中國美術館	
東廬聽泉圖	軸	紙	水墨	190.2 x 85.6		北京中央工藝美術學院	
牡丹竹石圖	軸	絹	設色	不詳		北京中央工藝美術學院	
梅竹圖	軸	紙	水墨	不詳		北京中央工藝美術學院	
金竺朝霞圖	軸	紙	設色	98.5 x 59.5	己酉（康熙八年，1669）	天津 天津市藝術博物館	
巢湖圖	軸	紙	設色	96.5 x 41.5	乙亥（康熙三十四年，1695）	天津 天津市藝術博物館	
金竺朝霞圖	軸	紙	設色	98 x 59	己丑（？ 已卒）	天津 天津市藝術博物館	
荷塘遊艇圖	軸	紙	設色	74.5 x 91.8		天津 天津市藝術博物館	
黃澥軒轅臺圖	軸	紙	設色	98 x 52		天津 天津市藝術博物館	
蘭花圖	軸	紙	水墨	68 x 26.5		天津 天津市藝術博物館	
聽泉圖	軸	紙	設色	165.1 x 44.3		天津 天津市藝術博物館	
梅蘭圖	軸	紙	水墨	91 x 49	戊寅（康熙三十七年，1698）	天津 天津市歷史博物館	
牡丹蘭花圖	軸	紙	水墨	105 x 40		天津 天津市歷史博物館	

名稱	形式	質地	色彩	尺寸 高×寬cm	創作時間	收藏處所	典藏號碼
紅樹白雲圖	軸	紙	設色	100 × 43		濟南 山東省濟南市博物館	
竹菊圖	軸	紙	水墨	69 × 71		合肥 安徽省博物館	
秋艷圖	軸	紙	設色	174 × 49.2		合肥 安徽省博物館	
高寅蒼作山水圖	軸	紙	水墨	不詳	甲戌（康熙三十三年，1694）	揚州 江蘇省揚州市博物館	
山水圖	軸	紙	設色	不詳		揚州 江蘇省揚州市博物館	
觀音圖	軸	紙	水墨	193.6 × 81.3	甲寅（康熙十三年，1674）長至日	上海 上海博物館	
松閣臨泉圖	軸	綾	設色	131.3 × 49.8	乙卯（康熙十四年，1675）	上海 上海博物館	
湖上青山圖	軸	紙	水墨	145.1 × 75.8	戊午（康熙十七年，1678）	上海 上海博物館	
獨峰石橋圖	軸	紙	水墨	178.3 × 28.7	己未（康熙十八年，1679）夏五月	上海 上海博物館	
竹石梅蘭圖（為懷祖作）	軸	紙	水墨	205.9 × 94.8	己未（康熙十八年，1679）十月	上海 上海博物館	
蘭竹圖	軸	紙	水墨	115.4 × 51.4	己未（康熙十八年，1679)	上海 上海博物館	
山窗研讀圖	軸	紙	設色	200.7 × 69.2	辛酉（康熙二十年，1681）十二月一日	上海 上海博物館	
蕉菊竹石圖	軸	紙	水墨	217 × 88.8	丙寅（康熙二十五年，1686）長夏	上海 上海博物館	
細雨虬松圖（為子老作）	軸	紙	設色	100.8 × 41.3	丁卯（康熙二十六年，1687）夏日	上海 上海博物館	
醉吟圖（為燕老作）	軸	紙	設色	156.7 × 52.9	庚午（康熙二十九年，1690）秋	上海 上海博物館	
山林樂事圖（為渭升作）	軸	紙	水墨	179 × 69	癸酉（康熙三十二年，1693）冬十月	上海 上海博物館	
卓然廬圖	軸	紙	設色	127.8 × 55.1	己卯（康熙三十八年，1699）	上海 上海博物館	
為拱北作山水圖	軸	紙	設色	87.4 × 52.2	己卯（康熙三十八年，1699）	上海 上海博物館	

名稱	形式	質地	色彩	尺寸 高x寬cm	創作時間	收藏處所	典藏號碼
萱榴圖	軸	紙	設色	96.2×49.5	庚辰（康熙三十九年，1700）	上海 上海博物館	
牡丹竹石圖	軸	紙	設色	209.5）107.4	庚辰（康熙三十九年，1700）十月	上海 上海博物館	
梅竹雙清圖	軸	紙	水墨	131.9 × 65.4	庚辰（康熙三十九年，1700）冬日	上海 上海博物館	
竹石圖	軸	紙	水墨	94.2 × 65.8	辛巳（康熙四十年，1701）	上海 上海博物館	
仿米山水圖	軸	紙	水墨	不詳	辛巳（康熙四十年，1701）	上海 上海博物館	
松竹石圖	軸	紙	水墨	93 × 46	辛巳（康熙四十年，1701）	上海 上海博物館	
梅竹圖（為退夫作）	軸	紙	水墨	68.3 × 50.1	乙酉（康熙四十四年，1705）二月	上海 上海博物館	
（揚州洪災）觀漲圖并撰書長歌	軸	紙	設色	不詳	乙酉（康熙四十四年，1705）六月十六日	上海 上海博物館	
書畫合璧（博爾都、道濟合裝）	軸	紙	水墨	19 × 31.7不等	丙戌（康熙四十五年，1706）	上海 上海博物館	
一壑泉聲圖	軸	紙	水墨	不詳	丁亥（康熙四十六年，1707）十月一日	上海 上海博物館	
山水清音圖	軸	紙	水墨	103.1 × 42.5		上海 上海博物館	
山水圖	軸	紙	水墨	62.2 × 37.2		上海 上海博物館	
梅竹水仙圖（冊頁裝成）	軸	綾	水墨	75 × 44.6		上海 上海人民美術出版社	
淮揚潔秋圖	軸	紙	設色	89 × 57		南京 南京博物院	
狂壑晴嵐圖	軸	紙	設色	164.9 × 55.9		南京 南京博物院	
芳蘭圖	軸	紙	水墨	43 × 29.4		南京 南京博物院	
清涼臺圖	軸	紙	設色	45 × 30.2		南京 南京博物院	
靈臺採梅圖	軸	紙	水墨	97.5 × 50.3		南京 南京博物院	
看杏詩意圖（為喟翁作）	軸	紙	水墨	?× 62.8	辛未（康熙三十年，1691）三月	無錫 江蘇省無錫市博物館	
蘭竹石圖	軸	紙	水墨	131.2 × 54.3		無錫 江蘇省無錫市博物館	

名稱	形式	質地	色彩	尺寸 高x寬cm	創作時間	收藏處所	典藏號碼
六君子圖	軸	紙	設色	74.7 × 32.2		蘇州 江蘇省蘇州博物館	
梅竹圖	軸	絹	水墨	66.5 × 38.8	戊寅（康熙三十七年，1698）	蘇州 靈巖山寺	
華山圖	軸	紙	水墨	307.5×124.2		蘇州 靈巖山寺	
為徽五作山水圖	軸	紙	水墨	309.5 × 132.3	庚午（康熙二十九年，1690）長夏	成都 四川省博物院	
長安雪景圖（為人翁大維摩作）	軸	紙	設色	274.1×122.4	庚午（康熙二十九年，1690）	成都 四川省博物院	
荷花紫薇圖	軸	絹	設色	125 × 54.8	丁丑（康熙三十六年，1697）	成都 四川省博物院	
江天山色圖	軸	紙	設色	220.2 × 99	丁卯（康熙三十八年，1699）	成都 四川省博物院	
高眺摩空圖	軸	絹	設色	227 × 105	癸未（康熙四十二年，1703）	成都 四川省博物院	
送春圖	軸	絹	設色	247.1×134.4	甲申（康熙四十三年，1704）	成都 四川省博物院	
幽溪垂釣圖（為趙闇仙作）	軸	紙	設色	不詳	甲子（康熙二十三年，1684）三月	成都 四川大學	
雙松泉石圖（為鳴六作）	軸	紙	水墨	180 × 67.5	癸酉（康熙三十二年，1693）	成都 四川大學	
松庵讀書圖	軸	紙	水墨	119 × 37	壬午（康熙四十一年，1702）	重慶 重慶市博物館	
松柏榴蓮圖	軸	紙	設色	84.7 × 46.8	甲申（康熙四十三年，1704）	重慶 重慶市博物館	
梅竹圖（原濟、嵩南合作）	軸	綾	水墨	123 × 47		重慶 重慶市博物館	
竹圖	軸	紙	水墨	78.3 × 30.2		廣州 廣東省博物館	
竹石枯樹圖	軸	紙	水墨	92 × 30.8		廣州 廣東省博物館	
荷花圖	軸	綾	水墨	191.5 × 49		廣州 廣東省博物館	
溪橋策杖圖	軸	綾	設色	42.3 × 26		廣州 廣東省博物館	
愛蓮圖	軸	紙	設色	46 × 77.8		廣州 廣州市美術館	
枯木竹石圖（為生老道翁壽作）	軸	紙	水墨	211 × 117	丙辰（康熙十五年，1676）夏日	南寧 廣西壯族自治區博物館	
山亭獨坐圖	軸	紙	水墨	144 × 65		南寧 廣西壯族自治區博物館	

名稱	形式	質地	色彩	尺寸 高×寬㎝	創作時間	收藏處所	典藏號碼
木石幽居圖	軸	紙	水墨	179 × 74		南寧 廣西壯族自治區博物館	
東岑嫩綠圖	軸	紙	設色	186 × 87		南寧 廣西壯族自治區博物館	
南山翠屏圖	軸	紙	設色	234 × 182.5	□卯（?）冬十二月	日本 東京國立博物館	
溪山釣艇圖	軸	紙	水墨	177.3 × 66.7		日本 東京山本悌二郎先生	
石鐘山圖	軸	紙	水墨	133.1 × 46.7		日本 東京山本悌二郎先生	
黃山紫玉屏圖	軸	紙	設色	175.7 × 75.8		日本 東京山本悌二郎先生	
授易圖	軸	紙	水墨	129.7 × 63.6	庚申（康熙十九年，1680）夏五月	日本 東京山本悌二郎先生	
後赤壁圖（摹石田翁畫）	軸	紙	設色	130.3 × 60.6	丁丑（康熙三十六年，1697）立冬後一日	日本 東京菊池惺堂先生	
竹石圖	軸	紙	水墨	232.3×105.1		日本 東京住友寬一先生	
墨竹圖	軸	綾	水墨	197 × 54.5		日本 東京池田醇一先生	
秋山訪友圖（法張僧繇）	軸	紙	設色	212.7 × 33	癸酉（康熙三十二年，1693）客邗上	日本 東京小田切滿壽之助先生	
五瑞圖	軸	絹	設色	157.6×121.2	乙卯（康熙十四年，1675）大滌堂下	日本 東京篠崎都齊佐先生	
秋林夕照圖	軸	紙	設色	121.2 × 33.5	辛巳（康熙四十年，1701）秋八月	日本 東京永青文庫	
赤壁後遊圖（畫贈問亭先生）	軸	紙	設色	131.6 × 53.9	丁丑（康熙三十六年，1697）立冬後一日	日本 東京永青文庫	
山水圖（詩意秋林圖）	軸	紙	設色	142.4 × 30.7	辛巳（康熙四十年，1701）秋八月	日本 京都相國寺（慈照寺）	
山水圖（策杖行吟圖）	軸	絹	設色	不詳		日本 京都相國寺（慈照寺）	
盧山觀瀑圖	軸	絹	設色	209.1 × 63		日本 京都泉屋博古館	
紅橋春雨圖	軸	紙	設色	56.4 × 25.8		日本 京都藤景善助先生	
觀世音像	軸	紙	水墨	不詳	甲子（康熙二十三年，1684）夏日	日本 京都藤景善助先生	
南極老人像	軸	紙	水墨	不詳	癸酉（康熙三十二年，1693）秋中	日本 京都橋本關雪先生	
仿倪高士山水圖	軸	紙	水墨	56 × 34.3	丁丑（康熙三十六年，1697）冬日	日本 大阪市立美術館	

名稱	形式	質地	色彩	尺寸 高x寬cm	創作時間	收藏處所	典藏號碼
幽泉殘雨圖	軸	紙	水墨	223.8 x 76.3		日本 大阪市立美術館	
山水圖	軸	紙	水墨	50.7 x 33.2		日本 大阪市立美術館	
梅竹圖	軸	紙	水墨	102.7 x 53.6		日本 大阪高松長左衛門先生	
山水圖	軸	紙	設色	45.1 x 30.5	壬午（康熙四十一年，1702）三月	日本 山口良夫先生	
墨竹圖（為君老太翁作）	軸	紙	水墨	不詳		日本 江田勇二先生	
松蔭泉屋圖	軸	絹	設色	不詳		日本 組田昌平先生	
蘭竹石圖	軸	紙	水墨	72.3 x 50.8		日本 私人	
竹石圖	軸	紙	水墨	不詳		美國 波士頓美術館	
幽居圖	軸	紙	水墨	不詳		美國 波士頓美術館	
山水圖	軸	紙	水墨	不詳		美國 哈佛大學福格藝術館	
山水人物圖	軸	紙	水墨	95.5 x 30.6		美國 麻州 Henry & Harrison 先生	
倣倪瓚山水圖	軸	紙	水墨	46.7 x 32.1		美國 普林斯頓大學藝術館	58-122
臨沈周莫斫銅雀硯歌圖	軸	紙	設色	118.2 x 41.6		美國 普林斯頓大學藝術館	67-21
長松老屋圖	軸	紙	水墨	185.3 x 88.6		美國 普林斯頓大學藝術館	
山水圖（空山小語）	軸	紙	水墨	22.1 x 29.4		美國 普林斯頓大學藝術館	67-20
蔬果圖	軸	紙	設色	108.4 x 45.8	乙丑（康熙二十四年，1705）八月一日	美國 普林斯頓大學藝術館	67-22
風雨竹圖	軸	紙	水墨	22.6 x 75.1		美國 普林斯頓大學藝術館（Edward Elliott 先生寄存）	L149.69
蘭竹圖	軸	紙	水墨	72.3 x 50.8		美國 普林斯頓大學藝術館（私人寄存）	L12.67
蘭竹圖	軸	紙	水墨	77.2 x 38.7		美國 普林斯頓大學藝術館（私人寄存）	
江帆圖	軸	紙	設色	108 x 44.6		美國 普林斯頓大學藝術館（私人寄存）	
碧水蒼山圖（為滄州道先生作）	軸	紙	設色	71.5 x 42.3	乙酉（康熙四十四年，1705）重九	美國 普林斯頓大學藝術館（私人寄存）	
蕉竹圖	軸	紙	水墨	102.8 x 37.7		美國 普林斯頓大學藝術館（私人寄存）	L196.72

名稱	形式	質地	色彩	尺寸 高x寬㎝	創作時間	收藏處所	典藏號碼
松巖釣艇圖	軸	紙	水墨	203.9 × 78		美國 普林斯頓大學藝術館（私人寄存）	
匡廬憩寂圖	軸	紙	水墨	94.6 × 50		美國 紐約大都會藝術博物館	1980.426.4
墨芙蓉圖	軸	紙	水墨	116.7 × 57.5		美國 紐約大都會藝術博物館	1978.254
山水圖	軸	紙	設色	32.8 × 33		美國 紐約顧洛阜先生	
秋林人醉圖	軸	紙	設色	160 × 70.3		美國 紐約顧洛阜先生	
訪戴圖	軸	紙	設色	162 × 57	戊寅（康熙三十七年，1698）菊月	美國 紐約王季遷明德堂	
山水圖	軸	紙	水墨	108.5 × 52	己未（康熙十八年，1679）夏日	美國 紐約王季遷明德堂	
蘭竹圖	軸	紙	水墨	59 × 83.5		美國 紐約王季遷明德堂	
枇杷瓜藕圖	軸	紙	水墨	85.6 × 41.4	乙丑（康熙二十四年，1685）秋八月	美國 紐約王季遷明德堂	
寫寄兼山驚遠先生山水圖	軸	紙	設色	不詳	癸酉（康熙三十二年，1693）	美國 紐約王季遷明德堂	
秦淮懷謝樓寫山水圖	軸	紙	設色	不詳	己未（康熙十八年，1679）夏日	美國 紐約王季遷明德堂	
山水圖	軸	紙	設色	不詳		美國 紐約王季遷明德堂	
山水圖	軸	紙	水墨	25.6 × 30.8		美國 密西根大學藝術博物館	1959/2.82
閩江春色圖（為江牧庭作）	軸	紙	設色	39 × 51.9	丁丑（康熙三十六年，1697）春	美國 克利夫蘭藝術博物館	54.126
山水人物圖	軸	紙	水墨	101.7 × 33.2		美國 勃克萊加州大學藝術館	CC245
墨荷圖	軸	紙	水墨	78.2 × 58.1		美國 勃克萊加州大學藝術館	CC233
萬里艚艘圖	軸	紙	設色	23.4 × 36.9		美國 勃克萊加州大學藝術館（高居翰教授）	CC152
山水圖	軸	紙	水墨	96.3 × 37.8		美國 加州曹仲英先生	
墨荷	軸	紙	水墨	不詳		加拿大 多倫多皇家安大略博物館	
蓮花圖	軸	紙	設色	118.9 × 34.5		加拿大 大維多利亞藝術館	89.40
草堂雲樹圖	軸	紙	水墨	86.1 × 41.6	辛亥（康熙十年，1671）之秋	法國 巴黎居美博物館	MA887

名稱	形式	質地	色彩	尺寸 高×寬cm	創作時間	收藏處所	典藏號碼
山水圖	軸	紙	水墨	18.3 × 29.6		德國 柏林東亞藝術博物館	1988-396
歸去來圖	軸	紙	設色	127.7 × 27.1		瑞士 蘇黎世黎得堡博物館	RCH.1174
山水圖	軸	紙	設色	81 × 40.2		瑞典 斯德哥爾摩遠東古物館	NMOK432
墨竹圖	軸	紙	水墨	70.3 × 26.9		瑞典 斯德哥爾摩遠東古物館	
邗江圖	軸	紙	設色	54.2 × 41.5		捷克 布拉格 Narodoni Gale -rie v Praze	Vm2936-1171 /343
羅漢（16幀）	冊	紙	設色	（每幀）29 × 19.2		台北 故宮博物院	故畫 03204
溪橋待友（名人書畫合冊之26）	冊頁	紙	水墨	17.4 × 52.6		台北 故宮博物院	故畫 03582-26
梅竹	摺扇面	紙	水墨	不詳		台北 故宮博物院	故扇 00214
水仙	摺扇面	紙	水墨	不詳		台北 故宮博物院	故扇 00215
山水（8幀）	冊	紙	水墨	不詳		台北 歷史博物館	
寫杜詩山水（10幀）	冊	紙	設色	（每幀）13.4 × 19.8		台北 張群先生	
海晏河清（石濤書畫合璧卷之第1幀）	冊頁	紙	設色	26 × 35	己巳（康熙二十八年，1689）	台北 羅家倫先生	
竹石芭蕉（石濤書畫合璧卷之第3幀）	冊頁	紙	設色	24 × 34.5	己巳（康熙二十八年，1689）	台北 羅家倫先生	
山水（石濤書畫合璧卷之第5幀）	冊頁	紙	設色	24 × 36.4	己巳（康熙二十八年，1689）	台北 羅家倫先生	
山水（石濤書畫合璧卷之第7幀）	冊頁	紙	設色	21.1 × 34.9	己巳（康熙二十八年，1689）	台北 羅家倫先生	
山水雜畫（？幀）	冊	紙	設色	（每幀）27.5 × 20		台北 黃君璧白雲堂	
山水圖（名賢集錦圖冊之19）	冊頁	紙	水墨	22 × 14.4		台北 陳啟斌畏罍堂	
山水圖（名賢集錦圖冊之20）	冊頁	紙	水墨	22 × 14.6		台北 陳啟斌畏罍堂	
花卉雜畫（10幀）	冊	紙	設色	（每幀）32.7 × 23.6		台北 私人	
山水、花卉圖（12幀）	冊	紙	水墨	（每幀）22.2 × 29.9		台北 私人	
山水圖（4幀）	冊	紙	水墨	（每幀）47.5 × 31.2		香港 利榮森北山堂	
蔬果圖（4幀）	冊	紙	設色	（每幀）28 × 21.5		香港 何耀光至樂樓	

名稱	形式	質地	色彩	尺寸 高x寬cm	創作時間	收藏處所	典藏號碼
寫黃硯旅詩意圖（17幀）	冊	紙	設色	（每幀）20.5 x 34.5	二幀：壬午（康熙四十一年，1702）夏日；辛巳（康熙四十年）長至後一日	香港 何耀光至樂樓	
山水圖（10幀）	冊	紙	設色	（每幀）13.7 x 20		香港 趙從衍先生	
花卉雜畫（8幀）	冊	紙	水墨	（每幀）43 x 31		香港 潘祖堯小聽颿樓	CP27
宋元吟韻圖（12幀）	冊	紙	設色	（每幀）23 x 18		香港 劉作籌虛白齋	
蘇東坡詩意圖（12殘存9幀）	冊	紙	水墨	（每幀）23.5 x 30	康熙丁巳（十六年，1677）十二月	香港 黃秉章先生	
山水圖（10幀）	冊	紙	水墨	（每幀）16.3 x 27	戊寅（康熙三十七年，1698）	瀋陽 故宮博物院	
山水圖（10幀）	冊	紙	水墨	（每幀）24.8 x 17.2	丁未（康熙六年，1667）	北京 故宮博物院	
山水圖（為若韓作）	冊頁	紙	水墨	不詳	甲寅（康熙十三年，1674）上元後一日	北京 故宮博物院	
山水圖（10幀）	冊	紙	設色	（每幀）20 x 31	丙辰（康熙十五年，1676）	北京 故宮博物院	
山水圖（10幀，為閭翁作）	冊	紙	設色	（每幀）28 x 40	甲子（康熙二十三年，1684）新夏	北京 故宮博物院	
山水圖（為次翁作）	摺扇面	紙	水墨	17.9 x 55.5	丁卯（康熙二十六年，1687）十月	北京 故宮博物院	
雜畫（12幀）	冊	紙	設色	不詳	丙子（康熙三十五年，1696）	北京 故宮博物院	
山水、花卉圖（12幀）	冊	紙	設色	（每幀）18.8 x 26.3	庚辰（康熙三十九年，1700）	北京 故宮博物院	
南歸詩畫（5幀）	冊	紙	設色	（每幀）24.2 x 30.4	庚辰（康熙三十九年，1700）	北京 故宮博物院	
南歸詩畫合璧（10幀）	冊	紙	水墨	不詳	辛巳（康熙四十年，1701）三月	北京 故宮博物院	
山水圖（8幀）	冊	紙	設色	（每幀）23.6 x 27		北京 故宮博物院	

名稱	形式	質地	色彩	尺寸 高x寬㎝	創作時間	收藏處所	典藏號碼
山水圖（10幀）	冊	紙	設色	（每幀）22.4 x 15.2		北京 故宮博物院	
山水小景圖（6幀）	冊	紙	設色	（每幀）14 x 26.4		北京 故宮博物院	
花卉圖（8幀）	冊	紙	水墨	不詳		北京 故宮博物院	
金山龍游寺圖（12幀）	冊	紙	設色	（每幀）24.6 x 117.6		北京 故宮博物院	
金陵十景圖（10幀）	冊	紙	水墨	（每幀）31 x 21		北京 故宮博物院	
唐人詩意圖（8幀）	冊	紙	設色	（每幀）16.4 x 23		北京 故宮博物院	
陶潛詩意圖（12幀）	冊	紙	設色	（每幀）27 x 21		北京 故宮博物院	
黃山圖（21幀）	冊	紙	設色	（每幀）30.8 x 24.1		北京 故宮博物院	
黃山游踪圖（6幀）	冊	紙	水墨	（每幀）33.5 x 23.7		北京 故宮博物院	
黃硯旅詩意圖（4幀）	冊	紙	設色	（每幀）20.8 x 34.5		北京 故宮博物院	
山水圖（畫宗領異圖冊25之1幀）	冊頁	紙	設色	不詳		北京 故宮博物院	
蘭竹圖（18幀）	冊	紙	水墨	（每幀）43.3 x 30.3		北京 故宮博物院	
奇峰圖	摺扇面	紙	設色	17.3 x 50.7		北京 故宮博物院	
梅竹雙清圖	摺扇面	紙	設色	17.7 x 49.1		北京 故宮博物院	
梅花圖	摺扇面	紙	水墨	18.3 x 53.9		北京 故宮博物院	
墨竹圖	冊頁	紙	水墨	33.8 x 26	癸未（康熙四十二年，1703）	北京 中國歷史博物館	
竹徑松崗圖	冊頁	紙	水墨	15 x 25		北京 中國歷史博物館	
山水圖（12幀）	冊	紙	設色	（每幀）19.6 x 23.9		北京 中國美術館	
山水圖（10幀）	冊	紙	設色	（每幀）22.6 x 17.9		天津 天津市藝術博物館	
山水、花卉圖（8幀）	冊	紙	設色	（每幀）51.9		天津 天津市藝術博物館	

名稱	形式	質地	色彩	尺寸 高×寬cm	創作時間	收藏處所	典藏號碼
				× 32.4			
山水、花卉圖（8幀）	冊	紙	水墨	（每幀）20.5 × 14.5		天津 天津市歷史博物館	
清溪水竹圖	摺扇面	粉箋	設色	不詳		合肥 安徽省博物館	
墨情紅意圖（4幀）	冊	紙	設色	（每幀）13 × 23		合肥 安徽省博物館	
山水圖（為涵中作，原濟等書畫合璧冊8之1幀）	冊頁	紙	水墨	15.7 × 20.8	癸丑（康熙十二年，1673）	上海 上海博物館	
花卉山水圖（12幀，為蓼莪作）	冊	紙	水墨	（每幀）23.5 × 30	辛酉（康熙二十年，1681）七夕後二日	上海 上海博物館	
花果圖（8幀，與曉霜合作，為文水作）	冊	紙	設色	（每幀）22.3 × 49	甲子（康熙二十三年，1684）春三月	上海 上海博物館	
雜畫（8幀）	冊	紙	水墨	不詳	乙丑（康熙二十四年，1685）二月	上海 上海博物館	
仿倪黃筆意山水圖	摺扇西	雲母箋	水墨	不詳	癸酉（康熙三十二年，1693）	上海 上海博物館	
書畫合璧（8幀）	冊	紙	設色	（每幀）26 × 17.5	癸酉（康熙三十二年，1693）孟夏	上海 上海博物館	
花卉圖（12幀）	冊	紙	設色	（每幀）31.2 × 20.4	甲戌（康熙三十三年，1694）花朝	上海 上海博物館	
桃花海棠圖	摺扇面	紙	水墨	不詳	丙子（康熙三十五年，1696）	上海 上海博物館	
白蓮圖	摺扇面	紙	設色	不詳	丁丑（康熙三十六年，1697）	上海 上海博物館	
山水花卉圖（12幀）	冊	紙	設色	（每幀）24.5 × 38	己卯（康熙三十八年，1699）二月	上海 上海博物館	
溪南八景圖（8幀）	冊	紙	設色	（每幀）31.4 × 51.4	庚辰（康熙三十九年，1700）上元前二日	上海 上海博物館	
為西玉作山水圖	摺扇面	紙	設色	不詳	庚辰（康熙三十九年，1700）三月	上海 上海博物館	
烟斷匡盧圖	摺扇面	紙	設色	不詳	庚辰（康熙三十九年，1700）	上海 上海博物館	

名稱	形式	質地	色彩	尺寸 高x寬cm	創作時間	收藏處所	典藏號碼
江岸望山圖	摺扇面	金箋	水墨	不詳	辛巳（康熙四十年，1701）上元	上海 上海博物館	
為汐庵仁山水圖	摺扇面	金箋	設色	不詳	癸未（康熙四十二年，1703）	上海 上海博物館	
粗筆山水圖	摺扇面	雲母箋	水墨	不詳	也酉（康熙四十四年，1705)	上海 上海博物館	
端午即景圖	摺扇面	雲母箋	設色	不詳	丙戌（康熙四十五年，1706）	上海 上海博物館	
為蒼牧作山水圖	摺扇面	紙	水墨	不詳	丙戌（康熙四十五年，1706）夏日	上海 上海博物館	
為遠聞作山水圖	摺扇面	雲母箋	設色	不詳	丁亥（康熙四十六年，1707）	上海 上海博物館	
山水圖（10幀）	冊	紙	設色	（每幀）26 x 33.2		上海 上海博物館	
山水圖（8幀）	冊	紙	水墨	（每幀）26.8 x 22.9		上海 上海博物館	
山水、花卉圖（8幀）	冊	紙	水墨	（每幀）27 x 33.5		上海 上海博物館	
花果圖（9幀）	冊	紙	水墨	（每幀）25.5 x 20		上海 上海博物館	
蔬果圖（8幀）	冊	紙	設色	（每幀）24.5 x 30		上海 上海博物館	
雜畫（6幀）	冊	紙	設色	（每幀）21.5 x 30		上海 上海博物館	
谿邊茅屋圖	摺扇面	紙	設色	不詳		上海 上海博物館	
蘆汀泊舟圖	摺扇面	雲母箋	水墨	不詳		上海 上海博物館	
長干秋色圖	摺扇面	紙	設色	不詳	丁亥（康熙四十六年，1707）	上海 上海博物館	
山水圖（名筆集勝圖冊12之第2幀）	冊頁	紙	設色	約23.9 x 32.8		上海 上海博物館	
山水圖（12幀）	冊	紙	設色	（每幀）16.8 x 26.7		上海 中國美術家協會上海分會	
山徑獨行圖	摺扇面	紙	設色	17.1 x 51.5	辛卯（？己卒）	南京 南京博物院	
山橋小坐圖	摺扇面	紙	設色	不詳		南京 南京博物院	

名稱	形式	質地	色彩	尺寸 高×寬cm	創作時間	收藏處所	典藏號碼
茱萸灣圖	摺扇面	紙	設色	不詳	己卯（康熙三十八年，1699）	蘇州 江蘇省蘇州博物館	
山水圖（10幀）	冊	紙	設色	（每幀）21 × 15.3	丙午（康熙五年，1666）	蘇州 江蘇省蘇州博物館	
山水圖（四王、吳、惲山水合冊20之5幀）	冊頁	紙	水墨	（每幀）32.2 × 14.3不等		蘇州 江蘇省蘇州博物館	
山水圖（8幀）	冊	紙	設色	（每幀）12 × 12	乙亥（康熙三十四年，1695）	成都 四川省博物院	
蘭竹圖（12幀）	冊	綾	水墨	（每幀）17 × 19.8		成都 四川省博物院	
山水圖（12幀）	冊	紙	設色	（每幀）18.5 × 12		成都 四川省博物院	
雜畫（12幀）	冊	紙	水墨	（每幀）25 × 17.6	丁酉（順治十四年，1657）	廣州 廣東省博物館	
山水圖（7幀）	冊	紙	設色	（每幀）18 × 10.5		廣州 廣東省博物館	
山水圖（8幀）	冊	紙	水墨、設色	不詳	癸酉（康熙三十二年，1693）	廣州 廣州市美術館	
書畫（14幀）	冊	紙	設色	（每幀）38 × 24.5	庚午（康熙二十九年，1690）	廣州 廣州市美術館	
書畫（12幀，陳道復、原濟合裝）	冊	紙	水墨	（每幀）38.3 × 46.5		南寧 廣西壯族自治區博物館	
山水、花卉雜畫（16幀）	冊	紙	設色	（每幀）15.5 × 32.9	壬子（康熙十一年，1672）秋八至九月	日本 東京國立博物館	
山水精品（12幀）	冊	紙	水墨、設色	（每幀）23 × 17.6		日本 東京林熊光先生	
紀遊圖詠（12幀）	冊	紙	設色	（每幀）21.8 × 14.9		日本 東京林熊光先生	
為劉石頭畫山水（12幀）	冊	紙	設色	不詳	癸巳（？已卒）	日本 東京 Ex-Okabe chokei	
清湘花卉（？幀）	冊	紙	水墨設色	不詳		日本 東京 Nagano 先生	
苦瓜妙諦（12幀）	冊	紙	水墨、設色	（每幀）48.2 × 31.5	癸末（康熙四十二年，1703）秋日	日本 東京岡部長景先生	

名稱	形式	質地	色彩	尺寸 高x寬cm	創作時間	收藏處所	典藏號碼
山水、花卉圖（8幀，後有高鳳翰題跋）	冊	紙	水墨、設色	（每幀）15.4 x 32.8	壬子（康熙十一年，1672）秋九月二十四日漏下二十刻	日本 東京高島菊次郎槐安居	
山水（？幀）	冊	紙	設色	（每幀）24.5 x 19.1	辛巳（康熙四十年，1701）二月	日本 東京住友寬一先生	
山水（12幀）	冊	紙	水墨、設色	（每幀）33.9 x 21.8	丙戌（康熙四十五年，1706）秋□	日本 京都相國寺	
黃山八勝景（8幀）	冊	紙	設色	（每幀）20.3 x 28.8		日本 京都泉屋博古館	
研旅詩意山水（13幀）	冊	紙	設色	不詳		日本 京都泉屋博古館	
山水圖（4幀）	冊	紙	設色	不詳		日本 京都井上清一先生	
東坡時序詩意（12幀）	冊	紙	設色	（每幀）26.8 x 38.6	己卯（康熙三十八年，1699）	日本 大阪市立美術館	
杜甫詩意山水（10幀）	冊	紙	設色	（每幀）26.9 x 35.8		日本 大阪橋本大乙先生	
蘆洲繫舟圖（為滄翁作）	摺扇面	金箋	水墨	16.7 x 50.2	壬午（康熙四十一年，1702）秋九月	日本 大阪橋本大乙先生	
山水圖（4幀）	冊	紙	設色	（每幀）13.4 x 25.9		日本 大阪橋本大乙先生	
山水圖（12幀）	冊	紙	水墨、設色	（每幀）24.8 x 45.5	辛末（康熙三十年，1691）秋七月	日本 愛知縣櫻木俊一先生	
山水、花卉圖（6幀）	冊	紙	水墨	（每幀）26.2 x 29.1		日本 兵庫縣黑川古文化研究所	
羅浮山圖（12幀）	冊	紙	水墨、設色	不詳		日本 Hakone Museum,Gora	
花卉圖（？幀）	冊	紙	設色	（每幀）37.5 x 24.9		日本 私人	
山水圖（10幀）	冊	紙	水墨	（每幀）24.5 x 18.3	乙亥（康熙三十四年，1695）冬日	日本 山口良夫先生	
山水圖（8幀）	冊	紙	設色	（每幀）26.6 x 17.5		日本 山口良夫先生	
山水圖（12幀）	冊	紙	水墨、設色	不詳		美國 波士頓美術館	

名稱	形式	質地	色彩	尺寸 高x寬cm	創作時間	收藏處所	典藏號碼
山水圖（12幀）	冊	紙	水墨、設色	（每幀）24.2 x 18.7	辛巳（康熙四十年，1701）二月	美國 普林斯頓大學藝術館	67-2
梅花詩畫（8幀）	冊	紙	水墨	（每幀）20 x 29.5		美國 普林斯頓大學藝術館	67-15
羅浮山書畫（4幀）	冊	紙	水墨、設色	（每幀）28.2 x 19.8		美國 普林斯頓大學藝術館	67-17
梅蘭（石濤花卉人物圖冊之1）	冊頁	紙	水墨	23.2 x 17.8	乙亥（康熙三十四年，1695）	美國 普林斯頓大學藝術館	67-16a
墨竹（石濤花卉人物圖冊之2）	冊頁	紙	水墨	23.2 x 17.8		美國 普林斯頓大學藝術館	67-16b
雞冠花（石濤花卉人物圖冊之3）	冊頁	紙	設色	23.2 x 17.8		美國 普林斯頓大學藝術館	67-16c
芙蓉花（石濤花卉人物圖冊之4）	冊頁	紙	設色	23.2 x 17.8		美國 普林斯頓大學藝術館	67-16d
嗅菊圖（石濤花卉人物圖冊之5）	冊頁	紙	設色	23.2 x 17.8		美國 普林斯頓大學藝術館	67-16e
放鳶圖（石濤花卉人物圖冊之6）	冊頁	紙	設色	23.2 x 17.8		美國 普林斯頓大學藝術館	67-16f
芭蕉松枝（石濤花卉人物圖冊之7）	冊頁	紙	水墨	23.2 x 17.8		美國 普林斯頓大學藝術館	67-16g
荷花圖（石濤花卉人物圖冊之8）	冊頁	紙	水墨	23.2 x 17.8		美國 普林斯頓大學藝術館	67-16h
觀瀑圖	冊頁	紙	水墨	21.3 x 28.6		美國 普林斯頓大學藝術館	58-123
自畫種松圖（雜畫冊之1）	冊頁	紙	設色	25.1 x 34.5	甲寅（康熙十三年，1674）冬日	美國 普林斯頓大學藝術館（私人寄存）	L312.70a
梅竹圖（雜畫冊之2）	冊頁	紙	設色	25.1 x 34.5		美國 普林斯頓大學藝術館（私人寄存）	L312.70b
秋葵圖（雜畫冊之3）	冊頁	紙	設色	25.1 x 34.5		美國 普林斯頓大學藝術館（私人寄存）	L312.70c
芭蕉葉圖（雜畫冊之4）	冊頁	紙	水墨	25.1 x 34.5		美國 普林斯頓大學藝術館（私人寄存）	L312.70d
荷花圖（雜畫冊之5）	冊頁	紙	設色	25.1 x 34.5		美國 普林斯頓大學藝術館（私人寄存）	L312.70e
牡丹花圖（雜畫冊之6）	冊頁	紙	設色	25.1 x 34.5		美國 普林斯頓大學藝術館（	L312.70f

名稱	形式	質地	色彩	尺寸 高x寬cm	創作時間	收藏處所	典藏號碼
						私人寄存）	
竹枝百合圖（雜畫冊之7）	冊頁	紙	水墨	25.1 x 34.5		美國 普林斯頓大學藝術館（ 私人寄存）	L312.70g
蘭花圖（雜畫冊之8）	冊頁	紙	水墨	25.1 x 34.5		美國 普林斯頓大學藝術館（ 私人寄存）	L312.70h
山茶花圖（雜畫冊之9）	冊頁	紙	設色	25.1 x 34.5		美國 普林斯頓大學藝術館（ 私人寄存）	L312.70i
山水雜畫（14幀）	冊	紙	設色	（每幀）16.5 x 10.4		美國 普林斯頓大學藝術館（ 私人寄存）	
山水圖（8幀）	冊	紙	水墨	（每幀）30 x 16.5		美國 普林斯頓大學藝術館（ 私人寄存）	
金陵勝跡圖（12幀）	冊	紙	設色	（每幀）23.6 x 19.1	丁亥（康熙四十六 年，1707）中秋	美國 普林斯頓大學藝術館（ 私人寄存）	L14.67
花卉圖（12幀）	冊	紙	設色	（每幀）33 x 48.4		美國 New Haven 翁萬戈先生	
二十六宜梅花圖（26幀，為吟 梅先生寫）	冊	紙	水墨	（每幀）28 x 26.3		美國 New Haven 翁萬戈先生	
山水人物圖	冊頁	紙	水墨	21.7 x 28.5		美國 紐約大都會藝術博物館	1989.363.151
山水圖	冊頁	紙	設色	10.7 x 31.3		美國 紐約大都會藝術博物館	1989.363.154
李白登岳陽樓圖（石濤山水果 實花卉冊之1）	冊頁	紙	設色	27.6 x 21.5		美國 紐約大都會藝術博物館	1972.122a
野芋（石濤山水果實花卉冊之 2）	冊頁	紙	設色	27.6 x 21.5		美國 紐約大都會藝術博物館	1972.122b
李白鸚鵡洲詩句圖（石濤山水 果實花卉冊之3）	冊頁	紙	設色	27.6 x 21.5		美國 紐約大都會藝術博物館	1972.122c
墨竹（石濤山水果實花卉冊之 4）	冊頁	紙	水墨	27.6 x 21.5		美國 紐約大都會藝術博物館	1972.122d
觀鳥圖（石濤山水果實花卉冊 之5）	冊頁	紙	設色	27.6 x 21.5		美國 紐約大都會藝術博物館	1972.122e
桃花（石濤山水果實花卉冊之 6）	冊頁	紙	設色	27.6 x 21.5		美國 紐約大都會藝術博物館	1972.122f
草舍野色圖（石濤山水果實花 卉冊之7）	冊頁	紙	設色	27.6 x 21.5		美國 紐約大都會藝術博物館	1972.122g
茄子（石濤山水果實花卉冊之	冊頁	紙	設色	27.6 x 21.5		美國 紐約大都會藝術博物館	1972.122h

名稱	形式	質地	色彩	尺寸 高x寬cm	創作時間	收藏處所	典藏號碼
8）							
湖雁圖（石濤山水果實花卉冊之9）	冊頁	紙	水墨	27.6 x 21.5		美國 紐約大都會藝術博物館	1972.122i
雲山圖（石濤山水果實花卉冊之10）	冊頁	紙	設色	27.6 x 21.5		美國 紐約大都會藝術博物館	1972.122j
斜陽草屋（石濤山水果實花卉冊之11）	冊頁	紙	設色	27.6 x 21.5		美國 紐約大都會藝術博物館	1972.122k
蘭石圖（石濤山水果實花卉冊之12）	冊頁	紙	水墨	27.6 x 21.5		美國 紐約大都會藝術博物館	1972.1221
山水圖（12幀）	冊	紙	設色	不詳		美國 紐約王季遷明德堂	
山水圖（9幀）	冊	紙	設色	（每幀）15.1 x 27.3		美國 紐約顧洛阜先生	
山水圖（高阜松杉圖）	摺扇面	金箋	設色	17.5 x 52.8	己卯（康熙三十八年，1699）春日	美國 紐約顧洛阜先生	
山水圖（8幀）	冊	紙	水墨	（每幀）30 x 16.5		美國 紐約沙可樂先生	
山水圖（8幀）	冊	紙	設色	（每幀）24.2 x 18.6		美國 紐約沙可樂先生	
雪箇、石濤真跡合冊（6幀）	冊	紙	設色	（每幀）30.8 x 24.2		美國 紐約沙可樂先生	
羅浮山圖（4幀）	冊	紙	設色	（每幀）28.1 x 19.7		美國 紐約沙可樂先生	
墨梅（？幀）	冊	紙	水墨	（每幀）20 x 29.4		美國 紐約沙可樂先生	
山水圖（12幀）	冊	紙	水墨	（每幀）30.8 x 24.1		美國 芝加哥藝術中心	1953.45
秦淮憶舊（8幀）	冊	紙	設色	（每幀）25.5 x 20.2		美國 克利夫蘭藝術博物館	
贈覺翁山水圖（12殘存10幀）	冊頁	紙	設色	（每幀）15.1 x 22.7	甲申（康熙四十三年，1704）冬日	美國 勃克萊加州大學藝術館	1973.40.1-10
山水圖（12幀）	冊	紙	水墨、設色	（每幀）24.1 x 31.8		美國 加州曹仲英先生	
山水圖（8幀）	冊	紙	設色	（每幀）28x 22.2	甲戌（康熙三十三年，1694）秋八月	美國 洛杉磯郡立藝術館	

名稱	形式	質地	色彩	尺寸 高x寬cm	創作時間	收藏處所	典藏號碼
墨梅圖（12幀）	冊	紙	水墨	（每幀）20.2 x 30.5		美國 私人	
山水圖（8幀）	冊	紙	設色	（每幀）20.3 x 27.5		英國 倫敦大英博物館	1965.7.24.01 1（ADD349）
梅竹石圖	摺扇面	紙	水墨	18.6 x 55.8		德國 科隆東亞藝術博物館	A55.54
山水圖（12幀）	冊	紙	設色	（每幀）24.3 x 17.4		德國 科隆東亞藝術博物館	A55.55
羅浮山圖（？幀）	冊	紙	水墨、設色	不詳		德國 科隆東亞藝術博物館	
山水圖（8幀）	冊	紙	設色	18.6 x 30	壬午（康熙四十一年，1702）夏日	瑞典 斯德哥爾摩遠東古物館	OM2/62 ,4/63
江上遊覽圖	冊頁	紙	設色	19 x 30		瑞典 斯德哥爾摩遠東古物館	
附：							
山水竹石圖（為語公作）	卷	紙	水墨	不詳	庚申（康熙十九年，1680）小雪前二日	北京 北京市文物商店	
蘭竹圖（為勁翁作）	卷	紙	水墨	不詳	乙亥（康熙三十四年，1695）冬初	北京 北京市文物商店	
書畫合璧（道濟、朱耷合卷）	卷	紙	設色	26.1 x 168		武漢 湖北省武漢市文物商店	
潑墨山水圖	卷	紙	水墨	32.4 x 393		紐約 佳仕得藝品拍賣公司/拍賣目錄 1986,12,01.	
竹西圖	卷	紙	設色	22.2 x 180		紐約 佳士得藝品拍賣公司/拍賣目錄 1989,12,04.	
孫孝則四世圖（4段）	卷	紙	水墨	（每段）45.7 x 52.7		香港 佳士得藝品拍賣公司/拍賣目錄 1991,03,18.	
鶴澗高隱圖	卷	紙	設色	38 x 74.5		紐約 佳士得藝品拍賣公司/拍賣目錄 1996,09,18.	
山路聽泉圖（為蕭翁作）	軸	紙	水墨	不詳	癸酉（康熙三十二年，1693）夏日	北京 榮寶齋	
觀松圖	軸	紙	水墨	339 x 113	癸丑（康熙十二年，1673）	天津 天津市文物公司	
清谿小舟圖（為□翁作）	軸	紙	設色	67.5 x 33.5	丙辰（康熙十五年，1676）	揚州 揚州市文物商店	
隔江山色圖	軸	紙	設色	70.2 x 41.8	丙子（康熙三十五	上海 上海友誼商店古玩分店	

名稱	形式	質地	色彩	尺寸 高x寬cm	創作時間	收藏處所	典藏號碼
					年，1696）		
芭蕉竹石圖	軸	紙	水墨	130 × 48	辛酉（康熙二十年，1681）	武漢 湖北省武漢市文物商店	
山林勝境圖	軸	紙	水墨	94 × 30		成都 四川省文物商店	
雙驥圖	軸	紙	水墨	88.9 × 43.5	庚申（康熙十九年，1680）初夏	紐約 蘇富比藝品拍賣公司/拍賣目錄 1984,06,13.	
歲寒五友圖	軸	紙	設色	159.5 × 54	癸未（康熙四十二年，1703）陽月	紐約 佳士得藝品拍賣公司/拍賣目錄 1984,06,29.	
贈伯昌山水圖	軸	紙	水墨	99.3 × 48	壬申（康熙三十一年，1692）三月二日	紐約 佳仕得藝品拍賣公司/拍賣目錄 1986,06,04.	
三友圖	軸	紙	水墨	118.4 × 45.7		紐約 蘇富比藝品拍賣公司/拍賣目錄 1986,06,03.	
山水圖	軸	紙	水墨	179.9 × 51.5	癸酉（康熙三十二年，1693）十月十九日	紐約 佳仕得藝品拍賣公司/拍賣目錄 1986,12,01.	
峭峰插天圖	軸	紙	設色	45.7 × 531.4	己巳（康熙二十八年，1689）春日	紐約 蘇富比藝品拍賣公司/拍賣目錄 1986,12,04.	
幽谷野燒圖	軸	紙	設色	121.9 × 54	癸未（康熙四十二年，1703）長至	紐約 佳士得藝品拍賣公司/拍賣目錄 1987,06,03.	
蓮花峰、垂虹圖（2幅）	軸	絹	設色	（每幅）27 × 34		紐約 蘇富比藝品拍賣公司/拍賣目錄 1988,06,01.	
蔬果螳螂圖	軸	紙	設色	80 × 62	庚辰（康熙三十九年，1700）春日	紐約 佳士得藝品拍賣公司/拍賣目錄 1989,12,04.	
竹石圖	軸	紙	水墨	228.5 × 99	戊寅（康熙三十七年，1698）寒露日	紐約 佳士得藝品拍賣公司/拍賣目錄 1990,11,28.	
梅竹雙清	軸	紙	水墨	84.5 × 54	丁亥（康熙四十六年，1707）春三月之望	紐約 佳士得藝品拍賣公司/拍賣目錄 1991,05,29.	
幽蘭修竹圖	軸	紙	水墨	126.5 × 47		紐約 佳士得藝品拍賣公司/拍賣目錄 1992,06,02.	
山水圖	軸	綾	設色	155.6 × 47.5	癸未（康熙四十二年，1703）	紐約 佳士得藝品拍賣公司/拍賣目錄 1994,06,01.	
耄耋圖（謝□畫貓蝶、程邃補	軸	紙	設色	122.5 × 53.3	甲申（康熙四十三	紐約 佳士得藝品拍賣公司/拍	

名稱	形式	質地	色彩	尺寸 高×寬cm	創作時間	收藏處所	典藏號碼
石、石濤添竹卉）					年，1704）春	賣目錄 1997,09,19.	
山水圖	軸	紙	水墨	39.3 × 26.8		紐約 佳士得藝品拍賣公司/拍賣目錄 1998,03,24.	
菊石梧桐圖	軸	紙	設色	163.7 × 48.9	庚午（康熙二十九年，1690）秋	香港 佳士得藝品拍賣公司/拍賣目錄 1998,09,15.	
山齋客話圖	軸	紙	設色	30 × 26		香港 佳士得藝品拍賣公司/拍賣目錄 1998,09,15.	
蓮蓬圖	軸	紙	設色	23 × 25		香港 佳士得藝品拍賣公司/拍賣目錄 2001,04,29.	
山水圖（清原濟等雜畫冊6之1幀）	冊頁	紙	設色	23.5 × 28.8		武漢 湖北省武漢市文物商店	
墨梅（10幀）	冊	紙	水墨	（每幀）29.1 × 21.3		紐約 蘇富比藝品拍賣公司/拍賣目錄 1985,06,03.	
山水圖（8幀）	冊	紙	設色	（每幀）27.8 × 16		紐約 佳仕得藝品拍賣公司/拍賣目錄 1986,12,01.	
細筆山水圖（10幀）	冊	紙	水墨、設色	（每幀）21 × 16	壬午（康熙四十一年，1702）五月四日	紐約 佳士得藝品拍賣公司/拍賣目錄 1989,12,04.	
萬點蜀山尖（明清名家山水集冊之一幀）	冊頁	紙	水墨	28 × 37.2	庚辰（康熙三十九年，1700）夏日	紐約 佳士得藝品拍賣公司/拍賣目錄 1989,12,04.	
新秋雨後	摺扇面	紙	水墨	17 × 51		紐約 佳士得藝品拍賣公司/拍賣目錄 1996,09,18.	
細筆山水（10幀）	冊	紙	設色	（每幀）21 × 16	壬午（康熙四十一年，1702）五月四日	香港 蘇富比藝品拍賣公司/拍賣目錄 1999,10,31.	

畫家小傳：道濟（一名原濟）。僧。俗姓朱。明楚藩後裔。名若極。字石濤。號大滌子、苦瓜和尚、清湘老人、清湘陳人、瞎尊者等。生於明思宗崇禎十五（1642）年，卒於康熙四十六（1707）年。善畫水墨山水、蘭竹，筆意縱恣，脫盡窠臼。被稱「清初四僧」之一。又通畫理，撰苦瓜和尚畫語錄行世。（見國朝畫徵續錄、桐陰論畫、衛南集、十二硯齋隨筆、中國畫家人名大辭典等）

蔣 恒

名稱	形式	質地	色彩	尺寸 高×寬cm	創作時間	收藏處所	典藏號碼
垂綸圖（蔣恒、道濟合作）	卷	紙	設色	32.8 × 54		北京 故宮博物院	

畫家小傳：蔣恒。畫史無載。與道濟同時。身世待考。

嵩 南

名稱	形式	質地	色彩	尺寸 高×寬㎝	創作時間	收藏處所	典藏號碼
梅竹圖（原濟、嵩南合作）	軸	綾	水墨	123 × 47		重慶 重慶市博物館	

畫家小傳：嵩南。畫史無載。與道濟同時。身世待考。

王原祁

名稱	形式	質地	色彩	尺寸 高×寬㎝	創作時間	收藏處所	典藏號碼
山水圖	卷	絹	設色	33 × 142.5	康熙甲午（五十三年，1714）歲暮	台北 故宮博物院	故畫01096
夏山新霽圖	卷	紙	設色	28.2 × 66.5		台北 故宮博物院	故畫01668
九如圖	卷	絹	設色	49.7 × 427	康熙丙子（三十五年，1696）	遼寧 遼寧省博物館	
仿黃公望西嶺雲霞圖	卷	紙	設色	38.8 × 344.6	庚寅（康熙四十九年，1710）閏七月	遼寧 遼寧省博物館	
西湖十景圖	卷	紙	水墨	54.5 × 275		遼寧 遼寧省博物館	
溪山高隱圖	卷	紙	水墨	31.8 × 817	甲子（康熙二十三年，1684）	北京 故宮博物院	
仿黃公望山水圖	卷	紙	水墨	34 × 371.5	康熙己巳（二十八年，1689）	北京 故宮博物院	
湖山書屋圖	卷	紙	設色	不詳	己巳（康熙二十八年，1689）	北京 故宮博物院	
仿古山水圖（6段）	卷	紙	設色	（每段）18.5 × 48	康熙辛巳（四十年，1701）殘臘	北京 故宮博物院	
湖湘山水圖	卷	紙	設色	28.8 × 566.5	康熙辛巳（四十年，1701）秋八月四日	北京 故宮博物院	
仿黃公望山水圖	卷	紙	設色	31.8 × 293.2	康熙甲申（四十三年，1704）	北京 故宮博物院	
竹溪松嶺圖（為漢昭作）	卷	紙	水墨	26.9 × 471.2	康熙甲申（四十三年，1704）六月望日	北京 故宮博物院	
西嶺春晴圖	卷	紙	水墨	38.5 × 363	丁亥（康熙四十六年，1707）	北京 故宮博物院	
家珍集慶圖（為樹白作）	卷	紙	設色	不詳	戊子（康熙四十七年，1708）春日	北京 故宮博物院	
江上雲霞圖	卷	紙	設色	不詳	庚寅（康熙四十九年，1710）	北京 故宮博物院	
秋山書屋圖	卷	紙	設色	35.4 × 417.5		北京 故宮博物院	

名稱	形式	質地	色彩	尺寸 高×寬㎝	創作時間	收藏處所	典藏號碼
仿梅道人溪山烟靄圖	卷	紙	水墨	不詳	康熙辛巳（四十年，1701）	北京 中國歷史博物館	
乾坤佳境圖	卷	紙	水墨	377 × 30		北京 首都博物館	
仿大癡富春山居圖	卷	紙	設色	29.7 × 276	癸未（康熙四十二年，1703）	天津 天津市藝術博物館	
仿黃公望山水圖（為趙松一作）	卷	紙	水墨	30.5 × 383.8	庚午（康熙二十九年，1690）初秋	上海 上海博物館	
滄浪亭詩畫（為牧翁作）	卷	紙	設色	28 × 175 不等	康熙戊寅（三十七年，1698）長夏	上海 上海博物館	
嵩高圖	卷	紙	設色	44.5 × 334	康熙壬午（四十一年，長夏	上海 上海博物館	
仿黃公望富春山居圖	卷	紙	水墨	37 × 34.3	康熙庚寅（四十九年，1710）	上海 上海博物館	
盛年山水圖	卷	紙	設色	27.9 × 253		上海 上海博物館	
九日適成圖（為王蓍作）	卷	紙	水墨	27.3 × 66.9	康熙辛巳（四十年，1701）九秋望日	南京 南京博物院	
仿松雪扁舟圖（為退山作）	卷	紙	設色	40.2 × 74	己丑（康熙四十八年，1709）清和	重慶 重慶市博物館	
仿黃公望南山積翠圖（為乾翁作）	卷	紙	設色	44 × 338.5	康熙辛卯（五十年，1711）清和	南寧 廣西壯族自治區博物館	
仿黃公望淺絳山水圖	卷	紙	設色	32.2 × ?		日本 私人	
嚴灘春曉圖	卷	紙	設色	不詳	康熙辛卯（五十年，1711）七月望後	美國 波士頓美術館	
輞川圖	卷	紙	設色	35.4 × ?		美國 紐約大都會藝術博物館	1977.80
山川出雲圖（為阮翁作）	卷	紙	設色	不詳	康熙壬午（四十一年，1702）仲冬	美國 紐約王季遷明德堂	
富春山居圖	卷	紙	設色	不詳	康熙辛卯（五十年，1711）春日	美國 紐約王季遷明德堂（翁萬戈原藏）	
江國垂綸圖（仿趙孟頫）	卷	紙	設色	26 × ?	己丑（康熙四十八年，1709）小春	美國 紐約顧洛阜先生	
仿黃子久晴巒霽翠圖	卷	紙	設色	32.5 × 267	癸未（康熙四十二年，1703）至乙酉（四十四年，1705）年間	美國 克利夫蘭藝術博物館	
仿黃公望晴巒霽翠圖（為徐	卷	紙	設色	不詳	戊子（康熙四十七	美國 美國納爾遜-艾金斯藝術	

名稱	形式	質地	色彩	尺寸 高×寬㎝	創作時間	收藏處所	典藏號碼
澹明作)					年，1708）九秋	博物館	
春嶺松雲圖	卷	紙	設色	43.9 × 276.2	康熙戊子（四十七年，1708）春日	美國 舊金山亞洲藝術館	B69 D6
蘭竹（石濤畫蘭、竹，王原祁補石）	軸	紙	水墨	134.2 × 57.7	辛未（康熙三十年，1691）二月	台北 故宮博物院	故畫 00811
華山秋色	軸	紙	設色	115.9 × 49.7	癸酉（康熙三十二年，1693）歲遊華山後	台北 故宮博物院	故畫 00741
仿王蒙夏日山居圖	軸	紙	設色	96.5 × 49	甲戌（康熙三十三年，1694）初秋	台北 故宮博物院	故畫 00749
仿黃公望山水	軸	紙	設色	122.4 × 58.1	乙亥（康熙三十四年，1695）夏日	台北 故宮博物院	故畫 00744
仿黃公望山水	軸	紙	設色	93.5 × 46.6	丙子（康熙三十五年，1696）清和	台北 故宮博物院	故畫 00743
仿黃公望山水	軸	紙	設色	90.2 × 133.7	康熙戊寅（三十七年，1698）上巳	台北 故宮博物院	故畫 02994
仿李營丘筆意	軸	紙	水墨	47.3 × 66.4	己卯（康熙三十八年，1699）春	台北 故宮博物院	故畫 02475
山水	軸	紙	水墨	64.7 × 47.2	己卯（康熙三十八年，1699）冬日	台北 故宮博物院	故畫 02438
仿王蒙山水	軸	紙	水墨	97.9 × 53	康熙己卯（三十八年，1699）清和下浣	台北 故宮博物院	故畫 02468
畫中有詩圖	軸	紙	設色	97.8 × 43.4	庚辰（康熙三十九年，1700）元夕後	台北 故宮博物院	故畫 02458
仿倪瓚山水	軸	紙	水墨	97.2 × 45.9	庚辰（康熙三十九年，1700）初春	台北 故宮博物院	故畫 00751
山水	軸	紙	水墨	95.1 × 46.2	庚辰（康熙三十九年，1700）夏五六日	台北 故宮博物院	故畫 00752
仿大痴虞山秋色	軸	紙	設色	98.1 × 46.2	康熙辛巳（四十年，1701）春日	台北 故宮博物院	故畫 02434
仿倪瓚筆意	軸	紙	水墨	97.6 × 49.5	康熙辛巳（四十年，1701）九秋	台北 故宮博物院	故畫 02473
仿趙孟頫仙山樓閣	軸	絹	設色	141.1 × 76.7	康熙壬午（四十一	台北 故宮博物院	故畫 02467

名稱	形式	質地	色彩	尺寸 高x寬㎝	創作時間	收藏處所	典藏號碼
					年，1702）瑞月		
秋山圖	軸	紙	設色	74.3 x 41.2	康熙壬午（四十一年，1702）長夏	台北 故宮博物院	故畫 00742
秋山晴霽	軸	紙	水墨	122.5 x 51.3	康熙甲申（四十三年，1704）初秋	台北 故宮博物院	故畫 02448
仿倪瓚山水	軸	紙	水墨	64.3 x 42	乙酉（康熙四十四年，1705）上巳後一日	台北 故宮博物院	故畫 02471
仿黃公望山水	軸	紙	水墨	105.4 x 50.3	丙戌（康熙四十五年，1706）冬日	台北 故宮博物院	故畫 02463
仿黃公望筆意	軸	紙	水墨	85.2 x 44.7	丁亥（康熙四十六年，1707）初秋新涼	台北 故宮博物院	故畫 02465
仿黃公望秋山	軸	紙	設色	81.3 x 50.2	康熙丁亥（四十六年，1707）初秋	台北 故宮博物院	故畫 00746
仿王蒙筆意	軸	紙	水墨	100.5 x 45.1	丁亥（康熙四十六年，1707）小春	台北 故宮博物院	故畫 02469
仿黃公望山水	軸	紙	設色	106.5 x 60	戊子（康熙四十七年，1708）春正	台北 故宮博物院	故畫 02464
仿米芾雲山	軸	紙	水墨	100.3 x 57.1	戊子（康熙四十七年，1708）新春	台北 故宮博物院	故畫 02460
山水（寫雲林設色小景）	軸	紙	設色	54.4 x 33	戊子（康熙四十七年，1708）初春	台北 故宮博物院	故畫 02444
春山圖	軸	紙	設色	99.7 x 42.7	戊子（康熙四十七年，1708）七月下浣	台北 故宮博物院	故畫 02446
山村雨景	軸	絹	水墨	148.4 x 55	戊子（康熙四十七年，1708）深秋	台北 故宮博物院	故畫 02449
山水	軸	絹	設色	98.5 x 52.4	康熙戊子（四十七年，1708）清和下浣	台北 故宮博物院	故畫 00753
仿王蒙筆意	軸	紙	水墨	93.5 x 41	己丑（康熙四十八年，1709）春王	台北 故宮博物院	故畫 02470
仿吳鎮山水	軸	紙	水墨	111.3 x 42.2	康熙己丑（四十八	台北 故宮博物院	故畫 02474

名稱	形式	質地	色彩	尺寸 高×寬㎝	創作時間	收藏處所	典藏號碼
					年，1709）春日		
秋山圖	軸	紙	設色	100.6 × 45.1	己丑（康熙四十八年，1709）子月長至後三日	台北 故宮博物院	故畫 02447
仿倪黃山水	軸	紙	設色	93.9 × 48.3	己丑（康熙四十八年，1709）小春	台北 故宮博物院	故畫 00748
仿王蒙山水	軸	紙	設色	41.3 × 28.4	庚寅（康熙四十九年，1710）秋日	台北 故宮博物院	故畫 00750
仿黃公望山水	軸	紙	水墨	40.6 × 26.5	辛卯（康熙五十年，1711）春日	台北 故宮博物院	故畫 00745
仿倪瓚山水	軸	紙	水墨	69.6 × 42	康熙壬辰（五十一年，1712）二月下浣	台北 故宮博物院	故畫 02472
溪峰林廬	軸	紙	設色	95.7 × 52	癸巳（康熙五十二年，1713）仲冬	台北 故宮博物院	故畫 00737
仿黃公望秋山	軸	紙	設色	105.6 × 47.8	癸巳（康熙五十二年，1713）九秋	台北 故宮博物院	故畫 02462
仿黃公望筆意	軸	絹	設色	104.4 × 54.1	康熙甲午（五十三年，1714）中秋下浣	台北 故宮博物院	故畫 02466
草堂烟樹	軸	紙	設色	84.5 × 43	康熙乙未（五十四年，1715）暮春	台北 故宮博物院	故畫 02457
仿北宋人山水	軸	紙	水墨	106.5 × 60.5	康熙乙未（五十四年，1715）長夏	台北 故宮博物院	故畫 02459
晴翠浮嵐	軸	紙	設色	120.6 × 53.1		台北 故宮博物院	故畫 00735
煙浮遠岫圖	軸	紙	水墨	125.1 × 53.8		台北 故宮博物院	故畫 00736
雲壑流泉圖	軸	紙	水墨	94.3 × 48.9		台北 故宮博物院	故畫 00738
松壑流泉	軸	紙	設色	56.8 × 37.7		台北 故宮博物院	故畫 00739
夏山旭照圖	軸	絹	設色	123 × 51.8		台北 故宮博物院	故畫 00740
仿倪黃合筆圖	軸	紙	水墨	111.5 × 48.1		台北 故宮博物院	故畫 00747
山水	軸	綾	水墨	171.3 × 72.4		台北 故宮博物院	故畫 02435

名稱	形式	質地	色彩	尺寸 高x寬㎝	創作時間	收藏處所	典藏號碼
山水	軸	紙	設色	50 x 32.8		台北 故宮博物院	故畫 02436
山水	軸	絹	水墨	36.8 x 69.4		台北 故宮博物院	故畫 02437
山水（仿巨然煙浮遠岫意）	軸	紙	水墨	54.2 x 33		台北 故宮博物院	故畫 02439
山水（九峰雪霽圖意）	軸	紙	水墨	53.9 x 32.5		台北 故宮博物院	故畫 02441
山水（擬范中立）	軸	紙	設色	54.3 x 32.9		台北 故宮博物院	故畫 02442
山水	軸	紙	水墨	54.1 x 33.1		台北 故宮博物院	故畫 02443
山水（仿黃鶴山樵筆）	軸	紙	水墨	54.1 x 32.8		台北 故宮博物院	故畫 02445
江山清霽	軸	絹	水墨	123.8 x 53.2		台北 故宮博物院	故畫 02450
遠岫歸雲	軸	紙	設色	56.4 x 37.3		台北 故宮博物院	故畫 02451
山川煥采圖	軸	絹	設色	144.7 x 77.7		台北 故宮博物院	故畫 02452
重山疊嶂圖	軸	絹	設色	127.4 x 77.2		台北 故宮博物院	故畫 02453
丹山碧樹	軸	絹	設色	111.7 x 49.3		台北 故宮博物院	故畫 02454
雲山無盡圖	軸	絹	設色	178.4 x 82.5		台北 故宮博物院	故畫 02455
平林罨翠圖	軸	絹	設色	106.3 x 52.6		台北 故宮博物院	故畫 02456
仿李唐春樹萬年圖	軸	絹	設色	106.1 x 53.3		台北 故宮博物院	故畫 02461
松亭山色	軸	絹	設色	195.3 x 95.8		台北 故宮博物院	故畫 02993
春雲出岫	軸	絹	設色	124 x 71		台北 故宮博物院	中畫 00052
山水圖	軸	紙	設色	114.9 x 56.9		台北 故宮博物院（蘭千山館 寄存）	
仿黃公望富春山色圖	軸	紙	設色	119 x 38.2	丙子（康熙三十五年，1696）暮春	台北 長流美術館	
仿梅道人筆意山水	軸	紙	設色	88 x 47	丙子（康熙三十五年，1696）小春	台北 長流美術館	
仿大癡筆意山水	軸	紙	設色	88 x 47	康熙乙未（五十四年，1715）暮春	台北 長流美術館	
仿大癡筆意山水圖	軸	紙	水墨	47.5 x 32.6	辛巳（康熙四十年	台北 蘭千山館	

名稱	形式	質地	色彩	尺寸 高×寬㎝	創作時間	收藏處所	典藏號碼
					，1701）秋日		
仿大癡筆意山水圖	軸	紙	水墨	98 × 46.5	丙寅（康熙二十五年，1686）秋日	台北 清玩雅集	
秋景山水圖	軸	紙	設色	101 × 50	丁亥（康熙四十六年，1707）秋日	台北 清玩雅集	
山居圖	軸	紙	設色	98 × 48	辛卯（康熙五十年，1711）小春	台北 李鴻球先生	
秋山讀書圖	軸	紙	設色	129 × 61.9	甲戌（康熙三十三年，1694）夏	台北 張學良先生	
仿王蒙山水圖	軸	紙	水墨	113.2 × 48.3		台北 私人	
仿黃公望山水圖	軸	紙	水墨	98.4 × 46.4		台北 私人	
仿黃公望山水圖	軸	紙	水墨	115.3 × 59.6		台南 石允文先生	
仿黃公望山水圖	軸	紙	設色	160 × 76.5	康熙辛巳（四十年，1701）嘉平	香港 香港美術館	FA1984.173
仿黃公望山水圖	軸	紙	水墨	106.4 × 56.3		香港 中文大學中國文化研究所文物館	95.421
山水圖	軸	紙	水墨	102.5 × 41.5	康熙甲申（四十三年，1704）臘月望後	香港 何耀光至樂樓	
設色山水圖	軸	紙	設色	86.1 × 47.3	己丑（康熙四十八年，1709）七月望日	香港 黃仲方先生	
仿倪瓚秋景山水圖	軸	紙	水墨	63.3 × 32.2		香港 許晉義崇宜齋	
山水圖	軸	紙	水墨	96.8 × 40.8	己卯（康熙三十八年，1699）冬日	香港 鄭德坤木扉	
仿王蒙山水圖	軸	紙	設色	131 × 42.5		香港 劉作籌虛白齋	
仿黃公望山水圖	軸	紙	設色	100.3 × 46.8	甲午（康熙五十三年，1714）秋日	香港 劉作籌虛白齋	75
寒岫溪亭圖	軸	紙	設色	不詳	壬辰（康熙五十一年，1712）春正	香港 劉作籌虛白齋	
柳橋村落圖	軸	紙	水墨	54.3 × 112.7	康熙辛巳（四十年，1701）	哈爾濱 黑龍江省博物館	

名稱	形式	質地	色彩	尺寸 高×寬cm	創作時間	收藏處所	典藏號碼
仿子久山水圖	軸	紙	設色	不詳	康熙壬午（四十一年，1702）	長春 吉林省博物館	
仿趙大年山水圖	軸	絹	設色	27.5 × 44		長春 吉林省博物館	
山溪水榭圖	軸	紙	設色	113 × 63	康熙庚午（二十九年，1690）	瀋陽 故宮博物院	
高山流水圖	軸	紙	水墨	130 × 45	康熙癸未（四十二年，1703）	瀋陽 故宮博物院	
秋山圖	軸	紙	設色	97 × 45	康熙甲申（四十三年，1704）	瀋陽 故宮博物院	
仿大癡山水圖	軸	紙	設色	101 × 21	康熙戊子（四十七年，1708）	瀋陽 故宮博物院	
危峰獨秀圖	軸	紙	設色	不詳	康熙乙未（五十四年，1715）	瀋陽 故宮博物院	
仿大癡山水圖	軸	紙	設色	24.6 × 32.3		瀋陽 故宮博物院	
仿梅道人山水圖	軸	紙	水墨	24.6 × 32.3		瀋陽 故宮博物院	
仿高克恭雲山圖	軸	紙	水墨	99 × 47.2	庚辰（康熙三十九年，1700）	瀋陽 遼寧省博物館	
雲壑水村圖	軸	紙	設色	75.8 × 31.7	辛巳（康熙四十年，1701）	瀋陽 遼寧省博物館	
仿黃子久山水圖（為愷翁作）	軸	絹	設色	122.7 × 52.8	癸未（康熙四十二年，1703)	瀋陽 遼寧省博物館	
早春圖	軸	紙	設色	100.1 × 44.7	乙酉（康熙四十四年，1705）	瀋陽 遼寧省博物館	
仿一峰山水圖	軸	絹	設色	121 × 64.7	乙酉（康熙四十四年，1705）	瀋陽 遼寧省博物館	
仿倪瓚山水圖	軸	紙	水墨	63.8 × 35.8	壬辰（康熙五十一年，1712）冬日	瀋陽 遼寧省博物館	
仿巨然山水圖（為徐司民作）	軸	紙	水墨	不詳	癸未（康熙四十二年，1703）新正八日	瀋陽 故宮博物館	
仿大癡山水圖	軸	紙	設色	不詳	戊子（康熙四十七年，1708）六月朔日	瀋陽 故宮博物館	
仿大癡山水圖	軸	紙	設色	不詳	康熙乙卯（十四年	北京 故宮博物院	

名稱	形式	質地	色彩	尺寸 高x寬㎝	創作時間	收藏處所	典藏號碼
					，1675）夏日		
仿黃公望山水圖	軸	紙	水墨	130 × 58.2	己未（康熙十八年，1679）	北京 故宮博物院	
仿大癡富春大嶺圖	軸	紙	設色	100 × 36	辛酉（康熙二十年，1681）清和	北京 故宮博物院	
仿黃子久層巒聳翠圖（為牧翁作）	軸	紙	水墨	100.5 × 54.5	丁卯（康熙二十六年，1687）初春	北京 故宮博物院	
山水圖	軸	紙	水墨	96 × 47	庚午（康熙二十九年，1690）七月朔日	北京 故宮博物院	
仿大癡山水圖	軸	紙	水墨	100.6 × 55.7	壬申（康熙三十一年，1692）	北京 故宮博物院	
富春山圖	軸	紙	水墨	98.8 × 60.1	癸酉（康熙三十二年，1693）	北京 故宮博物院	
仿黃公望山水圖	軸	紙	水墨	66 × 38	甲戌（康熙三十三年，1694）初秋	北京 故宮博物院	
仿倪瓚山水圖	軸	紙	水墨	78.6 × 32.8	甲戌（康熙三十三年，1694）	北京 故宮博物院	
仿高克恭山水圖	軸	紙	設色	不詳	康熙乙亥（三十四年，1695）八月四日	北京 故宮博物院	
仿王蒙山水圖（為袞石作）	軸	紙	水墨	95.5 × 52.3	丙子（康熙三十五年，1696）長夏	北京 故宮博物院	
仿大癡山水圖（為愚齋作）	軸	紙	水墨	127 × 53.5	康熙丙子（三十五年，1696）秋日	北京 故宮博物院	
仿黃公望山水圖	軸	紙	水墨	91.8 × 39.8	丙子（康熙三十五年，1696）	北京 故宮博物院	
仿高克恭雲山圖（為雲期作）	軸	紙	水墨	94 × 45.7	康熙己卯（三十八年，1699）三月下浣	北京 故宮博物院	
仿吳鎮山水圖	軸	紙	水墨	不詳	己卯（康熙三十八年，1699）冬日	北京 故宮博物院	
仿黃富春圖	軸	紙	水墨	不詳	己卯（康熙三十八年，1699）	北京 故宮博物院	

名稱	形式	質地	色彩	尺寸 高×寬cm	創作時間	收藏處所	典藏號碼
遂幽軒圖	軸	紙	水墨	89.5 × 42	庚辰（康熙三十九年，1700）孟冬望前	北京 故宮博物院	
仿倪瓚山水圖	軸	紙	水墨	96 × 39.1	辛巳（康熙四十年，1701）	北京 故宮博物院	
送別詩意圖	軸	紙	設色	128.6 × 75.6	辛巳（康熙四十年，1701）小春下浣	北京 故宮博物院	
仿王蒙山水圖	軸	紙	設色	不詳	辛巳（康熙四十年，1701）仲冬	北京 故宮博物院	
仿梅道人山水圖	軸	紙	水墨	94 × 53.1	康熙壬午（四十一年，1702）春日	北京 故宮博物院	
昌黎詩意圖	軸	紙	設色	97.5 × 54.3	壬午（康熙四十一年，1702）	北京 故宮博物院	
仿大癡山水圖	軸	紙	設色	不詳	康熙壬午（四十一年，1702）春仲	北京 故宮博物院	
江村曉霽圖	軸	紙	設色	92 × 49.4	康熙壬午（四十一年，1702）	北京 故宮博物院	
仿黃公望山水圖	軸	紙	水墨	不詳	壬午（康熙四十一年，1702）	北京 故宮博物院	
為樹翁作山水圖	軸	紙	設色	不詳	壬午（康熙四十一年，1702）	北京 故宮博物院	
仿倪黃江村晚霽圖	軸	紙	設色	不詳	壬午（康熙四十一年，1702）秋日	北京 故宮博物院	
喬松堂圖	軸	紙	設色	99.5 × 51.3	癸未（康熙四十二年，1703）春日	北京 故宮博物院	
仿倪黃山水圖	軸	紙	水墨	95.5 × 39.2	康熙癸未（四十二年，1703）中秋	北京 故宮博物院	
山水圖	軸	紙	水墨	不詳	康熙癸未（四十二年，1703）	北京 故宮博物院	
仿王蒙山水圖	軸	紙	設色	不詳	癸未（康熙四十二年，1703）仲冬	北京 故宮博物院	
仿王蒙山水圖	軸	紙	水墨	113 × 54.7	康熙甲申（四十三年，1704）	北京 故宮博物院	
仿王蒙山水圖	軸	紙	水墨	91.5 × 46.3	乙酉（康熙四十四	北京 故宮博物院	

名稱	形式	質地	色彩	尺寸 高x寬cm	創作時間	收藏處所	典藏號碼
					年，1705)		
仿梅道人山水圖（為南老作）	軸	紙	水墨	133.6 x 57.9	乙酉（康熙四十四年，1705)暮春	北京 故宮博物院	
仿董、巨山水圖	軸	紙	水墨	94 x 52	乙酉（康熙四十四年，1705)	北京 故宮博物院	
青綠山水圖	軸	紙	設色	82.2 x 41.2	康熙丙戌（四十五年，1706）	北京 故宮博物院	
仿王蒙山水圖	軸	紙	水墨	154 x 64.5	丙戌（康熙四十五年，1706）冬日	北京 故宮博物院	
桃源圖	軸	紙	設色	82.7 x 47.7	丙戌（康熙四十五年，1706）	北京 故宮博物院	
仿王蒙山水圖	軸	紙	設色	不詳	丙戌（康熙四十五年，1706）	北京 故宮博物院	
丹臺春曉圖	軸	紙	設色	44.5 x 30.6	丁亥（康熙四十六年，1707）	北京 故宮博物院	
層巒聳翠圖	軸	紙	水墨	不詳	丁亥（康熙四十六年，1707）	北京 故宮博物院	
仿董、巨山水圖	軸	紙	水墨	94.8 x 52.6	康熙丁亥（四十六年，1707）	北京 故宮博物院	
陡壑密林圖	軸	紙	水墨	不詳	康熙丁亥（四十六年，1707）	北京 故宮博物院	
仿董其昌山水圖	軸	紙	水墨	72.6 x 42	丁亥（康熙四十六年，1707）	北京 故宮博物院	
神完氣足圖	軸	紙	水墨	136.6 x 71.6	戊子（康熙四十七年，1708）	北京 故宮博物院	
為敏修作山水圖	軸	紙	水墨	99.3 x 46.8	康熙戊子（四十七年，1708）	北京 故宮博物院	
仿黃公望山水圖	軸	紙	設色	91.8 x 39.7	戊子（康熙四十七年，1708）	北京 故宮博物院	
擬大癡秋林疊巘圖	軸	紙	設色	110.5 x 56.2	己丑（康熙四十八年，1709）嘉平	北京 故宮博物院	
仿大癡山水圖（為敏修作）	軸	紙	設色	不詳	己丑（康熙四十八年，1709）夏日	北京 故宮博物院	
仿高克恭山水圖	軸	紙	設色	100.5 x 46.5	己丑（康熙四十八	北京 故宮博物院	

名稱	形式	質地	色彩	尺寸 高×寬㎝	創作時間	收藏處所	典藏號碼
					年，1709）子月長 至前三日		
仿王蒙山水圖	軸	紙	設色	不詳	康熙庚寅（四十九 年，1710）	北京 故宮博物院	
仿李成烟景圖	軸	紙	設色	47 × 30	庚寅（康熙四十九 年，1710）	北京 故宮博物院	
松岡霖雨圖	軸	紙	設色	不詳	庚寅（康熙四十九 年，1710）	北京 故宮博物院	
仿王蒙秋山蕭寺圖	軸	紙	設色	不詳	辛卯（康熙五十年 ，1711）春仲	北京 故宮博物院	
仿倪瓚山水圖	軸	紙	水墨	16.2 × 49	壬辰（康熙五十一 年，1712）	北京 故宮博物院	
仿黃公望山水圖	軸	絹	設色	102.4 × 54.3	康熙壬辰（五十一 年，1712）春日	北京 故宮博物院	
仿北苑夏山圖	軸	紙	水墨	不詳	壬辰（康熙五十一 年，1712）小春	北京 故宮博物院	
為位凝作山水圖	軸	紙	水墨	64 × 35.5	康熙甲午（五十三 年，1714）夏五	北京 故宮博物院	
仿高克恭山水圖	軸	紙	水墨	不詳	甲午（康熙五十三 年，1714）	北京 故宮博物院	
仿黃公望山水圖	軸	絹	設色	131.9 × 77	康熙甲午（五十三 年，1714）	北京 故宮博物院	
煙江疊嶂圖	軸	紙	水墨	95.5 × 49		北京 故宮博物院	
華山圖	軸	紙	水墨	不詳		北京 故宮博物院	
仿王蒙松溪山館圖	軸	紙	水墨	141 × 51		北京 故宮博物院	
仿吳鎮山水圖	軸	紙	水墨	133.3 × 57.8		北京 故宮博物院	
仿吳鎮山水圖	軸	紙	水墨	118 × 54.5		北京 故宮博物院	
仿倪瓚山水圖	軸	紙	水墨	不詳		北京 故宮博物院	
晴巒春靄圖	軸	紙	設色	不詳	康熙戊寅（三十七 年，1698）小春	北京 中國歷史博物館	
山水圖（為器公作）	軸	絹	設色	不詳	康熙己丑（四十八 年，1709）夏五	北京 中國歷史博物館	
山水圖（為米漢雯作）	軸	紙	設色	不詳	康熙辛卯（五十年	北京 中國歷史博物館	

名稱	形式	質地	色彩	尺寸 高x寬㎝	創作時間	收藏處所	典藏號碼
					，1711)		
仿大癡山水圖	軸	紙	水墨	不詳	康熙癸酉（三十二年，1693）	北京 中國歷史博物館	
仿米山水圖	軸	紙	設色	不詳	康熙丁亥（四十六年，1707）	北京 中國歷史博物館	
仿大癡山水圖（為樹峰作）	軸	紙	設色	不詳	乙亥（康熙三十四年，1695）	北京 中國美術館	
仿黃公望山水圖	軸	絹	設色	126 x 60.5	乙亥（康熙三十四年，1695）	北京 首都博物館	
會心大癡圖	軸	絹	設色	167 x 76.5	康熙甲戌（三十三年，1694）	北京 首都博物館	
仿王蒙雲松捧嶽圖	軸	紙	水墨	95.8 x 48.7	己卯（康熙三十八年，1699）	北京 首都博物館	
仿黃子久夏山圖	軸	絹	設色	不詳	庚辰（康熙三十九年，1700）	北京 首都博物館	
仿梅道人山水圖	軸	紙	水墨	不詳	康熙五十三年（甲午，1714）中秋下浣	北京 首都博物館	
仿大癡山水圖	軸	紙	設色	不詳	康熙壬辰（五十一年，1712）	北京 首都博物館	
西山雲烟圖	軸	紙	水墨	不詳	乙酉（康熙四十四年，1705）	北京 中央工藝美術學院	
仿梅道人山水圖（方亨咸題）	軸	紙	水墨	不詳	癸巳（康熙五十二年，1713）秋	北京 中央工藝美術學院	
山水圖	軸	紙	設色	不詳	康熙甲午（五十三年，1714）	北京 中央工藝美術學院	
仿趙孟頫山水圖	軸	紙	設色	不詳		北京 中央工藝美術學院	
仿大癡山水圖（為屺望作）	軸	紙	水墨	121.5 x 45.3	己卯（康熙三十八年，1699）夏	天津 天津市藝術博物館	
仿大癡山水圖	軸	紙	設色	不詳	康熙己卯（三十八年，1699）	天津 天津市藝術博物館	
山莊平遠圖	軸	紙	水墨	123.5 x 55.7	康熙辛巳（四十年，1701）	天津 天津市藝術博物館	

名稱	形式	質地	色彩	尺寸 高x寬cm	創作時間	收藏處所	典藏號碼
浮巒暖翠圖	軸	紙	設色	199 × 80.7	乙酉（康熙四十四年，1705）	天津 天津市藝術博物館	
仿倪黃筆意圖	軸	紙	水墨	97.7 × 49.2	丙戌（康熙四十五年，1706）	天津 天津市藝術博物館	
淺絳山水圖	軸	紙	設色	90 × 49	戊子（康熙四十七年，1708）冬日	天津 天津市藝術博物館	
山水圖（為李尊桓作）	軸	紙	設色	不詳	壬辰（康熙五十一年，1712）清和朔日	天津 天津市藝術博物館	
粵東山水圖	軸	紙	設色	78.2 × 47	康熙壬辰（五十一年，1712）七十一	天津 天津市藝術博物館	
高嶺平川圖	軸	絹	設色	103.7 × 52	康熙癸巳（五十二年，1713）	天津 天津市藝術博物館	
仿大癡山水圖	軸	紙	設色	97.8 × 35.4	康熙甲午（五十三年，1714）	天津 天津市藝術博物館	
仿一峰山水圖	軸	紙	設色	96.5 × 50	康熙甲午（五十三年，1714）	天津 天津市藝術博物館	
仿大癡山水圖	軸	紙	水墨	121.5 × 45.3		天津 天津市藝術博物館	
仿大癡山水圖	軸	紙	設色	91 × 49	戊子（康熙四十七年，1708）	天津 天津市歷史博物館	
南山圖（為南老五秩初度作）	軸	紙	設色	113.5 × 58	康熙甲申（四十三年，1704）臘月望後	石家莊 河北省博物館	
曉煙宿雨圖	軸	紙	水墨	118 × 47	庚辰（康熙三十九年，1700）	太原 山西省博物館	
仿黃公望水村秋色圖	軸	紙	設色	不詳	康熙甲午（五十三年，1714）春杪	濟南 山東省博物館	
山水圖（為明吉作）	軸	絹	設色	112 × 53.2	康熙乙亥（三十四年，1695）	青島 山東省青島市博物館	
仿北苑山水圖（為拱辰作）	軸	紙	水墨	84.3 × 46.7	康熙丁亥（四十六年，1707）仲冬	青島 山東省青島市博物館	
雲壑泉聲圖（為樹老作）	軸	絹	設色	129.3 × 79.3	康熙甲午（五十三年，1714）夏五	青島 山東省青島市博物館	

名稱	形式	質地	色彩	尺寸 高×寬cm	創作時間	收藏處所	典藏號碼
仿大癡山水圖	軸	絹	設色	108 × 52.4	康熙乙未（五十四年，1715）	合肥 安徽省博物館	
仿江貫道山水圖	軸	紙	水墨	47.5 × 29.5		合肥 安徽省博物館	
仿大癡富春大嶺圖	軸	紙	設色	不詳	辛酉（康熙二十年，1681）清和	上海 上海博物館	
閒圃書屋圖	軸	紙	設色	114 × 51.1	癸酉（康熙三十二年，1693）清和	上海 上海博物館	
仿一峰山水圖（為七叔父作）	軸	紙	設色	不詳	乙亥（康熙三十四年，1695）重陽	上海 上海博物館	
仿高克恭雲山圖（為彗兒作）	軸	紙	設色	113.6 × 54.4	丙子（康熙三十五年，1696）春	上海 上海博物館	
仿大癡山水圖（為仁山作）	軸	紙	設色	不詳	丙子（康熙三十五年，1696）秋	上海 上海博物館	
仿吳鎮山水圖	軸	紙	水墨	74.2 × 40.6	己卯（康熙三十八年，1699）春日	上海 上海博物館	
仿黃公望山水圖（為馬元馭作）	軸	紙	水墨	106.4 × 56.2	庚辰（康熙三十九年，1700）春日	上海 上海博物館	
仿大癡山水圖（為几翁作）	軸	紙	設色	不詳	庚辰（康熙三十九年，1700）八月下浣	上海 上海博物館	
為扶老作山水圖	軸	紙	水墨	112.1 × 47.2	庚辰（康熙三十九年，1700）	上海 上海博物館	
仿王蒙山水圖	軸	紙	水墨	106.3 × 53.8	康熙辛巳（四十年，1701)暮春下浣	上海 上海博物館	
清泉白石圖	軸	紙	設色	99.3 × 44.4	康熙辛巳（四十年，1701）	上海 上海博物館	
仿大癡山水圖（為愚老作）	軸	紙	設色	103.2 × 47.8	康熙壬午（四十一年，1702）夏日	上海 上海博物館	
仿梅道人山水圖	軸	紙	水墨	91.7 × 45.9	癸未（康熙四十二年，1703）	上海 上海博物館	
仿黃公望山水圖	軸	紙	水墨	77.2 × 41.5	康熙癸未（四十二年，1703）上巳	上海 上海博物館	
碧樹丹山圖	軸	紙	水墨	90 × 37.7	康熙甲申（四十三年，1704）	上海 上海博物館	

名稱	形式	質地	色彩	尺寸 高x寬㎝	創作時間	收藏處所	典藏號碼
擬宋元八家山水圖（8幅）	軸	紙	設色	（每幅）67 x 42	甲申（康熙四十三年，1704）長至日	上海 上海博物館	
仿倪黃山水圖	軸	紙	設色	101.9 x 48.3	康熙乙酉（四十四年，1705）初春	上海 上海博物館	
為彥瑜作山水圖	軸	紙	設色	79.2 x 38.7	丙戌（康熙四十五年，1706）	上海 上海博物館	
仿董巨山水圖	軸	紙	水墨	不詳	丁亥（康熙四十六年，1707）清和望後三日	上海 上海博物館	
仿王蒙山水圖	軸	紙	水墨	104.4 x 49.6	丁亥（康熙四十六年，1707）夏五	上海 上海博物館	
仿高克恭山水圖	軸	紙	水墨	91.3 x 45.8	康熙丁亥（四十六年，1707）	上海 上海博物館	
仿黃公望富春山色圖	軸	紙	設色	129.6 x 59.7	丁亥（康熙四十六年，1707）	上海 上海博物館	
仿大癡富春山色圖	軸	紙	設色	不詳	丁亥（康熙四十六年，1707）秋日	上海 上海博物館	
仿黃子久山水圖	軸	紙	設色	187.3 x 46.6	戊子（康熙四十七年，1708）	上海 上海博物館	
蒼巖翠壁圖（為天表作）	軸	紙	設色	90.4 x 50.2	康熙己丑（四十八年，1709）夏五月	上海 上海博物館	
仿黃公望富春大嶺圖	軸	紙	水墨	76.8 x 46.9	己丑（康熙四十八年，1709）十月朔	上海 上海博物館	
仿倪山水小景	軸	紙	設色	65.7 x 39.1	庚寅（康熙四十九年，1710）九秋	上海 上海博物館	
遠山叠嶂圖	軸	紙	設色	83.5 x 46.8	庚寅（康熙四十九年，1710）春日	上海 上海博物館	
仿倪黃山水	軸	紙	設色	96 x 45	康熙庚寅（四十九年，1710）	上海 上海博物館	
仿倪瓚山水圖	軸	紙	水墨	112 x 47	康熙壬辰（五十一年，1712）	上海 上海博物館	
疏林遠山圖	軸	紙	水墨	95.5 x 50.9	康熙癸巳（五十二年，1713）春日	上海 上海博物館	
仿一峰山水圖（為遜麓作）	軸	紙	設色	69 x 37	康熙乙未（五十四	上海 上海博物館	

名稱	形式	質地	色彩	尺寸 高x寬cm	創作時間	收藏處所	典藏號碼
					年，1715）中秋		
仿一峰山水圖	軸	絹	設色	不詳	康熙乙未（五十四年，1715）	上海 上海博物館	
仿大癡陡壁盤石圖（為阿老作）	軸	絹	設色	130.5 x 74.1	康熙乙未（五十四年，1715）	上海 上海博物館	
仙掌峨帽圖	軸	紙	設色	16.2 x 51.9		上海 上海博物館	
河岳凝暉圖	軸	紙	設色	143.2 x 75.2		上海 上海博物館	
仿大癡山水圖（為陸王在作）	軸	紙	設色	144 x 71.7	康熙辛未（三十年，1691）冬	南京 南京博物院	
仿大癡山水圖	軸	紙	水墨	95.6 x 54.3	丙子（康熙三十五年，1696）小春	南京 南京博物院	
仿子久山水（溪山林屋圖）	軸	紙	設色	82.8 x 45.3	辛巳（康熙四十年，1701）冬	南京 南京博物院	
喬松秀竹圖（為玉培作）	軸	紙	水墨	83 x 43	壬午（康熙四十一年，1702）冬夜	南京 南京博物院	
為楊晉作山水（清溪繞屋圖）	軸	紙	設色	77.8 x 47.7	康熙乙酉（四十四年，1705）仲冬月杪	南京 南京博物院	
仿梅道人雲山圖	軸	紙	設色	58.5 x 35.5	康熙癸巳（五十二年，1713）秋日	南京 南京博物院	
仿大癡峰巒積翠圖	軸	絹	水墨	108.3 x 53.3	康熙甲午（五十三年，1714）長夏	南京 南京博物院	
仿大癡山水圖	軸	絹	水墨	105.5 x 51	康熙甲午（五十三年，1714），年七十三	南京 江蘇省美術館	
北阡草廬圖（為鹿原作）	軸	紙	設色	74.2 x 43.2	戊子（康熙四十七年，1708）臘月	無錫 江蘇省無錫市博物館	
小孤山圖（法大癡筆意）	軸	紙	水墨	97 x 46	戊寅（康熙三十七年，1698）冬日	常州 江蘇省常州市博物館	
仿大癡富春大嶺圖	軸	紙	水墨	118.4 x 55.8	康熙癸酉（三十二年，1693）九秋	蘇州 江蘇省蘇州博物館	
仿梅道人秋山圖（為荊濤作）	軸	紙	水墨	87.6 x 58.5	康熙丙戌（四十五年，1706）小春	蘇州 江蘇省蘇州博物館	

名稱	形式	質地	色彩	尺寸 高×寬 cm	創作時間	收藏處所	典藏號碼
仿大癡碧天秋思圖	軸	紙	設色	62 × 33.3	戊子（康熙四十七年，1708）	蘇州 江蘇省蘇州博物館	
仿大癡山水圖（為位三作）	軸	紙	設色	78.5 × 39.2	康熙甲午（五十三年，1714）仲春	蘇州 江蘇省蘇州博物館	
仿趙大年江鄉春曉圖	軸	紙	設色	135.1 × 58.6		蘇州 江蘇省蘇州博物館	
山川出雲圖	軸	絹	水墨	不詳	癸酉（康熙三十二年，1693）	吳江 江蘇省吳江縣博物館	
仿大癡富春山圖（為松一作）	軸	紙	水墨	100.6 × 51.8	戊辰（康熙二十七年，1688）冬	杭州 浙江省博物館	
仿倪黃山水圖（為許時庵作）	軸	紙	設色	95.5 × 46.1	畫始於庚辰（康熙三十九年，1700）初夏，完成於壬午(1702)端月	杭州 浙江省博物館	
仿大癡山水圖	軸	紙	水墨	56.5 × 29.5	乙丑（康熙二十四年，1685）	杭州 浙江美術學院	
仿大癡山水圖	軸	紙	設色	91.5 × 48.5	丙子（康熙三十五年，1696）夏五	杭州 浙江美術學院	
仿倪、黃山水圖	軸	紙	設色	56.5 × 79.8	丁亥（康熙四十六年，1707）冬日	杭州 浙江美術學院	
疏樹遠山圖	軸	絹	設色	97 × 51.5	康熙甲午（五十三年，1714）	長沙 湖南省博物館	
仿子久淺絳山水圖	軸	紙	設色	不詳	丁亥（康熙四十六年，1707）清和	長沙 湖南省圖書館	
仿倪瓚山水圖（為王在作）	軸	紙	設色	97 × 40.2	丙子（康熙三十五年，1696）	成都 四川省博物院	
仿雲林山水圖	軸	紙	水墨	103 × 43.3	丙子（康熙三十五年，1696）	成都 四川省博物院	
仿子久山水圖（為玉翁作）	軸	絹	設色	176 × 98.8	康熙癸巳（五十二年，1713）夏日	成都 四川省博物院	
雲山曉色圖	軸	紙	設色	95 × 48	乙未（康熙五十四年，1715）	成都 四川省成都市博物館	
水村山寺圖	軸	絹	設色	101 × 46		重慶 重慶市博物館	

名稱	形式	質地	色彩	尺寸 高×寬cm	創作時間	收藏處所	典藏號碼
芝仙書屋圖（清王翬等三十人合作）	軸	紙	水墨	129 × 69	丁丑（康熙三十六年，1697）	廣州 廣東省博物館	
臨黃公望夏山圖（為樹孝作）	軸	紙	設色	107 × 59.5	庚辰（康熙三十九年，1700）清和	廣州 廣東省博物館	
夏山圖（為繡谷作）	軸	紙	設色	不詳	庚辰（康熙三十九年，1700）清和	廣州 廣東省博物館	
倪黃筆意山水圖	軸	紙	水墨	64.2 × 33	癸未（康熙四十二年，1703）	廣州 廣東省博物館	
仿高房山山水圖	軸	紙	水墨	93.9 × 46.6	康熙丁亥（四十六年，1707）清夏	廣州 廣東省博物館	
仿大癡山水圖	軸	絹	設色	104.5 × 51	康熙甲午（五十三年，1714）小春	廣州 廣東省博物館	
仿大癡山水圖	軸	紙	設色	103 × 48.5	康熙甲午（五十三年，1714）	廣州 廣東省博物館	
仿倪瓚山水圖	軸	紙	水墨	68.5 × 40		廣州 廣東省博物館	
仿黃公望山水圖	軸	紙	水墨	123 × 50	丙子（康熙三十五年，1696）	廣州 廣州市美術館	
仿倪雲林山水圖	軸	紙	水墨	不詳	辛巳（康熙四十年，1701）	廣州 廣州市美術館	
勝奕圖	軸	紙	水墨	75.9 × 40	康熙甲申（四十三年，1704）	廣州 廣州市美術館	
仿大癡山水圖	軸	紙	水墨	52 × 38	癸巳（康熙五十二年，1713）夏日	廣州 廣州市美術館	
溪雲晴嶺圖	軸	紙	設色	60.5 × 40.5	康熙甲申（四十三年，1704）	南寧 廣西壯族自治區博物館	
夏山水閣圖	軸	紙	水墨	102 × 50.5	癸巳（康熙五十二年，1713）六月望後	南寧 廣西壯族自治區博物館	
南山積翠圖（仿一峯老人筆）	軸	紙	設色	95.4 × 45.1	癸未（康熙四十二年，1703）嘉平	日本 東京內野皎亭先生	
三清圖	軸	紙	水墨	62.1 × 42.1	壬午（康熙四十一年，1702）臘月既望	日本 東京加藤正治先生	
仿子久山水圖	軸	紙	水墨	121.5 × 48.5	康熙丁卯（二十六年，1687）十月既	日本 東京山本悌二郎先生	

名稱	形式	質地	色彩	尺寸 高x寬cm	創作時間	收藏處所	典藏號碼
仿大癡筆意山水圖	軸	紙	設色	不詳	望 康熙癸巳（五十二年，1713）中秋下浣，七十三老人	日本 東京張允中先生	
仿巨然筆意山水圖	軸	紙	水墨	65.7 x 44.9	辛巳（康熙四十年，1701）秋日	日本 京都國立博物館（上野有竹齋寄贈）	A甲182
仿吳鎮山水圖（仿元四大家山水圖之1）	軸	紙	水墨	103 x 48.2		日本 京都國立博物館（上野有竹齋寄贈）	A甲183a
仿黃公望山水圖（仿元四大家山水圖之2）	軸	紙	設色	103 x 48.2		日本 京都國立博物館（上野有竹齋寄贈）	A甲183b
仿王蒙山水圖（仿元四大家山水圖之3）	軸	紙	設色	103 x 48.2		日本 京都國立博物館（上野有竹齋寄贈）	A甲183c
仿倪瓚山水圖（仿元四大家山水圖之4）	軸	紙	水墨	103 x 48.2		日本 京都國立博物館（上野有竹齋寄贈）	A甲183d
仿倪高士山水圖	軸	紙	水墨	55.3 x 33.8		日本 京都國立博物館（上野有竹齋寄贈）	A甲210
撫黃鶴山樵本山水圖	軸	紙	水墨	131.5 x 59.3		日本 京都國立博物館	A甲178
山水圖（仿設色雲林筆意）	軸	紙	設色	83.6 x 37.3	康熙甲午（五十三年，1714）秋日	日本 京都藤井善助先生	
山水圖	軸	紙	水墨	97.3 x 42.4	康熙辛卯（五十年，1711 ）秋日	日本 京都小川廣己先生	
城南山水圖	軸	紙	水墨	126 x 65.2		日本 奈良大和文華館	1163
林壑幽棲圖	軸	紙	水墨	112.7 x 75.4	康熙壬午（四十一年，1702）暮春望日	日本 大阪市立美術館	
山水圖（寫祝宗母王太君八秩壽）	軸	綾	水墨	166 x 42.7	丙子（康熙三十五年，1696）秋日	日本 大阪橋本大乙先生	
仿一峰老人筆南山積翠圖	軸	紙	設色	95.5 x 45.3	癸未（康熙四十二年，1703）嘉平	日本 私人	
仿雲林筆意山水圖	軸	紙	水墨	75.7 x 39.4	癸巳（康熙五十二年，1713）春日	日本 中埜又左衛門先生	
仿高克恭、黃公望山水圖	軸	紙	水墨	132 x 64.4	康熙辛卯（五十年，1711）臘月八日	美國 New Haven 翁萬戈先生	
山水（仿董其昌太痴房山）	軸	紙	水墨	114.5 x 53.8	乙酉（康熙四十四年，1705）春日	美國 紐約大都會藝術博物館	1972.278.6

名稱	形式	質地	色彩	尺寸 高x寬㎝	創作時間	收藏處所	典藏號碼
合大癡房山兩家意山水圖	軸	紙	水墨	93.5 x 45.3	康熙癸巳（五十二年，1713）中秋下浣	美國 紐約顧洛阜先生	
仿吳鎮筆意山水	軸	紙	水墨	108.1 x 51.2	康熙乙亥（三十四年，1695）九秋	美國 紐約顧洛阜先生	83
仿北苑墨筆山水圖	軸	紙	水墨	不詳	庚午歲（康熙二十九年，1690）	美國 紐約王季遷明德堂	
仿黃公望山水圖	軸	絹	水墨	91 x 47.2	康熙甲午（五十三年，1714）長夏	美國 紐約王季遷明德堂	
仿黃子久富春大嶺圖（為文翁作）	軸	紙	設色	不詳	己未（康熙十八年，1679）秋日	美國 紐約王季遷明德堂（孔達原藏）	
吼山勝概圖	軸	紙	設色	93 x 49	甲戌（康熙三十三年，1694）秋	美國 紐約王季遷明德堂	
山水圖	軸	紙	設色	95.5 x 47.2		美國 紐約 Mr. & Mrs Weill	
仿山樵筆意山水圖（寫贈梅餘）	軸	紙	設色	97.7 x 59.2	康熙丙戌（四十五年，1706）小春	美國 華盛頓特區弗瑞爾藝術館	62.5
仿倪瓚山水圖（寫贈愷翁）	軸	紙	設色	95.5 x 50.5	甲申（康熙四十三年，1704）九秋	美國 華盛頓特區弗瑞爾藝術館	62.26
仿黃公望山水圖	軸	紙	設色	115.6 x 56.4		美國 底特律藝術中心	78.19
擬王蒙山水圖	軸	紙	水墨	75 x 37.5	康熙癸未（四十二年，1703）上巳	美國 底特律 Faxon 先生	
仿黃公望山水圖	軸	紙	設色	106.3 x 57.2	乙酉（康熙四十四年，1705）夏日	美國 密西根大學藝術博物館	1959/2.81
仿大癡筆意山水圖	軸	紙	水墨	130.2 x 58.7	辛巳（康熙四十年，1701）秋日	美國 芝加哥藝術中心	1951.232
仿子久設色山水圖	軸	紙	設色	不詳	康熙丙戌（四十五年，1706）早春	美國 芝加哥藝術中心	
仿王蒙山水圖	軸	紙	水墨	175.6 x 59.5		美國 芝加哥藝術中心	1956.5
仿設色雲林圖	軸	紙	設色	80.4 x 43.5	丁亥（康熙四十六年，1707）清和	美國 克利夫蘭藝術博物館	54.583
五色牡丹圖	軸	絹	設色	118.5 x 71.6		美國 克利夫蘭藝術博物館	67.192

名稱	形式	質地	色彩	尺寸 高×寬cm	創作時間	收藏處所	典藏號碼
仿吳鎮高巖槎竹圖	軸	紙	水墨	72.5 x 41.6		美國 聖路易斯市藝術館（米蘇里州梅林先生寄存）	
歲寒三友圖	軸	紙	水墨	74.9 x 41.9	壬午（康熙四十一年，1702）臘月既望	美國 堪薩斯市納爾遜-艾金斯藝術博物館	51.77
山水圖	軸	紙	設色	119.4 x 51.1	康熙癸巳（五十二年，1713）仲春	美國 堪薩斯市納爾遜-艾金斯藝術博物館	
仿倪瓚黃公望山水（寫贈敬六表姪）	軸	紙	設色	107.8 x 44.7	康熙戊子（四十七年，1708）春閏	美國 舊金山亞洲藝術館	B69 D7
山水圖	軸	紙	設色	63.2 x 38.2		美國 勃克萊加州大學藝術館	CC242
山水（岡陵松茂圖，壽沈太君五秩初度）	軸	絹	設色	52.9 x 29.2	康熙庚寅（四十九年，1710）七月中浣	美國 勃克萊加州大學藝術館（高居翰教授寄存）	
仿一峰老人筆意山水圖（畫似濟翁太老先生）	軸	紙	水墨	36.3 x 28.9	壬午（康熙四十一年，1702）中秋	美國 勃克萊加州大學藝術館	CC252
仿黃鶴山樵筆意山水圖	軸	紙	設色	57.8 x 35.1	康熙丙戌（四十五年，1706）初秋	美國 勃克萊加州大學藝術館（高居翰教授寄存）	CC175
大癡雲林筆意山水圖（為弘老大兄作）	軸	紙	水墨	62 x 32.6	丙寅（康熙二十五年，1686）冬日	美國 勃克萊加州大學藝術館（高居翰教授寄存）	CC187
仿黃公望山水圖	軸	紙	水墨	36.3 x 28.9		美國 勃克萊加州大學藝術館（高居翰教授寄存）	
仿倪高士筆意山水圖	軸	紙	水墨	96.5 x 42	庚寅（康熙四十九年，1710）秋日	美國 勃克萊加州大學藝術館（Schlenker 先生寄存）	
仿吳鎮山水圖	軸	紙	水墨	95.6 x 46.2		美國 加州蝸居齋	
仿黃公望山水圖	軸	紙	設色	104.2 x 51.9		美國 加州曹仲英先生	
仿倪瓚黃公望山水圖	軸	絹	水墨	81.5 x 51		美國 加州史坦福大學藝術博物館	84.138
仿大痴筆意山水圖	軸	紙	設色	99.4 x 57.2	康熙戊子（四十七年，1708）春閏	美國 夏威夷火魯奴奴藝術學院	1670.1
仿黃公望山水圖	軸	紙	設色	132.6 x 51.2	康熙丁卯（二十六年，1687）中秋前三日	英國 倫敦大英博物館	1976.4.5.02（ADD392）
仿梅道人筆山水圖	軸	紙	水墨	70.7 x 45.3	丙戌（康熙四十五	德國 柏林東亞藝術博物館	1965-21

名稱	形式	質地	色彩	尺寸 高x寬cm	創作時間	收藏處所	典藏號碼
					年，1706）寒夜		
仿董其昌山水圖	軸	紙	設色	83.1 x 45.6		德國 柏林東亞藝術博物館	1988-443
仿吳鎮筆意山水圖	軸	紙	設色	97.3 x 51.	康熙壬午（四十一年，1702）九秋望後	瑞士 蘇黎士黎得堡博物館	RCH.1158
擬倪黃山水圖	軸	紙	設色	92.2 x 43.5	康熙丙戌（四十五年，1706）春正望後	瑞士 蘇黎士黎得堡博物館	RCH.1159
唐賢三昧山水圖	軸	紙	水墨	84.1 x 48.1	戊子（康熙四十七年，1708）冬日	瑞士 蘇黎士黎得堡博物館	RCH.1160
仿倪黃山水圖（畫似仲翁老都掌科）	軸	紙	設色	95 x 45.5	戊寅（康熙三十七年，1698）春	瑞典 斯德哥爾摩遠東古物館	OM303/64
王維詩意山水圖（為皇士老賢甥寫）	軸	紙	設色	115 x 50.5	辛巳（康熙四十年，1701）秋日	瑞典 斯德哥爾摩遠東古物館	OM12/61
山水圖	軸	紙	水墨	87.3 x ?		荷蘭 阿姆斯特丹 Rijks 博物館（阿姆斯特丹私人寄存）	23
畫山水（8幀）	冊	絹	設色	（每幀）34.1 x 27.7		台北 故宮博物院	故畫01207
畫山水（12幀）	冊	紙	設色	（每幀）28.4 x 17.4		台北 故宮博物院	故畫01208
仿江貫道畫法（王原祁畫山水冊之1）	冊頁	紙	水墨	25.9 x 36.5		台北 故宮博物院	故畫01209-1
沒骨法寫王右丞詩意（王原祁畫山水冊之2）	冊頁	紙	設色	25.9 x 36.5	乙酉（康熙四十四年，1705）長夏	台北 故宮博物院	故畫01209-2
荊關遺意山水（王原祁畫山水冊之3）	冊頁	紙	設色	25.9 x 36.5		台北 故宮博物院	故畫01209-3
仿黃大痴秋山（王原祁畫山水冊之4）	冊頁	紙	設色	25.9 x 36.5		台北 故宮博物院	故畫01209-4
仿黃子久山水（王原祁仿古山水冊之1）	冊頁	絹	設色	32.5 x 36.6		台北 故宮博物院	故畫01210-1
仿趙承旨山水（王原祁仿古山水冊之2）	冊頁	絹	設色	32.5 x 36.6		台北 故宮博物院	故畫01210-2
疏林遠岫仿倪高士（王原祁仿	冊頁	絹	水墨	32.5 x 36.6	壬午（康熙四十一	台北 故宮博物院	故畫01210-3

名稱	形式	質地	色彩	尺寸 高×寬 cm	創作時間	收藏處所	典藏號碼
古山水冊之 3）					年，1702）仲春三日		
仿高房山雲山（王原祁仿古山水冊之 4）	冊頁	絹	設色	32.5 × 36.6		台北 故宮博物院	故畫 01210-4
仿吳仲圭意山水（王原祁仿古山水冊之 5）	冊頁	絹	水墨	32.5 × 36.6		台北 故宮博物院	故畫 01210-5
仿范華原叢林蘭若（王原祁仿古山水冊之 6）	冊頁	絹	設色	32.5 × 36.6		台北 故宮博物院	故畫 01210-6
仿米家雲山（王原祁仿古山水冊之 7）	冊頁	絹	水墨	32.5 × 36.6		台北 故宮博物院	故畫 01210-7
山水仿荊關遺意（王原祁仿古山水冊之 8）	冊頁	絹	設色	32.5 × 36.6		台北 故宮博物院	故畫 01210-8
仿北苑筆意山水（王原祁仿古山水冊之 9）	冊頁	絹	水墨	32.5 × 36.6		台北 故宮博物院	故畫 01210-9
江村雲樹仿趙大年意（王原祁仿古山水冊之 10）	冊頁	絹	設色	32.5 × 36.6		台北 故宮博物院	故畫 01210-10
松巖流瀑仿黃鶴山樵筆（王原祁仿古山水冊之 11）	冊頁	絹	設色	32.5 × 36.6		台北 故宮博物院	故畫 01210-11
仿李營丘雪圖（王原祁仿古山水冊之 12）	冊頁	絹	水墨	32.5 × 36.6		台北 故宮博物院	故畫 01210-12
仿倪高士春林山影筆意（王原祁仿宋元人山水冊之 1）	冊頁	紙	水墨	43.5 × 35.7		台北 故宮博物院	故畫 01211-1
層巖林屋仿子久設色（王原祁仿宋元人山水冊之 2）	冊頁	紙	設色	43.5 × 35.8		台北 故宮博物院	故畫 01211-2
仿高尚書雲山圖（王原祁仿宋元人山水冊之 3）	冊頁	紙	設色	43.5 × 36.4	戊寅（康熙三十七年，1698）清和	台北 故宮博物院	故畫 01211-3
泉林水閣仿梅道人意（王原祁仿宋元人山水冊之 4）	冊頁	紙	水墨	43.5 × 36.6	己卯（康熙三十八年，1699）暮春	台北 故宮博物院	故畫 01211-4
疊嶂松風仿王叔明筆（王原祁仿宋元人山水冊之 5）	冊頁	紙	設色	43.5 × 35.7	己卯（康熙三十八年，1699）春日	台北 故宮博物院	故畫 01211-5
雨中村落擬南宮筆意（王原祁仿宋元人山水冊之 6）	冊頁	紙	水墨	43.5 × 35.2	戊寅（康熙三十七年，1698）嘉年	台北 故宮博物院	故畫 01211-6
仿黃大痴陡壑密林筆意（王原祁仿宋元人山水冊之 7）	冊頁	紙	水墨	43.5 × 35.7		台北 故宮博物院	故畫 01211-7

名稱	形式	質地	色彩	尺寸 高x寬cm	創作時間	收藏處所	典藏號碼
師黃鶴山樵林泉清集圖筆（王原祁仿宋元人山水冊之8）	冊頁	紙	水墨	43.5 x 36.9		台北 故宮博物院	故畫 01211-8
仿范華原溪山秋色（王原祁仿宋元人山水冊之9）	冊頁	紙	設色	43.5 x 35.4		台北 故宮博物院	故畫 01211-9
仿趙大年寫右丞詩意（王原祁仿宋元人山水冊之10）	冊頁	紙	設色	43.5 x 35.6		台北 故宮博物院	故畫 01211-10
風巖泛艇仿荊關意（王原祁仿宋元人山水冊之11）	冊頁	紙	設色	43.5 x 35.6		台北 故宮博物院	故畫 01211-11
仙山樓閣仿趙承旨意（王原祁仿宋元人山水冊之12）	冊頁	紙	設色	43.5 x 36.9		台北 故宮博物院	故畫 01211-12
仿巨然賺蘭亭圖筆法（王原祁仿宋元人山水冊之13）	冊頁	紙	水墨	43.5 x 35.4		台北 故宮博物院	故畫 01211-13
擬李營丘寒林烟景（王原祁仿宋元人山水冊之14）	冊頁	紙	水墨	43.5 x 37.1	丁丑（康熙三十六年，1697）冬夜	台北 故宮博物院	故畫 01211-14
仿董北苑遺意山水（王原祁仿宋元人山水冊之15）	冊頁	紙	設色	43.5 x 35.5		台北 故宮博物院	故畫 01211-15
擬右丞山莊雪齋圖意（王原祁仿宋元人山水冊之16）	冊頁	紙	設色	43.5 x 37.1	戊寅（康熙三十七年，1698）冬日	台北 故宮博物院	故畫 01211-16
山水（畫幅集冊27之1幀）	冊頁	絹	設色	31.3 x 30.9		台北 故宮博物院	故畫 01279-2
山水（畫幅集冊27之1幀）	冊頁	絹	設色	40.9 x 27.6		台北 故宮博物院	故畫 01279-3
山水（畫幅集冊27之1幀）	冊頁	絹	設色	30.7 x 32.9		台北 故宮博物院	故畫 01279-4
山水（畫幅集冊27之1幀）	冊頁	絹	設色	40.9 x 27.5		台北 故宮博物院	故畫 01279-5
山水圖（名人畫扇（下）冊之6）	摺扇面	紙	設色	不詳		台北 故宮博物院	故畫 03555-6
仿王蒙山水圖	摺扇面	紙	設色	16.7 x 48.4		香港 莫華釗承訓堂	K92.67
仿黃公望山水圖	冊頁	絹	設色	21.2 x 31.8		香港 劉作籌虛白齋	78
仿仿黃子久山水（清王時敏等山水冊9之1幀）	冊頁	紙	設色	30.5 x 26.5	丁亥（康熙四十六年，1707）	長春 吉林省博物館	
為在翁作秋江歸棹圖（清王時敏等山水冊9之1幀）	冊頁	紙	設色	30.5 x 26.5	辛未（康熙三十年，1691）初冬	長春 吉林省博物館	
仿巨然山水圖	摺扇面	紙	水墨	不詳	丙子（康熙三十五年，1696）	長春 吉林省博物館	
仿一峰山水圖	摺扇面	紙	水墨	不詳	庚寅（康熙四十九年，1710）	長春 吉林省博物館	

名稱	形式	質地	色彩	尺寸 高×寬㎝	創作時間	收藏處所	典藏號碼
仿宋元山水圖（6幀）	冊	絹	水墨	（每幀）18×47	辛巳（康熙四十年，1701）	瀋陽 遼寧省博物館	
仿大癡山水圖	摺扇面	紙	設色	不詳	甲辰（康熙三年，1664）新秋	北京 故宮博物院	
山水圖（為既老作，諸家書畫合璧冊4之1幀）	冊頁	紙	水墨	26.7×19.3	乙巳（康熙四年，1665）菊月	北京 故宮博物院	
仿梅道人山水圖	摺扇面	紙	水墨	不詳	丙午（康熙五年，1666）長夏	北京 故宮博物院	
仿古山水圖（6幀）	冊	紙	設色	（每幀）21×27	丁巳（康熙十六年，1677）	北京 故宮博物院	
山水圖（15幀）	冊	紙	設色	（每幀）27.1×17	康熙癸酉（三十二年，1693）夏五	北京 故宮博物院	
仿吳鎮山水圖	摺扇面	紙	水墨	17×52	丙子（康熙三十五年，1696）	北京 故宮博物院	
山水圖	摺扇面	紙	水墨	17.8×45.6	庚辰（康熙三十九年，1700）	北京 故宮博物院	
秋山曉色圖	摺扇面	紙	設色	20.2×59	癸未（康熙四十二年，1703）	北京 故宮博物院	
仿宋元山水圖（12幀）	冊	紙	設色	（每幀）36.8×26.1	康熙甲申（四十三年，1704）冬日	北京 故宮博物院	
仿古山水圖（12幀，為匡吉甥作）	冊	紙	設色	（每幀）41×25.5	康熙乙酉（四十四年，1705）重陽日	北京 故宮博物院	
仿諸家山水圖（8幀）	冊	紙	設色	（每幀）37.4×26.4	丙戌（康熙四十五年，1706）中秋	北京 故宮博物院	
四時應制詩意圖（8幀）	冊	絹	設色	不詳	丁亥（康熙四十六年，1707）	北京 故宮博物院	
山水圖（10幀）	冊	紙	設色	（每幀）60.5×35	丁亥（康熙四十六年，1707）	北京 故宮博物院	
仿倪黃山水圖	摺扇面	紙	設色	16.5×49.3	戊子（康熙四十七年，1708）	北京 故宮博物院	
仿倪雲林山水圖	摺扇面	紙	設色	16.5×49	庚寅（康熙四十九年，1710)	北京 故宮博物院	
仿古山水圖（10幀，為丹思作）	冊	紙	設色	不詳	庚寅（康熙四十九年，1710）冬日	北京 故宮博物院	

名稱	形式	質地	色彩	尺寸 高×寬㎝	創作時間	收藏處所	典藏號碼
仿趙松雪山靜日長圖	冊頁	紙	設色	不詳	辛卯（康熙五十年，1711）長夏	北京 故宮博物院	
山水圖（清六大家山水冊12之1幀）	冊頁	紙	設色	不詳		北京 故宮博物院	
仿趙松雪夏山圖（清六大家山水冊12之1幀）	冊頁	紙	設色	不詳	辛卯（康熙五十年，1711）長夏	北京 故宮博物院	
仿倪黃小景圖（為雲開作）	摺扇面	紙	設色	不詳	辛卯（康熙五十年，1711）秋日	北京 故宮博物院	
仿荊關山水圖	摺扇面	紙	設色	16 × 48.8	壬辰（康熙五十一年，1712）清和	北京 故宮博物院	
山水圖	摺扇面	紙	設色	18.4 × 54.7	康熙甲午（五十三年，1714）	北京 故宮博物院	
山水圖（12幀）	冊	紙	設色	（每幀）47.5 × 27.5		北京 故宮博物院	
仿古山水圖（12幀）	冊	絹	設色	（每幀）41.3 × 36.2		北京 故宮博物院	
草堂十志圖（10幀）	冊	紙	設色	（每幀）29 × 29.5		北京 故宮博物院	
仿高房山筆山水圖（王原祁等五人山水合冊5之1幀）	冊頁	紙	設色	不詳		北京 故宮博物院	
山水圖（2幀）	摺扇面	紙	水墨	16.7 × 50.5 不等		北京 故宮博物院	
山水圖（2幀）	摺扇面	紙	設色	16.6 × 52 不等		北京 故宮博物院	
桂花書屋圖	摺扇面	紙	設色	17 × 50		北京 故宮博物院	
仿趙令穰山水圖	摺扇面	紙	設色	16.5 × 48.3		北京 故宮博物院	
仿米元暉雲山圖（吳偉業等八人繪畫集錦冊8之1幀）	冊頁	紙	設色	25.4 × 32.3		北京 故宮博物院	
山水圖（四王吳惲集冊17之2幀）	冊頁	紙	設色	不詳		北京 故宮博物院	
避暑山莊三十六景	冊	紙	設色	不詳		北京 中國歷史博物館	
山水圖	摺扇面	紙	設色	不詳	辛酉（康熙二十年，1681）	天津 天津市藝術博物館	
仿梅道人筆山水圖（為壽翁作	冊頁	紙	設色	21.5 × 27.5	甲戌（康熙三十三	天津 天津市藝術博物館	

名稱	形式	質地	色彩	尺寸 高x寬cm	創作時間	收藏處所	典藏號碼
，王翬等山水冊 24 之 1 幀）					年，1694）夏日		
山水圖	摺扇面	紙	設色	不詳	庚寅（康熙四十九，1710）	天津 天津市藝術博物館	
山水圖（12 幀）	冊	紙	設色	（每幀）49 x 31.2	壬辰（康熙五十一年，1712）	天津 天津市藝術博物館	
山水圖（8 幀）	冊	紙	設色	（每幀）23.7 x 31.4		天津 天津市藝術博物館	
仿米、高山水圖	摺扇面	紙	水墨	不詳	康熙甲午（五十三年，1714）	太原 山西省博物館	
仿大癡山水圖	摺扇面	粉箋	設色	不詳	甲戌（康熙三十三年，1694）初秋	合肥 安徽省博物館	
仿黃公望山水圖（為集老作）	摺扇面	雲母箋	水墨	不詳	辛亥（康熙十年，1671）春日	上海 上海博物館	
仿黃公望筆意圖（為三叔作）	摺扇面	雲母箋	設色	不詳	辛亥（康熙十年，1671）花朝	上海 上海博物館	
仿惠崇詩意山水圖（為懸著作）	摺扇面	雲母箋	設色	不詳	辛酉（康熙二十年，1681）清和	上海 上海博物館	
仿黃公望山水圖（為君祥作）	摺扇面	雲母箋	設色	不詳	丙寅（康熙二十五年，1686）小春	上海 上海博物館	
為六吉作山水圖	摺扇面	雲母箋	水墨	不詳	康熙丁卯（二十六年，1687）	上海 上海博物館	
仿王蒙山水圖（為衣聞作）	摺扇面	雲母箋	設色	不詳	庚午（康熙二十九年，1690）春日	上海 上海博物館	
仿其公望山水圖（為登老作）	摺扇面	雲母箋	設色	不詳	辛未（康熙三十年，1691）初秋	上海 上海博物館	
仿雲林溪山亭子圖（為蘅翁作）	摺扇面	雲母箋	水墨	不詳	甲戌（康熙三十三年，1694）	上海 上海博物館	
仿大癡筆意山水圖（王翬等山水冊 8 之第 7 幀）	冊頁	紙	水墨	26.5 x 35.7	乙亥（康熙三十四年，1695）長夏	上海 上海博物館	
為子老作山水圖（王翬等山水冊 8 之第 8 幀）	冊頁	紙	水墨	26.5 x 35.7	乙亥（康熙三十四年，1695）夏日	上海 上海博物館	
仿趙孟頫山水圖（為司民作）	摺扇面	雲母箋	設色	不詳	己卯（康熙三十八年，1699）秋	上海 上海博物館	
仿倪黃筆意作山水圖	摺扇面	紙	設色	不詳	己丑（康熙四十八	上海 上海博物館	

名稱	形式	質地	色彩	尺寸 高×寬㎝	創作時間	收藏處所	典藏號碼
					年，1709）端陽		
仿古山水（12幀）	冊	紙	設色	（每幀）35 × 26		上海 上海博物館	
山閣煙雲圖	摺扇面	紙	設色	不詳		上海 上海博物館	
平山水閣圖	摺扇面	紙	水墨	不詳		上海 上海博物館	
平山林屋圖	摺扇面	紙	水墨	不詳		上海 上海博物館	
松溪圖	摺扇面	紙	設色	不詳		上海 上海博物館	
松溪荷塢圖	摺扇面	紙	設色	不詳		上海 上海博物館	
門泊千帆圖	摺扇面	紙	設色	不詳		上海 上海博物館	
秋山圖	摺扇面	紙	設色	不詳		上海 上海博物館	
萬山蒼翠圖	摺扇面	紙	設色	不詳		上海 上海博物館	
疎林遠岫圖	摺扇面	紙	設色	不詳		上海 上海博物館	
仿趙孟頫夏木垂陰圖	摺扇面	紙	水墨	不詳		上海 上海博物館	
遠山水村圖	摺扇面	紙	設色	不詳		上海 上海博物館	
遙山千疊圖	摺扇面	紙	設色	不詳		上海 上海博物館	
樹石雲山圖	摺扇面	紙	水墨	不詳		上海 上海博物館	
秋山積翠圖	摺扇面	紙	設色	不詳		上海 上海博物館	
巖下柳溪圖	摺扇面	紙	設色	不詳		上海 上海博物館	
巖壑雲峰圖	摺扇面	紙	設色	不詳		上海 上海博物館	
仿宋元山水圖（10幀，為博問亭作）	冊	紙	設色	（每幀）29.5 × 35.9	丙子（康熙三十五年，1696）嘉平	南京 南京博物院	
山水圖（12幀）	冊	紙	設色	不詳	康熙辛巳（四十年，1701）	南京 南京博物院	
寫高尚書筆意山水（王原祁、徐玫、許穎、鄭棟、王昱、吳耒、金永熙、黃鼎山水合冊8之1幀）	冊	紙	設色	24.2 × 13.5	康熙乙未（五十四年，1715）夏五	南京 南京博物院	
春巒積翠圖	摺扇面	金箋	設色	不詳	戊子（康熙四十七年，1708）	寧波 浙江省寧波市天一閣文物保管所	
摹宋元人法作山水圖（4幀，為愷翁作）	冊	紙	設色	不詳x	戊子（康熙四十七年，1708）	廣州 廣東省博物館	
山水圖（4幀）	冊	紙	設色	（每幀）32.2 × 22.8	康熙乙酉（四十四年，1705）	廣州 廣州市美術館	
夏山圖	摺扇面	紙	設色	16.5 × 49.5		南寧 廣西壯族自治區博物館	

名稱	形式	質地	色彩	尺寸 高×寬㎝	創作時間	收藏處所	典藏號碼
山水	摺扇面	紙	設色	不詳		日本 東京摺澤靜夫先生	
畫扇（11幀）	冊	紙	設色、水墨	不詳		日本 東京橋本辰二郎先生	
仿大癡富春山筆意山水圖	冊頁	紙	設色	25.1 × 25.6	戊子（康熙四十七年，1708）初冬	日本 兵庫縣黑川古文化研究所	
山水圖	冊頁	金箋	水墨	32.7 × 38.8		韓國 首爾月田美術館	
山水（清七家扇面合冊之第5）	摺扇面	紙	水墨	不詳		美國 波士頓美術館	
仿倪黃合筆山水圖	冊頁	金箋	水墨	不詳	壬午（康熙四十一年，1702）仲冬	美國 哈佛大學福格藝術館	1923.171
仿黃公望山水圖	摺扇面	紙	設色	16.9 × 48.9		美國 耶魯大學藝術館	1990.37.1
寫設色雲林筆意山水圖	摺扇面	紙	設色	16.3 × 49	康熙乙未（五十四年，1715）中秋下浣	美國 普林斯頓大學藝術館	13.100.44
山水圖（10幀）	冊	紙	設色	（每幀）35 × 30.4	戊子（康熙四十七年，1708）	美國 普林斯頓大學藝術館（私人寄存）	
仿倪瓚山水圖	摺扇面	紙	設色	16.8 × 49.4		美國 紐約大都會藝術博物館	13.100.44
書畫合璧（6幀）	冊	紙	水墨	（每幀）36.8 × 54.8		美國 紐約布魯克林博物館	
仿王蒙山水圖	摺扇面	紙	水墨	16.8 × 49.6		美國 紐約大都會藝術博物館（紐約Denis楊先生寄存）	
仿惠崇江南春圖	冊頁	紙	設色	31.1 × 24.7		美國 堪薩斯市納爾遜-艾金斯藝術博物館	62-15
仿趙承旨桃源春畫圖	冊頁	紙	設色	31.1 × 24.7		美國 堪薩斯市納爾遜-艾金斯藝術博物館	62-14
山水圖	摺扇面	紙	水墨	15.8 × 46.5		美國 勃克萊加州大學藝術館	CC248
山水圖	摺扇面	金箋	設色	15.7 × 46.5		美國 加州 Richard Vinograd 先生	
山水圖	摺扇面	紙	水墨	不詳		美國 火魯奴奴Hutehinson先生	
設色雲林圖	摺扇面	紙	設色	不詳	康熙乙未（五十四年，1715）中秋下浣	美國 私人	
山水圖	摺扇面	金箋	設色	19.4 × 55.4		英國 倫敦十英博物館	1986.8.4.01（

名稱	形式	質地	色彩	尺寸 高x寬cm	創作時間	收藏處所	典藏號碼
							ADD510）
仿米友仁山水圖	摺扇面	紙	水墨	16.8 x 50.7		德國 柏林東亞藝術博物館	1988-302
溪山秋色圖	摺扇面	紙	設色	17.5 x 52.2		德國 柏林東亞藝術博物館	
仿洞庭圖筆意山水（似紫老年翁）	摺扇面	紙	設色	17.3 x 52	丁卯（康熙二十六年，1687）中秋	瑞典 斯德哥爾摩遠東古物館	OM25/65
附：							
富春山圖	卷	紙	水墨	33.6 x 327.6	康熙己卯（三十八年，1699）夏五上浣	紐約 蘇富比藝品拍賣公司/拍賣目錄 1986,06.03.	
仿黃公望山水圖	卷	紙	設色	28.5 x 505.5		紐約 佳士得藝品拍賣公司/拍賣目錄 1989,12,04.	
仿黃公望秋山圖	卷	紙	設色	29.8 x 333.5	康熙甲申（四十三年，1704）小春三日	紐約 佳士得藝品拍賣公司/拍賣目錄 1994,06,01.	
仿大癡富春山圖	卷	紙	水墨	31 x 376	康熙辛卯（五十年，1711）長至	香港 佳士得藝品拍賣公司/拍賣目錄 1994,10,30.	
仿黃子久山水圖	軸	絹	設色	78 x 47	庚午（康熙二十九年，1690）	大連 遼寧省大連市文物商店	
仿倪山水圖	軸	紙	水墨	不詳	甲戌（康熙三十三年，1694）冬日	北京 北京市文物商店	
仿大癡山水圖	軸	紙	設色	不詳	丁丑（康熙三十六年，1697）長夏	北京 北京市文物商店	
山水圖（為趙松一作）	軸	紙	設色	不詳	庚辰（康熙三十九年，1700）三月	北京 北京市文物商店	
仿梅道人溪山烟靄圖	軸	紙	水墨	不詳	壬午（康熙四十一年，1702）孟冬	北京 北京市文物商店	
仿黃子久山水圖	軸	絹	設色	125 x 60	康熙壬午（四十一年，1702）	天津 天津市文物公司	
雲山圖	軸	紙	水墨	不詳	乙酉（康熙四十四年，1705）	天津 天津市文物公司	
山水圖	軸	絹	設色	28 x 33		天津 天津市文物公司	
仿梅道人山水圖（為融老作）	軸	絹	水墨	86 x 52	己卯（康熙三十八年，1699）長夏	上海 朵雲軒	

名稱	形式	質地	色彩	尺寸 高x寬cm	創作時間	收藏處所	典藏號碼
臨大癡陡壑密林圖	軸	紙	設色	不詳	康熙壬午（四十一年，1702）	上海　朵雲軒	
仿大癡秋山圖	軸	紙	設色	不詳	康熙庚寅（四十九年，1710）	上海　朵雲軒	
仿大癡山水圖	軸	紙	設色	137 x 61	康熙甲午（五十三年，1714）清和	上海　朵雲軒	
仿北苑春山圖	軸	絹	水墨	164 x 51.1		上海　朵雲軒	
仿黃鶴山樵山水圖	軸	紙	水墨	93.9 x 41.3	己丑（康熙四十八年，1709）	上海　上海文物商店	
仿大癡山水圖	軸	絹	設色	不詳	丙子（康熙三十五年，1696）	上海　上海工藝品進出口公司	
仿吳仲圭山水圖	軸	紙	水墨	不詳	康熙壬午（四十一年，1702）	上海　上海工藝品進出口公司	
京江詩思圖	軸	紙	設色	不詳		上海　上海工藝品進出口公司	
溪亭秋色圖	軸	紙	水墨	94.2 x 45.5		武漢　湖北省武漢市文物商店	
擬黃子久意山水圖	軸	絹	水墨	115.5 x 61	康熙癸巳（五十二年，1713）仲春	紐約　蘇富比藝品拍賣公司/拍賣目錄 1981.10.25.	
仿大癡積翠浮嵐圖	軸	紙	設色	127 x 51.4	乙卯（康熙十四年，1675）長夏	紐約　蘇富比藝品拍賣公司/拍賣目錄 1982,06,04.	
仿黃公望山水圖	軸	紙	水墨	116.5 x 47.5	乙亥（康熙三十四年，1695）長夏雨後	紐約　佳士得藝品拍賣公司/拍賣目錄 1983,11,30.	
仿黃公望富春山居筆意圖	軸	絹	水墨	135 x 57	康熙己卯（三十八年，1699）長夏	紐約　佳士得藝品拍賣公司/拍賣目錄 1984,06,29.	
仿黃公望倪瓚山水（為弘老作）	軸	紙	水墨	62 x 33	丙寅（康熙二十五年，1686）冬日	紐約　蘇富比藝品拍賣公司/拍賣目錄 1984,12,05.	
仿黃公望山水	軸	紙	設色	160 x 76.5	康熙辛巳（四十年，1701）嘉平	香港　蘇富比藝品拍賣公司/拍賣目錄 1984,11,11.	
仿大癡道人山水圖	軸	紙	水墨	91.5 x 41.6	丙子（康熙三十五年，1696）夏五月	紐約　蘇富比藝品拍賣公司/拍賣目錄 1985,04,17.	
仿趙大年山水	軸	紙	設色	64.2 x 45.2	康熙甲申（四十三年，1704）秋日	紐約　蘇富比藝品拍賣公司/拍賣目錄 1986,06,03.	

名稱	形式	質地	色彩	尺寸 高x寬㎝	創作時間	收藏處所	典藏號碼
山居圖	軸	紙	水墨	99.6 x 48.3	辛卯（康熙五十年，1711）小春廿七日	紐約 佳仕得藝品拍賣公司/拍賣目錄 1986,06,04.	
仿倪山水圖	軸	紙	水墨	63 x 32		紐約 佳仕得藝品拍賣公司/拍賣目錄 1986,12,01.	
仿王蒙山水	軸	紙	水墨	64.1 x 36.2	康熙乙未（五十四年，1715）長夏	紐約 佳士得藝品拍賣公司/拍賣目錄 1987,12,11.	
仿趙孟頫山水	軸	紙	設色	30 x 30.5		紐約 蘇富比藝品拍賣公司/拍賣目錄 1988,06,01.	
仿黃子久山水	軸	紙	設色	91 x 45	壬辰（康熙五十一年，1712）九秋	紐約 佳士得藝品拍賣公司/拍賣目錄 1988,06,02.	
仿黃公望山水	軸	紙	水墨	73 x 32.5	癸巳（康熙五十二年，1713）夏日	紐約 佳士得藝品拍賣公司/拍賣目錄 1988,11,30.	
仿李營邱雪景圖	軸	絹	水墨	114 x 52.7		紐約 佳士得藝品拍賣公司/拍賣目錄 1988,11,30.	
仿黃公望山水	軸	紙	水墨	87.5 x 51.5	康熙辛卯（五十年，1711）新正十日	紐約 佳士得藝品拍賣公司/拍賣目錄 1989,06,01.	
仿子久寫春岫涵雲圖	軸	紙	設色	55.9 x 101.6	康熙戊子（四十七年，1708）春閏	紐約 佳士得藝品拍賣公司/拍賣目錄 1989.12.04	
仿倪雲林山水圖	軸	紙	水墨	92.5 x 50	己丑（康熙四十八年，1709）長至後日	紐約 佳士得藝品拍賣公司/拍賣目錄 1989,12,04.	
仿米氏山水圖	軸	紙	水墨	83.7 x 49.5		紐約 佳士得藝品拍賣公司/拍賣目錄 1990,05,31.	
溪山圖	軸	紙	水墨	93 x 48		紐約 佳士得藝品拍賣公司/拍賣目錄 1990,05,31.	
仿黃公望山水圖（為晉老年兄作）	軸	絹	設色	86.5 x 49.5	康熙辛卯（五十年，1711）初秋	紐約 佳士得藝品拍賣公司/拍賣目錄 1990,11,28.	
仿倪瓚山水圖	軸	紙	水墨	不詳	丙戌（康熙四十五年，1706）仲冬下浣	紐約 佳士得藝品拍賣公司/拍賣目錄 1990,11,28.	
仿黃公望山水圖	軸	紙	設色	103.5 x 49	癸未（康熙四十二年，1703）春日	香港 佳士得藝品拍賣公司/拍賣目錄 1991,03,18.	
仿高克恭山水圖	軸	紙	水墨	100.5 x 46.5	康熙丁亥（四十六	香港 佳士得藝品拍賣公司/拍	

名稱	形式	質地	色彩	尺寸 高×寬cm	創作時間	收藏處所	典藏號碼
					年，1707）夏五	賣目錄 1991,03,18.	
仿大癡山水圖	軸	紙	設色	66 × 37.5	康熙己巳(二十八年，1689)	紐約 佳士得藝品拍賣公司/拍賣目錄 1991,05,29.	
仿黃子久山水圖	軸	紙	設色	91.5 × 45.5	壬辰（康熙五十一年，1712）九秋	紐約 佳士得藝品拍賣公司/拍賣目錄 1992,06,02.	
仿王蒙山水圖	軸	紙	水墨	152.5 × 50		紐約 佳士得藝品拍賣公司/拍賣目錄 1992,12,02.	
仿大癡山水圖	軸	紙	水墨	106 × 45.5	己丑（康熙四十八年，1709）子月望前	紐約 佳士得藝品拍賣公司/拍賣目錄 1993,06,04.	
仿黃公望山水圖	軸	紙	水墨	84 × 46.5	辛卯（康熙五十年，1711）秋日	紐約 佳士得藝品拍賣公司/拍賣目錄 1994,11,30.	
仍黃公望山水圖	軸	紙	設色	39.5 × 44	乙亥（康熙三十四年，1695）秋日	紐約 佳士得藝品拍賣公司/拍賣目錄 1994,11,30.	
寫大癡大意山水圖	軸	絹	設色	81.9 × 45.7	癸巳（康熙五十二年，1713）秋日	紐約 佳士得藝品拍賣公司/拍賣目錄 1994,11,30.	
仿大癡山水圖	軸	紙	設色	95.9 × 44.2	康熙戊子（四十七年，1708）春閏	香港 佳士得藝品拍賣公司/拍賣目錄 1995,04,30.	
積翠浮巒圖	軸	紙	設色	127 ×51.4	己卯（康熙三十八年，1699）初秋	紐約 佳士得藝品拍賣公司/拍賣目錄 1996,03,27.	
仿黃公望山水圖	軸	紙	水墨	73.3 × 33.4	癸巳（康熙五十二年，1713）夏日	紐約 佳士得藝品拍賣公司/拍賣目錄 1996,03,27.	
仿大癡筆意山水圖	軸	紙	水墨	94 × 49	辛巳（康熙四十年，1701）秋日	紐約 佳士得藝品拍賣公司/拍賣目錄 1997,09,19.	
仿大癡山水圖	軸	紙	設色	97.1 × 53	七十歲（康熙五十年，辛卯，1711）	紐約 佳士得藝品拍賣公司/拍賣目錄 1998,03,24.	
仿黃公望山水圖	軸	紙	設色	103.5 × 49	癸未（康熙四十二年，1703）春日	香港 蘇富比藝品拍賣公司/拍賣目錄 1999,10,31.	
仿古山水圖（8幀，為太翁作）	冊	紙	設色	30 × 30.5	康熙辛卯（五十年，1711）六月	北京 中國工藝品進出口總公司	
仿子久筆山水（清初名人書畫集冊之3）	冊頁	絹	設色	34 × 40	庚戌（康熙九年，1670）秋日	紐約 蘇富比藝品拍賣公司/拍賣目錄 1984,06,13.	
仿王蒙山水田	摺扇面	紙	設色	17.2 × 51.4	辛巳（康熙四十年，1701）秋日	香港 蘇富比藝品拍賣公司/拍賣目錄 1984,11,11.	

名稱	形式	質地	色彩	尺寸 高x寬㎝	創作時間	收藏處所	典藏號碼
仿倪黃山水圖	摺扇面	紙	水墨	16 x 47.5	康熙乙未（五十四年，1715）中秋	紐約 佳士得藝品拍賣公司/拍賣目錄 1988,11,30.	
仿王蒙山水圖	摺扇面	紙	設色	16.5 x 49	壬辰（康熙五十一年，1712）秋日	紐約 佳士得藝品拍賣公司/拍賣目錄 1990,05,31.	
仿吳鎮山水圖	摺扇面	紙	設色	24.5 x 53	甲申（康熙四十三年，1704）臘月	紐約 佳士得藝品拍賣公司/拍賣目錄 1990,11,28.	
仿黃鶴山樵鐵網珊瑚	摺扇面	紙	設色	17 x 52		紐約 佳士得藝品拍賣公司/拍賣目錄 1993,12,01.	
山川出雲圖	摺扇面	紙	設色	17 x 52		紐約 佳士得藝品拍賣公司/拍賣目錄 1993,12,01.	
應制山水圖	摺扇面	紙	水墨	20.3 x 49		紐約 佳士得藝品拍賣公司/拍賣目錄 1993,12,01.	
硯山圖（清初十一名家硯山圖冊之第1開）	冊頁	紙	水墨	24.5 x 31	乙未（康熙五十四年，1715）菊月	紐約 佳士得藝品拍賣公司/拍賣目錄 1995,09,19.	
山水圖（王鑑、王時敏、王原祁山水冊3之1幀）	冊頁	紙	水墨	不詳		紐約 佳士得藝品拍賣公司/拍賣目錄 1995,03,22.	
仿元人山水圖（8幀）	冊	金箋	水墨	（每幀）27 x 18.5		紐約 佳士得藝品拍賣公司/拍賣目錄 1995,09,19.	
仿大癡山水圖（四王吳惲山水冊第6之4幀）	摺扇面	金箋	設色	17.5 x 52.7		紐約 佳士得藝品拍賣公司/拍賣目錄 1995,10,29.	
仿黃公望秋山圖	摺扇面	紙	設色	19 x 55	己丑（康熙四十八年，1709）長夏	香港 佳士得藝品拍賣公司/拍賣目錄 1996,04,28.	
仿高尚書筆山水圖	摺扇面	紙	設色	18 x 53.5		香港 佳士得藝品拍賣公司/拍賣目錄 1996,04,28.	
仿大癡富春長卷一角	摺扇面	紙	設色	17.8 x 52	己巳（康熙二十八年，1689）初秋	紐約 佳士得藝品拍賣公司/拍賣目錄 1996,09,18.	
仿大癡水村圖	摺扇面	紙	設色	17.8 x 50.8	辛未（康熙三十年，1691）長夏	紐約 佳士得藝品拍賣公司/拍賣目錄 1998,09,15.	
富春山居一景	摺扇面	紙	設色	17.8 x 52	己巳（康熙二十八年，1689）初秋	紐約 佳士得藝品拍賣公司/拍賣目錄 1998,09,15.	

畫家小傳：王原祁。字茂京。號麓臺。江蘇太倉人。王時敏之孫。生於明思宗崇禎十五（1642）年，卒於清聖祖康熙五十四（1715）年。仕官至少司農。以繪事供奉內廷，奉命鑑定古書畫，充萬壽盛典、佩文齋書畫譜總裁。善畫山水，師法黃公望淺絳，得其形神，品格高曠。從學者眾，被稱「婁東派」。為清初六家「四王、吳、惲」之一。（見國朝畫徵錄、熙朝名畫錄、桐陰論畫、居易錄、學庵類稿、江南通志、中國畫家人名大辭典）

名稱	形式	質地	色彩	尺寸 高x寬㎝	創作時間	收藏處所	典藏號碼

黃 仍

| 冬景山水（三顧茅廬圖） | 軸 | 絹 | 水墨 | 129.1 x 71.5 | | 日本 細見實先生 | |
| 夏景山水（三顧茅廬圖） | 軸 | 絹 | 水墨 | 129.1 x 71.5 | | 日本 細見實先生 | |

畫家小傳：黃仍。號隱齋。江蘇嘉定人。生於明思宗崇禎十五（1642）年，卒於聖祖康熙五十五（1716）年。善書及篆刻。（見中國歷代書畫篆刻家字號索引）

喬 萊

| 仿董其昌山水圖 | 軸 | 綾 | 水墨 | 211.7 x 49.7 | | 美國 耶魯大學藝術館 | 1986.278.1 |
| 蕉林書屋圖 | 摺扇面 | 紙 | 設色 | 不詳 | | 北京 故宮博物院 | |

畫家小傳：喬萊。字子靜。籍里、身世不詳。生於明思宗崇禎十五（1642）年。卒於聖祖康熙三十三（1694）年。（見碑傳集、中國畫家人名大辭典）

高 遇

緣溪青嶂圖	軸	絹	設色	163 x 47.5		濟南 山東省博物館	
牛首烟巒圖	軸	絹	設色	174.5 x 28.5	戊午（康熙十七年，1678）夏日	南京 南京市博物館	
春山對話圖	軸	絹	設色	156 x 44.5		廣州 廣東省博物館	
山水圖	冊頁	紙	設色	22.7 x 63	丁未（康熙六年，1667）初冬	北京 故宮博物院	
山水圖	摺扇面	金箋	水墨	不詳		北京 故宮博物院	
臨元人法山水（為惕翁作，清高岑等山水冊12之1幀）	冊頁	絹	設色	27.3 x 24.8	丙辰（康熙十五年，1676）初秋	天津 天津市藝術博物館	
山水圖（清梅清等山水冊12之之1幀）	冊頁	紙	設色	26.9 x 18.1	（丙辰，康熙十五年，1676）	杭州 浙江省博物館	
山水圖（駱連、高遇山水冊2之1幀）	冊頁	金箋	水墨	33.5 x 42.5	己未（康熙十八年，1679）	杭州 浙江省博物館	
山水圖（8幀）	冊	絹	設色	（每幀）24.5 x 19	丙寅（康熙二十五年，1686）	廣州 廣州市美術館	

附：

| 春山環翠圖 | 軸 | 綾 | 設色 | 233 x 143.5 | 己巳（康熙二十八年，1689）□□望 | 紐約 佳士得藝品拍賣公司/拍賣目錄 1993,06,04. | |

名稱	形式	質地	色彩	尺寸 高×寬㎝	創作時間	收藏處所	典藏號碼
					後一日		
山水圖	冊頁	紙	設色	不詳	癸丑（康熙十二年 1673）夏月	北京 北京市文物商店	
竹溪放棹圖（清初金陵名家山水花鳥冊之一幀）	冊頁	紙	設色	不詳	庚戌（康熙九年，1670）小春月	紐約 佳士得藝品拍賣公司/拍賣目錄 1989,12,04.	

畫家小傳：高遇（一名適）。字雨吉。浙江杭州人，寓居金陵。為高阜之子。畫山水，師其叔高岑而高過之。作品極得周亮工讚美。王翬見亦稱許之。流傳署款紀年作品見於聖祖康熙六（1667）至二十八（1689）年。（見國朝畫徵錄、圖繪寶鑑續纂、樸園讀畫錄、清畫家詩史、畫傳編韻、中國美術家人名辭典）

程 翥

名稱	形式	質地	色彩	尺寸 高×寬㎝	創作時間	收藏處所	典藏號碼
松林溪澗圖（清史喻義等蘭竹梅松卷4之第2段）	卷	綾	水墨	49.5 x 937.5	甲寅（康熙十三年，1674）冬月	石家莊 河北省博物館	
仿陳白陽梅樹圖（清史喻義等蘭竹梅松卷4之第4段）	卷	綾	水墨	49.5 x 937.5	甲寅（康熙十三年，1674）冬月	石家莊 河北省博物館	
雪景山水圖	軸	絹	設色	185 x 64	壬子（康熙十一年，1672）	歙縣 安徽省歙縣博物館	
摹倪雲林筆意山水圖	軸	紙	設色	170 x 95.6		義大利 巴馬中國藝術博物館	
弍柏弍石圖	軸	紙	水墨	155.6 x 81.8		瑞典 斯德哥爾摩遠東古物館	NMOK309
山水圖（清梅清等山水冊12之之1幀）	冊頁	紙	設色	26.9 x 18.1	（丙辰，康熙十五年，1676）	杭州 浙江省博物館	
山水圖（清程翥等山水冊6之第1幀）	冊頁	紙	設色	不詳	戊申（康熙七年，1668）	重慶 重慶市博物館	
法李成山水圖（明人扇面畫冊之34）	摺扇面	金箋	設色	15.5 x 51		日本 京都國立博物館	A甲685

畫家小傳：程翥。字昭黃。安徽徽州人。聖祖康熙六（1667）年召入南薰殿供奉。善摹畫，山水絕倫，人物、花鳥皆精妙。署款紀年作品見於聖祖康熙十三（1674）年。（見圖繪寶鑑續纂、桐陰論畫、中國畫家人名大辭典）

顧 杞

名稱	形式	質地	色彩	尺寸 高×寬㎝	創作時間	收藏處所	典藏號碼
仿古山水圖（12幀）	冊	紙	設色	不詳	丁未（康熙六年，1667）	北京 故宮博物院	
山水圖（清吳歷等山水集冊12之1幀）	冊頁	紙	設色	不詳	（甲寅，康熙十三年，1674）	杭州 浙江省博物館	

名稱	形式	質地	色彩	尺寸 高×寬 cm	創作時間	收藏處所	典藏號碼

附：

| 曲徑溪橋圖 | 軸 | 絹 | 設色 | 155 × 95 | 康熙丙午（五年，1666） | 青島 青島市文物商店 | |

畫家小傳：顧杞。畫史無載。流傳署款紀年作品見於聖祖康熙五（1666）至十三(1674)年。身世待考。

顧 升

古柏圖	軸	絹	水墨	不詳	己亥（康熙五十八年，1719）	濟南 山東省博物館	
天際歸舟圖	軸	絹	水墨	不詳		杭州 浙江省博物館	
指畫荷花鷺鷥圖	軸	絹	水墨	163.5 × 82	己丑（康熙四十八年，1709）	杭州 浙江省杭州西泠印社	
松泉圖	軸	綾	水墨	135.2 × 45.1		日本 私人	
山水圖（名賢集錦冊 12 之 1 幀）	冊頁	絹	設色	不詳	戊子（康熙四十七年，1708）	北京 故宮博物院	
山水圖（8 幀）	冊	紙	設色	（每幀）21 × 9		昆山 崑崙堂美術館	

附：

雲山圖	軸	絹	設色	不詳		上海 朵雲軒	
柳溪并舟圖	軸	絹	設色	不詳		上海 上海文物商店	
山水（吳定、顧升山水合冊 12 之 6 幀）	冊	紙	水墨、設色	（每幀）23.8 × 15.9	丁未（康熙六年，1667）春王	紐約 佳仕得藝品拍賣公司/拍賣目錄 1987.06.03	

畫家小傳：顧升。原名峒，字虞東，因生而掌紋有升字，改名升，更字隅東。號斗山、石帆。浙江仁和人。為國子生。以子貴，獲封承德郎翰林院庶吉士。善書，篆、隸俱工。善畫人物、松石，大幅尤佳。康熙四十四(1705)年聖祖南巡，呈進詩畫冊稱旨。著有寫山樓並題畫詩行世。流傳署款紀年作品見於聖祖康熙六(1667)至五十八（1719）年。（見國朝畫徵錄、國朝畫識、清畫家詩史、兩浙名畫記、中國美術家人名辭典）

王 露

| 花卉圖（8 幀） | 冊 | 紙 | 水墨 | 不詳 | 丁未（康熙六年，1667） | 北京 故宮博物院 | |

畫家小傳：王露。畫史無載。流傳署款紀年作品見於聖祖康熙六(1667)年。身世待考。

方國圻

| 竹石圖 | 卷 | 紙 | 水墨 | 不詳 | 丁未（康熙六年， | 北京 故宮博物院 | |

名稱	形式	質地	色彩	尺寸 高x寬cm	創作時間	收藏處所	典藏號碼
					1667)		

畫家小傳：方國圻。字南公。江蘇崑山人。善寫竹，力追夏昶。流傳署款紀年作品見於聖祖康熙六(1667)年。（見熙朝名畫錄、玉峰新志、中國畫家人名大辭典）

梁 祚

| 山水圖 | 卷 | 紙 | 設色 | 不詳 | 丁未（康熙六年，1667) | 北京 故宮博物院 | |

畫家小傳：梁祚。畫史無載。流傳署款紀年作品見於聖祖康熙六(1667)年。身世待考。

李 琰

| 秋景山水圖 | 軸 | 綾 | 設色 | 201.3 x 48.7 | 丁未（康熙六年，1667) | 北京 故宮博物院 | |

畫家小傳：李琰。畫史無載。流傳署款紀年作品見於聖祖康熙六(1667)年。身世待考。

郜 璉

芭蕉圖	軸	紙	水墨	不詳	八十翁（？）	上海 上海博物館	
蕉石圖	軸	紙	水墨	130 x 59		南通 江蘇省南通博物苑	
附：							
蕉石圖	摺扇面	紙	水墨	不詳	丁未（康熙六年，1667)	上海 朵雲軒	

畫家小傳：郜璉。字方壺。號綠天主人。江蘇如皋人。善鼓琴，好繪事。嘗寫芭蕉，傳至日本，海外珍之。流傳署款紀年作品見於聖祖康熙六(1667)年。（見圖繪寶鑑續纂、如皋縣志、中國畫家人名大辭典）

朱 誠

| 附： | | | | | | | |
| 群石圖 | 卷 | 紙 | 水墨 | 不詳 | 丁未（康熙六年，1667) | 上海 上海 上海文物商店 | |

畫家小傳：朱誠。畫史無載。流傳署款紀年作品見於聖祖康熙六(1667)年。身世待考。

蔣 勛

| 仿李營丘山水圖 | 軸 | 絹 | 設色 | 32.8 x 24.2 | | 紹興 浙江省紹興市博物館 | |
| 溪山深秀圖（清曹岳等山水冊 8之1幀） | 摺扇面 | 金箋 | 設色 | 不詳 | （丁未，康熙六年，1667) | 天津 天津市楊柳青畫社 | |

名稱	形式	質地	色彩	尺寸 高×寬㎝	創作時間	收藏處所	典藏號碼

畫家小傳：蔣勛。字奇武。江蘇吳縣人，世客都門。善畫山水，倣宋人，筆墨沉著。流傳署款作品見於聖祖康熙六(1667)年。（見圖繪寶
　　　鑑續纂、中國畫家人名大辭典）

岑長元

| 水閣招涼圖（清曹岳等山水冊　8之1幀） | 摺扇面 | 金箋 | 設色 | 不詳 | 丁未（康熙六年，1667）子日 | 天津 天津市楊柳青畫社 | |

畫家小傳：岑長元。畫史無載。流傳署款紀年作品見於聖祖康熙六(1667)年。身世待考。

洪　儲

| 菖蒲圖 | 軸 | 紙 | 設色 | 109.5 x 37.4 | 丁未（康熙六年，1667） | 天津 天津市藝術博物館 | |

畫家小傳：洪儲。畫史無載。流傳署款紀年作品見於聖祖康熙六(1667)年。身世待考。

惲　驌

| 溪橋水閣圖 | 軸 | 綾 | 水墨 | 145 x 52 | 丁未（康熙六年，1667） | 天津 天津市藝術博物館 | |

畫家小傳：惲驌。畫史無載。流傳署款紀年作品見於聖祖康熙六(1667)年。身世待考。

許之漸

| 山水圖 | 軸 | 綾 | 設色 | 不詳 | 丁未（康熙六年，1667） | 天津 天津市文化局文物處 | |

畫家小傳：許之漸。畫史無載。流傳署款紀年作品見於聖祖康熙六(1667)年。身世待考。

李象豐

| 雪景山水圖（清張穆等雜畫冊　8之1幀） | 冊頁 | 綾 | 設色 | 42 x 26 | 丁未（康熙六年，1667）孟冬 | 廣州 廣州市美術館 | |

畫家小傳：李象豐。畫史無載。流傳署款紀年作品見於聖祖康熙六（1667）年。身世待考。

唐日昌

| 花鳥圖 | 摺扇面 | 紙 | 設色 | 不詳 | 戊申（康熙七年，1668）初夏 | 北京 故宮博物院 | |

畫家小傳：唐日昌。字爾熾。籍里、身世不詳。善畫。流傳署款紀年作品見於聖祖康熙七年(1668)。（見明畫錄、畫史會要、中國畫家
　　　人名大辭典）

名稱	形式	質地	色彩	尺寸 高x寬cm	創作時間	收藏處所	典藏號碼

莫可儔

蘭竹石圖	軸	絹	水墨	143.8 x 43.6	辛亥（康熙十年，1671）	杭州 浙江省博物館	
竹石圖（為木翁作）	冊頁	紙	水墨	不詳	戊申（康熙七年，1668）桂秋	北京 故宮博物院	
蘭石圖（24幀）	冊	絹	設色	不詳	癸丑（康熙十二年，1673）	天津 天津市藝術博物館	

畫家小傳：莫可儔。字雲玉。浙江武林人。善畫竹。流傳署款紀年作品見於聖祖康熙七(1668)至十二（1673）年。（見圖繪寶鑑續纂、中國畫家人名大辭典）

程 順

| 寫孫奇逢川上讀易圖 | 卷 | 紙 | 設色 | 不詳 | 戊申（康熙七年，1668)冬 | 北京 故宮博物院 | |

畫家小傳：程順。畫史無載。流傳署款紀年作品見於聖祖康熙七(1668)年。身世待考。

徐 柄

| 落日孤亭圖（明遺老詩畫集冊之4） | 冊頁 | 紙 | 水墨 | 19.5 x 13.2 | 戊申（康熙七年，1668）長至後六日 | 美國 勃克萊加州大學藝術館（高居翰教授寄存） | CC 193d |

畫家小傳：徐柄。畫史無載。流傳署款紀年作品見於聖祖康熙七(1668)年。身世待考。

姜 翀

| 綠萼梅（明人集繪冊之3） | 冊頁 | 紙 | 設色 | 31 x 37.7 | | 台北 故宮博物院 | 故畫 03510-3 |

畫家小傳：姜翀。畫史無載。身世待考。

王鴻藻

| 湖天平遠圖（清王翬等山水冊10之1幀） | 冊頁 | 紙 | 設色 | 24 x 32.7 | | 長春 吉林省博物館 | |

畫家小傳：王鴻藻。畫史無載。約與王翬同時。身世待考。

王 年

附：

| 品花圖（文垍、歸瑉、王年、高簡、王武、吳宮、沈洪、宋 | 卷 | 紙 | 設色 | 21 x 319 | | 紐約 佳士得藝品拍賣公司/拍賣目錄 1995,09,19. | |

名稱	形式	質地	色彩	尺寸 高×寬㎝	創作時間	收藏處所	典藏號碼

裔、葉雨、陳坤、朱白、沈昉

合作）

畫家小傳：王年。吳人。與文培同時。工畫山水，兼能花鳥。（見清畫錄、中國畫家人名大辭典）

王 汶

| 羅漢圖 | 軸 | 絹 | 設色 | 110.9 × 28.5 | | 日本 中埜又左衛門先生 | |

畫家小傳：王汶。江蘇泰州人。身世不詳。以寫真名藝於時。（見國朝畫徵錄、中國畫家人名大辭典）

歸 琺

附：

| 品花圖（文培、歸琺、王年、 | 卷 | 紙 | 設色 | 21 × 319 | | 紐約 佳士得藝品拍賣公司/拍 | |
| 高簡、王武、吳宮、沈洪、宋 | | | | | | 賣目錄 1995,09,19. | |

裔、葉雨、陳坤、朱白、沈昉

合作）

畫家小傳：歸琺。字石林。號琴川。江蘇常熟人。生性落拓，人呼為三癡。善畫山水，略施淺絳，格在黃公望、吳鎮之間；兼工花鳥。

（見虞山畫志、歷代畫史彙傳、中華畫人室隨筆、中國畫家人名大辭典）

褚 籌

萱菊圖（壽宋母王太君作，王	冊頁	紙	設色	24.3 × 17.2	（戊申秋，康熙	上海 上海博物館	
武等花卉冊8之第1幀）					七年，1668）		
花卉圖（清名家花卉冊8之1	冊	紙	設色	24.3 × 17.2		上海 上海博物館	
幀）							

畫家小傳：褚籌。畫史無載。流傳署款作品約在聖祖康熙七（1668）年。身世待考。

金上震

墨竹圖（壽宋母王太君作，王	冊頁	紙	設色	24.3 × 17.2	（戊申秋，康熙	上海 上海博物館	
武等花卉冊8之第1幀）					七年，1668）		
花卉圖（清名家花卉冊8之1	冊	紙	設色	24.3 × 17.2		上海 上海博物館	
幀）							

畫家小傳：金上震。畫史無載。流傳署款作品約在聖祖康熙七（1668）年。身世待考。

金 侶

| 松果圖（壽宋母王太君作，王 | 冊頁 | 紙 | 設色 | 24.3 × 17.2 | （戊申秋，康熙 | 上海 上海博物館 | |
| 武等花卉冊8之第1幀） | | | | | 七年，1668） | | |

名稱	形式	質地	色彩	尺寸 高x寬cm	創作時間	收藏處所	典藏號碼
花卉（清名家花卉冊8之1幀）	冊	紙	設色	24.3 x 17.2		上海 上海博物館	

畫家小傳：金侃。畫史無載。流傳署款作品約在聖祖康熙七(1668)年。身世待考。

張 熙

| 瓶供圖（高簡、王武、張熙、宋裔、沈昉合作） | 軸 | 紙 | 設色 | 不詳 | | 杭州 浙江省杭州西泠印社 | |

畫家小傳：張熙。畫史無載。與高簡、王武同時。身世待考。

宋 裔

瓶供圖（高簡、王武、張熙、宋裔、沈昉合作）	軸	紙	設色	不詳		杭州 浙江省杭州西泠印社	
罌粟（清花卉畫冊五冊之12）	摺扇面	紙	水墨	16.9 x 51.7		台北 故宮博物館	故畫 03521-12
桂花芙蓉（各人畫扇貳冊（下）冊之）	摺扇面	紙	設色	不詳		台北 故宮博物院	故畫 03557-3
梨花白燕圖	摺扇面	紙	設色	不詳	康熙乙亥（三十四年，1695）菊月	北京 故宮博物院	
牡丹圖（為公鑑作）	摺扇面	紙	設色	不詳	雍正甲寅（十二年，1734）	北京 故宮博物院	
靈芝圖（壽宋母王太君作，王武等花卉冊8之第1幀）	冊頁	紙	設色	24.3 x 17.2	（戊申，康熙七年，1668）	上海 上海博物館	
梅竹圖（二十家梅花圖冊20之第19幀）	冊頁	紙	設色	23 x 19.3	己未（康熙十八年，1679）春仲	上海 上海博物館	
花卉（清名家花卉冊8之1幀）	冊	紙	設色	24.3 x 17.2		上海 上海博物館	
附：							
品花圖（文垍、歸瑁、王年、高簡、王武、吳宮、沈洪、宋裔、葉雨、陳坤、朱白、沈昉合作）	卷	紙	設色	21 x 319		紐約 佳士得藝品拍賣公司/拍賣目錄 1995,09,19.	

畫家小傳：宋裔（中國畫家人名大辭典，誤作宋克）。字秋士。籍里、身世不詳。工畫花卉及仕女。流傳署款紀年作品見於聖祖康熙七(1668)年至世宗雍正十二(1734)年。（見畫名家錄、中國美術家人名辭典）

尤 存

| 溪山觀泉圖（清王時敏等書畫 | 冊頁 | 金箋 | 設色 | 31 x 47.5 | 戊申（康熙七年， | 天津 天津市藝術博物館 | |

名稱	形式	質地	色彩	尺寸 高x寬cm	創作時間	收藏處所	典藏號碼
冊16之1幀)					1668) 冬十月		

畫家小傳：尤存。畫史無載。流傳署款紀年作品見於聖祖康熙七(1668)年。身世待考。

俞聞嘉

| 山水圖（3幀） | 冊頁 | 絹 | 設色 | 不詳 | 戊申（康熙七年，1668） | 石家莊 河北省博物館 | |

畫家小傳：俞聞嘉。畫史無載。似為僧人。流傳署款紀年作品見於聖祖康熙七(1668)年，身世待考。

古 甲

| 停舟觀瀑圖 | 軸 | 絹 | 設色 | 134.5 × 54.5 | 戊申（康熙七年，1668） | 濟南 山東省博物館 | |

畫家小傳：古甲。畫史無載。流傳署款紀年作品見於聖祖康熙七(1668)年，身世待考。

戴 蒼

| 北山像 | 卷 | 絹 | 設色 | 30 × 101 | 戊申（康熙七年，1668） | 濟南 山東省博物館 | |

畫家小傳：戴蒼。字葭湄。浙江錢塘人。善寫照，得謝彬三昧。所作看竹圖，獲朱彝尊為作記。流傳署款紀年作品見於聖祖康熙七(1668)年。（見圖繪寶鑑續纂、曝書亭集、中國畫家人名大辭典）

董 訥

| 平湖夜月圖 | 軸 | 絹 | 設色 | 不詳 | 戊申（康熙七年，1668） | 濟南 山東省博物館 | |

畫家小傳：董訥。畫史無載。流傳署款紀年作品見於聖祖康熙七(1668)年。身世待考。

陳 洽

| 山水圖（清陳洽等書畫冊之1幀） | 摺扇面 | 金箋 | 水墨 | 不詳 | 戊申（康熙七年，1668） | 南京 南京市博物館 | |

畫家小傳：陳洽。畫史無載。流傳署款紀年作品見於聖祖康熙七(1668)年。身世待考。

汪 漢

| 九歌圖 | 卷 | 絹 | 設色 | 31.5 × 319.5 | 丙辰（康熙十五年,1676）秋初 | 杭州 浙江省博物館 | |
| 山水圖（清程鵠等山水冊6之第3幀） | 冊頁 | 紙 | 設色 | 不詳 | 戊申（康熙七年，1668） | 重慶 重慶市博物館 | |

畫家小傳：汪漢。字文石。浙江淳安人。身世不詳。喜遊山水。以繪事名兩浙。流傳署款紀年作品見於聖祖康熙七(1668)、十五(1676)年

名稱	形式	質地	色彩	尺寸 高×寬㎝	創作時間	收藏處所	典藏號碼

。（見清畫家詩史、中國美術家人名辭典）

陶鼎鈺

山水圖	摺扇面 金箋		水墨	16.5 × 51	戊申（康熙七年，1668）	廣州 廣州市美術館	

畫家小傳：陶鼎鈺。畫史無載。流傳署款紀年作品見於聖祖康熙七（1668）年。身世待考。

楊　晉

名稱	形式	質地	色彩	尺寸	創作時間	收藏處所	典藏號碼
鮮菓	卷	絹	設色	16 × 170	康熙壬辰（五十一年，1712）九秋	台北 歷史博物館	
江干雨意圖	卷	紙	水墨	16.8 × 430.6		台北 長流美術館	
簪花圖	卷	絹	設色	32.4 × 1175		香港 潘祖堯小聽颿樓	CP28
臨沈周江山覽勝圖	卷	紙	設色	28.8 × ？		香港 劉作籌虛白齋	131
寫生花鳥草蟲圖	卷	紙	設色	25 × 571	丙申（康熙五十五年，1716）九秋上浣	瀋陽 故宮博物院	
唐解元詩意圖	卷	絹	設色	23 × 127.5	甲戌（康熙三十三年，1694）	瀋陽 遼寧省博物館	
空山獨往圖（為過村作）	卷	紙	設色	49.1 × 333	辛巳（康熙四十年，1701）長夏	瀋陽 遼寧省博物館	
花卉圖	卷	紙	設色	不詳		瀋陽 遼寧省博物館	
履貞像	卷	絹	設色	32.5 × 324	甲子（康熙二十三年，1684）	北京 故宮博物院	
牧放圖	卷	紙	設色	不詳	丙午（雍正四年，1726）	北京 故宮博物院	
歲寒三友圖	卷	紙	設色	不詳	戊戌（康熙五十七年，1718）	北京 故宮博物院	
蘭竹圖	卷	紙	水墨	不詳	庚子（康熙五十九年，1720）	北京 故宮博物院	
江南春牧圖	卷	紙	設色	不詳	丙午（雍正四年，1726）新春	北京 故宮博物院	
七家花鳥圖	卷	紙	設色	不詳	己酉（康熙八年，1669）	北京 故宮博物院	
橫雲山莊圖（為王鴻緒作）	卷	絹	設色	56.9 × 475.5	康熙辛卯（五十年，1711）	北京 首都博物館	

名稱	形式	質地	色彩	尺寸 高×寬㎝	創作時間	收藏處所	典藏號碼
匯水村居圖	卷	絹	設色	不詳	康熙癸巳（五十二年，1713）	北京 北京畫院	
清溪庭園圖	卷	絹	設色	53.5 × 342	康熙壬辰（五十一年，1712）	天津 天津市藝術博物館	
朱漢槎聽鸝圖	卷	絹	設色	29.9 × 106	己卯（康熙三十八年，1699）	上海 上海博物館	
花卉圖	卷	紙	設色	22.5 × 417	庚寅（康熙四十九年，1710）秋仲	上海 上海博物館	
臨靜古堂同心蘭（馬元馭、楊晉合作，空谷國香圖卷4之第1段）	卷	絹	設色	（每段）18.2 × 25.8不等		上海 上海博物館	
仿董思翁赤壁圖（為古上人作）	卷	紙	設色	26.7 × 58.6	庚申（康熙十九年，1680）閏月廿六日	南京 南京博物院	
豪家佚樂圖	卷	絹	設色	56.7 × 1207.5	戊辰（康熙二十七年，1688）嘉平	南京 南京博物院	
四季花卉圖	卷	絹	設色	22.7 × 366	己亥（康熙五十八年，1719）長夏	常熟 江蘇省常熟市文物管理委員會	
江邨散牧圖	卷	紙	設色	不詳	康熙乙未（五十四年，1715）	杭州 浙江省杭州市文物考古所	
韻香高致圖	卷	紙	水墨	不詳	庚午（康熙二十九年，1690）	杭州 浙江省杭州西泠印社	
蔬果圖	卷	絹	設色	30 × 447	甲戌（康熙三十三年，1694）	長沙 湖南省圖書館	
梅竹圖	卷	紙	設色	40 × 670	康熙庚子（五十九年，1720）	廣州 廣東省博物館	
霜柯竹石圖	卷	絹	水墨	24.5 × 118.2	壬辰（康熙五十一年，1712）夏	日本 京都長尾雨山先生	
柳塘春牧	軸	紙	設色	64.9 × 38.4	甲辰（雍正二年，1724）四月	台北 故宮博物院	故畫00757
合景歲朝圖（王翬作水仙松枝、惲壽平寫天竺、楊晉補山茶）	軸	紙	設色	80.7 × 50.4	庚申（康熙十九年，1680）冬日	台北 故宮博物院	故畫00813
百子圖	軸	紙	設色	167 × 88.5		台北 故宮博物院	國贈024913
花塢幽居圖	軸	紙	設色	76.1 × 42.5		台北 鴻禧美術館	C1-67

名稱	形式	質地	色彩	尺寸 高x寬cm	創作時間	收藏處所	典藏號碼
牛背橫笛圖	軸	紙	設色	不詳	丙申（康熙五十五年，1716）	長春 吉林省博物館	
晚鴉歸牧圖	軸	絹	設色	不詳	丁酉（康熙五十六年，1717）	長春 吉林省博物館	
山居淨業圖	軸	紙	設色	不詳	甲辰（雍正二年，1724）	長春 吉林省博物館	
古木竹石圖	軸	紙	水墨	不詳	庚子（康熙五十九年，1720）	瀋陽 故宮博物院	
歲朝圖（楊晉、王雲、顧昉、顧政、徐玫、虞沅、吳芷、王翬合作）	軸	絹	設色	109 x 51		瀋陽 故宮博物院	
王時敏小像（楊晉、王翬合寫）	軸	紙	設色	不詳	甲寅（康熙十三年，1674）	北京 故宮博物院	
桃柳魚荇圖（王翬師生合作：楊晉寫桃花、王雲寫鸜鵒、吳芷補游魚、顧昉寫荇菜、徐玫添翠鳥、虞沅畫柳、王翬題字）	軸	絹	設色	141.8 x 57.5	癸酉（康熙三十二年，1693）嘉平	北京 故宮博物院	
九秋圖（王翬、宋駿業、顧昉、虞沅、王雲、楊晉、徐玫、吳藏合作）	軸	紙	設色	118.8 x 61.1	乙亥（康熙三十四年，1695）	北京 故宮博物院	
山水圖（王翬、楊晉合作）	軸	紙	設色	不詳	甲申（康熙四十三年，1704）	北京 故宮博物院	
寒林陣鴉圖（王雲、王翬、楊晉合作）	軸	紙	設色	78.4 x 59.8	甲午（康熙五十三年，1714）冬仲添藤蘿	北京 故宮博物院	
梅竹蘭石圖	軸	絹	水墨	不詳	康熙壬辰（五十一年，1712）	北京 故宮博物院	
楊柳春風圖	軸	紙	設色	不詳	丙申（康熙五十五年，1716）	北京 首都博物館	
仿趙大年山水圖	軸	絹	設色	不詳	甲戌（康熙三十三年，1694）	天津 天津市藝術博物館	
樂志論圖	軸	紙	設色	110 x 56.2	甲午（康熙五十三年，1714）	天津 天津市藝術博物館	
梅花圖	軸	紙	水墨	不詳	康熙丙申（五十五年，1716）	天津 天津市藝術博物館	

名稱	形式	質地	色彩	尺寸 高x寬㎝	創作時間	收藏處所	典藏號碼
水榭憑欄圖	軸	紙	設色	89 × 45	己亥（康熙五十八年，1719）	天津 天津市藝術博物館	
折枝桃花圖	軸	絹	設色	106 × 51.6	康熙庚子（五十九年，1720）七十有七	天津 天津市藝術博物館	
青嶂綠溪圖	軸	紙	設色	不詳	戊申（雍正六年，1728）	青島 山東省青島市博物館	
富貴大嶺圖	軸	絹	設色	不詳	壬寅（康熙六十一年，1722）	太原 山西省博物館	
牧牛圖	軸	紙	設色	不詳	丁酉（康熙五十六年，1717）	西安 陝西歷史博物館	
山村歸牧圖	軸	絹	設色	不詳	康熙甲午（五十二年，1714）	合肥 安徽省博物館	
仿王蒙山水圖	軸	綾	設色	60.2 × 34.6	戊申（康熙七年，1668）	上海 上海博物館	
林亭幽致圖	軸	紙	設色	不詳	康熙乙未（五十四年，1715）	上海 上海博物館	
有竹齋圖	軸	紙	設色	不詳	甲辰（雍正二年，1724）	上海 上海博物館	
春溪放牧圖	軸	紙	設色	不詳	雍正乙巳（三年，1725）	上海 上海博物館	
歲朝圖	軸	紙	設色	不詳	戊申（雍正六年，1728）	上海 上海博物館	
林壑高賢圖	軸	絹	設色	不詳		上海 上海博物館	
艷雪亭看梅圖（與王翬合作）	軸	紙	設色	不詳	癸亥（康熙二十二年，1683）正月廿九	南京 南京博物院	
歲寒圖（王翬、揚晉、虞沅、吳芷、顧昉、徐玫等為乾翁合作）	軸	絹	設色	不詳	癸酉（康熙三十二年，1693）嘉平既望	南京 南京博物院	
仿趙大年山水圖（為瞿翁五十壽作）	軸	絹	設色	63.3 × 41.9	乙亥（康熙三十四年，1695）春日	南京 南京博物院	
枯木竹石圖	軸	絹	水墨	98.8 × 47.9	己丑（康熙四十八年，1709）新春	南京 南京博物院	
梅樹白頭圖	軸	紙	設色	不詳	辛丑（康熙六十年	南京 南京博物院	

名稱	形式	質地	色彩	尺寸 高×寬㎝	創作時間	收藏處所	典藏號碼
					，1721)		
溪畔牛趣圖	軸	紙	水墨	不詳	丁未（康熙五年，1727)	南京 南京博物院	
牧牛圖	軸	紙	水墨	不詳	癸巳（康熙五十二年，1713)	南京 江蘇省美術館	
楊柳曉風圖	軸	絹	設色	不詳	八十一翁（雍正二年，甲辰，1724)	南京 江蘇省美術館	
蘆塘雙牛圖	軸	紙	設色			常州 江蘇省常州市博物館	
聽鸝軒清集圖（為虞載作）	軸	絹	設色	79 × 51	壬辰（康熙五十一年，1712) 春仲	常熟 江蘇省常熟市文物管理委員會	
仿趙吳興山水圖	軸	絹	設色	不詳	己亥（康熙五十八年，1719)	常熟 江蘇省常熟市文物管理委員會	
梅花圖	軸	紙	水墨	不詳	七十九歲（康熙六十一年，1722)	常熟 江蘇省常熟市文物管理委員會	
水仙梅雀圖	軸	紙	水墨	不詳	甲辰（雍正二年，1724)	常熟 江蘇省常熟市文物管理委員會	
洗馬圖	軸	絹	設色	92.5 × 51.9	丙寅（康熙二十五年，1686) 六月上浣	無錫 江蘇省無錫市博物館	
梅竹坡石圖（楊晉、唐俊合作）	軸	絹	水墨	129.6 × 62.2	己亥（康熙五十八年，1719) 長至後四日	無錫 江蘇省無錫市博物館	
柳溪牧牛圖（為君實作）	軸	紙	設色	97.9 × 55	甲午（康熙五十三年，1714) 長夏	無錫 江蘇省無錫市博物館	
梅花圖	軸	紙	水墨	不詳	乙巳（雍正三年，1725)	無錫 江蘇省無錫市博物館	
梅竹寒雀圖（楊晉寫寒禽、徐玫寫梅、王翬添墨竹）	軸	紙	水墨	不詳	壬申（康熙三十一年，1692) 清和望前一日	蘇州 江蘇省蘇州博物館	
仿倪瓚筆意山水圖（為蒼石作）	軸	絹	水墨	100.6 × 40.6	己亥（康熙五十八年，1719) 春二月	蘇州 江蘇省蘇州博物館	
鷹雀圖	軸	紙	設色	60 × 33.5	癸巳（康熙五十二年，1713) 秋日	昆山 崑崙堂美術館	
桃園圖	軸	絹	設色	不詳	戊戌（康熙五十七年，1718)	杭州 浙江省博物館	
仿趙孟頫山水圖	軸	絹	設色	不評	甲午（康熙五十三	重慶 重慶市博物館	

名稱	形式	質地	色彩	尺寸 高×寬cm	創作時間	收藏處所	典藏號碼
					年，1714)		
牧牛圖	軸	紙	設色	80.5 × 28.7		重慶 重慶市博物館	
梅竹雙禽圖（黃衛、楊晉合作）	軸	紙	水墨	122.2 × 55.5	壬申（康熙三十一年，1692)	廣州 廣東省博物館	
修竹遠山圖	軸	絹	設色	不詳	癸巳（康熙五十二年，1713)	廣州 廣東省博物館	
元人詩意圖	軸	紙	水墨	106.7 × 48	戊戌（康熙五十七年，1718）夏五	廣州 廣東省博物館	
梅林積雪圖	軸	絹	設色	不詳	癸卯（雍正元年，1723）秋仲	廣州 廣東省博物館	
江南春色圖	軸	絹	設色	不詳	雍正二年（甲辰，1724)	廣州 廣東省博物館	
湖莊牧笛圖	軸	紙	設色	不詳	丙午（雍正四年，1726)	廣州 廣東省博物館	
芝仙書屋圖（清王翬等三十人合作）	軸	紙	水墨	129 × 69	丁丑（康熙三十六年，1697)	廣州 廣東省博物館	
湖莊清夏圖	軸	絹	設色	不詳	壬申（康熙三十一年，1692)	廣州 廣州市美術館	
溪山雲霽圖	軸	絹	設色	199 × 50.5	戊子（康熙四十七年，1708	廣州 廣州市美術館	
楓溪漁樂圖	軸	絹	設色	不詳	壬辰（康熙五十一年，1712)	廣州 廣州市美術館	
夏山欲雨圖（仿巨然）	軸	絹	設色	164.6 × 52.8		日本 東京小幡醇一先生	
溪山無盡圖（擬范寬筆意）	軸	絹	設色	164.6 × 52.8		日本 東京小幡醇一先生	
江山漁樂圖（摹梅沙彌）	軸	絹	設色	164.6 × 52.8		日本 東京小幡醇一先生	
蘆汀夜月圖（擬曹雲西）	軸	絹	設色	164.6 × 52.8		日本 東京小幡醇一先生	
湖莊讀易圖（臨馬文璧）	軸	絹	設色	164.6 × 52.8		日本 東京小幡醇一先生	
溪山煙雨圖（仿高尚書）	軸	絹	設色	164.6 × 52.8		日本 東京小幡醇一先生	
寫白石翁詩意山水圖	軸	紙	設色	不詳	乙巳（雍正三年，1725）清和上浣，八十二老人	日本 東京張允中先生	
秋山深遠圖	軸	絹	設色	93.5 × 38	壬申（康熙三十一年，1692）寒露先三日	日本 大阪橋本大乙先生	
白雲樓圖	軸	絹	設色	174.5 × 45.2	庚寅（康熙四十九	日本 中埜又左衛門先生	

名稱	形式	質地	色彩	尺寸 高x寬cm	創作時間	收藏處所	典藏號碼
					年，1710）九秋		
雪景山水圖	軸	絹	設色	130.2 x 70.1		日本 私人	
秋林放牧圖	軸	紙	水墨	119.5 x 54.4	丙午（雍正四年，1726）秋七月既望，八十三老人	美國 紐約大都會藝術博物館	1972.278.7
八駿圖	軸	絹	設色	153 x 68	壬申（康熙三十一年，1692）	美國 哥倫比亞大學藝術館	
童心和尚像	軸	絹	設色	103 x 49	壬辰（康熙五十一年，1712）嘉平	美國 密西根大學藝術博物館	1970/2.155
雨後山家圖	軸	紙	設色	145.8 x 91.4		美國 芝加哥藝術中心	1987.145
麓村高逸圖（與王翬、涂洛合作）	軸	紙	設色	121.7 x 53.5	乙未（康熙五十四年，1715）季春	美國 克利夫蘭藝術博物館	71.17
雪景山水圖	軸	紙	設色	不詳	辛□（？）夏月	美國 聖路易斯市吳納遜教授	
仿梅道人筆意墨竹圖	軸	紙	水墨	231.1 x 43.9	丙子（康熙三十五年，1696）仲冬下浣	美國 舊金山亞洲藝術館	
黃鶴樓圖	軸	紙	設色	181.8 x 86.1		美國 私人	
梅花翠鳥（楊晉畫花鳥冊之1）	冊頁	絹	設色	29.2 x 23.3		台北 故宮博物院	故畫03213-1
木蘭翠雀（楊晉畫花鳥冊之2）	冊頁	絹	設色	29.2 x 23.3		台北 故宮博物院	故畫03213-2
杏花黃胚（楊晉畫花鳥冊之3）	冊頁	絹	設色	29.2 x 23.3		台北 故宮博物院	故畫03213-3
罌粟（楊晉畫花鳥冊之4）	冊頁	絹	設色	29.2 x 23.3		台北 故宮博物院	故畫03213-4
梔子鴝鵒（楊晉畫花鳥冊之5）	冊頁	絹	設色	29.2 x 23.3		台北 故宮博物院	故畫03213-5
蓮蓬鶺鴒（楊晉畫花鳥冊之6）	冊頁	絹	設色	29.2 x 23.3		台北 故宮博物院	故畫03213-6
芙蓉魚虎（楊晉畫花鳥冊之7）	冊頁	絹	設色	29.2 x 23.3		台北 故宮博物院	故畫03213-7
枯木蜂雀（楊晉畫花鳥冊之8）	冊頁	絹	設色	29.2 x 23.3		台北 故宮博物院	故畫03213-8
梨花白禽（楊晉畫花鳥冊之9）	冊頁	絹	設色	29.2 x 23.3		台北 故宮博物院	故畫03213-9
折枝畫眉（楊晉畫花鳥冊之10）	冊頁	絹	設色	29.2 x 23.3		台北 故宮博物院	故畫03213-10
薔薇綬帶（楊晉畫花鳥冊之11）	冊頁	絹	設色	29.2 x 23.3		台北 故宮博物院	故畫03213-11
水仙（楊晉畫花鳥冊之12）	冊頁	絹	設色	29.2 x 23.3		台北 故宮博物院	故畫03213-12
梅花水仙圖（清花卉畫冊三冊之2）	冊頁	紙	水墨	不詳		台北 故宮博物院	故畫03519-2
花鳥圖（12幀）	冊	絹	設色	（每幀）21	己丑（康熙四十八	台北 長流美術館	

名稱	形式	質地	色彩	尺寸 高x寬cm	創作時間	收藏處所	典藏號碼
				x 14.5	年，1709）春仲		
摹古山水圖（4幀）	冊	紙	設色	（每幀）30.6 x 47.4		香港 何耀光至樂堂	
仿古山水圖（12幀）	冊	紙	設色	不詳	康熙辛巳（四十年，1701）	長春 吉林省博物館	
桐陰高士圖（清王翬等山水冊10之1幀）	冊頁	紙	設色	24 x 32.7		長春 吉林省博物館	
仿徐幼文平林遠山圖（清王翬等山水冊10之1幀）	冊頁	紙	設色	24 x 32.7		長春 吉林省博物館	
仿子久溪山漁隱圖（清王翬等山水冊10之1幀）	冊頁	紙	設色	24 x 32.7		長春 吉林省博物館	
山水圖（8幀）	冊	紙	設色	不詳	辛卯（康熙五十年，1711）	瀋陽 故宮博物院	
花卉圖（10幀）	冊	紙	設色	不詳	癸巳（康熙五十二年，1713）	瀋陽 故宮博物院	
仿古山水圖（12幀）	冊	絹	設色	（每幀）30.8 x 25.5	己巳（康熙二十八年，1689）	瀋陽 遼寧省博物館	
梅竹圖（楊晉、顧淵合冊10之5幀）	冊	紙	水墨	不詳		瀋陽 遼寧省博物館	
仿古山水圖（10幀）	冊	紙	設色	不詳	康熙癸酉（三十二年，1695）	北京 故宮博物院	
溪亭松鶴圖（與王翬、顧昉合寫）	摺扇面	紙	設色	不詳	癸酉（康熙三十二，1695）	北京 故宮博物院	
仿趙鷗波瀟湘水雲圖	摺扇面	紙	設色	17.3 x 53	丁丑（康熙三十六年，1697）	北京 故宮博物院	
仿巨然小景圖（虞山諸賢合璧冊12之1幀）	冊頁	紙	設色	29.7 x 22.1	辛巳（康熙四十年，1701）二月既望	北京 故宮博物院	
松溪高隱圖（虞山諸賢合璧冊12之1幀）	冊頁	紙	設色	29.7 x 22.1		北京 故宮博物院	
菊花圖（虞山諸賢合璧冊12之1幀）	冊頁	紙	設色	29.7 x 22.1		北京 故宮博物院	
梅竹圖（虞山諸賢合璧冊12之1幀）	冊頁	紙	設色	29.7 x 22.1		北京 故宮博物院	
花卉圖（王翬等山水花卉冊6	冊頁	紙	設色	26.5 x 35.3		北京 故宮博物院	

名稱	形式	質地	色彩	尺寸 高x寬cm	創作時間	收藏處所	典藏號碼
之1幀）							
花卉圖（10幀）	冊	紙	水墨	（每幀）22 x 33.2	庚寅（康熙四十九年，1710）	北京 故宮博物院	
花卉圖（10幀）	冊	紙	水墨	不詳	庚子（康熙五十九年，1720）	北京 故宮博物院	
山水圖（10幀）	冊	紙	設色	不詳	壬寅（康熙六十一年，1722）	北京 故宮博物院	
山水、花鳥圖（10幀）	冊	紙	設色	不詳	丙午（雍正四年，1726）	北京 故宮博物院	
紅白梅花圖	摺扇面	紙	設色	不詳	丁卯（康熙二十六年，1687）	北京 中國歷史博物館	
山水圖	摺扇面	紙	水墨	不詳	己丑（康熙四十八年，1709）	北京 中國歷史博物館	
山水圖（清各家山水扇面冊10之1幀）	摺扇面	紙	設色	不詳		北京 中央工藝美術學院	
溪亭山色圖（為壽愷翁作，王翬等山水冊24之1幀）	冊頁	紙	設色	21.5 x 27.5	甲戌（康熙三十三年，1694）夏五月	天津 天津市藝術博物館	
山水圖（清王翬等山水扇面冊之1幀）	摺扇面	紙	設色	不詳	（己卯，康熙三十八年，1699）	天津 天津市藝術博物館	
庭園閒憩圖（清董邦達等山水花卉冊12之1幀	冊頁	紙	設色	約30.5 x 57		天津 天津市藝術博物館	
柳堤畫舫圖（清董邦達等山水花卉冊12之1幀	冊頁	紙	設色	約30.5 x 57		天津 天津市藝術博物館	
牧牛圖（10幀）	冊	絹	設色	不詳	庚寅（康熙四十九年，1710）	天津 天津市藝術博物館	
花鳥圖（12幀）	冊	絹	水墨	（每幀）39 x 32.5	庚子（康熙五十九年，1720）時年七十有七	天津 天津市藝術博物館	
梅花圖（10幀）	冊	紙	設色	不詳	庚子（康熙五十九年，1720）七十七老人	天津 天津市藝術博物館	
山水圖（8幀）	冊	紙	設色	不詳	辛丑（康熙六十年，1721）	太原 山西省博物館	
山川出雲圖	摺扇面	金箋	設色	不詳	丁亥（康熙四十六年，1707）春仲	合肥 安徽省博物館	

名稱	形式	質地	色彩	尺寸 高x寬cm	創作時間	收藏處所	典藏號碼
柳溪浴禽圖（為絅庵作，王翬等八人合作冊之第6幀）	冊	紙	設色	15.4 x 20.9	乙卯（康熙十四年，1675）迎春日	上海 上海博物館	
山水花鳥圖（12幀）	冊	紙	設色、水墨	（每幀）26.8 x 35	戊寅（康熙三十七年，1698）春二月既望	上海 上海博物館	
山水圖（8幀）	冊	紙	設色、水墨	（每幀）27.7 x 37.5	辛巳（康熙四十年，1701）秋日	上海 上海博物館	
雜畫（12幀）	冊	紙	設色、水墨	不詳	康熙己亥（五十八年，1719）春仲	上海 上海博物館	
花果圖（6幀）	冊	紙	水墨	不詳	戊申（雍正六年，1728）	上海 上海博物館	
山水圖（高簡等八家山水合裝冊8之第7幀）	冊頁	紙	水墨	不詳		上海 上海博物館	
山水圖（項穆之、醒甫等雜畫冊22之1）	冊頁	紙	設色	約38.5x23.6		上海 上海博物館	
山水圖（繪林集妙冊75之1幀）	冊頁	紙	設色	約26.6 x 30		上海 上海博物館	
石田詩意圖	摺扇面	紙	設色	不詳	庚申（康熙十九年，1680）	南京 南京博物院	
山水圖（12幀）	冊	紙	設色	（每幀）20.8 x 26.4	康熙五十八年己亥（1719）新春	南京 南京博物院	
柳牛圖	摺扇面	紙	設色	不詳	庚子（康熙五十九年，1720）	常熟 江蘇省常熟市文物管理委員會	
柳溪放牧圖	摺扇面	紙	設色	不詳	丙午（雍正四年，1726）	常熟 江蘇省常熟市文物管理委員會	
人物圖（楊晉、華嵒人物合裝冊2之1幀）	冊頁	絹	設色	28.7 x 34.8	庚申（康熙十九年，1680）	蘇州 江蘇省蘇州博物館	
怪石叢篁圖	摺扇面	紙	水墨	不詳	乙未（康熙五十四年，1715）	蘇州 江蘇省蘇州博物館	
秋菊圖	摺扇面	紙	設色	不詳	癸巳（康熙五十二年，1713）	杭州 浙江省博物館	
梅花圖（8幀）	冊	絹	水墨	不詳	丁未（雍正五年，1727）	杭州 浙江省杭州西泠印社	
稻蟹圖（明蔡世新等雜畫冊4	冊頁	紙	設色	不詳		杭州 浙江省杭州市西泠印社	

名稱	形式	質地	色彩	尺寸 高x寬cm	創作時間	收藏處所	典藏號碼
之1幀）							
梅花圖（12幀）	冊	紙	水墨	（每幀）27 x 32.5	癸巳（康熙五十二年，1713）	南昌 江西省博物館	
雜畫（12幀）	冊	紙	設色	（每幀）27 x 35	癸巳（康熙五十二年，1713）九秋	廣州 廣東省博物館	
山水圖（清高簡等山水冊8之1幀）	冊頁	絹	設色	不詳	（乙卯，康熙十四年，1675）	廣州 廣東省博物館	
仿古山水圖（12幀）	冊	紙	設色	（每幀）22.7 x 30	己丑（康熙四十八年，1709）春三月	廣州 廣州市美術館	
仿宋元諸家山水圖（8幀）	冊	紙	設色	不詳	癸巳（康熙五十二年，1713）長夏	貴陽 貴州省博物館	
仿古山水圖（12幀）	冊	紙	設色	不詳	乙未（康熙五十四年，1715）長至日	日本 東京村上與四郎先生	
仿古山水圖（12幀）	冊	紙	設色	（每幀）31.3 x 21.7	己丑（康熙四十八年，1709）春三月	日本 東京林宗毅先生	
雙松蓉桂圖（為能翁六秩初度作）	摺扇面	金箋	設色	16.6 x 48	時年八十三（雍正四年，丙午，1726）	日本 東京林宗毅先生	
山水圖（12幀）	冊	紙	設色	（每幀）27.5 x 18.9		日本 奈良大和文華館	1161
歲寒花卉圖（為開老作）	摺扇面	紙	設色	不詳	庚申（康熙十九年，1680）臘月	日本 江田勇二先生	
仿錢選溪山早春圖（祝蔣母曹夫人五十壽山水圖冊之7）	冊頁	金箋	水墨	31.6 x 33.5	丙子（康熙三十五年，1696）春	美國 耶魯大學藝術館	1965.130g
仿趙伯駒採芝圖（祝蔣母曹夫人五十壽山水圖冊之6）	冊頁	金箋	水墨	31.6 x 33.5	丙子（康熙三十五年，1696）春	美國 耶魯大學藝術館	1965.130f
仿趙孟頫漁莊秋霽圖（王翬師弟合璧畫冊之5）	冊頁	紙	設色	27.9 x 30.6		美國 紐約Mr.& Mrs Weill	
仿沈周山水圖（王翬師弟合璧畫冊之6）	冊頁	紙	設色	27.9 x 30.6		美國 紐約Mr.& Mrs Weill	
寫王維詩意圖（王翬師弟合璧畫冊之7）	冊頁	紙	設色	27.9 x 30.6		美國 紐約Mr.& Mrs Weill	
仿管道昇墨竹圖（王翬師弟合璧畫冊之8）	冊頁	紙	水墨	27.9 x 30.6		美國 紐約Mr.& Mrs Weill	
米法山水圖（王翬師弟合璧畫	冊頁	紙	水墨	27.9 x 30.6		美國 紐約Mr.& Mrs Weill	

名稱	形式	質地	色彩	尺寸 高x寬cm	創作時間	收藏處所	典藏號碼
冊之9）							
瀧圖（王翬師弟合璧畫冊之10）	冊頁	紙	設色	27.9 x 30.6		美國 紐約 Mr.& Mrs Weill	
蔬菜圖（扇面畫冊之4）	摺扇面	紙	設色	17.8 x 52		美國 華盛頓特區弗瑞爾藝術館	80.142d
松枝山搽（楊晉畫花果冊之1）	冊頁	紙	水墨	不詳	甲午（康熙五十三年，1714）	美國 紐約 Hobart 先生	
白菜（楊晉畫花果冊之2）	冊頁	紙	水墨	不詳	甲午（康熙五十三年，1714）十一月	美國 紐約 Hobart 先生	
石榴（楊晉畫花果冊之3）	冊頁	紙	水墨	不詳		美國 紐約 Hobart 先生	
佛手柑（楊晉畫花果冊之4）	冊頁	紙	水墨	不詳		美國 紐約 Hobart 先生	
玉蜀黍（楊晉畫花果冊之5）	冊頁	紙	水墨	不詳		美國 紐約 Hobart 先生	
菱藕（楊晉畫花果冊之6）	冊頁	紙	水墨	不詳		美國 紐約 Hobart 先生	
葡萄（楊晉畫花果冊之7）	冊頁	紙	水墨	不詳		美國 紐約 Hobart 先生	
枇杷（楊晉畫花果冊之8）	冊頁	紙	水墨	不詳		美國 紐約 Hobart 先生	
櫻桃（楊晉畫花果冊之9）	冊頁	紙	水墨	不詳		美國 紐約 Hobart 先生	
茄子（楊晉畫花果冊之10）	冊頁	紙	水墨	不詳		美國 紐約 Hobart 先生	
山水圖（四朝墨寶冊之12）	冊頁	紙	水墨	24.2 x 29.8		英國 倫敦大英博物館	1946.4.1312（ADD219）
山水圖（清人山水圖冊之1）	冊頁	藍箋	泥金	22.1 x 15.1		德國 科隆東亞藝術博物館	A61.2-2
山水圖（清人山水圖冊之5）	冊頁	藍箋	泥金	22.1 x 15.1	甲寅（康熙十三年，1674）重九後一日	德國 科隆東亞藝術博物館	A61.2-1
附：							
蘭花圖	卷	紙	水墨	22 x 347	庚寅（康熙四十九年，1710）	北京 北京市工藝品進出口公司	
鮮果圖	卷	絹	設色	16 x 170	壬辰（康熙五十一年，1712）九秋	紐約 佳仕得藝品拍賣公司/拍賣目錄 1986,06,04.	
花鳥圖	卷	紙	水墨	28.3 x 731.5	甲戌（康熙三十三年，1694）春日	紐約 佳士得藝品拍賣公司/拍賣目錄 1989,12,04.	
蔬果圖	卷	紙	設色	28 x 211	丁酉（康熙五十六年，1717）長至	紐約 佳士得藝品拍賣公司/拍賣目錄 1989,12,04.	
蘭石圖	卷	紙	水墨	29.9 x 174	己亥（康熙五十八年，1719）清和	紐約 佳士得藝品拍賣公司/拍賣目錄 1994,06,01.	

名稱	形式	質地	色彩	尺寸 高×寬㎝	創作時間	收藏處所	典藏號碼

冊之9）

名稱	形式	質地	色彩	尺寸 高×寬㎝	創作時間	收藏處所	典藏號碼
松竹梅石圖	軸	紙	水墨	不詳	乙酉（康熙四十四年，1705）九秋	北京 中國文物商店總店	
花卉圖	軸	絹	水墨	不詳	丁未（雍正五年，1727）	北京 中國文物商店總店	
歲寒三友圖	軸	絹	設色	不詳	乙未（康熙五十四年，1715）仲冬	上海 朵雲軒	
雙柏八哥圖	軸	絹	設色	不詳	癸巳（康熙五十二年，1713）	上海 朵雲軒	
歲寒三友圖	軸	紙	水墨	97 × 92	康熙乙未（五十四年，1715）	上海 朵雲軒	
歲寒圖（楊晉、馬元馭合作）	軸	絹	設色	105 × 53	戊辰（康熙二十七年，1688）	上海 朵雲軒	
范石湖詩意圖	軸	絹	設色	不詳	庚寅（康熙四十九年，1710）	上海 上海文物商店	
竹石圖（為竹溪年翁作）	軸	紙	水墨	87 × 43.8	乙巳（雍正三年，1725）暮春	紐約 蘇富比藝品拍賣公司/拍賣目錄 1980,12,18.	
仿劉松年利涉大川圖	軸	紙	設色	125.6 × 44.4	丙午（雍正四年，1726）清和既望	紐約 蘇富比藝品拍賣公司/拍賣目錄 1980,12,18.	
山水圖	軸	紙	設色	146 × 91.5	乙巳（雍正三年，1725）小春既望	紐約 蘇富比藝品拍賣公司/拍賣目錄 1983,12,07.	
雙牛圖	軸	紙	設色	82 × 45	丙午（雍正四年，1726）春仲	紐約 蘇富比藝品拍賣公司/拍賣目錄 1986,12,04.	
樓閣山水圖	軸	紙	設色	182.8 × 86.3	庚戌（康熙九年，1670）冬日	紐約 佳士得藝品拍賣公司/拍賣目錄 1987,12,11.	
古樹寒鴉圖	軸	紙	設色	122.5 × 27.5	甲戌（康熙三十三年，1694）仲夏	紐約 佳士得藝品拍賣公司/拍賣目錄 1990,05,31.	
仿吳仲圭梅花書屋圖	軸	絹	設色	30.5 × 23.5		紐約 佳士得藝品拍賣公司/拍賣目錄 1990,11,28.	
春郊放牧圖	軸	紙	設色	145.5 × 69	丁酉（康熙五十六年，1717）長至	紐約 佳士得藝品拍賣公司/拍賣目錄 1992,06,02.	
江天暮雪圖	軸	灑金箋	水墨	119 × 33.5	壬午（康熙四十一年，1702）新秋	紐約 佳士得藝品拍賣公司/拍賣目錄 1992,12,02.	
五瑞圖	軸	紙	設色	96 × 28.5	己丑（康熙四十八	紐約 佳士得藝品拍賣公司/拍	

名稱	形式	質地	色彩	尺寸 高x寬cm	創作時間	收藏處所	典藏號碼
					年，1709）端陽日	賣目錄 1993,06,04.	
關山雪霽圖	軸	絹	設色	68.5 x 37.5	甲申（康熙四十三年，1704）仲夏	紐約 佳士得藝品拍賣公司/拍 賣目錄 1994,11,30.	
浮煙遠岫圖	軸	紙	設色	69.2 x 46	己丑（康熙四十八年，1709）秋七月	紐約 佳士得藝品拍賣公司/拍 賣目錄 1994,11,30.	
端陽花卉圖（黃鼎、楊晉、惲壽平、禹之鼎、童原、馬元馭、陳枚、王武合作）	軸	紙	設色	127 x 57		香港 佳士得藝品拍賣公司/拍 賣目錄 1996,04,28.	
溪山放牧圖	軸	紙	設`色	145.7 x 69.2	丁酉（康熙五十六年，1717）長至	紐約 佳士得藝品拍賣公司/拍 賣目錄 1997,09,19.	
憩馬圖（徐方、楊晉合作）	軸	絹	設色	138.5 x 81.5	甲申（康熙四十三年，1704）秋七月既望	香港 蘇富比藝品拍賣公司/拍 賣目錄 1999,10,31.	
清溪小隱圖	軸	絹	水墨	167 x 58.5	庚辰（康熙三十九年，1700）春仲	香港 佳士得藝品拍賣公司/拍 賣目錄 2001,04,29.	
仿古山水圖（6幅）	軸	絹	設色	（每幅）165 x 52.6		香港 佳士得藝品拍賣公司/拍 賣目錄 2001,04,29.	
花果圖（12幀）	冊	絹	設色	不詳	庚寅（康熙四十九年，1710）	北京 中國文物商店總店	
牛圖（8幀）	冊	紙	設色	不詳	甲午（康熙五十三年，1714）	蘇州 蘇州市文物商店	
蔬果圖（6幀）	冊	紙	設色	（每幀）26 x 33	甲午(康熙五十三年，1714)十一月	紐約 蘇富比藝品拍賣公司/拍 賣目錄 1984,12,05.	
溪流竹徑（王翬、楊晉、顧昉、王雲合作，為潛老道社兄寫）	摺扇面	紙	設色	18.5 x 57.8	癸酉（康熙三十二年，1693）長夏	紐約 佳仕得藝品拍賣公司/拍 賣目錄 1986,12,01.	
荔枝圖（為次老尊兄先生作）	摺扇面	紙	設色	17.8 x 48.9	丙子（康熙三十五年，1696）夏五月望前三日	紐約 佳仕得藝品拍賣公司/拍 賣目錄 1986,12,01.	
仿古山水（12幀）	冊	絹	設色	（每幀）20.3 x 15	甲辰（雍正二年，1724）春三月	紐約 蘇富比藝品拍賣公司/拍 賣目錄 1986,12,04.	
梅花書屋圖	摺扇面	紙	設色	17.5 x 49	庚午（康熙二十九年，1690）冬	紐約 佳士得藝品拍賣公司/拍 賣目錄 1988,11,30.	
仿關仝浮巒暖翠（王翬及弟子山水集冊第4幀）	冊頁	紙	設色	不詳	己巳（康熙二十八年，1689）夏日	紐約 佳士得藝品拍賣公司/拍 賣目錄 1989,12,04.	

名稱	形式	質地	色彩	尺寸 高x寬cm	創作時間	收藏處所	典藏號碼
寒江獨釣圖（王翬及弟子山水集冊第5幀）	冊頁	紙	設色	不詳	丁丑（康熙三十六年，1697）	紐約 佳士得藝品拍賣公司/拍賣目錄 1989,12,04.	
山水圖	摺扇面	紙	設色	20.5 x 50	己丑（康熙四十八年，1709）春仲	紐約 佳士得藝品拍賣公司/拍賣目錄 1993,12,01.	
西城勝覽圖	摺扇面	紙	設色	19.7 x 50.2	甲辰（雍正二年，1724）清和月既望	紐約 佳士得藝品拍賣公司/拍賣目錄 1995,03,22.	
人物山水圖（10幀）	冊	絹	設色	（每幀）23 x 18	己亥（康熙五十八年，1719）長夏	香港 佳士得藝品拍賣公司/拍賣目錄 1998,09,15.	

畫家小傳：楊晉。字子鶴。號西亭、鶴道人、野鶴。江蘇常熟人。生於世祖順治元（1644）年。辛於世宗雍正六（1728）年。為王翬弟子。善畫山水，筆墨清秀；兼工人物、寫真、花鳥、草蟲。（見國朝畫徵錄、海虞畫苑略、桐陰論畫、江南通志、柳南隨筆、昭文縣志、中國畫家人名大辭典）

蕭一芸

名稱	形式	質地	色彩	尺寸 高x寬cm	創作時間	收藏處所	典藏號碼
細筆山水圖	卷	紙	設色	24.2 x ?		香港 劉作籌虛白齋	139
松林觀瀑圖（為亢宗作）	軸	紙	設色	119 x 58.4	己酉（康熙八年，1669）仲秋	長春 吉林省博物館	
仿黃子久山水圖	軸	紙	設色	70 x 35.5	丁丑（康熙三十六年，1697）	瀋陽 遼寧省博物館	
仿王蒙山水圖	軸	絹	設色	179.5 x 47.7	辛亥（康熙十年，1671）	重慶 重慶市博物館	
山水圖（18幀）	冊	紙	設色	不詳		北京 故宮博物院	
秋窗讀易圖	摺扇面	金箋	設色	不詳		北京 故宮博物院	
山水圖（10幀）	冊	紙	設色	不詳		上海 上海博物館	
為懷豐作山水圖（蕭一芸等書畫冊16之1幀）	冊頁	紙	水墨	23.7 x 16.2	辛亥（康熙十年，1671）夏五	上海 上海博物館	
山水圖（為涵中作，原濟等書畫合璧冊8之1幀）	冊頁	紙	水墨	15.7 x 20.8	辛亥（康熙十年，1671）重九	上海 上海博物館	
附：							
為青翁作山水圖	摺扇面	金箋	設色	不詳	己未（康熙十八年，1679）	上海 朵雲軒	

畫家小傳：蕭一芸。字閣友（一作閣有）。安徽蕪湖人。蕭雲從猶子。能傳家學，工畫。流傳署款紀年作品見於聖祖康熙八（1669）至三十六（1697）年。（見左田畫友錄、郭石公畫紀、中華畫人室隨筆、中國畫家人名大辭典）

陳 岷

名稱	形式	質地	色彩	尺寸 高x寬cm	創作時間	收藏處所	典藏號碼
蘭花圖	軸	紙	水墨	64.2 x 37.8		天津 天津市藝術博物館	
蘭石圖	軸	紙	水墨	99.8 x 40.7	癸丑（康熙十二年，1673）新夏	南京 南京博物院	
菊花圖（明陳嘉言等菊花冊10之1幀）	冊頁	紙	設色	不詳		瀋陽 遼寧省博物館	
山水圖（10幀）	冊	紙	設色	（每幀）28 x 37.5	己酉（康熙八年，1669）秋仲	廣州 廣州市美術館	
附：							
蘭竹芝石圖	卷	紙	水墨	33 x 645.2	辛亥（康熙十年，1671）新夏	蘇州 蘇州市文物商店	

畫家小傳：陳岷。字山民。江蘇常熟人。工詩畫，為程嘉燧高弟。善畫山水；兼寫蘭及寫意人物，得書卷氣，有林下風味。流傳署款紀年作品見於聖祖康熙八(1669)至十二(1673)年。（見圖繪寶鑑續纂、歷代畫史彙傳、中國畫家人名大辭典）

陳 申

名稱	形式	質地	色彩	尺寸 高x寬cm	創作時間	收藏處所	典藏號碼
蘆屋圖（顧銘等人作蘆屋圖合卷4之1段）	卷	紙	水墨	不詳	康熙八年（己酉，1669）季春	北京 故宮博物院	
落日草亭圖（為木齋作）	冊頁	紙	設色	不詳	康熙八年（己酉，1669）季春	北京 故宮博物院	
山水圖（清程鵠等山水冊6之第2幀）	冊頁	紙	設色	不詳	戊申（康熙七年，1668）	重慶 重慶市博物館	

畫家小傳：陳申。字蠖菴。江蘇泰興人。博學多才，故藝無不精妙。畫善山水，筆法古秀，蹊徑不凡。流傳署款紀年作品見於聖祖康熙八(1669)年。（見圖繪寶鑑續纂、中國畫家人名大辭典）

顧 銘

名稱	形式	質地	色彩	尺寸 高x寬cm	創作時間	收藏處所	典藏號碼
蘆屋圖（顧銘等人作蘆屋圖合卷4之1段）	卷	紙	水墨	不詳	康熙八年（己酉，1669）季春	北京 故宮博物院	
允禧訓經圖	軸	絹	設色	71.8 x 63		北京 故宮博物院	

畫家小傳：顧銘。字仲書。浙江嘉興人。善畫，尤精寫真。聖祖康熙十(1671)年，曾詔寫御容稱旨，獲賜金褒獎。流傳署款紀年作品見於聖祖康熙八(1669)年。（見圖繪寶鑑續纂、國朝畫徵錄、曝書亭集、中國畫家人名大辭典）

佟毓秀

名稱	形式	質地	色彩	尺寸 高x寬cm	創作時間	收藏處所	典藏號碼
蘆屋圖（顧銘等人作蘆屋圖合卷4之1段）	卷	紙	水墨	不詳	康熙八年（己酉，1669）季春	北京 故宮博物院	
秋色泉聲圖	軸	絹	設色	不詳		濟南 山東省博物館	

名稱	形式	質地	色彩	尺寸 高x寬cm	創作時間	收藏處所	典藏號碼
平山遠水圖	軸	絹	水墨	129 x 58		廣州 廣東省博物館	
山水圖	軸	絹	水墨	34.6 x 27.2		日本 京都國立博物館	
山水（12幀）	冊	絹	設色	（每幀）28.4 x 32.8		台北 故宮博物院	故畫 03435
松巖雲起（佟毓秀山水冊之1）	冊頁	絹	設色	不詳		台北 故宮博物院	故畫 03435-1
柳岸艤舟（佟毓秀山水冊之2）	冊頁	絹	設色	不詳		台北 故宮博物院	故畫 03435-2
絕巘孤亭（佟毓秀山水冊之3）	冊頁	絹	設色	不詳		台北 故宮博物院	故畫 03435-3
雨霽江澄（佟毓秀山水冊之4）	冊頁	絹	設色	不詳		台北 故宮博物院	故畫 03435-4
高閣臨風（佟毓秀山水冊之5）	冊頁	絹	設色	不詳		台北 故宮博物院	故畫 03435-5
松溪漁隱（佟毓秀山水冊之6）	冊頁	絹	設色	不詳		台北 故宮博物院	故畫 03435-6
崇山藏寺（佟毓秀山水冊之7）	冊頁	絹	設色	不詳		台北 故宮博物院	故畫 03435-7
溪山秋色（佟毓秀山水冊之8）	冊頁	絹	設色	不詳		台北 故宮博物院	故畫 03435-8
溪山煙靄（佟毓秀山水冊之9）	冊頁	絹	設色	不詳		台北 故宮博物院	故畫 03435-9
江平遠眺（佟毓秀山水冊之10）	冊頁	絹	設色	不詳		台北 故宮博物院	故畫 03435-10
山頂觀瀑（佟毓秀山水冊之11）	冊頁	絹	設色	不詳		台北 故宮博物院	故畫 03435-11
高樓聽雁（佟毓秀山水冊之12）	冊頁	絹	設色	不詳		台北 故宮博物院	故畫 03435-12
山水圖（畫幅集冊27之1幀）	冊頁	絹	設色	26.5 x 31.9		台北 故宮博物院	故畫 01279-18
附：							
山水圖	卷	絹	水墨	39 x 173	癸亥（康熙二十二年，1683）重陽	北京 中國文物商店總店	

畫家小傳：佟毓秀。字鍾山。襄平人。隸旗籍。曾遊錢封之門。善畫山水，取法元人率筆，縱橫排戛、筆墨蒼老，近似藍瑛。流傳署款紀年作品見於聖祖康熙八（1669）至二十二（1683)年。(見圖繪寶鑑續纂、國朝畫徵續錄、桐陰論畫、中國畫家人名大辭典)

葉　榮

名稱	形式	質地	色彩	尺寸 高x寬cm	創作時間	收藏處所	典藏號碼
蘆屋圖（顧銘等人作蘆屋圖合卷4之1段）	卷	紙	水墨	不詳	康熙八年（己酉，1669）季春	北京 故宮博物院	
溪上草亭圖	軸	紙	水墨	75.5 x 27.9	丙午（雍正四年，1726）	上海 上海博物館	
溪山樓閣圖	軸	絹	水墨	126 x 44.1		上海 上海博物館	
山亭待月圖	軸	絹	設色	不詳		南京 南京博物院	
山閣幽居圖	軸	絹	設色	152.7 x 48.1		杭州 浙江省博物館	

名稱	形式	質地	色彩	尺寸 高×寬㎝	創作時間	收藏處所	典藏號碼
仙芝春山圖	軸	綾	水墨	169.5 × 50.1		美國 耶魯大學藝術館	1985.44.1
山水圖	摺扇面	金箋	水墨	不詳	甲寅（雍正十二年，1734）	北京 中國歷史博物館	
悠然見南山圖（袁模等畫山水冊8之1幀）	冊頁	紙	設色	不詳		北京 中國歷史博物館	
書畫（8幀）	冊	絹	設色	（每幀）24.2 × 21.2		石家莊 河北省石家莊文物管理所	
附：							
臨雪菴山水圖	冊頁	紙	設色	不詳	丁亥（康熙四十六年，1707）冬月	北京 北京市文物商店	

畫家小傳：葉榮。字澹生。號檉叟。安徽祁門人。善畫山水，早年峰巒石骨得畫法於匡廬，晚歲漸造平淡。流傳署款紀年作品見於聖祖康熙八（1669）年，至世宗雍正十二（1734）年。（見圖繪寶鑑續纂、桐陰論畫、中國畫家人名大辭典）

陸斯行

名稱	形式	質地	色彩	尺寸 高×寬㎝	創作時間	收藏處所	典藏號碼
花卉圖（程達等雜畫卷4之1段）	卷	絹	設色	不詳	己酉（康熙八年，1669）	北京 故宮博物院	
附：							
秋花圖	摺扇面	灑金箋	設色	17.2 × 51	丙子（康熙三十五年，1696）新秋	紐約 佳士得藝品拍賣公司/拍賣目錄 1987.12.11.	

畫家小傳：陸斯行。畫史無載。流傳署款紀年作品見於聖祖康熙八(1669)至三十五年。身世待考。

沈　庸

名稱	形式	質地	色彩	尺寸 高×寬㎝	創作時間	收藏處所	典藏號碼
抱膝長吟圖	摺扇	紙	水墨	不詳	己酉（？康熙八年，1669）	北京 故宮博物院	

畫家小傳：沈庸。畫史無載。流傳署款作品紀年疑為聖祖康熙八(1669)年。身世待考。

呂　智

名稱	形式	質地	色彩	尺寸 高×寬㎝	創作時間	收藏處所	典藏號碼
山水圖（清呂智等雜畫冊10之1幀）	冊頁	絹	設色	不詳	（己酉，康熙八年，1669）	廣州 廣東省博物館	

畫家小傳：呂智。畫史無載。流傳署款作品見片於聖祖康熙八(1669)年。身世待考。

王　琦

名稱	形式	質地	色彩	尺寸 高×寬㎝	創作時間	收藏處所	典藏號碼
山水圖（為慶陽年翁作，俞齡等雜畫冊38之1幀）	冊頁	絹	設色	31.2 × 31.8	（丁卯，康熙二十六年，1687）	上海 上海博物館	

名稱	形式	質地	色彩	尺寸 高×寬㎝	創作時間	收藏處所	典藏號碼
山水圖（清呂智等雜畫冊10之1幀）	冊頁	絹	設色	不詳	（己酉，康熙八年，1669）	廣州 廣東省博物館	
附：							
春夜宴桃李園圖	軸	絹	設色	不詳	庚午（康熙二十九年，1690）春二月	成都 四川省文物商店	
山水圖（清王琦等雜畫冊6之1幀）	冊頁	紙	設色	55 × 26		上海 朵雲軒	

畫家小傳：王琦。字魏公。浙江杭州人。善畫人物、花鳥、草蟲，悉取真者對臨，無不酷肖。流傳署款紀年作品見於聖祖康熙八（1669）至二十九（1690）年。（見圖繪寶鑑續纂、中國畫家人名大辭典等）

曹 起

名稱	形式	質地	色彩	尺寸 高×寬㎝	創作時間	收藏處所	典藏號碼
山水圖（清呂智等雜畫冊10之1幀）	冊頁	絹	設色	不詳	（己酉，康熙八年，1669）	廣州 廣東省博物館	

畫家小傳：曹起。畫史無載。流傳署款作品見於聖祖康熙八（1669）年。身世待考。

胡 奐

名稱	形式	質地	色彩	尺寸 高×寬㎝	創作時間	收藏處所	典藏號碼
山水圖（清呂智等雜畫冊10之1幀）	冊頁	絹	設色	不詳	（己酉，康熙八年，1669）	廣州 廣東省博物館	

畫家小傳：胡奐。畫史無載。流傳署款作品見於聖祖康熙八（1669）年。身世待考。

阮 解

名稱	形式	質地	色彩	尺寸 高×寬㎝	創作時間	收藏處所	典藏號碼
附：							
山水（嶺南諸家書畫合冊之一幀）	冊頁	紙	設色	25.4 × 17.2	庚戌（康熙九年，1670）歲	紐約 佳士得藝品拍賣公司/拍賣目錄 1994.06.01	

畫家小傳：阮解。畫史無載。流傳署款紀年作品見於聖祖康熙九（1670）年。身世待考。

張 穉

名稱	形式	質地	色彩	尺寸 高×寬㎝	創作時間	收藏處所	典藏號碼
為懷豐作山水圖（蕭一芸等書畫冊16之1幀）	冊頁	紙	水墨	23.7 × 16.2		上海 上海博物館	

畫家小傳：張穉。畫史無載。流傳署款作品似在聖祖康熙九（1670）年前後。身世待考。

阮國珍

名稱	形式	質地	色彩	尺寸 高×寬㎝	創作時間	收藏處所	典藏號碼
附：							
山水（嶺南諸家書畫合冊之一	冊頁	紙	設色	25.4 × 17.2	庚戌（康熙九年，	紐約 佳士得藝品拍賣公司/拍	

名稱	形式	質地	色彩	尺寸 高×寬㎝	創作時間	收藏處所	典藏號碼

幀)　　　　　　　　　　　　　　　　　　　　　　　　　　　　1670）歲　　　賣目錄 1994.06.01

畫家小傳：阮國珍。畫史無載。流傳署款紀年作品見於聖祖康熙九(1670)年。身世待考。

金　光
附：

| 山水（嶺南諸家書畫合冊之一 | 冊頁 | 紙 | 設色 | 25.4 × 17.2 | 庚戌（康熙九年， | 紐約 佳士得藝品拍賣公司/拍 |
| 幀） | | | | | 1670）歲 | 賣目錄 1994.06.01. |

畫家小傳：金光。畫史無載。流傳署款紀年作品見於聖祖康熙九(1670)年。身世待考。

黃　栻
附：

| 山水（嶺南諸家書畫合冊之一 | 冊頁 | 紙 | 設色 | 25.4 × 17.2 | 庚戌（康熙九年， | 紐約 佳士得藝品拍賣公司/拍 |
| 幀） | | | | | 1670）歲 | 賣目錄 1994.06.01 |

畫家小傳：金光。畫史無載。流傳署款紀年作品見於聖祖康熙九(1670)年。身世待考。

毛　翀

| 蒼鷹搏雁圖 | 軸 | 絹 | 設色 | 171 × 89.6 | | 日本 東京國立博物館 | TA-52 |

畫家小傳：毛翀，身世、籍里不詳。僅知善畫花卉。（見清畫錄、中國畫家人名大辭典）

張見陽

| 金、焦山圖（嚴繩孫、張見陽 | 卷 | 紙 | 水墨 | 不詳 | | 北京 故宮博物院 |
| 、禹之鼎合卷 3 之 1 段） | | | | | | |

畫家小傳：張見陽。畫史無載。身世待考。

王　概

仿巨然江山臥遊圖	卷	絹	設色	不詳	庚午（康熙二十九年，1690）禊月	北京 故宮博物院
龍舟競渡圖	卷	紙	設色	不詳	丁丑（康熙三十六年，1697）	北京 故宮博物院
老樹平沙圖	卷	紙	水墨	11.5 × 277.3		北京 故宮博物院
雙鹿夾轂圖（王概、王蓍合作 2 段合卷之1）	卷	紙	設色	25.8 × 94.7	丁丑（康熙三十六年，1697）臘地前四日	上海 上海博物館

名稱	形式	質地	色彩	尺寸 高×寬㎝	創作時間	收藏處所	典藏號碼
秋帆曠攬圖	卷	絹	設色	29 × 918.1		上海 上海博物館	
秋山喜客圖（為蒼雪作）	卷	紙	設色	31.6 × 869.5	壬戌（康熙二十一年，1682）十月	杭州 浙江省博物館	
仿沈石田三秋果卉圖（為學翁作）	卷	紙	水墨	30 × 566.5	戊寅（康熙三十七年，1698）重九日	杭州 浙江省博物館	
假鶴圖（為雪匏作）	卷	紙	水墨	174.3 × 29.4	丁丑（康熙三十六年，1697）	成都 四川省博物院	
送別圖	卷	紙	設色	30 × 130	辛酉（康熙二十年，1681）	南寧 廣西壯族自治區博物館	
蓮社圖	軸	紙	設色	93.4 × 40		台北 故宮博物院（蘭千山館寄存）	
草閣雲封圖	軸	綾	設色	132.2 × 49.2		長春 吉林大學	
玉山觀畫圖	軸	紙	設色	不詳	壬戌（康熙二十一年，1682）冬日	北京 故宮博物院	
端午景圖	軸	紙	設色	不詳	甲子（康熙二十三年，1684）天中	北京 故宮博物院	
泰岱喬松圖（為義翁作）	軸	紙	設色	不詳	壬申（康熙三十一年，1692）春日	北京 故宮博物院	
湖村坐對圖（為昇聞作）	軸	絹	設色	不詳	康熙癸未（四十二年，1703）	北京 中國歷史博物館	
仙巖樓閣圖	軸	絹	設色	不詳	丙子（康熙三十五年，1696）	北京 首都博物館	
山捲晴雲圖	軸	絹	水墨	不詳	辛巳（康熙四十年，1701）清和	北京 中央美術學院	
早春書屋圖（為晉翁作）	軸	紙	設色	不詳	丙寅（康熙二十五年，1686）菊月	天津 天津市藝術博物館	
煙巒春曉圖	軸	絹	設色	193.5 × 54.8	丙寅（康熙二十五年，1686）	天津 天津市藝術博物館	
松露清雲圖	軸	綾	設色	152.5 × 71	壬申（康熙三十一年，1692）	天津 天津市藝術博物館	
竹亭雲水圖	軸	絹	設色	121 × 54.3	辛巳（康熙四十年，1701）	天津 天津市藝術博物館	
溪山清映圖	軸	絹	水墨	170 × 50.2	甲申（康熙四十三	天津 天津市藝術博物館	

名稱	形式	質地	色彩	尺寸 高x寬cm	創作時間	收藏處所	典藏號碼
					年，1704）		
秋關喜客圖	軸	紙	設色	215.5 x 79.5		太原 山西省博物館	
山村秋水圖（為來翁作）	軸	綾	水墨	108 x 50	癸丑（康熙十二年，1673）重陽前四日	濟南 山東省濟南市博物館	
為文翁作山水圖	軸	綾	設色	196 x 48	癸亥（康熙二十二年，1683）修禊日	南通 江蘇省南通博物苑	
群巒溪居圖	軸	紙	設色	276.5 x 130	甲戌（康熙三十三年，1694）	杭州 浙江省杭州西泠印社	
臨水結茅圖	軸	綾	設色	201.5 x 48		嘉興 浙江省嘉興市博物館	
松閣聽泉圖	軸	紙	設色	不詳	乙丑（康熙二十四年，1685）仲春	南昌 江西省博物館	
老松圖	軸	紙	水墨	142.5 x 72.6		成都 四川省博物院	
仿劉松年松閣閑吟圖并題	軸	紙	設色	214 x 93	己未（康熙十八年，1679）上元	成都 四川大學	
松濤層巒圖	軸	絹	設色	198.4 x 59.4	乙亥（康熙三十四年，1695）	蘭州 甘肅省博物館	
山水圖	軸	金箋	水墨	81.28 x 51.8	甲戌（康熙三十三年，1694）修契前五日	日本 東京帝室博物館	
仿巨然聽泉圖	軸	綾	水墨	120 x 48.2	癸亥（康熙二十二年，1683）長夏	日本 大阪市立美術館	
仿巨然筆意山水圖	軸	紙	設色	196.7 x 97.5		美國 加州史坦福大學藝術博物館	67.66
結屋巖阿圖（王翬等山水冊12之1幀）	冊頁	紙	水墨	18.5 x 17.3	丙午（康熙五年，1666）歲杪	北京 故宮博物院	
古木寒泉圖（王翬等山水冊12之1幀）	冊頁	紙	水墨	18.5 x 17.3	（康熙五年，丙午，1666）	北京 故宮博物院	
碩輔耆英圖（10幀）	冊	紙	設色	（每幀）19.5 x 24.3	戊辰（康熙二十七年，1688）立春八日	北京 故宮博物院	
秋尋圖	摺扇面	紙	設色	17.5 x 54	甲戌（康熙三十三年，1694）	北京 故宮博物院	

名稱	形式	質地	色彩	尺寸 高×寬㎝	創作時間	收藏處所	典藏號碼
東園萬竹圖	摺扇面	金箋	設色	16.6 × 52.1	己卯（康熙三十八年，1699）春初	北京 故宮博物院	
仿馬遙父萬竹圖	摺扇面	紙	水墨	不詳	己卯（康熙三十八年，1699）	北京 故宮博物院	
採芝圖	摺扇面	紙	設色	不詳	乙酉（康熙四十四年，1705）	北京 故宮博物院	
山水圖（10幀）	冊	絹	設色	不詳		北京 故宮博物院	
山水人物圖（12幀）	冊	絹	設色	不詳		北京 故宮博物院	
花鳥、草蟲圖（10幀）	冊	紙	設色	25 × 27		北京 故宮博物院	
山水圖	摺扇面	紙	水墨	22.7 × 63		北京 故宮博物院	
聽松圖	摺扇面	紙	設色	不詳		北京 故宮博物院	
萬山草堂圖	摺扇面	紙	設色	16.2 × 51.3	康熙癸酉(三十二年，1693)初冬	北京 中國歷史博物館	
山水人物圖（12幀）	冊	絹	設色	不詳	庚午（康熙二十九年，1690）	北京 中國歷史博物館	
雲山圖	摺扇面	紙	水墨	不詳	壬子（康熙十一年，1672）	天津 天津市藝術博物館	
山水圖（8幀）	冊	紙	設色	（每幀）21.6 × 18		天津 天津市藝術博物館	
闢風圖（為楊翁作，清高岑等山水冊12之1幀）	冊頁	絹	設色	27.3 × 24.8	丙辰（康熙十五年，1676）八月	天津 天津市藝術博物館	
為懷豐作山水圖（蕭一芸等書畫冊16之1幀）	冊頁	紙	水墨	23.7 × 16.2	甲寅（康熙十三年，1674）首夏	上海 上海博物館	
山水圖（為綏公作，樊雲等山水花卉冊10之5幀）	冊頁	紙	設色	17.4 × 20	（庚午，康熙二十九年，1690）	上海 上海博物館	
雪江罟漁圖（金焦圖詠冊16之1幀）	冊頁	紙	水墨	30 × 36	丁丑（康熙三十六年，1697）二月	上海 上海博物館	
浮玉山圖（金焦圖詠冊16之1幀）	冊頁	紙	水墨	30 × 36		上海 上海博物館	
水仙梅花圖（清王概、王蕃雜畫冊7之1幀）	冊頁	紙	設色	17 × 16.5		常熟 江蘇省常熟市文物管理委員會	
山館雲松圖（清王概、王蕃雜畫冊7之1幀）	冊頁	紙	設色	17 × 16.5		常熟 江蘇省常熟市文物管理委員會	
童叟圖（清王概、王蕃雜畫冊	冊頁	紙	設色	17 × 16.5		常熟 江蘇省常熟市文物管理	

名稱	形式	質地	色彩	尺寸 高x寬cm	創作時間	收藏處所	典藏號碼
7之1幀）						委員會	
仿王蒙山水圖	摺扇面	金箋	水墨	不詳		成都 四川省博物院	
山水圖（龔賢等山水冊8之1幀）	冊頁	紙	水墨	15.7 x 19.2		廣州 廣州市美術館	
高士清居圖	摺扇面	金箋	設色	16.7 x 49.4		日本 東京岩崎小彌太先生	
松泉銷夏圖	摺扇面	金箋	水墨	18 x 52,7		日本 大阪橋本大乙先生	
山水圖（8幀，畫贈孟翁）	冊	紙	設色	（每幀）19.9 x 21.9	丁巳（康熙十六年，1677）中秋	美國 克利夫蘭藝術博物館	75.64
山水圖（10幀）	冊頁	絹	設色	24.9 x 35.6		美國 印第安那波里斯市藝術博物館	61.119
附：							
古賢事蹟圖（8幀合裱）	卷	絹	設色	（每幀）28.3 x 27	壬申（康熙三十一年，1692）春日	紐約 佳士得藝品拍賣公司/拍賣目錄 1987,06,03.	
仿范華原山水(屏風)	軸	絹	設色	不詳	庚午（康熙二十九年，1690）長夏	北京 北京市文物商店	
仿巨然山水圖	軸	紙	水墨	143 x 58	庚辰（康熙三十九年，1700）	天津 天津市文物公司	
秋山詩意圖	軸	絹	設色	181.6 x 55.9	乙亥（康熙三十四年，1695）仲冬	紐約 佳士得藝品拍賣公司/拍賣目錄 1989,06,01.	
溪山積雪	摺扇面	金箋	設色	18.5 x 58		紐約 佳士得藝品拍賣公司/拍賣目錄 1989,06,01.	

畫家小傳：王概。初名丐。字安節。浙江秀水人，家居金陵。生於世祖順治二（1645）年，卒於聖祖康熙四十九（1710）年。工畫山水，學龔賢，善作大幅及松石；亦善人物。世傳芥子園畫譜為其手筆，（見圖繪寶鑑續纂、國朝畫徵錄、桐陰論畫、江寧志、蠹尾集、中國畫家人名大辭典）

高士奇

名稱	形式	質地	色彩	尺寸 高x寬cm	創作時間	收藏處所	典藏號碼
摹徐賁園林圖（為澤翁老先生）	軸	紙	水墨	88.7 x 31.4	康熙庚午（二十九年，1690）秋八月	日本 京都國立博物館(上野有竹齋寄贈)	A甲 187
山水圖（20幀）	冊	紙	水墨	（每幀）15.1 x 10.3		韓國 首爾朴周煥先生	

畫家小傳：高士奇。字澹人。號江村、瓶廬、竹窗。浙江錢塘人。生於世祖順治二（1645）年。卒於聖祖康熙四十三（1704）年。受知於聖祖，供奉內廷，官至禮部侍郎。家富收藏古書畫。精考證，撰有江村銷夏錄行世。能畫山水、竹石，頗精妙。（見清史列傳、山靜居畫論、中國畫家人名大辭典）

卞永譽

名稱	形式	質地	色彩	尺寸 高×寬㎝	創作時間	收藏處所	典藏號碼

附：

| 王西樵先生柳蔭放鶴圖 | 軸 | 絹 | 設色 | 138.7 × 48.5 | | 紐約 佳士得藝品拍賣公司/拍賣目錄 1988.11.30 | |

畫家小傳：卞永譽。字令之。號仙客。滿洲蓋牟人，隸屬漢軍正藍旗。生於清世祖順治二（1645）年，卒於聖祖康熙五十一（1712）年。工書畫，精鑑別。著有式古堂書畫彙考一書行世。（見熙朝雅頌集、池北偶談、中國畫家人名大辭典）

勞 澂

名稱	形式	質地	色彩	尺寸 高×寬㎝	創作時間	收藏處所	典藏號碼
仿大癡山水圖（為壽愷作）	軸	紙	設色	不詳	壬戌（康熙二十一年，1682）夏五	北京 中央美術學院	
蘆江放舟圖（為祝三作）	軸	紙	設色	74.2 × 30.2	丙子（康熙三十五年，1696）冬	天津 天津市藝術博物館	
攜琴山遊圖	軸	紙	水墨	不詳	戊寅（康熙三十七年，1698）	天津 天津市藝術博物館	
山水圖	軸	絹	水墨	不詳		太原 山西省博物館	
仿黃子久山水圖（為明遠作）	軸	紙	設色	不詳	壬申（康熙三十一年，1692）秋日	南京 南京博物院	
仿董北苑山水圖	軸	紙	水墨	262.5 × 111.5		南京 南京博物院	
山水圖	軸	紙	水墨	128.2 × 47.3	丙子（康熙三十五年，1696）冬日	日本 東京窪田隆次郎先生	
雲巖仙館圖	軸	絹	水墨	207.2 × 50.3		日本 兵庫縣藪本莊五郎先生	
取意李成、范寬兩家山水圖	軸	紙	設色	142.5 × 50		日本 兵庫縣藪本莊五郎先生	
山水圖（清惲壽平等山水花鳥冊10之第3幀，為竹逸作）	冊頁	金箋	設色	23.2 × 13.4	（庚戌，康熙九年，1670）	瀋陽 遼寧省博物館	
仿元人山水圖（8幀）	冊	紙	水墨	（每幀）25.9 × 33	庚申（康熙十九年，1680）	瀋陽 遼寧省博物館	
山水圖（16幀）	冊	紙	水墨	不詳	甲戌（康熙三十三年，1694）	北京 故宮博物院	
山水圖（12幀）	冊	紙	設色	（每幀）25.9 × 18.8		北京 故宮博物院	
山水圖	摺扇面	紙	水墨	不詳	戊寅（康熙三十七年，1698）香日	北京 故宮博物院	
山水圖（12幀）	冊	紙	水墨	不詳	丙子（康熙三十五	北京 中國歷史博物館	

名稱	形式	質地	色彩	尺寸 高x寬cm	創作時間	收藏處所	典藏號碼
					年，1696) 秋日		
疏樹孤亭圖（王翬等山水冊 24 之 1 幀）	冊頁	紙	設色	21.5 x 27.5	乙亥（康熙三十四年，1695) 夏日	天津 天津市藝術博物館	
仿黃子久筆山水圖（山水集錦 冊 10 之第 7 幀）	冊頁	紙	水墨	21.6 x 28.9	辛酉（康熙二十年，1681）清和	上海 上海博物館	
仿元人山水圖（12 幀）	冊	紙	水墨、設色	（每幀）27 x 33	壬申（康熙三十一年，1692) 冬日	上海 上海博物館	
山水圖（12 幀）	冊	紙	設色	不詳	丙寅（康熙二十五年，1686) 秋日	南京 南京博物院	
山水圖	摺扇面	金箋	設色	不詳	癸亥（康熙二十二年，1683)	杭州 浙江省杭州西泠印社	
附：							
山水圖	卷	紙	水墨	不詳	戊申（雍正六年，1728)	北京 中國文物商店總店	
西山圖	卷	絹	設色	不詳		上海 朵雲軒	
山水	軸	絹	設色	158.1 x 65.1	戊寅（康熙三十七年，1698) 冬日	紐約 佳士得藝品拍賣公司/拍賣目錄 1997,09,19.	

畫家小傳：勞澂。字在茲。江蘇長洲人，晚入太湖洞庭山終老。自稱林屋山人。善作山水，蒼老樸古，功力深厚，與顧靄吉同有名於時。流傳署款紀年作品見於聖祖康熙十九(1680)年，至世宗雍正六(1728)年。（見國朝畫徵續錄、桐陰論畫、百幅庵畫寄、遂初堂集、中國畫家人名大辭典）

阮 年

蘭竹石圖	軸	絹	水墨	不詳	康熙丁巳（十六年，1677)	杭州 浙江省博物館	
蘭石圖（清惲壽平等山水花鳥 冊 10 之第 6 幀，為竹逸作）	冊頁	金箋	設色	23.2 x 13.4	庚戌（康熙九年，1670) 秋日	瀋陽 遼寧省博物館	
墨竹圖（為慶陽年翁作，俞齡 等雜畫冊 38 之 1 幀）	冊頁	絹	設色	31.2 x 31.8	（丁卯，康熙二十六年，1687)	上海 上海博物館	

畫家小傳：阮年。字遐生。浙江杭州人。善畫墨竹，師法諸昇。流傳署款紀年作品見於聖祖康熙九(1670)至二十六 (1687) 年。（見圖繪寶鑑續纂、中國畫家人名大辭典）

姜 起

澗石雙雉圖（清惲壽平等山水	冊頁	金箋	設色	23.2 x 13.4	庚戌（康熙九年，	瀋陽 遼寧省博物館	

名稱	形式	質地	色彩	尺寸 高×寬cm	創作時間	收藏處所	典藏號碼
花鳥冊 10 之第 5 幀，為竹逸作）					1670）夏日		
花鳥圖（為羽老作）	摺扇面	金箋	設色	不詳	癸丑（康熙十二年，1673）秋日	北京 故宮博物院	
松石雄雞圖	摺扇面	金箋	設色	20 × 58.5		日本 福岡縣石韵道雄先生	24

畫家小傳：姜起。畫史無載。約與惲壽平同時。流傳署款作品見於聖祖康熙九(1670)、十二 (1673) 年。身世待考。

古 雲

名稱	形式	質地	色彩	尺寸 高×寬cm	創作時間	收藏處所	典藏號碼
杏花圖（清惲壽平等山水花鳥冊 10 之第 7 幀，為竹逸作）	冊頁	金箋	設色	23.2 × 13.4	（庚戌，康熙九年，1670）	瀋陽 遼寧省博物館	

畫家小傳：古雲。畫史無載。約與惲壽平同時。流傳署款作品見於聖祖康熙九(1670)年。身世待考。

樂道人

名稱	形式	質地	色彩	尺寸 高×寬cm	創作時間	收藏處所	典藏號碼
竹石圖（清惲壽平等山水花鳥冊 10 之第 10 幀，為竹逸作）	冊頁	金箋	設色	23.2 × 13.4	（庚戌，康熙九年，1670）	瀋陽 遼寧省博物館	

畫家小傳：樂道人。畫史無載。約與惲壽平同時。流傳署款作品見於聖祖康熙九(1670)年。身世待考。

夏 英

名稱	形式	質地	色彩	尺寸 高×寬cm	創作時間	收藏處所	典藏號碼
品茶圖	軸	絹	設色	84.7 × 45.3	庚戌（康熙九年，1670)	北京 故宮博物院	

畫家小傳：夏英。畫史無載。流傳署款紀年作品見於聖祖康熙九(1670)年。身世待考。

姜之璜

附：

名稱	形式	質地	色彩	尺寸 高×寬cm	創作時間	收藏處所	典藏號碼
山水圖（嶺南諸家書畫合冊之 1 幀）	冊頁	紙	設色	25.4 × 17.2	庚戌歲（康熙九年，1670)	紐約 佳士得藝品拍賣公司/拍賣目錄 1994.06.01.	

畫家小傳：姜之璜。畫史無載。流傳署款紀年作品見於聖祖康熙九(1670)年。身世待考。

陳公遜

附：

名稱	形式	質地	色彩	尺寸 高×寬cm	創作時間	收藏處所	典藏號碼
山水圖（嶺南諸家書畫合冊之 1 幀）	冊頁	紙	設色	25.4 × 17.2	庚戌歲（康熙九年，1670)	紐約 佳士得藝品拍賣公司/拍賣目錄 1994.06.01.	

畫家小傳：陳公遜。畫史無載。流傳署款紀年作品見於聖祖康熙九(1670)年。身世待考。

名稱	形式	質地	色彩	尺寸 高×寬cm	創作時間	收藏處所	典藏號碼

（釋）知 空

| 山水圖 | 卷 | 綾 | 水墨 | 不詳 | 康熙庚戌（九年，1670） | 北京 故宮博物院 | |

畫家小傳：知空。僧。畫史無載。流傳署款紀年作品見於聖祖康熙九(1670)年。身世待考。

朱 玨

符山堂圖	卷	紙	水墨	22.2 x 174.3	庚戌（康熙九年，1670）	北京 故宮博物院	
賑饑圖	卷	絹	設色	不詳		太原 山西省博物館	
簪花翰苑圖	軸	絹	設色	不詳		合肥 安徽省博物館	
山靜日長圖（12幀）	冊	絹	設色	不詳		北京 故宮博物院	
聆教圖（李寅等雜畫冊12之1幀）	冊頁	紙	設色	17.2 x 12.1		北京 故宮博物院	
花卉圖（李寅等雜畫冊12之1幀）	冊頁	紙	設色	17.2 x 12.1		北京 故宮博物院	
山水圖（李寅等雜畫冊12之1幀）	冊頁	紙	設色	17.2 x 12.1		北京 故宮博物院	
山水圖（12幀）	冊	紙	設色	（每幀）18.7 x 26		日本 私人	

附：

| 重玟堂修禊圖（孫蘭書序） | 卷 | 紙 | 設色 | 不詳 | 戊寅（康熙三十七年，1698） | 北京 中國文物商店總店 | |
| 山水圖（朱玨等山水花鳥冊6之1幀） | 冊頁 | 紙 | 設色 | 19.5 x 14.8 | （辛未，康熙三十年，1691） | 武漢 湖北省武漢市文物商店 | |

畫家小傳：朱玨。字二玉。江蘇江都人。工畫山水、花卉、人物。畫人物初法陳洪綬，繼則略變其法，繪畫人愈多愈妙，畫題愈難愈奇。流傳署款紀年作品見於聖祖康熙三十七(1698)年（見揚州畫苑錄、畫法紀事、畫人補遺、中國畫家人名大辭典）

厲 珍

| 山水圖（為鈺翁作） | 摺扇面 | 金箋 | 設色 | 16.3 x 48.5 | 戊子（康熙四十七年，1708）春日 | 新加坡 Dr. E. Lu | |

附：

| 山水圖（嶺南諸家書畫合冊之1幀） | 冊頁 | 紙 | 設色 | 25.4 x 17.2 | 庚戌歲（康熙九年，1670） | 紐約 佳士得藝品拍賣公司/拍賣目錄 1994,06,01. | |

畫家小傳：厲珍。畫史無載。流傳署款紀年作品見於清聖祖康熙九（1670）至四十七（1708）年。身世待考。

名稱	形式	質地	色彩	尺寸 高x寬cm	創作時間	收藏處所	典藏號碼

衛 淇

附：

| 山水圖（嶺南諸家書畫合冊之 1幀） | 冊頁 | 紙 | 設色 | 25.4 x 17.2 | 庚戌歲（康熙九年，1670） | 紐約 佳士得藝品拍賣公司/拍賣目錄 1994,06,01. | |

畫家小傳：衛淇。畫史無載。流傳署款紀年作品見於聖祖康熙九(1670)年。身世待考。

梁襄炎

附：

| 山水圖（嶺南諸家書畫合冊之 1幀） | 冊頁 | 紙 | 設色 | 25.4 x 17.2 | 庚戌歲（康熙九年，1670） | 紐約 佳士得藝品拍賣公司/拍賣目錄 1994.06.01. | |

畫家小傳：梁襄炎。畫史無載。流傳署款紀年作品見於聖祖康熙九(1670)年。身世待考。

歸 湘

附：

| 蛺蝶花石圖（清初名人書畫集 冊之第7幀） | 冊頁 | 絹 | 設色 | 34 x 40 | 庚戌（康熙九年，1670）重九日 | 紐約 蘇富比藝品拍賣公司/拍賣目錄 1984,06,13. | |

畫家小傳：歸湘。字溶溶。江蘇常熟人。歸瑤之女。適王氏。能詩。亦工畫山水、花鳥。流傳署款紀年作品見於聖祖康熙九(1670)年。（見海虞畫苑錄、海虞詩苑、柳南隨筆、中國畫家人名大辭典）

蔣 煃

| 秋山晴靄圖 | 軸 | 綾 | 水墨 | 201 x 51 | 庚戌（康熙九年，1670） | 濟南 山東省博物館 | |

畫家小傳：蔣煃。字蘊山。浙江山陰人。善畫山水、人物。流傳署款紀年作品見於聖祖康熙九(1670)年。（見圖繪寶鑑續纂、中國畫家人名大辭典）

倪仁吉

| 秋景山水圖 | 軸 | 綾 | 設色 | 不詳 | | 上海 上海古籍書店 | |
| 仕女圖 | 軸 | 絹 | 設色 | 124.8 x 46.7 | 庚戌（康熙九年，1670） | 杭州 浙江省博物館 | |

畫家小傳：倪仁吉。女。字心惠。浙江義烏浦江人。適吳氏。早寡。善書，工詩畫。所作宮意圖，配以自題，詩情畫意，清絕動人。流傳署款紀年作品見於聖祖康熙九(1670)年。（見國朝畫徵錄、義烏縣志、池北偶談、竹嘯軒詩話、擷芳集、中國畫家人名大辭典）

任履吉

| 砥柱中流圖（為式翁作） | 摺扇面 | 紙 | 設色 | 不詳 | 庚戌（康熙九年，1670）春月 | 日本 江田勇二先生 | |

名稱	形式	質地	色彩	尺寸 高×寬cm	創作時間	收藏處所	典藏號碼

畫家小傳：任履吉。字坦公。安徽人。活動於聖祖康熙中。善畫山水。流傳署款紀年作品見於康熙九（1670）年。（見虹廬畫談、中國畫家人名大辭典）

徐炤

| 山溪棹舟圖 | 摺扇面 | 金箋 | 設色 | 不詳 | 庚戌（？康熙九年，1670） | 南京 南京博物院 | |

畫家小傳：徐炤。畫史無載。流傳署款作品紀年疑為聖祖康熙九（1670）年。身世待考。

楊樹聲

| 山水圖（畫似自玉老年翁） | 軸 | 絹 | 水墨 | 138 × 49.6 | 庚戌（康熙九年，1670）仲冬 | 日本 私人 | |

附：

| 山水（諸家書畫扇面冊18之1幀） | 摺扇面 | 金箋 | 水墨 | 不詳 | | 香港 佳士得藝品拍賣公司/拍賣目錄1996.04.28. | |

畫家小傳：楊樹聲。畫史無載。閩南人。流傳署款紀年作品見於清聖祖康熙九（1670）年。身世待考。

唐芠

紅蓮圖	軸	紙	設色	136 × 59	辛亥（康熙十年，1671）二月初	北京 故宮博物院	
荷花游魚圖	軸	紙	水墨	117.7 × 46.4	戊辰（康熙二十七年，1688）	上海 上海博物館	
荷花圖	軸	紙	設色	148.4 × 81.6		上海 上海博物館	
仿宋人寫生蓮花圖	軸	紙	設色	123 × 57.9		美國 紐約 Mr.& Mrs Weill	
藻魚圖（八家壽意圖冊8之1幀）	冊頁	紙	設色	不詳	戊午（康熙十七年，1678）中秋	北京 故宮博物院	

畫家小傳：唐芠。字子晉。號匹士。江蘇常州人。工畫荷花。與王翬熟稔。署款紀年作品見於聖祖康熙十（1671）至二十七（1688）年。（見古今畫史、中國美術家人名辭典）

宋天

| 溪山無盡圖（為怡翁作） | 軸 | 綾 | 設色 | 141.5 × 49.5 | 辛亥（康熙十年，1671）春日 | 瀋陽 遼寧省博物館 | |

畫家小傳：宋天麕。江蘇吳江人。身世不詳。工畫山水，稱能品。署款紀年作品見於聖祖康熙十（1671）年。（見國朝畫徵錄、中國畫家人名大辭典）

郭鞏

名稱	形式	質地	色彩	尺寸 高x寬cm	創作時間	收藏處所	典藏號碼
雪嶺飛泉圖	軸	絹	設色	142 x 42		天津 天津市藝術博物館	
山水圖	摺扇面	紙	設色	不詳	辛亥（康熙十年，1671）仲秋	北京 故宮博物院	
為伯老作山水圖（諸家山水圖冊 12 之 1 幀）	冊頁	紙	設色	26.5 x 22		北京 故宮博物院	

畫家小傳：郭鞏。字無疆。福建莆田人。為曾鯨弟子，傳神稱妙手；兼善山水、人物、花鳥。亦能詩。流傳署款紀年作品見於聖祖康熙十(1671)年。（見圖繪寶鑑續纂、國朝畫徵錄、櫟園讀畫錄、蘭陔詩話、中國畫家人名大辭典）

陳于廷

名稱	形式	質地	色彩	尺寸 高x寬cm	創作時間	收藏處所	典藏號碼
山水圖并小楷書詩（為幻夢作，冊頁 4 幀裝）	卷	絹	水墨	不詳	甲寅（康熙十三年，1674）孟夏月	太原 山西省博物館	
附：							
落木寒泉圖	軸	絹	設色	不詳	癸丑（康熙十年，1671）	上海 朵雲軒	

畫家小傳：陳于廷。字宮常。號晉度。雲南昆明人。為歲貢生。後入王制軍繼文幕。能書，書法老健。工畫山水，筆致沉厚。署款紀年作品見於聖祖康熙十(1671)、十三(1674)年。（見太華山詩紀、中國美術家人名辭典）

葉 洮

名稱	形式	質地	色彩	尺寸 高x寬cm	創作時間	收藏處所	典藏號碼
水墨山水圖（寫祝仲賢道友壽）	軸	紙	水墨	60.3 x 41.2	辛亥（康熙十年，1671）秋日	日本 兵庫縣黑川古文化研究所	
西陂圖詠（？幀）	冊	紙	設色	不詳		北京 故宮博物院	
附：							
山水圖（12 幀）	冊	絹	設色	不詳	丙寅（康熙二十五年，1686）春	北京 北京市文物商店	

畫家小傳：葉洮。字金城。號秦川。江蘇南匯人。葉有年之子。聖祖康熙中祗候內廷。工詩詞。善畫山水，喜作大斧劈皴。聖祖曾詔作暢春苑圖，進呈稱旨，獲賜錦綺，時以為榮。署款紀年作品見於聖祖康熙十（1671）至廿五(1686)年。（見國朝畫徵錄、國朝畫識、中國畫家人名大辭典）

陸 鈛

名稱	形式	質地	色彩	尺寸 高x寬cm	創作時間	收藏處所	典藏號碼
梅燕圖（弘齋先生祝壽書畫冊之第 5 幀）	冊頁	金箋	設色	29.9 x 36.8		日本 私人	

畫家小傳：陸鈛。字鼎儀。號靜逸、凝庵。江蘇崑山人。工詩文。尤嗜書，清勁可愛。（見懷麓堂集、中國畫家人名大辭典）

名稱	形式	質地	色彩	尺寸 高x寬cm	創作時間	收藏處所	典藏號碼

趙 維

西園雅集圖	軸	絹	設色	不詳	辛亥（康熙十年，1671）	北京 故宮博物院	

畫家小傳：趙維。畫史無載。署款紀年作品見於聖祖康熙十（1671）年。身世待考。

劉祥開

華胤像	軸	絹	設色	不詳		北京 故宮博物院	

畫家小傳：劉祥開，一名祥生。字瑞先。福建汀州人。善寫真，得曾鯨之傳。（見圖繪寶鑑續纂、國朝畫徵錄、中國畫家人名大辭典）

謝 谷

惲壽平像	軸	絹	設色	不詳		北京 故宮博物院	

畫家小傳：謝谷。字石農。江蘇南通州人。能詩。工畫山水、人物、花卉，以及白描寫照，酷肖逼真。（見圖繪寶鑑續纂、墨香居畫識、中國畫家人名大辭典）

周 傑

策蹇采藥圖	軸	絹	設色	不詳		上海 上海博物館	

畫家小傳：周傑。畫史無載。身世待考。

湯光啓

攜琴啜茗圖	軸	絹	設色	184.1 x 93.1		濟南 山東省博物館	
牡丹畫眉圖	軸	絹	設色	不詳		鎮江 江蘇省鎮江市博物館	

畫家小傳：湯光啟。字式九。號葯房。江蘇長洲人。善畫寫生，為王武弟子。為人仗義急難。晚歲家貧，藉筆墨餬口，幾至三旬九食。嘗論寫生，以生動有書卷者為上，工緻而乏天趣，雖貴重不脫匠氣。（見長洲縣志、詠歸亭稿、中國畫家人名大辭典）

郭 城

仿董源山水圖	軸	絹	設色	179.5 x 47.7	辛亥（康熙十年，1671）	重慶 重慶市博物館	

畫家小傳：郭城。畫史無載。署款紀年作品見於聖祖康熙十（1671）年。身世待考。

張 祐

丘林策杖圖	軸	絹	設色	131 x 55	辛亥（康熙十年，1671）	重慶 重慶市博物館	

畫家小傳：張祐。畫史無載。署款紀年作品見於聖祖康熙十（1671）年。身世待考。

名稱	形式	質地	色彩	尺寸 高×寬cm	創作時間	收藏處所	典藏號碼

古 豪

| 寒林江亭圖（為正翁作，清張穆等雜畫冊8之1幀） | 冊頁 | 綾 | 設色 | 42 × 26 | 辛亥（康熙十年，1671）春日 | 廣州 廣州市美術館 | |

畫家小傳：古豪。畫史無載。署款紀年作品見於聖祖康熙十（1671）年。身世待考。

英 遇

| 江棧行旅圖（清張穆等雜畫冊8之1幀） | 冊頁 | 綾 | 設色 | 42 × 26 | （辛亥，康熙十年，1671） | 廣州 廣州市美術館 | |

畫家小傳：英遇。畫史無載。署款紀年作品見於聖祖康熙十（1671）年。身世待考。

唐郁文

| 山樓來客圖（為正翁作，清張穆等雜畫冊8之1幀） | 冊頁 | 綾 | 設色 | 42 × 26 | 辛亥（康熙十年，1671）春日 | 廣州 廣州市美術館 | |

畫家小傳：唐郁文。畫史無載。署款紀年作品見於聖祖康熙十（1671）年。身世待考。

唐龍禎

| 溪山放棹圖（清張穆等雜畫冊8之1幀） | 冊頁 | 綾 | 設色 | 42 × 26 | 辛亥（康熙十年，1671）仲春 | 廣州 廣州市美術館 | |

畫家小傳：唐龍禎。畫史無載。署款紀年作品見於聖祖康熙十（1671）年。身世待考。

朱 夔

| 山水圖（為則翁作，明清諸大家扇面冊之一幀） | 摺扇面 | 金箋 | 設色 | 16.6 × 50 | 辛亥（？康熙十年，1671）清和月 | 日本 中埜又左衛門先生 | |

畫家小傳：朱夔。畫史無載。流傳署款作品紀年疑似聖祖康熙十（1671）年。身世待考。

錢士龍

| 羅漢圖（明清諸大家扇面冊之1幀） | 摺扇面 | 紙 | 設色 | 15.3 × 48.1 | | 日本 中埜又左衛門先生 | |

畫家小傳：錢士龍。畫史無載。身世待考。

陳 正

| 仿吳鎮溪山無盡圖 | 軸 | 紙 | 水墨 | 164.5 × 45 | | 北京 首都博物館 | |

畫家小傳：陳正。畫史無載。身世待考。

姜實節

名稱	形式	質地	色彩	尺寸 高x寬㎝	創作時間	收藏處所	典藏號碼
雲山圖	卷	紙	水墨	不詳	甲申（康熙四十三年，1704）	北京 故宮博物院	
江南半幅圖	卷	紙	水墨	27.6 x ？	辛未（康熙三十年，1691）仲秋	日本 東京林宗毅先生	
山水圖（寫白公堤景）	卷	紙	水墨	26 x 318.2	甲戌（康熙三十三年，1694）暮春	日本 私人	
仿倪瓚山水圖	軸	紙	水墨	66 x 30.8		台北 王靄雲先生	
高山流水圖	軸	紙	水墨	不詳	癸未（康熙四十二年，1703）	北京 故宮博物院	
溪山訪友圖	軸	紙	水墨	不詳	乙酉（康熙四十四年，1705）正月	北京 故宮博物院	
溪山詩思圖	軸	紙	水墨	96 x 68	丙戌（康熙四十五年，1706）七月廿日	北京 故宮博物院	
溪山亭子圖（為錫庸作）	軸	紙	水墨	不詳	丁亥（康熙四十六年，1707）十月朔日	北京 首都博物館	
一壑泉聲圖（為南高作）	軸	紙	水墨	不詳	丁亥（康熙四十六年，1707）	北京 首都博物館	
高山流水圖	軸	紙	水墨	83 x 30	乙酉（康熙四十四年，1705）	上海 上海博物館	
一壑泉聲圖	軸	紙	水墨	99.3 x 46.5	丁亥（康熙四十六年，1707）	上海 上海博物館	
溪橋遠山圖	軸	紙	水墨	不詳		上海 上海博物館	
秋山亭子圖	軸	紙	水墨	80.4 x 31.6		上海 上海博物館	
仿倪瓚筆意秋林茆屋圖	軸	紙	水墨	61.6 x 44		美國 普林斯頓大學藝術館（私人寄存）	
堯峯勝景圖（靈巖山圖）	軸	紙	水墨	54 x 24.2	丁亥（康熙四十六年，1707）十月四日	美國 華盛頓特區佛瑞爾藝術館	58.9
山水圖	軸	紙	設色	43 x 141		德國 柏林宋鳳恩先生	
山水圖（6幀）	冊	紙	水墨	（每幀）19 x 13.5		香港 鄭德坤木扉	
一壑泉聲圖（今雨瑤華圖冊8之1幀）	冊頁	紙	設色	19.1 x 31.9		北京 故宮博物院	

名稱	形式	質地	色彩	尺寸 高x寬cm	創作時間	收藏處所	典藏號碼
高山流水圖（吳偉業等八人繪畫集錦冊8之1幀）	冊頁	紙	設色	25.4 x 32.3		北京 故宮博物院	
山水并書詩（16幀，為孝翁作）	冊	紙	水墨、設色	（每幀）44.5 x 27.5	庚辰（康熙三十九年，1700）冬日	上海 上海博物館	
山光塔影圖	摺扇面	紙	水墨	16.5 x 51.3	乙酉（康熙四十四年，1705）	南京 南京博物院	
仿倪瓚雅宜山圖	摺扇面	金箋	水墨	不詳		南寧 廣西壯族自治區博物館	
山水（3幀）	冊	紙	水墨	（每幀）11 x 17.5		美國 紐約布魯克林博物館	
山水圖	摺扇面	紙	水墨	16.9 x 48.5		德國 柏林東亞藝術博物館	1988-242
附：							
山水圖	卷	紙	水墨	不詳	乙酉（康熙四十四年，1705）	上海 上海文物商店	
溪山詩思圖	軸	紙	水墨	149.8 x 45.1	丙戌（康熙四十五年，1706）七月廿日	紐約 佳士得藝品拍賣公司/拍賣目錄1987,06,03.	
青山伴流水圖	軸	紙	水墨	95.8 x 42.3		紐約 蘇富比藝品拍賣公司/拍賣目錄1987,12,08.	
仿倪瓚山水圖	軸	紙	水墨	63 x 30		紐約 蘇富比藝品拍賣公司/拍賣目錄1988,06,01.	
持杖訪友	軸	紙	水墨	87 x 28.5		紐約 佳士得藝品拍賣公司/拍賣目錄1992,06,02.	
仿倪瓚山水	軸	紙	水墨	74.9 x 27.9		紐約 佳士得藝品拍賣公司/拍賣目錄1996,9,18.	

畫家小傳：姜實節。字學在。號鶴澗。山東萊陽人，居吳中。生於世祖順治四（1649）年。卒於聖祖康熙四十八（1709）年。工詩，善書。擅畫山水，撫法元倪瓚，布局筆墨簡淡，備極清曠之致。（見國朝畫徵續錄、桐陰論畫、樸庵文集、樊榭山房集、蘇州府志、中國畫家人名大辭典）

禹之鼎

名稱	形式	質地	色彩	尺寸 高x寬cm	創作時間	收藏處所	典藏號碼
畫郎廷棟像	卷	絹	設色	42.2 x 153.3	康熙乙亥（三十四年，1695）冬月	台北 王世杰先生	
百花圖	卷	紙	設色	22.6 x ?		香港 劉作籌虛白齋	107
臨趙孟頫鵲華秋色圖	卷	紙	設色	28 x 153	癸酉（康熙三十二年，1693）	長春 吉林省博物館	

名稱	形式	質地	色彩	尺寸 高x寬cm	創作時間	收藏處所	典藏號碼
臨吳道子送子天王圖	卷	紙	水墨	38.8 x 398.5	康熙三十年（辛未，1691）	旅順 遼寧省旅順博物館	
高士奇像	卷	絹	設色	40.1 x 199.8	甲子（康熙二十三年，1684）	北京 故宮博物院	
月波吹笛圖像（（朱昆田像）	卷	絹	設色	29.5 x 144.5	戊辰（康熙二十七年，1688）春仲月	北京 故宮博物院	
翁嵩年負土圖像	卷	紙	設色	41.6 x 128.8	康熙丁丑（三十六年，1697）仲夏	北京 故宮博物院	
風木圖（為王紫千作）	卷	紙	設色	39.2 x 136	丁丑（康熙三十六年，1697）嘉平	北京 故宮博物院	
李圖南聽松圖像（禹之鼎寫照，王翬補景）	卷	紙	設色	30.8 x 133.3	丁丑（康熙三十六年，1697）	北京 故宮博物院	
念堂溪邊獨立圖	卷	紙	水墨	30 x 95.7	戊寅（康熙三十七年，1698）嘉平	北京 故宮博物院	
為張魯翁畫像	卷	絹	設色	49.8 x 213	庚辰（康熙三十九年，1700）春	北京 故宮博物院	
仿文徵明溪山行旅圖像	卷	紙	設色	34.8 x 380.6	庚辰（康熙三十九年，1700）長夏	北京 故宮博物院	
王漁洋放鷳圖	卷	絹	設色	26.1 x 110.7	庚辰（康熙三十九年，1700）	北京 故宮博物院	
寫界陶雲山爛熳圖	卷	絹	設色	43.3 x 162	辛巳（康熙四十年，1701）春三月	北京 故宮博物院	
劉灝弟兄夜雨對床圖	卷	絹	設色	39 x 137.4	辛巳（康熙四十年，1701）仲冬朔	北京 故宮博物院	
張輔翁晚烟樓圖	卷	絹	設色	48.7 x 138.3	辛巳（康熙四十年，1701）冬日	北京 故宮博物院	
田顯吉黃山草堂圖	卷	絹	設色	40 x 132.7	壬午（康熙四十一年，1702)	北京 故宮博物院	
移居圖	卷	絹	設色	42.5 x 233	甲申（康熙四十三年，1704）初冬	北京 故宮博物院	
弔屈原圖	卷	絹	設色	不詳	丁亥（康熙四十六年，1707）春杪	北京 故宮博物院	
王麓臺像	卷	絹	設色	不詳	丁亥（康熙四十六年，1707)	北京 故宮博物院	

名稱	形式	質地	色彩	尺寸 高×寬㎝	創作時間	收藏處所	典藏號碼
清涼山莊圖	卷	絹	設色	42 × 736.7	康熙四十七年（戊子，1709）	北京 故宮博物院	
十二研齋圖（3段，禹之鼎、惲壽平合作）	卷	紙	設色	1、26.5×96.2 2、26.5×80 3、26.5×88		北京 故宮博物院	
濯足萬里圖（禹之鼎、王翬合作）	卷	紙	設色	41.7 × 239.5		北京 故宮博物院	
王原祁藝菊圖	卷	絹	設色	32.5 × 139		北京 故宮博物院	
蠶尾山圖	卷	絹	設色	26.7 × 74		北京 故宮博物院	
賜書研圖	卷	絹	設色	48.1 × 142.5		北京 故宮博物院	
金、焦山圖（合卷3之1段）	卷	紙	水墨	不詳		北京 故宮博物院	
鷗邊洗硯圖像（為宋姜銘作）	卷	絹	設色	35.8 × 347.3	康熙丁亥（四十六年，1707）	北京 中國歷史博物館	
西陂授研圖（為宋犖作）	卷	絹	設色	36.5 × 337.5	康熙庚寅（四十九年，1710）	北京 中國歷史博物館	
國門送別圖（為宋犖作）	卷	絹	設色	45.9 × 443.5	康熙戊子（四十七年，1708）七月	北京 中國歷史博物館	
為其純畫像	小卷	紙	水墨	22 × 23.5	癸未（康熙四十二年，1703）	天津 天津市藝術博物館	
青松高隱圖	卷	絹	設色	45.5 × 225.5		天津 天津市藝術博物館	
芙嶼先生像（禹之鼎、張鷺合作）	紙	紙	設色	34.7 × 89.6		天津 天津市藝術博物館	
西溪草堂圖	卷	絹	設色	不詳	康熙四十年（辛巳，1701）長夏	青島 山東青島市博物館	
楮窗圖（為陳廷敬作）	卷	絹	設色	42 × 176	康熙四十二年（癸未，1703）長夏	太原 山西省博物館	
南坨灌蔬圖	卷	絹	設色	51 × 182	辛卯（康熙五十年，1711）	太原 山西省博物館	
燕居課兒圖	卷	絹	設色	32.5 × 131.5	乙丑（康熙二十四年，1685）	上海 上海博物館	
西齋行樂圖	卷	紙	設色	30 × 161.4		上海 上海博物館	

名稱	形式	質地	色彩	尺寸 高x寬cm	創作時間	收藏處所	典藏號碼
東皐三酒徒圖	卷	絹	設色	38.4 x 95.4		上海 上海博物館	
蒹葭書屋圖	卷	絹	設色	42.5 x 159.5		鎮江 江蘇省鎮江市博物館	
聽泉圖（禹之鼎、王翬合作）	卷	絹	設色	38.7 x 255.8	丁丑（康熙三十六年，1697）夏五	南京 南京博物院	
喬元之三好圖	卷	絹	設色	不詳		南京 南京博物院	
雲林同調圖（藍深、禹之鼎合作，高士奇題）	卷	紙	設色	36.4 x 192	甲子（康熙二十三年，1684）	杭州 浙江省博物館	
寫沈元蒼秋林覓句圖	卷	紙	水墨	38.7 x 141.6	丙戌（康熙四十五年，1706）長至前	杭州 浙江省博物館	
北山洗寒圖	卷	絹	設色	31.8 x 44.6		杭州 浙江省博物館	
春耕草堂圖	卷	絹	設色	30 x 129	癸巳（康熙五十二年，1713）	長沙 湖南省博物館	
問字圖	卷	紙	設色	29 x 100	康熙丙寅（二十五年，1686）仲夏既望	日本 東京國立博物館	
城南雅集圖（五客話舊圖）	卷	紙	設色	50.6 x 126	康熙壬戌（二十一年，1682）秋七月	日本 東京高島菊次郎槐安居	
奉敕摹趙文敏百駿圖	卷	紙	設色	47.7 x ?	康熙五十六年冬月	日本 大阪市萬野美術館	0328
擬趙千里山水	軸	絹	設色	159.4 x 52.1	庚辰（康熙三十九年，1700）冬月	台北 故宮博物院	故畫 02427
山水圖	軸	紙	水墨	105.8 x 48	乙酉（康熙四十四年，1705）夏閏	台北 故宮博物院	故畫 00732
老子像	軸	紙	設色	103 x 39	庚午（康熙二十九年，1690）秋七月	台北 歷史博物館	
仿吳鎮山水	軸	綾	水墨	159.1 x 48.2	乙卯（康熙十四年，1675）春	香港 鄭坤德木扉	
肖像	軸	絹	設色	124.8 x 53	辛巳（康熙四十年，1701）	長春 吉林省博物館	
仿趙大年作江鄉清曉圖	軸	絹	設色	181.6 x 96.3	戊子（康熙四十七年，1708）首春	旅順 遼寧省旅順博物館	
桐禽圖	軸	紙	設色	不詳	乙亥（康熙三十四年，1695）秋日	北京 故宮博物院	

名稱	形式	質地	色彩	尺寸 高x寬cm	創作時間	收藏處所	典藏號碼
落日馬鳴圖	橫幅	紙	設色	不詳	乙亥（康熙三十四年，1695)	北京 故宮博物院	
修竹幽居圖	軸	紙	設色	不詳	己卯（康熙三十八年，1699）長夏	北京 故宮博物院	
仿馬和之西郊尋梅圖	軸	絹	設色	129.7 x 66.3	康熙四十八年（己丑，1709）冬月	北京 故宮博物院	
仿蘇文忠竹石圖（為子青作）	軸	綾	水墨	不詳	辛巳（康熙四十年，1701）嘉平	北京 中國美術館	
牟司馬像並補景圖	軸	絹	設色	101 x 45.7	乙酉（康熙四十四年，1705）春	北京 中國美術館	
臨黃公望九峰雪霽圖	軸	絹	水墨	118.2 x 53.4	康熙丁亥（四十六年，1707)	北京 北京市文物局	
竹溪讀易	軸	絹	設色	56 x 30.2		北京 北京市文物局	
閑敲棋子圖	軸	絹	設色	176.5 x 167	丁丑（康熙三十六，1697)	天津 天津市藝術博物館	
秋江晚棹圖	軸	絹	設色	172.2 x 74	庚寅（康熙四十九年，1710）長夏	天津 天津市藝術博物館	
風竹圖	軸	絹	水墨	151.5 x 48.5		天津 天津市藝術博物館	
採桑圖（為雲章作）	軸	絹	設色	77 x 43.5	庚寅（康熙四十九年，1710)	濟南 山東省博物館	
雪溪圖	軸	絹	設色	51 x 56	己卯（康熙三十八年，1699)	青島 山東省青島市博物館	
課書圖	軸	絹	設色	61.7 x 40.4	丙寅（康熙二十五年，1686）夏月	揚州 江蘇省揚州市博物館	
為喬崇修畫像	軸	紙	水墨	103 x 32	乙酉（康熙四十四年，1705）長夏	揚州 江蘇省揚州市博物館	
念堂肖像	軸	絹	設色	117.8 x 57.2		揚州 江蘇省揚州市博物館	
二月春山圖（為季廉作）	軸	金箋	水墨	58.7 x 42	甲子（康熙二十三年，1684）小春	南通 江蘇省南通博物苑	
摹李昇關山雪霽圖	軸	絹	設色	不詳	辛巳（康熙四十年，1701）冬	南通 江蘇省南通博物苑	
姜宸英像	軸	紙	設色	164.4 x 95.2	康熙丙辰（十五年，1676)	上海 上海博物館	

名稱	形式	質地	色彩	尺寸 高x寬㎝	創作時間	收藏處所	典藏號碼
松石圖（為石翁作）	軸	紙	水墨	173 x 74.3	癸酉（康熙三十二年，1693）長夏	上海 上海博物館	
仿王蒙清聚竹趣圖（為松齋作）	軸	紙	設色	125.5 x 64.5	辛卯（康熙五十年，1711)	上海 上海博物館	
仕女三兔圖	軸	絹	設色	不詳		上海 上海博物館	
荷花圖（冊頁改裝）	軸	紙	水墨	39.4 x 46.9		上海 上海博物館	
騎獵圖	軸	絹	設色	不詳		上海 上海博物館	
王原祁像	軸	紙	水墨	90.7 x 34	丁亥（康熙四十六年，1707）重九後	南京 南京博物院	
歲寒雙玉圖（為樓翁作）	軸	紙	設色	不詳	辛卯（康熙五十年，1711）嘉平	南京 南京市博物館	
摹王蒙山水圖	軸	紙	設色	134.9 x 49.8	庚辰（康熙三十九年，1700）冬月	蘇州 江蘇省蘇州博物館	
竹石圖	軸	紙	水墨	86.8 x 49	乙亥（康熙三十四年，1695）	重慶 重慶市博物館	
文潞公園圖	軸	絹	設色	163 x 52		重慶 重慶市博物館	
愛吾廬圖（周儀像，為確齋作）	軸	紙	設色	108 x 46.5	丁丑（康熙三十六年，1697）春	廣州 廣東省博物館	
芝仙書屋圖（清王翬等三十人合作）	軸	紙	水墨	129 x 69	丁丑（康熙三十六年，1697）	廣州 廣東省博物館	
風竹圖	軸	紙	水墨	101.9x560.8		蘭州 甘肅省博物館	
象馱佛經圖	軸	絹	設色	103.8 x 31.7	丙寅（康熙二十五年，1686）秋七月	日本 東京林宗毅先生	
華封三祝圖（蘭石竹圖）	軸	紙	水墨	不詳	庚辰（康熙三十七年，1700）初冬	日本 東京張允中先生	
歲寒三友圖	軸	絹	設色	121.2 x 56.1	己丑（康熙四十八年，1709）春月	日本 大阪橋本大乙先生	
王原祁像（查昇題偈）	軸	紙	設色	81.8 x 38	丁亥（康熙四十六年，1707）重九後	日本 阿形邦三先生	
織女牛郎圖	軸	絹	設色	153.9 x 99.1		美國 密歇根大學藝術博物館	1985/2.30
仕女圖	軸	紙	設色	43.2 x 30.5	甲子（康熙二十三年，1684）嘉平月	美國 堪薩斯市納爾遜-艾金斯 藝術博物館	

名稱	形式	質地	色彩	尺寸 高×寬cm	創作時間	收藏處所	典藏號碼
江村消夏圖（高士奇像）	軸	絹	設色	64.3 × 42.2	康熙丙子（三十五年，1696）	美國 堪薩斯市納爾遜-艾金斯藝術博物館	
尋梅圖（國朝名繪冊之4）	冊頁	紙	設色	25.2 × 23.2		台北 故宮博物院	故畫 01278-4
攬鏡籬花圖（國朝名繪冊之6）	冊頁	紙	水墨	25.2 × 23.2		台北 故宮博物院	故畫 01278-6
妝閣清暇圖（國朝名繪冊之7）	冊頁	紙	設色	25.2 × 23.2		台北 故宮博物院	故畫 01278-7
春江花月夜（名人畫扇貳冊（上）冊之9）	摺扇面	紙	設色	不詳		台北 故宮博物院	故畫 03556-9
為其純作畫像	冊頁	紙	水墨	不詳	癸未（康熙四十二年，1703）	旅順 遼寧省旅順博物館	
其純先生小像	冊頁	紙	水墨	不詳	癸未（康熙四十二年，1703）九月既望	北京 故宮博物院	
摹宋人蘆雁圖	摺扇面	紙	設色	不詳	辛卯（康熙五十年，1711）秋月	北京 故宮博物院	
紫泉觀瀑圖	冊頁	紙	水墨	24.2 × 32.2		北京 故宮博物院	
早朝圖	摺扇面	紙	設色	17 × 50		北京 故宮博物院	
紅梅圖（吳偉業等八人繪畫集錦冊8之1幀）	冊頁	紙	設色	25.4 × 32.3		北京 故宮博物院	
魚麗圖（為宋犖作，今雨瑤華圖冊8之1幀）	冊頁	紙	設色	19.1 × 31.9		北京 故宮博物院	
微月江聲圖	冊頁	紙	水墨	不詳		北京 中國歷史博物館	
騎驢看山圖（祁豸佳等山水花鳥冊27之1幀）	冊頁	絹	設色	30 × 23.4		天津 天津市藝術博物館	
金、焦圖（金焦圖詠冊16之1幀）	冊頁	紙	水墨	30 × 36	壬申（康熙三十一年，1692）秋八月	上海 上海博物館	
張純修肖像	冊頁	紙	水墨	不詳		上海 上海博物館	
畫（項穆之、醒甫等雜畫冊22之1）	冊頁	紙	設色	約38.5×23.6		上海 上海博物館	
查昇寫經圖	冊頁	紙	水墨	32.1 × 40.6		南京 南京大動脈	
洛神圖	摺扇面	紙	設色	不詳	丁丑（康熙三十六年，1697）	寧波 浙江省寧波市天一閣文物保管所	
小樓吹笙圖	摺扇面	紙	設色	不詳	庚午（康熙二十九年，1690）	成都 四川省博物院	

名稱	形式	質地	色彩	尺寸 高×寬㎝	創作時間	收藏處所		典藏號碼
竹石圖	摺扇面	紙	水墨	不詳	癸未（康熙四十二年1703），	成都	四川省博物院	
清秋策蹇（清人書畫扇冊之7）附：	摺扇面	紙	設色	不詳		日本	東京橋本辰二郎先生	
王漁洋荷鋤帶經圖	卷	絹	設色	38.7 × 134.7	康熙庚辰（三十九年，1700）夏六月	紐約	佳士得藝品拍賣公司/拍賣目錄1987,06,03.	
松園餞別圖	卷	絹	青綠	29 × 161		紐約	佳士得藝品拍賣公司/拍賣目錄 1983,11,30.	
臨黃公望九峰雪霽圖	軸	紙	設色	不詳	康熙丁亥（四十六年，1707）歲暮	北京	北京市文物商店	
蜻蜓柳綠圖	軸	絹	設色	不詳	丁卯（康熙二十六年，1687）	濟南	山東省濟南市文物商店	
窗前小景圖	軸	紙	水墨	不詳		濟南	山東省濟南市文物商店	
瑤池呈瑞圖	軸	絹	設色	124.5 × 52.8	丙子（康熙三十五年，1696）秋月	紐約	蘇富比藝品拍賣公司/拍賣目錄1981,05,07.	
鋤月種梅圖	軸	絹	設色	47.5 × 101		紐約	佳士得藝品拍賣公司/拍賣目錄 1992,06,02.	
人物山水圖	軸	絹	設色	155 × 99	康熙丙子（三十五年，1696)	紐約	蘇富比藝品拍賣公司/拍賣目錄 1985,06,03.	
老子圖（查昇庚午秋七月題書陰符經）	軸	紙	設色	不詳		紐約	佳士得藝品拍賣公司/拍賣目錄1989,06,01.	
雲壑觀瀑圖	軸	紙	設色	131.5 × 40.5	庚辰（三十九年，1700）夏月	紐約	佳士得藝品拍賣公司/拍賣目錄 1989,12,04.	
韓慕盧小像	軸	絹	設色	162 × 78	康熙丙子（三十五年，1696）夏	紐約	佳士得藝品拍賣公司/拍賣目錄 1990,11,28.	
竹園戲嬰圖	軸	絹	設色	163.5 × 80		香港	佳士得藝品拍賣公司/拍賣目錄 1991,03,18.	
羅漢圖	軸	絹	設色	75.5 × 42		香港	佳士得藝品拍賣公司/拍賣目錄 1991,03,18.	
人物故實圖	軸	紙	水墨	100 × 33.5	丙申（康熙五十五年，1716）寒食節	紐約	佳士得藝品拍賣公司/拍賣目錄 1992,12,02.	
端陽花卉圖（黃鼎、楊晉、惲壽平、禹之鼎、童原、馬元馭、陳枚、王武合作）	軸	紙	設色	127 × 57		香港	佳士得藝品拍賣公司/拍賣目錄 1996,04,28.	

名稱	形式	質地	色彩	尺寸 高x寬cm	創作時間	收藏處所	典藏號碼
人物圖（禹之鼎等瓶花客懷圖冊3之1幀）	冊頁	紙	設色	不詳	庚辰（康熙三十九年，1700）	天津 天津市文物公司	

畫家小傳：禹之鼎。字上吉（一作尚吉）。號慎齋。江蘇揚州人。生於世祖順治四（1647）年，聖祖康熙五十（1711）年尚在世。康熙中徵入內廷供奉，授官鴻臚寺序班。工畫人物故實，師法藍瑛與宋、元名蹟，自成一家；兼善寫照、山水。（見圖繪寶鑑續纂、國朝畫徵錄、古夫于亭雜錄、中國畫家人名大辭典）

張 鸞

名稱	形式	質地	色彩	尺寸 高x寬cm	創作時間	收藏處所	典藏號碼
芙嶼先生像（禹之鼎、張鸞合作）	紙	紙	設色	34.7 x 89.6		天津 天津市藝術博物館	

畫家小傳：張鸞。畫史無載。與禹之鼎同時。身世待考。

翁松年

名稱	形式	質地	色彩	尺寸 高x寬cm	創作時間	收藏處所	典藏號碼
山水圖	卷	紙	水墨	不詳		北京 故宮博物院	
山水圖（翁松年、曹瑛山水合裝卷2之1段）	卷	紙	水墨	不詳		北京 故宮博物院	
沽水草堂圖	軸	紙	設色	不詳	己亥（康熙五十八年，1719）九月	北京 故宮博物院	
山水圖	軸	紙	設色	不詳	甲辰（雍正二年，1724）	北京 故宮博物院	
山迴水抱圖	軸	紙	水墨	92.2 x 39.1	乙巳（雍正三年，1725）	上海 上海博物館	
芝仙書屋圖（清王翬等三十人合作）	軸	紙	水墨	129 x 69	丁丑（康熙三十六年，1697）	廣州 廣東省博物館	
盤山雲罩寺圖	軸	紙	水墨	104.2 x 45.1	甲辰（雍正二年，1724）	烏魯木齊 新疆維吾爾自治區博物館	
採尊圖	軸	絹	設色	134.7 x 57.9	壬辰（康熙五十一年，1712）七月	日本 東京國立博物館	
山水圖（高簡等八家山水合裝冊8之第2幀）	冊頁	紙	水墨	不詳		上海 上海博物館	

畫家小傳：翁松年。字康飴。號蘿軒。浙江錢塘人。生於世祖順治四（1647）年，卒於世宗雍正六（1728）年。聖祖康熙廿七（1688）年進士。善畫山水，用筆枯瘦，然氣質古雅疏拙。（見圖繪寶鑑續纂、國朝畫徵錄、桐陰論畫、浙江通志、杭郡詩輯補、中國畫家人名大辭典）

曹 瑛

名稱	形式	質地	色彩	尺寸 高x寬cm	創作時間	收藏處所	典藏號碼
山水圖（翁松年、曹瑛山水合	卷	紙	水墨	不詳		北京 故宮博物院	

名稱	形式	質地	色彩	尺寸 高x寬cm	創作時間	收藏處所	典藏號碼

裝卷 2 之 1 段）

| 岡陵圖 | 軸 | 絹 | 設色 | 不詳 | 辛丑（？康熙六十年，1721） | 煙臺 山東省煙臺市博物館 | |

畫家小傳：曹瑛。畫史無載。流傳作品署款紀年似在聖祖康熙六十（1721）年。身世待考。

裴 稔

設色工筆花卉圖	卷	紙	設色	34.2 x 799.5	壬寅（康熙六十一年，1722）秋八月	上海 上海博物館	
古松月季圖	軸	絹	設色	不詳		新昌 浙江省新昌縣博物館	
花鳥圖（10幀）	冊	紙	設色	不詳		北京 故宮博物院	
花卉圖（為慶陽年翁作，俞齡等雜畫冊 38 之 1 幀）	冊頁	絹	設色	31.2 x 31.8	（丁卯，康熙二十六年，1687）	上海 上海博物館	

畫家小傳：裴稔。字季方。浙江錢塘人。裴煥之子。生於世祖順治四（1647）年，聖祖康熙六十一（1722）年尚在世。善畫花卉。（見圖繪寶鑑續纂、中國畫家人名大辭典）

沈廷瑞

溪山垂釣圖	卷	紙	設色	不詳	庚子（康熙五十九年，1720）	杭州 浙江省杭州市文物考古所	
長江萬里圖（12幀裝成）	卷	紙	設色	不詳		杭州 浙江省杭州市文物考古所	
山水圖	軸	紙	設色	不詳	雍正元年（癸卯，1723）陽日	北京 故宮博物院	
煙江疊嶂圖	軸	紙	設色	不詳	雍正十一年癸丑（1733）	上海 上海博物館	
山水圖（沈廷瑞等四人山水合冊 4 之 1 幀）	冊頁	紙	設色	不詳	庚子（康熙五十九年，1720）	上海 上海博物館	
仿米疏柳圖	摺扇面	金箋	水墨	不詳		蘇州 江蘇省蘇州博物館	
附：							
溪山泛艇圖	卷	紙	設色	不詳	己亥（康熙五十八年，1719）人日	北京 榮寶齋	

畫家小傳：沈廷瑞。字樗崖。號頑仙、兆符。安徽宣城人。生於世祖順治四（1647）年，世宗雍正元（1723）年尚在世。喜遊，好詩。善畫山水，宗法明沈周，筆意疏落；尤工畫松。（見國朝畫徵續錄、歸愚文鈔續集、樊榭山房集、中國畫家人名大辭典）

蔡 含

| 墨松圖 | 卷 | 紙 | 水墨 | 48.5 x ？ | | 香港 中文大學中國文化研究 | 95.691 |

名稱	形式	質地	色彩	尺寸 高x寬cm	創作時間	收藏處所	典藏號碼
						所文物館	
秋花蝴蝶圖（金玥、蔡含合作）	軸	絹	設色	89.7 x 25.9		上海 上海博物館	
秋蓼蝴蝶圖（金玥、蔡含合作）	軸	綾	設色	85.1 x 30		上海 上海博物館	
秋花白鷳圖（金玥、蔡含合作）	軸	綾	設色	不詳		上海 上海博物館	
花蟲圖	軸	紙	設色	136.7 x 32.8		美國 加州曹仲英先生	
高冠午瑞圖（金玥、蔡含合作）	軸	紙	設色	160.5 x 46.2		英國 倫敦大英博物館	1966.7.25.015（ADD355）
梧桐棲鴉圖	軸	絹	設色	78.2 x 35.5	辛未（康熙三十年，1691）清明前三日	英國 倫敦大英博物館	1919.12.16.03（ADD3）

附：

| 松藤圖 | 摺扇面 | 紙 | 水墨 | 不詳 | | 上海 朵雲軒 | |

畫家小傳：蔡含。女。字女蘿。江蘇吳縣人。為如皋冒襄蓬室。生於世祖順治四（1647）年。卒於聖祖康熙廿五（1686）年。善畫花鳥、山水、人物，亦長於臨摹。（見圖繪寶鑑續纂、國朝畫徵錄、中國畫家人名大辭典）

吳 宮

| 仿倪高士山水圖（書畫集錦冊12之1幀） | 冊頁 | 紙 | 設色 | 25 x 19.5 | （壬子，康熙十一年，1672） | 北京 故宮博物院 | |
| 品花圖（文垍、歸瑅、王年、高簡、王武、吳宮、沈洪、宋裔、葉雨、陳坤、朱白、沈昉合作） | 卷 | 紙 | 設色 | 21 x 319 | | 紐約 佳士得藝品拍賣公司/拍賣目錄 1995,09,19. | |

畫家小傳：吳宮。字香城。江蘇吳人。善畫花卉。流傳署款紀年作品見於聖祖康熙十一（1672）（見虹廬談畫、中國畫家人名大辭典）

趙 周

| 登頂望月圖（書畫集錦冊12之1幀） | 冊頁 | 紙 | 設色 | 25 x 19.5 | （壬子，康熙十一年，1672） | 北京 故宮博物院 | |
| 歸牧圖（書畫集錦冊12之1幀） | 冊頁 | 紙 | 設色 | 25 x 19.5 | （壬子，康熙十一年，1672） | 北京 故宮博物院 | |

畫家小傳：趙周。畫史無載。流傳署款作品似在聖祖康熙十一（1672）年。生平待考。

方士模

| 山水圖（明遺老詩畫集冊之2） | 冊頁 | 紙 | 水墨 | 19.5 x 13.2 | 壬子（康熙十一年，1672）狙暑 | 美國 勃克萊加州大學藝術館（高居翰教授寄存） | CC193b |

名稱	形式	質地	色彩	尺寸 高x寬cm	創作時間	收藏處所	典藏號碼

畫家小傳：方士模。畫史無載。流傳署款紀年作品見於聖祖康熙十一(1672)年。生平待考。

何 榓

蘭花圖	摺扇面	紙	水墨	17.3 x 52.4	壬子（康熙十一年，1672）冬月	北京 故宮博物院	

畫家小傳：何榓。畫史無載。署款紀年作品見於聖祖康熙十一(1672)年。身世待考。

高 岑

淺絳山水圖	軸	絹	設色	不詳	壬子（康熙十一年，1672）	瀋陽 故宮博物院	
山徑同游圖	軸	綾	設色	192.5 x 51	丁卯（康熙二十六年，1687）	南京 南京博物院	
水閣漁舟圖	軸	絹	設色	154 x 47		重慶 重慶市博物館	
秋林碧岫圖	軸	絹	設色	不詳		美國 紐約王季遷明德堂（孔達原藏）	
山水圖（高岑等山水冊14之1幀）	冊頁	紙	設色	不詳		北京 故宮博物院	
附：							
秋山圖	卷	紙	設色	26.5 x 456.3		上海 上海文物商店	

畫家小傳：高岑。字善長。自號三山樵漁。江蘇毗陵人。身世不詳。流傳署款紀年作品見於清聖祖康熙十一（1672）至廿六（1687）。（見
　　　圖繪寶鑑續纂、中國畫家人名大辭典）

澹 園

附							
岳陽樓圖	摺扇面	紙	設色	29 x 64.3	壬子（康熙十一年，1672）	上海 上海友誼商店	

畫家小傳：澹園。姓名不詳。畫史無載。流傳署款紀年作品見於清聖祖康熙十一（1672）年。身世待考。

戴思望

江天春色圖（為觀文作）	卷	紙	設色	不詳	癸丑（康熙十二年，1673）夏日	重慶 重慶市圖書館	
梧桐竹子圖	軸	紙	水墨	不詳	己未（康熙十八年，1679）	杭州 浙江省博物館	
山水圖	軸	紙	水墨	不詳	丙辰（康熙十五年	重慶 重慶市博物館	

名稱	形式	質地	色彩	尺寸 高x寬cm	創作時間	收藏處所	典藏號碼
					，1676）		
浮雲疊翠圖	軸	紙	水墨	112 x 53	庚申（康熙十九年，1680）	重慶 重慶市博物館	
枯木竹石圖	軸	絹	水墨	100 x 57.8	戊午（康熙十七年，1678）春日	日本 東京尾崎洵盛先生	
山水圖	軸	紙	水墨	152.4 x 44.1		美國 夏威夷火魯奴奴藝術學院	5386.1
仿古山水（6幀）	冊	紙	水墨	不詳		北京 故宮博物院	
山水圖	摺扇面	金箋	水墨	不詳	壬子（康熙十一年，1672）	北京 故宮博物院	
仿雲林山水圖（8幀）	冊	紙	水墨	（每幀）28 x 20.8	庚申（康熙十九年，1680）二月	天津 天津市藝術博物館	
山水圖	摺扇面	紙	水墨	不詳		杭州 浙江省博物館	
山水圖（清吳彥等山水集錦冊12之1幀）	冊頁	紙	設色	不詳		杭州 浙江省杭州市文物考古所	
平湖泛舟圖（為古存作，戴思望、張子畏雜畫冊8之1幀）	冊頁	紙	水墨	（每幀）24.4 x 32.7	庚辰（康熙三十九年，1700）十月望前二日	美國 普林斯頓大學藝術館（Edward Elliott先生寄存）	L242.70
仿倪雲林山水圖（為古存作，戴思望、張子畏雜畫冊8之1幀）	冊頁	紙	水墨	（每幀）24.4 x 32.7		美國 普林斯頓大學藝術館（Edward Elliott先生寄存）	L242.70
近樹遠岑圖（戴思望、張子畏雜畫冊8之1幀）	冊頁	紙	水墨	（每幀）24.4 x 32.7		美國 普林斯頓大學藝術館（Edward Elliott先生寄存）	L242.70
附：							
山水圖（清呂琮等山水花鳥冊12之1幀）	冊頁	絹	設色	33 x 29		天津 天津市文物公司	
山水（12幀）	冊	絹	水墨、設色	（每幀）23.5 x 19		紐約 佳士得藝品拍賣公司/拍賣目錄1992,06,02.	

畫家小傳：戴思望。字懷古。安徽休寧人。能詩詞，善鼓琴，工書法。擅畫山水，宗法元人，作品清疏淡宕、秀逸豐潤之趣。流傳署款紀年作品見於聖祖康熙十一（1672）至三十九（1700）年。（見國朝畫徵錄、桐陰論畫、倚玉堂詩集、中國畫家人名大辭典）

戴 音

名稱	形式	質地	色彩	尺寸	收藏處所
山水圖（張翀、楊亭等山水花	冊頁	絹	設色	約28 x 14	上海 上海博物館

名稱	形式	質地	色彩	尺寸 高x寬cm	創作時間	收藏處所	典藏號碼

卉冊6之1幀）

法雲林山水圖（張珣等山水花　　冊頁　絹　　設色　約28 x 14　王子（？康熙十年　上海 上海博物館
卉冊6之第5幀）　　　　　　　　　　　　　　　　　　　　，1671）八月

畫家小傳：戴音。畫史無載。流傳署款作品紀年疑似聖祖康熙十一（1672）年。身世待考。

程式璲

雨過山谿圖　　　　　　　　軸　　紙　　設色　182.5 x 91　戊寅（康熙三十七　天津 天津市藝術博物館
　　　　　　　　　　　　　　　　　　　　　　　　　　年1698）

仕女圖　　　　　　　　　　軸　　綾　　設色　不詳　　　　王子（康熙十一年　臨海 浙江省臨海市博物館
　　　　　　　　　　　　　　　　　　　　　　　　　　　，1672）

畫家小傳：程式璲。畫史無載。惟虞山畫志記載有程士璉，江蘇常熟人，工詩、精篆刻與善畫蘭竹，疑似兄弟，待考。流傳署款紀年作品見
　　　於聖祖康熙十一（1672）至三十七（1698）年。

(釋) 晦 逸

附：

呂純陽圖　　　　　　　　　軸　　絹　　水墨　142.2 x 73.6 王子（？康熙十一　紐約 佳士得藝品拍賣公司/拍
　　　　　　　　　　　　　　　　　　　　　　　　　　年，1672）秋　　　賣目錄1997.09.19.

畫家小傳：晦逸。僧。畫史無載。署款作品紀年疑為清聖祖康熙十一年(1672)。身世待考。

宋 照

普賢洗象圖　　　　　　　　軸　　絹　　設色　不詳　　　　王子（？康熙十　天津 天津市藝術博物館
　　　　　　　　　　　　　　　　　　　　　　　　　　一年，1672）

靈芝仙鶴（清花卉畫冊之1）　摺扇面 金箋　設色　18.2 x 53　　　　　　　台北 故宮博物館　　　故畫03521-1
山水圖（為與齡詞丈寫）　　摺扇面 金箋　水墨　16.8 x 49.4 丙寅（？康熙二十　日本 大阪橋本大乙先生
　　　　　　　　　　　　　　　　　　　　　　　　　　五年，1686）夏
　　　　　　　　　　　　　　　　　　　　　　　　　　日

畫家小傳：宋照。畫史無載。流傳署款作品紀年疑為聖祖康熙十一（1672）、二十五（1686）年。身世待考。

何園客

江山勝覽圖　　　　　　　　卷　　紙　　設色　31 x 398　　康熙王子（十一年　南寧 廣西壯族自治區博物館
　　　　　　　　　　　　　　　　　　　　　　　　　　　，1672）

畫家小傳：何園客。籍里、身世不詳。善畫。流傳署款紀年作品見於聖祖康熙十一（1672）年。（見畫名家錄、中國畫家人名大辭典）

徐 言

名稱	形式	質地	色彩	尺寸 高x寬cm	創作時間	收藏處所	典藏號碼
山水圖（清徐言等山水竹石圖冊6之1幀，為隨翁作）	冊頁	紙	設色	23.3 x 17.2	壬子歲（康熙十一年，1672）	深圳 廣東省深圳市博物館	
仿米海岳筆意山水（清徐言等山水竹石圖冊6之1幀）	冊頁	紙	設色	23.3 x 17.2	壬子歲（康熙十一年，1672）	深圳 廣東省深圳市博物館	

畫家小傳：徐言。畫史無載。浙江錢塘人。流傳署款紀年作品見於聖祖康熙十一（1672）年。身世待考。

徐 悰

名稱	形式	質地	色彩	尺寸 高x寬cm	創作時間	收藏處所	典藏號碼
山水圖（清徐言等山水竹石圖冊6之1幀，為隨翁作）	冊頁	紙	設色	23.3 x 17.2	壬子歲（康熙十一年，1672）	深圳 廣東省深圳市博物館	
師巨然筆意山水（清徐言等山水竹石圖冊6之1幀）	冊頁	紙	設色	23.3 x 17.2	壬子歲（康熙十一年，1672）	深圳 廣東省深圳市博物館	

畫家小傳：徐悰。畫史無載。字伴阮。流傳署款紀年作品見於聖祖康熙十一（1672）年。身世待考。

姚 宋

名稱	形式	質地	色彩	尺寸 高x寬cm	創作時間	收藏處所	典藏號碼
仿倪瓚山水圖	軸	紙	水墨	不詳	乙未（康熙五十四年，1715）嘉平月	北京 故宮博物院	
端午慶瑞圖	軸	紙	設色	不詳	丁酉（康熙五十六年，1717）蒲月午日	北京 中央工藝美術學院	
天官圖	軸	絹	設色	173.9 x 98.5	康熙庚寅（四十九年，1710）	合肥 安徽省博物館	
崇山古寺圖	軸	紙	設色	173 x 97.3	丙申（康熙五十五年，1716）	合肥 安徽省博物館	
松竹石圖	軸	絹	設色	不詳		合肥 安徽省博物館	
幽徑停舟圖	軸	紙	設色	151.2 x 137		合肥 安徽省博物館	
仿山樵山水圖	軸	絹	設色	139.1 x 44.5		合肥 安徽省博物館	
黃海松石圖	軸	紙	設色	131.6 x 70.3	丁亥（康熙四十六年，1707）	上海 上海博物館	
秋江漁隱圖	軸	絹	設色	不詳		上海 上海博物館	
黃山松雲圖	軸	紙	設色	不詳		上海 上海古籍書店	
秋山開眺圖（水閣憑欄圖）	軸	紙	水墨	202 x 101.5	康熙丁酉（五十六年，1717）夏四月	南京 南京博物院	
山齋清寂圖	軸	紙	設色	127 x 54.5	戊辰（康熙二十七	鎮江 江蘇省鎮江市博物館	

名稱	形式	質地	色彩	尺寸 高×寬cm	創作時間	收藏處所	典藏號碼
					年，1688）		
仿倪瓚山水圖	軸	紙	水墨	89.4 × 46.1	己巳（康熙二十八年，1689	廣州 廣東省博物館	
幽壑高舍圖	軸	絹	設色	147.5 × 50.5		日本 大阪橋本大乙先生	
山水圖（為右水年道翁作）	軸	紙	設色	132.5 × 59.6	丁亥（康熙四十六年，1707）夏月	瑞士 蘇黎士黎得堡博物館	RCH.1169
山水圖（14幀）	冊	紙	設色	（每幀）20.5 × 27		香港 劉作籌虛白齋	93
山水圖（為朗翁作，12幀）	冊	紙	設色	不詳	戊辰（康熙二十七年，1688）仲冬	北京 故宮博物院	
仿吳鎮山水圖（4幀）	冊	紙	設色	不詳	己巳（康熙二十八年，1689）	北京 故宮博物院	
小景山水（10幀）	冊	紙	設色	（每幀）21 × 28	康熙五十三年（甲午，1714）	北京 故宮博物院	
松蔭談道圖（為元斯作）	摺扇面	紙	水墨	不詳	庚子（康熙五十九年，1720）三月	北京 故宮博物院	
仿各家山水圖（12幀）	冊	紙	設色	不詳	辛丑（康熙六十年，1721）	北京 故宮博物院	
山水圖（8幀）	冊	紙	設色	（每幀）25 × 38.9		北京 故宮博物院	
山水人物圖（6幀）	冊	紙	設色	不詳		北京 故宮博物院	
山水圖（8幀）	冊	紙	水墨	（每幀）31.5 × 23		北京 中國歷史博物館	
花鳥、草蟲圖（8幀）	冊	紙	設色	（每幀）24.2 × 19		天津 天津市藝術博物館	
松、梅圖（2幀）	冊	紙	設色	（每幀）34.2 × 29.2		合肥 安徽省博物館	
山水圖（10幀）	冊	紙	水墨、設色	不詳		杭州 浙江省博物館	
山水圖（8幀）	冊	紙	設色	（每幀）24 × 19		廣州 廣州市美術館	
山水圖（9幀）	冊	紙	設色	（每幀）22.8 × 19.4		美國 紐約 Hobart 先生	

名稱	形式	質地	色彩	尺寸 高x寬cm	創作時間	收藏處所	典藏號碼
附：							
二老觀泉圖	軸	紙	設色	183 x 111	己卯（康熙三十八年，1699）	天津 天津市文物公司	
仿仲圭山齋清寂圖（為麗文作）	軸	紙	水墨	不詳	戊辰（康熙二十七年，1688）九月	鎮江 鎮江市文物商店	
山水圖（10幀）	冊	紙	水墨、設色	（每幀）19 x 10		紐約 佳士得藝品拍賣公司/拍賣目錄 1989,06,01.	
山水圖（5幀）	冊	紙	設色	（每幀）23 x 19		紐約 佳士得藝品拍賣公司/拍賣目錄 1994,06,01.	

畫家小傳：姚宋。初名靈。字雨金。號羽京。安徽新安人，寓居蕪湖。生於世祖順治五（1648）年，聖祖康熙五十九（1720）年尚在世。與吳豫杰同時有名。長於畫石；而山水、人物、花鳥等，初學漸江，無不工；又有於瓜子上繪十八羅漢之絕技。（見國朝畫徵錄、中國畫家人名大辭典）

沈樹玉

名稱	形式	質地	色彩	尺寸	創作時間	收藏處所	典藏號碼
竹蝶圖	卷	紙	設色	不詳		北京 故宮博物院	
荷花水鳥圖	摺扇面	紙	設色	不詳	康熙十二年（癸丑，1673）	北京 故宮博物院	
海棠芙蓉（清花卉畫冊四冊之12）	冊頁	紙	設色	不詳		台北 故宮博物院	故畫 03520-12
雪景山水圖	冊頁	紙	設色	不詳		德國 科隆東亞藝術博物館	

畫家小傳：沈樹玉（或作玉樹、澍玉）。號蓬夫。浙江杭州人。精篆籀。善畫花鳥，鉤勒極細軟，設色極鮮艷，聖祖康熙六（1667）年，曾奉召入南薰殿寫鵝鶴。兼善山水，無畫家嫵媚氣，頗饒幽韻。流傳署款紀年作品見於聖祖康熙十二（1673）年。（見圖繪寶鑑續纂、國朝畫識、桐陰論畫、讀畫錄、中國畫家人名大辭典）

蔣 伊

名稱	形式	質地	色彩	尺寸	創作時間	收藏處所	典藏號碼
巡視陽臺圖	卷	紙	設色	不詳		北京 中國歷史博物館	

畫家小傳：蔣伊。字渭清。號莘田。江蘇常熟人。性孝友，負才略，工詩文。聖祖康熙十二（1673）年進士。官至河南按察副使。（見常熟縣志、蘇州府志、二林居集、中國畫家人名大辭典）

俞 俊

名稱	形式	質地	色彩	尺寸	創作時間	收藏處所	典藏號碼
雙竹圖	軸	絹	水墨	不詳	癸丑（康熙十二年，1673）	南京 南京博物院	
雪竹圖	軸	絹	水墨	不詳	庚戌（雍正八年，1730）秋仲	紹興 浙江省紹興市博物館	

名稱	形式	質地	色彩	尺寸 高×寬cm	創作時間	收藏處所	典藏號碼

畫家小傳：俞俊。字秀登。浙江錢塘人。善畫墨竹，師諸昇；後摹趙雲門竹石。流傳署款紀年作品見於聖祖康熙十二（1673）至世宗雍正
　　　　八（1730）年。（見圖繪寶鑑續纂、國朝畫徵錄、中國畫家人名大辭典等）

童　錦

| 仿江貫道山水圖 | 軸 | 絹 | 水墨 | 不詳 | 癸丑（康熙十二年，1673） | 無錫 江蘇省無錫市博物館 | |

附：

| 荷花鴛鴦圖 | 軸 | 絹 | 設色 | 不詳 | 癸酉（康熙三十二年，1693） | 上海 上海文物商店 | |

畫家小傳：童錦。字天孫，又字素文。江蘇華亭人。童塏之子。與兄弟原，俱能承家學，善畫花鳥，尤長於鉤勒，設色妍麗；亦作墨花。流
　　　　傳署款紀年作品見於聖祖康熙十二（1673）至三十二（1693）年。（見圖繪寶鑑續纂、婁縣志、書畫紀略、中國畫家人名大辭典）

潘　恒

| 仿郭熙筆意山水圖（清潘恒等書畫冊10之1幀，為靖老作） | 冊頁 | 綾 | 設色 | 29.9 × 25.1 | 癸丑（康熙十二年，1673）季夏 | 杭州 浙江省博物館 | |

畫家小傳：潘恒。畫史無載。流傳署款紀年作品見於聖祖康熙十二（1673）年。身世待考。

欽　棨

| 江皋白鶴圖（清潘恒等書畫冊10之1幀） | 冊頁 | 綾 | 設色 | 29.9 × 25.1 | （癸丑，康熙十二年，1673） | 杭州 浙江省博物館 | |

畫家小傳：欽棨。畫史無載。流傳署款紀年作品見於聖祖康熙十二（1673）年。身世待考。

徐　青

| 山水圖（清潘恒等書畫冊10之1幀，為靖老作） | 冊頁 | 綾 | 設色 | 29.9 × 25.1 | 癸丑（康熙十二年，1673）秋日 | 杭州 浙江省博物館 | |

畫家小傳：徐青。畫史無載。流傳署款紀年作品見於聖祖康熙十二（1673）年。身世待考。

尤　采

| 山水圖（清潘恒等書畫冊10之1幀，為靖老作） | 冊頁 | 綾 | 設色 | 29.9 × 25.1 | 康熙癸丑（十二年，1673）五月廿二日 | 杭州 浙江省博物館 | |

畫家小傳：尤采。畫史無載。流傳署款紀年作品見於聖祖康熙十二（1673）年。身世待考。

成　兗

名稱	形式	質地	色彩	尺寸 高×寬㎝	創作時間	收藏處所	典藏號碼
仿黃子久山水圖	軸	絹	設色	78.8 × 43.5		天津 天津市藝術博物館	
墨蘭圖	摺扇面	金箋	水墨	不詳	癸巳（康熙五十二年，1713）	南京 南京博物院	
仿董北苑山水圖（清潘恒等書畫冊10之1幀，為靖公作）	冊頁	綾	設色	29.9 × 25.1	癸丑（康熙十二年，1673）夏日	杭州 浙江省博物館	

畫家小傳：成兗。字魯公。大名人。家世不詳。善畫，山水、花鳥無所不能。流傳署款作品紀年見於聖祖康熙十二(1673)、五十二(1713)年。（見圖繪寶鑑續纂、中國畫家人名大辭典）

游斯道

名稱	形式	質地	色彩	尺寸 高×寬㎝	創作時間	收藏處所	典藏號碼
竹林茅亭圖	摺扇面	金箋	水墨	不詳		北京 故宮博物院	
山水圖	摺扇面	金箋	設色	18.7 × 56.8	癸丑（？康熙十二年，1673）春	日本 京都萬福寺	

畫家小傳：游斯道。畫史無載。流傳作品署款疑為聖祖康熙十二（1673）年。身世待考。

馬 芳

名稱	形式	質地	色彩	尺寸 高×寬㎝	創作時間	收藏處所	典藏號碼
赤壁泛舟圖	軸	絹	設色	155.1 × 89.7		日本 私人	
指畫山水圖（馬芳、趙穆花鳥山水冊8之4幀）	冊	絹	設色	（每幀）40 × 27	癸丑（？康熙十二年，1673）	合肥 安徽省博物館	

畫家小傳：馬芳。字不群。身世不詳。江蘇如皋人。善作指頭畫。流傳署款作品紀年疑似聖祖康熙十二（1673）年。（見在亭叢稿、中國畫家人名大辭典）

周 洽

名稱	形式	質地	色彩	尺寸 高×寬㎝	創作時間	收藏處所	典藏號碼
山高水長（清朱軒等十人合作10屏風之1）	軸	金箋	水墨、設色	206 × 48	己巳（康熙二十八年，1689）仲夏	石家莊 河北省博物館	
幽谷靜坐圖	軸	絹	設色	196 × 69	戊午（康熙十七年，1678）	濟南 山東省博物館	
山水圖（8幀）	冊	絹	設色	（每幀）24 × 14	庚午（康熙二十九年，1690）春日	北京 首都博物館	
竹林高士圖	冊頁	紙	設色	不詳	壬午（康熙四十一年，1702）夏日	上海 上海博物館	
山水圖（清十家山水圖冊12之1幀）	冊頁	絹	設色	34 × 27.5		上海 上海博物館	

附：

名稱	形式	質地	色彩	尺寸 高×寬㎝	創作時間	收藏處所	典藏號碼
秋山挹秀圖	軸	絹	設色	224.2×103.5	癸丑（康熙十二年 1673）花朝日	紐約 蘇富比藝品拍賣公司/拍 賣目錄 1987,12,08.	
山水圖	摺扇面	紙	水墨	不詳	庚午（康熙二十九 年，1690）	天津 天津市文物公司	

畫家小傳：周洽。字載熙。號竹岡。江蘇華亭人。生性孝友，博學宏文，為時所重。幼學畫於趙伊，盡得其技。後廣觀摩古人名蹟，學
　　益進。善畫山水、人物、花鳥、蟲魚，俱臻神品；又寫貌，尤推獨步。流傳署款紀年作品見於聖祖康熙十二（1673）至四十
　　一（1702）年。（見國朝畫識、國朝畫徵錄、中華畫人室隨筆、青浦縣志、婁縣志、松江詩徵、中國畫家人名大辭典）

趙　穆

指畫花鳥圖（馬芳、趙穆花鳥 山水冊8之4幀）	冊	絹	設色	（每幀）40 ×27		合肥 安徽省博物館	

畫家小傳：趙穆。畫史無載。約與馬芳同時。身世待考。

葛　敬

山水圖（清吳彥等山水集錦冊 12之1幀）	冊頁	紙	設色	不詳		杭州 浙江省杭州市文物考古 所	

畫家小傳：葛敬。畫史無載。身世待考。

文　炳

山水圖（清吳彥等山水集錦冊 12之1幀）	冊頁	紙	設色	不詳		杭州 浙江省杭州市文物考古 所	

畫家小傳：文炳。畫史無載。身世待考。

景　明

山水圖（清吳彥等山水集錦冊 12之1幀）	冊頁	紙	設色	不詳		杭州 浙江省杭州市文物考古 所	

畫家小傳：景明。畫史無載。身世待考。

錢士愷

山水圖（為亦震年翁作）	摺扇面	紙	水墨	不詳	癸丑（？康熙十二 年，1673）冬日	日本 江田勇二先生	

畫家小傳：錢士愷。畫史無載。流傳署款作品紀年疑似聖祖康熙十二（1673）年。身世待考。

戴　梓

名稱	形式	質地	色彩	尺寸 高×寬cm	創作時間	收藏處所	典藏號碼
人物圖	卷	絹	設色	不詳	甲戌（康熙三十三年，1694)	北京 故宮博物院	
丘岳像	卷	絹	設色	不詳	戊寅（康熙三十七年，1698)	北京 故宮博物院	
仿梅花道人山水圖	軸	綾	水墨	不詳	丙午（雍正四年，1726)仲夏	杭州 浙江省博物館	

畫家小傳：戴梓。字文開。浙江錢塘人。戴蒼之子。生於世祖順治六（1649）年，世宗雍正四(1726)年尚在世。得父傳，善寫照；兼工山水。（見圖繪寶鑑續纂、中國畫家人名大辭典）

王 蓍

名稱	形式	質地	色彩	尺寸 高×寬cm	創作時間	收藏處所	典藏號碼
畫松（王蓍、高鳳翰書畫合璧卷之1）	卷	紙	水墨	不詳	壬子（雍正十年，1732)新秋	揚州 江蘇省揚州市博物館	
雙鹿夾轂圖（王蓍、王概合作二段合卷之1）	卷	絹	設色	不詳	丁丑（康熙三十六年，1697)臘地前四日	上海 上海博物館	
夏日山居圖	軸	紙	設色	111.5 × 55.5	癸巳（康熙五十二年，1713)	天津 天津市藝術博物館	
松鹿圖	軸	紙	設色	306.9 × 127.2	壬寅（康熙六十一年，1722)仲夏	杭州 浙江省博物館	
松泉圖	軸	絹	水墨	350 × 100	康熙壬寅（六十一年，1722)孟冬	武漢 湖北省博物館	
茗源吏隱圖（為柘兄作，10幀）	冊	紙	設色	（每幀）21.2 × 33.8	甲午（康熙五十三年，1714)小春	北京 故宮博物院	
歸去來辭圖（4幀）	冊	絹	設色	（每幀）21.3 × 34	甲午（康熙五十三年，1714)	北京 故宮博物院	
山水圖（16幀）	冊	絹	設色	不詳		北京 故宮博物院	
梅樹圖（樊雲等山水花鳥冊10之第7幀）	冊頁	紙	設色	17.5 × 20.1	（庚午，康熙二十九年，1690)	上海 上海博物館	
秋海棠圖（為緩公作，樊雲等山水花卉冊10之第7幀）	冊頁	紙	設色	17.4 × 20	（庚午，康熙二十九年，1690)	上海 上海博物館	
江關帆檣圖（金、焦圖詠冊16之1幀）	冊頁	紙	水墨	30 × 36		上海 上海博物館	
山水圖（6幀）	冊	紙	設色	（每幀）35.5 × 36.5		南京 南京博物院	

附：

名稱	形式	質地	色彩	尺寸 高×寬cm	創作時間	收藏處所	典藏號碼
仿李咸熙江山清照圖	軸	紙	設色	不詳	庚午（康熙二十九年，1690）皋月	北京 北京市文物商店	
仿劉松年溪山挹秀圖	軸	紙	設色	不詳	庚午（康熙二十九年，1690）	北京 北京市文物商店	
江山春霽圖	軸	紙	設色	不詳	丙子（康熙三十五年，1696）	上海 上海文物商店	
山水圖（陸遠等雜畫卷4之1段）	卷	紙	設色	不詳		上海 上海文物商店	

畫家小傳：王薈。字伏草（一作宓草）。浙江秀水人，家寓江寧。生於世祖順治六（1649）年，世宗雍正十（1732）年尚在世。畫山水，得黃公望筆意；兼善花鳥。（見江寧志、鸚尾集、中國畫家人名大辭典）

王樹穀

名稱	形式	質地	色彩	尺寸 高×寬cm	創作時間	收藏處所	典藏號碼
雲林洗桐圖	軸	絹	設色	130 × 61	甲戌（康熙三十三年，1694）秋九月上浣	台北 歷史博物館	
三教圖	軸	絹	設色	不詳	壬子（雍正十年，1732）	長春 吉林省博物館	
醉唫先生五友圖	軸	絹	設色	不詳	癸巳（康熙五十二年，1713）八月	瀋陽 遼寧省博物館	
摹宋人學劍圖	軸	絹	設色	不詳	康熙五十五年丙申（1716）春	北京 故宮博物院	
弄胡琴圖	軸	絹	設色	不詳	壬寅（康熙六十一年，1722）	北京 故宮博物院	
四友圖	軸	絹	設色	66.7 × 67	壬寅（康熙六十一年，1722）	北京 故宮博物院	
人物圖	軸	絹	設色	不詳	丁未（雍正五年，1727）	北京 故宮博物院	
福壽多男圖	軸	絹	設色	不詳	辛亥（雍正九年，1731）九月先立冬	北京 故宮博物院	
五男圖	軸	絹	設色	不詳	戊申（雍正六年，1728）春正月	北京 中國歷史博物館	
子美采藥圖	軸	絹	水墨	不詳		北京 中國歷史博物館	
東籬征士圖	軸	絹	設色	不詳		北京 中國歷史博物館	
煮茶圖	軸	絹	設色	100 × 44	雍正七年（己酉，	北京 中央美術學院	

名稱	形式	質地	色彩	尺寸 高×寬㎝	創作時間	收藏處所	典藏號碼
					1729) 小滿後二日		
南山圖	軸	金箋	水墨	113.5 × 46	癸未（康熙四十二年，1703）	天津 天津市藝術博物館	
八子撿玩圖	軸	絹	設色	171 × 94.5		天津 天津市藝術博物館	
梅園覓句圖	軸	絹	設色	181.5 × 54.6		天津 天津市藝術博物館	
檢玩圖	軸	絹	設色	182 × 95		太原 山西省博物館	
東坡謀酒圖	軸	絹	設色	不詳	八十一老人（雍正七年，己酉，1729）	上海 上海博物館	
高隱著書圖	軸	絹	設色	181.2 × 101.4	丙午（雍正四年，1726）	無錫 江蘇省無錫市博物館	
文章四友圖	軸	絹	設色	185.5 × 100	康熙六十年（辛丑，1721）	杭州 浙江省杭州西泠印社	
二老清吟圖	軸	絹	設色	52 × 90	雍正七年，己酉，1739）秋分後十五	杭州 浙江省杭州西泠印社	
嬰戲圖	軸	絹	水墨	不詳	壬子（雍正十年，1732）二月花朝前一日	蕭山 浙江省蕭山縣文管會	
醉唫先生五友圖	軸	絹	設色	142.8 × 45.4	癸巳（康熙五十二年，1713）八月	成都 四川省博物館	
山水圖	軸	紙	水墨	116 × 37	雍正五年（丁未，1727）秋八月	廣州 廣東省博物館	
陶潛採菊圖	摺扇面	紙	設色	不詳	辛卯（康熙五十年，1711）七月十五日	北京 故宮博物院	
人物故事圖（12幀）	冊	絹	設色	不詳	戊戌（康熙五十七年，1718）冬十月	北京 故宮博物院	
策杖行吟圖	摺扇面	紙	設色	不詳	己亥（康熙五十八年，1719）秋九月	北京 故宮博物院	
梧桐仕女圖	摺扇面	紙	水墨	17.1 × 51.7	（康熙五十九年，庚子，1720）	北京 故宮博物院	
雜畫（8幀）	冊	絹	設色	不詳	雍正甲辰（二年，1724）	北京 故宮博物院	
人物（8幀）	冊	絹	水墨	不詳	雍正八年（庚戌，1730）冬十一月	北京 故宮博物院	

名稱	形式	質地	色彩	尺寸 高×寬cm	創作時間	收藏處所	典藏號碼
人物故事圖（12幀）	冊	絹	水墨	（每幀）20.6 × 15.6	壬子（雍正十年，1732）秋七月五日	北京 故宮博物院	
高士嗅梅圖（陳洪綬等十人花卉山水冊10之1幀）	冊頁	紙	水墨	23.1 × 53.5	七十有九老人（雍正五年，1727）	天津 天津市藝術博物館	
雜畫（8幀）	冊	絹	水墨	（每幀）23.8 × 33.3	甲辰（雍正二年，1724）	杭州 浙江省博物館	
人物圖（2幀）	冊頁	絹	設色	不詳		蕭山 浙江省蕭山縣文管會	
竹林讀書圖	摺扇面	紙	水墨	不詳		廣州 廣州市美術館	
人物圖（王樹穀畫人物冊8幀，各為：懷琴圖 ；瘦羊圖；抱琴倚石；放鳥圖；盃煮金芽；神針補闕；石睡龍圖；飲酒辟爐）	冊	絹	水墨	（每幀）25.5 × 18.5	雍正八年（庚戌，1730）十一月望後七日	美國 紐約 Hobert 先生	
倣陳洪綬人物（12幀）	冊	絹	水墨	（每幀）21.3 × 16.3	戊戌（康熙五十七年，1718）	美國 火魯奴奴 Hutchinson 先生	
高隱著書圖	軸	絹	設色	不詳	雍正四年（丙午，1726）十月望後十三	無錫 無錫市文物商店	
人物圖（10幀）	冊	絹	設色	不詳	戊戌（康熙五十七年，1718）	蘇州 蘇州市文物商店	
附：							
報子圖	軸	絹	設色	85.3 × 43	己亥（康熙五十八年，1719）	武漢 湖北省武漢市文物商店	
人物（祖孫圖）	軸	紙	設色	86.3 × 34.6	雍正八年（庚戌，1730）冬十一月，八二叟	紐約 蘇富比藝品拍賣公司/拍賣目錄1981,05,07.	
雅集圖	軸	絹	設色	57.5 × 43.5	雍正十年（壬子，1732）冬十二月	紐約 蘇富比藝品拍賣公司/拍賣目錄1988,06,01.	
白描人物（10幀）	冊	絹	水墨	（每幀）20.6 × 32.4	雍正四年（丙午，1726）至五年（丁未，1727）	紐約 佳士得藝品拍賣公司/拍賣目錄1996,03,27.	

畫家小傳：王樹穀。字原豐。號無我、鹿公、方外布衣、慈竹君、一笑先生等。浙江仁和人。生於世祖順治六（1649）年，世宗雍正十（1732）年尚在世。善畫人物，筆法出於陳洪綬，衣紋秀勁，設色古雅。（見圖繪寶鑑續纂、國朝畫徵續錄、中國畫家人名大辭典）

（釋）**本 光**

名稱	形式	質地	色彩	尺寸 高x寬㎝	創作時間	收藏處所	典藏號碼
沈宗敬像	軸	絹	設色	不詳	乙未（康熙五十四年，1715）	北京 故宮博物院	
仿李唐仙女獻丹圖	軸	紙	設色	121 x 63.3	庚午（康熙二十九年，1690）	蘇州 靈巖山寺	
菊花圖（明陳嘉言等菊花冊10之1幀）	冊頁	紙	設色	不詳		瀋陽 遼寧省博物館	
附：							
品花圖（文坁、歸瑁、王年、高簡、王武、吳宮、沈洪、宋裔、葉雨、陳坤、朱白、沈昉合作）	卷	紙	設色	21 x 319		紐約 佳士得藝品拍賣公司/拍賣目錄 1995,09,19.	
硯山圖（清初十一名家硯山圖冊之第4開）	冊頁	紙	設色	24.5 x 31		紐約 佳士得藝品拍賣公司/拍賣目錄 1995,09,19.	

畫家小傳：本光。僧。俗姓文，名培，字于宋。江蘇長洲人。文震孟之家孫。生於清世祖順治六（1649）年，卒於世宗雍正七（1729）年。五歲即能搦管作畫。二十歲出家皈依靈巖山繼起和尚。嘗遊京師，卓錫於盤山禪院。卒於竺塢山堂。善詩文，工書畫。畫山水守家法，設色淡雋，又工寫真。（見國朝畫徵續錄、文氏族譜續集、中國畫家人名大辭典）

顧在湄

名稱	形式	質地	色彩	尺寸	創作時間	收藏處所	典藏號碼
孟君易行樂圖（吳歷、顧在湄等六人合作，顧在湄補竹）	卷	絹	設色	63 x 68	甲寅歲（康熙十三年，1674）	瀋陽 遼寧省博物館	
松崖茅屋圖	軸	絹	設色	48.5 x 31.5	甲子（康熙二十三年，1684）	天津 天津市藝術博物館	
蕭寺秋山圖（6幀）	冊	紙	設色、水墨	（每幀）24 x 20		瀋陽 遼寧省博物館	

畫家小傳：顧在湄。畫史無載。流傳署款紀年作品見於聖祖康熙十三（1674）、二十三（1684）年。身世待考。

黃山錫

名稱	形式	質地	色彩	尺寸	創作時間	收藏處所	典藏號碼
孟君易行樂圖（吳歷、顧在湄等六人合作，黃山錫補景）	卷	絹	設色	63 x 68	甲寅歲（康熙十三年，1674）	瀋陽 遼寧省博物館	

畫家小傳：黃山錫。畫史無載。流傳署款紀年作品見於聖祖康熙十三（1674）年。身世待考。

黃 深

名稱	形式	質地	色彩	尺寸	創作時間	收藏處所	典藏號碼
孟君易行樂圖（吳歷、顧在湄等六人合作，黃深寫圖）	卷	絹	設色	63 x 68	甲寅歲（康熙十三年，1674）	瀋陽 遼寧省博物館	
黃宗羲像（吳旭寫像、黃深補	軸	紙	設色	132.8 x 63.2	丙辰（康熙十五年	上海 上海博物館	

名稱	形式	質地	色彩	尺寸 高×寬㎝	創作時間	收藏處所	典藏號碼

石、宋暐補樹）　　　　　　　　　　　　　　　　　　　　　　　　，1676）

畫家小傳：黃深。畫史無載。流傳署款紀年作品見於聖祖康熙十三（1674）、十五（1676）年。身世待考。

朱　白

臨米友仁楚山煙雨圖	卷	紙	水墨	27.5 × ？		日本 私人	
閉戶著書圖	軸	紙	設色	115.5 × 45	癸巳（康熙五十二 年，1713）	天津 天津市藝術博物館	
菊花圖（明陳嘉言等菊花冊 10 之 1 幀）	冊頁	紙	設色	不詳		瀋陽 遼寧省博物館	
仿唐子畏筆法山水圖（清山水 集錦冊 10 之第 4 幀）	冊頁	紙	水墨	21.6 × 28.9		上海 上海博物館	
梅竹圖（二十家梅花圖冊 20 之 第 17 幀）	冊頁	紙	設色	23 × 19.3	己未（康熙十八年 ，1679）夏日	上海 上海博物館	
洞庭景色圖（陸遠、朱白、王 謨、張嘉合作）	摺扇面	紙	設色	不詳		南京 南京博物院	
山水圖（清吳歷等山水集冊 12 之 1 幀）	冊頁	紙	設色	不詳	（甲寅，康熙十三 年，1674）	杭州 浙江省博物館	

附：

品花圖（文珏、歸瑁、王年、 高簡、王武、吳宮、沈洪、宋 裔、葉雨、陳坤、朱白、沈昉 合作）	卷	紙	設色	21 × 319		紐約 佳士得藝品拍賣公司/拍 賣目錄 1995,09,19.	
桃花源圖	軸	絹	設色	136.5 × 72	壬申（康熙三十一 年，1692）	天津 天津市文物公司	
仿吳仲圭夏木垂陰圖	軸	絹	水墨	196.5 × 97.5		上海 上海文物商店	
荷香清夏圖	軸	絹	設色	158 × 58.5	辛卯（康熙五十年 ，1711）	蘇州 蘇州市文物商店	

畫家小傳：朱白。字天藻。籍里、事跡不詳。流傳署款紀年作品見於聖祖康熙十三（1674）至五十二（1713）年。（見歷代畫史彙傳附錄、中
　　　　國畫家人名大辭典、宋元明清書畫家年表）

王　謨

| 花鳥圖（明人扇頭畫冊之 5） | 摺扇面 | 金箋 | 設色 | 不詳 | | 台北 故宮博物院 | 故畫 03542-5 |
| 洞庭景色圖（陸遠、朱白、王 謨、張嘉合作） | 摺扇面 | 紙 | 設色 | 不詳 | | 南京 南京博物院 | |

畫家小傳：王謨。畫史無載。與朱白同時。身世待考。

名稱	形式	質地	色彩	尺寸 高x寬cm	創作時間	收藏處所	典藏號碼

張 嘉

| 洞庭景色圖（陸遠、朱白、王讚、張嘉合作） | 摺扇面 | 紙 | 設色 | 不詳 | | 南京 南京博物院 | |

畫家小傳：張嘉。畫史無載。與朱白同時。身世待考。

鄔 曉

附：

| 人物山水圖（鄔曉、高簡合作） | 軸 | 紙 | 設色 | 90.8 x 75.6 | 高簡補景於甲寅（康熙十三年，1674）長夏 | 紐約 佳士得藝品拍賣公司/拍賣目錄 1997,09,19. | |

畫家小傳：鄔曉。畫史無載。與高簡同時。身世待考。

談象稑

| 長江獨釣圖 | 摺扇面 | 金箋 | 水墨 | 16.7 x 51.2 | 甲寅（康熙十三年，1674） | 北京 故宮博物院 | |

畫家小傳：談象稑。籍里、身世不詳。善畫山水。笪重光曾題其畫作。流傳署款紀年作品見於聖祖康熙十三(1674)年。（見中華畫人室隨筆、中國畫家人名大辭典）

王 牧

野渡舟橫圖	軸	綾	設色	不詳	甲寅（康熙十三年，1674）	南京 南京博物院	
策杖訪隱圖（為遜老作）	軸	綾	水墨	161.1 x 48.9	己未（康熙十八年，1679）二月	日本 私人	
山水圖（明遺老詩畫集冊之5）	冊頁	紙	水墨	19.5 x 13.2		美國 勃克萊加州大學藝術館（高居翰教授寄存）	
山水圖（明遺老詩畫集冊之7）	冊頁	紙	水墨	19.5 x 13.2		美國 勃克萊加州大學藝術館（高居翰教授寄存）	CC 193g

畫家小傳：王牧。畫史無載。流傳署款紀年作品見於聖祖康熙十三（1674）至十八（1679）年。身世待考。

劉允智

| 呂仙圖 | 軸 | 絹 | 設色 | 不詳 | 甲寅（康熙十三年，1674） | 瀋陽 遼寧省博物館 | |

畫家小傳：劉允智。畫史無載。流傳署款紀年作品見於聖祖康熙十三（1674）年。身世待考。

謝國章

名稱	形式	質地	色彩	尺寸 高x寬㎝	創作時間	收藏處所	典藏號碼
山水圖	摺扇面	紙	設色	不詳	癸亥（康熙二十二年，1683）夏	北京 故宮博物院	
附：							
為彥生作山水圖	摺扇面	金箋	設色	不詳	甲寅（康熙十三年，1674）	上海 朵雲軒	

畫家小傳：謝國章。字雲偉。號西村。浙江山陰人。精繪事，山水、花鳥、蟲魚俱能，各極風致。流傳署款紀年作品見於聖祖康熙十三（1674）二十二（1683）年。（見圖繪寶鑑續纂、漁洋後集、中國畫家人名大辭典）

史喻義

| 雲山竹溪圖（清史喻義等蘭竹梅松卷4之第1段） | 卷 | 綾 | 水墨 | 49.5 x 937.5 | 甲寅（康熙十三年，1674）王春月 | 石家莊 河北省博物館 | |
| 竹石圖（為寧翁作） | 軸 | 絹 | 水墨 | 不詳 | 丁巳（康熙十六年，1677）仲夏 | 紹興 浙江省紹興市博物館 | |

畫家小傳：史喻義。字子曉。浙江紹興人。史顏節之子。能紹父藝，善寫墨竹。流傳署款紀年作品見於聖祖康熙十三（1674）、十六（1677）年。（見圖繪寶鑑續纂、中國畫家人名大辭典）

吳 舫

柳艇行樂圖像（吳舫寫照、許永補景）	卷	紙	設色	不詳	康熙戊辰（二十七年，1688）五月	北京 故宮博物院	
十八羅漢圖	卷	絹	水墨	30 x 216		美國 華盛頓特區弗瑞爾藝術館	80.157
安南將軍像	軸	紙	設色	不詳	康熙甲寅（十三年，1674）	北京 中國歷史博物館	

畫家小傳：吳舫。字方舟。江蘇揚州人。善作白描人物，兼寫照。署款紀年作品見於聖祖康熙十三（1674）至二十七（1688）年。（見圖繪寶鑑續纂、中國畫家人名大辭典）

李含漢

| 山水圖（清吳歷等山水集冊12之1幀） | 冊頁 | 紙 | 設色 | 不詳 | （甲寅，康熙十三年，1674） | 杭州 浙江省博物館 | |

畫家小傳：李含漢。畫史無載。流傳署款作品約見於聖祖康熙十三（1674）年。身世待考。

王 咸

| 山水圖（為辰翁作，曹岳、戴子來等十人山水合冊10之1幀） | 冊頁 | 紙 | 設色 | 22.8 x 18.9 | 甲申（康熙四十三年，1704）秋 | 上海 上海博物館 | |

名稱	形式	質地	色彩	尺寸 高x寬㎝	創作時間	收藏處所	典藏號碼

山水圖（清吳歷等山水集冊 12　冊頁　紙　　設色　不詳　　　　　（甲寅，康熙十三　杭州 浙江省博物館
之 1 幀）　　　　　　　　　　　　　　　　　　　　　　　年，1674）

畫家小傳：王咸。字奧谷。號拙庵。江蘇常熟人。善畫山水，所作山嵐古削，林木蒼勁，深得沈周遺意。流傳署款作品約見於聖祖康熙
　　　　十三（1674）至四十三（1704）年。（見耕硯田齋筆記、中國畫家人名大辭典）

志 煜

山水圖（清吳歷等山水集冊 12　冊頁　紙　　設色　不詳　　　　　（甲寅，康熙十三　杭州 浙江省博物館
之 1 幀）　　　　　　　　　　　　　　　　　　　　　　　年，1674）

畫家小傳：志煜。畫史無載。流傳署款作品約見於聖祖康熙十三（1674）年。身世待考。

陳洪綱

山水圖　　　　　　　　　摺扇面 金箋　設色　16.9 x 51.7　　　　　　　　北京 故宮博物院
附：
蓮燈送圭圖　　　　　　　軸　　紙　　設色　140.4 x 57　甲寅（康熙十三年　上海 上海文物商店
　　　　　　　　　　　　　　　　　　　　　　　　　　，1674）

畫家小傳：陳洪綱。畫史無載。流傳署款紀年作品見於聖祖康熙十三（1674）年。身世待考。

金國元

金描十八羅漢圖　　　　　卷　　黑箋　泥金　不詳　　　丙辰（？康熙十五　天津 天津市藝術博物館
　　　　　　　　　　　　　　　　　　　　　　　　　　年，1676）

附：
羅漢圖　　　　　　　　　卷　　磁青箋 泥金　不詳　　　甲寅（？康熙十三　北京 中國文物商店總店
　　　　　　　　　　　　　　　　　　　　　　　　　　年，1674）

畫家小傳：金國元。畫史無載。流傳署款作品紀年疑為聖祖康熙十三（1674）、十五 1676）年。身世待考。

司馬

山中羅漢圖　　　　　　　軸　　綾　　水墨　192.3 x 48.2 康熙甲寅（十三年　日本 中埜又左衛門先生
　　　　　　　　　　　　　　　　　　　　　　　　　　，1674）桂月

畫家小傳：司馬霱，即司馬喬。字子羽。浙江紹興人。善作白描人物。流傳署款紀年作品見於聖祖康熙十三（1674）年。（見圖繪寶鑑續纂
　　　　、中國畫家人名大辭典）

吳宗愛

仿雲林山水圖　　　　　　軸　　綾　　水墨　不詳　　　丁未（康熙六年，　南通 江蘇省南通博物苑
　　　　　　　　　　　　　　　　　　　　　　　　　　1667）初夏

花鳥圖（12 幀）　　　　　冊　　金箋　設色　不詳　　　　　　　　　　北京 故宮博物院

名稱	形式	質地	色彩	尺寸 高x寬cm	創作時間	收藏處所	典藏號碼

畫家小傳：吳宗愛。女。字絳雪。浙江金華人。生於世祖順治七（1650）年，聖祖康熙六（1667）年尚在世。八歲輒能畫。工繪花卉、翎毛、人物及山水。（見圖繪寶鑑續纂、中國畫家人名大辭典）

查慎行

山水圖	摺扇面 金箋	水墨	17 x 50.6		德國 柏林東亞藝術博物館	1988-270

畫家小傳：查慎行，初名嗣璉。字夏重。後改名，更字悔餘。號初白、查田。生於世祖順治七（1650）年。卒於世宗雍正五（1727）年。舉應天鄉試。為大學士陳廷敬奏薦。仕至武英殿校勘官。通經學，尤工詩，著述甚夥。間作書畫。（見疑年錄、中國文學家大辭典）

郭景昕

山亭聽泉圖	軸	絹	設色	不詳	己酉（雍正七年，1729）八十老人	濟南 山東省博物館	
桃源圖	軸	絹	設色	210 x 101	甲子（乾隆九年，1744）	濟南 山東省博物館	

畫家小傳：郭景昕。畫史無載。生於清世祖順治七（1650）年，世宗雍正七（1729）年八十歲尚在世。身世待考。

程 功

白岳圖（為東翁作）	卷	絹	設色	不詳	甲申（康熙四十三年，1704）秋八月	廣州 廣州市美術館	
仿倪瓚山水圖	軸	紙	水墨	不詳	康熙丙戌（四十五年，1706）初夏	北京 故宮博物院	
山水圖	軸	絹	設色	不詳		合肥 安徽省博物館	
雲巒草堂圖	軸	紙	設色	180.2 x 87	康熙甲申（四十三年，1704）	南京 南京博物院	
山水圖（8幀，為獻臣作）	冊	紙	設色	不詳	康熙乙卯（十四年，1675）二月	北京 故宮博物院	
山水圖（？幀）	冊	紙	設色	（每幀）24.5 x 33.6		美國 耶魯大學藝術館	

畫家小傳：程功。字幼鴻。號柯亭。安徽休寧人。康熙十四（1675）武舉人。讀書能詩。善畫山水，學黃公望、吳鎮，有奇氣。署款紀年作品見於聖祖康熙十四（1675）至四十五（1706）年。（見國朝畫徵錄、澹慮堂集、詠歸亭稿、中國畫家人名大辭典）

欽 雕

畫？（張開福等24人雜畫冊 24之1幀）	冊頁	紙	設色	不詳		上海 上海博物館	

畫家小傳：欽雕。畫史無載。身世待考。

名稱	形式	質地	色彩	尺寸 高×寬cm	創作時間	收藏處所	典藏號碼

顧 淵

名稱	形式	質地	色彩	尺寸 高×寬cm	創作時間	收藏處所	典藏號碼
梅竹圖（楊晉、顧淵合冊10之5幀）	冊	紙	水墨	不詳		瀋陽 遼寧省博物館	
山水圖（王翬、尹耘、顧淵、邵逸、陳帆、榮林、楊晉、劉楨合作冊8之1幀）	冊	紙	設色	（每幀）15.4×20.9	乙卯（康熙十四年，1675）人日	上海 上海博物館	
畫？（張開福等24人雜畫冊24之1幀）	冊頁	紙	設色	不詳		上海 上海博物館	

畫家小傳：顧淵。畫史無載。流傳署款紀年作品見於聖祖康熙十四(1675)年。身世待考。

阿爾裨

名稱	形式	質地	色彩	尺寸 高×寬cm	創作時間	收藏處所	典藏號碼
松間臥虎圖	軸	絹	設色	70.5×46.7		台北 故宮博物院	故畫02589
狗頭雕圖	軸	絹	設色	181×99.4		台北 故宮博物院	故畫03009
雙鷹圖	軸	絹	設色	不詳		瀋陽 故宮博物院	
勁翮宣威圖（8幀，寫鷹鷲捉勒之狀）	冊	絹	設色	（每幀）35.4×24.7		台北 故宮博物院	故畫03264
臨仇英寫生（8幀）	冊	絹	設色	（每幀）24.8×24.8		台北 故宮博物院	故畫03265
洗象圖	摺扇面	紙	設色	不詳		長春 吉林省博物館	
花鳥圖（桃花壽帶）	摺扇面	紙	設色	不詳		長春 吉林省博物館	
桃花綬帶（清蔣廷錫等雜畫冊9之1幀）	摺扇面	金箋	設色	不詳		長春 吉林省博物館	
佛手柑（清蔣廷錫等雜畫冊9之1幀）	摺扇面	金箋	設色	不詳		長春 吉林省博物館	
洗象圖（清蔣廷錫等雜畫冊9之1幀）	摺扇面	金箋	設色	不詳		長春 吉林省博物館	

畫家小傳：阿爾裨。滿洲人。善畫鳥獸，筆勢雄健，工於設色。曾供奉畫院。流傳署款紀年作品見於聖祖康熙十四（1675）年。（見耕硯田齋筆記、歷代畫史彙傳、中華畫人室隨筆、中國畫家人名大辭典、宋元明清書畫家年表）

尹 耘

名稱	形式	質地	色彩	尺寸 高×寬cm	創作時間	收藏處所	典藏號碼
山水圖（為絅庵作，王翬等八人合作冊之第2幀）	冊	紙	設色	15.4×20.9	乙卯（康熙十四年，1675）迎春日	上海 上海博物館	

畫家小傳：尹耘。字于耘。號耕野、介邱山人。江蘇常熟人。與同里王翬、吳歷等游，善畫山水，筆墨疏朗淡遠。惜早逝，年僅三十六歲。流傳署款紀年作品見於聖祖康熙十四(1675)年，（見海虞畫苑錄補遺、海虞詩苑、中國畫家人名大辭典）

名稱	形式	質地	色彩	尺寸 高×寬cm	創作時間	收藏處所	典藏號碼

邵逸先

楓林晚霽圖（為絅庵作，王翬 等八人合作冊之第4幀） 冊 紙 設色 15.4 × 20.9 （乙卯，康熙十四 年，1675） 上海 上海博物館

畫家小傳：邵逸先（或作逸）。字古民（又字湘民）。號簡庵（或作竹溪）。江蘇常熟人。能詩。善畫山水，學元吳鎮。流傳署款紀年作品見於聖祖康熙十四(1675)年。（見海虞詩苑、海虞畫苑略、中國畫家人名大辭典）

劉 楨

逆舟拉縴圖（為絅庵作，王翬 等八人合作冊之第8幀） 冊 紙 設色 15.4 × 20.9 乙卯（康熙十四年 ，1675）人日 上海 上海博物館

畫家小傳：劉楨。畫史無載，流傳署款紀年作品見於聖祖康熙十四(1675)年。身世待考。

榮 林

松崖觀雁圖（為絅庵作，王翬 等八人合作冊之第6幀） 冊 紙 設色 15.4 × 20.9 乙卯（康熙十四年 ，1675）人日 上海 上海博物館

畫家小傳：榮林。字上谷。號西樵（或西園）。江蘇常熟人。王翬弟子。工詩。善書畫。畫山水，得元黃公望法。流傳署款紀年作品見於聖祖康熙十四(1675)年。（見虞山山水畫志、中國畫家人名大辭典）

宗 塤

山水圖（清宗塤等山水冊10之 2幀） 冊頁 紙 設色 不詳 乙卯（康熙十四年 ，1675） 天津 天津市藝術博物館

畫家小傳：宗塤。畫史無載。流傳署款紀年作品見於聖祖康熙十四(1675)年。身世待考。

盧 綖

山水圖（清宗塤等山水冊10之 2幀） 冊頁 紙 設色 不詳 （乙卯，康熙十四 年，1675） 天津 天津市藝術博物館

畫家小傳：盧綖。畫史無載。流傳署款作品約見於聖祖康熙十四(1675)年。身世待考。

彭士質

山水圖（清宗塤等山水冊10之 2幀） 冊頁 紙 設色 不詳 （乙卯，康熙十四 年，1675） 天津 天津市藝術博物館

畫家小傳：彭士質。畫史無載。流傳署款作品約見於聖祖康熙十四(1675)年。身世待考。

虞 沅

| 花卉圖 | 卷 | 絹 | 設色 | 28.2 × 551 | | 長春 吉林省博物館 | |
| 歲朝圖（楊晉、王雲、顧昉、 | 軸 | 絹 | 設色 | 109 × 51 | | 瀋陽 故宮博物院 | |

名稱	形式	質地	色彩	尺寸 高×寬㎝	創作時間	收藏處所	典藏號碼
顧政、徐玫、虞沅、吳芷、王翬合作）							
桃柳魚荇圖（王翬師弟合作：楊晉寫桃花、王雲寫鵬鳥、吳芷補游魚、顧昉寫荇菜、徐玫添翠鳥、虞沅畫柳、王翬題）	軸	絹	設色	141.8 × 57.5	癸酉（康熙三十二年，1693）嘉平	北京 故宮博物院	
九秋圖（王翬、宋駿業、顧昉、虞沅、王雲、楊晉、徐玫、吳藏合作）	軸	紙	設色	118.8 × 61.1	乙亥（康熙三十四年，1695）	北京 故宮博物院	
秋園雄雞圖	軸	絹	設色	不詳		天津 天津市藝術博物館	
芍藥八哥圖	軸	絹	設色	不詳		揚州 江蘇省揚州市博物館	
歲寒圖（王翬、虞沅、吳芷、顧昉、徐玫、楊晉等合作，為乾翁作）	軸	絹	設色	不詳	癸酉（康熙三十二年，1693）嘉平既望	南京 南京博物院	
玉堂富貴圖	軸	絹	設色	232.7×133.3		南京 南京博物院	
花穠鳥囀圖	軸	絹	設色	不詳		南京 南京博物院	
榴葵雙鸝圖	軸	絹	設色	125.9 × 43.9		南京 南京博物院	
饑禽覓食圖	軸	絹	設色	77.5 × 53		杭州 浙江省杭州市文物考古所	
秋花雙禽圖（仿元人賦色）	軸	絹	設色	160.6 × 43.9	乙末（康熙五十四年，1715）夏五月	日本 京都桑名鐵城先生	
菊花臘嘴圖（為霞老作）	軸	絹	設色	152.7 × 53	辛未（康熙三十年，1691）夏	日本 大阪橋本大乙先生	
花蝶雄雞圖	軸	絹	設色	15.4 × 79.5		英國 倫敦大英博物館	1910.2.12.526(ADD224)
二羊圖	摺扇面	紙	設色	17.8 × 58	辛酉（康熙二十年，1681）	北京 故宮博物院	
采桑圖	冊頁	絹	設色	不詳		北京 故宮博物院	
佛手柑圖（王翬等山水花卉冊6之1幀）	冊頁	紙	設色	26.5 × 35.3		北京 故宮博物院	
戲犬圖（祁豸佳等山水花鳥冊27之1幀）	冊頁	絹	設色	30 × 23.4		天津 天津市藝術博物館	
牂柯生借書圖（31幀）	冊	紙	設色	不詳		臨海 浙江省臨海市博物館	

名稱	形式	質地	色彩	尺寸 高x寬㎝	創作時間	收藏處所	典藏號碼

附：

花籃圖	卷	紙	設色	29 x 328		紐約 佳士得藝品拍賣公司/拍賣目錄 1996,09,18.	
梅茶雙鳥圖	軸	絹	設色	不詳		北京 北京市工藝品進出口公司	
嬰戲圖	軸	絹	設色	110.5 x 65		合肥 安徽省文物商店	
三白圖	軸	絹	設色	160.2 x 65	乙卯（康熙十四年，1675）	上海 上海文物商店	
芍藥圖	軸	絹	設色	不詳		上海 上海文物商店	

畫家小傳：虞沅。字畹之（或作澣之、翰之）。江蘇江都人，居常熟。善畫山水，受教於王翬，得渾淪勁挺之致；又工花草翎毛，鉤染工細，賦色妍雅，能得古人遺法。流傳署款紀年作品見於聖祖康熙十四(1675)至五十四(1715)年。（見國朝畫徵續錄、海虞畫苑略、桐陰論畫、中國畫家人名大辭典）

胡　濂

| 雨花閒眺圖 | 軸 | 絹 | 設色 | 170.8 x 51 | 丁巳（康熙十六年，1677） | 天津 天津市藝術博物館 | |
| 高閣雲泉圖 | 軸 | 絹 | 設色 | 157 x 47 | 乙卯（康熙十四年，1675）秋月 | 南京 南京市博物館 | |

畫家小傳：胡濂。江蘇江寧人。胡慥之子，胡清之弟。能紹父藝，工畫山水。流傳署款紀年作品見於聖祖康熙十四(1675)至十六(1677)年。（見畫傳編韻、中國美術家人名辭典）

夏大貞

| 烏柏溪鳥圖 | 軸 | 金箋 | 設色 | 不詳 | 丙子（康熙三十五年，1696） | 鎮江 江蘇省鎮江市博物館 | |
| 花卉圖（褚廷琯對題，?幀） | 冊 | 紙 | 設色 | 不詳 | 康熙乙卯（十四年，1675）春 | 瀋陽 遼寧省博物館 | |

畫家小傳：夏大貞。字吉菴。浙江嘉興人。善畫花卉、翎毛。署款紀年作品見於聖祖康熙十四(1675)、三十五(1696)年。（見圖繪寶鑑續纂、中國畫家人名大辭典）

費而奇

雲根圖（奇石花樹圖）	短卷	綾	水墨	26.5 x 57		日本 盛田昭夫先生	
雪山行旅圖（為京翁作）	軸	絹	設色	不詳	康熙乙卯（十四年，1675）初冬	北京 故宮博物院	
雪樹雙鷺圖	軸	絹	設色	101.5 x 42		南京 南京博物院	
盆梅(國朝名繪冊之9)	冊頁	紙	設色	25.2 x 23.2		台北 故宮博物院	故畫 01278-9

名稱	形式	質地	色彩	尺寸 高×寬㎝	創作時間	收藏處所	典藏號碼
牡丹(費而奇花卉冊之1)	冊頁	紙	設色	19.7 × 29.9	康熙庚辰（三十九年，1700）秋日	台北 故宮博物院	故畫 03413-1
紫薇(費而奇花卉冊之2)	冊頁	紙	設色	19.7 × 29.9		台北 故宮博物院	故畫 03413-2
魚兒牡丹(費而奇花卉冊之3)	冊頁	紙	設色	19.7 × 29.9		台北 故宮博物院	故畫 03413-3
萱花野菊(費而奇花卉冊之4)	冊頁	紙	設色	19.7 × 29.9		台北 故宮博物院	故畫 03413-4
荷花(費而奇花卉冊之5)	冊頁	紙	設色	19.7 × 29.9		台北 故宮博物院	故畫 03413-5
蘭花(費而奇花卉冊之6)	冊頁	紙	設色	19.7 × 29.9		台北 故宮博物院	故畫 03413-6
玉簪花(費而奇花卉冊之7)	冊頁	紙	設色	19.7 × 29.9		台北 故宮博物院	故畫 03413-7
菊花(費而奇花卉冊之8)	冊頁	紙	設色	19.7 × 29.9		台北 故宮博物院	故畫 03413-8
秋海棠(費而奇花卉冊之9)	冊頁	紙	設色	19.7 × 29.9		台北 故宮博物院	故畫 03413-9
月季花(費而奇花卉冊之10)	冊頁	紙	設色	19.7 × 29.9		台北 故宮博物院	故畫 03413-10
水仙(費而奇花卉冊之11)	冊頁	紙	設色	19.7 × 29.9		台北 故宮博物院	故畫 03413-11
天竺(費而奇花卉冊之12)	冊頁	紙	設色	19.7 × 29.9	康熙庚辰（三十九年，1700）秋日	台北 故宮博物院	故畫 03413-12
寒江歸樵圖（祁豸佳等山水花鳥冊 27 之 1 幀）	冊頁	絹	設色	30 × 23.4		天津 天津市藝術博物館	

附：

海棠白頭圖	軸	絹	設色	不詳		上海 上海工藝品進出口公司	

畫家小傳：費而奇。字葛波。浙江杭州人。善畫花鳥，師法徐熙；兼作山水，亦佳。署款紀年作品見於聖祖康熙十四(1675)至三十九(1700)年。(見圖繪寶鑑續纂、敬業堂集、歷代畫史彙傳、中國畫家人名大辭典)

周 復

名稱	形式	質地	色彩	尺寸 高×寬㎝	創作時間	收藏處所	典藏號碼
仿北苑山水圖	軸	紙	水墨	128.5 × 60	辛未（康熙三十年，1691）	天津 天津市藝術博物館	
雙松圖	軸	絹	設色	不詳		濟南 山東省博物館	
深山高遠圖	軸	絹	水墨	290.4 × 100		南京 南京博物院	
仿吳鎮山水圖	軸	紙	設色	不詳		無錫 江蘇省無錫市博物館	
鱖魚圖	軸	絹	設色	87.5 × 39	丁卯（康熙二十六年，1687）春暮	日本 東京國立博物館	
溪閣山水圖	軸	絹	設色	133.3 × 62.9	乙卯（康熙十四年，1675）暮春	日本 京都貝塚茂樹先生	

附：

梅花天竺圖	軸	絹	設色	不詳		上海 上海文物商店	
松樹圖	摺扇面	金箋	水墨	不詳		無錫 無錫市文物商店	

名稱	形式	質地	色彩	尺寸 高x寬㎝	創作時間	收藏處所	典藏號碼

畫家小傳：周復。字文生。江蘇無錫人。善畫，竹石筆墨森秀，頗有思致；人物設色秀麗，在能妙之間；山水筆意深遠，丘壑靈秀，極得元人意致。流傳署款紀年作品見於聖祖康熙十四（1675）至二十六（1687）年（見無錫縣志、圖繪寶鑑續纂、國朝畫識、桐陰論畫、歷代畫史彙傳、中國畫家人名大辭典）

吳 達

名稱	形式	質地	色彩	尺寸 高x寬㎝	創作時間	收藏處所	典藏號碼
山下讀書圖	軸	絹	設色	不詳	戊辰（康熙二十七年，1688）	上海 上海博物館	
踏雪沽酒圖	軸	絹	設色	95.7 x 38.2		上海 上海博物館	
秋山觀瀑圖	小軸	綾	設色	29.4 x 21.2		日本 東京帝室博物館	
仿趙令穰筆法山水圖	軸	絹	設色	107.7 x 46.2	乙卯（康熙十四年，1675）新夏	美國 芝加哥大學藝術博物館	1974.13
雪山寒澗圖（為慶陽年翁作，俞齡等雜畫冊38之1幀）	冊頁	絹	設色	31.2 x 31.8	丁卯（康熙二十六年，1687）春三月	上海 上海博物館	
附：							
春景山水圖	卷	絹	設色	不詳	壬辰（康熙五十一年，1712）	上海 上海文物商店	
夏、秋、冬景山水圖（3卷）	卷	絹	設色	不詳	壬辰（康熙五十一年，1712）	上海 上海文物商店	
秋山行旅圖	卷	絹	設色	不詳	壬辰（康熙五十一年，1712）五月	上海 上海文物商店	

畫家小傳：吳達。字行生。號墨莊。浙江紹興人。善畫山水，受業於藍瑛，喜作荷葉皴，氣骨清雄。署款紀年作品見於聖祖康熙十四（1675）至五十一（1712）年。（見圖繪寶鑑續纂、中國畫家人名大辭典）

車以載

名稱	形式	質地	色彩	尺寸 高x寬㎝	創作時間	收藏處所	典藏號碼
峻嶺高秋圖（為裴翁作）	軸	紙	設色	不詳	辛巳（康熙四十年，1701）春	太原 山西省博物館	
仙山春永圖	軸	金箋	設色	63.8 x 43.8	壬申（康熙三十一年，1692）	上海 上海博物館	
山水圖（寫祝睿翁老祖臺榮壽）	軸	紙	設色	不詳	乙卯（康熙十四年，1675）中秋	日本 東京根津美術館	
山水圖（清十家山水圖冊12之1幀）	冊頁	絹	設色	34 x 27.5		上海 上海博物館	
仿倪瓚山水圖（車以載等人山水圖冊之1）	冊頁	紙	水墨	19.7 x 14.5		荷蘭 阿姆斯特丹 Rijks 博物館	RAK1990-11

名稱	形式	質地	色彩	尺寸 高x寬㎝	創作時間	收藏處所	典藏號碼

畫夜小傳：車以載。字積中。江蘇華亭人。以醫名於時。善畫山水。流傳署款紀年作品見於聖祖康熙十四(1675)至四十（1701）年。(見一
　　　樓詩集、中國畫家人名大辭典)

夏　雯

| 看竹圖（為木翁作，看竹圖并 | 冊頁 | 絹 | 設色 | 21.2 x 20.3 | 乙卯（康熙十四年 | 上海 上海博物館 | |
| 題跋冊 42 之 1 幀） | | | | | ，1675）初夏 | | |

畫夜小傳：夏雯。字治澂。號南屏山樵。浙江錢塘人。善畫人物、山水及花卉、鳥獸、蟲魚等，應手而出，情態飛動。流傳署款紀年作品見
　　　於聖祖康熙十四(1675)年。(見圖繪寶鑑續纂、中國畫家人名大辭典)

潘煥宙

| 山水圖（弘齋先生祝壽書畫冊 | 冊頁 | 金箋 | 水墨 | 29.9 x 36.8 | | 日本 私人 | |
| 之第 9 幀） | | | | | | | |

畫家小傳：潘煥宙。畫史無載。身世待考。

戴　琇

| 柳塘漁隱（國初人山水集繪冊 | 冊頁 | 紙 | 設色 | 31.8 x 37.9 | | 台北 故宮博物院 | 故畫 03516-2 |
| 之 2） | | | | | | | |

附：

| 花鳥圖（12 幀） | 冊 | 絹 | 設色 | 不詳 | | 上海 朵雲軒 | |

畫家小傳：戴琇。畫史無載。生平待考。

陸　度

| 崇嶺藏寺（國初人山水集繪冊 | 冊頁 | 紙 | 設色 | 31.8 x 37.9 | | 台北 故宮博物院 | 故畫 03516-5 |
| 之 5） | | | | | | | |

畫家小傳：陸度。畫史無載。身世待考。

王啓泰

| 蕉蔭觀泉圖 | 軸 | 絹 | 設色 | 不詳 | 乙卯（康熙十四年 | 天津 天津市藝術博物館 | |
| | | | | | ，1675） | | |

畫家小傳：王啟泰。畫史無載。流傳署款紀年作品見於聖祖康熙十四(1675)年。身世待考。

殷　茂

| 琵琶行詩意圖 | 軸 | 絹 | 設色 | 202 x 55 | 乙卯（康熙十四年 | 天津 天津市藝術博物館 | |
| | | | | | ，1675） | | |

畫家小傳：殷茂。畫史無載。流傳署款紀年作品見於聖祖康熙十四(1675)年。身世待考。

名稱	形式	質地	色彩	尺寸 高x寬cm	創作時間	收藏處所	典藏號碼

能 印

| 水次結盧圖 | 卷 | 紙 | 水墨 | 不詳 | 乙卯（康熙十四年，1675）重九 | 天津 天津市藝術博物館 | |

畫家小傳：能印。畫史無載。流傳署款紀年作品見於聖祖康熙十四（1675）年。身世待考。

常 藍

| 竹石圖 | 軸 | 綾 | 水墨 | 不詳 | 乙卯（？康熙十四年，1675） | 北京 故宮博物院 | |

畫家小傳：常藍。畫史無載。流傳署款作品紀年疑似聖祖康熙十四（1675）年。身世待考。

稽星樓

| 山水圖（清高簡等山水冊8之1幀） | 冊頁 | 絹 | 設色 | 不詳 | （乙卯，康熙十四年，1675） | 廣州 廣東省博物館 | |

畫家小傳：稽星樓。流傳署款作品約見於聖祖康熙十四（1675）年。身世待考。

艾陵主人

| 山水圖（清高簡等山水冊8之1幀） | 冊頁 | 絹 | 設色 | 不詳 | （乙卯，康熙十四年，1675） | 廣州 廣東省博物館 | |

畫家小傳：艾陵主人。姓名不詳。流傳署款作品約見於聖祖康熙十四（1675）年。身世待考。

游其燿

| 仿米芾筆意雲山圖 | 摺扇面 | 金箋 | 設色 | 19.1 x 58.5 | 乙卯（？康熙十四年，1675）冬至日 | 日本 京都萬福寺 | |

畫家小傳：游其燿。畫史無載。流傳署款作品紀年疑似聖祖康熙十四（1675）年。身世待考。

瑩 貞

| 清溪獨泛圖 | 摺扇面 | 金箋 | 設色 | 18.1 x 56.4 | 乙卯（？康熙十四年，1675）秋日 | 日本 京都萬福寺 | |

畫家小傳：瑩貞。流傳署款作品紀年疑似聖祖康熙十四（1675）年。身世待考。

鄭

| 仿黃公望山水圖（為文止作） | 軸 | 紙 | 設色 | 191.6 x 101.7 | 雍正辛亥（九年，1731） | 瀋陽 遼寧省博物館 | |
| 仿米山水圖 | 軸 | 紙 | 水墨 | 不詳 | | 合肥 安徽省博物館 | |

畫家小傳：鄭敔。字秩生。字非庵。安徽歙縣人。生於世祖順治八（1651）年，世宗雍正九（1731）年尚在世。工畫墨竹。（見清代畫史、

名稱	形式	質地	色彩	尺寸 高x寬㎝	創作時間	收藏處所	典藏號碼

中國畫家人名大辭典)

張在辛

名稱	形式	質地	色彩	尺寸 高x寬㎝	創作時間	收藏處所	典藏號碼
前赤壁賦書圖	卷	紙	設色	23 x 302	丁酉（康熙五十六年，1717）八月九日	太原 山西省博物館	
秋林獨步圖（為元直作）	軸	紙	設色	151.5 x 58	己丑（康熙四十八年，1709）冬日	濟南 山東省博物館	
蒼林磐石圖（為四弟壽作）	軸	紙	水墨	132.5 x 59	癸卯（雍正元年，1723）六月	濟南 山東省博物館	
怪石圖	軸	紙	水墨	不詳	八十一歲（雍正九年，辛亥，1731）	濟南 山東省博物館	
平坡雙屋圖（各人書畫扇（王）冊之35）	摺扇面	紙	設色	不詳		台北 故宮博物院	故畫 03560-35
指畫山水圖	摺扇面	金箋	水墨	不詳		北京 中國歷史博物館	

畫家小傳：張在辛。字卯君（一字兔公）。號柏庭、子輿。山東安丘人。生於世祖順治八（1651）年，卒於高宗乾隆三（1738）年。隸書家鄭簠弟子。工書畫。（見甌鉢羅室書畫過目考、中國畫家人名大辭典）

徐 易

名稱	形式	質地	色彩	尺寸 高x寬㎝	創作時間	收藏處所	典藏號碼
樓月德像圖（徐易、陳洪綬合作，魯集書題）	軸	絹	設色	不詳	丙辰（康熙十五年，1676）嘉平月	杭州 浙江省博物館	
授經圖（徐易、陳洪綬合作）	軸	絹	設色	89 x 48.5		溫州 浙江省溫州博物館	

畫家小傳：徐易。字象先。浙江山陰（一作杭州）人。善畫山水、花卉，傳色古秀；人物寫真，衣紋身法，大雅不群；尤妙傳神，為明曾鯨弟子。流傳署款紀年作品見於聖祖康熙十五（1676）年。（見圖繪寶鑑續纂、國朝畫徵錄、中國畫家人名大辭典）

姜 雲

名稱	形式	質地	色彩	尺寸 高x寬㎝	創作時間	收藏處所	典藏號碼
蕉石貓蝶圖（八家壽意圖冊8之1幀）	冊頁	紙	設色	不詳	丙辰（康熙十五年，1676）三月	北京 故宮博物院	

畫家小傳：姜雲。畫史無載。流傳署款紀年作品見於聖祖康熙十五（1676）年。身世待考。

謝 蓀

名稱	形式	質地	色彩	尺寸 高x寬㎝	創作時間	收藏處所	典藏號碼
青綠山水圖	軸	絹	設色	157.2 x 52.6		北京 故宮博物院	
山水（8幀）	冊	絹	設色	（每幀）14 x 19		台北 清玩雅集	
荷花圖（為伴翁作）	冊頁	紙	設色	25.4 x 31.4	己未（康熙十八年	北京 故宮博物院	

名稱	形式	質地	色彩	尺寸 高x寬cm	創作時間	收藏處所	典藏號碼
					，1679）春日		
為惕翁作山水圖（清高岑等山水冊 12 之 1 幀）	冊頁	絹	設色	27.3 x 24.8	丙辰（康熙十五年，1676）秋月	天津 天津市藝術博物館	
山水圖（清金陵八家扇面集冊 8 之 1 幀）	摺扇面	金箋	水墨	18.4 x 54.3		南京 南京博物院	

畫家小傳：謝蓀。字天令。江蘇江寧人。善畫。為「金陵八家」之一。流傳署款紀年作品見於聖祖康熙十五（1676）至十八（1679）年。（見國朝畫徵錄、中國畫家人名大辭典）

王鼎

名稱	形式	質地	色彩	尺寸 高x寬cm	創作時間	收藏處所	典藏號碼
寒山雁泊圖	軸	絹	設色	不詳		北京 故宮博物院	
水閣雲峰圖	軸	絹	設色	135.5 x 484	康熙丙辰（十五年，1676）秋日	杭州 浙江省博物館	

畫家小傳：王鼎。字贊元。順天人。善畫山水，工於臨摹。所作董、巨一派，精妙可以亂真。流傳署款紀年作品見於聖祖康熙十五（1676）年。（見圖繪寶鑑續纂、中國畫家人名大辭典）

吳旭

名稱	形式	質地	色彩	尺寸 高x寬cm	創作時間	收藏處所	典藏號碼
白髮僧像	軸	絹	設色	不詳	甲辰（雍正二年，1724）	北京 故宮博物院	
禪師像	軸	紙	設色	不詳	雍正二年（甲辰，1724）蒲月	北京 故宮博物院	
黃宗羲像（吳旭寫像、黃深補石、宋暐補樹）	軸	紙	設色	132.8 x 63.2	丙辰（康熙十五年，1676）	上海 上海博物館	
古木歸鴉圖	軸	紙	設色	不詳	甲辰（雍正二年，1724）	上海 上海博物館	
祝壽圖	軸	絹	設色	159 x 87.5	乙丑（康熙二十四年，1685）	杭州 浙江省杭州西泠印社	
山水圖（十家書畫扇面冊 10 之 1 幀）	摺扇面	金箋	設色	16.2 x 48.6		北京 首都博物館	

畫家小傳：吳旭。字梟若，江蘇吳縣人，善畫山水、人物及寫照。流傳署款紀年作品見於聖祖康熙十五(1676)年至世宗雍正二（1724）年。（見圖繪寶鑑續纂、中國畫家人名大辭典）

宋暐

名稱	形式	質地	色彩	尺寸 高x寬cm	創作時間	收藏處所	典藏號碼
黃宗羲像（吳旭寫像、黃深補石、宋暐補樹）	軸	紙	設色	132.8 x 63.2	丙辰（康熙十五年，1676）	上海 上海博物館	

名稱	形式	質地	色彩	尺寸 高x寬cm	創作時間	收藏處所	典藏號碼

畫家小傳：宋暐。畫史無載。流傳署款紀年作品見於聖祖康熙十五(1676)年。身世待考。

劉元稷

| 綠蔭清影圖（為文老作） | 摺扇面 | 金箋 | 水墨 | 不詳 | 丙辰（康熙十五年，1676）夏 | 無錫 江蘇省無錫市博物館 | |

畫家小傳：劉元稷。字子敖。號紫谷。江蘇吳人。工畫山水；亦寫梅、竹，有意趣。流傳署款紀年作品見於聖祖康熙十五(1676)年。
　　　　（見圖繪寶鑑續纂、中國畫家人名大辭典）

胡 湄

設色花鳥圖	軸	絹	設色	127.8 × 49.9		香港 黃仲方先生	K92.28
柳塘聚禽圖	軸	絹	設色	不詳		旅順 遼寧省旅順博物館	
花果圖	軸	紙	設色	不詳	丁卯（康熙二十六年，1687）小春	北京 故宮博物院	
玉堂富貴圖	軸	絹	設色	221.5 × 92.3		天津 天津市藝術博物館	
梅竹鴛鴦圖	軸	絹	設色	88 × 47.5		天津 天津市藝術博物館	
錦雞桂花圖	軸	絹	設色	不詳	庚辰（康熙三十九年，1700）季春	揚州 江蘇省揚州市博物館	
芙蓉鴛鴦圖	軸	絹	設色	不詳		上海 上海博物館	
桃實雙鹿圖	軸	絹	設色	不詳		上海 上海博物館	
鸚鵡戲蝶圖	軸	絹	設色	189 × 47.6		上海 上海博物館	
採芝圖	軸	紙	設色	不詳		南京 南京博物院	
牡丹錦雞圖	軸	絹	設色	172.6 × 91.4	癸未（康熙四十二年，1703）	杭州 浙江省博物館	
野果白頭圖	軸	紙	設色	92 × 45		平湖 浙江省平湖縣博物館	
劉海戲蟾圖	軸	紙	設色	不詳		平湖 浙江省平湖縣博物館	
松鶴圖	軸	絹	設色	不詳		臨海 浙江省臨海市博物館	
芙蓉桂鷺圖	軸	絹	設色	129 × 53		婺源 江西省婺源縣博物館	
採芝圖	軸	絹	設色	122 × 50		廣州 廣東省博物館	
蝦蟆仙人圖	軸	紙	設色	73.8 × 36.2		日本 山口良夫先生	
竹雀圖	軸	紙	設色	不詳	丙辰（康熙十五年，1676）八月	日本 江田勇二先生	
竹禽圖	軸	紙	設色	72.3 × 36.5		美國 私人	
荷雀圖（為惠公作）	摺扇面	紙	設色	不詳	丙子（康熙三十五年，1696）仲春	北京 故宮博物院	
花鳥圖（8幀）	冊	絹	設色	不詳		上海 上海博物館	

名稱	形式	質地	色彩	尺寸 高×寬㎝	創作時間	收藏處所	典藏號碼

附：

名稱	形式	質地	色彩	尺寸 高×寬㎝	創作時間	收藏處所	典藏號碼
桃花鴛鴦圖	軸	絹	設色	不詳		蘇州 蘇州市文物商店	
桃溪鸂鶒圖	軸	絹	設色	128.5 × 50		香港 佳士得藝品拍賣公司/拍賣目錄 1991,03,18.	
柳湖雙禽圖	軸	紙	水墨	122.5 × 50.5		紐約 佳士得藝品拍賣公司/拍賣目錄 1994,11,30.	
雪鳥瑞兔圖	軸	紙	設色	128.9 × 43.8		紐約 佳士得藝品拍賣公司/拍賣目錄 1996,09,18.	
花鳥圖（清吳煥、胡湄山水花鳥冊 8 之 4 幀）	冊頁	絹	設色	不詳	己巳（康熙二十八年，1689）	天津 天津市文物公司	
花鳥圖（清呂琮等山水花鳥冊 12 之 1 幀）	冊頁	絹	設色	33 × 29		天津 天津市文物公司	
花鳥圖（8 幀）	冊	紙	設色	（每幀）32.5 × 25		紐約 佳士得藝品拍賣公司/拍賣目錄 1983,11,30.	

畫家小傳：胡湄。字飛濤。號晚山、秋雪。浙江平湖人。聖祖康熙三十九（1700）年，曾應高士奇宴。點染蟲魚、花鳥，時稱仙筆。流傳署款紀年作品見於聖祖康熙十五(1676)至三十九(1700)年（見國朝畫徵錄、當湖歷代畫人傳、嘉興府志、中國畫家人名大辭典等）

楊大璧

名稱	形式	質地	色彩	尺寸 高×寬㎝	創作時間	收藏處所	典藏號碼
雲壑奔泉圖（藝林清賞冊之 1）	冊頁	紙	水墨	19.5 × 54.3		台北 故宮博物院	故畫 03490-1

畫家小傳：楊大璧。畫史無載。身世待考。

汪涵金

名稱	形式	質地	色彩	尺寸 高×寬㎝	創作時間	收藏處所	典藏號碼
秋山高致圖（藝林清賞冊之 2）	冊頁	紙	水墨	19.5 × 54.3		台北 故宮博物院	故畫 03490-2

畫家小傳：汪涵金。畫史無載。身世待考。

王 聘

名稱	形式	質地	色彩	尺寸 高×寬㎝	創作時間	收藏處所	典藏號碼
唐白居易、李白、杜甫等十六人像（16 幀，宋曹題記）	冊	紙	設色	不詳	丙辰（康熙十五年，1676）春杏月	北京 故宮博物院	

畫家小傳：王聘。畫史無載。流傳署款紀年作品見於聖祖康熙十五(1676)年。身世待考。

沈 琅

名稱	形式	質地	色彩	尺寸 高×寬㎝	創作時間	收藏處所	典藏號碼
荷亭避暑圖（為端士作，清初八大家山水集景冊 8 之第 7 幀）	冊頁	紙	設色	23 × 31.2	丙辰（康熙十五年，1676）六月二十九日	美國 紐約大都會藝術博物館	1979.500.1g

畫家小傳：沈琅。畫史無載。流傳署款紀年作品見於聖祖康熙十五(1676)年。身世待考。

名稱	形式	質地	色彩	尺寸 高x寬cm	創作時間	收藏處所	典藏號碼

童 璸

| 荷亭避暑圖（畫似端士道翁，清初八大家山水集景冊 8 之第 8 幀） | 冊頁 | 紙 | 設色 | 23 x 31.2 | 丙辰（康熙十五年，1676） | 美國 紐約大都會藝術博物館 | 1979.500.1g |

畫家小傳：童璸。畫史無載。流傳署款紀年作品見於聖祖康熙十五(1676)年。生平待考。

于 立

| 人物圖 | 摺扇面 | 金箋 | 水墨 | 不詳 | 丙辰（？康熙十五年，1676） | 北京 故宮博物院 | |

畫家小傳：于立。畫史無載。流傳署款作品紀年疑似聖祖康熙十五(1676)年。身世待考。

董期生

| 山水圖 | 摺扇面 | 金箋 | 水墨 | 不詳 | 丙辰（？康熙十五年，1676） | 北京 中國歷史博物館 | |

畫家小傳：董期生。畫史無載。流傳署款作品紀年疑為聖祖康熙十五(1676)年。身世待考。

何延年

| 為惕翁作山水圖（清高岑等山水冊 12 之 1 幀） | 冊頁 | 絹 | 設色 | 27.3 x 24.8 | （丙辰，康熙十五年，1676） | 天津 天津市藝術博物館 | |

畫家小傳：何延年。畫史無載。流傳署款作品約見於聖祖康熙十五(1676)年。身世待考。

陳 澎

附：

| 太嶽雲松圖 | 軸 | 綾 | 設色 | 不詳 | 丙辰（？康熙十五年，1676） | 上海 朵雲軒 | |

畫家小傳：陳澎。畫史無載。流傳署款作品紀年疑為聖祖康熙十五(1676)年。生平待考。

顧 單

| 長松泉石圖 | 軸 | 絹 | 設色 | 不詳 | 康熙丙辰（十五年，1676） | 杭州 浙江省博物館 | |

畫家小傳：顧單。畫史無載。流傳署款紀年作品見於聖祖康熙十五(1676)年。生平待考。

錢繩武

| 山水圖（清梅清等山水冊 12 之 1 幀） | 冊頁 | 紙 | 設色 | 26.9 x 18.1 | （丙辰，康熙十五年，1676） | 杭州 浙江省博物館 | |

名稱	形式	質地	色彩	尺寸 高x寬cm	創作時間	收藏處所	典藏號碼

畫家小傳：錢繩武。畫史無載。流傳署款作品約見於聖祖康熙十五（1676）年。身世待考。

沈華範

梅蝶圖	摺扇面 金箋		水墨	16.3 x 49	己未（？康熙十八 年，1679）	北京 故宮博物院	
山水圖（清梅清等山水冊12 之1幀）	冊頁	紙	設色	26.9 x 18.1	（丙辰，康熙十五 年，1676）	杭州 浙江省博物館	

畫家小傳：沈華範。畫史無載。流傳署款作品約見於聖祖康熙十五（1676）、十八（1679）年。身世待考。

梅之煥

山水圖（清梅清等山水冊12 之1幀）	冊頁	紙	設色	26.9 x 18.1	（丙辰，康熙十五 年，1676）	杭州 浙江省博物館	

畫家小傳：梅之煥。畫史無載。流傳署款作品約見於聖祖康熙十五（1676）年。身世待考。

余金體

山水圖（清梅清等山水冊12 之1幀）	冊頁	紙	設色	26.9 x 18.1	（丙辰，康熙十五 年，1676）	杭州 浙江省博物館	

畫家小傳：余金體。畫史無載。流傳署款作品約見於聖祖康熙十五（1676）年。身世待考。

王之璽

山水圖（清梅清等山水冊12之 之1幀）	冊頁	紙	設色	26.9 x 18.1	（丙辰，康熙十五 年，1676）	杭州 浙江省博物館	

畫家小傳：王之璽。畫史無載。流傳署款作品約見於聖祖康熙十五（1676）年。身世待考。

張振岳

芝仙書屋圖（清王翬等三十人 合作）	軸	紙	水墨	129 x 69	丁丑（康熙三十六 年，1697）	廣州 廣東省博物館	
山水圖（清梅清等山水冊12之 之1幀）	冊頁	紙	設色	26.9 x 18.1	（丙辰，康熙十五 年，1676）	杭州 浙江省博物館	

畫家小傳：張振岳。畫史無載。流傳署款作品約見於聖祖康熙十五（1676）、三十六（1697）年。身世待考。

趙　理

附：

深山幽谷圖	摺扇面 金箋		水墨	不詳	丙辰（？康熙十五 年，1676）	武漢 湖北省武漢市文物商店	

名稱	形式	質地	色彩	尺寸 高x寬㎝	創作時間	收藏處所	典藏號碼

畫家小傳：趙理。畫史無載。流傳署款作品紀年疑似聖祖康熙十五（1676）年。身世待考。

于驥逸

| 山水圖 | 摺扇面 | 金箋 | 設色 | 不詳 | 丙辰（？康熙十五年，1676） | 重慶 重慶市博物館 | |

畫家小傳：于驥逸。畫史無載。流傳署款作品紀年疑似聖祖康熙十五（1676）年。身世待考。

李 蕃

| 十美圖 | 卷 | 紙 | 設色 | 29.1 x 2008 | 丙辰（康熙十五年，1676） | 廣州 廣東省博物館 | |
| 羅漢像 | 軸 | 絹 | 設色 | 63 x 36 | | 美國 賓夕法尼亞州大學藝術館 | |

畫家小傳：李蕃。字介人。畫史無載。身世不詳。流傳署款紀年作品見於聖祖康熙十五（1676）年至世宗雍正二（1724）年。（見神州國光集14）

王 雲

休園十二景圖	卷	絹	設色	54 x 1294.9	始於康熙乙未（五十四年，1715）六月，庚子（五十九年，1720）清和完成	旅順 遼寧省旅順博物館	
仙山靈隱圖	卷	絹	設色	49.4 x 235.5	康熙庚寅（四十九年，1710）	北京 故宮博物院	
花果圖	卷	紙	設色	不詳	戊申（雍正六年，1728）秋九月	北京 故宮博物院	
竹林七賢圖	卷	絹	設色	不詳	乙巳（雍正三年，1725）	天津 天津市藝術博物館	
賈島詩意圖（為南公大和尚作）	卷	紙	水墨	24 x 200	乙巳（雍正三年，1725）上元後	廣州 廣東省博物館	
深山禪蹟圖	卷	紙	水墨	24 x 200		廣州 廣東省博物館	
山水圖	軸	絹	設色	58.9 x 29.3		台北 故宮博物院	故畫 00726
王雲、王翬合璧（王雲臨陸治設色花卉、王翬補鉤勒竹）	軸	紙	設色	112.8 x 44.1	庚辰（康熙三十九年，1700）六月朔	台北 故宮博物院	故畫 02922
牛郎織女圖	軸	絹	設色	不詳		台北 故宮博物院	國贈 025180
仿李營邱寒林鴉陣圖	軸	絹	設色	不詳		台北 故宮博物院	國贈 025058
歲朝圖（楊晉、王雲、顧昉、	軸	絹	設色	109 x 51		瀋陽 故宮博物院	

名稱	形式	質地	色彩	尺寸 高x寬㎝	創作時間	收藏處所	典藏號碼
顧政、徐玫、虞沅、吳芷、王翬合作）							
山水圖通景（12屏）	軸	紙	設色	不詳	丙寅（康熙二十五年，1686）	北京 故宮博物院	
九秋圖（王翬、宋駿業、顧昉、虞沅、王雲、楊晉、徐玫、吳藏合作）	軸	紙	設色	118.8 x 61.1	乙亥（康熙三十四年，1695）	北京 故宮博物院	
寒林陣鴉圖（王雲、王翬、楊晉合作）	軸	紙	設色	78.4 x 59.8	戊子（康熙四十七年，1708）	北京 故宮博物院	
朱照庭像	軸	紙	設色	不詳	戊戌（康熙五十七年，1718）	北京 故宮博物院	
山水樓閣圖	軸	絹	設色	不詳	癸卯（雍正元年，1723）新秋	北京 故宮博物院	
雪景山水圖	軸	紙	水墨	不詳	乙巳（雍正三年，1725）冬	北京 故宮博物院	
南山進酒圖	橫幅	紙	設色	不詳	己酉（雍正七年，1729）夏五月	北京 故宮博物院	
訪賢圖	軸	紙	設色	不詳	壬子（雍正十年，1732）夏日	北京 故宮博物院	
群陽出谷圖	軸	紙	設色	不詳	甲寅（雍正十二年，1734）春	北京 故宮博物院	
仿高房山山水圖	軸	絹	設色	不詳	己卯（康熙三十八年，1699）嘉平月	北京 中國歷史博物館	
老子騎牛圖	軸	絹	設色	不詳	雍正丙午（四年，1726）清和月	北京 中國歷史博物館	
水殿荷風圖	軸	絹	設色	212 x 118.2	丙午（雍正四年，1726）秋月	北京 首都博物館	
出峽圖	軸	紙	設色	不詳	癸未（康熙四十二年，1703）	北京 中央工藝美術學院	
桃花源圖	軸	絹	設色	219.4 x 122.5	庚午（康熙二十九年，1690）	天津 天津市藝術博物館	
溪山仙館圖	軸	絹	設色	168 x 100.5	康熙六十年，辛丑（1721）	天津 天津市藝術博物館	
舟行對奕圖	軸	絹	設色	286.8 x 99	雍正甲辰（二年，1724）	天津 天津市藝術博物館	

名稱	形式	質地	色彩	尺寸 高x寬㎝	創作時間	收藏處所	典藏號碼
江樓清宴圖	軸	絹	設色	108 × 127.6	己酉（雍正七年，1729）七十八歲	天津 天津市藝術博物館	
溪橋秋賞圖	軸	絹	設色	181.3 x105.5	雍正庚戌（八年，1730）	天津 天津市藝術博物館	
西園雅集圖	軸	絹	設色	181 × 52		太原 山西省博物館	
入門得福圖	軸	絹	設色	147.5 × 51	庚子（康熙五十九年，1720）新春	濟南 山東省博物館	
柴門曳杖圖	軸	綾	設色	178 × 49		濟南 山東省博物館	
高閣臨江圖	軸	絹	設色	221 × 129.2	雍正己酉（七年，1729）夏月	濟南 山東省濟南市博物館	
秋江遠帆圖	軸	絹	設色	148 × 71.5	雍正甲寅（十二年，1734）春月	濟南 山東省濟南市博物館	
雪景山水圖	軸	絹	設色	53.5 × 33.5	庚寅（康熙四十九年，1710）春月	西安 陝西歷史博物館	
仿元人山水圖	軸	絹	設色	不詳	戊辰（康熙二十七年，1688）	揚州 江蘇省揚州市博物館	
獻福圖	軸	絹	設色	不詳	辛卯（康熙五十年，1711）嘉平	揚州 江蘇省揚州市博物館	
香山詩意圖（為升臨作）	軸	絹	設色	62.1 × 65.2	辛丑（康熙六十年，1721）秋七月	揚州 江蘇省揚州市博物館	
海棠雙鳥圖	軸	絹	設色	114.1 × 54.1	己酉（雍正七年，1729）初冬	揚州 江蘇省揚州市博物館	
秋山樓閣圖	軸	絹	設色	不詳	雍正九年（辛亥，1731）嘉平月	揚州 江蘇省揚州市博物館	
梅花書屋圖	軸	絹	設色	不詳	甲午（康熙五十三年，1714）小春月	上海 上海博物館	
山樓雲起圖	軸	絹	設色	不詳	癸卯（雍正元年，1723）秋月	上海 上海博物館	
雪滿山村圖	軸	絹	設色	不詳		上海 上海博物館	
溪山垂釣圖	軸	絹	設色	57 × 41	丁酉（康熙五十六年，1717）夏月	南京 南京博物院	
擬唐六如筆作品茶圖（為御翁作）	軸	紙	設色	不詳	壬午（康熙四十一年，1702）秋菊月	無錫 江蘇省無錫市博物館	
芝圃春深圖	軸	絹	設色	不詳	康熙丁酉（五十六年，1717）	無錫 江蘇省無錫市博物館	

名稱	形式	質地	色彩	尺寸 高x寬㎝	創作時間	收藏處所	典藏號碼
授經圖	軸	絹	設色	不詳		泰州 江蘇省泰州市博物館	
鍾馗戲嬰圖	軸	絹	設色	114.2 x 57.3		餘姚 浙江省餘姚縣文管會	
倚松觀泉圖	凹田	絹	設色	140 x 29.5	乙丑（康熙二十四年，1685）	長沙 湖南省博物館	
武陵桃源圖（屏風）	軸	絹	設色	不詳		日本 東京渡邊溫行先生	
樓閣山水圖（8曲屏風一對，與袁江合作）	屏	金箋	設色	（4幅）246 x 490		日本 京都國立博物館	
山水圖	軸	絹	設色	200.4 x 48.3		日本 私人	
摩范華原秋山行旅圖	軸	絹	設色	不詳	康熙乙酉（四十四年，1705）夏月	美國 波士頓美術館	
山水圖	軸	絹	設色	52.8 x 33		美國 耶魯大學藝術館（私人寄存）	
柳蔭閒話圖	軸	絹	設色	不詳		美國 紐約王季遷明德堂（孔達原藏）	
仿宋人方壺圖	軸	絹	設色	141.9 x 60.3	己卯（康熙三十八年，1699）夏月	美國 堪薩斯市納爾遜-艾金斯藝術博物館	
春雷起蟄圖	軸	絹	設色	196 x 105.7	康熙乙未（五十四年，1715）端月	美國 勃克萊加州大學藝術館	1967.13
山水圖	軸	絹	設色	22.7 x 22		美國 勃克萊加州大學藝術館（Schlenker先生寄存）	
山水圖	軸	絹	設色	84.5 x 95.9	雍正己酉（七年，1729）新春，七十八叟	瑞典 斯德哥爾摩遠東古物館	NMOK82
花鳥圖（張伯英行書）	摺扇面	不詳	不詳	不詳		台北 故宮博物院	國贈 025037
山水圖	摺扇面	紙	設色	16.8 x 49.8		香港 劉作籌虛白齋	168
九如圖	摺扇面	紙	設色	16 x 46.3	康熙甲申（四十三年，1704）夏日	北京 故宮博物院	
蓬壺春曉圖	摺扇面	紙	設色	17.2 x 52.4	庚子（康熙五十九年，1720）	北京 故宮博物院	
花果圖（10幀）	冊	紙	設色	不詳	丙午（雍正四年，1726）新秋	北京 故宮博物院	
雲泉圖（書畫集錦冊12之1幀）	冊頁	紙	設色	25 x 19.5	（壬子冬日，康熙十一年，1672）	北京 故宮博物院	
洞庭煙浪圖（為壽翁作，王翬等山水冊24之1幀）	冊頁	紙	設色	21.5 x 27.5	甲戌（康熙三十三年，1694）夏六月	天津 天津市藝術博物館	

名稱	形式	質地	色彩	尺寸 高x寬cm	創作時間	收藏處所	典藏號碼
山水圖（清俞金等山水冊8之1幀）	冊頁	紙	設色	不詳		天津 天津市藝術博物館	
江關新霽圖	摺扇面	紙	設色	不詳	乙未（康熙五十四年，1715）	揚州 江蘇省揚州市博物館	
天香書屋圖	摺扇面	金箋	設色	18.5 x 55	庚午（康熙二十九年，1690）	杭州 浙江省杭州市文物考古所	
山水圖（清高簡等山水冊8之1幀）	冊頁	絹	設色	不詳	（乙卯，康熙十四年，1675）	廣州 廣東省博物館	
山水圖（11幀）	冊	絹	設色	（每幀）21.2 x 14.8		廣州 廣州市美術館	
仿宋人山水圖（12幀）	冊	絹	設色	（每幀）28 x 24		廣州 廣州市美術館	
溪山詩意圖（清人扇面合裝冊之10）	摺扇面	紙	設色	18.8 x 54.2		日本 私人	
花鳥圖（十八名家扇面圖冊之9）	摺扇面	紙	設色	18.9 x 52.7		韓國 首爾朴周煥先生	
仿黃公望秋山圖（清人扇面圖冊之5）	摺扇面	紙	設色	15.3 x 45.9		韓國 私人	
臨李公麟桃花源圖	摺扇面	紙	設色	18.6 x 58.5		美國 耶魯大學藝術館	1985.56.1.43a
江天平遠圖（王翬師弟合璧畫冊之3）	冊頁	紙	設色	27.9 x 30.6		美國 紐約Mr.& Mrs Weill	
仿巨然夏木垂陰圖（王翬師弟合璧畫冊之4）	冊頁	紙	水墨	27.9 x 30.6		美國 紐約Mr.& Mrs Weill	
山水畫（12幀）	冊	絹	設色	（每幀）20.6 x 15.2		美國 勃克萊加州大學藝術館（高居翰教授寄存）	CC175
山水（坐看飛雁圖）	冊頁	絹	設色	22.7 x 22	丁亥（康熙四十六年，1707）冬月	美國 加州 Schlenker 先生	
仿元人鬼趣圖	摺扇面	紙	設色	17.4 x 51.7		美國 加州 Richard Vinograd 先生	
摹古十六家山水圖（16幀）	冊	絹	設色	（每幀）26.5 x 30.1	康熙乙未歲（五十四年，1715）	德國 柏林東亞藝術博物	5007
附：							
鍾馗圖	軸	紙	設色	不詳		北京 中國文物商店總店	
人物故事圖	軸	紙	設色	不詳	辛丑（康熙六十年	北京 北京市文物商店	

名稱	形式	質地	色彩	尺寸 高x寬㎝	創作時間	收藏處所	典藏號碼
					，1721）嘉平日		
關山行旅圖	軸	紙	設色	不詳	壬寅（康熙六十一年，1722）	北京 北京市文物商店	
深堂琴趣圖	軸	紙	設色	不詳	雍正壬子（十年，1732）春月	北京 北京市文物商店	
秋江漁笛圖	軸	紙	設色	不詳	乙酉（康熙四十四年，1705）冬	北京 榮寶齋	
雲溪舟行圖	軸	紙	設色	不詳	乙未（康熙五十四年，1715）清和廿五日	北京 榮寶齋	
江干帆影圖	軸	絹	設色	不詳	康熙辛卯（五十年，1711）秋月	揚州 揚州市文物商店	
樓閣松風圖	軸	絹	設色	不詳	康熙丙申（五十五年，1716）	揚州 揚州市文物商店	
秋山行旅圖	軸	絹	設色	不詳		揚州 揚州市文物商店	
蓬壺仙館圖	軸	絹	設色	90.5 x 31.5		揚州 揚州市文物商店	
山徑聽泉圖	軸	絹	設色	不詳		上海 朵雲軒	
漢宮春曉圖	軸	絹	設色	不詳	康熙庚申（十九年，1680）	上海 上海文物商店	
外邦獻貢圖	軸	絹	設色	208.3 x 101.6	重光赤奮若（庚午辛丑，康熙六十年，1721）	紐約 蘇富比藝品拍賣公司/拍賣目錄 1982,11,19.	
山水圖（寫祝元翁年先生七秩榮壽）	軸	絹	設色	52.7 x 33	壬寅（康熙六十一年，1722）春三月	紐約 蘇富比藝品拍賣公司/拍賣目錄 1984,06,13.	
神農採藥圖	軸	紙	設色	110 x 48	丁亥（康熙四十六年，1707）歲	紐約 佳士得藝品拍賣公司/拍賣目錄 1991,05,29.	
雜畫（8幀）	冊	紙	設色	20.3 x 49.8	辛未（康熙二十年，1691）	北京 中國文物商店總店	
仿沈周蔬果圖（8幀）	冊	紙	設色	不詳	辛未（康熙三十年，1691）秋日	北京 中國文物商店總店	
溪流竹徑（王翬、楊晉、顧昉、王雲合作，為潛老道社兄寫）	摺扇面	紙	設色	18.5 x 57.8	癸酉（康熙三十二年，1693）長夏	紐約 佳仕得藝品拍賣公司/拍賣目錄 1986,12,01.	

畫家小傳：王雲。字漢藻。號清癡。江蘇高郵人。生於世祖順治九（1652）年。世宗雍正十三（1735）年尚在世。工畫人物、樓台，近似仇英；間作寫意山水，有沈周遺忘。因宋犖舉薦入內廷供奉十七年。（見揚州畫苑錄、桐陰論畫、高郵縣志、中國畫家人名大辭典）

名稱	形式	質地	色彩	尺寸 高x寬㎝	創作時間	收藏處所	典藏號碼

查嗣琛

| 書畫 | 摺扇面 | 紙 | 水墨 | 不詳 | | 湖州 浙江省湖州市博物館 | |

畫家小傳：查嗣琛。字德尹。浙江海寧人。生於世祖順治九（1652）年，卒於世宗雍正十一（1733）年。畫史無載。（見碑傳集補八）

吳 昌

松窗書屋圖	軸	絹	設色	126.1 x 48.2	丁巳（康熙十六年，1677）	蘇州 江蘇省蘇州博物館	
秋高山靜圖	軸	紙	水墨	155 x 48	丁巳（康熙十六年，1677）冬日	廣州 廣東省博物館	
山堂習靜（明人書畫扇（利）冊之2）	摺扇面	紙	水墨	18.4 x 48.5		台北 故宮博物院	故畫 03566-2
山水圖（6幀）	冊	絹	設色	（每幀）40 x 26.8	庚申（康熙十九年，1680）	天津 天津市藝術博物館	
秋山草堂圖	軸	絹	設色	211 x 107	戊午（康熙十七年，1678）春仲	北京 中國文物商店總店	
附：							
洞壑春深圖	軸	絹	設色	199 x 96.3		紐約 佳士得藝品拍賣公司/拍賣目錄1998,03,24.	

畫家小傳：吳昌。字昌伯。江蘇華亭人。吳振之子。能承父業，善畫山水。流傳署款紀年作品見於聖祖康熙十六（1677）至十九（1680）年。（見無聲詩史、圖繪寶鑑續纂、中國美術家人名辭典）

陸 薪

| 醉吟圖 | 軸 | 絹 | 設色 | 114.7 x 45.8 | | 杭州 浙江省博物館 | |

畫家小傳：陸薪（一作柴）。字山子。浙江山陰人。善畫人物、花鳥，有似明陳洪綬。（見圖繪寶鑑續纂、中國畫家人名大辭典）

蔡 澤

松蔭品茶圖（為雪園作）	卷	絹	設色	35.2 x 172.1	辛巳（康熙四十年，1701）杏月	南京 南京博物院	
洗桐圖	軸	絹	設色	不詳		北京 中國歷史博物館	
東籬採菊圖（為智老作）	軸	紙	水墨	不詳	壬午（康熙四十一年，1702）桂秋	北京 中國美術館	
柴門送客圖	軸	絹	設色	187.5 x 102.8	辛未（康熙三十年，1691）	天津 天津市藝術博物館	
春園晚歸圖	軸	絹	設色	178.5 x 87	辛巳（康熙四十年，1701）	天津 天津市藝術博物館	

名稱	形式	質地	色彩	尺寸 高x寬㎝	創作時間	收藏處所	典藏號碼
為鶴翁作山水圖	軸	絹	設色	186.5 x 97.5		濟南 山東省濟南市博物館	
林泉高士圖（為旭翁作）	軸	金箋	水墨	79.5 x 48.5	甲戌（康熙三十三年，1694）二月	南京 南京博物院	
秋潤古松圖	軸	綾	設色	不詳	庚辰（康熙三十九年，1700）	南京 南京博物院	
山莊讀易圖（為奐翁作）	軸	綾	水墨	171.2 x 49	戊寅（康熙三十七年，1698）夏日	成都 四川省博物院	
秋山談道圖	軸	絹	設色	197.5 x 103		成都 四川省博物院	
喬松秀石圖（為莘翁作）	軸	綾	水墨	170 x 55.1	甲戌（康熙三十三年，1694）十月	日本 大阪橋本大乙先生	
柳蔭聽笛圖	軸	紙	設色	203.5 x 104		日本 江田勇二先生	
梅雨江村圖	軸	絹	設色	184.3 x 55.		日本 江田勇二先生	
蔬菜圖（雜畫冊之4）	冊頁	紙	設色	17.2 x 19.4		香港 葉承耀先生	
雪景山水圖（雜畫冊之8）	冊頁	紙	水墨	17.2 x 19.4		香港 葉承耀先生	
山水圖（清吳彥等山水集錦冊12之1幀）	冊頁	紙	設色	不詳		杭州 浙江省杭州市文物考古所	
山水圖（12幀，為天翁作）	冊	紙	設色	（每幀）22 x 27	丁巳（康熙十六年，1677）暮春	杭州 浙江省杭州西泠印社	
山水圖（2冊，?幀）	冊	紙	設色	24 x 23.6		日本 私人	
江村暮雨圖（明清名家合裝書畫扇面一冊之7）	摺扇面	金箋	水墨	15.9 x 49.6		日本 私人	

附：

名稱	形式	質地	色彩	尺寸 高x寬㎝	創作時間	收藏處所	典藏號碼
山水（諸家書畫扇面冊18之1幀）	摺扇面	金箋	水墨	不詳		香港 佳士得藝品拍賣公司/拍賣目錄 1996,04,28.	

畫家小傳：蔡澤。字蒼霖。號雪巖。江蘇江寧人。善畫人物；兼工山水、花鳥，為清初好手。流傳署款紀年作品見於聖祖康熙十六（1677）至四十一（1702）年。（見國朝畫徵續錄、中國畫家人名大辭典）

華 胥

名稱	形式	質地	色彩	尺寸 高x寬㎝	創作時間	收藏處所	典藏號碼
樓閣人物	軸	紙	水墨	81.2 x 43.2		台北 故宮博物院（蘭千山館寄存）	
洛神圖	軸	紙	水墨	不詳	庚申（康熙十九年，1680）春日	北京 故宮博物院	
雲中仙女圖	軸	絹	設色	118.4 x 62	己未（康熙十八年，1679）	杭州 浙江省博物館	
玉峰像	冊頁	紙	設色	不詳	丁巳（康熙十六年	北京 故宮博物院	

名稱	形式	質地	色彩	尺寸 高x寬cm	創作時間	收藏處所	典藏號碼
					，1677）嘉平		
登高俯瞰圖（史爾祉等作山水冊12之1幀）	冊頁	紙	設色	19.5 x 16		北京 故宮博物院	
人物畫（查昇、華胥書畫合冊8之4幀）	冊頁	紙	設色	不詳	甲戌（康熙三十三年，1694）	南京 南京博物院	
人物圖（楊晉、華胥人物合裝冊2之1幀）	冊頁	絹	設色	28.7 x 34.8		蘇州 江蘇省蘇州博物館	

畫家小傳：華胥。字義逸（一作希逸）。江蘇無錫人。善畫人物、仕女，密緻而不傷於刻畫，冶而清，麗而逸，猶存古意。流傳署款紀年作品見於聖祖康熙十六（1677）至十九（1680）年。（見國朝畫徵錄、桐陰論畫、無錫縣志、中國畫家人名大辭典）

彭鯤躍

名稱	形式	質地	色彩	尺寸 高x寬cm	創作時間	收藏處所	典藏號碼
蘆雁圖	卷	絹	設色	不詳	辛亥（康熙十年，1671）	北京 故宮博物院	
蘆雁圖	卷	絹	水墨	不詳	己未（乾隆四年，1739）春初	西安 西安市文物研究中心	

畫家小傳：彭鯤躍。字南溟。山東濟州人。生於清世祖順治九（1652）年，高宗乾隆四（1739）年尚在世，年已八十八歲。善畫蘆雁，沒骨點漬，復加渲染，翔舉鳴宿，皆得其宜。（見圖繪寶鑑續纂、中國畫家人名大辭典）

顧化龍

名稱	形式	質地	色彩	尺寸 高x寬cm	創作時間	收藏處所	典藏號碼
甫里饑民圖（顧化龍、顧昶合作）	卷	紙	設色	不詳	丁巳（康熙十六年，1677）	南京 南京博物院	

畫家小傳：顧化龍。畫史無載。與顧昶同時。流傳署款紀年作品見於聖祖康熙十六（1677）年。身世待考。

顧　昶

名稱	形式	質地	色彩	尺寸 高x寬cm	創作時間	收藏處所	典藏號碼
種菊圖	軸	絹	設色	不詳		太原 山西省博物館	
仿宋元山水（8幅）	軸	絹	設色	不詳	丙戌（康熙四十五年，1706）	上海 上海博物館	
仿董源山水圖	軸	紙	設色	不詳	雍正乙卯（十三年，1735）	上海 上海博物館	
甫里饑民圖（顧化龍、顧昶合作）	卷	紙	設色	不詳	丁巳（康熙十六年，1677）	南京 南京博物院	
附：							
山水圖（4幅）	軸	絹	設色	不詳		上海 朵雲軒	
武夷山仙掌峰圖	軸	絹	設色	不詳	丁巳（康熙十六年	上海 上海文物商店	

名稱	形式	質地	色彩	尺寸 高x寬cm	創作時間	收藏處所	典藏號碼
					，1677）		

畫家小傳：顧昶。畫史無載。流傳署款紀年作品見於聖祖康熙十六(1677)年，至世宗雍正十三（1735）年。身世待考。

高駿升

山水圖	軸	綾	設色	不詳	丁巳（康熙十六年　煙臺 山東省煙臺市博物館 ，1677）		

畫家小傳：高駿升。籍里、身世不詳。工畫山水，宗法僧巨然，氣韻類似張奇。流傳署款紀年作品見於聖祖康熙十六(1677)年。身世待考。

廣　恒

丹桂圖	卷	紙	設色	不詳	丁巳（？康熙十六　北京 故宮博物院 年，1677）		

畫家小傳：廣恒。畫史無載。身世待考。流傳署款作品紀年疑為聖祖康熙十六（1677）年。身世待考。

諸允錫

山水圖	摺扇面 金箋	水墨	不詳		丁巳（？康熙十六　北京 故宮博物院 年，1677）		

畫家小傳：諸允錫。畫史無載。流傳署款作品紀年疑為聖祖康熙十六（1677）年。身世待考。

胡邦良

二叟看松圖	摺扇面 金箋	設色	16.3 x 49.8	丁巳（？康熙十六　南京 南京博物院 年，1677）			

畫家小傳：胡邦良。畫史無載。流傳署款作品紀年疑為聖祖康熙十六（1677）年。身世待考。

錢又選

山水圖	軸	紙	設色	不詳	戊午（康熙十七年　北京 首都博物館 ，1678）夏月		

附：

山水圖（清孟球等雜畫冊12 之3幀）	冊頁	紙	設色	（每幀）21 x 17.1	戊午（康熙十七年　紐約 蘇富比藝品拍賣公司/拍 ，1678）年夏月　　賣目錄 1988,06,01.		

畫家小傳：錢又選。字幼青。江蘇青浦人。性潔好奇。喜遊歷，後僑寓池州。又有花癖，所至以種花自娛。工畫山水、人物、花鳥。流傳
　　　　署款紀年作品見於聖祖康熙十七(1678)年。（見清畫家詩史、中國美術家人名辭典）

陳　孚

梨花白燕圖	摺扇面 紙	設色	不詳			台北 故宮博物院	故扇 00281

名稱	形式	質地	色彩	尺寸 高×寬cm	創作時間	收藏處所	典藏號碼
花卉圖（清陳孚等雜畫冊8之1`幀）	冊頁	紙	設色	不詳		太原 山西省博物館	

畫家小傳：陳孚。字子實。江蘇崑山人。善畫墨梅。（見玉峰新志、中國畫家人名大辭典）

（釋）大 汕

維摩經變圖	卷	紙	水墨	29.5 × 239	戊午（康熙十七年，1678）	北京 故宮博物院	
竹石圖	軸	紙	水墨	不詳	己未（康熙十八年，1679）	廣州 廣州市美術館	
人物圖（清韓璧等山水人物冊5之1幀）	冊頁	紙	設色	不詳		泰州 江蘇省泰州市博物館	
看竹圖（看竹圖并題跋冊42之1幀）	冊頁	絹	設色	21.2 × 20.3		上海 上海博物館	

畫家小傳：大汕。僧。畫史無載。流傳署款紀年作品見於聖祖康熙十七（1678）、十八（1679）年。身世待考。

壺山山人

叢樹遠岫（國初人山水集繪冊之第6幀）	冊頁	紙	水墨	31.8 × 37.9		台北 故宮博物院	故畫 03516-6

畫家小傳：壺山山人。姓名不詳。身世待考。

劉 鼎

菊花圖（明陳嘉言等菊花冊10之1幀）	冊頁	紙	設色	不詳		瀋陽 遼寧省博物館	

畫家小傳：劉鼎。畫史無載。身世待考。

林 丘

仿趙松雪山水（國初人山水集繪冊之8）	冊頁	紙	設色	31.8 × 37.9		台北 故宮博物院	故畫 03516-8

畫家小傳：林丘。畫史無載。身世待考。

顧 昉

仿王蒙溪山無盡圖	卷	絹	設色	不詳	康熙己卯（三十八年，1699）	北京 故宮博物館	
古松圖	卷	紙	水墨	35.7 × 257.7		北京 故宮博物館	

名稱	形式	質地	色彩	尺寸 高×寬 cm	創作時間	收藏處所	典藏號碼
松下結茅圖	軸	絹	設色	171 × 55	康熙丙申（五十五年，1716）四月廿六日	瀋陽 故宮博物館	
秋林講易圖	軸	絹	設色	155 × 68		瀋陽 故宮博物館	
歲朝圖（楊晉、王雲、顧昉、顧政、徐玫、虞沅、吳芷、王翬合作）	軸	絹	設色	109 × 51		瀋陽 故宮博物院	
桃柳魚荇圖（王翬師弟合作：楊晉寫桃花、王雲寫鷗鳥、吳芷補游魚、顧昉寫荇菜、徐玫添翠鳥、虞沅畫柳、王翬題字）	軸	絹	設色	141.8 × 57.5	癸酉（康熙三十二年，1693）嘉平	北京 故宮博物院	
九秋圖（王翬、宋駿業、顧昉、虞沅、王雲、楊晉、徐玫、吳藏合作）	軸	紙	設色	118.8 × 61.1	乙亥（康熙三十四年，1695）	北京 故宮博物院	
洞庭秋思圖	軸	紙	水墨	74.5 × 27.3	乙亥（康熙三十四年，1695）九月既望	上海 上海博物館	
歲寒圖（虞沅、吳芷、王翬、徐玫、顧昉、楊晉等合作，為乾翁作）	軸	絹	設色	不詳	癸酉（康熙三十二年，1693）嘉平既望	南京 南京博物院	
竹蔭綠樹圖	軸	絹	設色	116.6 × 55	康熙丙戌（四十五年，1706）	長沙 湖南省博物館	
芝仙書屋圖（清王翬等三十人合作）	軸	紙	水墨	129 × 69	丁丑（康熙三十六年，1697）	廣州 廣東省博物館	
仿元人筆意山水圖	軸	紙	水墨	98.2 × 36.4	辛卯（康熙五十年，1711）仲春	日本 東京石川寅吉先生	
秋林書屋圖（仿唐寅筆意）	軸	紙	水墨	29.9 × 39.9		日本 京都國立博物館	A甲 330
撫黃公望林亭秋爽圖	軸	絹	設色	76.4 × 64.9		日本 私人	
松竹茅亭（名人畫扇貳冊（上）冊之 16）	摺扇面	紙	設色	不詳		台北 故宮博物院	故畫 03556-16
溪亭松鶴圖（與王翬、楊晉合寫）	摺扇面	紙	設色	不詳	癸酉（康熙三十二年，1693）	北京 故宮博物院	
山水圖	摺扇面	紙	設色	不詳		北京 中國歷史博物館	
仿李晞古筆山水圖（為壽翁作，	冊頁	紙	設色	21.5 × 27.5	甲戌（康熙三十三	天津 天津市藝術博物館	

名稱	形式	質地	色彩	尺寸 高x寬cm	創作時間	收藏處所	典藏號碼
王翬等山水冊 24 之 1 幀）					年，1694）潤五月		
山水圖（清王翬等山水扇面冊之 1 幀）	摺扇面	紙	設色	不詳	（己卯，康熙三十八年，1699）	天津 天津市藝術博物館	
仿古山水（8 幀）	冊	紙	設色	（每幀）27.8 x 28.7		上海 上海博物館	
山水（？幀）	冊	紙	設色	（每幀）21 x 27.5	康熙戊午（十七年，1678）子月	昆山 崑崙堂美術館	
山水圖（清高簡等山水冊 8 之 1 幀）	冊頁	絹	設色	不詳	（乙卯，康熙十四年，1675）	廣州 廣東省博物館	
山水圖（7 幀）	冊	紙	水墨	（每幀）21.5 x 28	丁丑（康熙三十六年，1697）秋八月	美國 New Haven 翁萬戈先生	
山水圖（王翬師弟合璧畫冊之 11）	冊頁	紙	設色	27.9 x 30.6		美國 紐約 Mr.& Mrs Weill	
仿王蒙草堂讀書圖（王翬師弟合璧畫冊之 12）	冊頁	紙	設色	27.9 x 30.6		美國 紐約 Mr.& Mrs Weill	
枯木竹石圖 附：	冊頁	紙	水墨	24 x 35.1		德國 柏林東亞藝術博物館	1988-405
摹李衎竹趣圖	卷	絹	水墨	不詳	庚子（康熙五十九年，1720）冬日	北京 北京市文物商店	
竹趣圖	卷	紙	水墨	26 x 210	庚子（康熙五十九年，1720）	北京 中國文物商店總店	
江村消夏圖	卷	絹	設色	27.2 x 189.2	辛巳（康熙四十年，1701）長夏	紐約 佳士得藝品拍賣公司/拍賣目錄 1987,12,11.	
仿古山水（6 幀）	冊	綾	水墨	（每幀）24.7 x 30.5	丙申（康熙五十五年，1716）秋八月	紐約 蘇富比藝品拍賣公司/拍賣目錄 1985,04,17.	
溪流竹徑（王翬、楊晉、顧昉、王雲合作，為潛老道社兄寫）	摺扇面	紙	設色	18.5 x 57.8	癸酉（康熙三十二年，1693）長夏	紐約 佳仕得藝品拍賣公司/拍賣目錄 1986,12,01.	

畫家小傳：顧昉。字若周。號日方、耕雲、晚皋。江蘇華亭（一作上海）人。善畫山水，師王翬，間學董、巨及元四家，骨氣清雋高厚。署款紀年作品見於聖祖康熙十七（1678）至五十九（1720）年。（見國朝畫徵錄、國朝畫識、桐陰論畫、海上墨林、說詩齋文集、中國畫家人名大辭典）

朱絪

名稱	形式	質地	色彩	尺寸 高x寬cm	創作時間	收藏處所	典藏號碼
荷花圖	卷	紙	設色	不詳	戊午（康熙十七年，1678）	天津 天津市藝術博物館	
荷花圖	軸	紙	水墨	不詳		北京 故宮博物院	

名稱	形式	質地	色彩	尺寸 高x寬cm	創作時間	收藏處所	典藏號碼
荷花圖	軸	絹	水墨	不詳		北京 故宮博物院	
荷花圖	軸	紙	水墨	110.5 x 57.5		天津 天津市藝術博物館	
荷花圖	軸	紙	水墨	不詳		天津 天津市藝術博物館	
荷花圖	軸	絹	水墨	不詳		上海 上海博物館	
荷花圖	軸	紙	水墨	不詳		無錫 江蘇省無錫市博物館	
芭蕉圖	軸	紙	水墨	不詳		杭州 浙江省博物館	
荷花圖	軸	紙	水墨	不詳		紹興 浙江省紹興市博物館	
荷花圖	軸	紙	水墨	151.1 x 59.9		成都 四川省博物院	
荷花圖	軸	紙	水墨	142.8 x 45.5		成都 四川省博物院	
荷花圖	軸	紙	水墨	不詳		廣州 廣東省博物館	
荷花圖	冊頁	紙	水墨	不詳		杭州 浙江省杭州西泠印社	

畫家小傳：朱絪。籍里、身世不詳。與陳舒同時。亦善畫花卉，寫意畫多用碎筆，然自有情致。流傳署款紀年作品見於聖祖康熙十七（1678）年。（見國朝畫徵錄、中國畫家人名大辭典）

陳 勳

山水圖	摺扇面 金箋	設色	不詳	戊午（？康熙十七年，1678）	北京 故宮博物院	

畫家小傳：陳勳。畫史無載。流傳署款作品紀年疑為聖祖康熙十七（1678）年。身世待考。

陳 泳

附：

山亭觀瀑圖	摺扇面 金箋	設色	不詳	戊午（？康熙十七年，1678）	蘇州 蘇州市文物商店	

畫家小傳：陳泳。畫史無載。流傳署款作品紀年疑為聖祖康熙十七（1678）年。身世待考。

張 炳

梅花書屋圖	軸	金箋	設色	不詳	雍正癸丑（十一年，1733）	合肥 安徽省博物館	
金簪蛺蝶圖（清王時敏等書畫冊16之1幀）	冊頁	金箋	設色	31 x 47.5	戊午（康熙十七年，1678）夏日	天津 天津市藝術博物館	

畫家小傳：張炳。畫史無載。流傳署款紀年作品見於聖祖康熙十七（1678）年至世宗雍正十一（1733）年。身世待考。

何 錦

名稱	形式	質地	色彩	尺寸 高×寬㎝	創作時間	收藏處所	典藏號碼
夏山竹舍圖（清王時敏等書畫冊16之1幀）	冊頁	金箋	設色	31 x 47.5	戊午（康熙十七年，1678）夏日	天津 天津市藝術博物館	

畫家小傳：何錦。畫史無載。流傳署款紀年作品見於聖祖康熙十七（1678）年。身世待考。

杜子明

山水圖（重九登高）	摺扇面	金箋	設色	18.7 x 57.8	戊午（？康熙十七年，1678）秋日	日本 京都萬福寺	

畫家小傳：杜子明。畫史無載。流傳署款作品紀年疑為聖祖康熙十七（1678）年。身世待考。

宋 恒

仿巨然筆山水圖（為又曾作，明清書畫扇面冊之1幀）	摺扇面	金箋	設色	18.6 x 54.3	戊午（？康熙十七年，1678）夏日	日本 中埜又左衛門先生	

畫家小傳：宋恒。畫史無載。流傳署款作品紀年疑似聖祖康熙十七（1678）年。身世待考。

馬 昂

元日題詩圖（為□年先生作）	軸	紙	設色	不詳	甲子（康熙二十三年，1684）冬日	北京 故宮博物院	
山水圖	軸	紙	設色	不詳	乾隆丁巳（二年，1737）	湖州 浙江省湖州市博物館	
水閣春居圖	軸	綾	設色	151.3 x 48.5	己卯（康熙三十八年，1699）	長沙 湖南省博物館	
芝仙書屋圖（清王翬等三十人合作）	軸	紙	水墨	129 x 69	丁丑（康熙三十六年，1697）	廣州 廣東省博物館	
山水（名人畫扇貳冊（上）冊之17）	摺扇面	紙	設色	不詳		台北 故宮博物院	故畫 03556-17
仿郭熙溪山雪霽（名人畫扇貳冊（上）冊之18）	摺扇面	紙	設色	不詳		台北 故宮博物院	故畫 03556-18
仿古山水圖（12幀）	冊	絹	設色	（每幀）23 x 20	戊寅（康熙三十七年，1698）	瀋陽 故宮博物院	
青綠山水圖（為載寧作）	摺扇面	紙	設色	不詳	癸丑（雍正十一年，1733）四月	北京 故宮博物院	
遠浦歸帆（高簡等四人合作四時山水於一扇面）	摺扇面	紙	設色	不詳		南京 南京博物院	
附：							
松鶴圖	軸	紙	設色	不詳	康熙壬申（三十一	上海 朵雲軒	

名稱	形式	質地	色彩	尺寸 高×寬㎝	創作時間	收藏處所	典藏號碼
					年，1692）		
牧牛圖	軸	紙	設色	不詳	乙丑（康熙二十四年，1685）	上海 上海友誼商店古玩分店	
摹趙文敏筆起雲圖	軸	絹	設色	129.5 × 54	庚寅（康熙四十九年，1710）長至日	紐約 蘇富比藝品拍賣公司/拍賣目錄 1984,12,05.	
層嵐積翠圖	軸	絹	設色	164.5 × 46	丁卯（康熙二十六年，1687）春之三月	紐約 佳士得藝品拍賣公司/拍賣目錄 1996,03,27.	
谿山雪霽圖	軸	絹	設色	148 × 52		紐約 佳士得藝品拍賣公司/拍賣目錄 1996,09,18.	
花鳥圖（8幀）	冊	絹	設色	（每幀）26.1 × 23.7	丙申（康熙五十五年，1716）	武漢 湖北省武漢市文物商店	
花卉（清各家山水花鳥書法扇面冊10之1幀）	摺扇面	金箋	設色	不詳		香港 佳士得藝品拍賣公司/拍賣目錄 1998,09,15.	

畫家小傳：馬昂。字雲上。號退山。江蘇吳人。生於世祖順治十一（1654）年，世宗雍正十一（1733）年尚在世。以山水名家，青綠畫法尤工；人物、花鳥，亦能曲盡其工。（見國朝畫徵錄、吳縣新志、中國畫家人名大辭典）

千 里

仿米家山水（國初人山水集繪冊之9）	冊頁	紙	水墨	31.8 × 37.9		台北 故宮博物院	故畫 03516-9

畫家小傳：千里。畫史無載。身世待考。

汪亦午

附：

花卉草蟲	摺扇面	金箋	設色	19 × 57	戊午（康熙十七年，1678）	紐約 佳士得藝品拍賣公司/拍賣目錄 1984.06.29	

畫家小傳：汪亦午。安徽歙縣人。善畫，為汪中弟子。流傳署款紀年作品見於聖祖康熙十七（1678）年。（見虹廬畫談、中國畫家人名大辭典）

陸 瑜

楓菊秋禽圖	軸	絹	設色	177 × 52		天津 天津市文化局文物	
花鳥圖（清陳卓等花鳥4幅之1）	軸	金箋	設色	248 × 65.1	（己未，康熙十八年，1679）	青島 山東省青島市博物館	

畫家小傳：陸瑜。畫史無載。流傳署款紀年作品見於聖祖康熙十八（1679）年。身世待考。

名稱	形式	質地	色彩	尺寸 高x寬cm	創作時間	收藏處所	典藏號碼

駱 連

| 山水圖（駱連、高遇山水冊 2 之 1 幀） | 冊頁 | 金箋 | 水墨 | 33.5 x 42.5 | 己未（康熙十八年，1679） | 杭州 浙江省博物館 | |

畫家小傳：駱連。畫史無載。流傳署款紀年作品見於聖祖康熙十八（1679）年。身世待考。

沈 華

| 梅菊蛺蝶圖 | 摺扇面 | 紙 | 設色 | 不詳 | 己未（康熙十八年，1679）孟夏 | 北京 故宮博物院 | |

畫家小傳：沈華（一名華范）。字祇臣。浙江山陰人。工詩善畫。畫擅沒骨花鳥、草蟲。作品極獲朱彝尊欣賞，嘗為詩讚美之。流傳署款紀年作品見於聖祖康熙十八（1679）年。（見曝書亭集、耕硯田齋筆記、中國畫家人名大辭典）

孟 求

| 山水圖（為居老作，雜畫集錦冊之 1 幀） | 冊頁 | 紙 | 設色 | 不詳 | 己未（康熙十八年，1679）春日 | 北京 首都博物館 | |

附：

| 山水圖（清孟球等雜畫冊 12 之 3 幀） | 冊頁 | 紙 | 設色 | （每幀）21 x 17.1 | 戊午（康熙十七年，1678）夏月 | 紐約 蘇富比藝品拍賣公司/拍賣目錄 1988, 06, 01. | |

畫家小傳：孟求。畫史無載。流傳署款紀年作品見於聖祖康熙十七（1678）、十八（1679）年。身世待考。

何大昌

附：

| 山水圖（清孟球等雜畫冊 12 之 3 幀） | 冊頁 | 紙 | 設色 | （每幀）21 x 17.1 | 戊午（康熙十七年，1678）夏月 | 紐約 蘇富比藝品拍賣公司/拍賣目錄 1988, 06, 01. | |

畫家小傳：何大昌。畫史無載。流傳署款紀年作品見於聖祖康熙十七（1678）年。身世待考。

郁承天

| 竹石禽鳥（郁承天、謝定壽等八家集冊之一幀） | 冊頁 | 絹 | 設色 | 不詳 | 己未（康熙十八年，1679）菊月 | 上海 上海博物館 | |

畫家小傳：郁承天。畫史無載。流傳署款紀年作品見於聖祖康熙十八（1679）年。身世待考。

謝定壽

| 水滸傳人物圖 | 卷 | 絹 | 設色 | 不詳 | 康熙壬申（三十一年，1692）新秋 | 北京 故宮博物院 | |
| 白描仕女圖（8 幀） | 冊 | 絹 | 水墨 | 不詳 | 康熙丁亥（四十六年，1707）秋九月 | 上海 上海博物館 | |

名稱	形式	質地	色彩	尺寸 高×寬cm	創作時間	收藏處所	典藏號碼
人物圖（壽郁承天書畫冊16之1幀）	冊頁	金箋	設色	不詳	己未（康熙十八年，1679）	上海 上海博物館	
竹石雙禽（郁承天、謝定壽等八家集冊之1幀）	冊	絹	設色	不詳	己未（康熙十八年，1679）菊月	上海 上海博物館	

畫家小傳：謝定壽。畫史無載。流傳署款紀年作品見於聖祖康熙十八(1679)至四十六(1707)年。身世待考。

(釋) 普 澤

名稱	形式	質地	色彩	尺寸 高×寬cm	創作時間	收藏處所	典藏號碼
山水圖（為曉江作）	軸	紙	水墨	不詳	康熙己未（十八年，1679）冬日	青島 山東省青島市博物館	

畫家小傳：普澤。僧。字曇潤（一作曇上大）。籍里不詳，住上海鐸庵。工書，宗法東晉。善畫山水、花鳥。效法宋元。作品意趣微遠，時以書畫禪目之。署款紀年作品見於聖祖康熙十八(1679)年。（見百幅庵畫寄、海上墨林、中國畫家人名大辭典）

俞 齡

名稱	形式	質地	色彩	尺寸 高×寬cm	創作時間	收藏處所	典藏號碼
觀馬圖（明季八家合畫卷之第7段）	卷	紙	設色	21.6 x ?	甲戌（康熙三十三年，1694）清和月	台北 華叔和後真賞齋	
桃花源圖	卷	紙	設色	55 x 136.5	己未（康熙十八年，1679）	瀋陽 遼寧省博物館	
西園雅集圖	卷	絹	設色	不詳	辛巳（康熙四十年，1701）	瀋陽 遼寧省博物館	
王百朋洗馬圖（魏子良寫貌、俞齡補景）	卷	紙	設色	32.5 x 109.8	康熙戊寅（三十七年，1698）冬月	日本 京都國立博物館（上野有竹齋寄贈）	A甲191
竹溪六逸圖	軸	絹	設色	不詳	康熙癸酉（三十二年，1693）秋九月	北京 中國歷史博物館	
駿馬圖	軸	絹	設色	不詳	丁亥（康熙四十六年，1707）	北京 中國美術館	
松蔭八駿圖	軸	絹	設色	不詳	辛卯（康熙五十年，1711）	北京 中央美術學院	
三星圖	軸	金箋	水墨	不詳		石家莊 河北省博物館	
流觴曲水圖（12幅）	軸	絹	設色	不詳		太原 山西省博物館	
竹林七賢圖	軸	絹	設色	不詳	癸亥（康熙二十二年，1683）	濟南 山東省濟南市博物館	
八駿圖	軸	絹	設色	不詳	甲申（康熙四十三	太谷 山西省太谷縣文管處	

名稱	形式	質地	色彩	尺寸 高x寬cm	創作時間	收藏處所	典藏號碼
					年，174）冬日		
騎馬看松圖	軸	絹	設色	185.5 x 91.2	庚辰（康熙三十九年，1700）	合肥 安徽省博物館	
秋山獵騎圖	軸	絹	設色	不詳	丁卯（康熙二十六年，1687）	杭州 浙江省博物館	
八駿圖	軸	絹	設色	不詳	己丑（康熙四十八年，1709）	杭州 浙江省博物館	
採藥圖（俞齡、葉芬合作）	軸	絹	設色	不詳	壬申（康熙三十一年，1692）	杭州 浙江省杭州西泠印社	
松鹿麻姑圖	軸	絹	設色	不詳		紹興 浙江省紹興市博物館	
三潭印月圖	軸	絹	設色	181.7 x 54.1		美國 聖地牙哥藝術博物館	39.4a
牧馬圖	軸	絹	設色	146.8 x 66.2		英國 倫敦大英博物館	1928.12.6.02（ADD62）
柳下人馬圖（為慶陽年翁作，俞齡等雜畫冊38之1幀） 附：	冊頁	絹	設色	31.2 x 31.8	（丁卯，康熙二十六年，1687）	上海 上海博物館	
山水花鳥圖	軸	絹	設色	不詳		北京 中國文物商店總店	
山水圖	軸	絹	設色	不詳	壬申（康熙三十一年，1692）	天津 天津市文物公司	
夕陽歸騎圖	軸	絹	設色	179 x 69		濟南 山東省濟南市文物商店	
林和靖放鶴圖	軸	絹	設色	不詳		濟南 山東省濟南市文物商店	
八駿圖	軸	絹	設色	不詳		武漢 湖北省武漢市文物商店	

畫家小傳：俞齡。字大年。浙江杭州人。善畫馬，得曹霸心傳；兼繪走獸，精神骨相無不各盡其妙。流傳署款紀年作品見於聖祖康熙十八(1679)至五十(1711)年。（見圖繪寶鑑續纂、中國畫家人名大辭典）

陳 坤

名稱	形式	質地	色彩	尺寸 高x寬cm	創作時間	收藏處所	典藏號碼
四喜圖（為子老作）	軸	紙	水墨	不詳	壬申（康熙三十一年，1692）秋壯月	紹興 浙江省紹興市博物館	
戲筆梅石圖（二十家梅花圖冊20之第7幀） 附：	冊頁	紙	設色	23 x 19.3	（己未，康熙十八年，1679）	上海 上海博物館	
品花圖（文垍、歸瑤、王年、高簡、王武、吳宮、沈洪、宋	卷	紙	設色	21 x 319		紐約 佳士得藝品拍賣公司/拍賣目錄 1995,09,19.	

名稱	形式	質地	色彩	尺寸 高x寬 cm	創作時間	收藏處所	典藏號碼

裔、葉雨、陳坤、朱白、沈昉

合作）

畫家小傳：陳坤。字載安。江蘇常熟人。善畫人物、花鳥，尤工傳神。流傳署款紀年作品似見於聖祖康熙十八（1679）至三十一（1692）年
。（見虞山畫志、中國畫家人名大辭典）

周人玉

| 梅花圖（二十家梅花圖冊 20 之第 1 幀） | 冊頁 | 紙 | 設色 | 23 x 19.3 | （己未，康熙十八年，1679） | 上海　上海博物館 | |

畫家小傳：周人玉。畫史無載。流傳署款作品似見於聖祖康熙十八（1679）。身世待考。

文　蘭

| 懸崖梅圖（二十家梅花圖冊 20 之第 10 幀） | 冊頁 | 紙 | 設色 | 23 x 19.3 | 己未（康熙十八年，1679）春日 | 上海　上海博物館 | |

畫家小傳：文蘭。畫史無載。流傳署款紀年作品見於聖祖康熙十八（1679）年。身世待考。

瞿　鏡

菊花圖（明陳嘉言等菊花冊 10 之 1 幀）	冊頁	紙	設色	不詳		瀋陽　遼寧省博物館	
花鳥圖（10 幀）	冊	紙	設色	不詳		天津　天津市藝術博物館	
梅花圖（二十家梅花圖冊 20 之第 13 幀）	冊頁	紙	設色	23 x 19.3	（己未，康熙十八年，1679）	上海　上海博物館	

畫家小傳：瞿鏡。畫史無載。流傳署款作品似見於聖祖康熙十八（1679）年。身世待考。

汪　璀

竹林清夏圖	軸	絹	設色	不詳	甲戌（康熙三十三年，1694）	深圳　廣東省深圳市博物館	
梅竹圖（二十家梅花圖冊 20 之第 15 幀）	冊頁	紙	設色	23 x 19.3	（己未，康熙十八年，1679）	上海　上海博物館	
附：							
仿董北苑山水圖	軸	紙	設色	不詳	辛酉（康熙二十年，1681）	南京　南京市文物商店	

畫家小傳：汪璀。畫史無載。流傳署款作品見於聖祖康熙十八（1679）至三十三（1694）年。身世待考。

陳　砥

名稱	形式	質地	色彩	尺寸 高x寬cm	創作時間	收藏處所	典藏號碼
梅花圖（二十家梅花圖冊 20 之第 16 幀）	冊頁	紙	設色	23 x 19.3	（己未，康熙十八年，1679）	上海 上海博物館	
梅花圖（吳歷等花竹禽魚圖冊 12 之 1 幀）	冊頁	紙	設色	26.2 x 23.8		上海 上海博物館	

畫家小傳：陳砥。畫史無載。流傳署款作品似見於聖祖康熙十八（1679）。身世待考。

曹　鉉

名稱	形式	質地	色彩	尺寸 高x寬cm	創作時間	收藏處所	典藏號碼
梅花圖（二十家梅花圖冊 20 之第 18 幀）	冊頁	紙	設色	23 x 19.3	（己未，康熙十八年，1679）	上海 上海博物館	

畫家小傳：曹鉉。畫史無載。流傳署款作品似見於聖祖康熙十八（1679）。身世待考。

顧　卓

名稱	形式	質地	色彩	尺寸 高x寬cm	創作時間	收藏處所	典藏號碼
秋塘野趣圖	卷	紙	設色	不詳	康熙己未（十八年，1679）蘭月	南京 南京博物院	
擬元人作秋山雨霽圖	軸	紙	設色	不詳	癸酉（康熙三十二年，1693）夏五月	南京 南京博物院	
芝仙書屋圖（清王翬等三十人合作）	軸	紙	水墨	129 x 69	丁丑（康熙三十六年，1697）	廣州 廣東省博物館	
桃圖	摺扇面	金箋	水墨	不詳	甲午（康熙五十三年，1714）春仲	北京 故宮博物院	
山水圖（清各家山水扇面冊 10 之 1 幀）	摺扇面	紙	設色	不詳		北京 中央工藝美術學院	
梅花山茶圖（祁豸佳等山水花鳥冊 27 之 1 幀）	冊頁	絹	設色	30 x 23.4		天津 天津市藝術博物館	

畫家小傳：顧卓。字爾立。江蘇吳江人。工詩畫。畫花卉，得明陳淳法。流傳署款紀年作品見於聖祖康熙十八（1679）至五十三（1714）年。
　　　（見國朝畫徵續錄、震澤志、袁樸庵集、中國畫家人名大辭典）

王永光

名稱	形式	質地	色彩	尺寸 高x寬cm	創作時間	收藏處所	典藏號碼
山水圖	軸	紙	設色	不詳		南通 江蘇省南通博物苑	
載鶴圖	軸	絹	設色	不詳		南通 江蘇省南通博物苑	
松林滿騎圖	軸	絹	設色	不詳	己未（？康熙十八年，1679）	杭州 浙江省杭州市文物考古所	
山水圖	摺扇面	金箋	水墨	不詳	庚申（？康熙十九	杭州 浙江省杭州市文物考古	

名稱	形式	質地	色彩	尺寸 高x寬cm	創作時間	收藏處所	典藏號碼
					年，1680）	所	

附：

| 山水圖 | 軸 | 絹 | 水墨 | 不詳 | | 北京 北京市工藝品進出口公司 | |

畫家小傳：王永光。畫史無載。流傳署款作品紀年疑似聖祖康熙十八（1679）、十九（1680）年。身世待考。

高 詠

| 仿黃公望山水圖 | 摺扇面 | 金箋 | 設色 | 不詳 | | 北京 中國歷史博物館 | |

畫家小傳：高詠。字阮懷。號遺山。安徽宣城人。聖祖康熙十八（1679）年舉鴻博。幼有神童之目，善書畫與詩，世稱三絕。（見江南通志、宣城縣志、列朝別裁詩集小傳、中國畫家人名大辭典）

薛 珩

山水圖	卷	紙	設色	不詳		北京 故宮博物院	
梅竹山茶圖	軸	絹	設色	88 x 49	癸亥（康熙二十二年，1683）	天津 天津市藝術博物館	
山水圖（6幀）	冊	紙	設色	（每幀）24 x 18.5	己未（康熙十八年，1679）	廣州 廣州市美術館	

附：

| 山水圖（諸家書畫扇面冊18之1幀） | 摺扇面 | 金箋 | 水墨 | 不詳 | | 香港 佳士得藝品拍賣公司/拍賣目錄1996,04,28. | |

畫家小傳：薛珩。畫史無載。流傳署款紀年作品見於聖祖康熙十八（1679）、二十二（1683）年。身世待考。

王 岱

丹楓圖	卷	紙	水墨	不詳		北京 故宮博物院	
松竹梅三友圖	軸	紙	水墨	112 x 38		太原 山西省博物館	
山水圖（8幀）	冊	紙	設色	不詳		瀋陽 遼寧省博物館	
昭餘八景圖（8幀，為戴楓仲作）	冊	紙	設色	不詳	庚申（康熙十九年，1680）八月	太原 山西省博物館	

畫家小傳：王岱。字山長。號了庵，又稱九青石史。湖南湘潭人。聖祖康熙三十八（1699）年孝廉。能詩文。工書畫。畫能山水、人物、花卉，悉得古人意。流傳署款紀年作品見於聖祖康熙十九（1680）年。（見圖繪寶鑑續纂、今世說、中國畫家人名大辭典）

（釋）大 振

| 山水圖（12幀，龔賢、釋大振合作） | 冊 | 紙 | 設色 | （每幀）20.3 x 18 | 庚申（康熙十九年，1680） | 上海 上海博物館 | |

名稱	形式	質地	色彩	尺寸 高x寬cm	創作時間	收藏處所	典藏號碼

畫家小傳：大振。僧。江蘇上元人。身世不詳。工畫。流傳署款紀年作品見於聖祖康熙十九(1680)年。（見江南志、中國畫家人名大辭典）

江真

| 花卉圖（8幀） | 冊 | 紙 | 設色 | 不詳 | | 北京 故宮博物院 | |
| 瓶梅圖（二十家梅花圖冊20之第20幀） | 冊頁 | 紙 | 設色 | 23 × 19.3 | 庚申（康熙十九年，1680）夏季 | 上海 上海博物館 | |

畫家小傳：汪真（一作貞）。畫史無載。流傳署款紀年作品見於聖祖康熙十九(1680)年。身世待考。

周道

洗桐圖（為陳其年作）	卷	絹	設色	33.5 × 84.5	庚申（康熙十九年，1680）夏	上海 上海博物館	
溪山話別圖	軸	絹	設色	61.2 × 28.6	乙酉（康熙四十四年，1705）	天津 天津市藝術博物館	
柳村圖	軸	絹	設色	不詳	丁卯（康熙二十六年，1687）	杭州 浙江美術學院	

畫家小傳：周道。字履坦。江蘇吳人。善寫照。撰有傳神歌訣傳於世。流傳署款紀年作品見於聖祖康熙十九(1680)至四十四(1705)年。（見圖繪寶鑑續纂、中國畫家人名大辭典）

宗言

溪橋茅亭圖（為旭明作）	軸	金箋	水墨	179.9 × 49.3	甲戌（康熙三十三年，1694）春仲	南京 南京博物院	
山水圖（清龔柱等山水冊10之1幀）	冊頁	紙	設色	20.5 × 32		天津 天津市藝術博物館	
法龔賢作山水圖（？幀）	冊	紙	水墨	不詳	庚申（康熙十九年，1680）新秋	太原 山西省博物館	
山水圖	摺扇面	紙	水墨	不詳		美國 加州勃克萊大學藝術館	

畫家小傳：宗言。號山響。江蘇金陵人。工畫山水，為時推重。流傳署款紀年作品見於聖祖康熙十九(1680)至三十三(1694)年。（見畫傳編韻、中國美術家人名辭典）

姚揆

| 荷花小禽圖（為天老作） | 軸 | 紙 | 水墨 | 不詳 | 康熙十九年（庚申，1680） | 杭州 浙江省博物館 | |

畫家小傳：姚揆。字聖符。浙江嘉興人。善書法。精擅花鳥，繪枝葉爪嘴如生。流傳署款紀年作品見於聖祖康熙十九(1680)年。（見嘉興府志、中國畫家人名大辭典）

名稱	形式	質地	色彩	尺寸 高x寬㎝	創作時間	收藏處所	典藏號碼

王渚為

附：

| 花鳥圖 | 卷 | 紙 | 設色 | 26.8 x 247.7 | 庚申（康熙十九年，1680）季冬 | 紐約 佳士得藝品拍賣公司/拍賣目錄 1996,03,27. | |

畫家小傳：王渚為。字仲若。畫史無載。流傳署款紀年作品見於聖祖康熙十九（1680）年。身世待考。

徐 跊

| 寒林雪寺圖 | 軸 | 絹 | 設色 | 不詳 | 庚申（康熙十九年，1680） | 上海 上海博物館 | |

畫家小傳：徐跊。畫史無載。流傳署款紀年作品見於聖祖康熙十九（1680）年。身世待考。

楊泰基

| 指畫秋塘圖 | 軸 | 紙 | 設色 | 不詳 | 庚申（康熙十九年，1680） | 上海 上海博物館 | |

畫家小傳：楊泰基。畫史無載。流傳署款紀年作品見於聖祖康熙十九（1680）年。身世待考。

張 成

| 行旅圖 | 軸 | 絹 | 設色 | 不詳 | 庚申（？康熙十九年，1680） | 上海 上海文物商店 | |

畫家小傳：張成。畫史無載。流傳署款作品紀年疑為聖祖康熙十九（1680）年。身世待考。

徐 賦

| 仿倪雲林山水圖（明遺老詩畫集冊之第8幀） | 冊頁 | 紙 | 設色 | 19.5 x 13.2 | | 美國 勃克萊加州大學藝術館（高居翰教授寄存） | CC 193h |

畫家小傳：徐賦。畫史無載。身世待考。

陳 玫

| 竹石圖 | 軸 | 絹 | 設色 | 不詳 | 庚申（康熙十九年，1680） | 天津 天津市藝術博物館 | |

畫家小傳：陳玫。畫史無載。流傳署款紀年作品見於聖祖康熙十九（1680）年。身世待考。

晉 澤

| 山水圖（綾本山水集冊之4） | 冊頁 | 綾 | 設色 | 25.7 x 21.8 | | 美國 普林斯頓大學藝術館 | 78-24d |

畫家小傳：晉澤。畫史無載。生平待考。

名稱	形式	質地	色彩	尺寸 高x寬cm	創作時間	收藏處所	典藏號碼

李 崧
附：

| 蘆雁圖（6幀） | 冊 | 絹 | 設色 | 不詳 | 庚子（康熙五十九
年，1720）六月 | 上海 上海文物商店 | |

畫家小傳：李崧。字靜山。號芥軒。江蘇無錫人。生於世祖順治十三（1656）年，卒於高宗乾隆元（1736）年。不樂仕進，與妻隱梁溪之
　　　　嘯傲逕。工詩。善畫花鳥、蘆雁。（見無錫縣志、歸愚文鈔、中國畫家人名大辭典）

徐本潤

為廷老作山水圖	軸	金箋	水墨	不詳		鎮江 江蘇省鎮江市博物館	
林屋清話圖（名人便面畫冊 （二）之9）	摺扇面	紙	設色	不詳		台北 故宮博物院	故畫 03559-9
山水圖（清錢黯等山水冊8之 1幀）	冊頁	紙	設色	不詳	（辛酉，康熙二十 年，1681）	杭州 浙江省圖書館	

畫家小傳：徐本潤，初名麟。字自峰。號松谿。浙水嘉善（一作嘉興）人。善書畫。作山水，師法董、巨，筆墨簡淡無縱橫之氣。流傳署
　　　　款作品約見於聖祖康熙二十（1681）年。（見國朝畫徵錄、秋山談畫錄、嘉興府志、中國畫家人名大辭典）

王 崿

溪山萬竹圖	軸	絹	水墨	不詳	戊辰（康熙二十七 年，1688）	杭州 浙江省博物館	
芭蕉竹石圖	軸	紙	設色	不詳		杭州 浙江省杭州市文物考古 　　所	
枯木竹石圖	摺扇面	紙	水墨	不詳	康熙辛酉（二十 年.，1681）仲冬	北京 故宮博物院	

附：

| 雜畫（8幀） | 冊 | 紙 | 設色 | 不詳 | 辛巳（康熙四十年
，1701） | 上海 上海文物商店 | |

畫家小傳：王崿。字山眉。浙江山陰人。善畫墨竹、人物。畫人物，師法陳洪綬。流傳署款紀年作品見於聖祖康熙二十（1681）至四十
　　　　（1701）年。（見圖繪寶鑑續纂、國朝畫徵錄、歷代畫史彙傳、中國畫家人名大辭典）

金造士

| 仿高克恭山水圖（為晉侯作） | 摺扇面 | 紙 | 設色 | 不詳 | 辛酉（康熙二十年
，1681）秋孟 | 北京 故宮博物院 | |
| 山水圖 | 摺扇面 | 紙 | 設色 | 不詳 | 甲午（康熙五十三
年，1714） | 北京 故宮博物院 | |

名稱	形式	質地	色彩	尺寸 高×寬㎝	創作時間	收藏處所	典藏號碼
擬巨然意作山水圖（為啟老作）	摺扇面	紙	設色	不詳	己亥（康熙五十八年，1719）八月	上海　上海博物館	
林巒飛雪圖	摺扇面	金箋	設色	不詳	甲子（康熙二十三年，1684）	南京　南京博物院	
山水圖	冊頁	紙	設色	22.8 × 31		德國　柏林東亞藝術博物館	1988-418

畫夜小傳：金造士。字民譽。江蘇嘉定人。與吳歷交善。善畫山水，筆墨渾厚一似吳歷；兼工寫意花鳥。署款紀年作品見於聖祖康熙二十（1681）至五十八（1719）年。（見畫囊、墨林韻話、中國畫家人名大辭典）

梅　蔚

名稱	形式	質地	色彩	尺寸 高×寬㎝	創作時間	收藏處所	典藏號碼
溪棧結屋圖（為文翁作，梅清等雜畫6段卷之第3段）	卷	紙	設色	約20.5 × 56	（己巳，康熙二十八年，1689）	上海　上海博物館	
山水（梅清等雜畫6段卷之1段）	卷	紙	設色	約21 × 56		上海　上海博物館	
停舟看山圖	軸	絹	水墨	71.9 × 38.2	辛酉（康熙二十年，1681）	上海　上海博物館	
山水圖（梅氏山水冊10之2幀）	冊頁	紙	設色	（每幀）31.7 × 70.8		合肥　安徽省博物館	

畫家小傳：梅蔚。畫史無載。流傳署款紀年作品見於聖祖康熙二十（1681）、二十八（1689）年。身世待考。

王令壽

名稱	形式	質地	色彩	尺寸 高×寬㎝	創作時間	收藏處所	典藏號碼
萬壑松濤圖	軸	絹	設色	不詳	丁卯（康熙二十六年，1687）	南京　南京博物院	
鶴竹圖	軸	紙	設色	98 × 44.4	辛酉（康熙二十年，1681）臘月	日本　大阪市立美術館	

畫家小傳：王令壽。籍里、身世不詳。善畫山水，得文伯仁筆意。流傳署款紀年作品見於聖祖康熙二十（1681）、二十六（1687）年。（見歷代畫史彙傳附錄、中國畫家人名大辭典）

李含渼

名稱	形式	質地	色彩	尺寸 高×寬㎝	創作時間	收藏處所	典藏號碼
煙水雲山圖	軸	絹	水墨	161.8 × 52.5		天津　天津市藝術博物館	
山水圖（8幅）	軸	絹	設色	不詳		廣州　廣州市美術館	
山水圖（清錢黯等山水冊8之1幀）	冊頁	紙	設色	不詳	（辛酉，康熙二十年，1681）	杭州　浙江省圖書館	
雨樓煙寺圖（寫似觀成道兄）	摺扇面	金箋	水墨	17.3 × 53	癸酉（康熙三十二	日本　大阪橋本大乙先生	

名稱	形式	質地	色彩	尺寸 高x寬cm	創作時間	收藏處所	典藏號碼

年，1693）仲

畫家小傳：李含渼。字南溟。浙江嘉興人。李琪枝之子，李日華曾孫。承家學，兄弟數人皆善畫。其畫山水濃郁豐潤，兼長花卉草蟲。曾與周熙載同應靳公輔之聘，合繪黃河圖，進呈稱旨。流傳署款紀年作品見於聖祖康熙二十（1681）至三十二（1693）年。（見國朝畫徵錄、國朝畫識、中國畫家人名大辭典、宋元明清書畫家年表）

邵 泌

| 蒼松圖 | 軸 | 綾 | 水墨 | 164.5 x 47.5 | 辛酉（康熙二十年，1681） | 濟南 山東省博物館 | |
| 墨松（名人書畫扇（壬）冊之11） | 摺扇面 | 紙 | 水墨 | 不詳 | | 台北 故宮博物院 | 故畫 03560-11 |

畫家小傳：邵泌。畫史無載。流傳署款紀年作品見於聖祖康熙二十（1681）年。身世待考。

李 鄂

| 山水圖 | 摺扇面 | 金箋 | 設色 | 不詳 | 辛酉（？康熙二十年，1681） | 南京 南京博物院 | |

畫家小傳：李鄂。畫史無載。流傳署款作品紀年疑為聖祖康熙二十（1681）年。身世待考。

王 虢

| 芝蘭松石圖 | 軸 | 絹 | 設色 | 不詳 | 康熙辛酉（二十年，1681） | 杭州 浙江省博物館 | |

畫家小傳：王虢。畫史無載。流傳署款紀年作品見於聖祖康熙二十（1681）年。身世待考。

錢 黯

| 仿倪瓚山水圖 | 軸 | 紙 | 水墨 | 87.9 x 37.4 | 八十老樵（？） | 上海 上海博物館 | |
| 山水圖（清錢黯等山水冊8之1幀） | 冊頁 | 紙 | 設色 | 不詳 | 辛酉（康熙二十年，1681） | 杭州 浙江省圖書館 | |

畫家小傳：錢黯。畫史無載。流傳署款作品約見於聖祖康熙二十（1681）年。身世待考。

李新枝

| 山水圖（清錢黯等山水冊8之1幀） | 冊頁 | 紙 | 設色 | 不詳 | （辛酉，康熙二十年，1681） | 杭州 浙江省圖書館 | |

畫家小傳：李新枝。畫史無載。流傳署款作品約見於聖祖康熙二十（1681）年。身世待考。

萬必大

名稱	形式	質地	色彩	尺寸 高x寬㎝	創作時間	收藏處所	典藏號碼

山水圖（清錢黯等山水冊8之
1幀）　冊頁　紙　設色　不詳　（辛酉，康熙二十
年，1681）　杭州 浙江省圖書館

畫家小傳：萬必大。畫史無載。流傳署款作品約見於聖祖康熙二十（1681）年。身世待考。

畢以恭

梅花書屋圖　摺扇面 金箋　設色　不詳　辛酉（？康熙二十
年，1681）　北京 故宮博物院

畫家小傳：。畫史無載。流傳署款作品紀年疑為聖祖康熙二十（1681）年。身世待考。

楊　芳

山水圖　摺扇面 金箋　水墨　不詳　辛酉（？康熙二十
年，1681）　北京 故宮博物院

畫家小傳：楊芳。畫史無載。流傳署款作品紀年疑為聖祖康熙二十（1681）年。身世待考。

張　孅

蕉蔭仕女圖　軸　絹　設色　不詳　辛酉（康熙二十年
，1681）　成都 四川大學

海棠牽牛（明花卉畫冊之6）　冊頁　紙　設色　16.5 x 48.5　　台北故宮博物院　故畫 03515-6

畫家小傳：張孅。女。字筠如。江蘇松江人。適上海喬氏。工鉤染花鳥，結合惲壽平與馬元馭為一手。（見墨香居畫識、墨林今話、耕硯
田齋筆記、海上墨林、中國畫家人名大辭典）

石　澥

墨竹圖（明清書畫扇面冊之1
幀）　摺扇面 紙　水墨　19.5 x 56.1　辛酉（？康熙二十
年，1681）新秋月　日本 中埜又左衛門先生

畫家小傳：石澥。畫史無載。流傳署款作品紀年疑為聖祖康熙二十（1681）年。身世待考。

孔毓圻

蘭花竹石圖　軸　綾　水墨　153 x 46.5　　濟南 山東省博物館

松石萱花圖　軸　絹　水墨　不詳　　常熟 江蘇省常熟市文物管理
委員會

三君子圖（今雨瑤華圖冊8之
1幀）　冊頁　紙　設色　19.1 x 31.9　　北京 故宮博物院

蘭石圖　軸　花綾　水墨　98.2 x 47.2　　濟南 山東省文物商店

附：

名稱	形式	質地	色彩	尺寸 高×寬㎝	創作時間	收藏處所	典藏號碼

蘭石圖（法趙文敏筆意）　軸　絹　水墨　94 × 52.4　　　　　　　紐約 佳士得藝品拍賣公司/拍
　　　　　　　　　　　　　　　　　　　　　　　　　　　　　　　賣目錄 1987.06.03

畫家小傳：孔毓圻。字鍾在。號蘭堂。山東曲阜人，孔子後裔。生於清世祖順治十四（1657）年，卒於世宗雍正元（1723）年。聖祖
　　　　康熙六（1667）年襲衍聖公位。善盡墨蘭，筆墨飛舞，韻秀而勁，深得趙孟頫之旨趣。（見耕硯齋筆記、孔氏宗譜、中國畫家
　　　　人名大辭典）

裕親王

夏山圖　　　　　　　　　　　軸　綾　設色　121.7 × 50.3　康熙壬戌（二十一　台北 故宮博物院　　　故畫 02431
　　　　　　　　　　　　　　　　　　　　　　　　　　年，1682）七月既
　　　　　　　　　　　　　　　　　　　　　　　　　　望

畫家小傳：裕親王。畫史無載。清皇室，姓愛新覺羅，名福全。為世祖第二子。生年不詳，卒於聖祖康熙四十二（1703）年。康熙六年，
　　　　受封裕憲親王。常膺重命，屢建軍功。與聖祖情感甚篤，曾令畫工繪御容與其合圖。流傳署款紀年作品見於聖祖康熙二十一
　　　　（1682）年。（見清史稿校註·列傳）

王 詩
附：

閒賞野吟圖（為籬翁作）　　　軸　絹　設色　不詳　　　　　壬戌（康熙二十一　北京 中國文物商店總店
　　　　　　　　　　　　　　　　　　　　　　　　　　年，1682）

畫家小傳：王詩。字志庭。江西婺源人。以繪事名家，尤善畫蘭竹、水仙。流傳署款紀年作品見於聖祖康熙二十一（1682）年。（見婺源縣志、
　　　　中國畫家人名大辭典）

莫 紳

仿古山水圖（10幀，為履翁　　冊　紙　設色、不詳　　　　康熙壬戌（二十一　北京 故宮博物院
作）　　　　　　　　　　　　　　　　水墨　　　　　　　年，1682）菊月

畫家小傳：莫紳。籍里、身世不詳。工畫山水，筆墨秀潤似李流芳。流傳署款紀年作品見於聖祖康熙二十一（1682）年。（見歷代畫史彙傳
　　　　附錄、中國畫家人名大辭典）

詹 雲

杏村讀書圖（為方山作）　　　軸　絹　設色　154.5 × 61.7　　　　　台北 張建安先生

畫家小傳：詹雲。畫史無載。身世待考。

牛樞暐

杏村讀書圖（為方山作）　　　軸　絹　設色　154.5 × 61.7　　　　　台北 張建安先生
仿宋人山水圖（10幀，為楓仲　冊　紙　設色　不詳　　　　壬戌（康熙二十一　太原 山西省博物館

名稱	形式	質地	色彩	尺寸 高×寬cm	創作時間	收藏處所	典藏號碼
作）					年，1682）春暮		

畫家小傳：牛樞暐。字老標。順天（北平）人。品行清高，性嗜書畫。畫山水師董、巨，用筆運墨最為得法。流傳署款紀年作品見於聖祖康熙二十一（1682）年。（見圖繪寶鑑續纂、國朝畫徵錄、中國畫家人名大辭典）

楊　蘊

附：

名稱	形式	質地	色彩	尺寸 高×寬cm	創作時間	收藏處所	典藏號碼
竹石圖	軸	綾	水墨	不詳	壬戌（？康熙二十一年，1682）	青島 青島市文物商店	

畫家小傳：楊蘊。畫史無載。流傳作品署款紀年疑為聖祖康熙二十一（1682）年。身世待考。

馮　照

名稱	形式	質地	色彩	尺寸 高×寬cm	創作時間	收藏處所	典藏號碼
仿藍瑛山水圖	軸	絹	設色	不詳	壬戌（？康熙二十一年，1682）仲冬	普陀山 浙江省舟山普陀山文物館	

畫家小傳：馮照。畫史無載。流傳作品署款紀年疑為聖祖康熙二十一（1682）年。身世待考。

尤汝瑛

名稱	形式	質地	色彩	尺寸 高×寬cm	創作時間	收藏處所	典藏號碼
山水圖	軸	紙	設色	不詳	壬戌（？康熙二十一年，1682）	北京 故宮博物院	

畫家小傳：尤汝瑛。畫史無載。流傳署款作品紀年疑為聖祖康熙二十一（1682）年。身世待考。

蕭　晨

名稱	形式	質地	色彩	尺寸 高×寬cm	創作時間	收藏處所	典藏號碼
青綠山水圖	卷	絹	設色	不詳		北京 故宮博物院	
仿李唐采薇圖	卷	絹	設色	26.1 x 84.1		合肥 安徽省博物館	
豐年瑞雪	軸	絹	設色	109.8 x 56.1		台北 故宮博物院	故畫00766
東山絲竹圖	軸	紙	設色	51 x 36.3		香港 葉承耀先生	
畫錦堂圖通景（12屏）	軸	絹	設色	不詳	庚午（康熙二十九年，1690）	北京 故宮博物院	
雪景人物圖	軸	絹	設色	不詳	辛未（康熙三十年，1691）	北京 故宮博物院	
楓林停車圖	軸	絹	設色	124.5 x 51.6	丁丑（康熙三十六年，1697）	北京 故宮博物院	
江田種秫圖	軸	絹	設色	67.3 x 44.4		北京 故宮博物院	

名稱	形式	質地	色彩	尺寸 高×寬㎝	創作時間	收藏處所	典藏號碼
蕉林書屋圖	軸	絹	設色	123.5 × 50.7		北京 故宮博物院	
三星圖（祝天老四秩初度作）	軸	紙	設色	97.5 × 45	己巳（康熙二十八年，1689）冬日	北京 中國美術館	
東閣觀梅圖	軸	絹	設色	160.3 × 50	丁巳（康熙十六年，1677）	北京 首都博物館	
東閣觀梅圖	軸	絹	設色	不詳	丙辰（乾隆元年，1736）嘉平月	北京 首都博物館	
柳下聽鸝圖	軸	絹	設色	141.1 × 56.1		北京 中央美術學院	
杏花山館圖	軸	綾	設色	不詳		天津 天津市藝術博物館	
高士圖	軸	綾	設色	77.5 × 43		天津 天津市藝術博物館	
道家仙影圖	軸	絹	設色	176 × 91.2		天津 天津市藝術博物館	
仿李晞古鬥茶圖	軸	絹	設色	186 × 97.1	乙亥（康熙三十四年，1695）	濟南 山東省博物館	
高閣迎春圖	軸	綾	設色	183.5 × 96	己亥（康熙五十八年，1719）	濟南 山東省濟南市博物館	
林和靖探梅圖	軸	紙	設色	123.1 × 58.5		青島 山東省青島市博物館	
富貴兒孫圖	軸	絹	設色	不詳		合肥 安徽省博物館	
桃花源圖	軸	絹	設色	193 × 65.5	壬午（康熙四十一年，1702）清和	揚州 江蘇省揚州市博物館	
三教圖	軸	紙	設色	不詳		揚州 江蘇省揚州市博物館	
四友圖	軸	紙	設色	71.4 × 44.3		揚州 江蘇省揚州市博物館	
呂純陽像	軸	紙	設色	不詳		上海 上海博物館	
渭水訪賢圖	軸	紙	設色	118.1 × 42.6	乙酉（康熙四十四年，1705）	南京 南京博物院	
山溪會琴圖	軸	絹	設色	172.8 × 48.5		南京 南京博物院	
移居新室圖（為以覲作）	軸	紙	設色	206.2 × 73.7	丁丑（康熙三十六年，1697）四月望日	南京 南京大學	
荷靜納涼圖	軸	絹	設色	119.8 × 48.1		成都 四川大學	

名稱	形式	質地	色彩	尺寸 高×寬cm	創作時間	收藏處所	典藏號碼
葛洪移居圖	軸	絹	設色	194 × 96	癸亥（康熙二十二年，1683）	廣州 廣東省博物館	
鍾馗圖	軸	紙	設色	88.1 × 40.2		廣州 廣州市美術館	
商山應聘圖（為建章先生六秩初度作）	軸	絹	設色	190 × 97	丙辰歲（康熙十五年，1676）葐賓月	美國 紐約王季遷明德堂	
雪景圖	軸	絹	設色	174.3 × 52,1		美國 紐約Hobart先生	
賞梅圖	摺扇面	紙	設色	16.7 × 51.2		香港 莫華釗承訓堂	K92.63
拜影樓圖（史爾祉等作山水冊12之1幀）	冊頁	紙	設色	19.5 × 16		北京 故宮博物院	
東坡博古圖	摺扇面	紙	設色	17.8 × 51.5	辛亥（雍正九年，1731）	北京 故宮博物院	
寫杜少陵詩意圖	摺扇扇	紙	設色	不詳	甲寅（雍正十二年，1734)	北京 故宮博物院	
蘆渚垂綸圖（李寅等雜畫冊12之1幀）	冊頁	紙	設色	17.2 × 12.1	乙卯（雍正十三年，1735）秋日	北京 故宮博物院	
詩畫山水（李寅等雜畫冊12之1幀）	冊頁	紙	設色	17.2 × 12.1		北京 故宮博物院	
羲之書扇圖（李寅等雜畫冊12之1幀）	冊頁	紙	設色	17.2 × 12.1		北京 故宮博物院	
滑稽禪隱圖（10幀）	冊	紙	設色	（每幀）19 × 24.2		北京 故宮博物院	
柳煙桃花圖	摺扇面	紙	設色	17 × 50.6		北京 故宮博物院	
游歸圖	摺扇面	紙	設色	16.5 × 51.8		北京 故宮博物院	
山水（12幀）	冊	絹	設色	（每幀）24.2 × 18.5		北京 中國歷史博物館	
山水圖（為涵中作，原濟等書畫合璧冊8之1幀）	冊頁	紙	水墨	15.7 × 20.8	（辛亥，康熙十年，1671）	上海 上海博物館	
山水圖（清蕭晨等書畫合冊4之1幀）	摺扇面	金箋	設色	不詳		常州 江蘇省常州市博物館	
寒林策蹇圖	摺扇面	紙	設色	不詳		杭州 浙江省杭州市文物考古所	

名稱	形式	質地	色彩	尺寸 高×寬cm	創作時間	收藏處所	典藏號碼
雙松二老圖	摺扇面	金箋	設色	不詳	丁丑（康熙三十六年，1697）	寧波 浙江省寧波市天一閣文物保管所	
箕潁圖	摺扇面	金箋	設色	不詳	辛酉（康熙二十年，1681）	貴陽 貴州省博物館	
山水圖（畫為中符先生壽，清人山水圖冊之3）	冊頁	紙	設色	13.4 × 24.4	癸卯（雍正元年，1723）歲冬	美國 勃克萊加州大學藝術館（高居翰教授寄存）	CC 12c
仕女圖	摺扇面	金箋	設色	17.4 × 51.7		美國 勃克萊加州大學藝術館	1980.42.8
湖干即景圖（畫贈蕉林太史先生）	摺扇面	紙	設色	16.1 × 51.8	己卯（康熙三十八年，1699）首夏	美國 舊金山亞洲藝術館	B79 D17
設色人物圖	摺扇面	金箋	設色	18.5 × 58.2		德國 柏林東亞藝術博物館	1988-331
附：							
淮南招隱圖（為春翁作）	軸	絹	設色	不詳	丙申（康熙五十五年，1716）春	北京 榮寶齋	
寒林雪景圖	軸	絹	設色	138.6 × 62.2		濟南 山東省文物商店	
漢吳公故事圖	軸	絹	設色	195 × 93	壬戌（康熙二十一年，1682）	上海 朵雲軒	
詩案吟箋圖	軸	絹	設色	66.2 × 40.6		上海 上海文物商店	
攜琴訪友圖	軸	綾	設色	143.1 × 49.3		上海 上海文物商店	
芭蕉深院圖	軸	紙	設色	119 × 66	丙辰（康熙十五年，1676）歲貙賓月	紐約 佳士得藝品拍賣公司/拍賣目錄 1993,12,01.	

畫家小傳：蕭晨。字靈曦。號中素。江蘇揚州人。生於世祖順治十五（1658）年，高宗乾隆元(1736)年尚在世。善畫山水、人物，師法唐、宋人，設色妍雅，用筆清勁。（見圖繪寶鑑續纂、漁洋集、別裁詩集小傳、桐陰論畫、中國畫家人名大辭典）

邱 園

仿沈周雪景山水圖	軸	紙	設色	不詳	癸亥（康熙二十二年，1683）	北京 故宮博物院	

畫家小傳：邱園。江蘇常熟人。字嶼雪。隱居烏丘山，因號烏丘先生。善度曲。工畫山水，得潑墨法，作雪景尤妙。為黃鼎之師。流傳署款紀年作品見於聖祖康熙二十二（1683）年。（見海虞畫苑略、琴川志、歸愚文鈔、中國畫家人名大辭典）

葉鼎奇

荔枝山鵲（明人集繪冊之10）	冊頁	紙	設色	31 × 37.7		台北 故宮博物院	故畫 03510-10
花鳥圖（為慶陽年翁作，俞齡	冊頁	絹	設色	31.2 × 31.8	（丁卯，康熙二十	上海 上海博物館	

名稱	形式	質地	色彩	尺寸 高x寬㎝	創作時間	收藏處所	典藏號碼

等雜畫冊 38 之 1 幀） 六年，1687）

附：

| 花鳥圖（8 幀） | 冊 | 絹 | 設色 | 不詳 | 癸亥（康熙二十二 年，1683） | 天津 天津市文物公司 | |

畫家小傳：葉鼎奇。字奇胥。浙江杭州人。工畫花卉。流傳署款紀年作品見於聖祖康熙二十二（1683）、二十六（1687）年。（見圖繪寶鑑續纂、中國畫家人名大辭典）

王時翼

| 岳陽大觀圖 | 軸 | 紙 | 設色 | 133.1 x 59.8 | | 台北 故宮博物院 | 故畫 00682 |
| 絃管醉春圖 | 軸 | 紙 | 設色 | 不詳 | 癸亥（康熙二十二 年，1683） | 上海 上海博物館 | |

畫家小傳：王時翼。字又溟。江蘇太倉人。王時敏族弟。工畫山水，師法李唐，蒼古雄渾；亦畫人物，類宋旭。流傳署款紀年作品見於聖祖康熙二十二（1683）年。（見耕硯田齋筆記、遲鴻軒所見書畫錄、中國畫家人名大辭典）

許遇

松石圖	軸	紙	水墨	不詳	戊戌（康熙五十七 年，1718）	天津 天津市藝術博物館	
竹石圖	軸	絹	水墨	不詳		杭州 浙江省博物館	
水墨松竹圖	軸	絹	水墨	不詳	癸亥（康熙二十二 年，1683）仲春二 日	廣州 廣州市美術館	
老松詩畫圖	軸	絹	水墨	121.7 x 28.1		日本 染殿花院	
松圖（12 幀）	冊	紙	水墨	不詳		天津 天津市藝術博物館	

附：

| 松菊圖 | 軸 | 絹 | 水墨 | 121.7 x 28.1 | 丁亥（康熙四十六 年，1707） | 上海 朵雲軒 | |

畫家小傳：許遇。字不棄（一字真意）。號花農、月溪。福建侯官人。許友之子。能紹家學，善畫松石，兼工梅竹。又工詩，為王漁洋弟子。流傳署款紀年作品見於聖祖康熙二十二（1683）至五十七（1718）年。（見國朝畫徵錄、鷸尾續集、全閩詩錄、福建通志、福州府志、中國畫家人名大辭典）

吳宏

| 江山行旅圖 | 卷 | 紙 | 設色 | 23.7 x 1237.8 | 康熙癸亥（二十二 | 北京 故宮博物院 | |

名稱	形式	質地	色彩	尺寸 高×寬cm	創作時間	收藏處所	典藏號碼
					年，1683）八月		
山水圖	卷	紙	設色	22.7 × 210.1		北京 故宮博物院	
燕磯、莫愁湖圖（2段）	卷	紙	設色	31.1 × 149.5		北京 故宮博物院	
仿元人山水圖	軸	絹	設色	146.5 × 47	丁未（雍正五年，1727）	北京 故宮博物院	
竹石圖	軸	綾	水墨	不詳		北京 故宮博物院	
秋山平遠圖	軸	紙	水墨	97.8 × 47.4		北京 故宮博物院	
秋山草堂圖	軸	絹	設色	不詳		北京 故宮博物院	
風竹圖	軸	絹	水墨	不詳		北京 故宮博物院	
梅花圖	軸	紙	水墨	120 × 33.1		南京 江蘇省美術館	
觀泉圖	軸	絹	設色	92.8 × 53.2		南京 南京大學	
仿元人山水圖	軸	絹	設色	170.7 × 47.1		杭州 浙江省博物館	
墨竹圖	軸	絹	水墨	240.8 × 102.1		日本 東京國立博物館	
山水圖	軸	紙	設色	166.1 × 46.1	甲辰（雍正二年，1724）春月	英國 倫敦大英博物館	
□柳清溪（名人書畫合冊之13）	冊頁	不詳	水墨	163 × 52.3		台北 故宮博物館	故畫 03582-13
山水圖	摺扇面	金箋	設色	16 × 52.3	癸卯（雍正元年，1736	北京 故宮博物院	
秋林讀書圖	摺扇面	紙	設色	16 × 52	甲辰（雍正二年，1724）	北京 故宮博物院	
指畫山水圖	冊頁	紙	設色	不詳	丁酉（康熙五十六年，1717）初冬	北京 故宮博物院	
山水圖	冊頁	紙	設色	22.7 × 63		北京 故宮博物院	
竹石圖	冊頁	紙	水墨	22.7 × 63		北京 故宮博物院	
山水圖	摺扇面	紙	設色	16.6 × 52.3		北京 故宮博物院	
山水圖（樊圻等名人書畫冊12之2幀）	冊頁	絹	設色	25.7 × 32.5		北京 故宮博物院	
山水圖（諸家山水圖冊12之1	冊頁	紙	設色	26.5 × 22		北京 故宮博物院	

名稱	形式	質地	色彩	尺寸 高x寬cm	創作時間	收藏處所	典藏號碼
幀）							
山水圖（？幀）	冊	紙	設色	不詳	辛卯（康熙五十年，1711）花朝日	南京 南京博物院	
山水圖	摺扇面	金箋	水墨	不詳		杭州 浙江省博物館	
附：							
山水圖	卷	紙	設色	22.9 x 222.2	丁丑（康熙三十六年，1697）秋日	香港 蘇富比藝品拍賣公司/拍賣目錄1980,12,18.	

畫家小傳：吳宏。字博山。號織齋。江蘇長洲人。善作粗筆人物，點綴有韻致。流傳署款紀年作品見於聖祖康熙廿二（1683）年，至世宗雍正五（1727）年。（見歷代畫史彙傳附錄、中國畫家人名大辭典）

林 蓁

山棧策驢圖（諸家山水圖冊12之1幀）	冊頁	紙	設色	26.5 x 22		北京 故宮博物院	

畫家小傳：林蓁。畫史無載。約與吳宏同時間。身世待考。

呂佶孫

仿王翬山水圖（十八名家扇面圖冊之8）	摺扇面	紙	設色	16.4 x 50.9		韓國 首爾朴周煥先生	

畫家小傳：呂佶孫。畫史無載。生平待考。

顧安仁

松鶴圖	軸	絹	設色	不詳	甲午（康熙五十三年，1714）	天津 天津市藝術博物館	
秋棧行旅圖	軸	絹	設色	不詳	癸亥（康熙二十二年，1683）	無錫 江蘇省無錫市博物館	
西園雅集圖	軸	絹	設色	169.8 x 90.8	乙丑（康熙二十四年，1685）仲夏	瑞典 斯德哥爾摩遠東古物館	

畫家小傳：顧安仁。字滄州。浙江山陰（今紹興）人。工人物寫真。高其佩官浙時，聘其為幕客，遂亦善指頭畫。流傳署款紀年作品見於聖祖康熙二十二（1683）至五十三（1714）年。（見越畫見聞、中國畫家人名大辭典）

汪 進

關山雪霽圖	軸	絹	設色	184 x 98	癸亥（康熙二十二年，1683）	瀋陽 故宮博物院	

畫家小傳：汪進。畫史無載。流傳署款紀年作品見於聖祖康熙二十二（1683）年。身世待考。

名稱	形式	質地	色彩	尺寸 高x寬cm	創作時間	收藏處所	典藏號碼

朱 昱

附：

| 山水圖 | 軸 | 金箋 | 設色 | 不詳 | 癸亥（康熙二十二年，1683） | 上海 朵雲軒 | |

畫家小傳：朱昱。畫史無載。流傳署款紀年作品見於聖祖康熙二十二（1683）年。身世待考。

施 恒

附：

| 菊花圖 | 軸 | 金箋 | 水墨 | 不詳 | 癸亥（康熙二十二年，1683） | 上海 朵雲軒 | |

畫家小傳：施恒。畫史無載。流傳署款紀年作品見於聖祖康熙二十二（1683）年。身世待考。

徐 方

名稱	形式	質地	色彩	尺寸 高x寬cm	創作時間	收藏處所	典藏號碼
鍾馗尋梅圖	軸	絹	設色	135.9 x 65.4	壬辰（康熙五十一年，1712）	北京 故宮博物院	
風雪運輛圖	軸	紙	設色	不詳	丁亥（康熙四十六年，1707）十一月	北京 故宮博物院	
牧馬圖	軸	紙	設色	129.4 x 58	壬午（康熙四十一年，1702）	天津 天津市歷史博物館	
花卉草蟲圖	摺扇面	紙	設色	不詳	甲戌（康熙三十三年，1694）春日	北京 故宮博物院	
仿趙令穰山水圖（祝蔣母曹太夫人五十壽山水圖冊之8）	冊頁	金箋	設色	31.6 x 33.5	丙子（康熙三十五年，1696）春王正月	美國 耶魯大學藝術館	1965.130h

附：

名稱	形式	質地	色彩	尺寸 高x寬cm	創作時間	收藏處所	典藏號碼
書臺積雪圖	軸	紙	設色	173 x 40	癸亥（康熙二十二年，1683）	天津 天津市文物公司	
憩馬圖（徐方、楊晉合作）	軸	絹	設色	138.5 x 81.5	甲申（康熙四十三年，1704）秋七月既望	香港 蘇富比藝品拍賣公司/拍賣目錄 1999,10,31.	
仿宋元人畫馬圖（8幀）	冊	絹	設色	不詳	丙戌（康熙四十五年，1706）九秋	上海 朵雲軒	
花鳥圖（清名家山水花鳥冊16	冊頁	紙	設色	不詳		紐約 佳士得藝品拍賣公司/拍	

名稱	形式	質地	色彩	尺寸 高x寬cm	創作時間	收藏處所	典藏號碼
之12幀）						賣目錄 1996,09,18.	
設色馬（清名家山水花鳥冊 16之1開）	冊頁	紙	設色	不詳		香港 蘇富比藝品拍賣公司/拍 賣目錄 1999,10,31.	

畫家小傳：徐方。字允平。號鐵山、亦舟。江蘇常熟人。少時與王翬、顧文淵同習山水，後度不能勝翬，文淵去而畫竹，方去而畫馬，遂各臻絕境。流傳署款紀年作品見於聖祖康熙二十二(1683)至五十一(1712)年。（見國朝畫徵續錄、海虞畫苑略、桐陰論畫、柳南隨筆、虞山畫志、中國畫家人名大辭典）

蔡 遠

名稱	形式	質地	色彩	尺寸 高x寬cm	創作時間	收藏處所	典藏號碼
關山秋齋圖	軸	絹	設色	177 x 52	辛巳（康熙四十年，1701）	天津 天津市歷史博物館	
仿范寬山溪水涉圖	軸	絹	設色	210.7 x 98.8	戊辰（康熙二十七年，1688）小春	南通 江蘇省南通博物苑	
仿吳仲圭山水圖	軸	紙	水墨	163.2 x 71	丙戌（康熙四十五年，1706）仲冬	南京 南京博物院	
仿荊浩山水圖	軸	絹	設色	98 x 40.5	壬辰（康熙五十一年，1712）長夏	常熟 江蘇省常熟市文物管理委員會	
山水圖	軸	紙	設色	32.8 x 24.5	庚辰（康熙三十九年，1700）	無錫 江蘇省無錫市博物館	
板橋霜月圖（為仲翁作）	軸	紙	設色	119 x 58.7	丙申（康熙五十五年，1716）嘉平	成都 四川省博物院	
溪山彈琴圖	軸	絹	設色	52.3 x 28	壬辰（康熙五十一年，1712）	福州 福建省博物館	
溪山彈琴圖	軸	紙	設色	不詳	壬辰（康熙五十一年，1712）九秋	廣州 廣東省博物館	
撫柯九思山水圖（為仙枝壽作）	軸	紙	水墨	102.8 x 49.3	甲戌（康熙三十三年，1694）仲秋	美國 耶魯大學藝術館	1956.41.2
溪口漁隱圖（各人畫扇貳冊（下）冊之14）	摺扇面	紙	設色	不詳		台北 故宮博物院	故畫 03557-14
雲壑仙居圖（虞山諸賢合璧冊 12之1幀）	冊頁	紙	設色	29.7 x 22.1	辛巳（康熙四十年，1701）仲春	北京 故宮博物院	
鶴林秋霽圖	冊頁	絹	水墨	33.9 x 40.6	壬辰（康熙五十一年，1712）	南京 南京博物院	
山水圖（武丹等山水冊8之2幀）	冊頁	紙	設色	（每幀）28 x 22.5		南寧 廣西壯族自治區博物館	

名稱	形式	質地	色彩	尺寸 高×寬㎝	創作時間	收藏處所	典藏號碼
倣夏珪載鶴圖（祝蔣母曹夫人五十壽山水圖冊之9）	冊頁	金箋	水墨	31.6 × 33.5	丙子（康熙三十五年，1696）春	美國 耶魯大學藝術館	1965.130i
山水圖（（祝蔣母曹夫人五十壽山水圖冊之10）	冊頁	金箋	水墨	31.6 × 33.5	丙子（康熙三十五年，1696）春	美國 耶魯大學藝術館	1965.130j
附：							
破山古寺圖	軸	絹	設色	不詳		上海 上海友誼商店	
仿趙大年山水圖	軸	絹	設色	112.5 × 51.1	乙亥（康熙二十二年，1683）	蘇州 蘇州市文物商店	

畫家小傳：蔡遠。字自遠。號天涯、紫帽山人。福建人，僑居常熟。善畫山水，學於王翬；又善畫牛，與楊晉齊名。流傳署款紀年作品見於聖祖康熙二十二1683)至五十五(1716)年。（見海虞畫苑略、桐陰論畫、常熟縣志、中國畫家人名大辭典、中國畫家人名大辭典）

沈 楷

名稱	形式	質地	色彩	尺寸 高×寬㎝	創作時間	收藏處所	典藏號碼
法北宋人筆意柳塘雙鵝圖	橫幅	絹	設色	76.3 × 95.2	庚午（康熙二十九年，1690）夏日	日本 東京小幡醇一先生	
附：							
竹禽花卉圖	軸	絹	設色	不詳	癸亥（康熙二十二年，1683）	上海 上海文物商店	

畫家小傳：沈楷。籍里、身世不詳。善畫雞。流傳署款紀年作品見於聖祖康熙二十二（1683）至二十九（1690）年。（見歷代畫史彙傳附錄、中國畫家人名大辭典）

惲 冰

名稱	形式	質地	色彩	尺寸 高×寬㎝	創作時間	收藏處所	典藏號碼
百花圖	卷	絹	設色	34 × 331	庚辰（康熙三十九年，1700）新春	台北 長流美術館	
花卉圖	卷	絹	設色	24.5 × 280.1		台北 王靄雲先生	
春花艷品圖（擬宋人筆意）	軸	絹	設色	89.5 × 48.7		新加坡 Dr.E.Lu	
國香春霽圖	軸	絹	設色	172 × 79	癸未（康熙四十二年，1703）	鄭州 河南省博物館	
春風鸚鵒圖	軸	紙	水墨	不詳		上海 上海博物館	
東籬佳色圖	軸	絹	設色	不詳		無錫 江蘇省無錫市博物館	
紫藤虞美人圖	軸	絹	設色	52 × 37.4		無錫 江蘇省無錫市博物館	
玉洞仙株圖	軸	絹	設色	101.9 × 46.1		杭州 浙江省博物館	
傲霜秋艷圖	軸	絹	設色	98 × 47		杭州 浙江美術學院	
金粟仙糧圖	軸	絹	設色	不詳	戊辰（康熙二十七年，1688）	紹興 浙江省紹興市博物館	
牡丹蘭石圖	軸	紙	設色	不詳		紹興 浙江省紹興市博物館	

名稱	形式	質地	色彩	尺寸 高×寬㎝	創作時間	收藏處所	典藏號碼
春風鸚鵒圖	軸	絹	設色	111 × 47.1		成都 四川省博物院	
南山秋艷圖	軸	絹	設色	90 × 46		廣州 廣州市美術館	
華春富貴圖（撫惲壽平本）	軸	絹	設色	138.2 × 45.8		日本 東京和田英太郎先生	
桃實圖	軸	紙	設色	118.1 × 46.7		日本 長崎縣立美術博物館	A1-110
燻籠仕女圖	軸	紙	設色	59.4 × 26.3		美國 舊金山亞洲藝術館	
耄耋虎兒圖（貓蝶罌粟花）	軸	絹	設色	83.9 × 63.5	康熙癸亥（二十二年，1683）清和之月	荷蘭 阿姆斯特丹 Rijks 博物館	RAK1990-9
花卉圖（張鵬翀等人雜畫冊 10 之 1 幀）	冊頁	絹	水墨	不詳		北京 中國歷史博物館	
花卉圖（10 幀）	冊	絹	設色	（每幀）28.1 × 22.3		上海 上海博物館	
雙鴨圖	摺扇面	紙	設色	16.3 × 51.7	丁卯（康熙二十六年，1687）春三月之望	日本 東京高島菊次郎槐安居	
撫北宋人本花卉圖	摺扇面	紙	設色	17.6 × 52.3		日本 私人	
花卉圖（十八名家扇面圖冊之第 7，與姚凱元合作）	摺扇面	金箋	設色	15.8 × 49.7		韓國 首爾朴周煥先生	
花卉圖	冊頁	紙	設色	31.6 × 34.9		美國 紐約大都會藝術博物館	1983.412.1-2
撫南田筆意花卉圖（10 幀）	冊	絹	設色	（每幀）30.7 × 25.4	乙卯（雍正十三年，1735））春日	美國 紐約布魯克林藝術博物館	1984.28
花卉圖（12 幀）	冊	絹	設色	（每幀）40.9 × 33		美國 舊金山亞洲藝術館	B65 D49
附：							
寫生花卉圖	卷	紙	設色	26.7 × 494.6		紐約 佳士得藝品拍賣公司/拍賣目錄 1998,03,24.	
菊花圖	軸	紙	設色	不詳		北京 中國文物商店總店	
花鳥圖	軸	紙	設色	95 × 32		紐約 佳士得藝品拍賣公司/拍賣目錄 1984,06,29.	
國色天香圖	軸	絹	設色	53 × 44.7		香港 蘇富比藝品拍賣公司/拍賣目錄 1984,11,11.	
荷花翠禽圖	軸	紙	設色	99 × 30.5	乾隆甲戌（十九年	紐約 蘇富比藝品拍賣公司/拍	

名稱	形式	質地	色彩	尺寸 高×寬cm	創作時間	收藏處所	典藏號碼
					，1754）清和月	賣目錄 1985,04,17.	
秋卉蛺蝶圖	軸	紙	設色	69.2 × 34.6		紐約 佳士得藝品拍賣公司/拍賣目錄 1987,12,11.	
牡丹玉蘭圖	軸	紙	設色	130 × 64	乙丑（康熙二十四年，1685）初夏	紐約 佳士得藝品拍賣公司/拍賣目錄 1989,12,04.	
傲霜秋艷	軸	絹	設色	96.2 × 44.3		紐約 佳士得藝品拍賣公司/拍賣目錄 1990,05,31.	
國香春霽圖	軸	絹	設色	71.1 × 77.1	甲戌（康熙三十三年，1694）初冬	紐約 佳士得藝品拍賣公司/拍賣目錄 1996,09,18.	
牡丹萱花蛺蝶圖	軸	紙	設色	125.1 × 29.8		紐約 佳士得藝品拍賣公司/拍賣目錄 1998,03,24.	
花卉、草蟲（12幀）	冊	絹	設色	（每幀）21 × 22.9		紐約 蘇富比藝品拍賣公司/拍賣目錄 1981,05,07.	
花卉圖（10幀）	冊	絹	設色	（每幀）30.8 × 25	乙卯（康熙十四年，1675）	紐約 蘇富比藝品拍賣公司/拍賣目錄 1983,12,07.	
宜蘭圖（萱花蝴蝶）	摺扇面	紙	設色	16 × 45.5	庚戌（雍正八年，1730）仲秋	紐約 佳士得藝品拍賣公司/拍賣目錄 1987,06,03.	

畫家小傳：惲冰。字清如。號浩如、蘭陵女史。江蘇武進人。惲壽平族曾孫女。善畫花卉，深得族曾祖之法。流傳署款紀年作品見於聖祖康熙二十二（1683）年至高宗乾隆十九（1754）年。（見國朝畫徵錄、玉獅老人讀畫輯略、武進志、中國畫家人名大辭典）

余 彥

山水圖	摺扇面	金箋	水墨	不詳	乙丑（康熙二十四年，1685）	北京 故宮博物院	
秋林撫琴圖	摺扇面	灑金箋	設色	不詳	癸亥（康熙二十二年，1683）	杭州 浙江省杭州市文物考古所	

畫家小傳：余彥。畫史無載。流傳署款作品紀年疑為聖祖康熙二十二（1683）、二十四（1685）年。身世待考。

（釋）曉 霜

花果圖（8幀，與道濟為文水合作）	冊	紙	設色	不詳	甲子（康熙二十三年，1684）春三月	上海 上海博物館	

畫家小傳：曉霜。僧。畫史無載。署款紀年作品見於聖祖康熙二十三（1684）年。身世待考。

李琪枝

梅花圖	軸	紙	水墨	不詳	甲子（康熙二十三	北京 故宮博物院	

名稱	形式	質地	色彩	尺寸 高x寬cm	創作時間	收藏處所	典藏號碼
					年，1684)		
茅屋秋深圖	軸	紙	水墨	79.5 x 54	己巳（康熙二十八 年，1689)	天津 天津市藝術博物館	
擬曹知白兼倪瓚山水圖（曹岳 、戴子來等十人山水合冊 10 之 1 幀）	冊頁	紙	設色	22.8 x 18.9		上海 上海博物館	

畫家小傳：李琪枝。字雲連。號奇峰。浙江嘉興人。李日華之孫。能承家學，善畫。作品以梅竹居多；偶作山水，筆墨清簡，姿態秀逸，富
　　　　恬雅之致。流傳署款紀年作品見於聖祖康熙二十三(1684)至二十八（1689）年。（見國朝畫徵錄、桐陰論畫、曝書亭集、中國畫
　　　　家人名大辭典）

汪 璞

| 擬曹知白兼倪瓚山水圖（曹岳
、戴子來等十人山水合冊 10
之 1 幀） | 冊頁 | 紙 | 設色 | 22.8 x 18.9 | | 上海 上海博物館 | |

畫家小傳：汪璞。字素公。安徽休寧人。為人性至孝。能鑑古及書畫。畫工山水，得元人疎散之趣。（見國朝畫徵錄、中國畫家領航員
　　　　大辭典）

王萬藻

| 山水圖（12 幀） | 冊 | 紙 | 設色 | 不詳 | 甲子（康熙二十三
年，1684）春日 | 北京 故宮博物院 | |

畫家小傳：王萬藻。畫史無載。流傳署款紀年作品見於聖祖康熙二十三（1684）年。身世待考。

周 佐

| 梅花錦雞圖 | 軸 | 紙 | 設色 | 不詳 | 甲子（康熙二十三
年，1684) | 瀋陽 故宮博物院 | |

畫家小傳：周佐（一作左）。字逸材。號松岑。浙江東陽人。善畫蘭竹、山水。流傳署款紀年作品見於聖祖康熙二十三（1684）年。（見
　　　　墨香居畫識、中國畫家人名大辭典）

張 烺

蘭竹圖（為慶陽年翁作，俞齡 等雜畫冊 38 之 1 幀）	冊頁	絹	設色	31.2 x 31.8	（丁卯，康熙二十 六年，1687)	上海 上海博物館	
附：							
竹雀圖	軸	絹	設色	不詳	甲子（？康熙二十 三年，1684)	上海 朵雲軒	

名稱	形式	質地	色彩	尺寸 高x寬cm	創作時間	收藏處所	典藏號碼

畫家小傳：張烺。字日生。浙江仁和人。身世不詳。善畫花卉及蘭竹。流傳署款作品約在聖祖康熙二十六（1687）年。（見圖繪寶鑑續纂、中國畫家人名大辭典）

汪 □

| 擬高尚書意山水圖（似芾斯年翁，明清書畫合綴帖之17） | 摺扇面 | 金箋 | 設色 | 15.6 x 49.5 | 甲子（？康熙二十三年，1684）夏日 | 美國 聖路易斯市吳納孫教授 | |

畫家小傳：汪□。名不詳。流傳署款作品紀年疑為聖祖康熙二十三（1684）年。身世待考。

周 璹

畫馬	軸	紙	設色	99.2 x 126.4		台北 故宮博物院	故畫 02996
鍾馗圖	軸	絹	設色	154.5 x 74.1		瀋陽 遼寧省博物館	
進酒圖	軸	絹	設色	不詳		北京 中國美術館	
嵩華毛玉圖	軸	絹	設色	不詳		北京 中國美術館	
關羽讀春秋圖	軸	絹	設色	不詳		北京 中國美術館	
雲龍圖	軸	絹	水墨	193.5 x 109.3		北京 中國美術館	
飛錫圖	軸	絹	設色	不詳		北京 中國美術館	
麻姑進酒圖	軸	絹	設色	不詳		北京 中央美術學院	
人物故事圖	軸	絹	設色	170.1 x 59.1		天津 天津市藝術博物館	
雲龍圖	軸	絹	水墨	164.5 x 97.1		濟南 山東省濟南市博物館	
聽松圖	軸	絹	設色	176.1 x 97.5		濟南 山東省濟南市博物館	
雲龍圖	軸	絹	水墨	不詳		青島 山東省青島市博物館	
雲龍圖	軸	絹	水墨	165 x 98.1		新鄉 河南省新鄉博物館	
樂天圖	軸	絹	設色	不詳		揚州 江蘇省揚州市博物館	
飛錫圖	軸	絹	設色	132 x 70		南通 江蘇省南通博物苑	
張天師像	軸	紙	設色	116.7 x 55.4	乙丑（康熙二十四年，1685）	上海 上海博物館	
松猿圖	軸	絹	設色	不詳		上海 上海博物館	

名稱	形式	質地	色彩	尺寸 高x寬cm	創作時間	收藏處所	典藏號碼
雲龍圖	軸	絹	水墨	227.6×115.5		上海 上海博物館	
鐵驪圖	軸	絹	設色	180 × 94		南京 南京博物院	
人馬圖	軸	紙	設色	不詳		南京 南京博物院	
清獻焚香圖	軸	絹	設色	156.6 × 74.1		南京 南京博物院	
採芝圖	軸	絹	設色	106.9 × 43.1		南京 南京博物院	
雲龍圖	軸	紙	設色	不詳		南京 南京博物院	
樂天圖	軸	絹	設色	144.4 × 68.1		南京 南京博物院	
墨龍圖	軸	絹	水墨	不詳		南京 南京市博物館	
觀音像	軸	絹	設色	175.2 × 96.4	壬申（康熙三十一年，1692）	杭州 浙江省博物館	
相馬圖	軸	絹	設色	165.9 × 74.2		杭州 浙江省博物館	
雲龍圖	軸	絹	設色	不詳		長沙 湖南省長沙市博物館	
雲龍圖	軸	絹	設色	192 × 98.2		武漢 湖北省博物館	
神駿圖	軸	絹	設色	109.5 × 56.1		廣州 廣州市美術館	
古柏水仙圖	軸	絹	設色	不詳		日本 江田勇二先生	
九歌圖（10幀）	冊	絹	水墨	不詳	康熙戊子（四十七年，1708）	北京 中國歷史博物館	
八駿圖（8幀）	冊	絹	設色	（每幀）21.4 × 15.5		天津 天津市藝術博物館	
雲龍圖（12幀）	冊	絹	設色	（每幀）39 × 34		西安 陝西歷史博物館	
牡丹圖	摺扇面	紙	水墨	不詳	甲辰（雍正二年，1724）	杭州 浙江省博物館	
雙龍圖	摺扇面	紙	水墨	17.5 × 51.1		美國 勃克萊加州大學藝術館	CC224
人物圖	摺扇面	金箋	設色	18.1 × 53.5		德國 柏林東亞藝術博物館	1988-384
附：							
松蔭立馬圖	軸	絹	設色	不詳		濟南 山東省濟南市文物商店	

名稱	形式	質地	色彩	尺寸 高x寬cm	創作時間	收藏處所	典藏號碼
進棗圖	軸	絹	設色	不詳		上海 朵雲軒	
雲龍圖	軸	絹	設色	186 x 97.5		上海 上海文物商店	
雲龍圖	冊頁	絹	水墨	不詳		北京 中國文物商店總店	
九歌人物圖（12幀）	冊	絹	設色	（每幀）26 x 19.5		紐約 佳士得藝品拍賣公司/拍賣目錄1995,03,22.	

畫家小傳：周璕。字崑來。號嵩山。善畫人物、花草及龍馬，畫龍尤妙。嘗以所畫龍張於黃鶴樓，標價銀百兩，以待知己者，由是馳名。流傳署款紀年作品見於聖祖康熙二十四（1685）年至世宗雍正二（1724）年。(見國朝畫徵錄、中國畫家人名大辭典)

陳　書

名稱	形式	質地	色彩	尺寸 高x寬cm	創作時間	收藏處所	典藏號碼
仿王蒙黃山雲海圖	卷	紙	設色	26.9 x 248.6		台北 故宮博物院	故畫01678
四子講德圖	卷	絹	設色	不詳	雍正二年（甲辰，1724）	北京 故宮博物院	
羅浮疊翠圖	卷	紙	水墨	不詳		北京 故宮博物院	
山水圖	卷	紙	水墨	不詳	時年七十有七（乾隆元年，丙辰，1736）	北京 首都博物館	
仿陳淳水仙圖	卷	紙	水墨	28.8 x 271.2	時年七十又五（雍正十二年，甲寅，1734）	日本 東京帝室博物館	
草蟲魚蝦圖	卷	絹	設色	不詳	康熙乙酉（四十四年，1705）閏月三日	日本 東京張允中先生	
山窗讀易圖	軸	紙	水墨	82.8 x 54.8	七十又五歲（雍正十二年，甲寅，1734）	台北 故宮博物院	故畫00767
山靜日長圖	軸	紙	水墨	91.7 x 54.1		台北 故宮博物院	故畫00768
夏日山居圖	軸	紙	設色	62.7 x 42.5	七十又五歲（雍正十二年，甲寅，1734）	台北 故宮博物院	故畫00769
仿王蒙夏日山居圖	軸	紙	水墨	93.5 x 46.5		台北 故宮博物院	故畫00770
出海大士像	軸	絹	設色	70.7 x 27.2	康熙癸巳（五十二年，1713）仲春三日	台北 故宮博物院	故畫00771

名稱	形式	質地	色彩	尺寸 高×寬cm	創作時間	收藏處所	典藏號碼
秋生植塔	軸	絹	設色	100.1 × 29.2	康熙庚寅（四十九年，1710）五月	台北 故宮博物院	故畫00772
荷花	軸	紙	水墨	97.4 × 31.1		台北 故宮博物院	故畫00773
仿王蒙山水	軸	紙	水墨	96.1 × 54.7	七十有二歲（雍正九年，辛亥，1731）	台北 故宮博物院	故畫02526
看雲對瀑圖	軸	紙	水墨	79.7 × 51.8		台北 故宮博物院	故畫02527
歲朝吉祥如意	軸	絹	設色	108.3 × 49.7	雍正乙卯（十三年，1735）上元日	台北 故宮博物院	故畫02528
歲朝麗景	軸	絹	設色	968 × 47	雍正乙卯（十三年，1735）新春	台北 故宮博物院	故畫02529
山水（二幅合裱）	軸	紙	水墨、設色	（每幅）23.8 × 36.4		台北 故宮博物院	故畫02525
山邨雲水圖	軸	紙	水墨	97.6 × 41.8	七十六（雍正十三年，乙卯，1735）	天津 天津市藝術博物館	
柏台秀石圖	軸	絹	水墨	不詳	康熙壬寅（六十一年，1722）清明後一日	西安 西安市文物研究中心	
花蝶圖	軸	綾	設色	不詳	康熙癸未（四十二年，1703）	上海 上海博物館	
梅鵲圖	軸	紙	水墨	106.6 × 42.3	丙申（康熙五十五年，1716）秋日	上海 上海博物館	
花鳥圖	軸	紙	設色	不詳	庚戌（雍正八年，1730）	上海 上海博物館	
藕亭即景圖	軸	紙	水墨	不詳		上海 上海博物館	
三友圖	軸	紙	設色	不詳	辛亥（雍正九年，1731）	無錫 江蘇省無錫市博物館	
桃花繡球圖	軸	絹	設色	不詳	雍正乙卯（十三年，1735）	廣州 廣州市美術館	
菊花圖	軸	紙	水墨	125.3 × 43.2		日本 東京柳孝藏先生	
秋卉貓蝶圖	軸	紙	設色	94 × 39.6	壬子（雍正十年，1732）秋八月	日本 中埜又左衛門先生	
臨黃居寀花鳥圖	軸	絹	設色	64.2 × 38.3	康熙丙戌（四十五年，1706）	美國 紐約市布魯克林藝術博物館	81.194.2

名稱	形式	質地	色彩	尺寸 高×寬㎝	創作時間	收藏處所	典藏號碼
仿宋人白鷹圖	軸	紙	設色	71.8 × 32.1		美國 加州曹仲英先生	
梅花水仙（陳書雜畫冊之1）	冊頁	紙	水墨	23.9 × 36.8		台北 故宮博物院	故畫 01215-1
荷花（陳書雜畫冊之2）	冊頁	紙	設色	23.9 × 36.8		台北 故宮博物院	故畫 01215-2
蘆荻漁舟（陳書雜畫冊之3）	冊頁	紙	設色	23.9 × 36.8		台北 故宮博物院	故畫 01215-3
梧竹聆泉（陳書雜畫冊流之4）	冊頁	紙	設色	23.9 × 36.8		台北 故宮博物院	故畫 01215-4
芙蓉寒雀（陳書雜畫冊之5）	冊頁	紙	水墨	23.9 × 36.8		台北 故宮博物院	故畫 01215-5
蠟梅、百合、柿（陳書雜畫冊之6）	冊頁	絹	設色	23.9 × 36.8		台北 故宮博物院	故畫 01215-6
古木茅舍（陳書摹古山水寫生冊之1）	冊頁	紙	水墨	24.1 × 32.1		台北 故宮博物院	故畫 01216-1
桃花山禽（陳書摹古山水寫生冊之2）	冊頁	紙	設色	24.1 × 32.1		台北 故宮博物院	故畫 01216-2
樹密山深（陳書摹古山水寫生冊之3）	冊頁	紙	設色	24.1 × 32.1		台北 故宮博物院	故畫 01216-3
百合花（陳書摹古山水寫生冊之4）	冊頁	紙	設色	24.1 × 32.1		台北 故宮博物院	故畫 01216-4
風雨行行（陳書摹古山水寫生冊之5）	冊頁	紙	設色	24.1 × 32.1		台北 故宮博物院	故畫 01216-5
僧帽菊（陳書摹古山水寫生冊之6）	冊頁	紙	水墨	24.1 × 32.1		台北 故宮博物院	故畫 01216-6
松林訪幽（陳書摹古山水寫生冊之7）	冊頁	紙	設色	24.1 × 32.1		台北 故宮博物院	故畫 01216-7
綠水芙蓉（陳書摹古山水寫生冊之8）	冊頁	紙	設色	24.1 × 32.1		台北 故宮博物院	故畫 01216-8
風帆入城（陳書摹古山水寫生冊之9）	冊頁	紙	水墨	24.1 × 32.1		台北 故宮博物院	故畫 01216-9
梅花幽禽（陳書摹古山水寫生冊之10）	冊頁	紙	設色	24.1 × 32.1	康熙己丑（四十八年，1709）六月	台北 故宮博物院	故畫 01216-10
山桃竹枝（陳書寫生冊之1）	冊頁	紙	設色	21.8 × 33	康熙癸巳（五十二年，1713）九月	台北 故宮博物院	故畫 01217-1
柳枝鴝鵒（陳書寫生冊之2）	冊頁	紙	淺設色	21.8 × 33		台北 故宮博物院	故畫 01217-2
海堂玉蘭（陳書寫生冊之3）	冊頁	紙	設色	21.8 × 33		台北 故宮博物院	故畫 01217-3
蒲萄（陳書寫生冊之4）	冊頁	紙	水墨	21.8 × 33		台北 故宮博物院	故畫 01217-4
鳶尾薔薇（陳書寫生冊之5）	冊頁	紙	設色	21.8 × 33		台北 故宮博物院	故畫 01217-5

名稱	形式	質地	色彩	尺寸 高x寬cm	創作時間	收藏處所	典藏號碼
荷花（陳書寫生冊之6）	冊頁	紙	設色	21.8 x 33		台北 故宮博物院	故畫01217-6
菊茄柿藕（陳書寫生冊之7）	冊頁	紙	設色	21.8 x 33		台北 故宮博物院	故畫01217-7
鳳仙練雀（陳書寫生冊之8）	冊頁	紙	設色	21.8 x 33		台北 故宮博物院	故畫01217-8
松竹白頭（陳書寫生冊之9）	冊頁	紙	設色	21.8 x 33		台北 故宮博物院	故畫01217-9
蠟梅天竹（陳書寫生冊之10）	冊頁	紙	設色	21.8 x 33	康熙癸巳（五十二年，1713）九月	台北 故宮博物院	故畫01217-10
柿蘭百合（陳書摹古冊之1）	冊頁	紙	設色	21.8 x 33		台北 故宮博物院	故畫03244-1
蝴蝶藤花（陳書摹古冊之2）	冊頁	紙	設色	21.8 x 33		台北 故宮博物院	故畫03244-2
撫琴仕女（陳書摹古冊之3）	冊頁	紙	水墨	21.8 x 33		台北 故宮博物院	故畫03244-3
疏林竹舍（陳書摹古冊之4）	冊頁	紙	水墨	21.8 x 33		台北 故宮博物院	故畫03244-4
蜻蜓野菊（陳書摹古冊之5）	冊頁	紙	設色	21.8 x 33		台北 故宮博物院	故畫03244-5
奇石紫卉（陳書摹古冊之6）	冊頁	紙	設色	21.8 x 33		台北 故宮博物院	故畫03244-6
水仙梅蘭（陳書摹古冊之7）	冊頁	紙	水墨	21.8 x 33		台北 故宮博物院	故畫03244-7
花竹松鼠（陳書摹古冊之8）	冊頁	紙	設色	21.8 x 33		台北 故宮博物院	故畫03244-8
橙子（陳書花卉冊之1）	冊頁	紙	設色	22.2 x 34		台北 故宮博物院	故畫03245-1
紅梅山茶（陳書花卉冊之2）	冊頁	紙	設色	22.2 x 34		台北 故宮博物院	故畫03245-2
奇石幽蘭（陳書花卉冊之3）	冊頁	紙	設色	22.2 x 34		台北 故宮博物院	故畫03245-3
桃柳鸝鴒（陳書花卉冊之4）	冊頁	紙	設色	22.2 x 34		台北 故宮博物院	故畫03245-4
萱花奇石（陳書花卉冊之5）	冊頁	紙	設色	22.2 x 34		台北 故宮博物院	故畫03245-5
荷花（陳書花卉冊之6）	冊頁	紙	設色	22.2 x 34		台北 故宮博物院	故畫03245-6
丹桂瓶菊（陳書花卉冊之7）	冊頁	紙	設色	22.2 x 34		台北 故宮博物院	故畫03245-7
梧桐翎毛（陳書花卉冊之8）	冊頁	紙	設色	22.2 x 34		台北 故宮博物院	故畫03245-8
臘梅天竹（陳書花卉冊之9）	冊頁	紙	設色	22.2 x 34		台北 故宮博物院	故畫03245-9
松鳥水仙（陳書花卉冊之10）	冊頁	紙	設色	22.2 x 34	康熙丁酉（五十六年，1717）長至日	台北 故宮博物院	故畫03245-10
紅梅小鳥（陳書仿古花卉翎毛冊之1）	冊頁	紙	設色	23.5 x 18.8		台北 故宮博物院	故畫03246-1
海棠白頭（陳書仿古花卉翎毛冊之2）	冊頁	紙	設色	23.5 x 18.8		台北 故宮博物院	故畫03246-2
花竹幽禽（陳書仿古花卉翎毛冊之3）	冊頁	紙	設色	23.5 x 18.8		台北 故宮博物院	故畫03246-3
松樹棲禽（陳書仿古花卉翎毛冊之4）	冊頁	紙	設色	23.5 x 18.8		台北 故宮博物院	故畫03246-4

名稱	形式	質地	色彩	尺寸 高x寬cm	創作時間	收藏處所	典藏號碼
石榴喜鵲（陳書仿古花卉翎毛冊之5）	冊頁	紙	設色	23.5 × 18.8		台北 故宮博物院	故畫 03246-5
古木桑鳲（陳書仿古花卉翎毛冊之6）	冊頁	紙	設色	23.5 × 18.8		台北 故宮博物院	故畫 03246-6
梧桐畫眉（陳書仿古花卉翎毛冊之7）	冊頁	紙	設色	23.5 × 18.8		台北 故宮博物院	故畫 03246-7
山崖野花（陳書仿古花卉翎毛冊之8）	冊頁	紙	設色	23.5 × 18.8		台北 故宮博物院	故畫 03246-8
天竹雙鶴（陳書仿古花卉翎毛冊之9）	冊頁	紙	設色	23.5 × 18.8		台北 故宮博物院	故畫 03246-9
芙蓉水鴨（陳書仿古花卉翎毛冊之10）	冊頁	紙	設色	23.5 × 18.8		台北 故宮博物院	故畫 03246-10
鷹逐野禽（陳書仿古花卉翎毛冊之11）	冊頁	紙	設色	23.5 × 18.8		台北 故宮博物院	故畫 03246-11
丹楓棲鴉（陳書仿古花卉翎毛冊之12）	冊頁	紙	設色	23.5 × 18.8		台北 故宮博物院	故畫 03246-12
花卉圖（8幀）	冊	紙	水墨	（每幀）26 × 27.3		北京 故宮博物院	
花鳥圖（10幀）	冊	紙	設色	不詳		北京 故宮博物院	
花卉、草蟲圖（10幀）	冊	紙	設色	不詳		北京 首都博物館	
花卉圖（12幀）	冊	紙	設色	（每幀）25.1 × 33.9	雍正己酉（七年，1729）	廣州 廣州市美術館	
仿古花卉圖（12幀）	冊	絹	設色	（每幀）26.8 × 21.8	雍正癸丑（十一年，1733）上元日	日本 東京國立博物館	
附：							
花卉	卷	綾	設色	23 × 157		紐約 佳士得藝品拍賣公司/拍賣目錄 1990,05,31.	
貓蝶圖	軸	紙	設色	80 × 29.9	丙申（康熙五十五年，1716）秋日	紐約 蘇富比藝品拍賣公司/拍賣目錄 1988,06,01.	
春風得意圖	軸	絹	設色	95.2 × 38.1		紐約 佳士得藝品拍賣公司/拍賣目錄 1995,09,19.	
花卉（8幀）	冊	紙	設色	（每幀）26.5 × 21		紐約 佳士得藝品拍賣公司/拍賣目錄 1994,11,30.	
山水、花鳥（13幀）	冊	紙	水墨、	（每幀）29		紐約 佳士得藝品拍賣公司/拍	

名稱	形式	質地	色彩	尺寸 高×寬cm	創作時間	收藏處所	典藏號碼
			設色	× 24		賣目錄 1995,03,22.	

畫家小傳：陳書。女。號上元弟子、南樓老人。浙江秀水人。適海鹽錢綸光。以子錢陳群貴，誥封太淑人。生於世祖順治十七（1660）年。辛於高宗乾隆元（1736）年。善畫花鳥、草蟲，筆力老健，風神簡古，近似明陳淳而過之；兼長山水、人物、佛道像。（見國朝畫徵錄、桐陰論畫、香樹齋文集、中國畫家人名大辭典）

黃 鼎

名稱	形式	質地	色彩	尺寸 高×寬cm	創作時間	收藏處所	典藏號碼
桐竹結廬圖	卷	紙	設色	不詳	康熙乙未（五十四年，1715）重陽後	香港 王南屏先生	
仿王蒙烟江叠嶂圖	卷	紙	水墨	52.7 × 318.3	康熙戊戌（五十七年，1718）秋日	長春 吉林省博物館	
溧陽溪山圖	卷	紙	設色	39 × 390	丁亥（康熙四十六年，1707）	北京 故宮博物院	
仿吳鎮漁父圖	卷	紙	水墨	37.9 × 552	辛卯（康熙五十年，1711）小春	北京 故宮博物院	
仿雲林山陰丘壑圖	卷	紙	水墨	31.5 × 140	康熙甲午（五十三年，1714）十月	北京 故宮博物院	
陸游詩意圖	卷	紙	水墨	16.6 × 141.6	丙申（康熙五十五年，1716）	北京 故宮博物院	
山水圖	卷	紙	水墨	不詳	雍正七年（己酉，1729）	北京 故宮博物院	
湘江送別圖（為秀書作）	卷	紙	水墨	不詳	庚子（康熙五十九年，1720）清和廿七日	北京 中國歷史博物館	
長江萬里圖（2卷）	卷	紙	設色	68 × 8000	雍正甲辰（二年，1724）十月	天津 天津市藝術博物館	
長江萬里圖（上、下卷）	卷	絹	設色	（每卷）56.6 × 3821.7不等	雍正癸卯（元年，1723）	上海 上海博物館	
仿倪瓚獅子林圖并跋	卷	紙	水墨	33.3 × 242	康熙壬寅（六十一年，1722）立秋日	重慶 重慶市博物館	
春江漁夫圖	卷	紙	水墨	35 × 300.5	丁亥（康熙四十六年，1707）秋七月	廣州 廣東省博物館	
仿黃公望山水圖	卷	紙	水墨	24.5 × 145	丁酉（康熙五十年，1717）	廣州 廣州市美術館	
臥雪圖（為暢谷作）	卷	絹	設色	59.8 × 111	雍正甲辰（二年，	廣州 廣州市美術館	

名稱	形式	質地	色彩	尺寸 高x寬cm	創作時間	收藏處所	典藏號碼
					1724）正月		
仿吳鎮筆意漁父圖	卷	紙	水墨	32.5 x 273.5	康熙乙未（五十四年，1715）夏日	日本 大阪橋本大乙先生	
仿董巨山水圖	卷	紙	水墨	27.9 x ？		美國 夏威夷火魯奴奴藝術學院	3724.1
溪橋林影圖	軸	紙	水墨	118.5 x 38.9	康熙癸巳（五十二年，1713）秋七月	台北 故宮博物院	故畫 00755
秋日山居圖	軸	紙	設色	64.5 x 38		台北 故宮博物院	故畫 00756
山水	軸	紙	水墨	78 x 39.3	乙未（康熙五十四年，1715）春日	台北 故宮博物院	故畫 02476
溪山行旅圖（臨北苑）	軸	紙	水墨	92.2 x 43	辛卯（康熙五十年，1711）初夏	台北 故宮博物院	故畫 02477
萬木奇峯	軸	紙	水墨	64.4 x 37.9		台北 故宮博物院	故畫 02478
仿董源萬木奇峯	軸	紙	水墨	190.7 x 108.7	康熙壬辰（五十一年，1712）十月	台北 故宮博物院	故畫 02995
群峯雪霽	軸	絹	設色	260.3 x 168.8	雍正己酉（七年，1729）秋七月	台北 故宮博物院	故畫 03765
仿元人山水	軸	紙	設色	131.2 x 65.8	雍正己酉（七年，1729）秋九月三日	香港 鄭德坤木扉	
平港漁艇圖	軸	紙	水墨	87 x 46	甲午（康熙五十三年，1714）秋七月	瀋陽 故宮博物館	
漁父圖	軸	紙	水墨	不詳	雍正戊申（六年，1728）春	瀋陽 故宮博物館	
盧山高閣圖	軸	紙	設色	不詳	癸酉（康熙三十二年，1693）冬日	北京 故宮博物院	
夏日山居圖（為晴雲作）	軸	紙	設色	不詳	丙子（康熙三十五年，1696）	北京 故宮博物院	
仿董北苑萬木奇峰圖	軸	紙	水墨	不詳	丁酉（康熙五十六年，1717）二月	北京 故宮博物院	
岳麓松門圖	軸	紙	設色	不詳	壬寅（康熙六十一年，1722）六月望日	北京 故宮博物院	
仿宋元山水圖	軸	紙	水墨	不詳	雍正乙巳（三年，1725）秋日	北京 故宮博物院	

名稱	形式	質地	色彩	尺寸 高x寬cm	創作時間	收藏處所	典藏號碼
仿大癡村邊綠柳圖	軸	紙	水墨	不詳	乙未（康熙五十四年，1715）早春	北京 中國歷史博物館	
臨沈周廬山高圖	軸	紙	設色	226 x 83.4	康熙丁亥（四十六年，1707）春二月	北京 中央工藝美術學院	
樹下雙牛圖	軸	絹	設色	不詳	雍正戊申（六年，1728）	北京 北京畫院	
陽邏山色圖	軸	紙	水墨	83.7 x 39.4	戊子（康熙四十七年，1708）	天津 天津市藝術博物館	
匡廬疊翠圖	軸	絹	設色	172.5 x 43	康熙癸巳（五十二年，1713）	天津 天津市藝術博物館	
仿巨然山水圖	軸	絹	設色	160 x 88	丁亥（康熙四十六年，1707）	太原 山西省博物館	
青立鵲巢圖（崔鏏、黃鼎合作）	軸	絹	設色	130 x 62	壬寅（康熙六十一年，1722）	濟南 山東省博物館	
臨徐熙牡丹圖（李之時畫牡丹、黃鼎補石）	軸	絹	設色	185 x 93	康熙壬寅（六十一年，1722）	鄭州 河南省博物館	
仿一峰老人山水圖	軸	綾	水墨	98.5 x 49.2	丁酉（康熙五十六年，1717）	合肥 安徽省博物館	
歲寒圖	軸	紙	設色	103.5 x 45.5	丁酉（康熙五十六年，1717）春三月	合肥 安徽省博物館	
漁父圖	軸	絹	水墨	113.8 x 46.4	戊寅（康熙三十七年，1698）嘉平三日	上海 上海博物館	
峨嵋雙澗圖	軸	紙	水墨	284 x 130	甲午（康熙五十三年，1714）臘月	上海 上海博物館	
檻外泉聲圖（為徽士作）	軸	紙	水墨	113 x 48.9	乙未（康熙五十四年，1715）四月	上海 上海博物館	
秋山蕭寺圖	軸	紙	設色	138.7 x 61.2	雍正甲辰（二年，1724）五月	上海 上海博物館	
松風澗水圖	軸	紙	設色	120.7 x 56.4	丁未（雍正五年，1727）嘉平月	上海 上海博物館	
夕照疎林圖	軸	紙	設色	50.1 x 41.7		上海 上海博物館	
仿范中立秋山蕭寺圖	軸	絹	設色	172 x 49.3	甲午（康熙五十三年，1714）臘月	南京 南京博物院	
枯木竹石圖	軸	紙	水墨	77 x 39	雍正戊申（六年，1728	南京 江蘇省美術館	

名稱	形式	質地	色彩	尺寸 高x寬cm	創作時間	收藏處所	典藏號碼
					1728）		
山水圖	軸	紙	設色	70 x 35	甲子（康熙二十三年，1684）春三月	昆山 崑崙堂美術館	
仿梅道人山水圖	軸	絹	水墨	不詳	壬午（康熙四十一年，1702）	杭州 浙江省博物館	
仿巨然山水圖	軸	絹	水墨	51.5 x 31.7	雍正己酉（七年，1729）	長沙 湖南省博物館	
黃陵廟圖	軸	絹	設色	320 x 117	庚子（康熙五十九年，1720）	武漢 湖北省武漢市博物館	
臨王蒙竹趣圖	軸	紙	水墨	141.8 x 36.4	康熙壬辰（五十一年，1712）端月	成都 四川省博物院	
蜀山積雪圖	軸	絹	水墨	128.6 x 58.4	康熙己亥（五十八年，1719）春正月	成都 四川省博物院	
摹倪瓚獅子林圖	軸	紙	水墨	不詳	壬寅（康熙六十一年，1722）立秋日	重慶 重慶市博物館	
芝仙書屋圖（清王翬等三十人合作）	軸	紙	水墨	129 x 69	丁丑（康熙三十六年，1697）	廣州 廣東省博物館	
仿方方壺山水圖	軸	紙	水墨	62 x 39.2	丁酉（康熙五十六年，1717）	廣州 廣東省博物館	
羅浮春色圖	軸	絹	設色	60.3 x 43.1	戊申（雍正六年，1728）	廣州 廣東省博物館	
仿倪瓚山水圖	軸	紙	水墨	136.8 x 64	雍正己酉（七年，1729）	廣州 廣東省博物館	
醉儒圖	軸	絹	設色	115.5 x 57		廣州 廣東省博物館	
仿黃公望山水圖（為希老作）	軸	紙	設色	不詳	丁酉（康熙五十六年，1717）春二月	廣州 廣州市美術館	
名山圖（6幅，題名各為：武夷九曲；嶽麓雙松；劍閣丹楓；黃山雲海；雲峰仙館；山陰丘壑）	軸	紙	設色	（每幅）47.6 x 33.6		日本 東京山本悌二郎先生	
臨李成古松圖	軸	紙	設色	不詳	康熙乙未（五十四年，1715）嘉平	日本 東京張允中先生	
萬木秋山圖	軸	紙	水墨	134.8 x 48.1	丁未（雍正五年，1727）暑月	日本 京都藤井善助先生	

名稱	形式	質地	色彩	尺寸 高×寬㎝	創作時間	收藏處所	典藏號碼
摹李咸熙溪山仙館圖	卷	紙	水墨	32 × ?	甲辰（雍正二年，1724）三月望	日本 中山氏文華堂	
仿設色倪雲林畫法山水	軸	紙	設色	不詳	康熙癸卯（二年，1663）嘉平十六日	美國 哈佛大學福格藝術館	1923.177
臨李成古松圖	軸	絹	木墨	199.2 × 115.		美國 耶魯大學藝術館	1979.62
臨高克恭筆意雲山圖	軸	絹	水墨	122.8 × 56.8	雍正甲辰（二年，1724）四月望日	美國 芝加哥大學藝術博物館	1974.80
仿李成古松圖	軸	紙	水墨	147.7 × 115.1		美國 克利夫蘭藝術博物館	
夏日山居圖	軸	紙	設色	127.6 × 57.1	雍正八年歲在庚戌（1730）二月望後三日	美國 勃克萊加州大學藝術館	1970.72
臨王叔明秋山圖	軸	紙	設色	160.2 × 65.4	丁丑（康熙三十六年，1697）夏日	美國 夏威夷火魯奴奴藝術學院	1671.1
空山寂歷圖	軸	絹	設色	148.8 × 50.2		美國 夏威夷火魯奴奴藝術學院	4009.1
山水圖	軸	紙	水墨	140.4 × 57.7		美國 私人	
江上煙波圖	軸	紙	水墨	100.7 × 45.7		英國 倫敦維多利亞-艾伯特博物館	F.E.7-1970
山水圖（作贈沿牧和尚）	軸	紙	水墨	94.9 × 40.1	甲午（康熙五十三年，1714）春二月	瑞士 蘇黎士黎得堡博物館	RCH.1161
山水圖	軸	紙	設色	95.7 × 32.1		瑞士 蘇黎士黎得堡博物館	
山水圖	橫幅	紙	水墨	49.2 × 100.4		德國 科隆東亞藝術博物館	A86.3
夏景山水	軸	紙	水墨	360 × 156		德國 漢堡 Museum Fiin Kunst Urd　Gewerbe	
長堤曳杖（仿宋元山水冊之1）	冊頁	紙	水墨	27.5 × 37.4	雍正戊申（六年，1728）重陽後	台北 故宮博物院	故畫 01213-1
春波漁艇（黃鼎仿宋山水冊之2）	冊頁	紙	水墨	27.5 × 37.4		台北 故宮博物院	故畫 01213-2
竹樹茅亭（黃鼎仿宋山水冊之3）	冊頁	紙	水墨	27.5 × 37.4		台北 故宮博物院	故畫 01213-3
雲山水閣（黃鼎仿宋山水冊之4）	冊頁	紙	水墨	27.5 × 37.4		台北 故宮博物院	故畫 01213-4

名稱	形式	質地	色彩	尺寸 高x寬cm	創作時間	收藏處所	典藏號碼
松林茅屋（黃鼎仿宋山水冊之5）	冊頁	紙	水墨	27.5 x 37.4		台北 故宮博物院	故畫 01213-5
林際霞光（黃鼎仿宋山水冊之6）	冊頁	紙	水墨	27.5 x 37.4		台北 故宮博物院	故畫 01213-6
遠山煙霧（黃鼎仿宋山水冊之7）	冊頁	紙	水墨	27.5 x 37.4		台北 故宮博物院	故畫 01213-7
層巒石磴（黃鼎仿宋山水冊之8）	冊頁	紙	水墨	27.5 x 37.4		台北 故宮博物院	故畫 01213-8
扁舟釣客（黃鼎仿宋山水冊之9）	冊頁	紙	水墨	27.5 x 37.4		台北 故宮博物院	故畫 01213-9
霜林紅葉（黃鼎仿宋山水冊之10）	冊頁	紙	水墨	27.5 x 37.4		台北 故宮博物院	故畫 01213-10
柳林茅屋（黃鼎仿宋山水冊之11）	冊頁	紙	水墨	27.5 x 37.4		台北 故宮博物院	故畫 01213-11
山亭（黃鼎仿宋山水冊之12）	冊頁	紙	水墨	27.5 x 37.4	雍正戊申（六年，1728）重陽後	台北 故宮博物院	故畫 01213-12
寶雞清曉（黃鼎雲棧八景冊之1）	冊頁	紙	水墨	27.3 x 35.7		台北 故宮博物院	故畫 01214-1
茶坪雲鈿（黃鼎雲棧八景冊之2）	冊頁	紙	水墨	27.3 x 35.7		台北 故宮博物院	故畫 01214-2
鳳嶺晴翠（黃鼎雲棧八景冊之3）	冊頁	紙	水墨	27.3 x 35.7		台北 故宮博物院	故畫 01214-3
紫柏深林（黃鼎雲棧八景冊之4）	冊頁	紙	水墨	27.3 x 35.7		台北 故宮博物院	故畫 01214-4
觀音其碥（黃鼎雲棧八景冊之5）	冊頁	紙	水墨	27.3 x 35.7		台北 故宮博物院	故畫 01214-5
石坡晚涉（黃鼎雲棧八景冊之6）	冊頁	紙	水墨	27.3 x 35.7		台北 故宮博物院	故畫 01214-6
雞首雄關（黃鼎雲棧八景冊之7）	冊頁	紙	水墨	27.3 x 35.7		台北 故宮博物院	故畫 01214-7
褒城平曠（黃鼎雲棧八景冊之8）	冊頁	紙	水墨	27.3 x 35.7	康熙戊戌（五十七年，1718）五月遊蜀寫眼前景漫成八幀	台北 故宮博物院	故畫 01214-8
仿巨然山寺圖（黃鼎仿古山水	冊頁	紙	水墨	64.6 x 37.8		台北 故宮博物院	故畫 01288-1

名稱	形式	質地	色彩	尺寸 高x寬cm	創作時間	收藏處所	典藏號碼
之1）							
九峰積翠仿一峰老人意（黃鼎仿古山水冊之2）	冊頁	紙	設色	64.6 x 37.8		台北 故宮博物院	故畫 01288-2
雲峰水舍（黃鼎仿古山水冊之3）	冊頁	紙	水墨	64.6 x 37.8		台北 故宮博物院	故畫 01288-3
雲山圖（黃鼎仿古山水冊之4）	冊頁	紙	水墨	64.6 x 37.8		台北 故宮博物院	故畫 01288-4
覓句圖（黃鼎仿古山水冊之5）	冊頁	紙	設色	64.6 x 37.8		台北 故宮博物院	故畫 01288-5
松林亭子（黃鼎仿古山水冊之6）	冊頁	紙	水墨	64.6 x 37.8		台北 故宮博物院	故畫 01288-6
共賞雲山（黃鼎仿古山水冊之7）	冊頁	紙	設色	64.6 x 37.8	庚子（康熙五十九年，1720）秋日	台北 故宮博物院	故畫 01288-7
仿惠崇筆墨山水（黃鼎仿古山水冊之8）	冊頁	紙	設色	64.6 x 37.8		台北 故宮博物院	故畫 01288-8
摹井西道人畫良常山館（黃鼎仿古山水冊之9）	冊頁	紙	水墨	64.6 x 37.8		台北 故宮博物院	故畫 01288-9
仿趙彥徵設色山水（黃鼎仿古山水冊之10）	冊頁	紙	設色	64.6 x 37.8		台北 故宮博物院	故畫 01288-10
仿黃公望山水圖	摺扇面	紙	設色	16.1 x 48.9		香港 劉作籌虛白齋	162
仿古山水圖（8幀）	冊	紙	設色	不詳	辛丑（康熙六十年，1721）春日	瀋陽 遼寧省博物館	
仿各家山水圖（10幀）	冊	紙	設色	不詳		瀋陽 魯迅美術學院	
山水圖（8幀）	冊	紙	設色	（每幀）26.1 x 34.2	康熙丁酉（五十六年，1717）	北京 故宮博物院	
蜀中八景圖（8幀）	冊	紙	設色	（每幀）36.4 x 27.2	康熙戊戌（五十七年，1718）夏日	北京 故宮博物院	
仿古山水圖（8幀）	冊	紙	設色	不詳	戊戌（康熙五十七年，1718）嘉平月	北京 故宮博物院	
仿宋元人山水圖（8幀）	冊	紙	水墨	（每幀）27.2 x 36	庚子（康熙五十九年，1720）春正月	北京 故宮博物院	
山水圖	冊	紙	水墨	（每幀）27.1 x 35.7	壬寅（康熙六十一年，1722）	北京 故宮博物院	
仿倪瓚山水圖（8幀）	冊	紙	水墨	不詳	乙巳（雍正三年，1725）十一月十三日	北京 故宮博物院	

名稱	形式	質地	色彩	尺寸 高x寬cm	創作時間	收藏處所	典藏號碼
漁父圖（12幀）	冊	紙	設色	不詳	戊申（雍正六年，1728）十月五日	北京 故宮博物院	
仿古山水圖	冊	紙	設色	（每幀）27.1 x 35.4		北京 故宮博物院	
仿古山水（8幀）	冊	紙	設色	不詳	辛卯（康熙五十年，1711）春	北京 中國歷史博物館	
山水圖	摺扇面	紙	水墨	16.9 x 51		北京 中國歷史博物館	
竹石圖（10幀）	冊	紙	水墨	不詳	雍正七年（己酉，1729）十一月十八日	北京 中央工藝美術學院	
深林蕭寺圖（祁豸佳等山水花鳥冊27之1幀）	冊頁	絹	設色	30 x 23.4	乙未（康熙五十四年，1715）九月廿二日	天津 天津市藝術博物館	
山水圖（名筆集勝圖冊12之第7幀）	冊頁	紙	設色	約23.9 x 32.8	丙申（康熙五十五年，1716）	上海 上海博物館	
山水圖（10幀）	冊	紙	水墨	（每幀）15.4 x 23.8	康熙壬辰（五十一年，1712）	南京 南京博物院	
仿蕭開仙卿筆山水（王原祁、徐玫、許穎、鄭棟、王昱、吳耒、金永熙、黃鼎山水合冊8之1幀）	冊	紙	設色	24.2 x 13.5	丙申（康熙五十五年，1716）春二月	南京 南京博物院	
山水圖（8幀）	冊	紙	設色	（每幀）26.4 x 35.7	辛丑（康熙六十年，1721）三月望前二日	杭州 浙江省博物館	
叢山飛瀑圖	摺扇面	紙	設色	不詳	雍正甲辰（二年，1724）	寧波 浙江省寧波市天一閣文物保管所	
仿范中立秋山圖	摺扇面	粉箋	設色	不詳	戊申（雍正六年，1728）	長沙 湖南省博物館	
仿宋元明山水圖（10幀）	冊	紙	水墨、設色	（每幀）24.8 x 17	雍正六年（戊申，1728）二月	成都 四川省博物院	
江天暮雪（清人書畫扇冊之4）	摺扇面	紙	設色	不詳		日本 東京橋本辰二郎先生	
為壺天作山水圖	摺扇面	紙	水墨	不詳		日本 江田勇二先生	
金陵四十景圖（上、下冊，各10幀）	冊	紙	水墨、設色	（每幀）15.3 x 22.5		日本 私人	
山水圖（2幀）	冊	紙	設色	（每幀）27.3		美國 西雅圖市藝術館	56.50.8-9

名稱	形式	質地	色彩	尺寸 高×寬cm	創作時間	收藏處所	典藏號碼
				× 37			
山水圖	冊頁	紙	水墨	27.6 × 35.5		德國 柏林東亞藝術博物館	1988-413
附：							
谿山無盡圖	卷	絹	設色	不詳	壬辰（康熙五十一年，1712）	上海 朵雲軒	
黃山秋色圖（摹梅花道人筆）	卷	紙	設色	28.5 × 324		紐約 佳士得藝品拍賣公司/拍賣目錄 1993,12,01.	
仿馬麟靜聽松風圖	軸	絹	設色	不詳	戊申（雍正六年，1728）正月五日	北京 榮寶齋	
溪亭烟雨圖	軸	紙	水墨	99 × 38	雍正丁未（五年，1727）冬日	上海 朵雲軒	
為希哲作山水圖	軸	紙	水墨	78.8 × 35.5	康熙甲午（五十三年，1714）十月三日	紐約 蘇富比藝品拍賣公司/拍賣目錄 1981,05,08.	
仿倪雲林山水圖	軸	紙	水墨	65.3 × 36	丁酉（五十六年，1717）秋	紐約 蘇富比藝品拍賣公司/拍賣目錄 1983,12,07.	
仿大癡老人山水圖	軸	紙	水墨	117.5 × 47	雍正戊申（六年，1728）清明後二日	紐約 佳士得藝品拍賣公司/拍賣目錄 1992,06,02.	
夏日山居圖	軸	紙	設色	277.5×140.5	戊寅（康熙三十七年，1698）清和月	紐約 佳士得藝品拍賣公司/拍賣目錄 1993,12,01.	
端陽花卉圖（黃鼎、楊晉、惲壽平、禹之鼎、童原、馬元馭、陳枚、王武合作）	軸	紙	設色	127 × 57		香港 佳士得藝品拍賣公司/拍賣目錄 1996,04,28.	
山水圖	軸	紙	水墨	89 × 48	康熙辛卯（五十年，1711）重陽	香港 佳士得藝品拍賣公司/拍賣目錄 1996,04,28.	
山水圖（12幀）	冊	紙	設色、水墨	不詳	丁酉（康熙五十六年，1717）二月八日	北京 北京市文物商店	
桐花書屋圖	摺扇面	紙	設色	不詳	甲午（康熙五十三年，1714）	上海 朵雲軒	
山水圖	摺扇面	紙	設色	不詳		紐約 佳士得藝品拍賣公司/拍賣目錄 1989,12,04.	
山水圖（8幀）	冊	紙	水墨、設色	（每幀）33.8 × 25.2	甲戌（康熙三十三年，1694）春二月	香港 佳士得藝品拍賣公司/拍賣目錄 1995,4,30.	

名稱	形式	質地	色彩	尺寸 高×寬㎝	創作時間	收藏處所	典藏號碼

畫家小傳：黃鼎。字尊古。號曠亭、獨往客、淨垢老人、丘園弟子。江蘇常熟人。生於世祖順治十七（1660）年。卒於世宗雍正八（1730）年。善畫山水，受學於王原祁，兼得王翬意，筆墨蒼勁沉著。（見海虞畫苑略、桐陰論畫、江南通志、歸愚文鈔、一瓢齋詩話、中國畫家人名大辭典）。

徐 燦

名稱	形式	質地	色彩	尺寸 高×寬㎝	創作時間	收藏處所	典藏號碼
白描觀音送子圖	軸	紙	水墨	不詳	康熙戊辰（二十七，1688）秋日	南通 江蘇省南通博物苑	
觀音童子圖	軸	紙	水墨	不詳	康熙乙丑（二十四年，1685）新秋	杭州 杭州市文物考古所	
柳枝觀音圖	軸	紙	水墨	不詳	乙亥（康熙三十四年，1695）春日	海寧 浙江省海寧縣博物館	
花卉圖（10幀）	冊	絹	水墨	（每幀）31.4 × 25.2		北京 故宮博物院	

畫家小傳：徐燦（一作粲）。字湘蘋（一字深明）。號紫言。江蘇吳縣人。善詩文。工書畫。畫擅仕女，筆法古秀，設色雅淡；晚年專寫水墨觀音、花卉。流傳署款紀年作品見於聖祖康熙二十四（1685）至三十四（1695）年。（見圖繪寶鑑續纂、國朝畫徵錄、國朝畫識、林下詞選、中國畫家人名大辭典）

陸 蕙

名稱	形式	質地	色彩	尺寸 高×寬㎝	創作時間	收藏處所	典藏號碼
山水圖	卷	紙	設色	24.2 × 375.5		北京 故宮博物院	
江山泛舟圖	卷	絹	設色	40.7 × 246.2	康熙三十六年（丁丑，1697）	日本 大阪橋本大乙先生	
清溪釣]艇圖	卷	絹	設色	不詳		日本 大阪橋本末吉先生	
長松圖	軸	紙	設色	315 × 129.1		台北 故宮博物院	故畫00911
秋江客運圖	軸	絹	水墨	不詳		北京 中國歷史博物館	
山水圖	軸	絹	設色	179.5 × 97.5		天津 天津市藝術博物館	
耕耘圖	軸	絹	設色	176.2 × 99.8		天津 天津市藝術博物館	
漁樵耕讀圖	軸	絹	設色	100 × 78		太原 山西省博物館	
關山行旅圖	軸	絹	設色	241.5 × 129.6		上海 上海博物館	
高其佩洗聰明圖（涂洛、陸蕙	軸	絹	設色	122 × 60.4		上海 上海博物館	

名稱	形式	質地	色彩	尺寸 高×寬㎝	創作時間	收藏處所	典藏號碼
合作）							
高丘駝影圖	軸	絹	設色	61.2 × 50.4	丙申（康熙五十五 年，1716）	南京 南京博物院	
水鄉泛舟圖	軸	絹	設色	152.4 × 47.5		南京 南京博物院	
松竹梅圖	軸	紙	水墨	121.1 × 75.5	康熙五十三年（甲 午，1714）夏六月	杭州 浙江省博物館	
枯木槎枒圖	軸	絹	設色	124 × 105		杭州 浙江美術學院	
雲山雨意圖	軸	絹	設色	158.6 × 98.2		紹興 浙江省紹興市博物館	
觀瀑圖	軸	絹	設色	170.4 × 94.2		日本 東京國立博物館	
秋江揚帆圖	軸	紙	設色	134.8 × 60.3		日本 東京小幡醇一先生	
漁樵耕讀圖	橫幅	紙	設色	111.2 × 144		日本 京都國立博物館	A甲01028
溪山暮靄圖	軸	紙	設色	不詳	乙丑（康熙二十四 年，1685）夏四月	日本 京都藤井善助先生	
江山洲渚圖	軸	絹	設色	173 × 51.5		日本 京都桑銘鐵城先生	
江柳春色圖	軸	絹	設色	166.7 × 48.5		日本 京都桑銘鐵城先生	
江山洲渚圖	軸	絹	設色	173 × 52		日本 大阪橋本末吉先生	
南渚春晚圖	軸	絹	設色	167 × 48.8		日本 大阪橋本末吉先生	
瀑布圖	軸	紙	設色	171.2 × 94.2		日本 鎌倉縣住友寬一先生	
山水圖	軸	紙	設色	115.2 × 44.7		美國 芝加哥藝術中心	1965.392
山水圖（8幀）	冊	紙	設色	（每幀）21.2 × 34.4		香港 何耀光至樂樓	
山水圖（8幀）	冊	紙	設色	不詳		北京 故宮博物院	
山水圖（12幀）	冊	紙	設色	（每幀）26.9 × 41.6		北京 故宮博物院	
山水圖（12幀）	冊	紙	設色	不詳		北京 故宮博物院	
山水圖（名賢集錦冊12之1 幀）	冊頁	絹	設色	不詳		北京 故宮博物院	

名稱	形式	質地	色彩	尺寸 高x寬cm	創作時間	收藏處所	典藏號碼
山水圖（14幀）	冊	紙	設色	不詳		天津 天津市藝術博物館	
山水圖（12幀）	冊	紙	設色	不詳		青島 山東省青島市博物館	
山水圖（12幀）	冊	絹	設色	（每幀）24.8 x 27.8		青島 山東省青島市博物館	
寒林古寺圖	冊頁	紙	設色	不詳		上海 上海博物館	
山水圖（徐枋等山水冊10之1幀）	冊頁	紙	設色	約24 x 34.7		上海 上海博物館	
山路相值圖（清十家山水圖冊12之1幀）	冊頁	絹	設色	34 x 27.5		上海 上海博物館	
山水圖（8幀）	冊	紙	設色	不詳		南京 南京博物院	
山水圖（？幀）	冊	絹	設色	（每幀）33.1 x 27.6		日本 私人	
關山行旅圖	摺扇面	紙	設色	不詳		美國 克利夫蘭何惠鑑先生	
山水圖（4幀）	冊	紙	設色	（每幀）25.3 x 17.8		美國 紐約Hobert先生	
山水圖（上、下冊，？幀）	冊	紙	設色	（每幀）24.2 x 37.4		美國 私人	
山水圖	冊頁	紙	設色	28.3 x 20.8		瑞典 斯德哥爾摩遠東古物館	NMOK535
附：							
煙霧樓臺圖	軸	絹	設色	不詳		上海 上海文物商店	
山水圖	軸	絹	水墨	109 x 48.9		紐約 佳士得藝品拍賣公司/拍賣目錄1987,12,11.	
山水圖	軸	絹	設色	124.2 x 72.7		紐約 佳士得藝品拍賣公司/拍賣目錄1990,05,31.	
山水圖	軸	紙	設色	126.8 x 48.7	丁卯（康熙二十六年，1687）夏午	紐約 佳士得藝品拍賣公司/拍賣目錄1995,10,29.	
松石圖	軸	紙	水墨	179.7 x 87		紐約 佳士得藝品拍賣公司/拍賣目錄1997,09,19.	
山水圖（12幀）	冊	絹	水墨	（每幀）29.2 x 24.5		紐約 蘇富比藝品拍賣公司/拍賣目錄1987,12,08.	

畫家小傳：陸蘙。字日為。號遂山樵。遂昌人，居松江。生性狷癖，人呼陸癡。善畫山水，初學二米，後參以己意，自成面目。流傳署款紀年作品見於聖祖康熙二十四（1685）至五十三（1714）年。（見國朝畫徵錄、桐陰論畫、婁縣志、中國畫家人名大辭典）

徐 溶

名稱	形式	質地	色彩	尺寸 高×寬 ㎝	創作時間	收藏處所	典藏號碼
山水圖	卷	紙	水墨	19.4 × 322.6	康熙癸巳（五十二年，1713）秋	北京 故宮博物院	
山水圖（王翬、徐溶合作）	卷	紙	設色	32.1 × 461.3	戊戌（康熙五十七年，1718）	上海 上海博物館	
山水圖	卷	紙	水墨	不詳	康熙癸巳（五十二年，1713）秋	廣州 廣東省博物館	
烟雲過目圖（為柯庭作）	卷	紙	設色	24 × 404	康熙甲午（五十三年，1714）三月望	廣州 廣東省博物館	
秋山紅樹圖（為煌園作）	卷	紙	設色	不詳	丙寅（康熙二十五年，1686）冬日	日本 東京張允中先生	
仿巨然山水圖	軸	紙	設色	141.5 × 73		台北 國泰美術館	
摹巨然法山水圖（為開翁作）	軸	紙	設色	141.7 × 72.8	戊戌（康熙五十七年，1718）臘月	台北 張建安先生	
萬壑松濤圖	軸	絹	水墨	169.2 × 72.7		日本 京都國立博物館	A甲749
山水圖（清各家山水扇面冊10之1幀）	摺扇面	紙	設色	不詳		北京 中央工藝美術學院	
山水圖（10幀）	冊	紙	設色	不詳		天津 天津市藝術博物館	
山水圖（12幀）	冊	紙	設色	（每幀）19.3 × 22.1	戊午（康熙四十一年，1702）	南京 南京博物院	

畫家小傳：徐溶，字雲滄，一字雲蒼。號杉亭、白洋山人。喜詩畫。初畫山水，無所宗，中年師王翬，變其積習，筆墨蒼秀。流傳署款紀年作品見於聖祖康熙二十五(1686)至五十七(1718)年。（見國朝畫徵錄、中國畫家人名大辭典）

吳　濟

寫戴雪渠索句圖像	卷	紙	設色	不詳	乙丑（康熙二十四年，1685）夏仲	北京 故宮博物院	

畫家小傳：吳濟。籍里、身世不詳。工畫人物，神象莊嚴，設色鮮艷，頗得明陳洪綬法。流傳署款紀年作品見於聖祖康熙二十四(1685)年。（見歷代畫史彙傳附錄、中國畫家人名大辭典）

胡若寅

秋林垂釣圖	軸	絹	設色	162 × 13.5	乙丑（康熙二十四年，1685）四月	瀋陽 遼寧省博物館	

畫家小傳：胡若寅。畫史無載。流傳署款紀年作品見於聖祖康熙二十四(1685)年。身世待考。

鄒　禧

名稱	形式	質地	色彩	尺寸 高×寬㎝	創作時間	收藏處所	典藏號碼

蔬果圖（為高士奇作，梁清標　卷　紙　設色　不詳　乙丑（康熙二十四　瀋陽 遼寧省博物館
等十五人題）　　　　　　　　　　　　　　　　年，1685）

畫家小傳：鄒禧。畫史無載。流傳署款紀年作品見於聖祖康熙二十四（1685）年。身世待考。

孔伯明

嘻春圖　　　　　　　卷　紙　設色　25.5 × 221　　　　　　香港 中文大學中國文化研究
　　　　　　　　　　　　　　　　　　　　　　　　　　　　所文物館

壽意仕女圖　　　　　軸　紙　設色　160 × 86　乙丑（康熙二十四　香港 何耀光至樂樓
　　　　　　　　　　　　　　　　　　　　　　年，1685年）

明月清泉圖　　　　　摺扇面 金箋　設色　不詳　　　　　　佛山 廣東省佛山市博物館

畫家小傳：孔伯明。畫史無載。流傳署款紀年作品見於聖祖康熙二十四（1685）年。身世待考。

關上恒

水村巒影圖　　　　　軸　絹　水墨　138.9 × 43.3 乙丑（康熙二十四　杭州 浙江省博物館
　　　　　　　　　　　　　　　　　　　　　　　年，1685）

畫家小傳：關上恒。畫史無載。流傳署款紀年作品見於聖祖康熙二十四（1685）年。身世待考。

汪 介

觀潮圖　　　　　　　摺扇面 紙　設色　不詳　　　乙丑（？康熙二十　北京 故宮博物院
　　　　　　　　　　　　　　　　　　　　　　　四年，1685）

畫家小傳：汪介。畫史無載。流傳署款作品紀年疑為聖祖康熙二十四（1685）年。身世待考。

胡貞開

靈璧石圖（祁豸佳等山水花鳥　冊頁　絹　設色　30 × 23.4　　　　　天津 天津市藝術博物館
冊 27 之 1 幀）

畫家小傳：胡貞開。畫史無載。身世待考。

吳 藍

花卉圖　　　　　　　摺扇面 金箋　水墨　不詳　　乙丑（？康熙二十　南京 南京博物院
　　　　　　　　　　　　　　　　　　　　　　　四年，1685）

畫家小傳：吳藍。畫史無載。流傳署款作品紀年疑為聖祖康熙二十四（1685）年。身世待考。

吳 江

山水圖（為戚翁作）　摺扇面 金箋　水墨　16.5 × 49　乙丑（康熙二十四　日本 大阪橋本大乙先生

名稱	形式	質地	色彩	尺寸 高x寬cm	創作時間	收藏處所	典藏號碼
					年，1685）秋日		

畫家小傳：吳江。畫史無載。流傳署款作品紀年疑為聖祖康熙二十四（1685）年。身世待考。

宋駿業

名稱	形式	質地	色彩	尺寸 高x寬cm	創作時間	收藏處所	典藏號碼
康熙南巡圖	卷	絹	設色	56.7 x 1495		北京 故宮博物院	
康熙南巡圖	卷	紙	設色	不詳		南京 南京博物院	
林亭烟岫	軸	紙	設色	116.3 x 50.8		台北 故宮博物院	故畫 02480
九秋圖（王翬、宋駿業、顧昉、虞沅、王雲、楊晉、徐玫、吳藏合作）	軸	紙	設色	118.8 x 61.1	乙亥（康熙三十四年，1695）	北京 故宮博物院	
曉煙積雪圖（宋駿業、薛泓合作）	軸	絹	設色	192.4 x 56.5	康熙戊子（四十七年，1708）	天津 天津市藝術博物館	
芝仙書屋圖（清王翬等三十人合作）	軸	紙	水墨	129 x 69	丁丑（康熙三十六年，1697）	廣州 廣東省博物館	
仿倪高士山水圖（王翬等山水花卉冊6之1幀）	冊頁	紙	設色	26.5 x 35.3	甲戌（康熙三十三年，1694）首夏	北京 故宮博物院	
仿元人筆意山水圖（王原祁等五人山水冊5之1幀）	冊頁	紙	設色	不詳		北京 故宮博物院	
仿元人小景圖（今雨瑤華圖冊8之1幀）	冊頁	紙	設色	19.1 x 31.9		北京 故宮博物院	
竹坡小景圖（為壽愷翁作，王翬等山水冊24之1幀）	冊頁	紙	設色	21.5 x 27.5	（甲戌，康熙三十三年，1694）	天津 天津市藝術博物館	
山水圖（高簡等八家山水合裝冊8之第5幀）	冊頁	紙	水墨	不詳		上海 上海博物館	
仿倪黃筆意山水圖（為濟翁作，吳曕、宋駿業山水冊2之2）	冊頁	紙	設色	35.7 x 28.4		上海 上海博物館	
仿張僧繇山水圖	冊頁	紙	設色	27.6 x 34		德國 柏林東亞藝術博物館	1988-429
附：							
山水（6幀）	冊	紙	水墨	（每幀）23 x 29.4	丙寅（康熙二十五年，1686）小除	紐約 佳士得藝品拍賣公司/拍賣目錄1993,12,01.	

畫家小傳：宋駿業。字聲求。號堅甫。江蘇常熟人。篤好山水，受業於王翬，作宋元人小品，清韻可喜。流傳署款紀年作品見於聖祖康熙二十五（1686）至四十七（1708）年。（見國朝畫徵錄、桐陰論畫、長洲縣志、中國畫家人名大辭典）

姚凱元

名稱	形式	質地	色彩	尺寸 高×寬㎝	創作時間	收藏處所	典藏號碼
花卉圖（與惲冰合作，十八名家扇面圖冊之第7幀）	摺扇面	金箋	設色	15.8 × 49.7		韓國 首爾朴周煥先生	

畫家小傳：姚凱元。畫史無載。身世待考。

謝 山

名稱	形式	質地	色彩	尺寸 高×寬㎝	創作時間	收藏處所	典藏號碼
山水圖（清朱耷、謝山等書畫冊12之6幀）	冊頁	紙	設色	（每幀）22.4 × 33	（丙寅，康熙二十五年，1686）	瀋陽 故宮博物院	

畫家小傳：謝山。畫史無載。約與八大山人同時。流傳署款作品約見於聖祖康熙二十五(1686)年。身世待考。

李永年

名稱	形式	質地	色彩	尺寸 高×寬㎝	創作時間	收藏處所	典藏號碼
山水圖（清朱耷、永銓等書畫冊10之3幀）	冊頁	紙	水墨	（每幀）15.2 × 23.5		瀋陽 故宮博物院	

畫家小傳：李永年。畫史無載。約與八大山人同時。身世待考。

朱 恒

名稱	形式	質地	色彩	尺寸 高×寬㎝	創作時間	收藏處所	典藏號碼
花卉圖（陳奕禧對題，20幀）	冊	紙	設色	不詳	丙寅（康熙二十五年，1686）秋日	杭州 浙江省博物館	
花鳥圖（8幀）	冊	紙	水墨	不詳		杭州 浙江省博物館	

畫家小傳：朱恒（或作自恒）。字秋鶴。江蘇常熟人。工寫意花卉。流傳署款紀年作品見於聖祖康熙二十五(1686)年。（見常熟書畫史彙傳、中國美術家人名辭典）

顧 融

附：

名稱	形式	質地	色彩	尺寸 高×寬㎝	創作時間	收藏處所	典藏號碼
文姬歸漢圖	卷	絹	設色	不詳	丙寅（康熙二十五年，1686）	北京 北京市工藝品進出口公司	

畫家小傳：顧融。畫史無載。流傳署款紀年作品見於聖祖康熙二十五(1686)年。身世待考。

姚 匡

名稱	形式	質地	色彩	尺寸 高×寬㎝	創作時間	收藏處所	典藏號碼
老子出關圖	軸	絹	設色	156 × 87	丙寅（康熙二十五年，1686）臘月廿六日	泰州 江蘇省泰州市博物館	
雪景山水圖	軸	絹	設色	153 × 71	庚辰（康熙三十九年，1700）七月	紹興 浙江省紹興市博物館	
芝仙書屋圖（清王翬等三十人	軸	紙	水墨	129 × 69	丁丑（康熙三十六	廣州 廣東省博物館	

名稱	形式	質地	色彩	尺寸 高x寬㎝	創作時間	收藏處所	典藏號碼

合作）　　　　　　　　　　　　　　　　　　　　　　　　年，1697）

峨嵋積雪圖（各人畫扇貳冊下　摺扇面 紙　　設色　不詳　　　　　　　　　　　台北 故宮博物院　　　　故畫 03557-5
冊之第 5 幀）

畫家小傳：姚匡。字石村。江蘇常熟人。曾與王翬同師。善畫山水，尤長於畫松。後遊京師，徵入畫院供奉。流傳署款紀年作品見於聖祖康
　　　　熙二十五（1686）至三十九（1700）年。（見海虞畫苑略、西溪文鈔、中國畫家人名大辭典）

馬 捷

山村晚歸圖　　　　　　　　軸　綾　　設色　185.5 x 48　　丙寅（康熙二十五　濟南 山東省博物館
　　　　　　　　　　　　　　　　　　　　　　　　　　　年，1686）

畫家小傳：馬捷。畫史無載。流傳署款紀年作品見於聖祖康熙二十五（1686）年。身世待考。

項 悰

仿倪雲林山水圖　　　　　　軸　絹　　水墨　不詳　　　　丙寅（康熙二十五　濟南 山東省博物館
　　　　　　　　　　　　　　　　　　　　　　　　　　　年，1686）

江上泛舟圖　　　　　　　　軸　絹　　水墨　170 x 62.5　　丁卯（康熙二十六　濟南 山東省博物館
　　　　　　　　　　　　　　　　　　　　　　　　　　　年，1687）

江渚雲帆圖　　　　　　　　軸　絹　　設色　183.5 x 49　　丁卯（康熙二十六　廣州 廣州市美術館
　　　　　　　　　　　　　　　　　　　　　　　　　　　年，1687）

畫家小傳：項悰。字屺雲。安徽歙縣人，流寓江蘇嘉定。善畫山水，師倣董其昌、李流芳兩家，互參而入室，筆墨淋漓，自成一家。流傳
　　　　署款紀年作品見於聖祖康熙二十五（1686）、二十六（1687）年。（見圖繪寶鑑續纂、中國畫家人名大辭典）

周 尚
附：

石湖煙雨圖　　　　　　　　卷　絹　　設色　不詳　　　　丙寅（？康熙二十　上海 上海文物商店
　　　　　　　　　　　　　　　　　　　　　　　　　　　五年，1686）

畫家小傳：周尚。畫史無載。流傳署款作品紀年疑似聖祖康熙二十五（1686）年。身世待考。

周 眉
附：

山水圖　　　　　　　　　　軸　絹　　設色　不詳　　　　丙寅（康熙二十五　武漢 湖北省武漢市文物商店
　　　　　　　　　　　　　　　　　　　　　　　　　　　年，1686）

畫家小傳：周眉。字白公。江蘇吳縣人，寓居浙杭。善畫山水，俊逸有詩意。流傳署款紀年作品見於聖祖康熙二十五（1686）年。（見
　　　　圖繪寶鑑續纂、中國畫家人名大辭典）

吳從煜

名稱	形式	質地	色彩	尺寸 高×寬㎝	創作時間	收藏處所	典藏號碼
松鷹圖	軸	絹	水墨	154 × 45	丙寅（康熙二十五年，1686）	長沙 湖南省博物館	
山水圖（為慶陽年翁作，俞齡等雜畫冊38之1幀）	冊頁	絹	設色	31.2 × 31.8	（丁卯，康熙二十六年，1687）	上海 上海博物館	

畫家小傳：吳從煜。畫史無載。流傳署款作品約在聖祖康熙二十五（1686）、二十六（1687）年。身世待考。

陳 雪

名稱	形式	質地	色彩	尺寸 高×寬㎝	創作時間	收藏處所	典藏號碼
山水圖	摺扇面	紙	水墨	不詳	丙寅（康熙二十五年，1686）	福州 福建省博物館	

畫家小傳：陳雪。字雪人。福建莆田人。身世不詳。善畫山水。流傳署款紀年作品見於聖祖康熙二十五（1686）年。（見莆田縣志、中國畫家人名大辭典）

胡 節

名稱	形式	質地	色彩	尺寸 高×寬㎝	創作時間	收藏處所	典藏號碼
仿關九思山水圖	軸	絹	設色	不詳	癸未（康熙四十二年，1703）	天津 天津市藝術博物館	
重山峻嶺圖	軸	絹	設色	不詳	甲戌（康熙三十三年，1694）	南京 南京博物院	
仿趙榮祿山水圖	摺扇面	紙	設色	不詳	丁卯（康熙二十六年，1687）	北京 故宮博物院	
仿古山水圖（8幀）	冊	紙	設色	不詳	庚寅（康熙四十九年，1710）三月	北京 故宮博物院	

畫家小傳：胡節。字竹君。號耕農。江蘇婁東人。善畫山水，師於王翬，筆墨超逸，骨格秀整，雖守師規，一種超塵拔俗之氣可以頡頏老師；兼能雜卉。署款紀年作品見於聖祖康熙二十六（1687）至四十九（1710）年。（見國朝畫徵錄、桐陰論畫、中國畫家人名大辭典）

郭之經

名稱	形式	質地	色彩	尺寸 高×寬㎝	創作時間	收藏處所	典藏號碼
山水圖（為予翁作）	軸	絹	水墨	不詳	丁卯（康熙二十六年，1687）重九前二日	青島 山東省青島市博物館	
山水圖	軸	紙	水墨	不詳	丁酉（康熙五十六年，1717）七月既望	青島 山東省青島市博物館	

畫家小傳：郭之經。畫史無載。署款紀年作品見於聖祖康熙二十六（1687）至五十六（1717）年。身世待考。

夏 雲

名稱	形式	質地	色彩	尺寸 高×寬㎝	創作時間	收藏處所	典藏號碼
法大癡山水圖（名人扇面（乙）	摺扇面	紙	設色	不詳		台北 故宮博物院	故畫 03548-8

名稱	形式	質地	色彩	尺寸 高x寬㎝	創作時間	收藏處所	典藏號碼
冊之第 8 幀）							
雪棧行旅圖	摺扇面	金箋	設色	不詳	辛巳（康熙四十年，1701）	成都 四川省博物院	
崇巖天聳圖（綾本山水集冊之 5）	冊頁	綾	設色	25.7 x 21.8		美國 普林斯頓大學藝術館	78-24e

畫家小傳：夏雲。字山農。安徽合肥人。工畫山水。清聖祖康熙二十六（1687）年參修合肥縣志。（見合肥縣志、中國畫家人名大辭典）

顧文淵

名稱	形式	質地	色彩	尺寸 高x寬㎝	創作時間	收藏處所	典藏號碼
柯亭展硯齋圖（為陳載庵作）	卷	紙	設色	不詳		日本 東京張允中先生	
為擴翁作山水圖	軸	綾	水墨	125.1 x 51.9	丙戌（康熙四十五年，1706）	無錫 江蘇省無錫市博物館	
秋霜勁節圖	軸	紙	設色	不詳	丁卯（康熙二十六年，1687）	廣州 廣東省博物館	
墨竹圖	軸	絹	水墨	194.8 x 97		美國 芝加哥藝術中心	1988.173
履硯齋圖	冊頁	紙	設色	不詳	丁卯（康熙二十六年，1687）	北京 故宮博物院	
仿古山水圖（8 幀）	冊	紙	設色	不詳		北京 故宮博物院	
山水圖（清龔賢等山水冊 8 之 1 幀）	冊頁	紙	水墨	15.7 x 19.2		廣州 廣州市美術館	

畫家小傳：顧文淵。字文寧，一字湘源。號雪坡、海粟居士。江蘇常熟人。早年習畫山水，後避王翬，遂改畫竹，終臻絕詣。又工詩，著有海棠集行世。流傳署款紀年作品見於聖祖康熙二十六（1687）至四十五（1706）年。（見海虞畫苑略、桐陰論畫、清畫家詩史等）

鈕子碩

名稱	形式	質地	色彩	尺寸 高x寬㎝	創作時間	收藏處所	典藏號碼
清溪橫笛圖（惲壽平、鈕子碩合作）	軸	絹	設色	128 x 67	丁卯（康熙二十六年，1687）	天津 天津市藝術博物館	

畫家小傳：鈕子碩。畫史無載。流傳署款紀年作品見於聖祖康熙二十六（1687）年。身世待考。

沈 蒼

名稱	形式	質地	色彩	尺寸 高x寬㎝	創作時間	收藏處所	典藏號碼
出塞圖	卷	絹	設色	35.7 x 233	康熙丙子（三十五年，1696）	廣州 廣州市美術館	
曉山圖	冊頁	紙	設色	不詳	丁卯（康熙二十六年，1687）夏六月十六日	北京 故宮博物院	

名稱	形式	質地	色彩	尺寸 高x寬cm	創作時間	收藏處所	典藏號碼
仿古山水樓閣圖（10幀）	冊	絹	設色	（每幀）27.7 x 19	康熙庚寅（四十九年，1710）	天津 天津市藝術博物館	
山水圖（8幀）	冊	絹	設色	（每幀）20.9 x 15.8		日本 京都國立博物館	A甲689
山水畫（8幀）	冊	絹	設色	（每幀）21.1 x 16.3		美國 勃克萊加州大學藝術館（高居翰教授寄存）	CC6
溪橋秋思圖（畫呈樹翁老先生）	冊頁	紙	水墨	28.5 x 42.1	乙酉（康熙四十四年，1705）仲秋八月	德國 柏林東亞藝術博物館	1960-5

畫家小傳：沈蒼。字葭埃、葭溪。籍里不詳。善畫樓台宮室。流傳署款紀年作品見於聖祖康熙二十六（1687）至四十九（1710）年。（見歷代畫史彙傳附錄、中國畫家人名大辭典）

杜亮采

名稱	形式	質地	色彩	尺寸 高x寬cm	創作時間	收藏處所	典藏號碼
仿董源山水圖	軸	綾	設色	不詳	丁卯（康熙二十六年，1687）	上海 上海博物館	

畫家小傳：杜亮采。字嚴六。江蘇上海人。工吟詠。善畫山水，有董其昌、趙左二家法，作品沖和潤澤，為時人所稱。流傳署款紀年作品見於聖祖康熙二十六（1687）年。（見圖繪寶鑑續纂、國朝畫徵錄、華亭縣志、松江詩徵、中國畫家人名大辭典）

汪滋穗

附：

名稱	形式	質地	色彩	尺寸 高x寬cm	創作時間	收藏處所	典藏號碼
夢遊華山圖	卷	絹	設色	28 x 156.2	康熙丁卯（二十六年，1687）	紐約 蘇富比藝品拍賣公司/拍賣目錄 1984.06.13	

畫家小傳：汪滋穗。畫史無載。署款紀年作品見於聖祖康熙二十六（1687）年。身世待考。

戴子來

名稱	形式	質地	色彩	尺寸 高x寬cm	創作時間	收藏處所	典藏號碼
寫杜甫詩意山水圖（呈維宏年翁正）	軸	絹	設色	121.9 x 53	甲戌（康熙三十三年，1694）上巳	英國 倫敦大英博物館	1910.2.12.528（ADD226）
寫高啟詩意圖（曹岳、戴子來等十人山水合冊10之1幀）	冊頁	紙	設色	22.8 x 18.9	丙子（康熙三十五年，1696）嘉平	上海 上海博物館	
山水圖（綾本山水集冊之8）	冊頁	綾	設色	25.7 x 21.8		美國 普林斯頓大學藝術館	78-24h

附：

名稱	形式	質地	色彩	尺寸 高x寬cm	創作時間	收藏處所	典藏號碼
仿董北苑山水圖	軸	絹	水墨	117.5 x 59.3	丁卯（康熙二十六年，1687）長夏	紐約 佳士得藝品拍賣公司/拍賣目錄 1996,09,18.	

畫家小傳：戴子來。字文庶。號晴山。江蘇嘉定人。工畫山水。流傳署款紀年作品見於清聖祖康熙二十六（1687）至三十五（1696）年。

名稱	形式	質地	色彩	尺寸 高x寬㎝	創作時間	收藏處所	典藏號碼

（見書囊、多師集、中國畫家人名大辭典）

汪　智

| 溪橋策杖圖 | 軸 | 絹 | 設色 | 56.2 x 38.8 | 丁卯（康熙二十六年，1687） | 合肥 安徽省博物館 | |
| 雲山圖 | 軸 | 絹 | 設色 | 不詳 | 己巳（？康熙二十八年，1689） | 南通 江蘇省南通博物苑 | |

畫家小傳：汪智。字睿生。安徽歙縣人。身世不詳。善畫山水，筆致秀潤，自成一家。兼善雕刻桃花石子，作樓閣、林木、人物、花鳥，
　　　　精巧獨創。流傳署款作品紀年疑為聖祖康熙二十六（1687）、二十八（1689）年。（見圖繪寶鑑續纂、中國畫家人名大辭典）

楊　涵

梧桐拳石圖	卷	紙	設色	不詳	丁卯（康熙二十六年，1687）	北京 故宮博物院	
竹石圖（為石翁作）	軸	紙	水墨	不詳	己丑（康熙四十八年，1709）	北京 故宮博物院	
墨竹圖	摺扇面	紙	水墨	不詳		北京 中國歷史博物館	
山水、花卉圖（8幀）	冊	紙	設色	不詳		濟南 山東省博物館	

畫家小傳：楊涵。字水心。山東益都人。性簡傲。善畫。尤長於墨竹，常臥竹下，領會其偃仰倚斜之態，故畫甚得意致。流傳署款紀年作品
　　　　見於聖祖康熙二十六（1687）至四十八（1709）年。（見感舊錄詩傳、中國畫家人名大辭典）

吳　白

| 花卉圖（為慶陽年翁作，俞齡等雜畫冊38之1幀） | 冊頁 | 絹 | 設色 | 31.2 x 31.8 | （丁卯，康熙二十六年，1687） | 上海 上海博物館 | |

畫家小傳：吳白。字晢侯。浙江錢塘人。善畫花卉，師於張昉。流傳署款作品約在聖祖康熙二十六（1687）年。（見圖繪寶鑑續纂、中國畫
　　　　家人名大辭典）

洪　璜

| 山水圖（為慶陽年翁作，俞齡等雜畫冊38之1幀） | 冊頁 | 絹 | 設色 | 31.2 x 31.8 | （丁卯，康熙二十六年，1687） | 上海 上海博物館 | |

畫家小傳：洪璜。畫史無載。流傳署款作品約在聖祖康熙二十六（1687）年。

蔣　郁

| 策杖訪友圖（為慶陽年翁作，俞齡等雜畫冊38之1幀） | 冊頁 | 絹 | 設色 | 31.2 x 31.8 | （丁卯，康熙二十六年，1687） | 上海 上海博物館 | |

名稱	形式	質地	色彩	尺寸 高x寬cm	創作時間	收藏處所	典藏號碼

畫家小傳：蔣郁。畫史無載。流傳署款作品約在聖祖康熙二十六（1687）年。

干旌

名稱	形式	質地	色彩	尺寸 高x寬cm	創作時間	收藏處所	典藏號碼
山水圖	軸	絹	設色	不詳	壬午（康熙四十一年，1702）	北京 故宮博物院	
秋山紅樹圖	軸	絹	設色	不詳		北京 故宮博物院	
山莊訪友圖	軸	絹	設色	不詳		北京 中國歷史博物館	
松陰高士圖	軸	綾	設色	不詳		北京 首都博物館	
仿董太守山水圖	軸	絹	水墨	不詳	癸未（康熙四十二年，1703）	天津 天津市藝術博物館	
仿董北苑山水圖	軸	絹	水墨	149.1 x 42.5		天津 天津市藝術博物館	
山徑閑遊圖	軸	絹	水墨	不詳	己巳（康熙二十八年，1689）	天津 天津市人民美術出版社	
雲閣泉聲圖	軸	絹	設色	不詳	庚午（康熙二十九年，1690）	煙臺 山東省煙臺市博物館	
仿董源山水圖	軸	絹	水墨	168.1 x 45.5		杭州 浙江省博物館	
三老論道圖	軸	絹	設色	不詳		杭州 浙江美術學院	
深山幽賞圖	軸	絹	水墨	173 x 93.5	戊寅（康熙三十七年，1678）	杭州 浙江省杭州西泠印社	
山水圖	軸	金箋	設色	91.3 x 38.2		日本 私人	
山水圖（名賢集錦冊12之1幀）	冊頁	絹	設色	不詳		北京 故宮博物院	
山水圖（為慶陽年翁作，俞齡等雜畫冊38之1幀）	冊頁	絹	設色	31.2 x 31.8	（丁卯，康熙二十六年，1687）	上海 上海博物館	
附：							
洛陽秋色	軸	絹	設色	209 x 52	辛未（康熙三十年，1691）秋日	紐約 佳士得藝品拍賣公司/拍賣目錄1992,06,02.	

畫家小傳：干旌。字文昭。浙江杭州人。工畫山水。流傳署款紀年作品見於聖祖康熙二十八(1689)至四十二(1703)年。（見圖繪寶鑑續纂、中國畫家人名大辭典）

葉芬

名稱	形式	質地	色彩	尺寸 高x寬㎝	創作時間	收藏處所	典藏號碼
虎丘秋霽圖	軸	絹	設色	不詳		蘇州 江蘇省蘇州博物館	
採藥圖（俞齡、葉芬合作）	軸	絹	設色	不詳	壬申（康熙三十一，1692）	杭州 浙江省杭州西泠印社	
策杖訪友圖（為慶陽年翁作，俞齡等雜畫冊38之1幀）	冊頁	絹	設色	31.2 x 31.8	丁卯（康熙二十六年，1687）蒲月	上海 上海博物館	

畫家小傳：葉芬。字清之。江蘇松江人。身世不詳。善畫。作品傳世少見。流傳署款紀年作品見於聖祖康熙二十六（1687）年。（見明畫錄、畫史會要、中國畫家人名大辭典）

馮 檀

名稱	形式	質地	色彩	尺寸 高x寬㎝	創作時間	收藏處所	典藏號碼
人物圖（為慶陽年翁作，俞齡等雜畫冊38之1幀）	冊頁	絹	設色	31.2 x 31.8	（丁卯，康熙二十六年，1687）	上海 上海博物館	

畫家小傳：馮檀。字載煌。浙江山陰人。馮仙湜從子。善畫山水；兼擅寫照，師法明曾鯨，名重京師。流傳署款作品約在聖祖康熙（二十六1687）年。（見圖繪寶鑑續纂、中國畫家人名大辭典）

沈 星

名稱	形式	質地	色彩	尺寸 高x寬㎝	創作時間	收藏處所	典藏號碼
山水圖（為慶陽年翁作，俞齡等雜畫冊38之1幀）	冊頁	絹	設色	31.2 x 31.8	（丁卯，康熙二十六年，1687）	上海 上海博物館	

畫家小傳：沈星。字榆白。江蘇鹽城人。身世不詳。善丹青。流傳署款作品約在聖祖康熙二十六（1687）年。（見清代書畫家筆錄、中國畫家人名大辭典）

朱 臣

名稱	形式	質地	色彩	尺寸 高x寬㎝	創作時間	收藏處所	典藏號碼
山水圖（為慶陽年翁作，俞齡等雜畫冊38之1幀）	冊頁	絹	設色	31.2 x 31.8	（丁卯，康熙二十六年，1687）	上海 上海博物館	

畫家小傳：朱臣。字晉三。浙江海寧人。身世不詳。善畫山水，有別致。流傳署款作品約在聖祖康熙二十六（1687）年。（見圖繪寶鑑續纂、中國畫家人名大辭典）

孫 芳

名稱	形式	質地	色彩	尺寸 高x寬㎝	創作時間	收藏處所	典藏號碼
梅樹圖（為慶陽年翁作，俞齡等雜畫冊38之1幀）	冊頁	絹	設色	31.2 x 31.8	（丁卯，康熙二十六年，1687）	上海 上海博物館	

畫家小傳：孫芳。畫史無載。流傳署款作品約在聖祖康熙二十六（1687）年。身世待考。

孫 瑞

名稱	形式	質地	色彩	尺寸 高x寬㎝	創作時間	收藏處所	典藏號碼
山水圖（為慶陽年翁作，俞齡等雜畫冊38之1幀）	冊頁	絹	設色	31.2 x 31.8	（丁卯，康熙二十六年，1687）	上海 上海博物館	

名稱	形式	質地	色彩	尺寸 高×寬cm	創作時間	收藏處所	典藏號碼

畫家小傳：孫瑞。畫史無載。流傳署款作品約在聖祖康熙二十六（1687）年。身世待考。

夏 旦

山水圖（為慶陽年翁作，俞齡 等雜畫冊 38 之 1 幀）	冊頁	絹	設色	31.2 × 31.8	（丁卯，康熙二十 六年，1687）	上海 上海博物館	

畫家小傳：夏旦。畫史無載。流傳署款作品約在聖祖康熙二十六（1687）年。身世待考。

于 璟

介石圖	軸	綾	水墨	不詳	丁卯（？康熙二十 六年，1687）	杭州 浙江省博物館	
石木圖（張鵬翀等人雜畫冊 10 之 1 幀）	冊頁	絹	水墨	不詳		北京 中國歷史博物館	

畫家小傳：于璟。畫史無載。流傳署款作品紀年疑為聖祖康熙二十六（1687）年。身世待考。

吳 璉

柳馬圖	軸	絹	設色	111.2 × 73.6		日本 東京島津忠重先生	

畫家小傳：吳璉。字冰崖。福建龍巖（一作寧洋）人。聖祖康熙二十六(1687)年舉人，官至衡山知縣。工詩、古文詞。並善楷書。（見福建續誌、中國美術家人名辭典）

(釋) 幻 庵

山水圖（清各家山水扇面冊 10 之 1 幀）	摺扇面 紙		設色	不詳		北京 中央工藝美術學院	

畫家小傳：幻庵。僧。畫史無載。身世待考。

徐雨亭

山水圖	軸	紙	水墨	不詳	丁卯（？康熙二十 六年，1687）春二 月	日本 組田昌平先生	

畫家小傳：徐雨亭。畫史無載。流傳署款作品紀年疑似聖祖康熙二十六（1687）年。身世待考。

王 海

山水圖（12 幀）	冊	紙	水墨	（每幀）14.7 × 10.7	丁卯（康熙二十六 年，1687）	日本 京都貝塚茂樹先生	

名稱	形式	質地	色彩	尺寸 高×寬㎝	創作時間	收藏處所	典藏號碼
山水圖(14幀)	冊	紙	設色	（每幀）14.7 × 10.7	甲戌（康熙三十三年，1694）五月廿三日	日本 京都貝塚茂樹先生	A甲 687

畫家小傳：王海。畫史無載。字春濤。據畫作自識、他人題跋顯示，應為聖祖康熙初至中期時人。流傳署款紀年作品見於康熙二十六（1687）、三十三（1694）年。身世待考。

馮景夏

名稱	形式	質地	色彩	尺寸 高×寬㎝	創作時間	收藏處所	典藏號碼
山水圖	卷	絹	水墨	不詳		北京 故宮博物院	
仿董其昌山水（為高鳳翰作）	卷	絹	水墨	19.7 × 110.8	雍正丁未（五年，1727）燈節後二日	北京 首都博物館	
吳興清遠圖	卷	紙	設色	不詳		天津 天津市藝術博物館	
仿大癡筆意山水	軸	紙	設色	不詳		台北 故宮博物院	國贈 005372
山水圖	軸	紙	設色	不詳	雍正丁未（五年，1727）	北京 故宮博物院	
雪江送別圖	軸	紙	設色	不詳		濟南 山東省濟南市博物館	
桃柳爭春圖	軸	綾	水墨	不詳		南京 南京博物院	
山水圖（？幀）	冊	紙	設色	不詳	丙申（康熙五十五年，1716）端陽後十日	北京 故宮博物院	
山水圖（為素公作）	軸	紙	水墨	不詳	乾隆庚申（五年，1740）重陽後四日	上海 朵雲軒	

畫家小傳：馮景夏。字樹臣。號伯陽。安徽桐鄉人，居秀水。生於聖祖康熙二（1663）年。卒於高宗乾隆六（1741）年。康熙三十二年舉人。工書。善畫山水，得董其昌墨法，具疏曠淡雋之致。（見國朝畫徵錄、香樹齋文集、中國畫家人名大辭典）

陳鵬年

名稱	形式	質地	色彩	尺寸 高×寬㎝	創作時間	收藏處所	典藏號碼
仿晚林停憩圖（為聯勳作）	軸	綾	水墨	135.5 × 50.6		日本 染殿花院	
附：							
菖蒲磐石圖	軸	綾	水墨	165 × 40	康熙丁丑歲（三十六年，1697）天貺節後五日	紐約 佳士得藝品拍賣公司/拍賣目錄 1989.12.04	

畫家小傳：陳鵬年。字北溟，別字滄洲。湖南湘潭人。生於清聖祖康熙二（1663）年。卒於世宗雍正元（1723）年。康熙三十年進士，

名稱	形式	質地	色彩	尺寸 高x寬cm	創作時間	收藏處所	典藏號碼

累官至江寧知府。工詩，善書法。（見鄭任鑰撰墓誌銘、湘潭縣誌、中國美術家人名辭典）

蔣 桐

| 溪山深秀圖（為紫老作） | 軸 | 紙 | 泥金 | 73.2 x 43.9 | 戊辰（康熙二十七年，1688）冬日 | 南京 南京博物院 | |

畫家小傳：蔣桐。畫史無載。署款紀年作品見於聖祖康熙二十七（1688）年。身世待考。

吳 暻

水閣崇巖（吳暻山水冊之1）	冊頁	絹	水墨	35.9 x 29.6		台北 故宮博物院	故畫 03215-1
江樹雲嶺（吳暻山水冊之2）	冊頁	絹	設色	35.9 x 29.6		台北 故宮博物院	故畫 03215-2
巖居重深（吳暻山水冊之3）	冊頁	絹	設色	35.9 x 29.6		台北 故宮博物院	故畫 03215-3
疏林遠岫（吳暻山水冊之4）	冊頁	絹	水墨	35.9 x 29.6		台北 故宮博物院	故畫 03215-4
江山無盡（吳暻山水冊之5）	冊頁	絹	設色	35.9 x 29.6		台北 故宮博物院	故畫 03215-5
山溪橫橋（吳暻山水冊之6）	冊頁	絹	水墨	35.9 x 29.6		台北 故宮博物院	故畫 03215-6
松亭岩屋（吳暻山水冊之7）	冊頁	絹	設色	35.9 x 29.6		台北 故宮博物院	故畫 03215-7
秋山明淨（吳暻山水冊之8）	冊頁	絹	水墨	35.9 x 29.6		台北 故宮博物院	故畫 03215-8
坐釣溪山（吳暻山水冊之9）	冊頁	絹	設色	35.9 x 29.6		台北 故宮博物院	故畫 03215-9
密林陡壑（吳暻山水冊之10）	冊頁	絹	設色	35.9 x 29.6		台北 故宮博物院	故畫 03215-10
水村消夏（吳暻山水冊之11）	冊頁	絹	設色	35.9 x 29.6		台北 故宮博物院	故畫 03215-11
冬日山居（吳暻山水冊之12）	冊頁	絹	設色	35.9 x 29.6		台北 故宮博物院	故畫 03215-12
仿元人筆意山水圖（為濟翁作，吳暻、宋駿業山水合璧冊2之1）	冊頁	紙	設色	35.7 x 28.4		上海 上海博物館	

畫家小傳：吳暻。字元朗。籍里、事跡不詳。聖祖康熙二十七（1688）年進士。（見進士題名碑錄、中國畫家人名大辭典）

高 塞

附：

| 山水圖（11幀） | 冊 | 紙 | 水墨 | （每幀）20.5 x 26 | 戊辰（康熙二十七年，1688）仲春 | 紐約 佳士得藝品拍賣公司/拍賣目錄 1989.12.04. | |

畫家小傳：高塞。字國鼐（一作國鼎）。號敬一道人。為世祖之弟，封鎮國愨厚公。生性淡泊，好讀書，善琴理，精詞曲，尤工詩，又善畫。畫工山水，仿倪瓚小景，筆意淡遠。流傳署款紀年作品見於清聖祖康熙二十七（1688）年。（見熙朝雅頌集、池北偶談、中國美術家人名辭典）

惲挺生

名稱	形式	質地	色彩	尺寸 高x寬cm	創作時間	收藏處所	典藏號碼

附：

| 牡丹圖（清諸名家山水花卉書法冊之1幀） | 冊頁 | 絹 | 設色 | 23 x 18.5 | | 紐約 佳士得藝品拍賣公司/拍賣目錄 1994.11.30. | |

畫家小傳：惲挺生。畫史無載。身世待考。

方 邵

| 山水（名人畫扇貳冊（上）冊之10） | 摺扇面 紙 | | 設色 | 不詳 | | 台北 故宮博物院 | 故畫 03556-10 |

畫家小傳：方邵。畫史無載。身世待考。

許 永

柳艇行樂圖像（吳舫寫照;許永補景）	卷	絹	設色	不詳	戊辰（康熙二十七年，1688）五月	北京 故宮博物院	
花果圖	卷	紙	設色	不詳	雍正二年（甲辰，1724）	北京 故宮博物院	
花鳥圖（12幀合裝）	卷	絹	設色	200.7 x 42.5		韓國 首爾朴周煥	
菊花圖	軸	紙	設色	不詳		南京 南京博物院	
梅花翠羽圖（各人畫扇貳冊（下）冊之13）	摺扇面 紙		設色	不詳		台北 故宮博物院	故畫 03557-13
蘆荷翠鳥圖（名人便面畫冊之3）	摺扇面 紙		水墨	不詳		台北 故宮博物院	故畫 03558-3
水仙圖	冊頁	紙	水墨	19.9 x 15.6		台北 陳啟斌畏罍堂	
花鳥圖（11幀）	冊	絹	設色	不詳	康熙庚子（五十九年，1720）	北京 故宮博物院	
花鳥圖（8幀）	冊	絹	水墨	不詳	雍正四年（丙午，1726）三月廿三日	北京 故宮博物院	
花卉圖（10幀）	冊	紙	設色	（每幀）24.5 x 32.3	庚辰（康熙三十九年，1700）三月	上海 上海博物館	
花卉圖（10幀）	冊	紙	設色	不詳		南京 南京市博物館	
花鳥圖（6幀）	冊	絹	設色	不詳		常熟 江蘇省常熟市文物管理委員會	

附：

名稱	形式	質地	色彩	尺寸 高×寬㎝	創作時間	收藏處所	典藏號碼
薔薇花圖	軸	絹	設色	不詳	辛丑（康熙六十年，1721）秋日	蘇州 蘇州市文物商店	
寫生雜畫（8幀）	冊	絹	設色	不詳	辛卯（康熙五十年，1711）	北京 中國文物商店總店	
桃花小鳥	摺扇面	金箋	設色	18.5 × 57		香港 佳士得藝品拍賣公司/拍賣目錄1991,03,18.	

畫家小傳：許永。字南郊。號在野。江蘇常熟人。許山之子。承家學，善畫花鳥，喜寫生；畫山水，出入北宋諸家，與沈周、文徵明異派而同源。流傳署款紀年作品見於聖祖康熙二十七(1688)年，至世宗雍正四(1726)年。（見海虞畫苑略、堯峰文鈔、海虞詩苑、常熟縣志、琴川志、中國畫家人名大辭典）

朱其昌

名稱	形式	質地	色彩	尺寸 高×寬㎝	創作時間	收藏處所	典藏號碼
採芝圖	軸	絹	設色	不詳	戊辰（康熙二十七年，1688）	上海 上海博物館	
花卉圖（為慶陽年翁作，俞齡等雜畫冊38之1幀）	冊頁	絹	設色	31.2 × 31.8	（丁卯，康熙二十六年，1687）	上海 上海博物館	
附：							
山水人物圖	軸	絹	設色	不詳	戊辰（康熙二十七年，1688）	北京 北京市工藝品進出口公司	

畫家小傳：朱其昌。籍里、身世不詳。善畫松鶴。流傳署款紀年作品見於聖祖康熙二十七(1688)年。（見耕硯田齋筆記、中國畫家人名大辭典）

方膏茂

名稱	形式	質地	色彩	尺寸 高×寬㎝	創作時間	收藏處所	典藏號碼
佛手雙鳥圖	軸	綾	水墨	不詳	戊辰（康熙二十七年，1688）	北京 故宮博物院	
花鳥圖（方氏書畫冊14之1幀）	冊頁	紙	設色	不詳		上海 上海博物館	

畫家小傳：方膏茂。畫史無載。流傳署款紀年作品見於聖祖康熙二十七(1688)年。身世待考。

侯 建

名稱	形式	質地	色彩	尺寸 高×寬㎝	創作時間	收藏處所	典藏號碼
梅花圖	軸	絹	設色	32.9 × 44.5	戊辰（康熙二十七年，1688）	成都 四川省博物院	

畫家小傳：侯建。畫史無載。流傳署款紀年作品見於聖祖康熙二十七(1688)年。身世待考。

（釋）超 揆

名稱	形式	質地	色彩	尺寸 高×寬㎝	創作時間	收藏處所	典藏號碼
杜牧詩意圖	軸	絹	設色	62.8 × 31.9		台北 故宮博物院	故畫 00788
攜琴訪友小景	軸	絹	設色	24 × 48.2		台北 故宮博物院	故畫 02676
高齋書屋圖（為健翁作）	軸	絹	設色	99.3 × 50.5	己巳（康熙二十八年，1689）仲冬	廣州 廣東省博物館	
坐石高士圖	軸	紙	設色	不詳	丙子（康熙三十五年，1696）暮春三月望日	日本 江田勇二先生	
高士圖	軸	紙	設色	55.8 × 30.3		美國 私人	

畫家小傳：超揆。僧。俗姓文。名果。字輪庵。江蘇長洲人。文震亨之子。曾佐清將平定滇亂，得官不仕，棄而為僧。居於蘇州太湖東山翠峰寺。聖祖南巡曾迎駕，召入京，賜塔玉泉山，卒諡文覺禪師。工詩畫。作山水，別開生面，多寫平生遊歷之名山異境。流傳署款紀年作品見於聖祖康熙二十八(1689)至三十五(1696)年。（見國朝畫徵錄、國朝別裁詩集小傳、中國畫家人名大辭典）

梅 翀

名稱	形式	質地	色彩	尺寸 高×寬㎝	創作時間	收藏處所	典藏號碼
絕壁松舟圖（為文翁作，梅清等雜畫六段卷之第4段）	卷	紙	設色	約21 × 56	（己巳，康熙二十八年，1689）	上海 上海博物館	
仿劉松年松石圖	軸	綾	水墨	172.1 × 47.3		香港 劉作籌虛白齋	116
入山圖	軸	紙	設色	不詳		合肥 安徽省博物館	
仿高房山山水圖	軸	紙	設色	不詳		合肥 安徽省博物館	
松石圖	軸	紙	水墨	154.1 × 47.3		上海 上海博物館	
文殊院觀雲海圖	軸	紙	水墨	218 × 49.1		廣州 廣州市美術館	
芝石雙松圖	軸	綾	水墨	157.5 × 47.1		廣州 廣州市美術館	
仿李成梅花書屋圖	軸	紙	設色	180.3 × 47.1		美國 芝加哥藝術中心	1967.700
山水圖（10幀）	冊	紙	設色	（每幀）28.5 × 33.7		台北 私人	
山水圖（12幀）	冊	紙	設色	（每幀）19.8 × 15	壬申（康熙三十一年，1692）	北京 故宮博物院	
山水圖（6幀）	冊	紙	水墨	不詳		北京 故宮博物院	
仿古山水圖（8幀）	冊	紙	設色	不詳		北京 故宮博物院	
黃山圖（8幀）	冊	紙	設色	（每幀）25 × 15.1		北京 故宮博物院	
山水圖（梅氏山水冊10之2	冊頁	紙	設色	（每幀）31.7		合肥 安徽省博物館	

名稱	形式	質地	色彩	尺寸 高x寬cm	創作時間	收藏處所	典藏號碼
幀）				x 70.8			
仿古各家山水圖（10幀）	冊	紙	設色	（每幀）23 x 26		成都 四川省博物院	
山水圖（10幀）	冊	綾	設色	（每幀）30.5 x 25		南寧 廣西壯族自治區博物館	

畫家小傳：梅翀。畫史無載。流傳署款紀年作品見於聖祖康熙二十八（1689）至三十一（1692)年。身世待考。

梅琢成

名稱	形式	質地	色彩	尺寸 高x寬cm	創作時間	收藏處所	典藏號碼
山水圖（梅氏山水冊10之2幀）	冊頁	紙	設色	（每幀）31.7 x 70.8		合肥 安徽省博物館	

畫家小傳：梅琢成。畫史無載。身世待考。

陶 窳

名稱	形式	質地	色彩	尺寸 高x寬cm	創作時間	收藏處所	典藏號碼
萍塘雙鵝圖（為文翁作，梅清等雜畫六段卷之第5段）	卷	紙	設色	約20.5 x 56	（己巳，康熙二十八年，1689）	上海 上海博物館	
秋獵圖	軸	紙	設色	不詳		上海 上海博物館	

畫家小傳：陶窳。畫史無載。流傳署款紀年作品見於聖祖康熙二十八（1689）年。身世待考。

林充徹
附：

名稱	形式	質地	色彩	尺寸 高x寬cm	創作時間	收藏處所	典藏號碼
蘭花圖	軸	金箋	水墨	不詳	己巳（？康熙二十八年，1689）	上海 朵雲軒	

畫家小傳：林充徹。畫史無載。流傳署款作品紀年疑為聖祖康熙二十八（1689）年。身世待考。

張 肩
附：

名稱	形式	質地	色彩	尺寸 高x寬cm	創作時間	收藏處所	典藏號碼
雪竹圖	卷	紙	水墨	31.2 x 564.5	己巳（康熙二十八年，1689）秋孟四日	香港 佳士得藝品拍賣公司/拍賣目錄 1995,10,29.	

畫家小傳：張肩。江蘇吳江人。工畫墨竹，堅勁森密，擅名於時。流傳署款紀年作品見於聖祖康熙二十八(1689)。（見國朝畫徵續錄、中國畫家人名大辭典）

趙 申

名稱	形式	質地	色彩	尺寸 高x寬cm	創作時間	收藏處所	典藏號碼
雲山雨意（清朱軒等十人合作	軸	金箋	水墨、	206 x 48	己巳（康熙二十八	石家莊 河北省博物館	

名稱	形式	質地	色彩	尺寸 高x寬㎝	創作時間	收藏處所	典藏號碼
10 屏風之 1)			設色		年，1689）秋月		
天台採藥圖（名人扇面（乙）冊之 10）	摺扇面	紙	設色	不詳		台北 故宮博物院	故畫 03548-10
山水圖（清十家山水圖冊 12 之 1 幀）	冊頁	絹	設色	34 x 27.5		上海 上海博物館	
附：							
秋山晚翠圖	軸	紙	設色	不詳	辛卯（康熙五十年，1711）	上海 上海文物商店	

畫家小傳：趙申（一作紳）。字坦公。潁州人。趙澄之子。承家學，亦善畫。流傳署款紀年作品見於聖祖康熙二十八（1689）至五十（1711）年。（見國朝畫徵錄、歷代畫史彙傳、中華畫人室隨筆、中國畫家人名大辭典）

顧 侃

名稱	形式	質地	色彩	尺寸 高x寬㎝	創作時間	收藏處所	典藏號碼
秋山瀑流（清朱軒等十人合作 10 屏風之 1)	軸	金箋	水墨、設色	206 x 48	己巳（康熙二十八年，1689）	石家莊 河北省博物館	

畫家小傳：顧侃。畫史無載。流傳署款紀年作品見於聖祖康熙二十八（1689）年。身世待考。

葉觀青

名稱	形式	質地	色彩	尺寸 高x寬㎝	創作時間	收藏處所	典藏號碼
山高水長（清朱軒等十人合作 10 屏風之 1)	軸	金箋	水墨、設色	206 x 48	己巳（康熙二十八年，1689）□□	石家莊 河北省博物館	

畫家小傳：葉觀青。畫史無載。流傳署款紀年作品見於聖祖康熙二十八（1689）年。身世待考。

陸 鵬

名稱	形式	質地	色彩	尺寸 高x寬㎝	創作時間	收藏處所	典藏號碼
松巖高遠（清朱軒等十人合作 10 屏風之 1)	軸	金箋	水墨、設色	206 x 48	己巳（康熙二十八年，1689）長至日	石家莊 河北省博物館	

畫家小傳：陸鵬。畫史無載。流傳署款紀年作品見於聖祖康熙二十八（1689）年。身世待考。

潘 齡

名稱	形式	質地	色彩	尺寸 高x寬㎝	創作時間	收藏處所	典藏號碼
山水圖（清朱軒等十人合作 10 屏風之 1)	軸	金箋	水墨、設色	206 x 48	己巳（康熙二十八年，1689）	石家莊 河北省博物館	

畫家小傳：潘齡。畫史無載。流傳署款紀年作品見於聖祖康熙二十八（1689）年。身世待考。

陳 表

名稱	形式	質地	色彩	尺寸 高x寬㎝	創作時間	收藏處所	典藏號碼
仿黃山水圖（清朱軒等十人合作 10 屏風之 1)	軸	金箋	水墨、設色	206 x 48	己巳（康熙二十八年，1689）秋月	石家莊 河北省博物館	

畫家小傳：陳表。畫史無載。流傳署款紀年作品見於聖祖康熙二十八（1689）年。身世待考。

名稱	形式	質地	色彩	尺寸 高x寬㎝	創作時間	收藏處所	典藏號碼

龔 振

名稱	形式	質地	色彩	尺寸 高x寬㎝	創作時間	收藏處所	典藏號碼
山水圖（清朱軒等十人合作 10 屏風之 1）	軸	金箋	水墨、設色	206 x 48	己巳（康熙二十八年，1689）	石家莊 河北省博物館	
山水圖（清十家山水冊 12 之 1 幀）	冊頁	絹	設色	34 x 27.5		上海 上海博物館	

畫家小傳：龔振。字又園。江蘇婁縣人。善畫山水，學宋馬遠筆法，意致蒼老。家貧，以賣畫自給。流傳署款紀年作品見於聖祖康熙二十八（1689）年。（見婁縣志、書畫記略、中國畫家人名大辭典）

殳 睿

名稱	形式	質地	色彩	尺寸 高x寬㎝	創作時間	收藏處所	典藏號碼
樸園圖（殳睿、尚濱合作）	卷	絹	設色	不詳	己巳（康熙二十八年，1689）	北京 故宮博物院	
山水圖（殳睿山水冊 10 幀，各為：泛舟；觀泉；松林茅舍；山居；捕魚；高士；雁歸；返棹；雲山；桐陰小塢）	冊	紙	設色	（每幀）24.5 x 35.7	庚辰（康熙三十九年，1700）春日	台北 故宮博物院	故畫 01205

畫家小傳：殳睿。畫史無載。流傳署款紀年作品見於聖祖康熙二十八（1689）至三十九（1700）年。身世待考。

尚 濱

名稱	形式	質地	色彩	尺寸 高x寬㎝	創作時間	收藏處所	典藏號碼
樸園圖（殳睿、尚濱合作）	卷	絹	設色	不詳	己巳（康熙二十八年，1689）	北京 故宮博物院	

畫家小傳：尚濱。安徽鳳陽人。身世不詳。善畫山水、人物。流傳署款紀年作品見於聖祖康熙二十八（1689）年。（見鳳陽府志、國畫家人名大辭典）

吳 龍

名稱	形式	質地	色彩	尺寸 高x寬㎝	創作時間	收藏處所	典藏號碼
春色滿園圖	軸	絹	設色	235 x 97	康熙己巳（二十八年，1689）	合肥 安徽省博物館	
高松草閣圖	軸	綾	設色	89.5 x 52		合肥 安徽省博物館	
仿吳鎮山水圖	軸	紙	水墨	199 x 73.8		合肥 安徽省博物館	

畫家小傳：吳龍。字在田。號雲友。安徽歙縣人。善畫山水，汪于鼎稱其風格近於沈否田。流傳署款紀年作品見於聖祖康熙二十八（1689）年。（見虹廬畫談、中國畫家人名大辭典）

李營道

名稱	形式	質地	色彩	尺寸 高x寬㎝	創作時間	收藏處所	典藏號碼
山水圖	卷	紙	設色	不詳	己巳（？康熙二十八年，1689）	北京 故宮博物院	

畫家小傳：李營道。畫史無載。流傳署款作品紀年疑為聖祖康熙二十八（1689）年。身世待考。

名稱	形式	質地	色彩	尺寸 高×寬㎝	創作時間	收藏處所	典藏號碼

吳 煥

名稱	形式	質地	色彩	尺寸 高×寬㎝	創作時間	收藏處所	典藏號碼
梅鶴水仙圖	軸	絹	設色	145 × 72.5		瀋陽 故宮博物院	
花竹聚禽圖	軸	絹	設色	170 × 67.5		廣州 廣東省博物館	
雙鶴圖	軸	絹	設色	183 × 45.8	庚寅（康熙四十九年，1710）冬日	日本 東京篠崎都香佐先生	
雙鶴圖	軸	絹	設色	189.8 × 47.9	癸巳（康熙五十二年，1713）孟冬	日本 東京篠崎都香佐先生	
雙鶴圖	軸	絹	設色	190.6 × 98.6		日本 佐賀縣鶴田鶴雄先生	
花鳥圖	軸	絹	設色	不詳		美國 波士頓美術館	
附：							
山水圖（清吳煥、胡湄等山水花鳥冊8之4幀）	冊頁	絹	設色	不詳	（己巳，康熙二十八年，1689）	天津 天津市文物商店	

畫家小傳：吳煥。字銘仙。江蘇長洲人。善畫花鳥，得元人意。流傳署款作品約見於聖祖康熙二十八（1689）至五十二（1713）年。（見歷代畫史彙傳附錄、中國畫家人名大辭典）

金 遠

名稱	形式	質地	色彩	尺寸 高×寬㎝	創作時間	收藏處所	典藏號碼
仿大癡山水圖	摺扇面	金箋	水墨	不詳	己巳（？康熙二十八年，1689）	南京 南京博物院	

畫家小傳：金遠。字遲生。長興人。生長罟畫溪，癖耽山水，種梅百本，時行吟其下。晚年喜好染翰，隨興而作，怪石枯株，槎枒突兀，自題其上。流傳署款作品紀年疑為聖祖康熙二十（1689）年。（見長興詩存、湖錄經籍考、中國畫家人名大辭典）

周 渙

名稱	形式	質地	色彩	尺寸 高×寬㎝	創作時間	收藏處所	典藏號碼
樹石圖	摺扇面	金箋	水墨	不詳	己巳（？康熙二十八年，1689）	南京 南京博物院	

畫家小傳：周渙。畫史無載。流傳署款作品紀年疑為聖祖康熙二十八（1689）年。身世待考。

呂 詔

名稱	形式	質地	色彩	尺寸 高×寬㎝	創作時間	收藏處所	典藏號碼
山水圖（寫祝孟翁壽）	摺扇面	金箋	水墨	19.7 × 57.2	己巳（康熙二十八年，1689）夏日	日本 大阪橋本大乙先生	

畫家小傳：呂詔。畫史無載。流傳署款作品紀年疑為聖祖康熙二十八（1689）年。身世待考。

樊 雲

名稱	形式	質地	色彩	尺寸 高×寬㎝	創作時間	收藏處所	典藏號碼
山水圖	軸	絹	設色	166 × 50	丙戌（康熙四十五年，1706）	北京 故宮博物院	
山水圖	軸	金箋	水墨	不詳	丙戌（康熙四十五	北京 故宮博物院	

名稱	形式	質地	色彩	尺寸 高×寬㎝	創作時間	收藏處所	典藏號碼
					年，1706）		
雲峰煙艇圖	軸	絹	水墨	171 × 50.6	甲申（康熙四十三 年，1704）	天津 天津市藝術博物館	
山水圖（畫呈長翁老父臺）	軸	絹	設色	158.5 × 76	丁丑（康熙三十六 年，1697）秋月	加拿大 多倫多皇家安大略博 物館	951.170.21
菊石戲雀圖	軸	紙	設色	49.6 × 40.1		意大利 羅馬國立東洋藝術博 物館	8230
山水圖	摺扇面	紙	設色	不詳	戊寅（康熙三十七 年，1698）	北京 故宮博物院	
山水圖（為元翁作）	摺扇面	紙	設色	不詳	丁丑（康熙三十六 年，1697）秋仲	北京 首都博物館	
山水圖（十家書畫扇面冊 10 之 1 幀）	摺扇面	金箋	設色	16.2 × 48.6		北京 首都博物館	
山水圖（祁豸佳等山水花鳥冊 27 之 1 幀）	冊頁	絹	設色	30 × 23.4		天津 天津市藝術博物館	
山水圖（為卓翁作，樊雲等山 水花鳥冊 10 之第 1 幀）	冊頁	紙	設色	17.5 × 20.1	庚午（康熙二十九 年，1690）秋	上海 上海博物館	
山水圖（為緩公作，樊雲等山 水花卉冊 10 之第 1 幀）	冊頁	紙	設色	17.4 × 20	庚午（康熙二十九 年，1690）秋	上海 上海博物館	

畫家小傳：樊雲。字青若。號九靈。江蘇江寧人。樊圻之子。傳家學，亦善畫。流傳署款紀年作品見於聖祖康熙二十九(1690)至三十六
　　　　(1697)年（見國朝畫徵錄、中國畫家人名大辭典）

龔 柱

山水圖（清龔柱等山水冊 10 之 1 幀）	冊頁	紙	設色	20.5 × 32		天津 天津市藝術博物館	
山水圖（為卓翁作，樊雲等山 水花鳥冊 10 之第 2 幀）	冊頁	紙	設色	17.5 × 20.1	（庚午，康熙二十 九年，1690）	上海 上海博物館	
山水圖（為緩公作，樊雲等山 水花卉冊 10 之第 1 幀）	冊頁	紙	設色	17.4 × 20	（庚午，康熙二十 九年，1690）	上海 上海博物館	
山水圖（12 幀）	冊	紙	水墨	不詳		溫州 浙江省溫州博物館	

畫家小傳：龔柱。畫史無載。流傳署款紀年作品見於聖祖康熙二十九（1690）年。身世待考。

劉 超

| 山水圖（為卓翁作，樊雲等山 水花鳥冊 10 之第 4 幀） | 冊頁 | 紙 | 設色 | 17.5 × 20.1 | （庚午，康熙二十 九年，1690） | 上海 上海博物館 | |

名稱	形式	質地	色彩	尺寸 高x寬㎝	創作時間	收藏處所	典藏號碼
山水圖（為綏公作，樊雲等山水花卉冊10之第3幀）	冊頁	紙	設色	17.4 x 20	（庚午，康熙二十九年，1690）	上海 上海博物館	

畫家小傳：劉超。畫史無載。流傳署款作品疑作於聖祖康熙二十九（1690）年。身世待考。

官　銓

山水圖	軸	絹	水墨	176 x 58	丙子（康熙三十五年，1696）菊月	北京 故宮博物院	
夏景山水圖	軸	絹	水墨	194.5 x 99.2		日本 私人	
山水圖（12幀）	冊	紙	設色	（每幀）18 x 19.5		北京 故宮博物院	
山水圖（清龔柱等山水冊10之1幀）	冊頁	紙	設色	20.5 x 32		天津 天津市藝術博物館	
山水圖（`為卓翁作，樊雲等山水花鳥冊10之第5幀）	冊頁	紙	設色	17.5 x 20.1	（庚午，康熙二十九年，1690）	上海 上海博物館	
山水圖（為綏公作，樊雲等山水花卉冊10之第6幀）	冊頁	紙	設色	17.4 x 20	（庚午，康熙二十九年，1690）	上海 上海博物館	
山水圖（清龔賢等山水冊6之1幀）	冊頁	紙	設色	31.5 x 47	（乙亥，康熙三十四年，1695）	南昌 江西省博物館	

畫家小傳：官銓。滇南布衣。身世不詳。善畫山水，筆力雅健。流傳署款作品疑作於聖祖康熙二十九（1690）至三十五（1696）年。
（見讀畫輯略、中國美術家人名辭典）

顧　悾

雪景圖（為卓翁作，樊雲等山水花鳥冊10之第9幀）	冊頁	紙	設色	17.5 x 20.1	庚午（康熙二十九年，1690）九月	上海 上海博物館	
梅花圖（為綏公作，樊雲等山水花卉冊10之第7幀）	冊頁	紙	設色	17.4 x 20	（庚午，康熙二十九年，1690）	上海 上海博物館	

畫家小傳：顧悾。畫史無載。流傳署款作品紀年疑為聖祖康熙二十九（1690）年。身世待考。

謝定遠

花卉圖（為卓翁作，樊雲等山水花鳥冊10之第8幀）	冊頁	紙	設色	17.5 x 20.1	（庚午，康熙二十九年，1690）	上海 上海博物館	

畫家小傳：謝定遠。畫史無載。流傳署款作品疑作於聖祖康熙二十九（1690）年。身世待考。

謝靖孫

萱菊圖（為卓翁作，樊雲等山	冊頁	紙	設色	17.5 x 20.1	（庚午，康熙二十	上海 上海博物館	

名稱	形式	質地	色彩	尺寸 高×寬cm	創作時間	收藏處所	典藏號碼

水花鳥冊10之第9幀）　　　　　　　　　　　　　　　　九年，1690）

畫家小傳：謝靖孫。畫史無載。流傳署款作品疑作於聖祖康熙二十九（1690）年。身世待考。

王 銓

名稱	形式	質地	色彩	尺寸 高×寬cm	創作時間	收藏處所	典藏號碼
雲嶺幽居（王銓山水冊之1）	冊頁	絹	水墨	34.7 x 29		台北 故宮博物院	故畫 03216-1
溪橋野靄（王銓山水冊之2）	冊頁	絹	水墨	34.7 x 29		台北 故宮博物院	故畫 03216-2
溪山無盡（王銓山水冊之3）	冊頁	絹	水墨	34.7 x 29		台北 故宮博物院	故畫 03216-3
雲山欲雨（王銓山水冊之4）	冊頁	絹	水墨	34.7 x 29		台北 故宮博物院	故畫 03216-4
溪亭危巖（王銓山水冊之5）	冊頁	絹	水墨	34.7 x 29		台北 故宮博物院	故畫 03216-5
雲湧江村（王銓山水冊之6）	冊頁	絹	設色	34.7 x 29		台北 故宮博物院	故畫 03216-6
高嶺崇閣（王銓山水冊之7）	冊頁	絹	設色	34.7 x 29		台北 故宮博物院	故畫 03216-7
松溪泛棹（王銓山水冊之8）	冊頁	絹	設色	34.7 x 29		台北 故宮博物院	故畫 03216-8
坐看雲泉（王銓山水冊之9）	冊頁	絹	設色	34.7 x 29		台北 故宮博物院	故畫 03216-9
山徑林屋（王銓山水冊之10）	冊頁	絹	設色	34.7 x 29		台北 故宮博物院	故畫 03216-10
江樹雲山（王銓山水冊之11）	冊頁	絹	設色	34.7 x 29		台北 故宮博物院	故畫 03216-11
雲橫晴麓（王銓山水冊之12）	冊頁	絹	設色	34.7 x 29		台北 故宮博物院	故畫 03216-12
為壽愷翁作山水圖（王翬等山水冊24之1幀）	冊頁	紙	設色	21.5 x 27.5	甲戌（康熙三十三年，1694）季春	天津 天津市藝術博物館	

畫家小傳：王銓。字東發。江蘇長洲人。聖祖康熙二十九（1690）年舉人。精書法。善繪畫。（見江南通志、太原家譜、中國畫家人名大辭典）

佛 延

名稱	形式	質地	色彩	尺寸 高×寬cm	創作時間	收藏處所	典藏號碼
翠嶺紅屋（清佛延畫油畫山水冊之1）	冊頁	紙	設色	不詳		台北 故宮博物院	故畫 03423-1
靜聽秋聲（清佛延畫油畫山水冊之2）	冊頁	紙	設色	不詳		台北 故宮博物院	故畫 03423-2
落暉歸渡（清佛延畫油畫山水冊之3）	冊頁	紙	設色	不詳		台北 故宮博物院	故畫 03423-3
關山幽境（清佛延畫油畫山水冊之4）	冊頁	紙	設色	不詳		台北 故宮博物院	故畫 03423-4
溪橋高棲（清佛延畫油畫山水冊之5）	冊頁	紙	設色	不詳		台北 故宮博物院	故畫 03423-5
紅樹茅亭（清佛延畫油畫山水冊之6）	冊頁	紙	設色	不詳		台北 故宮博物院	故畫 03423-6
秋江垂釣（清佛延畫油畫山水	冊頁	紙	設色	不詳		台北 故宮博物院	故畫 03423-7

名稱	形式	質地	色彩	尺寸 高x寬cm	創作時間	收藏處所	典藏號碼

冊之7)

清江野渡 (清佛延畫油畫山水　冊頁　紙　設色　不詳　　　　　　　　　　台北 故宮博物院　　　故畫 03423-8

冊之8)

畫家小傳：佛延。畫史無載。身世待考。

石　村

附：

山水圖（12幀）　　　　　　冊　紙　水墨　（每幀）30　康熙庚午（二十九　紐約 佳士得藝品拍賣公司/拍

　　　　　　　　　　　　　　　　　　　　x 20.5　年，1690）春正　　賣目錄 1988.11.30.

畫家小傳：石村。畫史無載。流傳署款紀年作品見於聖祖康熙二十九（1690）。身世待考。

王　儀

花卉（吳歷等花竹禽魚圖冊12　冊頁　紙　設色　26.2 x 23.8　　　　　　上海 上海博物館

之1幀）

畫家小傳：王儀。畫史無載。身世待考。

張　永

山水圖　　　　　　　　　　軸　絹　水墨　73.7 x 36.1　　　　　　荷蘭 阿姆斯特丹 Rijk-s 博物　46

　　　　　　　　　　　　　　　　　　　　　　　　　　　　　　館（私人寄存）

畫家小傳：張永。本姓凌，幼年送人撫育遂改姓張。字子久。善寫真，得曾鯨弟子張琦遺法；兼工山水、人物。（見湖州府志、中國

　　　　畫家人名大辭典）

郭人麟

山水圖　　　　　　　　　　軸　綾　水墨　136.1 x 44.4　　　　　　美國 勃克萊加州大學藝術館　CC119

　　　　　　　　　　　　　　　　　　　　　　　　　　　　　　（高居翰教授寄存）

畫家小傳：郭人麟。字嘉瑞。福建福清人。聖祖康熙二十九（1690）年副車。善詩賦、古文、行草書，又工繪畫，成為當時所重。

　　　　（見福建通志、中國畫家人名大辭典），

李　昌

花卉雜畫（12幀）　　　　　冊　紙　水墨、（每幀）13.5　　　　　日本 東京寺崎正先生

　　　　　　　　　　　　　　　　　設色　x 9.6

畫家小傳：李昌。字爾熾。號謹庵。浙江仁和人。聖祖康熙二十九（1690）年孝廉。善畫花鳥、草蟲，寫來栩栩如活。（見圖繪寶鑑

　　　　續纂、中國畫家人名大辭典）

顧鼎銓

名稱	形式	質地	色彩	尺寸 高×寬㎝	創作時間	收藏處所	典藏號碼
夏日山水圖（明季八家合畫卷之第6段）	卷	紙	設色	21.6 x ？	甲戌（康熙三十三年，1694）初夏	台北 華叔和後真賞齋	
溪山縱棹圖	軸	紙	設色	198.2 x 79.8	庚午（康熙二十九年，1690）臘月	南京 南京博物院	
山水圖	軸	紙	設色	不詳	甲申（康熙四十三年，1704）春日	太原 山西省博物館	
米法山水圖（明清名家合裝書畫扇面一冊之2）	摺扇面	金箋	水墨	17 x 52.4		日本 私人	

畫家小傳：顧鼎銓。字達伯。浙江杭州人。善畫山水，結構點染俱得法度。署款紀年作品見於清聖祖康熙二十九(1690)年至四十三
　　　　　(1704)年。(見圖繪寶鑑續纂、中國畫家人名大辭典)

汪文柏

蘭竹圖	卷	紙	水墨	不詳	康熙庚午（二十九年，1690）秋八月	北京 故宮博物院	
蘭石圖（2幀）	冊	紙	水墨	（每幀）24 x 32.5	壬午（康熙四十一年，1702）春仲	上海 上海博物館	

附：

蘭石圖（10幀）	冊	紙	水墨	（每幀）31.5 x 30.2	辛未（康熙三十年，1691）	上海 上海工藝品進出口公司	

畫家小傳：汪文柏。字季青。號柯庭。安徽休寧人，占籍桐城。性好習靜。工詩畫。寫墨蘭，雅秀脫俗；作山水，蕭疏簡淡。流傳署款
　　　　　紀年作品見於聖祖康熙二十九(1690)至四十一(1702)年。(見國朝畫徵續錄、桐陰論畫、國朝詩別裁小傳、十二硯齋詩集、中
　　　　　國畫家人名大辭典等)

宗 然

法龔賢作山水圖（？幀）	冊	紙	水墨	不詳	康熙庚午（二十九年，1690）新秋	太原 山西省博物館	

畫家小傳：宗然。畫史無載。流傳署款紀年作品見於聖祖康熙二十九(1690)年。身世待考。

陳 訓

附：

山水圖	軸	紙	設色	不詳	康熙庚午（二十九年，1690）長夏	北京 北京市文物商店	

畫家小傳：陳訓。字伊言。畫史無載。流傳署款紀年作品見於聖祖康熙二十九(1690)年。身世待考。

鄒壽坤

名稱	形式	質地	色彩	尺寸 高x寬cm	創作時間	收藏處所	典藏號碼
山水圖（為卓庵作，樊雲等山水花鳥冊 10 之第 3 幀）	冊頁	紙	設色	17.5 x 20.1	庚午（康熙二十九年，1690）小陽月	上海 上海博物館	
山水圖（為緩公作，樊雲等山水花卉冊 10 之第 4 幀）	冊頁	紙	設色	17.4 x 20	庚午（康熙二十九年，1690）小春月	上海 上海博物館	
附：							
亂山孤塔圖	軸	紙	設色	不詳	庚午（康熙二十九年，1690）夏六月	北京 北京市文物商店	

畫家小傳：鄒壽坤（一作坤）。字子貞。江蘇吳縣人，家居江蘇金陵。為鄒喆之子。工畫山水，能繼家學。流傳署款紀年作品見於聖祖
　　　　康熙二十九(1690)年。（見圖繪寶鑑續纂、國朝畫徵錄、中國美術家人名辭典）

周 杲

看雲圖	摺扇面 紙		設色	不詳	康熙庚午（二十九年，1690）	北京 故宮博物院	

畫家小傳：周杲。字楚揆。江蘇吳江人。工畫山水、人物，氣韻生動；尤善寫真，得曾鯨之奧，名動京師。流傳署款紀年作品見於聖祖
　　　　康熙二十九(1690)年。（見國朝畫徵錄、吳江縣志、中國畫家人名大辭典）

李道修

竹石圖	軸	綾	水墨	不詳		蘇州 江蘇省蘇州博物館	
附：							
竹石圖	軸	絹	水墨	115 x 43.2		紐約 佳士得藝品拍賣公司/拍賣目錄 1988.11.30	

畫家小傳：李道修。畫史無載。身世待考。

周月驃

古木寒舍圖（山水集錦冊 10 之第 10 幀）	冊頁	紙	水墨	21.6 x 28.9	庚午（康熙二十九年，1681）大寒後一日	上海 上海博物館	

畫家小傳：周月驃。畫史無載。流傳署款紀年作品見於聖祖康熙二十九(1690)年。身世待考。

邵 陵

浮玉山圖（金、焦圖詠冊 16 之 1 幀）	冊頁	紙	水墨	30 x 36		上海 上海博物館	

畫家小傳：邵陵。畫史無傳。身世待考。

汪 琪

名稱	形式	質地	色彩	尺寸 高×寬cm	創作時間	收藏處所	典藏號碼
金山圖（金、焦圖詠冊16之1幀）	冊頁	紙	水墨	30 × 36		上海 上海博物館	

畫家小傳：汪琪。畫史無傳。身世待考。

葉 年

梅花竹禽圖	軸	金箋	水墨	不詳	庚午（？康熙二十九年，1690）	南京 南京博物院	

畫家小傳：葉年。畫史無載。流傳署款作品紀年疑為聖祖康熙二十九（1690）年。身世待考。

如 柏

仿倪瓚山水圖	軸	紙	水墨	不詳	庚午（？康熙二十九年，1681）	杭州 浙江省杭州市文物考古所	

畫家小傳：如柏。畫史無載。流傳署款作品紀年疑為聖祖康熙二十九（1690）年。身世待考。

林之淑

疏林飛瀑圖	軸	綾	水墨	198.4 × 50.3	庚午（？康熙二十九年，1690）九月	日本 中埜又左衛門先生	

畫家小傳：林之淑。畫史無載。邢上人。流傳署款作品紀年疑為聖祖康熙二十九（1690）年。身世待考。

錢 古

寫白陽道人筆意山水圖	摺扇面	金箋	水墨	17 × 48.4	庚午（？康熙二十九年，1690）春	日本 中埜又左衛門先生	

畫家小傳：錢古。畫史無載。流傳署款作品紀年疑為聖祖康熙二十九（1690）年。身世待考。

顏 嶧

花鳥圖（與顏岳合作合卷）	卷	絹	設色	不詳	壬寅（康熙六十一年，1722）秋	南京 南京博物院	
秋林舒嘯圖	軸	絹	設色	140 × 81.8		瀋陽 遼寧省博物館	
仿郭熙盤車圖	軸	絹	設色	不詳	丙子（康熙三十五年，1696）	北京 中國歷史博物館	
擬古作水村捕魚圖	軸	絹	設色	不詳	庚辰（康熙三十九年，1700）秋	北京 故宮博物院	
歲朝圖	軸	絹	設色	不詳	庚寅（康熙四十九年，1710）元旦	北京 故宮博物院	
枯木寒鴉圖	軸	絹	設色	不詳	江都七十四叟（	天津 天津市藝術博物館	

名稱	形式	質地	色彩	尺寸 高x寬㎝	創作時間	收藏處所	典藏號碼
					乾隆四年，己未，1739）		
棧道圖	軸	絹	設色	不詳	乾隆乙丑（十年，1745）秋八月	青島 山東省青島市博物館	
水村捕魚圖	軸	絹	設色	不詳	庚辰（康熙三十九年，1700）	西安 陝西省西安市文物保護考古所	
江村圖	軸	絹	設色	不詳		西安 陝西省西安市文物保護考古所	
寒烏慈孝圖	軸	紙	設色	70 x 37.5	八十三叟（乾隆十三年，戊辰，1748）	上海 上海博物館	
雪山圖	軸	絹	設色	80 x 49		南京 江蘇省美術館	
摹李希古作山松群鶴圖	軸	絹	設色	不詳	丙申（康熙五十五年，1716）余月	南寧 廣西壯族自治區博物館	
山水圖（清顏嶧等山水花鳥4幅之1）	軸	綾	設色	（每幅)53.1 x 46.5	癸酉（康熙三十二年，1693）	廣州 廣東省博物館	
燕子磯圖	軸	絹	設色	80.3 x 51.6		廣州 廣東省博物館	
江樓對弈圖	軸	絹	設色	115.5 x 62.5	乾隆庚申（五年，1740）春二月	廣州 廣州市美術館	
長江秋暮圖	軸	絹	設色	98 x 41	八十四（乾隆十四年，己巳，1749)	廣州 廣州市美術館	
山松群鶴圖	軸	絹	設色	253 x 107	丙申（康熙五十五年，1716）	南寧 廣西壯族自治區博物館	
湖莊急雨圖	軸	絹	設色	148.8 x 85.2		日本 大阪橋本大乙先生	
擬劉松年荷塘清夏圖	軸	絹	設色	169.3 x 51		日本 大阪橋本大乙先生	
山水圖（文心別寄圖冊之1幀）	冊頁	紙	設色	不詳		北京 中國歷史博物館	
附：							
仿古山水圖（12幀，各為：馬和之天祿圖；劉松年湖莊高士；趙令穰秋江漁隱；李唐秋江夕照；郭熙秋山行旅；馬遠溪山亭子；米芾法山川出雲；馬遠策杖松蔭；許道寧喬松聚鶴；王維風雪喚渡；李成寒林；松	冊	紙	設色	（每幀）21 x 27	丙申（康熙五十五年，1716）秋仲	上海 朵雲軒	

名稱	形式	質地	色彩	尺寸 高x寬㎝	創作時間	收藏處所	典藏號碼

蔭繫艇）

畫家小傳：顏嶧。字青來。江蘇揚州人。生於聖祖康熙五（1666）年，高宗乾隆十四年(1749)時猶在世。工畫，出於李寅門下，作山水、人物師法北宋人，筆墨蒼勁；作界畫，使筆鈎砍老當處不減袁江；尤擅米氏山水，水墨濃淡堆漬，妙能融化無跡。（見春草堂隨筆揚州畫苑錄、畫人補遺、清代畫史補錄、中國美術家人名辭典）

沈 穌

蕙蘭泉石圖	軸	絹	水墨	不詳	辛卯（康熙五十年，1711）	瀋陽 故宮博物院	
蘭花圖	軸	紙	水墨	不詳	乙亥（康熙三十四年，1695）暮春	北京 故宮博物院	
山水圖	摺扇面	紙	設色	不詳	庚午（康熙二十九年，1690）	北京 故宮博物院	

畫家小傳：沈穌。字石民。江蘇常熟人。工書、篆刻，善畫。流傳署款紀年作品見於聖祖康熙二十九(169)至五十（1711）年。（見虞山畫志、中國畫家人名大辭典）

顧 進

| 仿雲林高巖溪樹圖（為觀海作） | 軸 | 紙 | 水墨 | 173 x 49.2 | 辛未（康熙三十年，1691）春日 | 南京 南京博物院 | |

畫家小傳：顧進。字彥湘。江蘇興化人。善作文，有奇氣。亦工行書。間能畫。流傳署款紀年作品見於聖祖康熙三十(1691)年。（見興化縣誌、中國美術家人名辭典）

丁裕慶

| 墨竹圖 | 摺扇面 | 紙 | 水墨 | 不詳 | 辛未（康熙三十年，1691）初夏 | 北京 故宮博物院 | |

畫家小傳：丁裕慶。字蘿月。露化人。明亡不仕，寓情詩酒。嗜學工書。尤善畫蘭，號「蘿蘭」，為世所珍。流傳署款紀年作品見於聖祖康熙三十(1691)年。 （見武定府志、中國畫家人名大辭典）

張 晞

| 摹劉松年江山覽勝圖 | 軸 | 紙 | 設色 | 79 x 71 | 癸巳（康熙五十二年，1713）伏日 | 濟南 山東省博物館 | |
| 仿古山水圖（8幀） | 冊 | 紙 | 設色 | （每幀）25.1 x 6.8 | 辛未（康熙三十年，1691）秋初 | 北京 故宮博物院 | |

畫家小傳：張晞（或作曦、犧）。字東扶。號雪帆（或作雪苑）。江蘇常熟人。張珂之子。善承家學，工畫山水，先法明沈周，後學王石谷，歸於細膩一派，畫筆在王翬、楊晉之間。流傳署款紀年作品見於聖祖康熙三十(1691)至五十二(1713)年。（見海虞畫苑略、畫囊、多師集、耕硯田齋筆記、歷代畫史彙傳、中國畫家人名大辭典）

名稱	形式	質地	色彩	尺寸 高x寬㎝	創作時間	收藏處所	典藏號碼

陳允儒

| 雲山歸棹圖 | 軸 | 絹 | 水墨 | 118.3 x 49.1 | 辛未（康熙三十年，1691）夏日 | 南京 南京博物院 | |

畫家小傳：陳允儒。畫史無載。流傳署款紀年作品見於聖祖康熙三十(1691)年。身世待考。

嚴泓曾

| 張仙圖 | 軸 | 絹 | 設色 | 不詳 | 康熙辛未（三十年，1691）陽月 | 北京 故宮博物院 | |
| 鬬茶圖 | 軸 | 紙 | 設色 | 不詳 | 庚寅（康熙四十九年，1710） | 北京 故宮博物院 | |

畫家小傳：嚴泓曾。字人泓。號青梧。江蘇無錫人。嚴繩孫之子。能世家學，亦善詩畫。流傳署款紀年作品見於聖祖康熙三十(1691)至四十九(1710)年。（見國朝畫徵錄、中國畫家人名大辭典）

(釋) 光鷲

| 山水圖 | 摺扇面 | 紙 | 水墨 | 49.5 x ？ | 辛未（康熙三十年，1691） | 香港 中文大學中國文化研究所文物館 | |

畫家小傳：光鷲。僧。字跡刪。原名顯愷，字麟趾。廣東番禺人。明諸生。入清，學佛於頂湖。後棲大通寺為僧。工詩文，能畫。流傳署款紀年作品見於聖祖康熙三十（1691）年。（見咸陟堂集、中國美術家人名辭典）

嚴 英

| 秋山圖 | 卷 | 紙 | 設色 | 30 x 355 | 康熙壬辰（五十一年，1712）桂月 | 廣州 廣州市美術館 | |
| 仿古山水圖（8幀） | 冊 | 紙 | 設色 | 不詳 | 辛未（康熙三十年，1691） | 上海 上海博物館 | |

畫家小傳：嚴英。字臥山。浙江烏程人。善畫山水，得米元暉法；尤工松石。流傳署款紀年作品見於聖祖康熙三十（1691）至五十一(1712)年。（見國朝畫徵續錄、中國畫家人名大辭典）

鍾 期

梅花書屋圖	軸	紙	設色	不詳	辛未（康熙三十年，1691）秋日	北京 故宮博物院	
風和月霽（明人祝壽書畫合璧冊之5）	冊頁	紙	水墨	35.5 x 37		台北 故宮博物院	故畫 03443-5
山水圖	摺扇面	金箋	水墨	17.3 x 51.6	己卯（康熙三十八年，1699）	北京 故宮博物院	
山水圖（弘齋先生祝壽書畫冊	冊頁	金箋	水墨	29.9 x 36.8		日本 私人	

名稱	形式	質地	色彩	尺寸 高×寬cm	創作時間	收藏處所	典藏號碼

之1）

山水（明清諸家賀斗南翁壽山　冊頁　金箋　設色　29.8 × 35.8　戊戌（康熙五十七　紐約 佳士得藝品拍賣公司/拍
水冊8之1幀）　　　　　　　　　　　　　　　　　　　　　　年，1658）夏　　　賣目錄 1995,03,22.

畫家小傳：鍾期。字解伯。江蘇松江人。善畫山水，得煙雲動盪、水月空濛之趣。流傳署款紀年作品見於清聖祖康熙三十（1691）至
　　　　五十七(1658)年。（見圖繪寶鑑續纂、中國畫家人名大辭典）

金 昆

名稱	形式	質地	色彩	尺寸 高×寬cm	創作時間	收藏處所	典藏號碼
院本親蠶圖－詣壇（金昆、郎世寧、吳桂、曹樹德合繪）	卷	絹	設色	51 × 762.8		台北 故宮博物院	故畫 00917
院本親蠶圖－祭壇（金昆、郎世寧、盧湛、陳永价合繪）	卷	絹	設色	51 × 576.2		台北 故宮博物院	故畫 00918
院本親蠶圖－採桑（金昆、郎世寧、梁程、丁觀鵬合繪）	卷	絹	設色	51 × 590.4		台北 故宮博物院	故畫 00919
院本親蠶圖－獻繭（金昆、郎世寧、程志道、李慧林合繪）	卷	絹	設色	51 × 639.7		台北 故宮博物院	故畫 00920
院本漢宮春曉圖（金昆、盧湛、程志道、吳桂合繪）	卷	絹	設色	37.2 × 596.8	乾隆三年（戊午，1738）	台北 故宮博物院	故畫 01111
慶豐圖（金昆、陳枚、孫祐、丁觀鵬、程志道、吳桂合筆）	卷	絹	設色	28.8 × 521.2	乾隆辛酉（六年，1741）五月	日本 東京岡部長景先生	
院本清明上河圖（金昆、陳枚、孫祐、戴洪、程志道合繪）	卷	絹	設色	35.6×1152.8	乾隆元年（丙辰，1736）十二月十五日	台北 故宮博物院	故畫 01110
雪景人物事蹟（高宗御題）	軸	紙	設色	112.7 × 28.7		台北 故宮博物院	故畫 02763
山村風雨圖	軸	絹	設色	不詳		南京 南京市博物館	
桃花源圖（金昆、葉履豐合作）	軸	絹	設色	159.4 × 72		天津 天津市藝術博物館	
孤山放鶴圖	軸	絹	設色	145.6 × 93		杭州 浙江省博物館	
日麗（金昆清長壽永冊之1）	冊頁	絹	設色	33 × 30		台北 故宮博物院	故畫 03380-1
月輝（金昆清長壽永冊之2）	冊頁	絹	設色	33 × 30		台北 故宮博物院	故畫 03380-2
止云（金昆清長壽永冊之3）	冊頁	絹	設色	33 × 30		台北 故宮博物院	故畫 03380-3
臨潤（金昆清長壽永冊之4）	冊頁	絹	設色	33 × 30		台北 故宮博物院	故畫 03380-4
霞映（金昆清長壽永冊之5）	冊頁	絹	設色	33 × 30		台北 故宮博物院	故畫 03380-5
霜妍（金昆清長壽永冊之6）	冊頁	絹	設色	33 × 30		台北 故宮博物院	故畫 03380-6
喜雨（金昆清長壽永冊之7）	冊頁	絹	設色	33 × 30		台北 故宮博物院	故畫 03380-7
高嵒（金昆清長壽永冊之8）	冊頁	絹	設色	33 × 30		台北 故宮博物院	故畫 03380-8
梳風（金昆清長壽永冊之9）	冊頁	絹	設色	33 × 30		台北 故宮博物院	故畫 03380-9

名稱	形式	質地	色彩	尺寸 高x寬cm	創作時間	收藏處所	典藏號碼
籠壁（金昆清長壽永冊之10）	冊頁	絹	設色	33 x 30		台北 故宮博物院	故畫 03380-10
盤石（金昆清長壽永冊之11）	冊頁	絹	設色	33 x 30		台北 故宮博物院	故畫 03380-11
呈瑞（金昆清長壽永冊之12）	冊頁	絹	設色	33 x 30		台北 故宮博物院	故畫 03380-12
渭濱訪太公圖（姚文瀚等繪山水樓台畫冊之5）	冊頁	絹	設色	不詳		台北 故宮博物院	故畫 03575-5
樹林圖	摺扇面	紙	設色	17 x 52.3		香港 潘祖堯小聽颿樓	Cp54

畫家小傳：金昆。籍里、身世不詳。善畫。聖祖康熙朝供奉內廷。（見國朝畫徵錄、熙朝名畫錄、中國畫家人名大辭典）

葉履豐

| 桃花源圖（金昆、葉履豐合作） | 軸 | 絹 | 設色 | 159.4 x 72 | | 天津 天津市藝術博物館 | |

畫家小傳：葉履豐。籍里、身世不詳。善畫。雍、乾間供奉內廷。（見國朝畫院錄、中國畫家人名大辭典）

瑞道人

| 山水圖（查士標、瑞道人合作） | 卷 | 紙 | 水墨 | 不詳 | 康熙辛未（三十年，1691） | 懷寧 安徽省懷寧縣文管所 | |

畫家小傳：瑞道人。畫史無載。約與查士標同時。流傳署款紀年作品見於清聖祖康熙三十（1691）年。身世待考。

俞　金

| 山水圖（清俞金等山水冊8之1幀） | 冊頁 | 紙 | 設色 | 不詳 | | 天津 天津市藝術博物館 | |

畫家小傳：俞金。畫史無載。身世待考。

吳晉錫

| 山水圖（清俞金等山水冊8之1幀） | 冊頁 | 紙 | 設色 | 不詳 | | 天津 天津市藝術博物館 | |

畫家小傳：吳晉錫。畫史無載。身世待考。

陳　器

| 山水圖（清俞金等山水冊8之1幀） | 冊頁 | 紙 | 設色 | 不詳 | | 天津 天津市藝術博物館 | |

畫家小傳：陳器。畫史無載。身世待考。

徐　澹

| 溪橋策杖圖 | 軸 | 綾 | 設色 | 不詳 | | 青島 山東省青島市博物館 | |
| 萬壑松濤圖 | 軸 | 絹 | 設色 | 不詳 | 辛未（？康熙三十 | 日本 與田寺 | |

名稱	形式	質地	色彩	尺寸 高×寬 cm	創作時間	收藏處所	典藏號碼
					年，1691）仲春寫 於待月軒		
山水圖	軸	綾	水墨	152.3 × 50.9		日本 私人	

畫家小傳：徐澹。吳郡人。畫史無載。流傳署款作品疑為聖祖康熙三十（1691）年。身世待考。

黃 經

隔溪飛泉圖	軸	紙	設色	不詳		瀋陽 遼寧省博物館	
山水圖（8幀）	冊	紙	水墨	不詳		上海 上海博物館	
山水圖(寫似屺瞻老社長)	摺扇面	金箋	水墨	16.5 × 50.3		日本 大阪橋本大乙先生	

畫家小傳：黃經。字維之，一字濟叔、山松。江蘇如皐人。工詩詞，善書法及篆刻，尤擅長畫山水，作品蒼古淡遠，深得大癡神髓，布墨輕清而氣厚，其鬆秀勁逸之致皆從沉著中透露出來，非學力所能到。（見圖繪寶鑑續纂、周樂圜談畫錄、桐陰論畫、中國畫家人名大辭典）

山 疇

興福逸韻圖	軸	紙	水墨	55.5 × 37.5		北京 首都博物館	

畫家小傳：山疇。畫史無載。身世待考。

馬六曾

附：

梨花圖	卷	紙	設色	不詳		北京 中國文物商店總店	

畫家小傳：馬六曾。畫史無載。身世待考。

秦大育

附：

松壑流泉圖	軸	絹	設色	不詳	辛未（？康熙三 十年，1691）	上海 上海文物商店	

畫家小傳：秦大育。畫史無載。流傳署款作品紀年疑為聖祖康熙三十（1691）年。身世待考。

（釋）雪 笠

蘭花圖	軸	紙	水墨	不詳		蘇州 靈巖山寺	

畫家小傳：雪笠。僧。江蘇江寧人。身世不詳。善畫蘭竹。（見圖繪寶鑑續纂、中國畫家人名大辭典）

龔培雍

名稱	形式	質地	色彩	尺寸 高x寬cm	創作時間	收藏處所	典藏號碼
溪山幽興圖	軸	絹	設色	不詳		杭州 浙江省博物館	

畫家小傳：龔培雍。畫史無載。似為活動於聖祖康熙中期畫家。身世待考。

方 乾

名稱	形式	質地	色彩	尺寸 高x寬cm	創作時間	收藏處所	典藏號碼
松林高士圖	軸	絹	設色	不詳		天津 天津市藝術博物館	
蜀葵圖	軸	紙	設色	不詳		杭州 浙江省博物館	

畫家小傳：方乾。字又乾，一字希仙。安徽歙縣人。活動時間約在聖祖康熙中期。善畫山水、花鳥，超妙入神，堪與宋人並轡。（見圖繪寶鑑續纂、秋山讀畫錄、歙縣志、中國畫家人名大辭典）

沈瑞鳳

名稱	形式	質地	色彩	尺寸 高x寬cm	創作時間	收藏處所	典藏號碼
竹石圖	軸	紙	水墨	不詳		天津 天津市藝術博物館	

畫家小傳：沈瑞鳳。字鳴岐。號渭川。'浙江仁和人。善畫蘭竹，工繪山水。（見圖繪寶鑑續纂、中國畫家人名大辭典）

周 立

名稱	形式	質地	色彩	尺寸 高x寬cm	創作時間	收藏處所	典藏號碼
山水圖	軸	綾	水墨	不詳		杭州 浙江省博物館	

畫家小傳：周立。字作生。浙江東陽人。工吟詠，善丹青。課餘，喜展絹於素門壁間，仿明沈周諸家法作畫，使人閱覽之。（見兩浙名畫記、中國畫家人名大辭典）

吳 雯

名稱	形式	質地	色彩	尺寸 高x寬cm	創作時間	收藏處所	典藏號碼
仿倪瓚山水圖	軸	紙	水墨	96.4 x 45.7	辛未（？康熙三十年，1691）	南京 南京博物院	

畫家小傳：吳雯。畫史無載。流傳署款作品紀年疑似聖祖康熙三十（1691）年。身世待考。

王 徵

名稱	形式	質地	色彩	尺寸 高x寬cm	創作時間	收藏處所	典藏號碼
匡廬瀑布圖	軸	絹	設色	不詳		青島 山東省青島市博物館	

畫家小傳：王徵。畫史無載。身世待考。

雲 濤

名稱	形式	質地	色彩	尺寸 高x寬cm	創作時間	收藏處所	典藏號碼
松溪垂釣圖	軸	絹	設色	不詳		太原 山西省博物館	

畫家小傳：雲濤。畫史無載。身世待考。

馬思贊

名稱	形式	質地	色彩	尺寸 高x寬cm	創作時間	收藏處所	典藏號碼
雙浦雲峰圖	軸	紙	水墨	27.5 x 25.4		杭州 浙江省博物館	

畫家小傳：馬思贊。畫史無載。身世待考。

名稱	形式	質地	色彩	尺寸 高x寬cm	創作時間	收藏處所	典藏號碼

俞少璿

| 三友圖 | 卷 | 紙 | 設色 | 29.2 x 64.2 | | 杭州 浙江省杭州市文物考古所 | |

畫家小傳：俞少璿。畫史無載。身世待考。

旻 生

| 江帆圖 | 卷 | 紙 | 設色 | 不詳 | | 天津 天津市藝術博物館 | |

畫家小傳：旻生。畫史無載。身世待考。

張 欽

| 花卉圖（16幀） | 冊 | 紙 | 水墨 | 不詳 | | 天津 天津市藝術博物館 | |

畫家小傳：張欽。畫史無載。身世待考。

包壯行

| 枯木竹石圖 | 軸 | 紙 | 水墨 | 不詳 | | 南通 江蘇省南通博物苑 | |

附：

| 梅花圖 | 摺扇面 | 金箋 | 水墨 | 不詳 | | 上海 朵雲軒 | |
| 芝石圖 | 摺扇面 | 紙 | 水墨 | 不詳 | | 上海 朵雲軒 | |

畫家小傳：包壯行。字彝修。江蘇南通州人。工畫鉤勒梅花、水墨竹石。（見圖繪寶鑑續纂、中國畫家人名大辭典）

朱 鈴

| 荷花圖 | 軸 | 紙 | 水墨 | 87.2 x 36.7 | | 杭州 浙江省博物館 | |

畫家小傳：朱鈴。畫史無載。身世待考。

劉 琳

| 山水圖（清龔柱等山水冊10之1幀） | 冊頁 | 紙 | 設色 | 20.5 x 32 | | 天津 天津市藝術博物館 | |

畫家小傳：劉琳。畫史無載。身世待考。

巨 來

| 山水圖（清龔柱等山水冊10之1幀） | 冊頁 | 紙 | 設色 | 20.5 x 32 | | 天津 天津市藝術博物館 | |

畫家小傳：巨來。畫史無載。身世待考。

曹 溪

名稱	形式	質地	色彩	尺寸 高x寬cm	創作時間	收藏處所	典藏號碼
山水圖（清龔柱等山水冊 10 之 1 幀）	冊頁	紙	設色	20.5 x 32		天津 天津市藝術博物館	

畫家小傳：曹溪。畫史無載。身世待考。

陳弘法

附：

| 山水圖（清呂琛等山水花鳥冊 12 之 1 幀） | 冊頁 | 絹 | 設色 | 33 x 29 | 辛未（？康熙三十 年，1691）夏日 | 天津 天津市文物公司 | |

畫家小傳：陳弘法。畫史無載。流傳署款作品紀年疑為聖祖康熙三十（1691）年。身世待考。

李震生

附：

| 山水圖（清嚴延等山水集冊 12 之 1 幀） | 摺扇面 金箋 | | 水墨 | 不詳 | | 上海 上海工藝品進出口公司 | |

畫家小傳：李震生。畫史無載。身世待考。

何士成

附：

| 山水圖（清嚴延等山水集冊 12 之 1 幀） | 摺扇面 金箋 | | 水墨 | 不詳 | | 上海 上海工藝品進出口公司 | |

畫家小傳：何士成。畫史無載。身世待考。

俞 瑛

附：

| 山水圖（清嚴延等山水集冊 12 之 1 幀） | 摺扇面 金箋 | | 水墨 | 不詳 | | 上海 上海工藝品進出口公司 | |

畫家小傳：俞瑛。畫史無載。身世待考。

馬 宥

附：

| 山水圖（清嚴延等山水集冊 12 之 1 幀） | 摺扇面 金箋 | | 水墨 | 不詳 | | 上海 上海工藝品進出口公司 | |

畫家小傳：馬宥。畫史無載。身世待考。

史亮采

名稱	形式	質地	色彩	尺寸 高x寬㎝	創作時間	收藏處所	典藏號碼

附：

| 山水圖（清嚴延等山水集冊 12之1幀） | 摺扇面 | 金箋 | 水墨 | 不詳 | | 上海 上海工藝品進出口公司 | |

畫家小傳：史亮采。畫史無載。身世待考。

孫一致

附：

| 山水圖（清嚴延等山水集冊 12之1幀） | 摺扇面 | 金箋 | 水墨 | 不詳 | | 上海 上海工藝品進出口公司 | |

畫家小傳：孫一致。畫史無載。身世待考。

方

| 山水圖（10幀） | 冊 | 紙 | 設色 | （每幀）16.3 x 8.6 | | 上海 上海博物館 | |

畫家小傳：方諝。畫史無載。身世待考。

吳振武

| 荷花鴛鴦圖 | 軸 | 紙 | 設色 | 133.1 x 71.8 | | 上海 上海博物館 | |

畫家小傳：吳振武。字威中。浙江秀水人。為朱彝尊外甥。工畫山水，受業於王原祁，亦善花卉、草蟲，筆意雅秀，兼長指頭畫。
（見國朝畫徵錄、曝書亭集、中國畫家人名大辭典）

吳又和

| 山水圖 | 軸 | 紙 | 水墨 | 97.1 x 49.6 | | 上海 上海博物館 | |

畫家小傳：吳又和。畫史無載。身世待考。

鄒 翊

| 山水圖（10幀） | 冊 | 綾 | 設色 | 不詳 | | 南京 南京博物院 | |

畫家小傳：鄒翊。畫史無載。身世待考。

張 弨

| 書畫（6段） | 卷 | 紙 | 設色 | 不詳 | | 南京 南京博物院 | |

畫家小傳：張弨。畫史無載。身世待考。

董毅菴

名稱	形式	質地	色彩	尺寸 高×寬cm	創作時間	收藏處所	典藏號碼
墨竹圖	軸	綾	水墨	不詳		蘇州 江蘇省蘇州博物館	

畫家小傳：董毅菴。畫史無載。身世待考。

吳　攸

疊嶺重泉圖	軸	紙	水墨	187.2 × 134	丁丑（康熙三十六年，1697）	天津 天津市藝術博物館	

附：

山水圖（朱玨等山水花鳥冊6之1幀）	冊頁	紙	設色	19.5 × 14.8	辛未（？康熙三十年，1691）	武漢 湖北省武漢市文物商店	

畫家小傳：吳攸。畫史無載。流傳署款作品紀年疑為聖祖康熙三十（1691）、三十六（1697）年。身世待考。

蔣　芳

附：

花鳥圖（朱玨等山水花鳥冊6之1幀）	冊頁	紙	設色	19.5 × 14.8	（辛未，康熙三十年，1691）	武漢 湖北省武漢市文物商店	

畫家小傳：蔣芳。畫史無載。流傳署款作品約見於聖祖康熙三十（1691）年。身世待考。

王　弁

仕女圖	軸	綾	設色	不詳		北京 中國歷史博物館	
春園蹴鞠圖	軸	絹	設色	174.5 × 50		成都 四川大學	

畫家小傳：王弁。畫史無載。身世待考。

房慎奄

山水圖	卷	絹	水墨	24.7 × 570.2		成都 四川大學	

畫家小傳：房慎庵。畫史無載。身世待考。

王之仕

蟹藻圖	卷	紙	水墨	不詳	辛未（康熙三十年，1691）	廣州 廣東省博物館	

畫家小傳：王之仕。畫史無載。流傳署款紀年作品見於聖祖康熙三十（1691）年。身世待考。

黃甲雲

汝水虹橋圖	軸	綾	設色	183 × 50.5		廣州 廣東省博物館	

名稱	形式	質地	色彩	尺寸 高x寬cm	創作時間	收藏處所	典藏號碼

畫家小傳：黃甲雲。畫史無載。身世待考。

鄧壾

| 臨梅花道人竹圖 | 卷 | 紙 | 水墨 | 不詳 | | 廣州 廣州市美術館 | |

畫家小傳：鄧壾。畫史無載。身世待考。

汪 桂

| 山水圖 | 摺扇面 金箋 | 水墨 | 不詳 | | 廣州 廣州市美術館 | |

畫家小傳：汪桂。字仙友。崇陽人。身世不詳。工畫山水，筆致清遠，直追倪黃；亦善人物畫。（見圖繪寶鑑續纂、耕硯田齋筆記、
　　　中國畫家人名大辭典）

縵 卿

| 梔子圖（清花卉畫冊五冊之2） | 摺扇面 紙 | 設色 | 17.5 x 52 | | 台北 故宮博物院 | 故畫03521-2 |

畫家小傳：縵卿。畫史無載。身世待考。

倪芥孫

| 擬陸叔平點筆畫（清花卉畫冊五冊之3） | 摺扇面 紙 | 設色 | 17.5 x 52 | | 台北 故宮博物院 | 故畫03521-3 |

畫家小傳：倪芥孫。畫史無載。身世待考。

黃文立

山水圖	軸 絹	設色	89.2 x 30.8		日本 江田勇二先生	
摹董源山樓清話圖（名人畫扇（丁）冊之8）	摺扇面 紙	水墨	不詳		台北 故宮博物院	故畫03549-8
秋山映月圖	摺扇面 金箋	水墨	不詳		北京 故宮博物院	
摹李營丘寒林曉月圖	摺扇面 金箋	水墨	16.7 x 52.1		日本 橫濱岡山美術館	
附：						
山水圖	摺扇面 紙	設色	不詳	壬申（？康熙三十一年，1682）	上海 朵雲軒	

畫家小傳：黃文立。畫史無載。流傳署款作品紀年疑為聖祖康熙三十一（1682）年。身世待考。

曹□雅

| 蘭竹石圖（名人畫扇（丁）冊之11） | 摺扇面 紙 | 水墨 | 不詳 | | 台北 故宮博物院 | 故畫03549-11 |

名稱	形式	質地	色彩	尺寸 高×寬㎝	創作時間	收藏處所	典藏號碼

畫家小傳：曹□雅。畫史無載。身世待考。

吳肅雲

| 山水（水閣納涼圖） | 摺扇面 | 金箋 | 設色 | 17.2 × 51.1 | | 日本 橫濱岡山美術館 | |

畫家小傳：吳肅雲。字竹蓀。號盟鷗安徽徽州人。工畫山水。（見圖繪寶鑑續纂、中國畫家人名大辭典）

王欽古
附：

| 三顧茅廬像 | 軸 | 絹 | 設色 | 142.2 × 55.5 | 康熙三十年（辛未，1691） | 紐約 蘇富比藝品拍賣公司/拍賣目錄 1989,09,28、29. | |

畫家小傳：王欽古。畫史無載。流傳署款紀年作品見於聖祖康熙三十（1691）年。身世待考。

魏士傑
附：

| 華新羅像 | 軸 | 絹 | 設色 | 130 × 47.2 | 康熙乙酉（四十四年，1705） | 紐約 佳士得藝品拍賣公司/拍賣目錄 1989,06,01. | |

畫家小傳：魏士傑。畫史無載。生於清聖祖康熙六（1667）年，高宗乾隆十四（1749）年尚在世。身世待考。

馬荃

花鳥圖	卷	紙	設色	不詳	己未（乾隆四年，1739）	北京 故宮博物院	
仿宋人四季花卉圖	卷	絹	設色	不詳	甲午（康熙五十三年，1714）春日	上海 上海博物館	
花蝶圖	卷	絹	設色	33 × 210	己巳（乾隆十四年，1749）仲秋	南寧 廣西壯族自治區博物館	
仿宋人花卉草蟲圖	卷	紙	設色	16.2 × ？		美國 火魯奴奴 Hutchinson 先生	
九秋佳色圖	軸	絹	設色	94.2 × 41.6		台北 長流美術館	
佳色含霜圖	軸	絹	設色	100 × 40.5	甲午（康熙五十三年，1714）秋九月	台北 長流美術館	
白頭榮貴圖	軸	絹	設色	132.6 × 65.7	癸丑（雍正十一年，1733）	天津 天津市藝術博物館	
鬥雞圖	軸	紙	設色	90.2 × 49	乙卯（雍正十三年，1735）	天津 天津市藝術博物館	
牡丹桃花圖	軸	絹	設色	116 × 55.5	乾隆元年丙辰（17	南京 南京博物院	

名稱	形式	質地	色彩	尺寸 高×寬㎝	創作時間	收藏處所	典藏號碼
					36）		
花蝶圖	軸	絹	設色	不詳	庚辰（康熙三十九年，1700）	南京 南京博物院	
仿宋人折枝六種圖	軸	絹	設色	60 × 65	己未（乾隆四年，1739）夏五	常熟 江蘇省常熟市文物管理委員會	
仿宋人筆作桃集禽圖	軸	絹	設色	106.2 × 46.9	甲子（乾隆九年，1744）清和月	無錫 江蘇省無錫市博物館	
花鳥游魚圖	軸	絹	設色	103 × 43	庚午（乾隆十五年，1750）	廣州 廣東省博物館	
春江游藻圖（柳禽藻魚）	軸	絹	設色	不詳	甲辰（雍正二年，1724）春三月	日本 東京張允中先生	
紫綬白頭圖（紫藤柏禽）	軸	絹	設色	126.2 × 45.5	康熙甲午（五十三年，1714）二月	日本 大阪橋本大乙先生	
仿徐崇嗣法花鳥圖	軸	絹	設色	104.5 × 49.7		日本 京都貝塚茂樹先生	
牡丹貓石圖	軸	紙	設色	125.8 × 64	壬午（康熙四十一年，1702）夏四月中浣	日本 本出精先生	
水石花卉圖（撫元人筆法）	軸	絹	設色	107.5 × 52.5	辛亥（雍正九年，1731）春日	日本 私人	
炎蒸三艷圖（梔子、荷花、蘭花）	軸	紙	設色	111.1 × 30.2		美國 堪薩斯市納爾遜-艾金斯藝術博物館	
花鳥圖	軸	紙	設色	127.3 × 53.6		美國 舊金山亞洲藝術館	B65 D15
草艷圖	軸	紙	設色	106.4 × 47.3		美國 夏威夷火魯奴奴藝術學院	5822.1
九秋爭艷圖	軸	絹	設色	90 × 41.6		加拿大 大維多利亞藝術館	64-71
荷花圖	軸	紙	設色	57.5 × 32		荷蘭 阿姆斯特丹 Rijks 博物館（私人寄存）	
蘭菊海棠（明花卉畫冊之1）	冊頁	紙	設色	18.4 × 50.4		台北 故宮博物院	故畫 03515-1
草蟲花卉圖	摺扇面	紙	設色	16.8 × 47.9	癸卯（雍正元年，1723）	北京 故宮博物院	
摹宋人寫生（12幀）	冊	絹	設色	不詳	己巳（乾隆十四年，1749）	天津 天津市藝術博物館	
花卉、草蟲圖（12幀）	冊	絹	設色	不詳	壬申（康熙三十一年，1692）	天津 天津市藝術博物館	

名稱	形式	質地	色彩	尺寸 高x寬㎝	創作時間	收藏處所	典藏號碼
花卉圖（12幀）	冊	絹	設色	（每幀）24.4 x 19.4		南京 南京市博物館	
牡丹圖（6幀）	冊	絹	設色	（每幀）33.3 x 26.7		荷蘭 阿姆斯特丹 Rijks 博物館（私人寄存）	
附：							
荷花圖	軸	絹	設色	82 x 43	辛亥（雍正九年，1731）	合肥 安徽省文物商店	
菊石秋葵圖	軸	絹	設色	82.8 x 41	丁巳（乾隆二年，1737）秋八月	無錫 無錫市文物商店	
貓蝶富貴圖	軸	紙	設色	126.3 x 55.9		紐約 蘇富比藝品拍賣公司/拍賣目錄 1981,05,07.	
草蟲花卉圖	軸	紙	設色	106 x 46.5	壬戌（乾隆七年，1742）七月	紐約 佳士得藝品拍賣公司/拍賣目錄 1984,06,29.	
雙鵲圖	軸	絹	設色	111.5 x 54.5	壬子（雍正十年，1732）秋日	紐約 佳士得藝品拍賣公司/拍賣目錄 1994,11,30.	
松林圖	軸	紙	水墨	61.5 x 34.5	壬午（康熙四十一年，1702))歲莫	紐約 佳士得藝品拍賣公司/拍賣目錄 1995,03,22.	
花卉（11幀）	冊	絹	設色	不詳		北京 中國文物商店總店	
花鳥圖	冊頁	絹	設色	不詳		北京 北京市工藝品進出口公司	
花卉圖（12幀）	冊	絹	設色	不詳	己巳（乾隆十四年，1749）夏五	北京 榮寶齋	
花卉草蟲（12幀）	冊	紙	設色	（每幀）23.5 x 19		紐約 佳士得藝品拍賣公司/拍賣目錄 1989,06,01.	

畫家小傳：馬荃。女。字江香。江蘇常熟人。馬元馭之女，龔克和妻室。工畫花草、禽鳥，妙得家法。流傳署款紀年作品見於聖祖康熙三十一（1692）年，至高宗乾隆十四（1749）年。（見國朝畫徵續錄、國朝畫識、桐陰論畫、琴川新志、中國畫家人名大辭典等）

顧　復

仿倪雲林安處齋圖（周亮工集名家山水冊之3）	冊頁	紙	水墨	24.2 x 31.7		台北 故宮博物院	故畫 01274-3
山水圖	摺扇面	金箋	設色	17.5 x 54 .1		德國 柏林東亞藝術博物館	1988-224

畫家小傳：顧復。字來侯。號為涇上農。為明遺民。善鑑賞書、畫，臚集所見名蹟，撰平生壯觀一書，書成於康熙三十一（1692）年。亦能畫。（見中國美術家人名辭典）

賈　淞

名稱	形式	質地	色彩	尺寸 高x寬cm	創作時間	收藏處所	典藏號碼
摹黃子久江山勝覽圖	卷	紙	設色	不詳	壬申（康熙三十一年，1692）長夏	上海 上海博物館	
聽泉圖	軸	紙	設色	不詳	癸巳（康熙五十二年，1713）	上海 上海博物館	
山水圖	軸	紙	水墨	不詳	癸巳（康熙五十二年，1713）	上海 上海古籍書店	
仿大癡天池石壁圖（清十家山水圖冊12之1幀）	冊頁	絹	設色	34 x 27.5	癸未（康熙四十二年，1703）夏初	上海 上海博物館	
重巒絕壑圖	軸	絹	設色	不詳	戊子（康熙四十七年，1708）	北京 中國文物商店總店	
山水圖（為瞻老作）	軸	紙	設色	不詳	癸巳（康熙五十二年，1713）夏五	上海 上海古籍書店	

畫家小傳：賈淞。字右湄。江蘇上海人。能詩。善畫山水，得明董其昌之秘，作乾皴有神韻。流傳署款紀年作品見於聖祖康熙三十一
　　　　(1692)至五十二(1713)年。（見海上墨林、耕硯田齋筆記、中國畫家人名大辭典）

金 樹

名稱	形式	質地	色彩	尺寸 高x寬cm	創作時間	收藏處所	典藏號碼
仿曹知白夜雨重泉詩意圖	冊頁	紙	水墨	不詳	康熙壬申（三十一年，1692）春日	北京 故宮博物院	

畫家小傳：金樹。字雲從。江蘇嘉定人。畫山水，得王鞏法。流傳署款紀年作品見於聖祖康熙三十一(1692)年。（見嘉定誌、中國美術
　　　　家人名辭典）

俞 培

名稱	形式	質地	色彩	尺寸 高x寬cm	創作時間	收藏處所	典藏號碼
查昇寫經圖像	卷	絹	設色	31.8 x 124	壬申（康熙三十一年，1692）二月初五	上海 上海博物館	
查昇像	軸	紙	設色	52.1x 36.5		上海 上海博物館	
曹三才像	冊頁	紙	水墨	不詳		北京 故宮博物院	
查昇寫經圖（7幀）	冊	紙	設色	不詳	壬申（康熙三十一年，1692）	杭州 浙江省博物館	
人物圖	冊頁	絹	設色	不詳		杭州 浙江省杭州西泠印社	

畫家小傳：俞培。字體仁。浙江海寧人。身世不詳。工寫真，兼善山水。流傳署款紀年作品見於聖祖康熙三十一(1692)年。（見國朝畫
　　　　徵錄、兩浙名畫記、中國畫家人名大辭典）

邵 錦

名稱	形式	質地	色彩	尺寸 高x寬cm	創作時間	收藏處所	典藏號碼
人物圖	軸	絹	設色	不詳	壬申（康熙三十一年，1692）	北京 故宮博物院	

畫家小傳：邵錦。畫史無載。流傳署款紀年作品見於聖祖康熙三十一(1692)年。身世待考。

莫 奎

山水圖	卷	綾	設色	不詳	壬申（康熙三十一年，1692）	北京 故宮博物院	

畫家小傳：莫奎。畫史無載。流傳署款紀年作品見於聖祖康熙三十一(1692)年。身世待考。

鄭 梁

山水圖（為慎庵作）	軸	綾	水墨	不詳	康熙壬申（三十一年，1692）六月	北京 北京市文物局	
枯樹老屋圖	軸	紙	水墨	不詳	康熙丁丑（三十六年，1697）	寧波 浙江省寧波市天一閣文物保管所	
山水圖	軸	紙	水墨	不詳		寧波 浙江省寧波市天一閣文物保管所	

畫家小傳：鄭梁。字禹楣（一作禹梅），又字寒村。浙江慈溪人。聖祖康熙二十七年進士。工詩。善畫山水，暮年右臂不仁，改以左手畫，更饒趣致。流傳署款紀年作品見於聖祖康熙三十一(1692)至三十六（1697）年。（見國朝畫徵錄、寧波府志、中國畫家人名大辭典）

□ 猷

寒林偕遊圖（張翀等山水花卉冊6之第5幀）	冊頁	絹	設色	約28 x 14		上海 上海博物館	

畫家小傳：□猷。姓氏不詳。字退庵。身世待考。

周 良

樹蔭走馬圖	軸	紙	水墨	131.9 x 93.2		杭州 浙江省博物館	

附：

雙駿圖	軸	絹	設色	不詳		武漢 湖北省武漢市文物商店	

畫家小傳：周良。字心田。江蘇江寧人。周璕之子。得父傳，亦善畫龍。（見墨香居畫識、中國畫家人名大辭典）

黃 衛

豆莢圖	軸	絹	設色	65.3 x 34.5	己丑（康熙四十八年，1709）	濟南 山東省濟南市博物館	

名稱	形式	質地	色彩	尺寸 高×寬cm	創作時間	收藏處所	典藏號碼
梅竹雙禽圖（黃衛、楊晉合作）	軸	紙	水墨	122.2 × 55.5	壬申（康熙三十一年，1692）	廣州 廣東省博物館	
芝仙書屋圖（清王翬等三十人合作）	軸	紙	水墨	129 × 69	丁丑（康熙三十六年，1697）	廣州 廣東省博物館	
梅花（國朝名繪冊之1）	冊頁	紙	設色	25.5 × 23.2		台北 故宮博物院	故畫 01278-1
梅花（國朝名繪冊之3）	冊頁	紙	設色	25.5 × 23.2		台北 故宮博物院	故畫 01278-3
瓶梅（國朝名繪冊之8）	冊頁	紙	設色	25.5 × 23.2		台北 故宮博物院	故畫 01278-8
臘梅（國朝名繪冊之10）	冊頁	紙	設色	25.5 × 23.2	丙子（康熙三十五年，1696）	台北 故宮博物院	故畫 01278-10
雙勾水仙圖（為乾翁作）	冊頁	紙	水墨	不詳	壬申（康熙三十一年，1692）	？ 孫念臺先生	

畫家小傳：黃衛。字蕤圃。陵人。工畫鉤勒花卉。流傳署款紀年作品見於聖祖康熙三十一（1692）至四十八（1709）年。（見歷代畫史彙傳附錄、中國畫家人名大辭典）

古世慶

名稱	形式	質地	色彩	尺寸 高×寬cm	創作時間	收藏處所	典藏號碼
菊花梧桐圖	軸	絹	水墨	187.5 × 97.5	壬申（？康熙三十一年，1692）	濟南 山東省濟南市博物館	

畫家小傳：古世慶。畫史無載。流傳署款作品紀年疑為聖祖康熙三十一（1692）年。身世待考。

戴廷栻

名稱	形式	質地	色彩	尺寸 高×寬cm	創作時間	收藏處所	典藏號碼
雲山樂趣圖	軸	絹	設色	102 × 61		太原 山西省博物館	

畫家小傳：戴廷栻。畫史無載。似為聖祖康熙中期末後畫家。身世待考。

吳 龍

名稱	形式	質地	色彩	尺寸 高×寬cm	創作時間	收藏處所	典藏號碼
海岫蓮雲圖	軸	綾	設色	不詳	壬申（？康熙三十一年，1692）	長春 吉林省博物館	
為漢枚作山水圖	摺扇面	金箋	設色	不詳	戊戌（？康熙五十七年，1718）	寧波 浙江省寧波市天一閣文物保管所	

畫家小傳：吳龍。字善疆。望江人。究心歧黃，兼事丹青。善畫山水、花卉。為人嗜酒，索其畫者必先飲之，興酣，則意到筆隨，雖嵩門名家，亦為之讓步。流傳署款作品紀年疑為聖祖康熙三十一（1692）、五十七（1718）年。（見望江縣志、中國畫家人名大辭典）

馬 崧

名稱	形式	質地	色彩	尺寸 高×寬cm	創作時間	收藏處所	典藏號碼
菊花圖	軸	絹	設色	79 × 41	壬申（？康熙三十	常熟 江蘇省常熟市文物管理	

名稱	形式	質地	色彩	尺寸 高×寬cm	創作時間	收藏處所	典藏號碼
					一年，1692）	委員會	

畫家小傳：馬崟。畫史無載。流傳署款作品紀年疑為聖祖康熙三十一（1692）年。身世待考。

劉 枚

名稱	形式	質地	色彩	尺寸 高×寬cm	創作時間	收藏處所	典藏號碼
菜花圖	軸	絹	水墨	61.5 × 30.9		日本 東京帝室博物館	

畫家小傳：劉枚。號虛仙，一號浮玉山人。江蘇寶應人。聖祖康熙時人。善畫。（見中國歷代書畫篆刻家字號索引）

王敬銘

名稱	形式	質地	色彩	尺寸 高×寬cm	創作時間	收藏處所	典藏號碼
爐峰山萬疊圖	卷	絹	設色	47 × 281.2		台北 故宮博物院	故畫 01677
仿大癡山水圖	卷	紙	設色	35 × 266.5	康熙甲午（五十三年，1714）	天津 天津市藝術博物館	
關山深秀圖	卷	紙	水墨	33.9 × 67.5	康熙丙申（五十五年，1716）十一月	南京 南京博物院	
雲樹飛泉圖	軸	紙	設色	不詳		南京 南京博物院	
山水	軸	絹	設色	53.2 × 26		台北 故宮博物院	故畫 02520
山水	軸	絹	設色	158.8 × 84.6		台北 故宮博物院	故畫 02521
山水	軸	絹	設色	159.3 × 69.4		台北 故宮博物院	故畫 02522
仿黃公望山水圖	軸	紙	設色	114.6 × 47.6		台南 石允文先生	
山水（畫幅集冊 27 之 1 幀）	冊頁	絹	設色	32.6 × 40.7		台北 故宮博物院	故畫 01279-11
山水（畫幅集冊 27 之 1 幀）	冊頁	絹	水墨	31.3 × 33.1		台北 故宮博物院	故畫 01279-12
仿黃公望（王敬銘仿古畫冊之 1）	冊頁	紙	水墨	48 × 39.4		台北 故宮博物院	故畫 03573-1
仿米芾（王敬銘仿古畫冊之 2）	冊頁	紙	水墨	48 × 39.4		台北 故宮博物院	故畫 03573-2
仿倪瓚（王敬銘仿古畫冊之 3）	冊頁	紙	水墨	48 × 39.4		台北 故宮博物院	故畫 03573-3
仿王蒙（王敬銘仿古畫冊之 4）	冊頁	紙	水墨	48 × 39.4		台北 故宮博物院	故畫 03573-4
仿趙大年（王敬銘仿古畫冊之 5）	冊頁	紙	水墨	48 × 39.4		台北 故宮博物院	故畫 03573-5
仿巨然（王敬銘仿古畫冊之 6）	冊頁	紙	水墨	48 × 39.4		台北 故宮博物院	故畫 03573-6
仿倪迂（王敬銘仿古畫冊之 7）	冊頁	紙	水墨	48 × 39.4		台北 故宮博物院	故畫 03573-7
仿董源（王敬銘仿古畫冊之 8）	冊頁	紙	水墨	48 × 39.4		台北 故宮博物院	故畫 03573-8

名稱	形式	質地	色彩	尺寸 高×寬cm	創作時間	收藏處所	典藏號碼
武夷九曲圖（？幀）	冊	絹	設色	（每幀）14.2 × 20.5		日本 京都奧淳一先生	

附：

硯山圖（清初十一名家硯山圖冊之第3開）	冊頁	紙	水墨	24.5 × 31		紐約 佳士得藝品拍賣公司/拍賣目錄 1995,09,19.	
山水圖	摺扇面	金箋	設色	17.2 × 49.5		香港 佳士得藝品拍賣公司/拍賣目錄 2001,04,29.	

畫家小傳：王敬銘。字丹思（一作丹史）。號味閒、吳嶨、玉溪。生於聖祖康熙七（1668）年。卒於康熙六十（1721）年。康熙五十二年殿試與王原祁同譜。工畫山水，受其筆法，清腴閒遠。曾以繪事供奉內廷。（見國朝畫徵錄、桐陰論畫、百幅庵畫寄、學庵類稿、湖中畫船錄、中國畫家人名大辭典）

戴天瑞

名稱	形式	質地	色彩	尺寸 高×寬cm	創作時間	收藏處所	典藏號碼
山水（指頭畫）	軸	絹	設色	101.1 × 50.5		台北 故宮博物院	故畫 02505
秋山落照（指頭畫）	軸	絹	設色	133.8 × 65.4		台北 故宮博物院	故畫 02506
秋山圖（指頭畫）	軸	絹	設色	180.4 × 94.1		台北 故宮博物院	故畫 03000
春山勝事（指頭畫）	軸	絹	設色	101.1 × 50.5		台北 故宮博物院	故畫 03663
山水（畫幅集冊27之1幀）	冊頁	絹	設色	28.2 × 29.8		台北 故宮博物院	故畫 01279-19
山水（畫幅集冊27之1幀）	冊頁	絹	設色	28.2 × 29.8		台北 故宮博物院	故畫 01279-20
江村遠帆圖（為子老年翁作，明清諸大家扇面冊之一幀）	摺扇面	金箋	設色	16.9 × 52.8	庚午（康熙二十九年，1690）立夏日	日本 中埜又左衛門先生	

附：

山水（清諸名家山水花卉書法冊之1幀）	冊頁	絹	設色	23 × 18.5		紐約 佳士得藝品拍賣公司/拍賣目錄 1994,11,30.	
硯山圖（清初十一名家硯山圖冊之第10開）	冊頁	紙	設色	24.5 × 31		紐約 佳士得藝品拍賣公司/拍賣目錄 1995,09,19.	

畫家小傳：戴天瑞。字西塘。號貫園。江蘇長洲人。善畫山水；兼工寫意水草、鱗介，頗有神韻。流傳署款紀年作品見於聖祖康熙（二十九1690）年。（見歷代畫史彙傳附錄、中國畫家人名大辭典）

班達里沙

名稱	形式	質地	色彩	尺寸 高x寬cm	創作時間	收藏處所	典藏號碼
人參花	軸	紙	油畫	136.1 x 74.2		台北 故宮博物院	故畫 02507

畫家小傳：班達里沙。畫史無載。身世待考。

袁 江

名稱	形式	質地	色彩	尺寸 高x寬cm	創作時間	收藏處所	典藏號碼
花果圖	卷	紙	設色	32.2 x 653	辛丑（康熙六十年，1721）	北京 故宮博物院	
花果圖（蔡嘉等花果圖合卷之1幀）	卷	紙	設色	不詳		北京 故宮博物院	
瞻園圖	卷	絹	設色	51.5 x 254.5		天津 天津市文化局文物處	
仿趙松雪松濤怪石圖	卷	絹	設色	36.5 x 316.3	癸未（康熙四十二年，1703）小陽月	上海 上海博物館	
東園圖	卷	絹	設色	59.8 x 370.8	庚寅（康熙四十九年，1710）十一月	上海 上海博物館	
花卉圖	卷	紙	設色	32 x 376.4	庚子（康熙五十九年，1720）	上海 上海博物館	
仿古山水圖	卷	絹	設色	18.9 x 44.2	丙戌（康熙四十五年，1706）	廣州 廣東省博物館	
瞻園春景圖	卷	絹	設色	52.3 x ？		美國 紐約大都會藝術博物館	1982.461
雨歇山含媚	軸	絹	設色	112 x 63.1		台北 故宮博物院	國贈 024915
山水大軸	軸	絹	設色	不詳		台北 故宮博物院	國贈 024916
擬郭忠恕筆意樓閣山水圖	軸	絹	設色	182.8 x 99.6	庚寅（康熙四十九年，1710）余月	香港 中文大學中國文化研究所文物館	77.12
摹盛懋筆意漢宮秋月圖	軸	絹	設色	163 x 103.1		香港 王南屏先生	
法李昭道樓閣春曉圖	軸	絹	設色	90.7 x 53.5		香港 莫華釗承訓堂	K92.40
醉翁亭圖	軸	絹	設色	217 x 116.5		香港 許晉義崇宜齋	
出峽圖	軸	絹	設色	186 x 92	戊寅（康熙三十七年，1698）	瀋陽 故宮博物院	
蓬萊仙島圖	軸	絹	設色	不詳	戊子（康熙四十七年，1708）涂月	瀋陽 故宮博物館	
村居即景圖	軸	絹	設色	111 x 62	壬辰（康熙五十一	瀋陽 故宮博物館	

名稱	形式	質地	色彩	尺寸 高x寬cm	創作時間	收藏處所	典藏號碼
					年，1712）夷則月		
雲中山頂圖	軸	絹	設色	178.7 x 52	庚寅（康熙四十九年，1710）陬月	瀋陽 遼寧省博物館	
溪山行旅圖	軸	絹	設色	210.5 x 96.2	辛卯（康熙五十年，1711）陬月	瀋陽 遼寧省博物館	
長松樓閣圖	軸	絹	設色	不詳		瀋陽 魯迅美術學院	
醉歸圖	軸	絹	設色	115.3 x 59.5	庚辰（康熙三十九年，1700）	旅順 遼寧省旅順博物館	
出峽圖	軸	絹	設色	不詳	戊寅（康熙三十七年，1698）	北京 故宮博物院	
蓬萊仙島圖	軸	絹	設色	160.4 x 96.8	戊子（康熙四十七年，1708）	北京 故宮博物院	
觀潮圖	軸	絹	設色	不詳	丙申（康熙五十五年，1716）	北京 故宮博物院	
綠野堂圖	軸	絹	設色	不詳	己亥（康熙五十八年，1719）	北京 故宮博物院	
梁園飛雪圖	軸	絹	設色	202.8 x 118.5	庚子（康熙五十九年，1720）	北京 故宮博物院	
竹苞松茂圖（12幅）	軸	紙	設色	不詳	癸卯（雍正元年，1723）	北京 故宮博物院	
山水樓閣圖（12幅）	軸	絹	設色	不詳	癸卯（雍正元年，1723）	北京 故宮博物院	
仿米山水圖	軸	紙	水墨	不詳	丙辰（乾隆十一年，1746）	北京 故宮博物院	
瑤島仙桃圖	軸	絹	設色	不詳	康熙戊子(四十七年，1708) 小陽春月	北京 中國歷史博物館	
村莊訪友圖	軸	絹	設色	不詳	康熙己亥（五十八年，1719）	北京 中國歷史博物館	
春雷起蟄圖	軸	絹	設色	134 x 50.5	癸卯（雍正元年，1723）皋月	北京 中國美術館	
桃花柳燕圖	軸	絹	設色	不詳		北京 中國美術館	
仿李昭道山水樓閣圖	軸	金箋	設色	57.5 x 42.7	庚辰（康熙三十九年，1700）皋月	北京 首都博物館	
荷淨納涼圖	軸	絹	設色	不詳	丙申（康熙五十五	北京 首都博物館	

名稱	形式	質地	色彩	尺寸 高x寬cm	創作時間	收藏處所	典藏號碼
					年，1716)		
驪山避暑圖	軸	絹	設色	224 × 134.1		北京 首都博物館	
青山紅樹圖	軸	絹	設色	不詳		北京 中央工藝美術學院	
沉香亭圖	軸	絹	設色	197 × 120	庚子（康熙五十九年，1720）	天津 天津市藝術博物館	
山水圖（6幅）	軸	絹	水墨	（每幅）153 × 51.2	丁亥（康熙四十六年，1707）	天津 天津市美術學院	
漁樂圖	軸	絹	設色	193 × 104	乙未（康熙五十四年，1715）暢月	濟南 山東省博物館	
章臺走馬圖	軸	絹	設色	103 × 73.1		濟南 山東省濟南市博物館	
松壑觀泉圖	軸	紙	設色	162 × 62	甲申（康熙四十三年，1704）	煙臺 山東省煙臺市博物館	
寒山萬木圖	軸	綾	水墨	81 × 45		鄭州 河南省博物館	
琵琶行詩意圖	軸	絹	設色	115 × 53	乙酉（康熙四十四年，1705）	新鄉 河南省新鄉博物館	
水閣對奕圖	軸	絹	設色	248 × 104.9	康熙丙申（五十五年，1716）	合肥 安徽省博物館	
雪山行旅圖	軸	絹	設色	126.5 × 43.3	丙申（康熙五十五年，1716）	合肥 安徽省博物館	
水閣納涼圖	軸	絹	設色	72 × 84	丁酉（康熙五十六年，1717）	徐州 江蘇省徐州博物館	
松柏齊年圖	軸	絹	水墨	不詳	丁酉（康熙五十六年，1717）	揚州 江蘇省揚州市博物館	
水殿柳風圖	軸	絹	設色	99.2 × 122.9		揚州 江蘇省揚州市博物館	
漢宮秋月圖	軸	絹	設色	172 × 104.1		揚州 江蘇省揚州市博物館	
寒山萬木圖	軸	絹	設色	233 × 131.5	戊辰（康熙二十七年，1688）	泰州 江蘇省泰州市博物館	
山水圖（通景8屏）	軸	絹	設色	216.7 × 424	丙子（康熙三十五年，1696）暢月	上海 上海博物館	
法郭忠恕水殿春深圖	軸	絹	設色	104 × 49.5	甲申（康熙四十三	上海 上海博物館	

名稱	形式	質地	色彩	尺寸 高×寬cm	創作時間	收藏處所	典藏號碼
					年，1704）如月		
觀濤圖	軸	絹	設色	215 × 104.3	庚寅（康熙四十九年，1710）端月	上海 上海博物館	
松鷹圖	軸	絹	設色	68 × 37.8	壬辰（康熙五十一年，1712）	上海 上海博物館	
深柳讀書堂圖	軸	絹	設色	140.2 × 69.3	壬辰（康熙五十一年，1712）菊月	上海 上海博物館	
關山夜月圖	橫幅	絹	設色	126.5×160.4	庚子（康熙五十九年，1720）秋杪	上海 上海博物館	
仿王蒙山水	軸	綾	設色	195.5 × 47.1		上海 上海博物館	
天香書屋圖	軸	絹	設色	172.7 × 48.6		上海 上海博物館	
巫峽秋濤圖	軸	絹	設色	不詳		上海 上海博物館	
江天樓閣圖	軸	絹	設色	38 × 28.3		南京 南京博物院	
海上三山圖	軸	絹	設色	不詳		南京 南京博物院	
晝錦堂圖	軸	絹	設色	135.3 × 26.8		南京 南京博物院	
蜀棧行旅圖	軸	紙	設色	不詳	辛丑（康熙六十年，1721）春王	南京 南京市博物館	
蓬萊仙島圖	軸	絹	設色	41 × 57		南京 南京市博物館	
天香書屋圖	軸	絹	設色	不詳	壬寅（康熙六十一年，1722）秋日	無錫 江蘇省無錫市博物館	
醉翁亭圖	軸	絹	設色	208 × 98.5	丁酉（康熙五十六年，1717）涂月	昆山 崑崙堂美術館	
香山九老圖	軸	紙	設色	298.5×132.5		餘姚 浙江省餘姚縣文管會	
竹樓圖	軸	絹	設色	92.5 × 105	壬寅（康熙六十一年，1722）余月	成都 四川省博物院	
雪江樓閣圖	軸	絹	設色	181 × 67.7	癸巳（康熙五十二年，1713）如月	重慶 重慶市博物館	
騎驢過橋圖	軸	絹	設色	不詳		重慶 重慶市博物館	
山水圖（6幅）	軸	絹	設色	（每幅）165 × 48.8		福州 福建省博物館	

名稱	形式	質地	色彩	尺寸 高×寬㎝	創作時間	收藏處所	典藏號碼
仿馬遠山水樓閣圖	軸	絹	設色	196 × 95	丁丑（康熙三十六年，1697）上巳後二月	廣州 廣東省博物館	
荷亭納涼圖	軸	絹	設色	161.2 × 73	壬寅（康熙六十一年，1722）春月	廣州 廣東省博物館	
湖山春曉圖	軸	絹	設色	165 × 93	庚戌（雍正八年，1730）仲春上浣	廣州 廣東省博物館	
山水圖（清顏嶧等山水花鳥4幅之1）	軸	綾	設色	（每幅）53.1 × 46.5	癸酉（康熙三十二年，1693）	廣州 廣東省博物館	
春江花月夜圖	軸	絹	設色	197.1 × 95.5		廣州 廣東省博物館	
桃花源圖	軸	絹	設色	86.3 × 50.5		廣州 廣東省博物館	
桃花源圖（用馬和之畫法）	軸	絹	設色	217 × 112	乙未（康熙五十四年，1715）仲春上浣	廣州 廣州美術學院	
漢宮秋月圖	軸	絹	設色	198 × 111.4	乙未（康熙五十四年，1715）	廣州 廣州美術學院	
湖山樓閣圖	軸	絹	設色	不詳		昆明 雲南省博物館	
樓閣山水圖（擬唐人詩意）	軸	絹	設色	183.3 × 121.2	乾隆二十一年歲次丙子（1756）夏五月望日	日本 東京木下成太郎先生	
倣李昭道山水圖	軸	絹	設色	不詳		日本 東京村上與四郎先生	
法李昭道筆意雪景山水圖	軸	絹	設色	不詳	甲辰（雍正二年，1724）秋七月	日本 東京村上與四郎先生	
樓閣山水圖（8摺屏風一對，與王雲合作）	軸	金箋	設色	（每對）246 × 490		日本 京都國立博物館	
仿郭熙筆意山水圖	軸	絹	設色	179.4 × 49.4	壬辰（康熙五十一年，1712）良月	日本 大阪橋本末吉先生	
山水圖	軸	絹	設色	191.8 × 118.2	壬寅（康熙六十一年，1722）仲春上浣	日本 名古屋櫻木俊一先生	
法郭河陽筆意山水圖	軸	金箋	設色	199 × 48	辛未（乾隆十六年，1751）蘭月	日本 私人	

名稱	形式	質地	色彩	尺寸 高×寬cm	創作時間	收藏處所	典藏號碼
山水（江苑漁村圖	軸	絹	設色	156.3 × 76.7	辛巳（康熙四十年，1701）皋月	日本　私人	
法馬遠柳蔭蓮池圖	軸	絹	設色	140.3 × 67.8		日本 私人	
楓林停車	軸	絹	設色	不詳		美國 波士波美術館	
春雪圖	軸	絹	設色	不詳	丙申（康熙五十五年，1716）二月	美國 哈佛大學福格藝術館	1968.73
桃花源圖	軸	絹	設色	191 × 118.7		美國 普林斯頓大學藝術館	46-198
九成宮圖	軸	絹	設色	207.4 × 47.2		美國 紐約大都會藝術博物館	1982.125
奇峰積雪圖	軸	絹	設色	99 × 50.7		美國 華盛頓特區弗瑞爾藝術館	16.84
嫩寒清曉圖	軸	絹	設色	65.5 × 36	壬寅（康熙六十一年，1722）涂月	美國 華盛頓特區弗瑞爾藝術館	11.257
春景山水圖	軸	絹	設色	165.1 × 99.5		美國 芝加哥藝術中心	1944.437
花亭子圖	軸	絹	設色	73 × 38		美國 明尼安納波里市藝術中心	
山雨欲來風滿樓圖	軸	絹	設色	181 × 88	壬寅（康熙六十一年，1722）皋月	美國 聖路易斯市吳納孫教授	
寫郭熙盤車圖	軸	絹	設色	180.3 × 93	甲戌（康熙三十三年，1694）秋杪	美國 堪薩斯市納爾遜-艾金斯藝術博物館	11092/14
法劉松年筆意山水圖	軸	絹	設色	214.1 × 113.9	丁亥（康熙四十六年，1707）小陽月	美國 舊金山亞州藝術館	B60 D85
山水圖	軸	絹	設色	158.5 × 77.5	己亥（康熙五十八年，1719）仲夏	美國 勃克萊加州大學藝術館	1973.41
擬綠野堂意山水圖	軸	絹	設色	不詳		美國 加州勃克萊大學高居翰教授景元齋	
仿宋人蓬萊仙境圖	軸	絹	設色	246.2 × 129.1		美國 加州史坦福大學藝術博物館	67.62
山水（京城在望圖）	軸	絹	設色	182.5 × 45		美國 鳳凰市美術館（Mr.Roy And Marilyn Papp 寄存）	
仿郭熙蓬萊仙境圖	軸	絹	設色	129.8 × 158.9		加拿大 大維多利亞藝術館	64.38

名稱	形式	質地	色彩	尺寸 高x寬㎝	創作時間	收藏處所	典藏號碼
山水圖	軸	絹	設色	90.4 × 48.5		英國 倫敦大英博物館	1984.2.3.028（ADD480）
蓬萊仙境圖	軸	絹	設色	186.8×102.6	癸卯（雍正元年，1723）夏月	英國 倫敦大英博物館	1953.5.9.05（ADD283）
樓閣山水圖	軸	絹	設色	230.3×110.8		德國 柏林東亞藝術博物館	1984-5
九成宮圖	軸	絹	設色	214.3×106.9		德國 科隆東亞藝術博物館	A86.2
山水圖	軸	絹	設色	154.6 × 41.3		義大利 巴馬中國藝術博物館	
擬郭熙盤車圖	軸	絹	設色	178.2 × 74.9	丁亥（康熙四十六年，1707）好月	瑞典 斯德哥爾摩遠東古物館	NMOK311
東山別墅圖	軸	絹	設色	181.6 × 101		荷蘭 阿姆斯特丹 Rijks 博物館	RAK1991-7
仿馬遠山水圖	摺扇面	紙	設色	18.2 × 53.3	己卯（康熙三十八年，1699）	北京 故宮博物院	
山水樓閣圖（8幀）	冊	絹	設色	不詳	辛卯（康熙五十年，1711）	北京 故宮博物院	
花鳥圖（2幀）	冊頁	絹	設色	（每幀）36.4 × 29	癸卯（雍正元年，1723）二月	北京 故宮博物院	
山水圖（6幀）	冊	絹	設色	（每幀）28.1 × 23.5		北京 故宮博物院	
雜畫（8幀）	冊	紙	設色	（每幀）24 × 34.3		北京 故宮博物院	
山水人物圖（12幀）	冊	絹	設色	（每幀）33.7 × 40.2	庚子（康熙五十九年，1720）皋月	北京 中國歷史博物館	
寫意花果雜畫圖（8幀）	冊	絹	設色	（每幀）29 × 37.2	壬寅（康熙六十一年，1722）三月	北京 中國美術館	
山水人物圖（6幀）	冊	絹	設色	（每幀）31.3 × 33.3		北京 中國美術館	
寫生花卉圖（12幀）	冊	紙	設色	（每幀）27 × 36	己亥（康熙五十八年，1719）秋	天津 天津市藝術博物館	
雜畫（8幀）	冊	絹	設色	（每幀）31 × 30.5		太原 山西省博物館	

名稱	形式	質地	色彩	尺寸 高×寬 cm	創作時間	收藏處所	典藏號碼
風滿樓圖	摺扇面	粉箋	設色	不詳	癸巳（康熙五十二年，1713）皋月	合肥 安徽省博物館	
山水圖（12幀）	冊	絹	設色	（每幀）38 × 27 .1		上海 上海博物館	
仿郭熙畫法山水圖	摺扇面	紙	設色	17.8 × 52.5		日本 京都國立博物館	
隱居圖	摺扇面	紙	設色	17.2 × 52.4	丙戌（康熙四十五年，1706）冬杪	美國 勃克萊加州大學藝術館（高居翰教授寄存）	CC182
山水圖	冊頁	絹	設色	29.6 × 30.9		英國 倫敦大英博物館	1983.7.5.06(ADD446)
附：							
蜀棧行旅圖	卷	紙	設色	35 × 347		紐約 佳士得藝品拍賣公司/拍賣目錄 1991,05,29.	
驪山避暑圖	軸	絹	設色	不詳	壬午（康熙四十一年，1702）壯月	北京 北京市文物商店	
梅花三羊圖	軸	紙	設色	不詳	壬寅（康熙六十一年，1722）重九日	北京 北京市文物商店	
載菊圖	軸	絹	設色	52 × 65.5	壬寅（康熙六十一年，1722）	北京 北京市工藝品進出口公司	
仿劉松年山水	軸	絹	設色	不詳		北京 北京市工藝品進出口公司	
夏木深蔭圖	軸	絹	設色	不詳	辛丑（康熙六十年，1721）余月	北京 榮寶齋	
深樾追涼圖	軸	絹	設色	99 × 216.1		天津 天津市文物公司	
獵馬圖	軸	絹	設色	200 × 95.3		天津 天津市文物公司	
柳燕桃花圖	軸	紙	設色	不詳	丙□（？）	揚州 揚州市文物商店	
仿范中立秋山行旅圖	軸	絹	設色	154 × 76	壬午（康熙四十一年，1702）	上海 朵雲軒	
宮苑圖	軸	絹	設色	154.3 × 170	癸酉（康熙三十二年，1693）秋月	紐約 蘇富比藝品拍賣公司/拍賣目錄 1982,11,19.	
樓閣春曉圖（法李昭道筆）	軸	絹	設色	91 × 53.3		紐約 蘇富比藝品拍賣公司/拍賣目錄 1984,12,05.	
出峽圖	軸	絹	設色	231.8 × 128.2	甲戌（康熙三十三年，1694）涂月	紐約 蘇富比藝品拍賣公司/拍賣目錄 1986,06,03.	

名稱	形式	質地	色彩	尺寸 高×寬㎝	創作時間	收藏處所	典藏號碼
漢宮春曉圖	軸	絹	設色	209.5×102.9	壬寅（康熙六十一年，1722）皐月	紐約 佳士得藝品拍賣公司/拍賣目錄 1990,05,31.	
江樓釣艇	軸	絹	設色	93.5 × 50	己亥（康熙五十八年，1719）	紐約 佳士得藝品拍賣公司/拍賣目錄 1990,11,28.	
雪江歸漁圖	橫幅	絹	設色	118.5 × 143	壬寅（康熙六十一年，1722）夏	紐約 佳士得藝品拍賣公司/拍賣目錄 1990,11,28.	
江天樓觀圖	軸	絹	設色	179 × 103.5	甲辰（雍正二年，1724）冬仲	香港 佳士得藝品拍賣公司/拍賣目錄 1991,03,18.	
溪山讀書圖	橫幅	絹	設色	120 × 164	丙申(康熙五十五年，1716) 三月	紐約 佳士得藝品拍賣公司/拍賣目錄 1991,05,29.	
山水圖	軸	絹	設色	205 × 115.5	壬辰(康熙五十一年，1712) 良月	紐約 佳士得藝品拍賣公司/拍賣目錄 1991,05,29.	
秋山行旅圖	軸	絹	水墨	145.5 × 70.5	己亥（康熙五十八年，1719）秋日	紐約 佳士得藝品拍賣公司/拍賣目錄 1993,06,04.	
漢宮秋月圖	軸	紙	設色	272 × 141	辛酉（乾隆六年，1741）夏六月	紐約 佳士得藝品拍賣公司/拍賣目錄 1994,11,30.	
春曉圖	橫幅	絹	設色	104.1 × 160	壬寅（康熙六十一年，1722）皐月	紐約 佳士得藝品拍賣公司/拍賣目錄 1997,09,19.	
綠野堂圖	軸	絹	設色	179 × 51		香港 佳士得藝品拍賣公司/拍賣目錄 2001,04,29.	
蔬果圖（7幀）	冊	絹	設色	（每幀）22 × 32		北京 中國文物商店總店	
漢宮春曉圖	冊頁	絹	水墨	26.1 × 32.8		武漢 河北省武漢市文物商店	
三羊圖	冊頁	絹	設色	29 × 37.4		紐約 蘇富比藝品拍賣公司/拍賣目錄 1984,12,05.	
葡萄玉蜀黍	冊頁	絹	設色	29 × 37.4		紐約 蘇富比藝品拍賣公司/拍賣目錄 1984,12,05.	
牽牛鳴蟬圖	冊頁	絹	設色	29 × 37.4		紐約 蘇富比藝品拍賣公司/拍賣目錄 1984,12,05.	
雙羊圖	冊頁	絹	設色	29 × 37		紐約 佳士得藝品拍賣公司/拍賣目錄 1989,12,04.	
魚藻圖	冊頁	絹	設色	29 × 37		紐約 佳士得藝品拍賣公司/拍賣目錄 1989,12,04.	

畫家小傳：袁江。字文濤。江蘇江都人。善畫山水，學宋人；尤精樓閣，界畫被譽有清第一。雍正間，供奉畫院。流傳署款紀年作品

名稱	形式	質地	色彩	尺寸 高x寬cm	創作時間	收藏處所	典藏號碼

見於聖祖康熙三十二(1693)年，至高宗乾隆二十一(1756)年。（見國朝畫徵續錄、中國畫家人名大辭典）

張耒

名稱	形式	質地	色彩	尺寸 高x寬cm	創作時間	收藏處所	典藏號碼
花鳥圖（清顏嶧等山水花鳥4幅之1)	軸	綾	設色	(每幅)53.1 x 46.5	癸酉（康熙三十二年，1693)	廣州 廣東省博物館	

畫家小傳：張耒。畫史無載。流傳署款紀年作品見於聖祖康熙三十二(1693)年。身世待考。

吳芷

名稱	形式	質地	色彩	尺寸 高x寬cm	創作時間	收藏處所	典藏號碼
歲朝圖（楊晉、王雲、顧昉、顧政、徐玫、虞沅、吳芷、王翬合作)	軸	絹	設色	109 x 51		瀋陽 故宮博物院	
桃柳魚荇圖（王翬師弟合作：楊晉寫桃花、王雲寫鸜鳥、吳芷補游魚、顧昉寫荇菜、徐玫添翠鳥、虞沅畫柳、王翬題字。)	軸	絹	設色	141.8 x 57.5	癸酉（康熙三十二年，1693) 嘉平	北京 故宮博物院	
歲寒圖（王翬、虞沅、吳芷、吳芷、顧昉、徐玫、楊晉等七人，為乾翁合作)	軸	紙	設色	不詳	癸酉（康熙三十二年，1693) 嘉平既望	南京 南京博物院	
雙鉤梅竹圖（王翬等山水花卉冊6之1幀)	冊頁	紙	設色	26.5 x 35.3		北京 故宮博物院	
湧流圖	冊頁	紙	水墨	28.4 x 40.9		德國 柏林東亞藝術博物館	1960-6

畫家小傳：吳芷。字艾庵。江蘇吳江人。善寫意花卉。嘗同王翬與弟子合繪歲貢圖。流傳署款紀年作品見於聖祖康熙三十二(1693)年。（見退齋心賞錄、中國畫家人名大辭典）

錢封

名稱	形式	質地	色彩	尺寸 高x寬cm	創作時間	收藏處所	典藏號碼
溪山高隱圖	軸	絹	設色	166.7 x 94.4	癸酉（康熙三十二年，1693)	杭州 浙江省博物館	
米法山水圖	軸	絹	設色	168.3 x 44.3		日本 私人	

畫家小傳：錢封。字軼秦。號松崖。浙江錢塘人。明末隱士錢士璋之子。承家學，善寫山水，得煙霞出沒、峰巒隱見之態，品格絕塵。流傳署款紀年作品見於聖祖康熙三十二(1693)年（見圖繪寶鑑續纂、浙江通志、中國畫家人名大辭典）

徐玫

名稱	形式	質地	色彩	尺寸 高x寬cm	創作時間	收藏處所	典藏號碼
涼曝圖（為王掞作）	卷	絹	設色	不詳	壬寅（康熙六十一年，1722）秋孟	瀋陽 遼寧省博物館	
江南春圖	卷	絹	設色	14.7 x 162.5	壬午（康熙四十一年，1702）	北京 故宮博物院	
蓬萊仙境圖	軸	絹	設色	169.8 x 99.2	戊寅（康熙三十七年，1698）	旅順 遼寧省旅順博物館	
桃柳魚荇圖（王翬師弟合作：楊晉寫桃花、王雲寫鶺鳥、吳芷補游魚、顧昉寫荇菜、徐玫添翠鳥、虞沅畫柳、王翬題字）	軸	絹	設色	141.8 x 57.5	癸酉（康熙三十二年，1693）嘉平	北京 故宮博物院	
九秋圖（王翬、宋駿業、顧昉、虞沅、王雲、楊晉、徐玫、吳藏合作）	軸	紙	設色	118.8 x 61.1	乙亥（康熙三十四年，1695）	北京 故宮博物院	
採芝圖	軸	絹	設色	不詳	戊寅（康熙三十七年，1698）中秋前二日	北京 故宮博物院	
仿趙孟頫松石老子圖意為繆日藻寫照補圖	軸	紙	設色	不詳	戊戌（康熙五十七年，1718）春三月	天津 天津市藝術博物館	
歲寒圖（王翬、虞沅、吳芷、顧昉、徐玫、楊晉等合作，為乾翁作）	軸	絹	設色	不詳	癸酉（康熙三十二年，1693）嘉平既望	南京 南京博物院	
天女散花圖（奉祝定翁老先生榮壽）	軸	絹	設色	126.7 x 53.3		英國 倫敦大英博物館	1910.2.12.546（ADD181）
策杖看山圖（王原祁、徐玫、許穎、鄭棟、王昱、吳耒、金永熙、黃鼎山水合冊8之1幀）	冊	紙	設色	24.2 x 13.5	乙未（康熙五十四年，1715）夏日	南京 南京博物院	
仿趙令穰水村圖（王翬師弟合璧畫冊之2）	冊頁	紙	設色	27.9 x 30.6		美國 紐約Mr.& Mrs Weill	
花鳥圖（12幀）	冊	絹	設色	（每幀）19 x 26	壬午（康熙四十一年，1702）	上海 朵雲軒	

畫家小傳：徐玫。字采若。號華塢。江蘇吳人。善畫人物、花鳥，生動盡致，與柳遇並擅名。流傳署款紀年作品見於聖祖康熙三十二(1693)至六十一(1722)年。（見國朝畫徵錄、國朝畫識、桐陰論畫、中國畫家人名大辭典）

梁 素

名稱	形式	質地	色彩	尺寸 高x寬㎝	創作時間	收藏處所	典藏號碼
山水人物圖	軸	絹	設色	134.7 x 43.8	癸酉（康熙三十二年，1693年）	香港 中文大學中國文化研究所文物館	73.688

畫家小傳：梁素。畫史無載。流傳署款紀年作品見於聖祖康熙三十二(1693)年。身世待考。

吳　筠

法李唐蒼松聳翠圖	軸	絹	設色	128.4 x 51.7		香港 黃仲方先生	K92.27
松蔭聽瀑圖	軸	絹	設色	165.8 x 86.5	癸酉（康熙三十二年，1693）桃李節	南京 南京博物院	
仿趙伯駒燕山香發圖	軸	絹	設色	135.7 x 46.9		日本 京都國立博物館（上野有竹齋寄贈）	A甲214
山水圖	摺扇面 紙		設色	不詳	乾隆丙辰（十一年，1746）孟秋	北京 故宮博物院	

畫家小傳：吳筠。女。字湘碧。江蘇常熟人。工畫山水，受業於姚匡，姚匡則與王翬同師，用筆有法，秀拔不群。流傳署款紀年作品見於聖祖康熙三十二(1693)年，至高宗乾隆十一(1746)年。（見海虞畫苑略、虞山畫志、中國畫家人名大辭典）

汪　龍

麻姑進酒圖	軸	絹	設色	不詳	康熙癸酉（三十二年，1693）孟夏	北京 故宮博物院	

畫家小傳：汪龍。字潛也。安徽績溪人。與父汪浩俱善丹青，人稱父子「雙絕」。流傳署款紀年作品見於聖祖康熙三十二(1693)年。（見虹廬畫談、中國畫家人名大辭典）

孫　浪

江山泛舟圖	卷	綾	水墨	不詳	癸酉（康熙三十二年，1693）春日	上海 上海博物館	

畫家小傳：孫浪。字白閒。高淳人。生性疏放，不宜於俗。善畫山水，得元黃公望、倪瓚之神。流傳署款紀年作品見於聖祖康熙三十二(1693)年。（見高淳縣志、中國畫家人名大辭典）

徐　稷

唐人詩意圖	軸	絹	設色	177 x 52	辛巳（康熙四十年，1701）	天津 天津市歷史博物館	
仿惠崇山水圖	摺扇面 紙		設色	不詳	癸酉（康熙三十二年，1693）	南京 南京博物院	

畫家小傳：徐稷。字稼臣。號念齋、歷山。江蘇常熟人。能詩，工書，善畫山水。流傳署款紀年作品見於聖祖康熙三十二(1693)至四十(1701)年。（見虞山畫志、中國畫家人名大辭典）

名稱	形式	質地	色彩	尺寸 高x寬㎝	創作時間	收藏處所	典藏號碼

老 田

| 老萊子娛親圖（壽屈大均母九十壽書畫冊 13 之 1 幀） | 冊頁 | 紙 | 設色 | 20.3 x 24.7 | （癸酉，康熙三十二年，1693） | 上海 上海博物館 | |

畫家小傳：老田。姓名不詳。流傳署款作品疑作於聖祖康熙三十二(1693)年。身世待考。

汪士鋐

| 山水圖（壽屈大均母九十壽書畫冊 13 之 1 幀） | 冊頁 | 紙 | 設色 | 20.3 x 24.7 | （癸酉，康熙三十二年，1693） | 上海 上海博物館 | |

畫家小傳：汪士鋐。畫史無載。流傳署款作品疑作於聖祖康熙三十二(1693)年。身世待考。

吳瞻泰

| 山水圖（壽屈大均母九十壽書畫冊 13 之 1 幀） | 冊頁 | 紙 | 設色 | 20.3 x 24.7 | （癸酉，康熙三十二年，1693） | 上海 上海博物館 | |

畫家小傳：吳瞻泰。畫史無載。流傳署款作品疑作於聖祖康熙三十二(1693)年。身世待考。

(釋) 道 悟

名稱	形式	質地	色彩	尺寸 高x寬㎝	創作時間	收藏處所	典藏號碼
夏山消暑圖	軸	紙	設色	272.6 x 123.5	己卯（康熙三十八年，1699）	合肥 安徽省博物館	
木蓮花軸	軸	紙	設色	126.8 x 61.4	戊戌（康熙五十七年，1718）	合肥 安徽省博物館	
丹臺春曉圖	軸	綾	設色	不詳		合肥 安徽省博物館	
海門初日圖	軸	綾	設色	不詳		合肥 安徽省博物館	
黃海雲舫圖（為溪翁作）	軸	紙	設色	181 x 93.5	乙酉（康熙四十四年，1705）	常州 江蘇省常州市博物院	
花間山閣圖	軸	紙	設色	不詳	甲申（康熙四十三年，1704）	重慶 重慶市博物館	
黃山異卉圖（？幀）	冊	紙	設色	不詳	辛卯（康熙五十年，1753）	合肥 安徽省博物館	
山水圖（4幀）	冊	紙	設色	不詳		黃山 安徽省黃山市博物館	
雲擁眾峰圖（壽屈大均母九十壽書畫冊 13 之 1 幀）	冊頁	紙	設色	20.3 x 24.7	（癸酉，康熙三十二年，1693）	上海 上海博物館	
黃山圖（15幀）	冊	絹	設色	不詳		杭州 浙江省博物館	

附：

名稱	形式	質地	色彩	尺寸 高x寬cm	創作時間	收藏處所	典藏號碼
山水圖	軸	紙	設色	不詳	乾隆三十年（乙酉，1765）秋日	北京 北京市文物商店	

畫家小傳：道悟。僧。字雪莊。安徽歙縣人。居黃山。善畫。嘗以黃山特產諸花卉繪成圖，吳菘為製作成箋，成箋卉一卷行世。流傳署款紀年作品見於聖祖康熙三十二（1693)年，至高宗乾隆三十(1765)年。（見箋卉序、中國畫家人名大辭典）

姜 璜

花蝶圖	摺扇面	金箋	設色	不詳	癸酉（？康熙三十二年，1693）	北京 中國歷史博物館	

畫家小傳：姜璜。畫史無載。流傳署款作品紀年疑為聖祖康熙三十二（1693）年。身世待考。

孫 石

山水圖	摺扇面	金箋	水墨	不詳	癸酉（？康熙三十二年，1693）	北京 中國歷史博物館	

畫家小傳：孫石。畫史無載。流傳署款作品紀年疑為聖祖康熙三十二（1693）年。身世待考。

陸 漢

芳草湖亭圖	軸	絹	設色	150.3 x 65.8	乙亥（康熙三十四年，1695）	天津 天津市藝術博物館	
春游歸棹圖	摺扇面	紙	設色	不詳	癸酉（？康熙三十二年，1693）	常熟 江蘇省常熟市文物管理委員會	

畫家小傳：陸漢。畫史無載。流傳署款作品紀年疑為聖祖康熙三十二（1693）、三十四（1695）年。身世待考。

何 廣

蕙石圖	摺扇面	金箋	水墨	15.5 x 48.5	癸酉（？康熙三十二年，1693）	南寧 廣西壯族自治區博物館	

畫家小傳：何廣。畫史無載。流傳署款作品紀年疑似聖祖康熙三十二(1693)年。身世待考。

馬元馭

仿趙克夐琳池魚藻圖	卷	絹	設色	32.3 x 345	乙亥（康熙三十四年，1695）四月	北京 故宮博物院	
臨靜古堂同心蘭（馬元馭、楊晉合作，空谷國香圖卷4之第1段）	卷	絹	設色	（各段）18.2 x 25.8不等		上海 上海博物館	
蔬果圖	卷	絹	設色	20.3 x 308.4		上海 上海博物館	

名稱	形式	質地	色彩	尺寸 高x寬cm	創作時間	收藏處所	典藏號碼
墨梅圖	卷	紙	水墨	不詳	乙酉（康熙四十四年，1705）冬十月	蘇州 江蘇省蘇州博物館	
折枝花果八種（畫贈南翼年長兄）	卷	紙	設色	32 x ？	乙酉（康熙四十四年，1705）小春	日本 兵庫縣黑川古文化研究所	
設色折枝花卉圖	卷	紙	設色	31 x ？		美國 密歇根大學藝術博物館	1966/2.36
仿徐熙花卉圖	軸	絹	設色	95.5 x 41	癸丑（？）仲夏既望	香港 香港美術館・虛白齋	XB1992.127
荷花白鷺圖	軸	紙	設色	不詳	乙酉（康熙四十四年，1705）	瀋陽 故宮博物院	
牡丹圖	軸	絹	設色	不詳	乙酉（康熙四十四年，1705）穀雨前三日	瀋陽 遼寧省博物館	
歲朝圖	軸	絹	設色	不詳	丁丑（康熙三十六年，1697）孟冬	北京 故宮博物院	
梅花圖	軸	紙	設色	不詳	壬午（康熙四十一年，1702）夏閏	北京 故宮博物院	
花溪好鳥圖	軸	絹	設色	114.9 x 49		北京 中國美術館	
荷花圖	軸	絹	設色	不詳		北京 中國美術館	
梅鶴圖	軸	絹	設色	93 x 97.5	甲申（康熙四十三年，1704）	天津 天津市藝術博物館	
紫藤翠柏圖	軸	絹	設色	146.6 x 49		天津 天津市藝術博物館	
蕉石山茶圖	軸	絹	設色	165.5 x 50		天津 天津市藝術博物館	
九華壽譜圖	軸	絹	設色	不詳		合肥 安徽省博物館	
落花游魚圖	軸	紙	設色	不詳	乙亥（康熙三十四年，1695）	上海 上海博物館	
荷花鴛鴦圖	軸	紙	設色	不詳	庚辰（康熙三十九年，1700）八月	上海 上海博物館	
鷹栗圖	軸	絹	設色	112.5 x 53.1	辛巳（康熙四十年，1701）	上海 上海博物館	
桃柳八哥圖	軸	絹	設色	130.6 x 65.9	癸未（康熙四十二年，1703）春二朔	上海 上海博物館	
十菊圖	軸	紙	設色	126.7 x 59.3		上海 上海博物館	

名稱	形式	質地	色彩	尺寸 高x寬㎝	創作時間	收藏處所	典藏號碼
鱸魚圖	軸	紙	設色	不詳		上海 上海博物館	
栗枝蒼鷹圖	軸	絹	設色	不詳		上海 上海古籍書店	
摹沈周枇杷圖	軸	紙	水墨	90.7 x 40.6	乙酉（康熙四十四年，1705）夏六	南京 南京博物院	
南溪春曉圖	軸	絹	設色	57.6 x 28.4		南京 南京博物院	
蘭芝圖	軸	絹	設色	不詳	乙酉（康熙四十四年，1705）	常州 江蘇省常州市博物館	
仿沈周臘嘴梧桐圖	軸	紙	設色	76 x 28	丙子（康熙三十五年，1696）	重慶 重慶市博物館	
葡萄圖	軸	絹	設色	53.5 x 29	甲戌（康熙三十三年，1694）夏閏	廣州 廣東省博物館	
清陰高潔圖	軸	紙	設色	不詳		廣州 廣東省博物館	
陂塘菡萏圖	軸	絹	設色	不詳		蘭州 甘肅省博物館	
摹李迪筆意花鳥圖	軸	絹	設色	不詳	丙子（康熙三十五年，1696）九月下澣	日本 東京村上與四郎先生	
菊花圖	軸	絹	設色	117 x 56.4	丙子（康熙三十五年，1696）秋日	日本 京都齋藤氏松濤莊	
養蠶圖	軸	絹	設色	104 x 36.8	乙丑（康熙二十四年，1685）暮春	日本 大阪橋本大乙先生	
桃源圖（8幅）	軸	絹	設色	140 x 45.5	甲午（康熙五十三年，1714）孟冬	日本 大阪橋本大乙先生	
花鳥（秋葵雄雞圖）	軸	絹	設色	162.4 x48.3	辛卯（康熙五十年，1711）夏杪	日本 兵庫縣黑川古文化研究所	
關羽張飛圖	軸	紙	設色	77.2 x 93.5		日本 沖繩縣立博物館	
老子出關圖	軸	紙	設色	58.2 x 78.7		日本 私人	
山中談合圖	軸	紙	設色	134.1 x 36.4		日本 私人	
摹北宋徐崇嗣沒骨圖（牡丹圖）	軸	絹	設色	73.3 x 48.8	乙亥（康熙三十四年，1695）夏清和上浣	德國 慕尼黑 Mrs Lilly Pre-etorius	
仿石田翁枇杷圖	軸	絹	水墨	60.1 x 26.8	辛未（康熙四十二年，1703）小春	瑞典 斯德哥爾摩遠東古物館	OM50/60
碧桃（馬元馭花卉冊之1）	冊頁	絹	設色	24.3 x 23.9	癸未（康熙四十二	台北 故宮博物院	故畫 01301-1

名稱	形式	質地	色彩	尺寸 高x寬cm	創作時間	收藏處所	典藏號碼
					年，1703）冬日		
垂絲海棠、金盞、柏子（馬元馭花卉冊之2）	冊頁	絹	設色	24.3 x 23.9		台北 故宮博物院	故畫 01301-2
牡丹（馬元馭花卉冊之3）	冊頁	絹	設色	24.3 x 23.9		台北 故宮博物院	故畫 01301-3
紫藤（馬元馭花卉冊之4）	冊頁	絹	設色	24.3 x 23.9		台北 故宮博物院	故畫 01301-4
蕙蘭、藍菊（馬元馭花卉冊之5）	冊頁	絹	設色	24.3 x 23.9		台北 故宮博物院	故畫 01301-5
桃花、蠶豆花（馬元馭花卉冊之6）	冊頁	絹	設色	24.3 x 23.9		台北 故宮博物院	故畫 01301-6
薔薇、躑躅（馬元馭花卉冊之7）	冊頁	絹	設色	24.3 x 23.9		台北 故宮博物院	故畫 01301-7
虞美人（馬元馭花卉冊之8）	冊頁	絹	設色	24.3 x 23.9		台北 故宮博物院	故畫 01301-8
萱花、石竹、枸杞（馬元馭花卉冊之9）	冊頁	絹	設色	24.3 x 23.9		台北 故宮博物院	故畫 01301-9
紫薇（馬元馭花卉冊之10）	冊頁	絹	設色	24.3 x 23.9		台北 故宮博物院	故畫 01301-10
菊花（馬元馭花卉冊之11）	冊頁	絹	設色	24.3 x 23.9		台北 故宮博物院	故畫 01301-11
梅花、山茶（馬元馭花卉冊之12）	冊頁	絹	設色	24.3 x 23.9	癸未（康熙四十二年，1703）冬日	台北 故宮博物院	故畫 01301-12
杏花燕子（馬元馭畫花卉冊之1）	冊頁	絹	設色	24.3 x 23.9		台北 故宮博物院	故畫 03205-1
海棠辛夷（馬元馭畫花卉冊之2）	冊頁	絹	設色	24.3 x 23.9		台北 故宮博物院	故畫 03205-2
蜂蝶虞美人（馬元馭畫花卉冊之3）	冊頁	絹	設色	24.3 x 23.9	壬午（康熙四十一年，1702）孟夏之望	台北 故宮博物院	故畫 03205-3
月季竹禽（馬元馭畫花卉冊之4）	冊頁	絹	設色	24.3 x 23.9		台北 故宮博物院	故畫 03205-4
桑葉蠶蛾（馬元馭畫花卉冊之5）	冊頁	絹	設色	24.3 x 23.9		台北 故宮博物院	故畫 03205-5
碧桃壽帶法崔西白（馬元馭畫花卉冊之6）	冊頁	絹	設色	24.3 x 23.9		台北 故宮博物院	故畫 03205-6
罌粟蜻蜓摹沈孟堅（馬元馭畫花卉冊之7）	冊頁	絹	設色	24.3 x 23.9		台北 故宮博物院	故畫 03205-7
菱角青蛙（馬元馭畫花卉冊之	冊頁	絹	設色	24.3 x 23.9		台北 故宮博物院	故畫 03205-8

名稱	形式	質地	色彩	尺寸 高x寬cm	創作時間	收藏處所	典藏號碼
8）							
摹陳仲仁高柳鳴蟬圖（馬元馭畫花卉冊之9）	冊頁	絹	設色	24.3 x 23.9		台北 故宮博物院	故畫 03205-9
仿魯宗貴霜柯幽鳥（馬元馭畫花卉冊之10）	冊頁	絹	設色	24.3 x 2 3.9		台北 故宮博物院	故畫 03205-10
秋海棠螳螂法于青年（馬元馭畫花卉冊之11）	冊頁	絹	設色	24.3 x 23.9		台北 故宮博物院	故畫 03205-11
秋葵促織（馬元馭畫花卉冊之12）	冊頁	絹	設色	24.3 x 23.9		台北 故宮博物院	故畫 03205-12
擬丘餘慶草蟲（馬元馭畫花卉冊之13）	冊頁	絹	設色	24.3 x 23.9		台北 故宮博物院	故畫 03205-13
擬黃要叔菊花鵪鶉（馬元馭畫花卉冊之14）	冊頁	絹	設色	24.3 x 23.9		台北 故宮博物院	故畫 03205-14
芙蓉鶺鴒擬徐崇嗣賦色（馬元馭畫花卉冊之15）	冊頁	絹	設色	24.3 x 23.9		台北 故宮博物院	故畫 03205-15
臘梅八哥擬郭乾暉（馬元馭畫花卉冊之16）	冊頁	絹	設色	24.3 x 23.9		台北 故宮博物院	故畫 03205-16
枝上雙鴛圖（清花卉畫冊之5）	摺扇面	紙	設色	17 x 50.5		台北 故宮博物院	故畫 03521-5
菊圖（舊畫扇面冊之5）	摺扇面	金箋	設色	不詳		台北 故宮博物院	故畫 03526-5
梅花山雀（名人畫扇貳冊（上）冊之13）	摺扇面	紙	設色	不詳		台北 故宮博物院	故畫 03556-13
春柳桃花圖（為聖九作）	摺扇面	紙	設色	不詳	壬申（康熙三十一年，1692）夏六月	北京 故宮博物院	
花鳥圖（8幀）	冊	絹	設色	（每幀）33.1 x 26.3	戊寅（康熙三十七年，1698）	北京 故宮博物院	
花鳥、草蟲圖（12幀）	冊	紙	設色	不詳	己卯（康熙三十八年，1699）仲冬	北京 故宮博物院	
花卉圖（8幀）	冊	絹	設色	（每幀）37.2 x 27	己卯（康熙三十八年，1699）	北京 故宮博物院	
梅竹雙清圖	摺扇面	紙	設色	不詳	乙酉（康熙四十四年，1705）夏五月	北京 故宮博物院	
鳳仙山石圖	摺扇面	紙	設色	不詳	丙戌（康熙四十五年，1706)	北京 故宮博物院	
花果圖（12幀）	冊	紙	設色	不詳		北京 故宮博物院	

名稱	形式	質地	色彩	尺寸 高×寬㎝	創作時間	收藏處所	典藏號碼
花鳥、草蟲圖（8幀）	冊	絹	設色	不詳		北京 故宮博物院	
石榴圖	摺扇面	金箋	設色	不詳	辛未（康熙三十年，1691）	北京 中國歷史博物館	
仿宋人寫生花卉圖（10幀）	冊	絹	設色	（每幀）31.5 × 26.7	丙寅（康熙二十五年）、戊辰（康熙二十七年）	北京 首都博物館	
花卉圖（12幀）	冊	紙	設色	（每幀）22 × 30.8	戊寅（康熙三十七年，1698）	天津 天津市藝術博物館	
花籃圖（祁豸佳等山水花鳥冊27之1幀）	冊頁	絹	設色	30 × 23.4		天津 天津市藝術博物館	
雜畫（8幀）	冊	紙	設色	不詳	庚辰（康熙三十九年，1700）	太原 山西省博物館	
寫生花鳥（12幀）	冊	絹	設色	不詳		上海 上海博物館	
雜畫（10幀）	冊	紙	設色	（每幀）34.5 × 24		常熟 江蘇省常熟市文物管理委員會	
花鳥圖（10幀）	冊	絹	設色	不詳	辛巳（康熙四十年，1701）	蘇州 江蘇省蘇州博物館	
荷花小鳥圖	摺扇面	紙	設色	不詳	庚辰（康熙三十九年，1700）	杭州 浙江省杭州市文物考古所	
寫生花果圖（12幀）	冊	絹	設色	（每幀）22.5 × 17		杭州 浙江省杭州市文物考古所	
花鳥圖（10幀）	冊	紙	設色	不詳	丙子（康熙三十五年，1696）春仲	日本 東京村上與四郎先生	
芙蓉圖	冊頁	絹	設色	32.9 × 27.7		日本 岡山市藤原祥宏先生	
蟬圖	冊頁	絹	設色	32.9 × 27.2		日本 岡山市藤原祥宏先生	
桃花圖	冊頁	絹	設色	28.7 × 23.1		美國 洛杉磯郡藝術博物館	
人物圖	紈扇面	絹	設色	24 × 25.5		美國 勃克萊加州大學藝術館（高居翰教授寄存）	CY6
附：							
花卉圖	卷	絹	設色	37.5 × 425	乙亥（康熙三十四年，1695)	北京 北京市工藝品進出口公司	
花果圖	軸	絹	設色	77 × 39.5	甲申（康熙四十三年，1704) 孟夏之望	北京 中國文物商店總店	

名稱	形式	質地	色彩	尺寸 高x寬㎝	創作時間	收藏處所	典藏號碼
蔬果圖	軸	紙	設色	不詳	甲申（康熙四十三年，1704）中秋前一日	北京 中國文物商店總店	
歲寒圖（楊晉、馬元馭合作）	軸	絹	設色	105 x 53	戊辰（康熙二十七年，1688）	上海 朵雲軒	
群仙祝壽圖	軸	紙	水墨	不詳	乙酉（康熙四十四年，1705）	上海 朵雲軒	
梅花圖	軸	絹	設色	不詳	壬申（康熙三十一年，1692）	上海 上海文物商店	
桃花白鷺圖	軸	絹	設色	不詳		無錫 無錫市文物商店	
芝竹拳石圖	軸	絹	設色	不詳		蘇州 蘇州市文物商店	
梅竹鷹雀圖	軸	絹	設色	95.9 x 50.2	康熙庚辰（三十九年，1700）新秋之吉日	紐約 蘇富比藝品拍賣公司/拍賣目錄1980,10,25.	
紫藤花蝶圖	軸	絹	設色	71.4 x 35.6		紐約 蘇富比藝品拍賣公司/拍賣目錄1986,06,03.	
杏花圖	軸	紙	水墨	106.5 x 47	乙亥（康熙三十四年，1695）夏六月	紐約 佳士得藝品拍賣公司/拍賣目錄1994,11,30.	
端陽花卉圖（黃鼎、楊晉、惲壽平、禹之鼎、童原、馬元馭、陳枚、王武合作）	軸	紙	設色	127 x 57		香港 佳士得藝品拍賣公司/拍賣目錄1996,04,28.	
花鳥圖（4幀）	冊	絹	設色	（每幀）25 x 30		上海 朵雲軒	
花鳥圖（8幀）	冊	絹	設色	（每幀）28 x 21		無錫 無錫市文物商店	
花卉、昆蟲圖（10幀）	冊	絹	設色	（每幀）19.6 x 12.4		武漢 湖北省武漢市文物商店	
花鳥（16幀）	冊	絹	設色	（每幀）52.8 x 36.8	壬午（康熙四十一年，1702）孟夏之望	紐約 佳仕得藝品拍賣公司/拍賣目錄1986,12,01.	
杏花楊柳圖	摺扇面	紙	設色	不詳	辛巳（康熙四十年，1701）長至加三日	紐約 佳士得藝品拍賣公司/拍賣目錄1989,12,04.	
花鳥草蟲（12幀）	冊	絹	設色	（每幀）49 x 38	壬午（康熙四十一年，1702）孟夏之	香港 佳士得藝品拍賣公司/拍賣目錄1991,03,18.	

望

名稱	形式	質地	色彩	尺寸 高×寬㎝	創作時間	收藏處所	典藏號碼
花卉圖（12幀）	冊	紙	設色	（每幀）26.5 × 36	乙酉（康熙四十四年，1705）初夏	紐約 佳士得藝品拍賣公司/拍賣目錄1992,06,02.	
花卉圖（清名家山水花鳥冊16之11幀）	冊頁	紙	設色	不詳		紐約 佳士得藝品拍賣公司/拍賣目錄1996,09,18.	
設色花鳥（清名家山水花鳥冊16之1幀）	冊頁	紙	設色	不詳		香港 蘇富比藝品拍賣公司/拍賣目錄1999,10,31.	

畫家小傳：馬元馭。字扶曦。號棲霞。江蘇常熟人。馬眉之子。生於聖祖康熙八（1669）年。卒於康熙六十一（1722）年。善寫生花卉，得惲壽平真傳，並得與蔣廷錫討論六法。有名於時。（見國朝畫徵錄、桐陰論畫、海虞畫苑略、在亭叢稿、琴川新志、中國畫家人名大辭典）

羅 洭

名稱	形式	質地	色彩	尺寸 高×寬㎝	創作時間	收藏處所	典藏號碼
山樓觀瀑圖	軸	紙	水墨	123.4 × 50	丁卯（乾隆十二年，1747）七十有九	天津 天津市藝術博物館	
仿石田山水圖	軸	紙	水墨	198 × 110	甲戌（乾隆十九年，1754）時年八十六	天津 天津市藝術博物館	
水閣讀書圖	軸	紙	水墨	不詳	乾隆壬申（十七年，1752）長夏	南京 南京博物院	
秋江獨釣圖	軸	紙	水墨	90.9 × 31.9	癸亥（乾隆八年，1743）	廣州 廣東省博物館	
槐樹圖（仿柯九思筆法）	軸	紙	設色	123.2 × 59	戊辰（乾隆十三年，1748）秋八月，時年八十	美國 普林斯頓大學藝術館（私人寄存）	
仿元人秋林書屋（名人便面畫冊（二）之7）	冊頁	紙	水墨	16.4 × 51.8		台北 故宮博物院	故畫03559-7
山水圖（12幀）	冊	紙	水墨	不詳	己酉（雍正七年，1729）秋七月	北京 故宮博物院	
仿古山水圖（12幀）	冊	紙	設色	不詳	雍正九年（辛亥，1731）	北京 故宮博物院	
仿元人山水圖（12幀）	冊	紙	水墨	（每幀）25 × 34	壬申（乾隆十七年，1752）冬十二月，時年八十有四	北京 故宮博物院	
山水圖（12幀）	冊	紙	水墨、不詳		乾隆丙辰（元年，	南京 南京博物院	

名稱	形式	質地	色彩	尺寸 高x寬cm	創作時間	收藏處所	典藏號碼
			設色		1736)		
山水圖（？幀）	冊	紙	水墨、設色	不詳	辛亥（雍正九年，1731）春	常州 江蘇省常州市文物管理委員會	
山水圖（11幀）	冊	紙	設色	（每幀）21.4 x 48.7	雍正乙卯（十三年，1735）九月	杭州 浙江省博物館	
山水圖（8幀）	冊	絹	設色	（每幀）22.5 x 19	乙丑（乾隆十年，1754）	成都 四川大學	
附：							
壽桃圖	軸	紙	設色	不詳	戊辰（乾隆十三年，1748）	北京 北京市工藝品進出口公司	
秋景山水圖	軸	紙	設色	不詳		上海 朵雲軒	

畫家小傳：羅洹（一作烜）。字梅仙。號鋤璞道人。江西人，僑寓金陵。為羅牧裔孫。生於聖祖康熙八（1669）年，高宗乾隆十九（1754）年八十六歲尚在世。能傳家學，工畫山水。年八十餘，猶以鬻畫為生。（見國朝畫徵續錄、墨林今話、中國畫家人名大辭典）

楊恢基

蘭竹石圖	軸	絹	水墨	不詳	甲子（乾隆九年，1744）長至後十日	濟南 山東省博物館	

畫家小傳：楊恢基。字石樵。山西人。生於聖祖康熙八（1669）年，高宗乾隆九（1744）年尚在世。善畫山水及花卉，學明沈周。（見國朝畫徵錄、中國畫家人名大辭典）

陳 懷

山水圖（10幀，為璞翁作）	冊	絹	設色	不詳	辛未（乾隆十六年，1751）九秋	廣州 廣東省博物館	
山水圖（清陳懷等雜畫冊11之1幀）	冊頁	綾	設色	不詳		廣州 廣東市美術館	

畫家小傳：陳懷。字石樵。廣東順德人。生於清聖祖康熙八（1669）年。為諸生。景仰鄉先賢畫家梁元柱、梁連，學而時習之，遂亦知名。所作繁簡有法，巨幅尺縑，各盡能事。杭世駿來主粵秀講席，數與詩簡酬唱。署款紀年作品見於高宗乾隆十六（1751）年。（順德縣誌、中國美術家人名辭典）

蔣廷錫

臨揚補之梅竹	卷	絹	水墨	28.7 x 133.7		台北 故宮博物院	故畫 01671
梅竹蘭石圖	卷	絹	水墨	不詳	康熙癸巳（五十二年，1713）	長春 吉林省博物館	

名稱	形式	質地	色彩	尺寸 高x寬cm	創作時間	收藏處所	典藏號碼
花卉圖	卷	絹	設色	不詳		長春 吉林省博物館	
滋蘭九畹圖	卷	紙	水墨	27.2 x 4113		瀋陽 遼寧省博物館	
花卉圖	卷	紙	設色	30.4 x 48.3	乙未（康熙五十四年，1715）	北京 故宮博物院	
塞外花卉圖	卷	紙	設色	30.4 x 458.3	乙酉（雍正七年，1752）	北京 故宮博物院	
四季花卉圖	卷	絹	設色	不詳	雍正辛亥（九年，1731）二月	北京 故宮博物院	
花卉圖	卷	絹	設色	不詳		北京 故宮博物院	
松竹梅圖	卷	絹	設色	不詳	辛卯（康熙五十年，1711）秋七月	北京 中國歷史博物館	
橅元人花卉圖	卷	絹	設色	不詳	辛丑（康熙六十年，1721）七月	北京 首都博物館	
荷花圖	卷	絹	設色	33.1 x 132.1	庚辰（康熙三十九年，1700）	上海 上海博物館	
四梅圖	卷	絹	設色	不詳	甲午（康熙五十三年，1714）	上海 上海博物館	
墨梅圖	卷	紙	水墨	不詳	甲午（康熙五十三年，1714）八月	上海 上海博物館	
晚香圖	卷	絹	水墨	31.6 x 399.3	丙申（康熙五十五年，1716）八月	上海 上海博物館	
五清圖（仿元人寫意）	卷	絹	設色	22.5 x 201	辛丑（康熙六十年，1721）八月	上海 上海博物館	
花卉圖	卷	紙	水墨	25.2 x 195	戊子（康熙四十七年，1708）立冬日	南京 南京博物院	
四季花卉圖	卷	絹	設色	不詳	辛亥（雍正九年，1731）	常熟 江蘇省常熟市文物管理委員會	
梅雀圖	卷	絹	設色	32 x 276	庚寅（康熙四十九年，1710）	長沙 湖南省圖書館	
蔬果圖	卷	紙	水墨	30.3 x 213	甲午（康熙五十三年，1714）	廣州 廣州市美術館	
錦綉長春圖	卷	紙	設色	21.5 x 38	康熙甲午（五十三年，1714）八月	廣州 廣州市美術館	
花卉圖	卷	紙	水墨	不詳	康熙辛酉（二十年	日本 東京村上與四郎先生	

名稱	形式	質地	色彩	尺寸 高×寬 cm	創作時間	收藏處所	典藏號碼
					，1681）春分前三日		
歲朝圖（擬白陽山人筆意）	軸	紙	設色	77.3 × 45.3	庚午（康熙二十九年，1690）嘉平月	台北 故宮博物院	故畫 02486
瓶蓮	軸	絹	設色	139.2 × 65.4	康熙五十二年（癸巳，1713）元旦	台北 故宮博物院	故畫 02490
月來香	軸	絹	設色	161.7 × 65.5	戊戌（康熙五十七年，1718）八月	台北 故宮博物院	故畫 02493
敖漢千葉蓮	軸	絹	設色	215.7 × 96.5	康熙六十一年（壬寅，1722）七月	台北 故宮博物院	故畫 02498
四瑞慶登圖	軸	絹	設色	185.2 × 87.2	雍正元年（癸卯，1723）九月	台北 故宮博物院	故畫 02499
楊梅練雀（仿元人設色）	軸	絹	設色	133.1 × 61.2	甲辰（雍正二年，1724）六月	台北 故宮博物院	故畫 02494
水仙	軸	絹	設色	129.8 × 60.6	乙巳（雍正三年，1725）三月	台北 故宮博物院	故畫 00759
歲朝圖	軸	絹	設色	126 × 62.2	己酉（雍正七年，1729）嘉平月	台北 故宮博物院	故畫 02485
墨牡丹（仿沈啟南筆意）	軸	絹	設色	105.1 × 59.6	辛亥（雍正九年，1731）新秋	台北 故宮博物院	故畫 00760
喬松春蔭	軸	紙	設色	129.6 × 43.3		台北 故宮博物院	故畫 02481
三友圖（法于青年意）	軸	絹	設色	169.4 × 49.2		台北 故宮博物院	故畫 02482
歲寒三友	軸	絹	設色	130 × 74.4		台北 故宮博物院	故畫 02483
杏花松竹	軸	絹	設色	130.9 × 75.6		台北 故宮博物院	故畫 02484
墨牡丹	軸	絹	設色	42.8 × 29.2		台北 故宮博物院	故畫 02487
野菊	軸	絹	設色	72.5 × 27.9		台北 故宮博物院	故畫 02488
桂花	軸	絹	設色	172.8 × 74.5		台北 故宮博物院	故畫 02489
瓶蓮	軸	絹	設色	171.3 × 88		台北 故宮博物院	故畫 02491
人參花	軸	絹	設色	141.7 × 65.4		台北 故宮博物院	故畫 02492
佛手寫生	軸	絹	設色	195.4 × 81.9		台北 故宮博物院	故畫 02495
花鳥寫生	軸	紙	設色	123.3 × 55.4		台北 故宮博物院	故畫 02496
牡丹	軸	絹	設色	164 × 98.2		台北 故宮博物院	故畫 02497
山羊圖	軸	絹	設色	386.5 × 165.7		台北 故宮博物院	故畫 03683

名稱	形式	質地	色彩	尺寸 高x寬㎝	創作時間	收藏處所	典藏號碼
五清圖	軸	紙	水墨	不詳		台北 故宮博物院	國贈 031066
蘭竹圖	軸	紙	水墨	124.9 x 49.8		台北 故宮博物院(蘭千山館寄存)	
花卉竹石圖	軸	絹	設色	113 x 60	己酉（雍正七年，1729）嘉平月	台北 長流美術館	
金盆玉鴿圖	軸	絹	設色	140.4 x 82		香港 鄭德坤木扉	
蕙芝圖	軸	絹	設色	不詳	丙申（康熙五十五年，1716）	長春 吉林省博物館	
荷花圖	軸	絹	設色	不詳	丙午（雍正四年，1726）	遼陽 遼寧省遼陽市博物館	
仿夏昶竹石圖	軸	絹	水墨	126.5 x 49.8	辛巳（康熙四十年，1701）冬	北京 中國美術館	
臨內苑千葉蓮圖	軸	絹	設色	不詳	壬寅（康熙六十一年，1722）八月	天津 天津市藝術博物館	
鳥禾聚穗圖	軸	絹	設色	133.3 x 70.3	雍正元年（癸卯，1723）	天津 天津市藝術博物館	
折枝花卉圖	軸	絹	設色	不詳		天津 天津市藝術博物館	
花鳥圖	軸	絹	設色	不詳		天津 天津市藝術博物館	
靈芝竹石圖	軸	絹	水墨	169 x 51.5		天津 天津市藝術博物館	
賜蓮圖	軸	絹	設色	135.5 x 60	辛丑（康熙六十年，1721）	天津 天津市歷史博物館	
千葉蓮圖	軸	紙	設色	106.2 x 53.7	壬寅（康熙六十一年，1722）	天津 天津市歷史博物館	
蘭蕙圖	軸	絹	水墨	98.5 x 52	甲午（康熙五十三年，1714）仲冬	石家莊 河北省博物館	
梅石圖	軸	絹	水墨	126 x 55.5	乙未（康熙五十四年，1715）二月十日	石家莊 河北省博物館	
月季萱石圖	軸	絹	水墨	不詳	乙巳（雍正三年，1725）清和月	太原 山西省博物館	
內苑千葉蓮圖	軸	絹	設色	218 x 95.5	康熙六十一年（壬寅，1722）	合肥 安徽省博物館	
牡丹圖	軸	絹	水墨	不詳	丁丑（康熙三十六年，1697）	揚州 江蘇省揚州市博物館	
薔薇蝴蝶花圖	軸	絹	設色	不詳	甲寅（康熙十三年	上海 上海博物館	

名稱	形式	質地	色彩	尺寸 高×寬cm	創作時間	收藏處所	典藏號碼
					，1674) 立夏日		
群仙獻瑞圖	軸	紙	設色	127.3 × 60.7	癸卯（雍正元年，1723）九月	上海 上海博物館	
芍藥圖	軸	絹	水墨	97.6 × 50	庚戌（雍正八年，1730）	上海 上海博物館	
芍藥圖	軸	絹	設色	91.5 × 42		上海 上海博物館	
閬苑長春圖	軸	絹	設色	不詳		上海 上海博物館	
蘭石圖	軸	紙	水墨	不詳	甲午（康熙五十三年，1714）	南京 南京博物院	
蘭竹圖（為謹亭作）	軸	絹	水墨	不詳	壬寅（康熙六十一年，1722）九月十日	南京 南京博物院	
海棠牽牛花圖	軸	絹	水墨	108 × 54.6	丙午（雍正四年，1726）	南京 南京博物院	
梅石圖	軸	絹	水墨	不詳		無錫 江蘇省無錫市博物館	
仿王元章野梅圖	軸	紙	水墨	197.3 × 85.5		杭州 浙江省博物館	
暗香月影圖	軸	絹	水墨	不詳	己亥（康熙五十八年，1719）	紹興 浙江省紹興市博物館	
牡丹圖	軸	紙	設危	不詳	庚辰（康熙三十九年，1700）	成都 四川省博物院	
歲朝五瑞圖	軸	金箋	水墨	101 × 47	丁酉（康熙五十六年，1717）	重慶 重慶市博物館	
萱石圖	軸	紙	水墨	不詳	辛卯（康熙五十年，1711）	廣州 廣東省博物館	
荷花圖	軸	絹	水墨	113.5 × 50	丙申（康熙五十五年，1716）	廣州 廣東省博物館	
瑞蓮圖（為凌老作）	軸	絹	設色	120.6 × 62.4	癸卯（雍正元年，1723）小春	廣州 廣東省博物館	
群仙拱壽圖	軸	絹	設色	不詳		廣州 廣東省博物館	
竹石圖	軸	絹	水墨	不詳	壬午（康熙四十一年，1702）	廣州 廣州市美術館	
瓶菊圖	軸	絹	設色	80 × 38.5	癸巳（康熙五十二年，1713）	廣州 廣州市美術館	

名稱	形式	質地	色彩	尺寸 高×寬cm	創作時間	收藏處所	典藏號碼
花鳥圖（4幅）	軸	紙	水墨	（每幅）21.5 × 17		廣州 廣州市美術館	
歲歲安瀾圖	軸	絹	設色	133.7 × 45.2	乙亥（康熙三十四年，1695）清和月望後一日	日本 私人	
花鳥（桃柳雙鵲圖）	軸	紙	設色	不詳		日本 東京張允中先生	
藤花山雀圖	軸	絹	設色	212.5 × 97.1		日本 大阪市立美術館	
群仙獻壽圖	軸	紙	設色	167.1 × 45.5	壬午（康熙四十一年，1702）春三月	日本 山口良夫先生	
梅雀山茶圖	軸	絹	設色	38.1 × 36.4	康熙壬辰（五十一年，1712）仲冬	日本 本出精先生	
菊竹石圖	軸	絹	設色	136 × 61.7		韓國 首爾朴周煥先生	
牡丹圖	軸	紙	設色	125.5 × 31		韓國 高麗大學校博物館	S38-2
菊花圖	軸	紙	設色	133.4 × 31.9		韓國 高麗大學校博物館	S38-1
花鳥圖	軸	絹	設色	119.9 × 44.2		德國 慕尼黑國立民族學博物館	
仿沈石田筆意蓮池水禽圖	軸	絹	設色	165.8 × 99.2	辛巳（康熙四十年，1701）清和下浣	法國 巴黎賽紐斯基博物館	M.C.9228
花蝶（畫幅集冊27之1幀）	冊頁	絹	設色	18.6 × 24.1		台北 故宮博物院	故畫01279-6
花鳥（畫幅集冊27之1幀）	冊頁	絹	設色	23.8 × 26.8		台北 故宮博物院	故畫01279-7
花卉（畫幅集冊27之1幀）	冊頁	絹	設色	25.2 × 25.8		台北 故宮博物院	故畫01279-8
花蝶鳴禽（畫幅集冊27之1幀）	冊頁	絹	設色	25 × 27.3		台北 故宮博物院	故畫01279-9
螃蟹（畫幅集冊之10）	冊頁	絹	設色	25.8 × 27		台北 故宮博物院	故畫01279-10
柏樹、藤花（蔣廷錫寫生下冊之1）	冊頁	紙	設色	不詳		台北 故宮博物院	故畫03220-1
金蓮、茉莉（蔣廷錫寫生下冊之2）	冊頁	紙	設色	不詳		台北 故宮博物院	故畫03220-2
山躑躅（蔣廷錫寫生下冊之3）	冊頁	紙	設色	不詳		台北 故宮博物院	故畫03220-3
蝗蟲、剪秋羅（蔣廷錫寫生下冊之4）	冊頁	紙	設色	不詳		台北 故宮博物院	故畫03220-4
木樨山雀（蔣廷錫寫生下冊之5）	冊頁	紙	設色	不詳		台北 故宮博物院	故畫03220-5

名稱	形式	質地	色彩	尺寸 高x寬cm	創作時間	收藏處所	典藏號碼
纏枝蓮、草蟲（蔣廷錫寫生下冊之6）	冊頁	紙	設色	不詳		台北 故宮博物院	故畫03220-6
綬帶、桃花（蔣廷錫寫生下冊之7）	冊頁	紙	設色	不詳		台北 故宮博物院	故畫03220-7
葵花、千日紅、蜻蜓（蔣廷錫寫生下冊之8）	冊頁	紙	設色	不詳		台北 故宮博物院	故畫03220-8
榴花、山雀（蔣廷錫寫生下冊之9）	冊頁	紙	設色	不詳		台北 故宮博物院	故畫03220-9
牽牛花、蝴蝶（蔣廷錫寫生下冊之10）	冊頁	紙	設色	不詳		台北 故宮博物院	故畫03220-10
茶花、臘嘴（蔣廷錫寫生下冊之11）	冊頁	紙	設色	不詳		台北 故宮博物院	故畫03220-11
剪秋花菊花（蔣廷錫寫生下冊之12）	冊頁	紙	設色	不詳		台北 故宮博物院	故畫03220-12
紫薇、丁香（蔣廷錫寫生上冊之1）	冊頁	紙	設色	不詳		台北 故宮博物院	故畫03219-1
虞美人（蔣廷錫寫生上冊之2）	冊頁	紙	設色	不詳		台北 故宮博物院	故畫03219-2
月季（蔣廷錫寫生上冊之3）	冊頁	紙	設色	不詳		台北 故宮博物院	故畫03219-3
薔薇（蔣廷錫寫生上冊之4）	冊頁	紙	設色	不詳		台北 故宮博物院	故畫03219-4
鐵線蓮山榴（蔣廷錫寫生上冊之5）	冊頁	紙	設色	不詳		台北 故宮博物院	故畫03219-5
萊菔、菜花（蔣廷錫寫生上冊之6）	冊頁	紙	設色	不詳		台北 故宮博物院	故畫03219-6
野菊、稻穗（蔣廷錫寫生上冊之7）	冊頁	紙	設色	不詳		台北 故宮博物院	故畫03219-7
金絲桃（蔣廷錫寫生上冊之8）	冊頁	紙	設色	不詳		台北 故宮博物院	故畫03219-8
薔薇（蔣廷錫寫生上冊之9）	冊頁	紙	設色	不詳		台北 故宮博物院	故畫03219-9
山丹翠梅（蔣廷錫寫生上冊之10）	冊頁	紙	設色	不詳		台北 故宮博物院	故畫03219-10
貼梗海棠（蔣廷錫寫生上冊之11）	冊頁	紙	設色	不詳		台北 故宮博物院	故畫03219-11
僧鞋菊（蔣廷錫寫生上冊之12）	冊頁	紙	設色	不詳		台北 故宮博物院	故畫03219-12
蘭花（蔣廷錫畫群芳擷秀冊之	冊頁	色箋	設色	22.5 x 18		台北 故宮博物院	故畫03221-1

名稱	形式	質地	色彩	尺寸 高x寬㎝	創作時間	收藏處所	典藏號碼
1)							
牡丹（蔣廷錫畫群芳擷秀冊之2）	冊頁	色箋	設色	22.5 x 18		台北 故宮博物院	故畫 03221-2
勺藥（蔣廷錫畫群芳擷秀冊之3）	冊頁	色箋	設色	22.5 x 18		台北 故宮博物院	故畫 03221-3
野菊（蔣廷錫畫群芳擷秀冊之4）	冊頁	色箋	設色	22.5 x 18		台北 故宮博物院	故畫 03221-4
桃花（蔣廷錫畫群芳擷秀冊之5）	冊頁	色箋	設色	22.5 x 18		台北 故宮博物院	故畫 03221-5
荷花（蔣廷錫畫群芳擷秀冊之6）	冊頁	色箋	設色	22.5 x 18		台北 故宮博物院	故畫 03221-6
秋葵（蔣廷錫畫群芳擷秀冊之7）	冊頁	色箋	設色	22.5 x 18		台北 故宮博物院	故畫 03221-7
秋海棠（蔣廷錫畫群芳擷秀冊之8）	冊頁	色箋	設色	22.5 x 18		台北 故宮博物院	故畫 03221-8
山茶（蔣廷錫畫群芳擷秀冊之9）	冊頁	色箋	設色	22.5 x 18		台北 故宮博物院	故畫 03221-9
梔子花（蔣廷錫畫群芳擷秀冊之10）	冊頁	色箋	設色	22.5 x 18		台北 故宮博物院	故畫 03221-10
菊花（蔣廷錫畫群芳擷秀冊之11）	冊頁	色箋	設色	22.5 x 18		台北 故宮博物院	故畫 03221-11
梅花（蔣廷錫畫群芳擷秀冊之12）	冊頁	色箋	設色	22.5 x 18		台北 故宮博物院	故畫 03221-12
臘梅（蔣廷錫畫花卉冊之1）	冊頁	絹	設色	29.6 x 22.3		台北 故宮博物院	故畫 03222-1
蘭蕙、梔子（蔣廷錫畫花卉冊之2）	冊頁	絹	設色	29.6 x 22.3		台北 故宮博物院	故畫 03222-2
薔薇、鳶尾（蔣廷錫畫花卉冊之3）	冊頁	絹	設色	29.6 x 22.3		台北 故宮博物院	故畫 03222-3
梔子（蔣廷錫畫花卉冊之4）	冊頁	絹	設色	29.6 x 22.3		台北 故宮博物院	故畫 03222-4
荳蔻（蔣廷錫畫花卉冊之5）	冊頁	絹	設色	29.6 x 22.3		台北 故宮博物院	故畫 03222-5
薔薇雙禽（蔣廷錫畫花卉冊之6）	冊頁	絹	設色	29.6 x 22.3		台北 故宮博物院	故畫 03222-6
玉簪（蔣廷錫畫花卉冊之7）	冊頁	絹	設色	29.6 x 22.3		台北 故宮博物院	故畫 03222-7
紫荊白頭（蔣廷錫畫花卉冊之8）	冊頁	絹	設色	29.6 x 22.3		台北 故宮博物院	故畫 03222-8

名稱	形式	質地	色彩	尺寸 高x寬cm	創作時間	收藏處所	典藏號碼
合歡（蔣廷錫畫花卉冊之9）	冊頁	絹	設色	29.6 x 22.3		台北 故宮博物院	故畫 03222-9
木槿（蔣廷錫畫花卉冊之10）	冊頁	絹	設色	29.6 x 22.3	丁酉（康熙四十六年，1707）四月	台北 故宮博物院	故畫 03222-10
鸚綵茶花（蔣廷錫寫生花卉冊之1）	冊頁	絹	水墨	25.8 x 31.8	甲午（康熙五十三年，1714）五月廿二日	台北 故宮博物院	故畫 03223-1
桃花（蔣廷錫寫生花卉冊之2）	冊頁	絹	設色	25.8 x 31.8		台北 故宮博物院	故畫 03223-2
芍藥（蔣廷錫寫生花卉冊之3）	冊頁	絹	設色	25.8 x 31.8		台北 故宮博物院	故畫 03223-3
石榴花（蔣廷錫寫生花卉冊之4）	冊頁	絹	設色	25.8 x 31.8		台北 故宮博物院	故畫 03223-4
梔子花（蔣廷錫寫生花卉冊之5）	冊頁	絹	設色	25.8 x 31.8		台北 故宮博物院	故畫 03223-5
薔薇（蔣廷錫寫生花卉冊之6）	冊頁	絹	設色	25.8 x 31.8		台北 故宮博物院	故畫 03223-6
桂花（蔣廷錫寫生花卉冊之7）	冊頁	絹	設色	25.8 x 31.8		台北 故宮博物院	故畫 03223-7
萱花（蔣廷錫寫生花卉冊之8）	冊頁	絹	設色	25.8 x 31.8		台北 故宮博物院	故畫 03223-8
杏花（蔣廷錫寫生花卉冊之1）	冊頁	紙	水墨	15.5 x 12		台北 故宮博物院	故畫 03224-1
蘭花（蔣廷錫寫生花卉冊之2）	冊頁	紙	水墨	15.5 x 12		台北 故宮博物院	故畫 03224-2
碧桃（蔣廷錫寫生花卉冊之3）	冊頁	紙	水墨	15.5 x 12		台北 故宮博物院	故畫 03224-3
芍藥（蔣廷錫寫生花卉冊之4）	冊頁	紙	水墨	15.5 x 12		台北 故宮博物院	故畫 03224-4
燈籠花（蔣廷錫寫生花卉冊之5）	冊頁	紙	水墨	15.5 x 12		台北 故宮博物院	故畫 03224-5
紫薇（蔣廷錫寫生花卉冊之6）	冊頁	紙	水墨	15.5 x 12		台北 故宮博物院	故畫 03224-6
罌粟（蔣廷錫寫生花卉冊之7）	冊頁	紙	水墨	15.5 x 12		台北 故宮博物院	故畫 03224-7
山丹、金絲桃（蔣廷錫寫生花卉冊之8）	冊頁	紙	水墨	15.5 x 12		台北 故宮博物院	故畫 03224-8
月季（蔣廷錫寫生花卉冊之9）	冊頁	紙	水墨	15.5 x 12		台北 故宮博物院	故畫 03224-9
秋海棠（蔣廷錫寫生花卉冊之10）	冊頁	紙	水墨	15.5 x 12		台北 故宮博物院	故畫 03224-10
菊花（蔣廷錫寫生花卉冊之11）	冊頁	紙	水墨	15.5 x 12		台北 故宮博物院	故畫 03224-11
梅花（蔣廷錫寫生花卉冊之12）	冊頁	紙	水墨	15.5 x 12	辛丑（康熙六十年，1721）八月寫	台北 故宮博物院	故畫 03224-12
牡丹（蔣廷錫花卉冊之1）	冊頁	絹	設色	27.8 x 28.3		台北 故宮博物院	故畫 03225-1

名稱	形式	質地	色彩	尺寸 高x寬cm	創作時間	收藏處所	典藏號碼
桃花燕子（蔣廷錫花卉冊之2）	冊頁	絹	設色	27.8 x 28.3		台北 故宮博物院	故畫 03225-2
虎耳草（蔣廷錫花卉冊之3）	冊頁	絹	設色	27.8 x 28.3		台北 故宮博物院	故畫 03225-3
凌霄花（蔣廷錫花卉冊之4）	冊頁	絹	設色	27.8 x 28.3		台北 故宮博物院	故畫 03225-4
木海棠（蔣廷錫花卉冊之5）	冊頁	絹	設色	27.8 x 28.3		台北 故宮博物院	故畫 03225-5
柳蟬（蔣廷錫花卉冊之6）	冊頁	絹	設色	27.8 x 28.3		台北 故宮博物院	故畫 03225-6
月桂（蔣廷錫花卉冊之7）	冊頁	絹	設色	27.8 x 28.3		台北 故宮博物院	故畫 03225-7
梅花（蔣廷錫花卉冊之8）	冊頁	絹	設色	27.8 x 28.3		台北 故宮博物院	故畫 03225-8
菊花（蔣廷錫花卉冊之9）	冊頁	絹	設色	27.8 x 28.3		台北 故宮博物院	故畫 03225-9
海棠、桃花（蔣廷錫花卉草蟲冊之1）	冊頁	絹	設色	25.2 x 22.7		台北 故宮博物院	故畫 03226-1
花蝶嬉雀（蔣廷錫花卉草蟲冊之2）	冊頁	絹	設色	25.2 x 22.7		台北 故宮博物院	故畫 03226-2
秋葵雛菊（蔣廷錫花卉草蟲冊之3）	冊頁	絹	設色	25.2 x 22.7		台北 故宮博物院	故畫 03226-3
慈茹蜻蜓（蔣廷錫花卉草蟲冊之4）	冊頁	絹	設色	25.2 x 22.7		台北 故宮博物院	故畫 03226-4
秋海棠、天牛（蔣廷錫花卉草蟲冊之5）	冊頁	絹	設色	25.2 x 22.7		台北 故宮博物院	故畫 03226-5
蝴蝶月季（蔣廷錫花卉草蟲冊之6）	冊頁	絹	設色	25.2 x 22.7		台北 故宮博物院	故畫 03226-6
睡蓮蜻蜓（蔣廷錫花卉草蟲冊之7）	冊頁	絹	設色	25.2 x 22.7		台北 故宮博物院	故畫 03226-7
薔薇翠鳥（蔣廷錫花卉草蟲冊之8）	冊頁	絹	設色	25.2 x 22.7		台北 故宮博物院	故畫 03226-8
牡丹（蔣廷錫畫花鳥冊之1）	冊頁	絹	設色	39.2 x 29.9		台北 故宮博物院	故畫 03227-1
桃柳鴝鵒（蔣廷錫畫花鳥冊之2）	冊頁	絹	設色	39.2 x 29.9		台北 故宮博物院	故畫 03227-2
蘆蓼翠鳥（蔣廷錫畫花鳥冊之3）	冊頁	絹	設色	39.2 x 29.9		台北 故宮博物院	故畫 03227-3
虞美人（蔣廷錫畫花鳥冊之4）	冊頁	絹	設色	39.2 x 29.9		台北 故宮博物院	故畫 03227-4
金蓮蜻蜓（蔣廷錫畫花鳥冊之5）	冊頁	絹	設色	39.2 x 29.9		台北 故宮博物院	故畫 03227-5
山丹絡緯（蔣廷錫畫花鳥冊之6）	冊頁	絹	設色	39.2 x 29.9		台北 故宮博物院	故畫 03227-6

名稱	形式	質地	色彩	尺寸 高x寬cm	創作時間	收藏處所	典藏號碼
秋葵（蔣廷錫畫花鳥冊之7）	冊頁	絹	設色	39.2 x 29.9		台北 故宮博物院	故畫 03227-7
雞冠花（蔣廷錫畫花鳥冊之8）	冊頁	絹	設色	39.2 x 29.9		台北 故宮博物院	故畫 03227-8
秋海棠（蔣廷錫畫花鳥冊之9）	冊頁	絹	設色	39.2 x 29.9		台北 故宮博物院	故畫 03227-9
菊花（蔣廷錫畫花鳥冊之10）	冊頁	絹	設色	39.2 x 29.9		台北 故宮博物院	故畫 03227-10
紫芝竹石（蔣廷錫畫花鳥冊之11）	冊頁	絹	設色	39.2 x 29.9		台北 故宮博物院	故畫 03227-11
梅花山茶（蔣廷錫畫花鳥冊之12）	冊頁	絹	設色	39.2 x 29.9		台北 故宮博物院	故畫 03227-12
桃竹鳥蝶（蔣廷錫畫花鳥冊之1）	圓幅	絹	設色	27.5 x 28.5		台北 故宮博物院	故畫 03228-1
梨花鳥蝶（蔣廷錫畫花鳥冊之2）	圓幅	絹	設色	27.5 x 28.5		台北 故宮博物院	故畫 03228-2
荔枝翠鳥（蔣廷錫畫花鳥冊之3）	圓幅	絹	設色	27.5 x 28.5		台北 故宮博物院	故畫 03228-3
山果野禽（蔣廷錫畫花鳥冊之4）	圓幅	絹	設色	27.5 x 28.5		台北 故宮博物院	故畫 03228-4
彩鳥野卉（蔣廷錫畫花鳥冊之5）	圓幅	絹	設色	27.5 x 28.5		台北 故宮博物院	故畫 03228-5
荔枝翠鳥（蔣廷錫畫花鳥冊之6）	圓幅	絹	設色	27.5 x 28.5		台北 故宮博物院	故畫 03228-6
梨花山禽（蔣廷錫畫花鳥冊之7）	圓幅	絹	設色	27.5 x 28.5		台北 故宮博物院	故畫 03228-7
榴花鳥蝶（蔣廷錫畫花鳥冊之8）	圓幅	絹	設色	27.5 x 28.5		台北 故宮博物院	故畫 03228-8
荔枝幽禽（蔣廷錫畫花鳥冊之9）	圓幅	絹	設色	27.5 x 28.5		台北 故宮博物院	故畫 03228-9
桃花黃鳥（蔣廷錫畫花鳥冊之10）	圓幅	絹	設色	27.5 x 28.5		台北 故宮博物院	故畫 03228-10
繡球翠鳥（蔣廷錫畫花鳥冊之11）	圓幅	絹	設色	27.5 x 28.5		台北 故宮博物院	故畫 03228-11
荔枝丹雀（蔣廷錫畫花鳥冊之12）	圓幅	絹	設色	27.5 x 28.5	庚寅（康熙四十九年，1710）七月	台北 故宮博物院	故畫 03228-12
梅鵲(蔣廷錫寫生花鳥冊之1）	冊頁	紙	水墨	20.6 x 13.4	庚子（康熙五十九年，1720）九月	台北 故宮博物院	故畫 03229-1

名稱	形式	質地	色彩	尺寸 高x寬㎝	創作時間	收藏處所	典藏號碼
靈芝(蔣廷錫寫生花鳥冊之2)	冊頁	紙	水墨	19.6 x 13.5		台北 故宮博物院	故畫 03229-2
綉球花(蔣廷錫寫生花鳥冊之3)	冊頁	紙	水墨	22.8 x 16.8		台北 故宮博物院	故畫 03229-3
月季蝴蝶(蔣廷錫寫生花鳥冊之4)	冊頁	紙	水墨	20.3 x 13.5		台北 故宮博物院	故畫 03229-4
臨趙子固荷葉青蛙(蔣廷錫寫生花鳥冊之5)	冊頁	紙	水墨	18.9 x 15.5		台北 故宮博物院	故畫 03229-5
杏花魚藻(蔣廷錫寫生花鳥冊之6)	冊頁	紙	水墨	20.1 x 14.1		台北 故宮博物院	故畫 03229-6
竹石牽牛(蔣廷錫寫生花鳥冊之7)	冊頁	紙	水墨	22.6 x 14.6		台北 故宮博物院	故畫 03229-7
臨孫西川草蟲(蔣廷錫寫生花鳥冊之8)	冊頁	紙	水墨	22.2 x 14.5		台北 故宮博物院	故畫 03229-8
臨元人螳螂捕蟬(蔣廷錫寫生花鳥冊之9)	冊頁	紙	水墨	21.8 x 13.9		台北 故宮博物院	故畫 03229-9
寫生竹雀哺雛(蔣廷錫寫生花鳥冊之10)	冊頁	紙	水墨	22.1 x 14.5		台北 故宮博物院	故畫 03229-10
臨沈周雞雛捕蝶(蔣廷錫寫生花鳥冊之11)	冊頁	紙	水墨	20 x 13.9		台北 故宮博物院	故畫 03229-11
臨張守中梨花鳴鳩(蔣廷錫寫生花鳥冊之12)	冊頁	紙	水墨	19.7 x 16	庚子（康熙五十九年，1720）九月	台北 故宮博物院	故畫 03229-12
桃柳嬉燕(蔣廷錫仿宋人花鳥冊之1)	冊頁	絹	設色	41 x 30.3		台北 故宮博物院	故畫 03230-1
海棠白頭翁(蔣廷錫仿宋人花鳥冊之2)	冊頁	絹	設色	41 x 30.3		台北 故宮博物院	故畫 03230-2
紫藤幽禽(蔣廷錫仿宋人花鳥冊之3)	冊頁	絹	設色	41 x 30.3		台北 故宮博物院	故畫 03230-3
罌粟(蔣廷錫仿宋人花鳥冊之4)	冊頁	絹	設色	41 x 30.3		台北 故宮博物院	故畫 03230-4
月季山雀(蔣廷錫仿宋人花鳥冊之5)	冊頁	絹	設色	41 x 30.3		台北 故宮博物院	故畫 03230-5
螳螂牽牛(蔣廷錫仿宋人花鳥冊之6)	冊頁	絹	設色	41 x 30.3		台北 故宮博物院	故畫 03230-6
竹禽山茶(蔣廷錫仿宋人花鳥冊之7)	冊頁	絹	設色	41 x 30.3		台北 故宮博物院	故畫 03230-7

名稱	形式	質地	色彩	尺寸 高×寬cm	創作時間	收藏處所	典藏號碼
之7)							
蘋荇蝶蝦(蔣廷錫仿宋人花鳥冊之8)	冊頁	絹	設色	41 × 30.3		台北 故宮博物院	故畫 03230-8
絡緯僧帽菊(蔣廷錫仿宋人花鳥冊之9)	冊頁	絹	設色	41 × 30.3		台北 故宮博物院	故畫 03230-9
紫薇鳴蟬(蔣廷錫仿宋人花鳥冊之10)	冊頁	絹	設色	41 × 30.3		台北 故宮博物院	故畫 03230-10
玉簪蜘蛛(蔣廷錫仿宋人花鳥冊之11)	冊頁	絹	設色	41 × 30.3		台北 故宮博物院	故畫 03230-11
梅花紅雀(蔣廷錫仿宋人花鳥冊之12)	冊頁	絹	設色	41 × 30.3		台北 故宮博物院	故畫 03230-12
滑川千畝(蔣廷錫書畫合璧冊之1)	冊頁	絹	設色	31.6 × 26.5		台北 故宮博物院	故畫 03231-1
三徑春風(蔣廷錫書畫合璧冊之2)	冊頁	絹	設色	31.6 × 26.5		台北 故宮博物院	故畫 03231-2
南坡新築(蔣廷錫書畫合璧冊之3)	冊頁	絹	設色	31.6 × 26.5		台北 故宮博物院	故畫 03231-3
西園爽氣(蔣廷錫書畫合璧冊之4)	冊頁	絹	設色	31.6 × 26.5		台北 故宮博物院	故畫 03231-4
三峰夜月(蔣廷錫書畫合璧冊之5)	冊頁	絹	設色	31.6 × 26.5		台北 故宮博物院	故畫 03231-5
湘江煙雨(蔣廷錫書畫合璧冊之6)	冊頁	絹	設色	31.6 × 26.5		台北 故宮博物院	故畫 03231-6
風嶺鷺翔(蔣廷錫書畫合璧冊之7)	冊頁	絹	設色	31.6 × 26.5		台北 故宮博物院	故畫 03231-7
浣花寒碧(蔣廷錫書畫合璧冊之8)	冊頁	絹	設色	31.6 × 26.5		台北 故宮博物院	故畫 03231-8
竹里秋深(蔣廷錫書畫合璧冊之9)	冊頁	絹	設色	31.6 × 26.5		台北 故宮博物院	故畫 03231-9
南山雪霽(蔣廷錫書畫合璧冊之10)	冊頁	絹	設色	31.6 × 26.5	康熙戊戌（五十七年，1718）九月	台北 故宮博物院	故畫 03231-10
月季花(蔣廷錫張照書畫合璧冊之1)	冊頁	紙	設色	24.2 × 21.8		台北 故宮博物院	故畫 03447-1
剪秋蘿蝗蟲(蔣廷錫張照書畫合	冊頁	紙	設色	24.2 × 21.8		台北 故宮博物院	故畫 03447-2

名稱	形式	質地	色彩	尺寸 高x寬cm	創作時間	收藏處所	典藏號碼
璧冊之2)							
鳳仙(蔣廷錫張照書畫合璧冊之3)	冊頁	紙	設色	24.2 x 21.8		台北 故宮博物院	故畫 03447-3
豆蔻花絡繹(蔣廷錫張照書畫合璧冊之4)	冊頁	紙	設色	24.2 x 21.8		台北 故宮博物院	故畫 03447-4
千日紅(蔣廷錫張照書畫合璧冊之5)	冊頁	紙	設色	24.2 x 21.8		台北 故宮博物院	故畫 03447-5
牡丹(蔣廷錫張照書畫合璧冊之6)	冊頁	紙	設色	24.2 x 21.8		台北 故宮博物院	故畫 03447-6
萱花蜻蜓(蔣廷錫張照書畫合璧冊之7)	冊頁	紙	設色	24.2 x 21.8		台北 故宮博物院	故畫 03447-7
狗尾蚱蜢(蔣廷錫張照書畫合璧冊之8)	冊頁	紙	設色	24.2 x 21.8		台北 故宮博物院	故畫 03447-8
枸杞天牛(蔣廷錫張照書畫合璧冊之9)	冊頁	紙	設色	24.2 x 21.8		台北 故宮博物院	故畫 03447-9
紅蓼馬蘭(蔣廷錫張照書畫合璧冊之10)	冊頁	紙	設色	24.2 x 21.8		台北 故宮博物院	故畫 03447-10
藍菊(蔣廷錫張照書畫合璧冊之11)	冊頁	紙	設色	24.2 x 21.8		台北 故宮博物院	故畫 03447-11
牽牛花(蔣廷錫張照書畫合璧冊之12)	冊頁	紙	設色	24.2 x 21.8		台北 故宮博物院	故畫 03447-12
芍藥（清花卉畫冊三冊之5）	冊頁	紙	設色	不詳		台北 故宮博物院	故畫 03519-5
花果圖（名人畫扇貳冊（上）冊之12）	摺扇面	紙	設色	不詳		台北 故宮博物院	故畫 03556-12
水仙壽石（名人便面畫冊（二）之11）	冊頁	紙	水墨	16.4 x 51.8		台北 故宮博物院	故畫 03559-11
蝴蝶蕙蘭圖	摺扇面	紙	設色	16.8 x 50.8		香港 莫華釗承訓堂	K92.64
花蝶圖（12幀）	冊	絹	水墨	（每幀）34.6 x 25.1	丁酉（康熙五十六年，1717）八月	長春 吉林省博物館	
菊花（清蔣廷錫等雜畫冊9之1幀）	摺扇面	金箋	設色	不詳		長春 吉林省博物館	
金簪蝴蝶（清蔣廷錫等雜畫冊9之1幀）	摺扇面	金箋	設色	不詳		長春 吉林省博物館	
牡丹（清蔣廷錫等雜畫冊9之	摺扇面	金箋	設色	不詳		長春 吉林省博物館	

1幀）

名稱	形式	質地	色彩	尺寸 高×寬㎝	創作時間	收藏處所	典藏號碼
花鳥草蟲圖（12幀）	冊	紙	設色	（每幀）42 × 29	己卯（康熙三十八年，1699）	瀋陽 故宮博物院	
臘梅水仙圖（12幀）	冊	紙	設色	（每幀）23 × 33	庚戌（雍正八年，1730）	瀋陽 遼寧省博物館	
花卉圖（12幀）	冊	紙	水墨	不詳	丙申（康熙五十五年，1716）	北京 故宮博物院	
學海西烘染法作牡丹圖（為學老作）	摺扇面	紙	設色	17 × 49.2	戊戌（康熙五十七年，1718）六月	北京 故宮博物院	
雜畫（12幀）	冊	絹	水墨	不詳	康熙戊戌（五十七年，1718）	北京 故宮博物院	
牡丹圖（16幀）	冊	絹	設色	37 × 29.2	壬寅（康熙六十一年，1722）	北京 故宮博物院	
牡丹譜（4冊，計100幀）	冊	絹	設色	不詳		北京 故宮博物院	
花卉、草蟲圖（12幀）	冊	紙	設色	不詳		北京 故宮博物院	
雪梅圖（吳偉業等八人繪畫集錦冊8之1幀）	冊頁	紙	設色	25.4 × 32.3		北京 故宮博物院	
菊花圖（今雨瑤華圖冊8之1幀）	冊頁	紙	設色	19.1 × 31.9	戊子（康熙四十七年，1708）春	北京 故宮博物院	
柏梅圖	摺扇面	金箋	設色	18.9 × 51.5		北京 中國歷史博物館	
臨陳淳蜀葵圖	摺扇面	紙	水墨	16 × 48.5		北京 中國歷史博物館	
梅竹圖	摺扇面	紙	水墨	16 × 49		北京 中國歷史博物館	
梅竹水仙圖（12幀）	冊	紙	設色	不詳	乙巳（雍正三年，1725）	天津 天津市藝術博物館	
水仙圖（祁豸佳等山水花鳥冊27之1幀）	冊頁	絹	設色	30 × 23.4		天津 天津市藝術博物館	
雜畫（12幀）	冊	紙	設色	（每幀）25.2 × 17.8		青島 山東省青島市博物館	
海棠圖	摺扇面	金箋	水墨	不詳		合肥 安徽省博物館	
花卉圖（16幀）	冊	紙	設色	（每幀）26.3 × 35.8	丙午（雍正四年，1726）夏日	上海 上海博物館	
花鳥圖（12幀）	冊	紙	設色	（每幀）18.8 × 13.3	庚子（康熙五十九年，1720）	蘇州 江蘇省蘇州博物館	
花鳥圖（12幀）	冊	絹	設色	（每幀）30.	丙午（雍正四年，	廣州 廣東省博物館	

名稱	形式	質地	色彩	尺寸 高×寬㎝	創作時間	收藏處所	典藏號碼
				7 × 22.3	1726）		
花鳥圖（10幀）	冊	絹	設色	（每幀）19 × 23.9	辛卯（康熙五十年，1711）正月廿四日	廣州 廣州市美術館	
茶花圖	摺扇面	金箋	設色	不詳		廣州 廣州市美術館	
梅花小鳥圖	摺扇面	紙	設色	17.9 × 52.3		日本 岡山市藤原祥宏先生	
花蟲圖	摺扇面	紙	設色	18.3 × 52		日本 岡山市藤原祥宏先生	
芝石蘭蕙圖	摺扇面	金箋	設色	不詳	乙巳（雍正三年，1725）五月	日本 江田勇二先生	
花鳥圖	摺扇面	紙	設色	17.8 × 52.9		美國 舊金山亞洲藝術館	B79 D10
仿沈周花卉圖	摺扇面	金箋	水墨	17.3 × 49.8		德國 柏林東亞藝術博物館	1988-243
花卉圖（2冊，24幀）	冊	紙	設色	（每幀）13.5 × 21.2		荷蘭 阿姆斯特丹 Rijks 博物館（私人寄存）	
附：							
菊花圖	卷	絹	設色	34 × 153	壬辰（康熙五十一年，1712）仲春初吉	香港 佳士得藝品拍賣公司/拍賣目錄1991,03,18.	
百果圖	卷	紙	設色	35 × 1115	丙午（雍正四年，1726）長夏	紐約 佳士得藝品拍賣公司/拍賣目錄1992,06,02.	
松竹梅菊圖	卷	絹	設色	37 × 597	康熙戊戌（五十七年，1718）秋	紐約 佳士得藝品拍賣公司/拍賣目錄1993,12,01.	
橅宋人飛花游魚圖	軸	絹	設色	140 × 58	丙戌（康熙四十五年，1706）清和	瀋陽 遼寧省文物商店	
花鳥圖（12幅）	軸	絹	設色	不詳	庚子（康熙五十九年，1720）	北京 北京市工藝品進出口公司	
嘉禾圖	軸	絹	設色	133 × 64		天津 天津市文物公司	
牡丹圖	橫幅	絹	設色	不詳		合肥 安徽省文物商店	
梅花圖	軸	絹	水墨	不詳	癸未（康熙四十二年，1703）	上海 朵雲軒	
佳蓮白鷺圖（為大章甥作）	軸	紙	設色	129 × 61	辛丑（康熙六十年，1721）六月	上海 朵雲軒	
松竹白頭圖	軸	絹	水墨	不詳	戊戌（康熙五十七年，1718）	上海 上海文物商店	
牡丹圖	軸	絹	水墨	不詳	庚子（康熙五十九	上海 上海文物商店	

名稱	形式	質地	色彩	尺寸 高×寬㎝	創作時間	收藏處所		典藏號碼
					年，1720）			
芝蘭竹石圖	軸	絹	水墨	不詳		無錫	無錫市文物商店	
梅竹水仙圖	軸	絹	水墨	不詳	丙申（康熙五十五年，1716）	武漢	湖北省武漢市文物商店	
柳蟬荷花圖	軸	絹	水墨	123.2 × 58.4	丙午（雍正四年，1726）夏日	紐約	蘇富比藝品拍賣公司/拍賣目錄 1980,10,25.	
水仙竹石圖	軸	紙	水墨	129.6 × 48.3	庚子（康熙五十九年，1720）長夏	紐約	蘇富比藝品拍賣公司/拍賣目錄 1984,06,13.	
牡丹萱花圖	軸	絹	設色	96.5 × 38.7	乾隆四年己未（1739）四月十三日	紐約	蘇富比藝品拍賣公司/拍賣目錄 1985,04,17.	
花卉（菊石圖）	軸	紙	設色	127 × 47.6	戊戌（康熙五十七年，1718）九月	紐約	蘇富比藝品拍賣公司/拍賣目錄 1985,06,03.	
賜蓮圖	軸	絹	水墨	112.4 × 62	乙酉（康熙四十四年，1705）五月	紐約	蘇富比藝品拍賣公司/拍賣目錄 1987,12,08.	
雄雞花石圖	軸	紙	設色	122.8 × 48.5	康熙辛卯（五十年，1711）春日	紐約	蘇富比藝品拍賣公司/拍賣目錄 1988,06,01.	
紫藤松桃圖	軸	絹	設色	171.9 × 121.4		紐約	佳士得藝品拍賣公司/拍賣目錄 1990,11,28.	
梅竹圖	軸	紙	水墨	99 × 42.5		香港	佳士得藝品拍賣公司/拍賣目錄 1991,03,18.	
百花圖	軸	絹	設色	176 × 93		紐約	佳士得藝品拍賣公司/拍賣目錄 1991,05,29.	
秋葵草蟲圖	軸	絹	設色	40.5 × 38.5		紐約	佳士得藝品拍賣公司/拍賣目錄 1992,12,02.	
竹石月季圖	軸	絹	水墨	143.5 × 66	丙申（康熙五十五年，1716）上巳	紐約	佳士得藝品拍賣公司/拍賣目錄 1996,03,27.	
仿元人花卉圖	軸	絹	設色	150 × 46.3	癸卯（雍正二年，1723）七月廿有七日	香港	佳士得藝品拍賣公司/拍賣目錄 1996,04,28.	
花卉圖（12幀）	冊	絹	設色	不詳	甲午（康熙五十三年，1714）	上海	上海文物商店	
荷花圖	摺扇面	絹	設色	17.1 × 45.1		紐約	蘇富比藝品拍賣公司/拍賣目錄 1984,12,05.	
梅竹圖	摺扇面	紙	水墨	17.8 × 51.2	丙午（雍正四年，	紐約	蘇富比藝品拍賣公司/拍	

名稱	形式	質地	色彩	尺寸 高×寬㎝	創作時間	收藏處所	典藏號碼
					1726）六月望	賣目錄 1986,06,03.	
蔬果圖（10幀）	冊	絹	水墨	（每幀）24.5 × 20	甲午（康熙五十三年，1714）夏日	紐約 佳士得藝品拍賣公司/拍 賣目錄 1987,12,11.	
花鳥圖（12幀）	冊	絹	設色	（每幀）32. × 36.5	己丑（康熙四十八年，1709）秋	紐約 蘇富比藝品拍賣公司/拍 賣目錄 1988,11,30.	
菊花蜻蜓圖	摺扇面	金箋	設色	18 × 53.3		紐約 佳士得藝品拍賣公司/拍 賣目錄 1988,11,30.	
春景圖	摺扇面	金箋	設色	16.5 × 47		紐約 佳士得藝品拍賣公司/拍 賣目錄 1988,11,30.	
佛手繡球（清名家山水花鳥集 冊第10幀）	冊頁	紙	設色	不詳	乙亥（康熙三十四年，1695）中秋	紐約 佳士得藝品拍賣公司/拍 賣目錄 1989,12,04.	
水仙竹石圖	摺扇面	紙	水墨	17 × 52.5	辛亥（雍正九年，1731）冬日	紐約 佳士得藝品拍賣公司/拍 賣目錄 1993,06,04.	
竹石水仙圖	摺扇面	金箋	設色	不詳		紐約 佳士得藝品拍賣公司/拍 賣目錄 1993,06,04.	
桃花圖（清諸名家山水花卉書 法冊之1幀）	冊頁	絹	設色	23 × 18.5		紐約 佳士得藝品拍賣公司/拍 賣目錄 1994,11,30.	
花鳥圖（24幀）	冊	紙	水墨、 設色	（每幀）32.4 × 28.5	庚戌（雍正八年，1730）秋七月	紐約 佳士得藝品拍賣公司/拍 賣目錄 1995,09,19.	
花果圖（清名家山水花鳥冊16 之第10幀）	冊頁	絹	設色	不詳	乙亥（康熙三十四年，1695）中秋	紐約 佳士得藝品拍賣公司/拍 賣目錄 1996,09,18.	
設色果品（清名家山水花鳥冊 16之1幀）	冊頁	紙	設色	不詳		香港 蘇富比藝品拍賣公司/拍 賣目錄 1999,10,31.	
春色圖	摺扇面	泥金箋	設色	19.2 × 55		香港 佳士得藝品拍賣公司/拍 賣目錄 2001,04,29.	

畫家小傳：蔣廷錫。字揚孫，一字西君。號西谷、南沙。江蘇常熟人。生於聖祖康熙八（1669）年。卒於世宗雍正十（1732）年。康熙四十二年進士。善逸筆寫生花卉，風神生動，意度超脫；蘭竹小品，亦極有韻致。（見國朝畫徵錄、桐陰論畫、竹嘯軒詩集、海虞畫苑略、蘇州府志、中國畫家人名大辭典）

沈宗敬

名稱	形式	質地	色彩	尺寸 高×寬㎝	創作時間	收藏處所	典藏號碼
溪山深秀圖	卷	紙	水墨	33 × 598.3		台北 故宮博物院	故畫 01691
書畫（為澹翁作）	卷	絹	水墨	（畫）23 × 53	康熙丁亥（四十六年，1707）暮春	瀋陽 故宮博物館	
仿黃公望山水圖	卷	紙	水墨	不詳	辛未（康熙三十年，1691）	北京 故宮博物院	

名稱	形式	質地	色彩	尺寸 高x寬㎝	創作時間	收藏處所	典藏號碼
仿董源山水圖	卷	紙	水墨	不詳	康熙甲申（四十三年，1704）長夏	北京 故宮博物院	
仿元人山水圖	卷	綾	水墨	不詳	康熙己丑（四十八年，1708）	北京 故宮博物院	
登山初地圖	卷	紙	水墨	不詳	康熙戊戌（五十七年，1718）新春	北京 故宮博物院	
秋林平遠圖	卷	紙	水墨	不詳		北京 故宮博物院	
松山泉石圖	卷	綾	水墨	22 x 172	康熙辛巳（四十年，1701）	合肥 安徽省博物館	
山水圖（為堯老作）	卷	綾	水墨	不詳	康熙庚辰（三十九年，1700)	南京 南京市博物館	
仿元人山水圖（為淑翁作）	卷	綾	水墨	不詳	壬午（康熙四十一年，1702）秋日	杭州 浙江省博物館	
山水圖	卷	絹	設色	18.8 x ？		美國 火魯奴奴Hutchinson先生	
千岩環秀山陰丘壑圖	軸	紙	設色	151.5 x 54.6		台北 故宮博物院	故畫02645
萬松春靄圖	軸	紙	設色	169.6 x 58.5		台北 故宮博物院	故畫02646
雙梧書屋	軸	絹	水墨	158.8 x 45.8		台北 故宮博物院	故畫02647
雙松圖	軸	絹	設色	267.4 x 96.8		台北 故宮博物院	故畫03023
層巒疊峰圖	軸	紙	設色	135.9 x 57.5		台北 長流美術館	
巖溪高隱圖	軸	紙	設色	不詳	康熙庚辰（三十九年，1700）中秋	北京 故宮博物院	
萬仞飛流圖（為雅翁作）	軸	絹	設色	160.8 x 62.2	康熙庚午(二十九年，1690）中秋	北京 中國歷史博物館	
山水圖	軸	紙	水墨	不詳	康熙己亥（五十八年，1719）	北京 首都博物館	
仿元人山水圖	軸	紙	設色	不詳	康熙癸巳（五十二年，1713）	天津 天津市藝術博物館	
枯木竹石圖	軸	紙	水墨	不詳		天津 天津市藝術博物館	
雙松并翠圖	軸	絹	水墨	不詳	康熙六十年（辛丑	濟南 山東省博物館	

名稱	形式	質地	色彩	尺寸 高x寬㎝	創作時間	收藏處所	典藏號碼
					，1721）		
松蔭叢翠圖	軸	絹	水墨	不詳		濟南 山東省博物館	
乘風破浪圖	軸	紙	水墨	不詳		濟南 山東省濟南市博物館	
林屋遙岑圖	軸	紙	水墨	不詳		南京 南京博物院	
松嶽圖	軸	絹	水墨	不詳	己卯（康熙三十八年，1699）	鎮江 江蘇省鎮江市博物館	
山水圖	軸	紙	水墨	不詳	癸巳（康熙五十二年，1713）	杭州 浙江省博物館	
仍董源山水圖	軸	紙	水墨	不詳	甲午（康熙五十三年，1714）	杭州 浙江省博物館	
喬松峻嶺圖	軸	絹	設色	不詳		杭州 浙江省博物館	
山水圖	軸	紙	水墨	72 x 36	康熙壬辰（五十一年，1712）	嘉興 浙江省嘉興市博物館	
松山圖	軸	紙	水墨	不詳	甲戌（康熙三十三年，1694）	溫州 浙江省溫州博物館	
仿元人山水圖（8幅）	軸	絹	設色	不詳		溫州 浙江省溫州博物館	
為靜翁作山水圖	軸	綾	水墨	158 x 45	甲午（康熙五十三年，1714）	成都 四川大學	
仿董源山水圖	軸	紙	水墨	123 x 35.5	康熙辛未（三十年，1691）	廣州 廣東省博物館	
仿倪山水圖	軸	紙	水墨	不詳	癸酉（康熙三十二年，1693）	廣州 廣東省博物館	
雲山秋樹圖	軸	絹	水墨	152 x 47		廣州 廣東省博物館	
山水圖	軸	紙	水墨	98 x 41	雍正乙巳（三年，1725）	廣州 廣州市美術館	
濃蔭山莊圖	軸	綾	水墨	不詳		廣州 廣州市美術館	
松窗高逸圖（祝中老年翁榮壽）	軸	絹	設色	65.6 x 37.1	乙酉（康熙四十四年，1705）桂月	日本 東京宮內廳	
山水圖	軸	紙	水墨	160 x 47.6		日本 東京長尾雨山先生	
柱石中朝圖	軸	綾	水墨	148.2 x 48.5		日本 東京山本悌二郎先生	
山水圖（祝邢母七十壽作）	軸	綾	水墨	184 x 43.8	康熙丁酉（五十六年，1717）夏日	日本 東京林宗毅先生	
仿倪高士筆意山水圖	軸	絹	水墨	不詳		日本 東京張允中先生	

名稱	形式	質地	色彩	尺寸 高x寬cm	創作時間	收藏處所	典藏號碼
湖樓清趣圖（為小莪作）	軸	綾	水墨	不詳	戊申（雍正六年，1728)) 秋日	日本 東京張允中先生	
花鳥圖	軸	絹	設色	129 x 84.9		日本 沖繩縣吉戶直氏觀寶堂	
為乾老作山水圖	軸	綾	水墨	146.6 x 47.5	己卯（康熙三十八年，1699）秋日	日本 江田勇二先生	
山高水長圖	軸	絹	水墨	不詳	康熙丙戌（四十五年，1706）清和月	日本 江田勇二先生	
仿元大家筆山水圖（為肇老作）	軸	綾	水墨	158 x 46.4	康熙癸未（四十二年，1703）新夏	日本 組田昌平先生	
巖壑松濤圖	軸	絹	水墨	144.5 x 51.3		日本 私人	
仿王蒙松溪懸泉圖	軸	綾	水墨	127 x 45.6		日本 私人	
松陰院落(沈宗敬山水冊之1)	冊頁	紙	水墨	41.7 x 32.3		台北 故宮博物院	故畫 03281-1
松壑流泉(沈宗敬山水冊之2)	冊頁	紙	水墨	41.7 x 32.3		台北 故宮博物院	故畫 03281-2
溪山隱居(沈宗敬山水冊之3)	冊頁	紙	水墨	41.7 x 32.3		台北 故宮博物院	故畫 03281-3
臨江絕巘(沈宗敬山水冊之4)	冊頁	紙	水墨	41.7 x 32.3		台北 故宮博物院	故畫 03281-4
水岸巉石(沈宗敬山水冊之5)	冊頁	紙	水墨	41.7 x 32.3		台北 故宮博物院	故畫 03281-5
松嶺奇巖(沈宗敬山水冊之6)	冊頁	紙	水墨	41.7 x 32.3		台北 故宮博物院	故畫 03281-6
高亭望遠(沈宗敬山水冊之7)	冊頁	紙	水墨	41.7 x 32.3		台北 故宮博物院	故畫 03281-7
松亭觀瀑(沈宗敬山水冊之8)	冊頁	紙	水墨	41.7 x 32.3		台北 故宮博物院	故畫 03281-8
溪山清遠(沈宗敬山水冊之9)	冊頁	紙	水墨	41.7 x 32.3		台北 故宮博物院	故畫 03281-9
晴麓松塢(沈宗敬山水冊之10)	冊頁	紙	水墨	41.7 x 32.3		台北 故宮博物院	故畫 03281-10
菊花（清花卉畫冊三冊之4）	冊頁	紙	水墨	不詳		台北 故宮博物院	故畫 03519-4
仿古山水圖（8幀，為燕翁作）	冊	紙	設色、水墨	不詳	康熙丁亥（四十六年，1707）春日	瀋陽 遼寧省博物館	
山水圖（王原祁等五人山水冊5之1幀）	冊頁	紙	設色	不詳		北京 故宮博物院	
蘭花圖	摺扇面	紙	水墨	不詳		北京 中國歷史博物館	
花卉圖（祁豸佳等山水花鳥冊27之1幀）	冊頁	絹	設色	30 x 23.4		天津 天津市藝術博物館	
仿倪黃山水圖（10幀，為止彝作）	冊	紙	水墨	（每幀)21 x 43.7	庚午（康熙二十九年，1690）夏日	上海 上海博物館	
仿元人山水畫（8幀）	冊	紙	水墨	（每幀)23.1 x 17.8		日本 京都國立博物館	A甲 563
仿元人筆意山水圖（8幀）	冊	紙	水墨、	（每幀)21.8		日本 京都長尾雨山先生	

名稱	形式	質地	色彩	尺寸 高x寬cm	創作時間	收藏處所	典藏號碼
			設色	x 15.9			
附：							
湖山春色圖	卷	綾	設色	35.7 x 338	康熙丁酉(五十六年，1717)夏六月	紐約 佳士得藝品拍賣公司/拍賣目錄 1984,06,29.	
仿趙大年山水圖	軸	金箋	水墨	不詳	己丑（康熙四十八年，1709）	上海 朵雲軒	
山水圖	軸	紙	水墨	不詳	康熙甲戌（三十三年，1694）	上海 上海文物商店	
山水圖	軸	絹	水墨	不詳	康熙庚辰（三十九年，1700）	上海 上海文物商店	
松嶽圖（為若老作）	軸	紙	設色	不詳	康熙己卯（三十八年，1699)秋日	鎮江 鎮江市文物商店	
巖溪垂釣圖	軸	紙	水墨	不詳	己卯（康熙三十八年，1699）	武漢 湖北省武漢市文物商店	
松柏同春圖（為樨翁作）	軸	絹	設色	不詳	康熙戊戌（五十七年，1718)九秋	廣州 廣州市文物商店	
山水圖	軸	紙	水墨	59.3 x 31	壬午(康熙四十一年，1702)中秋	紐約 蘇富比藝品拍賣公司/拍賣目錄 1984,06,13.	
松濤泉瀨圖	軸	絹	水墨	63.5 x 44.5	乙酉（康熙四十四年，1705）冬月	紐約 蘇富比藝品拍賣公司/拍賣目錄 1987,12,08.	
水墨山水	軸	紙	水墨	77.6 x 39.5	癸未（康熙四十二年，1703）冬日	紐約 佳士得藝品拍賣公司/拍賣目錄 1990,05,31.	
疏林平遠圖	軸	紙	設色	不詳		紐約 佳士得藝品拍賣公司/拍賣目錄 1993,12,01.	
山水圖（8幀）	冊	紙	水墨	不詳		上海 朵雲軒	
山水（9幀）	冊	紙	水墨	（每幀）27 x 22.3	康熙癸巳（五十二年，1713）	紐約 佳士得藝品拍賣公司/拍賣目錄 1989,06,01.	
硯山圖（清初十一名家硯山圖冊之第2幀）	冊頁	紙	水墨	24.5 x 31		紐約 佳士得藝品拍賣公司/拍賣目錄 1995,09,19.	
山水（6幀）	冊	紙	水墨	（每幀）18 x 42	壬辰（康熙五十一年，1712）臘八日	紐約 佳士得藝品拍賣公司/拍賣目錄 1995,09,19.	

畫家小傳：沈宗敬。字恪庭，又字南季。號獅峰。江蘇婁縣人。生於聖祖康熙八（1669）年。卒於世宗雍正十三（1735）年。康熙二十年進士。官至太僕卿。工詩、書，精音律。善畫山水，師法倪瓚、黃公望，兼法巨然，筆力古健，思致高遠。(見圖繪寶鑑續纂、國朝畫徵錄、桐陰論畫、學福齋集、松江詩徵、中國畫家人名大辭典)

名稱	形式	質地	色彩	尺寸 高x寬cm	創作時間	收藏處所	典藏號碼

孫 皋

山水(畫幅集冊 27 之 1 幀)	冊頁	絹	設色	31.9 x 36.7		台北 故宮博物院	故畫 0127-21
山水(畫幅集冊 27 之 1 幀)	冊頁	絹	設色	36.4 x 38.5		台北 故宮博物院	故畫 0127-22
山水(畫幅集冊 27 之 1 幀)	冊頁	絹	設色	37.2 x 38.6		台北 故宮博物院	故畫 0127-23
寒林話別圖（為壽翁作，王翬等山水冊 24 之 1 幀）	冊頁	紙	設色	21.5 x 27.5	甲戌（康熙三十三年，1694）秋初	天津 天津市藝術博物館	
附：							
山水（清諸名家山水花卉書法冊之 1 幀）	冊頁	絹	設色	23 x 18.5		紐約 佳士得藝品拍賣公司/拍賣目錄 1994,11,30.	
硯山圖（清初十一名家硯山圖冊之第 7 幀）	冊頁	紙	設色	24.5 x 31		紐約 佳士得藝品拍賣公司/拍賣目錄 1995,09,19.	

畫家小傳：孫皋。字書年。江蘇吳人。善畫山水，為王原祁弟子。聖祖康熙中供奉內廷。流傳署款紀年作品見於聖祖康熙三十三(1694) 年。（見德門隨意錄、中國畫家人名大辭典）

侯 晰

秋夜讀書圖	軸	絹	設色	不詳	乙亥（康熙三十四年，1695）	南京 南京博物院	
古松圖	摺扇面	紙	水墨	不詳		北京 故宮博物院	
柳浦遠帆圖（為壽翁作，王翬等山水冊 24 之 1 幀）	冊頁	紙	設色	21.5 x 27.5	甲戌（康熙三十三年，1694）春正月	天津 天津市藝術博物館	

畫家小傳：侯晰。字燦辰。江蘇無錫人。擅長篆隸，兼工山水。流傳署款紀年作品見於聖祖康熙三十三（1694）、三十四（1695）年。（見清朝書畫家筆錄、中國畫家人名大辭典）

來呂禧

附：

松芝竹石圖	軸	絹	設色	198 x 94.5		紐約 佳士得藝品拍賣公司/拍賣目錄 1983.11.30.	

畫家小傳：來呂禧。字西老。浙江蕭山人。善畫花鳥，師法明陳洪綬。（見圖繪寶鑑續纂、中國畫家人名大釋典）

許從龍

白描羅漢圖	卷	紙	水墨	不詳	康熙甲戌（三十三年，1694）	北京 故宮博物院	
龍宮赴齋圖	軸	絹	設色	52.8 x 80.5		南京 南京博物院	

名稱	形式	質地	色彩	尺寸 高x寬cm	創作時間	收藏處所	典藏號碼
羅漢圖（12幀）	冊	紙	水墨	不詳		旅順 遼寧省旅費博物館	
觀鶴圖	摺扇面	紙	設色	不詳		南京 南京博物院	

畫家小傳：許從龍。字佐王。浙江嘉善人，寓居江蘇常熟。善畫山水、花鳥，得宋、元法；尤工畫道釋，不藉助粉本。流傳署款紀年作品
　　　　見於聖祖康熙三十三(1694)年。（見常熟縣志、昭文縣志、中國畫家人名大辭典）

黃彥標

山水圖（明人扇面畫冊之第19幀）	摺扇面	金箋	水墨	16.5 x 50.6		日本 京都國立博物館	A甲685

畫家小傳：黃彥標。字樹之。號樸亭。福建惠安人。聖祖康熙三十三（1694）年進士。善畫山水、花卉，得宋、元人逸趣。（見泉州府志、
　　　　惠安縣志、中國畫家人名大辭典）

周 碩

附：

牡丹圖（12幀）	冊	絹	設色	（每幀）36.2 x 37.7	康熙甲戌（三十三年，1694）	蘇州 蘇州市文物商店	

畫家小傳：周碩。畫史無載。流傳署款紀年作品見於聖祖康熙三十三(1694)年。身世待考。

全 英

附：

旅雁南征圖	軸	絹	設色	124 x 51.5	甲戌（康熙三十三年，1694）	上海 上海文物商店	

畫家小傳：全英。畫史無載。流傳署款紀年作品見於聖祖康熙三十三(1694)年。身世待考。

吳豫杰

深山修竹圖	軸	絹	設色	不詳	甲戌（康熙三十三年，1694）	天津 天津市藝術博物館	

畫家小傳：吳豫杰。字次謙。繁昌人。工畫竹。曾與新安山水能手姚雨金，應蕪湖富室邀請合作竹石屏障，姚先畫石故作反側之勢難之，
　　　　吳酒酣提筆不假思索，蘸墨橫飛，風馳雨驟，頃刻成竹，悉與石勢相稱，而枝葉橫斜轉展，愈見奇致。姚為之錯愕歎服，推為畫
　　　　竹當代第一手。流傳署款紀年作品見於聖祖康熙三十三（1694）年。（見國朝畫徵錄、中國畫家人名大辭典）

張國維

花鳥圖	摺扇面	金箋	水墨	不詳	乙亥（？康熙三十四年，1695）	北京 故宮博物院	
花鳥圖	摺扇面	金箋	水墨	不詳	甲戌（？康熙三十三年，1694）	北京 故宮博物院	

名稱	形式	質地	色彩	尺寸 高×寬㎝	創作時間	收藏處所	典藏號碼

畫家小傳：張國維。畫史無載。流傳署款作品疑為聖祖康熙三十三（1694）年。身世待考。

程 源

| 花卉圖（？幀） | 冊 | 絹 | 設色 | 不詳 | 乾隆乙未（四年，1739） | 南京 南京博物院 | |

畫家小傳：程源。字介眉。生於聖祖康熙九(1670)年。畫史無傳。流傳署款紀年作品見於高宗乾隆四(1739)年。身世待考。

張 鳴

| 水閣漁舟圖 | 軸 | 紙 | 設色 | 不詳 | 甲戌（康熙三十三年，1739） | 廣州 廣東省博物館 | |

畫家小傳：張鳴。字鶴衢。江蘇金壇人。家貧，事母以孝聞。善畫山水、人物，不拘古法，揮灑自如，神韻天災。流傳署款紀年作品見於聖祖康熙三十三（1694）年。（見墨香居畫識、中國畫家人名大辭典）

沈五集

| 花鳥圖（竹石梅禽） | 軸 | 絹 | 設色 | 158.2 × 68.6 | | 美國 耶魯大學藝術館 | 1985.52.1 |

附：

| 竹石叢菊圖 | 軸 | 紙條 | 設色 | 130.4 × 79.9 | 乙亥（康熙三十四年，1695） | 上海 上海文物商店 | |

畫家小傳：沈五集。字采。號梵陵。浙江山陰人。陳洪綬弟子。工畫山水、人物和花鳥，臨摹逼肖。流傳署款紀年作品見於聖祖康熙三十四(1695)年（見越畫見聞、中國畫家人名大辭典）

吳 藏

| 九秋圖（王翬、宋駿業、顧昉、虞沅、王雲、楊晉、徐玫、吳藏合作） | 軸 | 紙 | 設色 | 118.8 × 61.1 | 乙亥（康熙三十四年，1695） | 北京 故宮博物院 | |

畫家小傳：吳藏。畫史無載。江蘇虞山人。為王翬弟子。流傳署款紀年作品見於聖祖康熙三十四（1695）年

徐晟雅

| 山水圖（高簡等八家山水合裝冊8之第3幀） | 冊頁 | 紙 | 水墨 | 不詳 | | 上海 上海博物館 | |

畫家小傳：徐晟雅。與楊晉同時。畫史無載。身世待考

許維嶔

| 山水圖（高簡等八家山水合裝冊8之第4幀） | 冊頁 | 紙 | 水墨 | 不詳 | | 上海 上海博物館 | |

名稱	形式	質地	色彩	尺寸 高×寬cm	創作時間	收藏處所	典藏號碼
山水圖	摺扇面	金箋	水墨	不詳		成都 四川省博物院	

畫家小傳：許維嶔。與楊晉同時。畫史無載。身世待考。

吳 閑

| 山水圖（高簡等八家山水合裝 冊8之第6幀） | 冊頁 | 紙 | 水墨 | 不詳 | | 上海 上海博物館 | |

畫家小傳：吳閑。與楊晉同時。畫史無載。身世待考。

陸 繆

附：

| 山水圖（陸遠等雜畫卷4之1 段） | 卷 | 紙 | 設色 | 不詳 | | 上海 上海文物商店 | |

畫家小傳：陸繆。畫史無載。流傳署款作品約見於聖祖康熙三十四（1695）年。身世待考。

金古良

| 人物故事圖（12屏） | 軸 | 絹 | 設色 | 不詳 | 康熙乙亥（三十四年，1695） | 北京 故宮博物院 | |
| 賞荷圖 | 軸 | 絹 | 設色 | 42.5 × 29.5 | | 寧波 浙江省寧波市天一閣文物保管所 | |

畫家小傳：金古良。原名史。字古良，以字行。別號南陵。浙江山陰（一作南陵）人。善畫人物，極工緻。曾作無雙譜四十小幅，好事者雕行之，毛奇齡且為書序。流傳署款紀年作品見於聖祖康熙三十四（1695）年。（見越畫見聞、中國美術家人名辭典）

賈

鷄冠花圖	軸	紙	設色	不詳	乙亥（康熙三十四年，1695）秋	太原 山西省博物館	
仿梅道人山水圖	軸	絹	水墨	不詳	丁丑（康熙三十六年，1697）仲夏	常熟 江蘇省常熟市文物管理委員會	
畫竹	摺扇面	金箋	水墨	不詳		北京 中國歷史博物館	
百石圖（？幀）	冊	紙	水墨	不詳	戊寅（康熙三十七年，1698）人日	天津 天津市藝術博物館	
奇石圖（祁豸佳等山水花鳥冊 27之1幀）	冊頁	絹	設色	30 × 23.4		天津 天津市藝術博物館	
雲根圖（？幀）	冊	紙	淺設色	（每幀）21.9 × 14.8		日本 私人	

名稱	形式	質地	色彩	尺寸 高×寬cm	創作時間	收藏處所	典藏號碼

畫家小傳：賈鉉。字玉萬。號可齋。山西臨汾人。善繪蘭竹，風晴雨露，各盡其態；畫荷花，名噪都下；又擅畫奇石。流傳署款紀年作品見於聖祖康熙三十四（1695）至三十七（1698）年。（見圖繪寶鑑續纂、國朝畫徵錄、曝書亭集、中國畫家人名大辭典）

張 經

名稱	形式	質地	色彩	尺寸 高×寬cm	創作時間	收藏處所	典藏號碼
五色牡丹圖	軸	絹	設色	165 × 48.8	庚子（康熙五十九年，1720）	瀋陽 遼寧省博物館	
乘舟訪友圖	軸	絹	水墨	101 × 40		瀋陽 遼寧省博物館	
秋臺玩月圖	軸	絹	設色	不詳		天津 天津市藝術博物館	
松泉樓閣圖	軸	絹	設色	168 × 47	癸未（康熙四十二年，1703）九月	南通 江蘇省南通博物苑	
深谷觀泉圖	軸	絹	設色	171 × 72.2		南京 南京博物院	
青綠山水圖	軸	絹	設色	不詳	乙亥（康熙三十四年，1695）	南京 南京市博物館	
載鶴圖	軸	絹	設色	173 × 104.5		廣州 廣州市美術館	
仿名家山水圖（16幀）	冊	綾	設色	（每幀）25.8 × 17.2	康熙王申（三十一年，1692）	合肥 安徽省博物館	
山水圖	摺扇面	金箋	設色	不詳	乙卯（雍正十三年，1735）	杭州 浙江省杭州市文物考古所	
山水圖	摺扇面	金箋	設色	18.1 × 54.7		日本 橫濱岡山美術館	
附：							
山水人物圖	短卷	絹	設色	25.5 × 33		紐約 佳士得藝品拍賣公司/拍賣目錄 1989,12,04.	
人物圖	軸	絹	設色	不詳	辛亥（雍正九年，1731）	上海 上海文物商店	
溪山泛棹圖	軸	紙	設色	不詳		上海 上海文物商店	
芳苑圖	摺扇面	紙	設色	不詳		上海 朵雲軒	

畫家小傳：張經。字我絲。安徽當塗人。善畫山水，得元人遺忘；兼工人物、花鳥。流傳署款紀年作品見於聖祖康熙三十四（1695）至世宗雍正十三(1735)年。（見圖繪寶鑑續纂、中國畫家人名大辭典）

徐 玟

名稱	形式	質地	色彩	尺寸 高×寬cm	創作時間	收藏處所	典藏號碼
九秋圖（王翬、宋駿業、顧昉、虞沅、王雲、楊晉、徐玟、吳藏合作）	軸	紙	設色	118.8 × 61.1	乙亥（康熙三十四年，1695）	北京 故宮博物院	

名稱	形式	質地	色彩	尺寸 高×寬cm	創作時間	收藏處所	典藏號碼
歲朝圖（楊晉、王雲、顧昉、顧政、徐玫、虞沅、吳芷、王翬合作）	軸	絹	設色	109 × 51		瀋陽 故宮博物院	
為繆文子像補景	軸	絹	設色	91.2 × 31.3	康熙五十有七年（戊戌，1718）	天津 天津市藝術博物館	
梅竹寒雀圖（楊晉寫寒禽、徐玫寫梅、王翬添墨竹）	軸	紙	水墨	不詳	壬申（康熙三十一年，1692）清和望前一日	蘇州 江蘇省蘇州博物館	
山溪竹亭圖（今兩瑤華圖冊8之1幀）	冊頁	紙	設色	19.1 × 31.9		北京 故宮博物院	
山水圖（王翬等山水花卉冊6之1幀）	冊頁	紙	設色	26.5 × 35.3		北京 故宮博物院	
仿李營丘寒林圖（為壽愷翁作，王翬等山水冊24之1幀）	冊頁	紙	設色	21.5 × 27.5	甲戌（康熙三十三年，1694）長夏	天津 天津市藝術博物館	
山水圖（清王翬等山水扇面冊之1幀）	摺扇面	紙	設色	不詳	（己卯，康熙三十八年，1699）	天津 天津市藝術博物館	
附：							
山水（秀林仙鶴圖）	軸	紙	設色	29.5 × 43.2		紐約 蘇富比藝品拍賣公司/拍賣目錄1981,05,07.	
花鳥圖（清徐玫花鳥冊，12幀，各為：荷花；芙蓉；牡丹；芳苑；花石雙鵲；梅竹聚禽；秋葵；溪野翔禽；鉤勒芝蘭；月下錦雉；隼擊小禽）	冊	紙	設色	不詳	壬午（康熙四十一年，1702）秋七月	上海 朵雲軒	

畫家小傳：徐玫。畫史無載。疑為王翬學生。流傳署款紀年作品見於聖祖康熙三十四（1695）至五十七（1718）年。身世待考。

顧 政

歲朝圖（楊晉、王雲、顧昉、顧政、徐玫、虞沅、吳芷、王翬合作）	軸	絹	設色	109 × 51		瀋陽 故宮博物院	

畫家小傳：顧政。畫史無載。與顧昉、吳芷等王翬弟子同時。身世待考。

沈三復

層巒雪霽圖	軸	絹	設色	不詳		上海 上海博物館	

名稱	形式	質地	色彩	尺寸 高×寬cm	創作時間	收藏處所	典藏號碼
平林散牧圖（為壽翁作，王翬等山水冊 24 之 1 幀）	冊頁	紙	設色	21.5 × 27.5	（甲戌，康熙三十三年，1694）	天津 天津市藝術博物館	

畫家小傳：沈三復。畫史無載。與顧昉、宋駿業等王翬弟子同時。流傳署款紀年作品約見於聖祖康熙三十三（1694）。身世待考。

馬 豫

名稱	形式	質地	色彩	尺寸 高×寬cm	創作時間	收藏處所	典藏號碼
山水圖	軸	絹	設色	不詳		台北 故宮博物院	國贈 006533
書畫	卷	絹	設色	不詳	己亥（康熙五十八年，1719）	瀋陽 故宮博物院	
墨竹圖	軸	絹	水墨	不詳	戊戌（康熙五十七年，1718）長夏	北京 故宮博物院	
渭川千畝圖	軸	絹	水墨	不詳		北京 首都博物館	
雲山修竹圖	軸	綾	水墨	不詳	乙亥（康熙三十四年，1695）	上海 上海博物館	
松石圖	軸	綾	水墨	不詳	乙巳（雍正三年，1725）	廣州 廣東省博物館	
畫竹（畫幅集冊 27 之 1 幀）	冊頁	絹	設色	43.1 × 40.9		台北 故宮博物院	故畫 01279-1
竹圖（書畫集錦冊 14 之 1 幀）	冊頁	絹	設色	不詳		北京 中國歷史博物館	
竹圖（12 幀，為孝翁作）	冊	紙	設色	不詳	甲午（康熙五十三年，1714）九秋	太原 山西省博物館	

附：

名稱	形式	質地	色彩	尺寸 高×寬cm	創作時間	收藏處所	典藏號碼
碧雲勁節圖	軸	絹	水墨	147.2 × 60.3	康熙庚寅（四十九年，1710）夏六月	香港 佳士得藝品拍賣公司/拍賣目錄 1998,09,15.	
墨竹（8 幀）	冊	絹	水墨	（每幀）30.5 × 23.5		紐約 佳仕得藝品拍賣公司/拍賣目錄 1986,06,04.	

畫家小傳：馬豫。字觀我。綏德人，家居金陵。聖祖康熙四十五（1706）年進士。善畫墨竹，能脫去時習；間作白衣大士、神像，清寂而莊。流傳署款紀年作品見於聖祖康熙三十四（1695）至五十八（1719）年（見國朝畫徵錄、中國畫家人名大辭典）

李 敬

名稱	形式	質地	色彩	尺寸 高×寬cm	創作時間	收藏處所	典藏號碼
紫藤雙鳥（畫花鳥圖冊之 1）	冊頁	絹	設色	41.6 × 61.8		台北 故宮博物院	故畫 03572-1
薔薇奇石（畫花鳥圖冊之 2）	冊頁	絹	設色	41.6 × 61.8		台北 故宮博物院	故畫 03572-2
荷花翠羽（畫花鳥圖冊之 3）	冊頁	絹	設色	41.6 × 61.8		台北 故宮博物院	故畫 03572-3
石竹名禽（畫花鳥圖冊之 4）	冊頁	絹	設色	41.6 × 61.8		台北 故宮博物院	故畫 03572-4
桂花壽帶（畫花鳥圖冊之 5	冊頁	絹	設色	41.6 × 61.8		台北 故宮博物院	故畫 03572-5
芙蓉水池（畫花鳥圖冊之 6）	冊頁	絹	設色	41.6 × 61.8		台北 故宮博物院	故畫 03572-6

名稱	形式	質地	色彩	尺寸 高x寬cm	創作時間	收藏處所	典藏號碼
蒼松霜菊（畫花鳥圖冊之7）	冊頁	絹	設色	41.6 x 61.8		台北 故宮博物院	故畫 03572-7
茶花山禽（畫花鳥圖冊之8）	冊頁	絹	設色	41.6 x 61.8		台北 故宮博物院	故畫 03572-8

畫家小傳：李敬。畫史無載。身世待考。

程自珩

| 山水圖（書畫合璧冊7之1幀） | 冊頁 | 紙 | 水墨 | 不詳 | 乙亥（康熙三十四年，1695） | 上海 上海博物館 | |

畫家小傳：程自珩。畫史無載。與曹寅同時。流傳署款紀年作品見於聖祖康熙三十四（1695）年。身世待考。

淩 衡

| 仿巨然筆意山水圖（為壽老作，王翬等山水冊24之1幀） | 冊頁 | 紙 | 設色 | 21.5 x 27.5 | 乙亥（康熙三十四年，1695）春日 | 天津 天津市藝術博物館 | |

畫家小傳：淩衡。畫史無載。流傳署款紀年作品見於聖祖康熙三十四（1695）年。身世待考。

金 璋

| 花蝶圖（王翬等山水冊24之1幀） | 冊頁 | 紙 | 設色 | 21.5 x 27.5 | （乙亥，康熙三十四年，1695） | 天津 天津市藝術博物館 | |

畫家小傳：金璋。畫史無載。流傳署款作品約見於聖祖康熙三十四（1695）年。身世待考。

張 淮

| 松下觀濤圖 | 卷 | 絹 | 設色 | 不詳 | 乙亥（康熙三十四年，1695） | 天津 天津市歷史博物館 | |

畫家小傳：張淮。畫史無載。流傳署款紀年作品見於聖祖康熙三十四（1695）年。身世待考。

徐昭華

| 抱子圖 | 軸 | 紙 | 水墨 | 89.4 x 50.2 | | 杭州 浙江省杭州市文物考古所 | |

畫家小傳：徐昭華。女。字伊璧。號蘭癡。人稱徐都講。浙江上虞人。為毛奇齡（1623-1716）詩弟子。適諸暨駱氏。能詩，工書，善畫山水、花草，尤工畫蝶。其師題其畫，稱之「書得王逸少，畫類管夫人」。（見上虞縣志、墨林韻語、西河詩話、柳亭詩話、毛西河集、中國畫家人名大辭典）

龔 達

| 山水圖（8幀） | 冊 | 綾 | 設色 | （每幀）29.4 x 54.7 | | 北京 故宮博物院 | |

名稱	形式	質地	色彩	尺寸 高×寬cm	創作時間	收藏處所	典藏號碼
山水圖	摺扇面	金箋	水墨	不詳	乙亥（康熙三十四年，1695）	成都 四川省博物院	
山水圖	摺扇面	金箋	水墨	不詳		美國 火魯奴奴 Hutchinson先生	

畫家小傳：龔達。字和之。山東莒縣人。身世不詳。善寫墨蘭。（見歷代畫史彙傳附錄、中國美術家人名辭典）

王 鏞

仿馬遠山水圖	摺扇面	金箋	水墨	不詳		重慶 重慶市博物館	

畫家小傳：王鏞。畫史無載。疑活動於聖祖康熙中期時人。身世待考。

龐輔聖

山水圖	摺扇面	金箋	水墨	不詳		重慶 重慶市博物館	

畫家小傳：龐輔聖。畫史無載。疑活動於聖祖康熙中期時人。身世待考。

屠 遠

仿元人山水圖	摺扇面	金箋	水墨	不詳		重慶 重慶市博物館	

畫家小傳：屠遠。畫史無載。疑活動於聖祖康熙中期時人。身世待考。

徐景曾

山水圖	摺扇面	金箋	設色	不詳	乙亥（？康熙三十四年，1695）	廣州 廣州市美術館	

畫家小傳：徐景曾。畫史無載。流傳署款作品紀年疑似聖祖康熙三十四（1695）年。身世待考。

李 祐
附：

仿關同山水圖	軸	絹	設色	161 × 45	乙亥（？康熙三十四年，1695）	昆明 雲南省文物商店	

畫家小傳：李祐。畫史無載。流傳署款作品紀年疑似聖祖康熙三十四（1695）年。身世待考。

唐 光

香遠益清圖（各人畫扇面（庚）冊之3）	摺扇面	紙	水墨	不詳		台北 故宮博物院	故畫 03552-3

畫家小傳：唐光。畫史無載。身世待考。

名稱	形式	質地	色彩	尺寸 高x寬cm	創作時間	收藏處所	典藏號碼

湯純嘏

| 月季幽禽圖（各人畫扇面（庚）冊之5） | 摺扇面 | 紙 | 水墨 | 不詳 | | 台北 故宮博物院 | 故畫 03552-5 |

畫家小傳：湯純嘏。畫史無載。身世待考。

唐 潔

| 山水圖（清張賜寧等山水冊 12 之 1 幀） | 冊頁 | 紙 | 設色 | 不詳 | | 天津 天津市藝術博物館 | |
| 山水圖（清龔賢等山水冊 6 之 1 幀） | 冊頁 | 紙 | 設色 | 31.5 x 47 | （乙亥，康熙三十四年，1695） | 南昌 江西省博物館 | |

畫家小傳：唐潔。畫史無載。流傳署款作品約見於聖祖康熙三十四（1695）年。身世待考。

樊世俊

| 白描羅漢圖（8 幀） | 冊 | 紙 | 水墨 | 不詳 | 康熙丁酉（五十六年，1717）孟春 | 上海 上海博物館 | |

附：

| 人物圖 | 軸 | 綾 | 白描 | 不詳 | 丙子（康熙三十五年，1696） | 北京 中國文物商店總店 | |

畫家小傳：樊世俊。畫史無載。流傳署款紀年作品見於聖祖康熙三十五（1696）至五十六(1717)年。身世待考。

張 峻

| 山水（春郊共醉圖） | 卷 | 絹 | 設色 | 不詳 | | 日本 東京張允中先生 | |

附：

| 長江萬里圖 | 卷 | 金箋 | 水墨 | 不詳 | 丙子（康熙三十五年，1696） | 上海 朵雲軒 | |

畫家小傳：張峻。畫史無載。流傳署款紀年作品見於聖祖康熙三十五（1696）年。身世待考。

王 健

| 仿黃鶴山樵筆山水圖（畫贈堅齋，曹岳、戴子來等十人山水合冊 10 之 1 幀） | 冊頁 | 紙 | 設色 | 22.8 x 18.9 | 丙子（康熙三十五年，1696）長夏 | 上海 上海博物館 | |

畫家小傳：王健。上海人。身世不詳。善書畫。書法董其昌。畫工山水。流傳署款紀年作品見於聖祖康熙三十五（1696）年。（見海上墨林、中國畫家人名大辭典）

吳 湘

名稱	形式	質地	色彩	尺寸 高x寬cm	創作時間	收藏處所	典藏號碼

月下納涼圖　　　　　　軸　　紙　　設色　　147 x 73.8　　　　　　　　上海 上海博物館

畫家小傳：吳湘。女。字若耶。江蘇揚州人。適高士范崑崙。居西湖。為人善鼓琴、繪畫，為士林所重。(見圖繪寶鑑續纂、國朝畫識、西湖閨詠、西湖志、中國畫家人名大辭典)

韓孔武

為亭翁作山水圖　　　　軸　　金箋　水墨　　不詳　　　　　丙子 (？康熙三十　鎮江 江蘇省鎮江市博物館
　　　　　　　　　　　　　　　　　　　　　　　　　　　五年，1696)

畫家小傳：韓孔武。畫史無載。流傳署款作品紀年疑為聖祖康熙三十五 (1696) 年。身世待考。

胡 蕃

山閣納涼圖　　　　　　軸　　紙　　水墨　　121 x 38　　　　　　　　無錫 江蘇省無錫市博物館

畫家小傳：胡蕃。字熙人 (一作義人)。江蘇吳人。工畫，山水、人物無不精妙。嘗應莊親王召至京師，王翬見而嘉其畫，許為成家。(見圖繪寶鑑續纂、清朝書畫家筆錄、中國畫家人名大辭典)

陳國

玉田八景圖 (8幀)　　　冊　　絹　　設色　　不詳　　　　　丙子 (康熙三十五　深圳 廣東省深圳市博物館
　　　　　　　　　　　　　　　　　　　　　　　　　　　年，1696)

畫家小傳：陳國鍈。畫史無載。流傳署款紀年作品見於聖祖康熙三十五 (1696) 年。身世待考。

姜造周

羅漢圖　　　　　　　　卷　　絹　　設色　　37.4 x ?　　　　丙子 (康熙三十五　日本 中埜又左衛門先生
　　　　　　　　　　　　　　　　　　　　　　　　　　　年，1696) 清和月

畫家小傳：姜造周。畫史無載。自署長安酒癡。流傳署款紀年作品見於聖祖康熙三十五 (1696) 年。身世待考。

高 岱
附：

山水 (5幀)　　　　　　冊　　絹　　設色　　(每幀) 34　　　　　　　　紐約 佳仕得藝品拍賣公司/拍
　　　　　　　　　　　　　　　　　　　　　x 45.5　　　　　　　　　　　賣目錄 1986.06.04.

畫家小傳：高岱。畫史無載。身世待考。

顧 漣
附：

太嶽秋靄圖　　　　　　軸　　絹　　水墨　　172 x 94　　　　　　　　紐約 佳士得藝品拍賣公司/拍
　　　　　　　　　　　　　　　　　　　　　　　　　　　　　　　　　賣目錄 1987,12,11.

名稱	形式	質地	色彩	尺寸 高x寬㎝	創作時間	收藏處所	典藏號碼

畫家小傳：顧漣。畫史無載。身世待考。

謝廷逸

附：

| 漁翁圖（清孟球等雜畫冊12之3幀） | 冊頁 | 紙 | 設色 | （每幀）21 x 17.1 | 丙子（康熙三十五年，1696）冬日 | 紐約 蘇富比藝品拍賣公司/拍賣目錄 1988,06,01. | |

畫家小傳：謝廷逸。畫史無載。流傳署款紀年作品見於聖祖康熙三十五年。身世待考。

（釋）白 丁

蘭花圖	卷	紙	水墨	不詳		南京 南京博物院	
蘭花圖（4幅）	軸	紙	水墨	不詳		北京 故宮博物院	
蘭花圖	軸	紙	水墨	135.6 x 55	己卯（康熙三十八年，1699）	天津 天津市藝術博物館	
蘭石圖	軸	綾	水墨	114 x 48.4	七十一叟（？）	杭州 浙江省杭州市文物考古所	
蘭石圖	軸	紙	水墨	127.5 x 56		長沙 湖南省博物館	
蘭石圖	軸	紙	水墨	不詳	癸未（康熙四十二年，1703）冬日	重慶 重慶市博物館	
蘭石圖	軸	紙	水墨	不詳	丁丑（康熙三十六年，1697）	廣州 廣東省博物館	

附：

| 蕙石圖 | 軸 | 紙 | 水墨 | 120 x 51 | 七十一叟（？） | 昆明 雲南省文物商店 | |

畫家小傳：白丁。僧。字過峰。雲南人。身世不詳。善畫蘭，作畫不令人見，畫法奇特。鄭燮嘗自云畫蘭學白丁。流傳署款紀年作品見於聖祖康熙三十六（1697）至四十二（1703）年。（見書畫紀略、鄭板橋集、中國畫家人名大辭典）

莽鵠立

| 允禮像（蔣廷錫補景） | 軸 | 絹 | 設色 | 不詳 | | 北京 故宮博物院 | |
| 果親王（三十二歲）像 | 軸 | 絹 | 設色 | 180.3 x 103.5 | 雍正六年（戊申，1728）仲冬上澣 | 美國 堪薩斯市納爾遜-艾金斯藝術博物館 | |

畫家小傳：莽鵠立。姓伊爾根覺羅氏。字樹本。號卓然。滿洲鑲黃旗人。生於聖祖康熙十一（1672）年。卒於高宗乾隆元（1736）年。仕官至都統。工詩。善畫，尤妙於寫真，摻用西洋法。（見國朝畫徵續錄、耕硯田齋筆記、中國畫家人名大辭典）

許 佑

| 法元人設色折枝花卉圖 | 卷 | 絹 | 設色 | 不詳 | 己巳（乾隆十四年 | 瀋陽 遼寧省博物館 | |

名稱	形式	質地	色彩	尺寸 高x寬㎝	創作時間	收藏處所	典藏號碼
寫寶克勤課子圖像	卷	絹	設色	不詳	，1749）夏六月 壬午（康熙四十一 年，1702）夏日	北京 故宮博物院	
藤花乳雞	軸	絹	設色	120.2 x 53.2		台北 故宮博物院	故畫 03677
蛛網圖	軸	紙	設色	不詳		常熟 江蘇省常熟市文物管理 委員會	
萱花圖（為聖老作）	摺扇面	紙	設色	不詳	己酉（雍正七年， 1729）夏日	常熟 江蘇省常熟市文物管理 委員會	

附：

桃柳鸝鵒圖	軸	絹	設色	不詳		天津 天津市文物公司	

畫家小傳：許佑。字辟廛，一字弼臣。號翼庵。江蘇常熟人。生於聖祖康熙十一（1672）年，乾隆十四(1749)年尚在世。乾隆時供奉內廷。工詩。善畫花鳥。(見虞山畫志、中國畫家人名大辭典)

高其佩

名稱	形式	質地	色彩	尺寸 高x寬㎝	創作時間	收藏處所	典藏號碼
山水	卷	絹	設色	47.3 x 295.7		台北 故宮博物院	故畫 01670
指畫雲龍圖	卷	絹	水墨	不詳	康熙己亥（五十八 年，1719)	北京 故宮博物院	
指畫墨竹圖	卷	紙	水墨	不詳		上海 上海博物館	
指畫雜畫（2段）	卷	紙	水墨	26.9 x 984	康熙己卯（三十八 年，1699）秋	貴陽 貴州省博物館	
擬江參湖山清趣圖	卷	紙	設色	31.1 x 752.2		日本 山形縣美術館	
江山漁舟圖	卷	紙	水墨	27.8 x ?	康熙丁亥（四十六 年，1707）十月	美國 普林斯頓大學藝術館(Edward Elliott 先生 寄存）	L50.70
廬山瀑布圖（指頭畫）	軸	絹	設色	98.4 x 49.8		台北 故宮博物院	故畫 00758
山水	軸	絹	設色	222.7 x 109.1		台北 故宮博物院	故畫 00952
八駿圖（指頭畫）	軸	絹	設色	266.8 x 162.6		台北 故宮博物院	故畫 03681
江山春靄	軸	絹	設色	241.8 x 128.1		台北 故宮博物院	故畫 03707

名稱	形式	質地	色彩	尺寸 高x寬cm	創作時間	收藏處所	典藏號碼
風雨歸舟	軸	絹	設色	113.2 x 2036		台北 故宮博物院	故畫 03746
海天出日圖	軸	絹	設色	232.7 x 132.1		台北 故宮博館院	中畫 00087
花鳥寫生（春景花鳥）	軸	絹	設色	213.8 x 123.6		台北 故宮博館院	中畫 00154
指畫山水圖	軸	紙	水墨	171 x 48.5	丙辰（乾隆元年，1736）二月上浣	台北 故宮博物院（蘭千山館寄存）	
松下牧馬圖	軸	紙	設色	337 x 127.7		台北 國泰美術館	
巖溪泊舟	軸	紙	設色	136 x 75		台北 國泰美術館	
猛虎圖	軸	綾	設色	134.3 x 48.2		台北 張建安先生	
設色山水圖	軸	紙	設色	312.7 x 125.7		香港 黃仲方先生	K92.30
八仙渡海圖	軸	紙	設色	121 x 59.3		香港 羅桂祥先生	
指畫山水圖	軸	紙	設色	94.8 x 32.7		香港 鄭德坤木扉	
觀泉圖	軸	紙	設色	130.5 x 80.5		香港 劉作籌虛白齋	
指畫柳塘鴛鴦圖	軸	紙	設色	184 x 97	康熙壬辰（五十一年，1712）	瀋陽 故宮博物院	
雪景山水圖	軸	紙	設色	222 x 63	康熙癸巳（五十二年，1713）	瀋陽 故宮博物院	
指畫魚蝦水戲圖	軸	紙	水墨	65 x 34	康熙甲午（五十三年，1714）	瀋陽 故宮博物院	
指畫人物圖	軸	紙	設色	117.5 x 56		瀋陽 故宮博物院	
山中高士圖	軸	紙	設色	199.5 x 63		瀋陽 故宮博物院	
指畫牡丹圖	軸	紙	設色	254 x 63		瀋陽 故宮博物院	
松鹿圖	軸	紙	設色	222 x 63		瀋陽 故宮博物院	
指畫松鷹圖	軸	紙	設色	199.5 x 63		瀋陽 故宮博物院	
指畫俯視一切圖	軸	紙	設色	254 x 63		瀋陽 故宮博物院	
指畫虎嘯圖	軸	紙	設色	254 x 63		瀋陽 故宮博物院	
指畫雲龍圖	軸	紙	設色	222 x 63		瀋陽 故宮博物院	
指畫喜報封侯圖	軸	絹	設色	152 x 79		瀋陽 故宮博物院	

名稱	形式	質地	色彩	尺寸 高×寬cm	創作時間	收藏處所	典藏號碼
指畫古木幽亭圖	軸	紙	設色	不詳	康熙辛卯（五十年，1711）	瀋陽 遼寧省博物館	
指畫秋樹集禽圖	軸	紙	設色	不詳	康熙辛卯（五十年，1711）	瀋陽 遼寧省博物館	
柳塘鴛鴦圖	軸	紙	設色	不詳	康熙壬辰（五十一年，1712）初夏	瀋陽 故宮博物館	
指畫鍾馗降魔圖	軸	絹	設色	139.3 × 62.5	康熙癸巳（五十二年，1713）	瀋陽 故宮博物館	
指畫鍾馗圖	軸	紙	設色	149 × 67	雍正戊申（六年，1728）端午	瀋陽 遼寧省博物館	
指畫松鷹圖	軸	紙	設色	156.5 × 95		瀋陽 遼寧省博物館	
指畫松鷹圖	軸	紙	設色	不詳		瀋陽 遼寧省博物館	
指畫草笠郊行圖	軸	紙	設色	100 × 62.7		瀋陽 遼寧省博物館	
指畫秋柳翠鳥圖	軸	紙	水墨	137.2 × 66.6		瀋陽 遼寧省博物館	
指畫秋葵公雞圖	軸	紙	設色	不詳		瀋陽 遼寧省博物館	
指畫倚松觀泉圖	軸	紙	設色	127 × 63.8		瀋陽 遼寧省博物館	
梧桐喜鵲圖	軸	紙	設色	129 × 42.7		瀋陽 遼寧省博物館	
指畫雲中鍾馗圖	軸	紙	設色	不詳		瀋陽 遼寧省博物館	
指畫鴻雁圖	軸	紙	設色	不詳		瀋陽 遼寧省博物館	
出獵圖	軸	絹	設色	141 × 77		瀋陽 遼寧省博物館	
指畫鍾馗圖	軸	紙	設色	不詳		瀋陽 遼寧省博物館	
指畫牛背誦經圖	軸	絹	設色	83.5 × 94.5		旅順 遼寧省旅順博物館	
指畫深谷水瀉圖	軸	紙	設色	不詳		旅順 遼寧省旅順博物館	
關羽像	軸	絹	設色	不詳	康熙甲午（五十三年，1714）二月	北京 故宮博物院	
仙山樓閣圖	軸	絹	設色	190 × 98.3	康熙壬寅（六十一年，1722）	北京 故宮博物院	
指畫雜畫（8幅）	軸	紙	設色	（每幅）70.5 × 38.5		北京 故宮博物院	
指畫蝦圖	軸	紙	設色	90.8 × 53.8		北京 故宮博物院	
稻穗螳螂圖	軸	紙	設色	70.5 × 38.4		北京 故宮博物院	
鳶飛魚躍圖	軸	絹	設色	178.5 × 69.5		北京 中國歷史博物館	

名稱	形式	質地	色彩	尺寸 高×寬cm	創作時間	收藏處所	典藏號碼
指畫扁舟蘆雁圖	軸	絹	設色	188 × 97.2	康熙戊子（四十七年，1708）三月	北京 中國美術館	
指畫古木扁舟圖	軸	絹	設色	不詳	康熙辛卯（五十年，1711）秋	北京 中國美術館	
指畫洛神圖	軸	絹	水墨	不詳	康熙甲午（五十三年，1714）	北京 中國美術館	
指畫柳燕圖	軸	絹	水墨	78 × 33.7	康熙丙戌（四十五年，706）三月	北京 首都博物館	
指畫芙蓉游鳧圖	軸	絹	設色	168.5 × 96.5	康熙辛卯（五十年，1711）	北京 首都博物館	
指畫雄雞、雞冠花圖	軸	絹	設色	不詳		北京 首都博物館	
指畫雙庶圖	軸	絹	設色	不詳		北京 首都博物館	
雪景山水圖	軸	絹	設色	不詳		北京 中央工藝美術學院	
指畫松鹿圖	軸	絹	設色	89 × 49.7	康熙戊子（四十七年，1708）	天津 天津市藝術博物館	
桃花白頭圖	軸	絹	設色	不詳		天津 天津市藝術博物館	
指畫松泉圖	軸	絹	設色	134 × 68		天津 天津市歷史博物館	
狗圖	軸	紙	設色	131 × 58.5		天津 天津市歷史博物館	
指畫柳雀鷺鷥圖	軸	絹	水墨	120 × 62	康熙丙戌（四十五年，1706）	石家莊 河北省博物館	
指畫棉葵雞冠花圖	軸	紙	設色	143 × 61.5	康熙壬寅（六十一年，1722）八月	石家莊 河北省博物館	
指畫柳鷺圖	軸	絹	設色	120 × 80		石家莊 河北省博物館	
指畫松鷹圖	軸	絹	設色	123 × 51.5		太原 山西省博物館	
指畫槐蔭駿馬圖	軸	紙	設色	138.5 × 69		太原 山西省博物館	
指畫鍾馗像	軸	紙	設色	200 × 94		太原 山西省博物館	
仿徐渭綠天秋艷圖	軸	紙	設色	不詳	康熙甲午（五十三年，1714）冬臘	濟南 山東省博物館	
指畫松山雲水圖	軸	紙	設色	447 × 171		濟南 山東省博物館	
指畫松蔭論古圖	軸	紙	水墨	146 × 63		濟南 山東省博物館	
指畫梅花山鳥圖	軸	絹	設色	179.5 × 46.5		青島 山東省青島市博物館	
指畫雄雞圖	軸	絹	設色	不詳		青島 山東省青島市博物館	
指畫報喜圖	軸	紙	水墨	不詳		青島 山東省青島市博物館	

名稱	形式	質地	色彩	尺寸 高×寬㎝	創作時間	收藏處所	典藏號碼
指畫柳燕圖	軸	紙	水墨	89.5 × 49.5		合肥 安徽省博物館	
指畫採芝圖	軸	綾	水墨	不詳		合肥 安徽省博物館	
指畫遊春圖	軸	絹	設色	不詳	戊子（康熙四十七年，1708）春日	徐州 江蘇省徐州市博物館	
指畫山閣看雲圖	軸	紙	設色	276.6×132.1	丁酉（康熙五十六年，1717）	揚州 江蘇省揚州市博物館	
指畫荷塘鷹隼圖	軸	紙	設色	不詳		揚州 江蘇省揚州市博物館	
荷花翠鳥圖	軸	絹	設色	160.3 × 55.6	甲申（康熙四十三年，1704）二月	上海 上海博物館	
指畫添籌圖	軸	紙	水墨	133.4 × 71.2	康熙壬辰（五十一年，1712）春王十九日	上海 上海博物館	
指畫溪橋古木圖	軸	紙	水墨	127 × 64.4	康熙甲午（五十三年，1714）	上海 上海博物館	
指畫松鷹圖	軸	紙	水墨	161.1 × 74.7		上海 上海博物館	
指畫秋柳圖	軸	紙	設色	158.9 × 69.1		上海 上海博物館	
梧鳳圖	軸	紙	設色	349.2×136.1		上海 上海博物館	
指畫白鷴圖	軸	紙	設色	131 × 71.5		鎮江 江蘇省鎮江市博物館	
指畫松壑飛泉圖	軸	絹	水墨	109 × 51		杭州 浙江美術學院	
指畫秋柳歸鴉圖	軸	紙	水墨	106.4 × 55.7	康熙丁亥（四十六年，1707）秋	杭州 浙江省杭州市文物考古所	
指畫文魁星圖	軸	花綾	水墨	131.5 × 48.4		紹興 浙江省紹興市博物館	
指畫漁樂圖	軸	絹	設色	143 × 45.5		南昌 江西省博物館	
指畫驢背吟詩圖	軸	紙	水墨	119 × 58		成都 四川省博物院	
秋葵行雉圖	軸	絹	設色	95.5 × 49.2		成都 四川省博物院	
山君變相圖	軸	絹	設色	不詳		重慶 重慶市博物館	
指畫松林騎馬圖	軸	紙	設色	91 × 52		重慶 重慶市博物館	
指畫游魚圖	軸	紙	水墨	154 × 67		重慶 重慶市博物館	
山水圖（2幅）	軸	紙	設色	（每幅）174 × 48		重慶 重慶市博物館	

名稱	形式	質地	色彩	尺寸 高x寬cm	創作時間	收藏處所	典藏號碼
林溪泛舟圖	軸	絹	設色	94 × 48		廈門 福建省廈門華僑博物館	
指畫聽風圖	軸	絹	設色	155.8 × 81	康熙辛卯（五十年，1711）	廣州 廣東省博物館	
指畫壽星圖	軸	紙	設色	不詳		廣州 廣東省博物館	
觀泉圖	軸	絹	水墨	162 × 76.5		廣州 廣東省博物館	
指畫金雞圖	軸	紙	設色	118 × 60		廣州 廣州市美術館	
指畫洛神圖	軸	紙	設色	134.5 × 62.5		廣州 廣州市美術館	
指畫鍾馗圖	軸	紙	設色	129 × 87		廣州 廣州市美術館	
指畫洛神圖	軸	紙	設色	116.2 × 64.5		廣州 廣州美術學院	
松鷹圖	軸	紙	設色	98.8 × 48.7		日本 東京國立博物館	
指畫蘆蟹圖	軸	紙	設色	23.7 × 19.7		日本 東京國立博物館	
指畫山水圖	軸	紙	設色	不詳		日本 東京根津美術館	
人物圖	軸	紙	設色	134.5 × 77.3		日本 東京渡邊晨畝先生	
竹林墨意圖（擬趙松雪雨竹筆意）	軸	紙	水墨	175.7 × 93		日本 東京須磨彌吉郎先生	
鍾馗像（指畫）	軸	紙	水墨	129.7 × 95.1	雍正六年（戊申，1728）元旦	日本 東京篠崎都香佐先生	
蓮鷺圖	軸	紙	水墨	不詳		日本 東京村上與四郎先生	
指畫石榴雄雞圖	軸	紙	設色	170.9 × 51.5		日本 東京藪本俊一先生	
指畫山水（松崖停棹圖）	軸	絹	設色	119 × 29		日本 東京柳孝藏先生	
松鷹圖	軸	紙	設色	104.9 × 86.8		日本 東京林宗毅先生	
鍾馗圖	軸	紙	設色	不詳		日本 東京張允中先生	
虎圖	軸	紙	設色	不詳		日本 東京張允中先生	
指畫雙鶴延齡圖	軸	紙	設色	不詳		日本 東京張允中先生	
杏林春牧（山水人物圖之一）	軸	紙	設色	133.9 × 36.7		日本 京都國立博物館	
廬山觀瀑（山水人物圖之二）	軸	紙	設色	133.9 × 36.7		日本 京都國立博物館	
柳溪歸隱（山水人物圖之三）	軸	紙	設色	133.9 × 36.7		日本 京都國立博物館	
商山採芝（山水人物圖之四）	軸	紙	設色	133.9 × 36.7		日本 京都國立博物館	
指畫山水圖	軸	絹	設色	204 × 83		日本 京都國立博物館	A甲226

名稱	形式	質地	色彩	尺寸 高×寬cm	創作時間	收藏處所	典藏號碼
九老圖（指畫）	軸	絹	設色	195.4×101.5		日本 京都桑名鐵城先生	
松溪尋詩圖	軸	紙	設色	181.8 × 51.5		日本 京都桑名鐵城先生	
指畫山水圖	軸	紙	水墨	不詳		日本 京都守屋正先生	
貓蝶花柳圖（為坡翁老先生壽作）	軸	紙	設色	173.3 × 47.4	辛巳（康熙四十年，1701）十二月	日本 北野正男先生	
閑屋秋思圖	軸	紙	設色	175 × 50.6		日本 奈良大和文華館	1122
天保九如圖	軸	絹	設色	219.7 × 47	戊子（康熙四十七年，1708）八月一日	日本 大阪市立美術館	
竹鳥圖（指畫）	軸	綾	水墨	172.7 × 57.6		日本 大阪藤野隆三先生	
指畫寒江獨釣圖	軸	絹	設色	84 × 42	癸未（康熙四十二年，1703）仲冬	日本 大阪橋本大乙先生	
指畫九老圖	軸	絹	設色	193.7×101.5		日本 大阪橋本大乙先生	
杏林春暖圖	軸	紙	設色	154.5 × 45		日本 大阪橋本大乙先生	
牡丹圖	軸	綾	設色	119.5 × 47		日本 大阪橋本大乙先生	
指畫春山飛瀑圖（仿清湘上人筆意）	軸	紙	設色	128.2 × 52.7		日本 名古屋櫻木俊一先生	
指畫蟹圖（仿張果亭畫意）	軸	紙	水墨	128.2 × 52.7		日本 名古屋櫻木俊一先生	
指畫擬米海嶽筆山水	軸	紙	水墨	128.2 × 52.7		日本 名古屋櫻木俊一先生	
指畫牧童圖	軸	紙	設色	128.2 × 52.7		日本 名古屋櫻木俊一先生	
指頭畫淺絳山水圖	軸	紙	設色	73.3 × 42.7		日本 福岡縣石詢道雄先生	
指畫菊花螃蟹圖	軸	紙	設色	100.8 × 40.1		日本 繭山龍泉堂	
仿李成筆意山水圖	軸	紙	設色	167 × 51.2		日本 山口良夫先生	
指畫樹石圖	軸	紙	水墨	93.5 × 42	癸未（康熙四十二年，1703）仲春	日本 江田勇二先生	
圓明園重九登高圖	軸	絹	設色	205.4 × 106	雍正丙午（四年，1726）九月十日	日本 江田勇二先生	
獅子圖	軸	絹	設色	不詳		日本 江田勇二先生	
指畫人物圖	軸	紙	設色	131.2 × 52.4		日本 櫻井貞幹先生	

名稱	形式	質地	色彩	尺寸 高x寬cm	創作時間	收藏處所	典藏號碼
指畫蘆雁圖	軸	紙	設色	175.1 x 50	壬午（康熙四十一年，1702）暮春	日本 中埜又左衛門先生	
巖上水禽圖	軸	綾	水墨	83.2 x 47	乾隆辛未（十六年，1751）暮春	日本 中埜又左衛門先生	
騎驢渡水圖	軸	紙	設色	136.2 x 60.6		日本 中埜又左衛門先生	
指畫巖虎圖	軸	綾	設色	139.4 x 47.8		日本 中埜又左衛門先生	
山水人物圖	軸	絹	設色	131.5 x 74.5		日本 私人	
指墨山水圖	軸	紙	水墨	128 x 5 63		韓國 首爾朴周煥先生	
湖畔泛舟圖	軸	紙	設色	23 x 27.6	甲子（乾隆九年，1744）客金陵作	美國 普林斯頓大學藝術館（私人寄存）	
指畫菊蟹圖	軸	紙	設色	100.3 x 39.6		美國 紐約布魯克林藝術博物館	83.113.3
指頭畫乞兒圖	軸	紙	水墨	90.5 x 45.3		美國 紐約大都會藝術博物館（Denis 楊先生寄存）	
蓮池水禽圖	軸	紙	設色	121 x 62.5		美國 密歇根大學藝術博物館	1961/1.162
指畫四季山水圖（4幅）	軸	絹	水墨	198.5 x 52.8		美國 密歇根大學艾瑞慈教授	
指畫虎溪三笑圖	軸	紙	設色	180.3 x 50.8		美國 舊金山亞洲藝術館	B65 D56
指畫山水圖	軸	紙	設色	177.5 x 50		美國 舊金山亞洲藝術館	B65 D55
指頭畫虎圖	軸	紙	設色	137.4 x 72.6		美國 舊金山亞洲藝術館	B60 D15
指頭畫鍾馗圖	軸	紙	設色	136.4 x 72.2		美國 勃克萊加州大學藝術館	1967.24
指畫桐陰幼鶴圖	軸	紙	設色	不詳		加拿大 多倫多皇家安大略博物館	
柳陰浴鴨圖	軸	紙	設色	58.3 x 33.3		加拿大 多倫多皇家安大略博物館	1989.14.3
群仙圖	軸	紙	設色	88.8 x 40.3		英國 倫敦大英博物館	1936.10.9.0 127(ADD164)
指頭畫人物圖	軸	紙	設色	94.4 x 40		英國 倫敦大英博物館	1910.2.12.5 41(ADD238)
仿吳道子漁樵問答圖	軸	紙	設色	154.9 x 87.4		英國 倫敦維多利亞-艾伯特博物館	F.E.11-1970

名稱	形式	質地	色彩	尺寸 高x寬cm	創作時間	收藏處所	典藏號碼
鍾馗圖	軸	紙	設色	118.6 x 59.8		德國 柏林東亞藝術博物館	5339
指頭畫鍾馗圖	軸	絹	朱墨	70.9 x 42.2		德國 柏林東亞藝術博物館	1988-403
李白觀瀑圖	軸	紙	設色	131.8 x 64.1		德國 科隆東亞藝術博物館	A11.3
指頭畫仙人圖	軸	紙	設色	155.5 x 76.1		德國 科隆東亞藝術博物館	A11.2
指頭畫人物圖	軸	紙	水墨	87.2 x 44.3		瑞士 蘇黎士黎得堡博物館	RCH.1025
指畫虎圖	軸	紙	設色	105.5 x 51.5		荷蘭 阿姆斯特丹 Rijks 博物館	RAK1991-10
指畫雜畫（10幀）	冊	紙	設色	（每幀）33 x 49		長春 吉林省博物館	
雜畫（12幀，為坡長作）	冊	紙	水墨	（每幀）31 x 60	康熙己丑（四十八年，1709）八月	瀋陽 故宮博物館	
指畫雜畫（8幀）	冊	紙	設色	（每幀）27 x 33.5		瀋陽 故宮博物館	
指畫雜畫（8幀）	冊	紙	設色	（每幀）28 x 33		瀋陽 故宮博物館	
指畫草蘭圖	冊頁	紙	設色	39.6 x 17.8		瀋陽 遼寧省博物館	
指畫雜畫（12幀）	冊	紙	設色	（每幀）24.6 x 36.2		瀋陽 遼寧省博物館	
指畫雜畫（10幀）	冊	紙	水墨	不詳	庚辰（康熙三十九年，1700）	北京 故宮博物院	
仿宋翎毛花鳥圖（10幀）	冊	絹	設色	（每幀）29.8 x 30.1	（康熙三十九年，庚辰，1700）	北京 故宮博物院	
指畫雜畫（10幀）	冊	紙	水墨	不詳	康熙王辰（五十一年，1712）	北京 故宮博物院	
指畫寒禽圖	冊頁	紙	設色	不詳		北京 故宮博物院	
指畫雜畫（12幀）	冊	絹	設色	不詳		北京 故宮博物院	
指畫雜畫（12幀）	冊	絹	水墨	不詳		北京 故宮博物院	
鍾馗圖（12幀）	冊	絹	水墨	（每幀）26.6 x 30.6		北京 故宮博物院	
指畫山水圖	摺扇面	紙	設色	18.2 x 55.6		北京 故宮博物院	
指畫竹雀圖	摺扇面	紙	設色	17.4 x 52		北京 故宮博物院	
指畫人物圖（4幀）	冊	紙	設色	（每幀）25.4 x 21.3	辛巳（康熙四十年，1701）三月	北京 中國歷史博物館	
指畫蘭花圖	摺扇面	紙	水墨	不詳	康熙辛卯（五十年	北京 中國歷史博物館	

名稱	形式	質地	色彩	尺寸 高x寬㎝	創作時間	收藏處所	典藏號碼
					，1711)		
雜畫（12幀）	冊	紙	設色	不詳	康熙壬辰（五十一年，1712) 初夏	北京 中國美術館	
雜畫（6幀）	冊	紙	水墨	（每幀）25.7 x 31.6		天津 天津市藝術博物館	
山溪避暑圖（陳洪綬等十人花卉山水冊10之1幀）	冊頁	紙	水墨	23.1 x 3.5	康熙辛卯（五十年，1711) 盛夏	天津 天津市藝術博物館	
指畫雜畫（6幀）	冊	紙	設色	（每幀）41.5 x 35		濟南 山東省博物館	
指畫雜畫扇面（14幀）	冊	紙	設色	（每幀）17 x 51	己丑（康熙四十八年，1709)	青島 山東省青島市博物館	
指畫（為其夫人及子女作扇面2冊，?幀）	冊	紙	水墨	不詳	康熙癸巳（五十二年，1713) 初夏	青島 山東省青島市博物館	
指畫人物（12幀）	冊	紙	水墨	（每幀）33.3 x 27.1	癸未（康熙四十二年，1703) 端午	上海 上海博物館	
指畫雜畫（12幀，為漢祝作）	冊	紙	水墨	（每幀）28.5 x 55	戊子（康熙四十七年，1708) 四月	上海 上海博物館	
指畫花鳥圖（8幀）	冊	紙	設色	（每幀）27.9 x 62.2		上海 上海博物館	
雜畫（10幀）	冊	紙	水墨	（每幀）26.2 x 32.5		上海 上海博物館	
青蛙圖（鄭燮等花卉冊13之第12幀）	冊頁	紙	水墨	23.7 x 31.3		上海 上海博物館	
水中八事圖（8幀）	冊	絹	設色	（每幀）31.6 x 40.9	壬辰（康熙五十一年，1712) 初夏	南京 南京博物院	
指畫雜畫（8幀）	冊	紙	設色	不詳		杭州 浙江省博物館	
詩、畫（各4幀）	冊	絹	水墨	不詳		杭州 浙江省杭州市文物考古所	
指畫鍾馗圖（2幀）	冊	絹	水墨	（每幀）25.5 x 29		杭州 浙江省杭州西泠印社	
孤舟煙雨圖	摺扇面	紙	水墨	不詳		寧波 浙江省寧波市天一閣文物保管所	
指畫雜畫（12幀）	冊	紙	設色	（每幀）52.6 x 26.1	康熙壬辰（五十一年，1712) 初夏十	四川 四川大學	

名稱	形式	質地	色彩	尺寸 高×寬cm	創作時間	收藏處所	典藏號碼
					六日		
指畫雜畫（12幀，為舜徒作）	冊	紙	設色	（每幀）22.2 × 18.5	康熙辛丑（六十年，1721）十月	廣州 廣東省博物館	
指畫雜畫（12幀）	冊	紙	水墨	（每幀）23.5 × 37.5	庚寅（康熙四十九年，1710）二月	廣州 廣州市美術館	
雜畫（8幀）	冊	絹	設色	（每幀）40 × 26.4		日本 東京帝室博物館	
柳枝小禽（明名家書畫扇集冊之5)	摺扇面	金箋	設色	不詳		日本 東京田邊碧堂先生	
指頭山水畫（12幀）	冊	絹	設色	（每幀）19.7 × 15.7		日本 京都國立博物館	A甲591
花鳥圖（12幀）	冊	紙	設色	（每幀）25.8 × 37.5	康熙二十有五年（丙寅，1686）九月之望	日本 大阪市立美術館	
松鷹圖	摺扇面	紙	設色	不詳		日本 江田勇二先生	
指畫雜畫（10幀）	冊	紙	設色	不詳	戊寅（康熙三十七年，1698）仲夏月	美國 波士頓美術館	55.966
指頭雜畫（12幀，各為：龍；奇峰；竹溪；半宅老梅；白鷺；新竹；鯰魚；秋葵；松枝；石榴；白馬；舞鶴）	冊	紙	設色	（每幀）36 × 57.5	康熙壬辰（五十一年，1712）	美國 堪薩斯市納爾遜-艾金斯藝術博物館	
雜畫（2幀）	冊頁	紙	水墨	（每幀）24.6 × 39.6		美國 堪薩斯州立大學藝術館	
山水花卉草蟲圖（12幀，各為：雨景；策杖攜琴；遠水揚帆；柳燕；鵪鶉；竹石；螃蟹；老僧；鱖魚；蜻蜓蓼花；蟬柳；水仙靈芝）	冊	紙	設色	（每幀）22.6 × 27.5		美國 勃克萊加州大學藝術館（高居翰教授寄存）	CC108
指頭雜畫（10幀）	冊	紙	設色	（每幀）36.7 × 33.1		英國 倫敦大英博物館	1951.4.7.02 (ADD272)
指頭畫（12幀）	冊	紙	設色	（每幀）27.2 × 33.4		荷蘭 阿姆斯特丹 Rijks 博物館	RAK290
附：							
山水圖	卷	紙	設色	29.5 × 253		紐約 佳士得藝品拍賣公司/拍	

名稱	形式	質地	色彩	尺寸 高x寬cm	創作時間	收藏處所	典藏號碼
梅花書畫	卷	紙	水墨	32 × 338		紐約 蘇富比藝品拍賣公司/拍 賣目錄 1984,06,29.	
湖山清趣圖	卷	紙	設色	31 × 750		紐約 佳士得藝品拍賣公司/拍 賣目錄 1985,06,03.	
山水圖	卷	絹	設色	25.7 × 176.5		香港 佳士得藝品拍賣公司/拍 賣目錄 1989,12,04.	
魚蟹果蔬圖	卷	綾	水墨	49.2 × 795	康熙戊子（四十七 年，1708）五月	紐約 佳士得藝品拍賣公司/拍 賣目錄 1991,03,18.	
指畫松陰小憩圖	軸	綾	水墨	149.5 × 45		北京 中國文物商店總店	
指畫梧桐仕女圖	軸	絹	水墨	不詳		北京 北京市工藝品進出口公 司	
古道清廉圖	軸	紙	設色	197 × 78.5		濟南 山東省濟南市文物商店	
喬松麒麟圖	軸	絹	水墨	不詳		上海 朵雲軒	
指畫龍圖	軸	絹	設色	不詳	康熙癸巳（五十二 年，1713）	上海 上海文物商店	
指畫芭蕉仙鶴圖	軸	絹	設色	130.5 × 41.8	丙申（康熙五十五 年，171）	上海 上海文物商店	
指畫鍾馗圖	軸	紙	設色	114 × 57.8		上海 上海文物商店	
指畫松鷹圖	軸	絹	設色	191.5 × 98.2	康熙丁亥（四十六 年，1707）十月	無錫 無錫市文物商店	
指畫柳下當風圖	軸	紙	設色	97.5 × 52.7	康熙壬辰（五十一 年，1712）	武漢 湖北省武漢市文物商店	
指畫柳溪雙鳧圖	軸	紙	水墨	61.5 × 43.3	康熙甲午（五十三 年，1714）	武漢 湖北省武漢市文物商店	
指畫鵪鶉木石圖	軸	紙	設色	38.1 × 47.6		紐約 蘇富比藝品拍賣公司/拍 賣目錄 1980.12.18.	
寒山霽月圖	軸	紙	水墨	72.3 × 38.7		紐約 蘇富比藝品拍賣公司/拍 賣目錄 1981.05.07.	
指畫僧人圖	軸	紙	水墨	121.2 × 45.1		紐約 蘇富比藝品拍賣公司/拍 賣目錄 1981.10.25.	
圓明園登高圖	軸	紙	設色	204 × 105	雍正丙午（乾隆元 年，1726）九月十 日	紐約 佳士得藝品拍賣公司/拍 賣目錄 1984,06,29.	

名稱	形式	質地	色彩	尺寸 高×寬cm	創作時間	收藏處所	典藏號碼
指畫懸崖聽瀑圖	軸	紙	水墨	106 × 38		紐約 佳士得藝品拍賣公司/拍賣目錄 1984,06,29.	
溪山隱居圖	軸	紙	設色	168.5 × 46	康熙庚辰（三十九年，1700）夏季	紐約 佳士得藝品拍賣公司/拍賣目錄 1984,06,29.	
菊石圖	軸	紙	設色	118 × 64		紐約 佳士得藝品拍賣公司/拍賣目錄 1984,06,29.	
雪景山水圖	軸	紙	設色	156.3 × 44.4	康熙戊戌（五十七年，1718）五月	紐約 蘇富比藝品拍賣公司/拍賣目錄 1985,06,03.	
指畫松閣觀泉圖（為梅翁作）	軸	紙	設色	89.5 × 53		紐約 蘇富比藝品拍賣公司/拍賣目錄 1985,04,17.	
指畫魚樂圖	軸	紙	水墨	137 × 75		紐約 佳仕得藝品拍賣公司/拍賣目錄 1986,06,04.	
威震八方（鷹捕雀圖）	軸	紙	設色	154 × 47.3		紐約 蘇富比藝品拍賣公司/拍賣目錄 1986,06,03.	
指畫魚樂圖	軸	紙	水墨	137 × 75		紐約 佳士得藝品拍賣公司/拍賣目錄 1988,06,02.	
老鷹松石圖	軸	紙	設，	92.8 × 52.8	康熙甲午（五十三年，1714）	紐約 蘇富比藝品拍賣公司/拍賣目錄 1988,06,01.	
墨蟹圖	軸	紙	水墨	101.6 × 27.3		紐約 蘇富比藝品拍賣公司/拍賣目錄 1988,11,30.	
指畫松鶴圖	軸	紙	設色	120 × 38.5	雍正癸卯（元年，1723）	紐約 佳士得藝品拍賣公司/拍賣目錄 1988,11,30.	
牡丹貍奴圖	軸	紙	設色	180.3 × 46.7		紐約 佳士得藝品拍賣公司/拍賣目錄 1988,11,30.	
指畫雪松雙鹿圖	橫幅	紙	設色	89 × 160		紐約 佳士得藝品拍賣公司/拍賣目錄 1990,05,31.	
指畫行虎圖	橫幅	紙	設色	125 × 235.5		紐約 佳士得藝品拍賣公司/拍賣目錄 1990,05,31.	
指畫泛舟圖	軸	紙	設色	169.5 × 42.5	康熙戊戌（五十七年，1718）八月	紐約 佳士得藝品拍賣公司/拍賣目錄 1990,11,28.	
指畫番人獵騎圖	軸	紙	設色	122.5 × 54	丁丑（康熙三十六年，1697）嘉平月	香港 佳士得藝品拍賣公司/拍賣目錄 1991,03,18.	
松鶴圖	軸	紙	設色	171.5 × 97		香港 佳士得藝品拍賣公司/拍賣目錄 1991,03,18.	

名稱	形式	質地	色彩	尺寸 高x寬㎝	創作時間	收藏處所	典藏號碼
清溪臨流圖	軸	紙	設色	153.5 x 87		紐約 佳士得藝品拍賣公司/拍賣目錄 1991,05,29.	
指畫柳鵲圖	軸	紙	水墨	134.5 x 74		紐約 佳士得藝品拍賣公司/拍賣目錄 1992,12,02.	
風柳水禽圖	軸	綾	水墨	120 x 46.5		紐約 佳士得藝品拍賣公司/拍賣目錄 1992,12,02.	
鍾馗圖	軸	紙	設色	116 x 61.5		紐約 佳士得藝品拍賣公司/拍賣目錄 1993,06,04.	
松陰雅集圖	軸	紙	設色	146.5 x 54		紐約 佳士得藝品拍賣公司/拍賣目錄 1993,12,01.	
松鷹圖	軸	紙	水墨	110.5 x 52		紐約 佳士得藝品拍賣公司/拍賣目錄 1993,12,01.	
雲山觀瀑圖	軸	紙	設色	214 x 117.7		紐約 佳士得藝品拍賣公司/拍賣目錄 1994,06,01.	
鍾馗圖	軸	紙	設色	121.6 x 59.7		紐約 佳士得藝品拍賣公司/拍賣目錄 1994,11,30.	
虎圖	軸	紙	設色	126.5 x 64		紐約 佳士得藝品拍賣公司/拍賣目錄 1995,03,22.	
魚樂圖	軸	紙	水墨	76.2 x 42		紐約 佳士得藝品拍賣公司/拍賣目錄 1995,09,19.	
松下高士圖	軸	紙	設色	89 x 40		紐約 佳士得藝品拍賣公司/拍賣目錄 1995,09,19.	
山家客話圖	軸	紙	設色	125.1 x 62.2	乙亥（康熙三十四年，1695）八月	紐約 佳士得藝品拍賣公司/拍賣目錄 1996,03,27.	
寒林圖	軸	紙	設色	166.3 x 51.4		紐約 佳士得藝品拍賣公司/拍賣目錄 1996,09,18.	
踏雪尋梅圖	軸	紙	設色	181 x 50.2		紐約 佳士得藝品拍賣公司/拍賣目錄 1997,09,19.	
古柯竹石圖	軸	紙	設色	166.4 x 38.1		紐約 佳士得藝品拍賣公司/拍賣目錄 1998,03,24.	
牧牛圖	橫披	紙	水墨	88.8 x 170.2		紐約 佳士得藝品拍賣公司/拍賣目錄 1998,03,24.	
指畫人物（12幀）	冊	紙	設色	不詳	己丑（康熙四十八年，1709）	北京 北京市工藝品進出口公司	

名稱	形式	質地	色彩	尺寸 高×寬㎝	創作時間	收藏處所	典藏號碼
指畫草蘭圖	冊頁	紙	設色	不詳		上海 朵雲軒	
指畫書畫扇面（12幀）	冊	紙	水墨、設色	（每幀）約 17.5 × 51.5		紐約 佳士得藝品拍賣公司/拍賣目錄 1983,11,30.	
雜畫（8幀）	冊	紙	設色	不詳		紐約 蘇富比藝品拍賣公司/拍賣目錄 1986,12,04.	
工筆花鳥（8幀）	冊	絹	設色	（每幀）14.5 × 17		紐約 佳士得藝品拍賣公司/拍賣目錄 1989,12,04.	
風雨漁舟（清朝名家山水集冊之第5幀）	冊頁	紙	水墨	26 × 31.7		紐約 佳士得藝品拍賣公司/拍賣目錄 1989,12,04.	
雜畫（8幀）	冊	絹	水墨	（每幀）29 × 38		紐約 佳士得藝品拍賣公司/拍賣目錄 1990,05,31.	
雜畫（6幀）	冊	紙	水墨、設色	（每幀）23.5 × 33		紐約 佳士得藝品拍賣公司/拍賣目錄 1992,12,02.	
指頭雜畫（12幀）	冊	紙	水墨、設色	（每幀）28 × 52.5	康熙甲申（四十三年，1704）穀雨前三日	香港 佳士得藝品拍賣公司/拍賣目錄 1996,04,28.	

畫家小傳：高其佩。字韋之。號且園。遼陽人。隸籍漢軍鑲白旗。生於聖祖康熙十一（1672）年，高宗乾隆十六（1751）年尚在世。仕官至刑部侍郎。善作指頭畫，山水、人物、花木、魚龍和鳥獸，無不精妙，甚得奇情異趣。（見國朝畫徵錄、桐陰論畫、熙朝雅頌集、耕硯田齋筆記、中國畫家人名大辭典等）

沈 堅

名稱	形式	質地	色彩	尺寸 高×寬㎝	創作時間	收藏處所	典藏號碼
芝仙書屋圖（清王翬等三十人合作）	軸	紙	水墨	129 × 69	丁丑（康熙三十六年，1697）	廣州 廣東省博物館	

畫家小傳：沈堅。畫史無載。流傳署款紀年作品見於聖祖康熙三十六（1697）年。身世待考。

馬是行

名稱	形式	質地	色彩	尺寸 高×寬㎝	創作時間	收藏處所	典藏號碼
芝仙書屋圖（清王翬等三十人合作）	軸	紙	水墨	129 × 69	丁丑（康熙三十六年，1697）	廣州 廣東省博物館	

畫家小傳：馬是行。畫史無載。流傳署款紀年作品見於聖祖康熙三十六（1697）年。身世待考。

劉石齡

名稱	形式	質地	色彩	尺寸 高×寬㎝	創作時間	收藏處所	典藏號碼
芝仙書屋圖（清王翬等三十人合作）	軸	紙	水墨	129 × 69	丁丑（康熙三十六年，1697）	廣州 廣東省博物館	

畫家小傳：劉石齡。畫史無載。流傳署款紀年作品見於聖祖康熙三十六（1697）年。身世待考。

名稱	形式	質地	色彩	尺寸 高x寬㎝	創作時間	收藏處所	典藏號碼

孔衍栻

| 芝仙書屋圖（清王翬等三十人合作） | 軸 | 紙 | 水墨 | 129 x 69 | 丁丑（康熙三十六年，1697） | 廣州 廣東省博物館 | |

畫家小傳：孔衍栻。畫史無載。流傳署款紀年作品見於聖祖康熙三十六（1697）年。身世待考。

楊 豹

| 芝仙書屋圖（清王翬等三十人合作） | 軸 | 紙 | 水墨 | 129 x 69 | 丁丑（康熙三十六年，1697） | 廣州 廣東省博物館 | |

畫家小傳：楊豹。畫史無載。流傳署款紀年作品見於聖祖康熙三十六（1697）年。身世待考。

于 琰

| 芝仙書屋圖（清王翬等三十人合作） | 軸 | 紙 | 水墨 | 129 x 69 | 丁丑（康熙三十六年，1697） | 廣州 廣東省博物館 | |

畫家小傳：于琰。畫史無載。流傳署款紀年作品見於聖祖康熙三十六（1697）年。身世待考。

方孝維

| 芝仙書屋圖（清王翬等三十人合作） | 軸 | 紙 | 水墨 | 129 x 69 | 丁丑（康熙三十六年，1697） | 廣州 廣東省博物館 | |

畫家小傳：方孝維。畫史無載。流傳署款紀年作品見於聖祖康熙三十六（1697）年。身世待考。

周 兹

| 溪亭獨眺圖 | 軸 | 絹 | 設色 | 131 x 50.1 | | 天津 天津市文化局文物處 | |
| 芝仙書屋圖（清王翬等三十人合作） | 軸 | 紙 | 水墨 | 129 x 69 | 丁丑（康熙三十六年，1697） | 廣州 廣東省博物館 | |

畫家小傳：周兹。畫史無載。流傳署款紀年作品見於聖祖康熙三十六（1697）年。身世待考。

許 容

| 春供圖 | 軸 | 紙 | 設色 | 不詳 | 庚辰（？康熙三十九年，1700） | 南京 南京博物院 | |
| 芝仙書屋圖（清王翬等三十人合作） | 軸 | 紙 | 水墨 | 129 x 69 | 丁丑（康熙三十六年，1697） | 廣州 廣東省博物館 | |

畫家小傳：許容。字默公。江蘇如皋人。為人通六書，工篆刻，善寫芭蕉。但譁而不作，知者甚少，蓋為書及篆刻所掩。流傳署款作品紀年疑為聖祖康熙三十六（1697）、三十九（1700）年。（見圖繪寶鑑續纂、墨林韻語、中國畫家人名大辭典）

名稱	形式	質地	色彩	尺寸 高x寬cm	創作時間	收藏處所	典藏號碼

馮鑲

| 玉蘭白頭圖 | 軸 | 絹 | 設色 | 不詳 | | 天津 天津市藝術博物館 | |
| 芝仙書屋圖（清王翬等三十人合作） | 軸 | 紙 | 水墨 | 129 x 69 | 丁丑（康熙三十六年，1697） | 廣州 廣東省博物館 | |

畫家小傳：馮鑲。畫史無載。流傳署款紀年作品見於聖祖康熙三十六（1697）年。身世待考。

鄧瑛

| 芝仙書屋圖（清王翬等三十人合作） | 軸 | 紙 | 水墨 | 129 x 69 | 丁丑（康熙三十六年，1697） | 廣州 廣東省博物館 | |

畫家小傳：鄧瑛。畫史無載。流傳署款紀年作品見於聖祖康熙三十六（1697）年。身世待考。

王永

| 芝仙書屋圖（清王翬等三十人合作） | 軸 | 紙 | 水墨 | 129 x 69 | 丁丑（康熙三十六年，1697） | 廣州 廣東省博物館 | |

畫家小傳：王永。畫史無載。流傳署款紀年作品見於聖祖康熙三十六（1697）年。身世待考。

錢珍

| 芝仙書屋圖（清王翬等三十人合作） | 軸 | 紙 | 水墨 | 129 x 69 | 丁丑（康熙三十六年，1697） | 廣州 廣東省博物館 | |

畫家小傳：錢珍。畫史無載。流傳署款紀年作品見於聖祖康熙三十六（1697）年。身世待考。

顧士琦

| 芝仙書屋圖（清王翬等三十人合作） | 軸 | 紙 | 水墨 | 129 x 69 | 丁丑（康熙三十六年，1697） | 廣州 廣東省博物館 | |

畫家小傳：顧士琦。畫史無載。流傳署款紀年作品見於聖祖康熙三十六（1697）年。身世待考。

馬衡

| 松深寺古圖（法唐解元筆意） | 軸 | 絹 | 設色 | 121.2 x 60.6 | | 日本 東京森安三郎先生 | |

畫家小傳：馬衡。字右襄。江蘇吳人。馬昂之子。約活動於康熙中期。能事家學，善畫山水，（見國朝畫徵錄、吳縣新志、中國畫家人名大辭典）

何文煌

| 江山平遠圖 | 卷 | 紙 | 水墨 | 23 x 145 | 己卯（康熙三十八 | 合肥 安徽省博物館 | |

名稱	形式	質地	色彩	尺寸 高x寬㎝	創作時間	收藏處所	典藏號碼
					年，1699）		
鍾馗圖	軸	紙	設色	118.5 x 46	戊寅（康熙三十七年，1698）	天津 天津市藝術博物館	
擬黃一峰江山覽勝圖	軸	紙	設色	不詳	丁丑（康熙三十六年，1697）中秋	青島 山東省青島市博物館	
枯木竹石圖	軸	絹	水墨	不詳		合肥 安徽省博物館	
山水、花卉圖（8幀）	冊	紙	設色	（每幀）26 x 32	己卯（康熙三十八年，1699）	烏魯木齊 新疆維吾爾自治區博物館	

畫家小傳：何文煌。字昭夏。號竹坡。安徽休寧人。為查士標弟子。能詩，工書。畫善山水，畫筆超老。署款紀年作品見於聖祖康熙三十六(1697)至三十八（1699）年。（見國朝畫徵錄、在亭叢稿、中國畫家人名大辭典）

葉良揆

採芝圖	軸	絹	設色	122.5 x 64.4	丁丑（康熙三十六年，1697）初夏	台北 故宮博物院	故畫 02910

畫家小傳：葉良揆。畫史無載。作品自署字彩臣。浙江山陰人。署款紀年作品見於聖祖康熙三十六(1697)年。身世待考。

周　銓

花鳥圖	軸	絹	設色	不詳		旅順 遼寧省旅順博物館	
荷花圖	軸	紙	設色	245.8 x 86.4		加拿大 多倫多皇家安大略博物館	971.128
花鳥圖（荷浦野鳧）	軸	絹	設色	94 x 48.6	丙子（康熙三十五年，1696）六月	英國 倫敦大英博物館	1910.2.12.523（ADD179）
花鳥、昆蟲圖（12幀）	冊	紙	設色	不詳		北京 故宮博物院	
花鳥、走獸圖（9幀）	冊	絹	設色	不詳	丁丑（康熙三十六年，1697）夏日	上海 上海博物館	

畫家小傳：周銓。字巨衡。浙江秀水人。工畫花鳥，尤長於荷鷺，人稱周荷。流傳署款紀年作品見於聖祖康熙三十六(1697)年。（見國朝畫徵錄、中國畫家人名大辭典）

曹　代

仿李成秋山話古圖	軸	紙	設色	不詳		台北 蘭千山館	
附：							
仿梅花道人山水圖	軸	絹	水墨	135 x 66	丁丑（康熙三十六年，1697）	天津 天津市文物公司	

畫家小傳：曹代。字淮月。號嘯雲。代郡人，家居北通州。博學能詩。工書、畫。畫山水，似元倪瓚。流傳署款紀年作品見於聖祖康熙

名稱	形式	質地	色彩	尺寸 高×寬㎝	創作時間	收藏處所	典藏號碼

三十六(1697)年。（見蓮洋集、北通州志、中國畫家人名大辭典）

呂 學

狩獵圖	卷	紙	設色	不詳		北京 故宮博物院	
人物（諸昇等五人雜畫合卷5之第2段）	卷	紙	設色	不詳		北京 故宮博物院	
茗情琴意圖	卷	絹	設色	41 × 419	康熙丁丑（三十六年，1697）	青島 山東省青島市博物館	
松鹿老人圖	軸	紙	設色	179 × 62	癸亥（康熙二十二年，1683）	天津 天津市藝術博物館	
人物圖	軸	紙	設色	108.7 × 56.1		天津 天津市藝術博物館	
松閣論文圖	軸	絹	設色	180.2 × 97.6		天津 天津市藝術博物館	
水閣觀瀑圖	軸	紙	設色	150.4 × 46.6		南京 南京博物院	
商山四皓圖	軸	紙	設色	333.3 × 124.5	乙酉（康熙四十四年，1705）	蘇州 江蘇省蘇州博物館	
梅花圖	軸	紙	水墨	118 × 29	雍正甲辰（二年，1724）	南通 江蘇省南通博物苑	
水閣觀梅圖	軸	紙	設色	不詳	辛巳（康熙四十年，1701）初冬	杭州 浙江省博物館	
桃花源圖	軸	絹	設色	193.9 × 100.9		杭州 浙江省博物館	
山樓觀瀑圖	軸	絹	設色	不詳		海寧 浙江省海寧市博物館	
獻壽圖	軸	絹	設色	178 × 98		平湖 浙江省平湖縣博物館	
水閣觀梅圖	軸	紙	設色	167 × 86	辛巳（康熙四十年，1701）	湖州 浙江省湖州市博物館	
劉海戲蟾圖	軸	紙	設色	不詳	乙未（康熙五十四年，1715）	湖州 浙江省湖州市博物館	
蘭亭修禊圖	軸	綾	設色	179 × 98		廣州 廣東省博物館	
鑑湖春曉圖	軸	絹	設色	164 × 27		廣州 廣東省博物館	
布袋像	軸	絹	設色	100.9 × 34.5	壬辰（康熙五十一年，1712）初秋	日本 東京帝室博物館	

名稱	形式	質地	色彩	尺寸 高x寬cm	創作時間	收藏處所	典藏號碼
秋山待渡圖	軸	絹	青綠	164.8 × 45.2		日本 東京帝室博物館	
漁樂圖	軸	絹	設色	不詳		日本 東京張允中先生	
秋山棧道圖	軸	絹	設色	133.4 × 41.2		日本 京都國立博物館	A甲668
漁樵問答圖	軸	紙	設色	140.1 × 70.9		日本 私人	
山水圖	軸	絹	設色	183.4 × 94.2		美國 普林斯頓大學藝術館	46-195
鍾馗圖	軸	絹	設色	167.7 × 95.6		英國 倫敦大英博物館	1910.0.12.520(ADD220)
冬景山水圖	軸	絹	設色	63.1 × 44.7		英國 倫敦大英博物館	1881.12.10.67(ADD)

附：

蘇武牧羊圖	軸	紙	設色	不詳		蘇州 蘇州市文物商店	

畫家小傳：呂學。字時敏。號海山。浙江烏程人。工畫佛像、人物、駝馬；兼善山水。流傳署款紀年作品見於清聖祖康熙三十六(1697)年至世宗雍正二(1724)年。(見圖繪寶鑑續纂、國朝畫徵錄)

顧大經

附：

春景山水圖	軸	絹	設色	49.5 × 33		紐約 佳士得藝品拍賣公司/拍賣目錄 1989,12,04.	

畫家小傳：顧大經。畫史無載。身世待考。

王允齡

牡丹白鴿圖	軸	絹	設色	157.1 × 55.5		廣州 廣州市美術館	

附：

山水圖	摺扇面	金箋	水墨	15 × 47		紐約 佳士得藝品拍賣公司/拍賣目錄 1989.06.01	

畫家小傳：王允齡。字延卿。江蘇江寧人。善畫花卉，筆致秀雅；又摹仿諸家，皆有生氣。(見江寧府誌、中國美術家人名辭典)

江念祖

附：

名稱	形式	質地	色彩	尺寸 高×寬㎝	創作時間	收藏處所	典藏號碼
山水圖（仿叔明筆意）	軸	綾	水墨	181 × 51		紐約 佳士得藝品拍賣公司/拍賣目錄目錄1996,09,18.	

畫家小傳：江念祖。字遙止。安徽歙縣人，家居武林。善畫山水，摹古有自得之致。（見讀畫錄、中國畫家人名大辭典）

（釋）寶　筏

名稱	形式	質地	色彩	尺寸 高×寬㎝	創作時間	收藏處所	典藏號碼
山水圖（與文俶草蟲圖扇面合裝）	摺扇面	金箋	設色	18 × 53.2		香港 羅桂祥先生	
山水圖（為星池作）	摺扇面	紙	設色	18.9 × 53	丁丑（？康熙三十六年，1697）九秋	新加坡 Dr. E. Lu.	

畫家小傳：寶筏。字蓮西。廣東人。為海幢寺和尚。喜收藏。工詩詞。善畫山水，師法王翬。流傳署款作品紀年疑為聖祖康熙三十六（1697）年。（見嶺南畫徵略、中國畫家人名大辭典）

汪東山

名稱	形式	質地	色彩	尺寸 高×寬㎝	創作時間	收藏處所	典藏號碼
南山松壽圖	摺扇面	金箋	水墨	不詳	丁丑（？康熙三十六年，1697）	北京 故宮博物院	

畫家小傳：汪東山。畫史無載。流傳署款作品紀年疑為聖祖康熙三十六（1697）年。身世待考。

汪林苤

名稱	形式	質地	色彩	尺寸 高×寬㎝	創作時間	收藏處所	典藏號碼
牡丹圖	橫幅	紙	水墨	37.9 × 62.6		合肥 安徽省博物館	

畫家小傳：汪林苤。畫史無載。似為聖祖康熙中期畫家。身世待考。

沙芳華

名稱	形式	質地	色彩	尺寸 高×寬㎝	創作時間	收藏處所	典藏號碼
雙帆破浪圖	摺扇面	粉箋	設色	不詳	丁丑（？康熙三十六年，1697）	合肥 安徽省博物館	

畫家小傳：沙芳華。畫史無載。流傳署款作品疑似為聖祖康熙三十六（1697）年。身世待考。

唐　岱

名稱	形式	質地	色彩	尺寸 高×寬㎝	創作時間	收藏處所	典藏號碼
西山紀遊圖（為寄翁作）	卷	紙	設色	不詳	康熙庚寅（四十九年，1710）秋仲	北京 故宮博物院	
摹巨然山水圖（為青翁作）	卷	紙	水墨	不詳	康熙辛卯（五十年，1711）春日	北京 故宮博物院	
槎河山莊圖（為青嶺作）	卷	紙	設色	不詳	康熙辛卯（五十年，1711）春日	濟南 山東省博物館	
山水圖	卷	紙	水墨	33.5 × 360	康熙庚辰（三十九	日本 東京國立博物館	

名稱	形式	質地	色彩	尺寸 高x寬㎝	創作時間	收藏處所	典藏號碼
					年，1700）冬日		
山水圖	卷	絹	設色	不詳		日本 東京住友寬一先生	
江村招隱圖	卷	絹	設色	31 × ?		荷蘭 阿姆斯特丹 Rij-ks 博物館（私人寄存）	
倣范寬畫幅	軸	絹	設色	287.2×155.2	乾隆六年（辛酉，1741）春仲	台北 故宮博物院	故畫 03754
倣李唐寒谷先春（與孫祜合作）	軸	紙	水墨	355 × 274.5	乾隆九年（甲子，1744）春王月	台北 故宮博物院	故畫 03720
院本新豐圖（與孫祜、沈源、丁觀鵬、周鯤、王幼學、吳桂合筆）	軸	絹	設色	203.8 × 96.4	乾隆十年乙丑（1745）正月	台北 故宮博物院	故畫 03122
歸隱圖	軸	紙	設色	86.2 × 48.4		台北 故宮博物院	故畫 00793
千山落照圖	軸	紙	設色	118.2 × 63.3		台北 故宮博物院	故畫 02711
仿倪瓚清閟閣圖	軸	紙	水墨	119.6 × 47.1		台北 故宮博物院	故畫 02712
松陰撫琴圖	軸	紙	水墨	32.5 × 29.4		台北 故宮博物院	故畫 02713
雪景人物即事（高宗御題）	軸	紙	設色	112.7 × 25.6		台北 故宮博物院	故畫 02714
倣吳鎮畫山水	軸	紙	水墨	93.6 × 53.5		台北 故宮博物院	故畫 02715
倣趙孟頫筆意山水	軸	絹	設色	56.9 × 41.6		台北 故宮博物院	故畫 02716
倣范寬山水	軸	紙	設色	123.5 × 69.3		台北 故宮博物院	故畫 02717
倣范寬秋山瀑布	軸	紙	設色	157.5 × 63.8		台北 故宮博物院	故畫 02718
秋林讀易	軸	絹	設色	163.9 × 89.4		台北 故宮博物院	故畫 03030
風雨歸丹圖	軸	絹	設色	167.4×105.2		台北 故宮博物院	故畫 03031
倣王蒙山水	軸	紙	設色	179.3 × 98.3		台北 故宮博物院	故畫 03032
慶豐圖（與孫祜、沈源、丁觀鵬、周鯤、王幼學、吳桂合作）	軸	絹	設色	393.6 × 234		台北 故宮博物院	故畫 03704
豳風圖（與沈源合筆）	軸	絹	設色	126 × 173.4		台北 故宮博物院	故畫 03743

名稱	形式	質地	色彩	尺寸 高×寬cm	創作時間	收藏處所	典藏號碼
夏山高逸圖（仿趙孟頫）	軸	絹	設色	125 × 181.2		台北 故宮博物院	故畫 03747
仿黃公望水邊重閣圖	軸	紙	水墨	79.5 × 50.4		台北 鴻禧美術館	C1-14
仿倪瓚山水圖	軸	紙	水墨	不詳		瀋陽 故宮博物院	
松鶴圖（郎世寧、唐岱合作）	軸	絹	設色	223 × 142.1		瀋陽 故宮博物館	
仿巨然筆作烟浮遠岫圖	軸	絹	水墨	不詳	康熙丙申（五十五年，1716）春二月	瀋陽 遼寧省博物館	
仿關仝山水圖	軸	絹	設色	不詳	雍正三年（乙巳，1725）秋日	北京 故宮博物院	
弘曆山莊撫琴圖	軸	絹	設色	不詳	乾隆十一年（丙寅，1746）春三月	北京 故宮博物院	
雪景山水圖	軸	絹	設色	不詳		北京 故宮博物院	
湖山春色圖	軸	絹	設色	不詳		北京 中國歷史博物館	
仿巨然山水圖	軸	紙	水墨	81.5 × 100	乾隆九年（甲子，1744）清和月	北京 北京市文物局	
重巒疊翠圖	軸	絹	設色	87.5 × 51.2	丁未（雍正五年，1727）	北京 北京畫院	
仿大癡山水圖	軸	紙	設色	88.5 × 55.6	雍正九年（辛亥，1731）	天津 天津市藝術博物館	
花溪漁樂圖	軸	絹	設色	95 × 50	癸丑（雍正十一年，1733）	天津 天津市藝術博物館	
富春大嶺圖	軸	紙	設色	102 × 52.2	乾隆十六年辛未（1751）七十九歲	天津 天津市藝術博物館	
仿北苑山水圖	軸	紙	水墨	93 × 53	康熙戊戌（五十七年，1718）	天津 天津市歷史博物館	
夏日山居圖	軸	絹	設色	105 × 61		石家莊 河北省博物館	
仿米山水圖	軸	紙	水墨	不詳	乾隆五年（庚申，1740）	濟南 山東省濟南市博物館	
白象人物圖	軸	絹	設色	不詳		西安 陝西省西安市文物保護考古所	
溪流曲盡圖	軸	紙	水墨	113.8 × 64.3	康熙庚子（五十九年，1720）秋日	杭州 浙江省博物館	
春靄晴巒圖	軸	紙	設色	不詳	乾隆十一年（丙寅	南昌 江西省博物館	

名稱	形式	質地	色彩	尺寸 高x寬㎝	創作時間	收藏處所	典藏號碼
					，1746）初夏		
擬米芾海嶽雲山圖	軸	紙	水墨	114 x 65.8	己酉（雍正七年，1729）九秋	重慶 重慶市博物館	
芝仙書屋圖（清王翬等三十人合作）	軸	紙	水墨	129 x 69	丁丑（康熙三十六年，1697）	廣州 廣東省博物館	
仿大癡山水圖	軸	絹	設色	89.3 x 46	庚戌（雍正八年，1730）	廣州 廣州市美術館	
仿大癡山水圖	軸	紙	設色	125 x 64	乾隆五年（庚申，1740）	廣州 廣州市美術館	
擬關仝寒谷回春圖	軸	紙	水墨	108 x 59.3	乾隆十一年（丙寅，1746）嘉平月	廣州 廣州市美術館	
摹李成雪景山水圖	軸	絹	設色	116 x 49		南寧 廣西壯族自治區博物館	
山水圖	軸	絹	設色	不詳		蘭州 甘肅省圖書館	
傲趙承旨秋山蕭寺圖	軸	絹	設色	113.6 x 58.2	康熙歲次壬辰（五十一年，1712）桂月	日本 東京山本悌二郎先生	
仿李思訓山水(唐岱畫墨妙珠林（申）冊之1)	冊頁	紙	設色	63.3 x 42		台北 故宮博物院	故畫 03643-1
仿李昭道山水(唐岱畫墨妙珠林（申）冊之2)	冊頁	紙	設色	63.3 x 42		台北 故宮博物院	故畫 03643-2
仿王維山水(唐岱畫墨妙珠林（申）冊之3)	冊頁	紙	設色	63.3 x 42		台北 故宮博物院	故畫 03643-3
仿關仝山水(唐岱畫墨妙珠林（申）冊之4)	冊頁	紙	設色	63.3 x 42		台北 故宮博物院	故畫 03643-4
仿李成山水(唐岱畫墨妙珠林（申）冊之5)	冊頁	紙	設色	63.3 x 42		台北 故宮博物院	故畫 03643-5
仿范寬山水(唐岱畫墨妙珠林（申）冊之6)	冊頁	紙	設色	63.3 x 42		台北 故宮博物院	故畫 03643-6
仿董源山水(唐岱畫墨妙珠林（申）冊之7)	冊頁	紙	水墨	63.3 x 42		台北 故宮博物院	故畫 03643-7
仿燕文貴山水(唐岱畫墨妙珠林（申）冊之8)	冊頁	紙	設色	63.3 x 42		台北 故宮博物院	故畫 03643-8
仿許道寧山水(唐岱畫墨妙珠林（申）冊之9)	冊頁	紙	設色	63.3 x 42		台北 故宮博物院	故畫 03643-9

名稱	形式	質地	色彩	尺寸 高x寬cm	創作時間	收藏處所	典藏號碼
仿郭熙山水(唐岱畫墨妙珠林（申）冊之10)	冊頁	紙	水墨	63.3 x 42		台北 故宮博物院	故畫 03643-10
仿王詵山水(唐岱畫墨妙珠林（申）冊之11)	冊頁	紙	設色	63.3 x 42		台北 故宮博物院	故畫 03643-11
仿趙令穰山水(唐岱畫墨妙珠林（申）冊之12)	冊頁	紙	設色	63.3 x 42		台北 故宮博物院	故畫 03643-12
仿米芾山水(唐岱畫墨妙珠林（申）冊之13)	冊頁	紙	水墨	63.3 x 42		台北 故宮博物院	故畫 03643-13
仿趙伯駒山水(唐岱畫墨妙珠林（申）冊之14)	冊頁	紙	設色	63.3 x 42		台北 故宮博物院	故畫 03643-14
仿江貫道山水(唐岱畫墨妙珠林（申）冊之15)	冊頁	紙	水墨	63.3 x 42		台北 故宮博物院	故畫 03643-15
仿巨然山水(唐岱畫墨妙珠林（申）冊之16)	冊頁	紙	水墨	63.3 x 42		台北 故宮博物院	故畫 03643-16
仿崇惠山水(唐岱畫墨妙珠林（申）冊之17)	冊頁	紙	設色	63.3 x 42		台北 故宮博物院	故畫 03643-17
仿趙孟頫山水(唐岱畫墨妙珠林（申）冊之18)	冊頁	紙	設色	63.3 x 42		台北 故宮博物院	故畫 03643-18
仿高克恭山水(唐岱畫墨妙珠林（申）冊之19)	冊頁	紙	設色	63.3 x 42		台北 故宮博物院	故畫 03643-19
仿黃公望山水(唐岱畫墨妙珠林（申）冊之二十)	冊頁	紙	設色	63.3 x 42		台北 故宮博物院	故畫 03643-20
仿王蒙山水(唐岱畫墨妙珠林（申）冊之21)	冊頁	紙	設色	63.3 x 42		台北 故宮博物院	故畫 03643-21
仿倪瓚山水(唐岱畫墨妙珠林（申）冊之22)	冊頁	紙	水墨	63.3 x 42		台北 故宮博物院	故畫 03643-22
仿吳鎮山水(唐岱畫墨妙珠林（申）冊之23)	冊頁	紙	水墨	63.3 x 42		台北 故宮博物院	故畫 03643-23
仿李思訓山水(唐岱畫墨妙珠林（申）冊之24)	冊頁		水墨	63.3 x 42		台北 故宮博物院	故畫 03643-24
山水圖	摺扇面	紙	設色	不詳		台北 故宮博物院	故扇 00295-1
山水圖	摺扇面	紙	設色	不詳		台北 故宮博物院	故扇 00296-1
大房選勝圖（13幀，為匡山作）	冊	紙	設色	（每幀）26.5 x 23.3	康熙五十年辛卯（1711）首春穀旦	瀋陽 故宮博物館	

名稱	形式	質地	色彩	尺寸 高x寬cm	創作時間	收藏處所	典藏號碼
小園閑詠圖（15幀）	冊	絹	設色	（每幀）32.2 x 25.6		北京 故宮博物院	
仿古山水圖（12幀）	冊	紙	設色	（每幀）31.6 x 25.2	康熙戊子（四十七年，1708）	天津 天津市藝術博物館	
深山雲樹圖	摺扇面	紙	水墨	18.4 x 57.9		日本 東京國立博物館	
摹古山水圖（10幀）	冊	紙	水墨、設色	（每幀）31.7 x 23.5		日本 東京細川護貞先生	
山靜日長圖（　幀）	冊	絹	設色	（每幀）36 x 30.5		日本 私人	
仿古山水圖（10幀）	冊	紙	設色	（每幀）24.6 x 17.5	康熙己亥（五十八年，1719）秋杪	美國 舊金山亞洲藝術館	B60 D126
仿趙孟頫山水圖	摺扇面	紙	設色	19.2 x 58.2		瑞士 蘇黎士黎德堡博物館	RCH.1128
附：							
群峰積翠圖	卷	絹	設色	43.2 x 403.8		紐約 蘇富比藝品拍賣公司/拍賣目錄 1986,06,03.	
山水圖	軸	絹	設色	不詳	戊辰（乾隆十三年，1748）	北京 北京市工藝品進出口公司	
杏花春雨江南圖	軸	絹	設色	116 x 63.5		天津 天津市文物公司	
川谷杳冥圖	軸	紙	水墨	104.1 x 56.5	雍正七年（己酉，1729）	武漢 湖北省武漢市文物商店	
仿宋人山水圖	軸	紙	設色	108 x 53.6	乾隆十年（乙丑，1745）中秋	紐約 蘇富比藝品拍賣公司/拍賣目錄 1986,09,25、26.	
湖山清曉圖	軸	絹	設色	106 x 61	雍正歲次壬子（十年，1732）秋日	紐約 佳士得藝品拍賣公司/拍賣目錄 1988,11,30.	
水閣清芬（唐岱、沈源合作）	軸	絹	設色	58.5 x 58.5		紐約 佳士得藝品拍賣公司/拍賣目錄 1994,06,01.	
山水圖（清人雜畫扇面冊之1幀）	摺扇面	紙	水墨	不詳		北京 北京市工藝品進出口公司	
仿子久山水圖	摺扇面	紙	設色	不詳	庚戌（雍正八年，1730）	上海 上海友誼商店	

畫家小傳：唐岱。字毓東。號靜巖、默莊。滿洲人。生於聖祖康熙十二（1673）年。高宗乾隆十七（1752）年尚在世。任職內務府總管，以繪事祇候內廷。工畫山水，出於王原祁門下，用筆沉厚，布置深穩。聖祖賜以「畫狀元」名。（見國朝畫徵錄、桐陰論畫、國朝畫院錄、中國畫家人名大辭典）

名稱	形式	質地	色彩	尺寸 高×寬㎝	創作時間	收藏處所	典藏號碼

江 注

名稱	形式	質地	色彩	尺寸 高×寬㎝	創作時間	收藏處所	典藏號碼
陡壁丹臺圖	軸	紙	設色	99.1 × 89.1	辛酉（康熙二十年，1681）	合肥 安徽省博物館	
黃山圖	軸	紙	水墨	105.5 × 38.2		合肥 安徽省博物館	
山居圖（畫贈卜翁先生）	軸	紙	設色	56.5 × 27		美國 火魯奴奴 Hutehinion 先生	
黃山圖（50幀）	冊	紙	設色	（每幀）20.8 × 17.5		北京 故宮博物院	
山水圖（高岑等山水冊 14 之 1 幀）	冊頁	紙	設色	不詳		北京 故宮博物院	
湖天一葉圖	卷	綾	水墨	不詳	戊寅（康熙三十七年，1698）	上海 上海文物商店	
野水浮棹圖	摺扇面	紙	水墨			廣州 廣東省博物館	

畫家小傳：江注。字允凝。安徽歙縣人。為釋弘仁（漸江）弟子。隱於黃山。能詩、畫。流傳署款紀年作品見於聖祖康熙三十七（1698）年。（見虹廬畫談、中國畫家人名大辭典）

王無恣

名稱	形式	質地	色彩	尺寸 高×寬㎝	創作時間	收藏處所	典藏號碼
山水圖（為彭公作）	軸	綾	水墨	不詳	戊寅（康熙三十七年，1698）六月廿七日	北京 故宮博物院	

畫家小傳：王無恣。畫史無載。疑為王無忝兄弟。流傳署款紀年作品見於聖祖康熙三十七（1698）年。待考。

吳 鵬

名稱	形式	質地	色彩	尺寸 高×寬㎝	創作時間	收藏處所	典藏號碼
花蝶圖	卷	絹	設色	不詳		天津 天津市藝術博物館	
花蝶圖（10幀）	冊	紙	設色	不詳	戊寅（康熙三十七年，1698）冬	北京 故宮博物院	

附：

名稱	形式	質地	色彩	尺寸 高×寬㎝	創作時間	收藏處所	典藏號碼
花蝶圖（11幀）	冊	絹	設色	不詳		上海 上海文物商店	

畫家小傳：吳鵬。字展雲。號南池。繁昌人，居燕湖。高宗乾隆廿五(1760)年武舉人。工詩。善畫梅。流傳署款紀年作品見於聖祖康熙三十七（1698）年。（見黃左田畫友錄、中國畫家人名大辭典）

魏子良

名稱	形式	質地	色彩	尺寸 高×寬㎝	創作時間	收藏處所	典藏號碼
王百朋洗馬圖（魏子良寫貌、	卷	紙	設色	32.5 × 109.8	康熙戊寅（三十七	日本 京都國立博物館（上野有	A甲 191

名稱	形式	質地	色彩	尺寸 高x寬㎝	創作時間	收藏處所	典藏號碼
俞齡補景）					年，1698）冬月	竹齋寄贈）	

畫家小傳：魏子良。畫史無載。與俞齡同時。署款紀年作品見於聖祖康熙三十七（1698)年。身世待考。

李雲蓮

| 桃花圖 | 軸 | 紙 | 水墨 | 不詳 | 戊寅（康熙三十七年，1698) | 北京 故宮博物院 | |

畫家小傳：李雲蓮。畫史無載。流傳署款紀年作品見於聖祖康熙三十七（1698)年。身世待考。

戴安期

附：

| 山水圖 | 摺扇面 紙 | | 設色 | 不詳 | 戊寅（康熙三十七年，1698) | 上海 朵雲軒 | |

畫家小傳：戴安期。畫史無載。流傳署款紀年作品見於聖祖康熙三十七（1698)年。身世待考。

曹　澗

名稱	形式	質地	色彩	尺寸 高x寬㎝	創作時間	收藏處所	典藏號碼
山水圖	軸	紙	設色	不詳	癸巳（康熙五十二年，1713）冬十月	北京 故宮博物院	
籬門圖（4段）	卷	紙	設色	25.5 x 36.8	甲申（康熙四十三年，1704）	天津 天津市藝術博物館	
蕉屋泉聲圖	軸	絹	設色	120 x 66	戊子（康熙四十七年，1708）	天津 天津市藝術博物館	
滄江放棹圖（為文玉作）	軸	紙	水墨	82.8 x 45	戊子（康熙四十七年，1708）冬十月	廣州 廣東省博物館	
水村圖（仿陳惟允筆意）	軸	紙	設色	53.1 x 33.2	甲午（康熙五十三年，1714）冬日	日本 大阪橋本大乙先生	
洞庭春曉圖（仿趙松雪筆意，為仁老作）	軸	絹	設色	147.1 x 98.2	己卯（康熙三十八年，1699）十一月	日本 木佐靖治先生	
秋夜讀書圖（各人畫扇貳冊（下）冊之1)	摺扇面 紙		設色	不詳		台北 故宮博物院	故畫 03557-1
擬古山水圖（12幀，為彙吉作）	冊	紙	水墨	不詳	戊寅（康熙三十七年1698）十月	香港 王南屏先生	
月夜觀梅圖	摺扇面 紙		設色	不詳	癸未（康熙四十二年，1703）秋七月	北京 故宮博物院	
仿王詵山水圖	摺扇面 紙		設色	17.5 x 57		北京 首都博物館	

名稱	形式	質地	色彩	尺寸 高x寬cm	創作時間	收藏處所	典藏號碼
仿古山水圖（12幀）	冊	紙	設色	（每幀）26.2 x 29	歲次乙未（康熙五十四年，1715）	天津 天津市藝術博物館	
山水圖	摺扇面	紙	設色	（每幀）17 x 51	己亥（康熙五十八年，1719）	天津 天津市藝術博物館	
仿吳鎮溪山蒼翠圖（仿古山水冊之1）	冊頁	紙	水墨	不詳	丙申（康熙五十五年，1716）夏日	美國 紐約大都會藝術博物館	
仿劉松年春溪圖（仿古山水冊之2）	冊頁	紙	水墨	不詳		美國 紐約大都會藝術博物館	
仿倪瓚山水（仿古山水冊之3）	冊頁	紙	水墨	不詳		美國 紐約大都會藝術博物館	
仿王右丞山水（仿古山水冊之4）	冊頁	紙	水墨	不詳		美國 紐約大都會藝術博物館	
仿石田山水（仿古山水冊之5）	冊頁	紙	水墨	不詳		美國 紐約大都會藝術博物館	
仿北苑山水（仿古山水冊之6）	冊頁	紙	水墨	不詳		美國 紐約大都會藝術博物館	
仿李營邱山水（仿古山水冊之7）	冊頁	紙	水墨	不詳		美國 紐約大都會藝術博物館	
仿曹雲西山水（仿古山水冊之8）	冊頁	紙	水墨	不詳		美國 紐約大都會藝術博物館	
仿一峯老人山水（仿古山水冊之9）	冊頁	紙	水墨	不詳		美國 紐約大都會藝術博物館	
仿郭熙山水（仿古山水冊之10）	冊頁	紙	水墨	不詳		美國 紐約大都會藝術博物館	
依趙松雪山水（仿古山水冊之11）	冊頁	紙	水墨	不詳		美國 紐約大都會藝術博物館	
仿王蒙山水（仿古山水冊之12）	冊頁	紙	水墨	不詳		美國 紐約大都會藝術博物館	
附：							
仿關仝春山白雲圖（為德涵作）	軸	紙	設色	不詳	辛卯（康熙五十年，1711）冬十月	上海 朵雲軒	

畫家小傳：曹潤。字聽山。善畫山水。署款紀年作品見於聖祖康熙三十七(1698)至五十二(1713)年。身世待考。

鮑 嘉

名稱	形式	質地	色彩	尺寸 高x寬cm	創作時間	收藏處所	典藏號碼
李畹斯像	卷	絹	設色	不詳	戊寅（康熙三十七年，1698）	北京 故宮博物院	

畫家小傳：鮑嘉。字公緩。浙江嘉興人。善寫真。流傳署款紀年作品見於聖祖康熙三十七(1698)年。（見國朝畫徵錄、中國畫家人名大辭典）

名稱	形式	質地	色彩	尺寸 高x寬cm	創作時間	收藏處所	典藏號碼

施應麟

| 山水圖（2段） | 卷 | 紙 | 水墨 | 不詳 | 戊寅（康熙三十七
年，1698） | 北京 故宮博物院 | |

畫家小傳：施應麟。畫史無載。流傳署款紀年作品見於聖祖康熙三十七(1698)年。身世待考。

張純修

棟亭夜話圖	卷	紙	水墨	25 x 65.5		長春 吉林省博物館	
附：							
玉延亭圖（補圖明李東陽、王 鏊玉延亭詩卷）	卷	紙	水墨	（畫）25 x 122		紐約 佳士得藝品拍賣公司/拍 賣目錄 1995,09,19.	

畫家小傳：張純修。字子敏。號見陽、敬齋。河北豐潤人，隸漢軍正白旗。由貢生官至廬州知府。擅畫山水，得董源、米芾之沉鬱，
兼有倪瓚之逸淡；尤妙於臨摹，蓋因家中收藏頗多，故能得前人筆意。又善書法、篆刻，及工倚聲。（見圖繪寶鑑續纂、
八旗畫錄、清畫家詩史、廣印人傳、中國美術家人名辭典）

章 原

| 附： | | | | | | | |
| 三色菊圖 | 軸 | 絹 | 設色 | 91 x 39 | | 紐約 佳士得藝品拍賣公司/拍
賣目錄 1984.06.29. | |

畫家小傳：章原。畫史無載。身世待考。

彭睿壦

書畫合璧	軸	紙	水墨	不詳		北京 故宮博物院	
蘭石圖	軸	紙	水墨	不詳		北京 故宮博物院	
竹石圖	軸	紙	水墨	97.8 x 35.9		廣州 廣東省博物館	
附：							
竹石圖	軸	紙	水墨	96 x 38.6		紐約 佳士得藝品拍賣公司/拍 賣目錄 1992.12.02	

畫家小傳：彭睿壦。字公吹。號竹本。廣東順德人。明亡，隱居不仕，自稱龍江村獠。文品俱高。工草書法，節節皆勁，世傳稱為竹本
派。又工畫蘭竹、樹石，其畫竹亦以草書法為之，石之輪廓，筆筆作草篆體。（見順德縣誌、五林山誌、中國美術家人名辭典）

吳闡思

| 匡山飛瀑圖 | 軸 | 絹 | 設色 | 173 x 50 | 戊寅（？康熙三十
七年，1698） | 太原 山西省博物館 | |

名稱	形式	質地	色彩	尺寸 高×寬㎝	創作時間	收藏處所	典藏號碼

附：

山水圖（6幀）	冊	紙	水墨	不詳		上海 朵雲軒	

畫家小傳：吳闓思。畫史無載。流傳署款作品紀年疑為聖祖康熙三十七（1698）年。身世待考。

翁 修

松雲秋壑圖	摺扇面	金箋	設色	不詳	戊寅（？康熙三十七年，1698）冬日	北京 故宮博物院	

畫家小傳：翁修。畫史無載。流傳署款作品紀年疑為聖祖康熙三十七（1698）年。身世待考。

錢 鴻

附：

秋山行旅圖	卷	絹	設色	不詳	戊寅（？康熙三十七年，1698）	上海 朵雲軒	

畫家小傳：錢鴻。畫史無載。流傳署款作品紀年疑為聖祖康熙三十七（1698）年。身世待考。

葉六隆

蜀峰棧道圖（為璘玉作）	軸	綾	水墨	不詳	己卯（康熙三十八年，1699）桂月上浣	旅順 遼寧省旅順博物館	
秋山行旅圖（為億翁作）	軸	紙	設色	不詳	己卯（康熙三十八年，1699）夏日	北京 故宮博物院	
山水圖（壽伸翁作）	軸	紙	設色	不詳	癸未（康熙四十二年，1703）春正	廣州 廣州市美術館	
碧潤蒼松圖	摺扇面	金箋	水墨	不詳	辛巳（康熙四十年，1701）	重慶 重慶市博物館	
仿趙伯駒清溪訪友圖	摺扇面	金箋	水墨	18.3 x 51.4		日本 福岡縣石韵道雄先生	22

畫家小傳：葉六隆。畫史無載。流傳署款紀年作品見於聖祖康熙三十八（1699）至四十二（1703）年。身世待考。

嚴 載

松徑閒遊圖	軸	絹	水墨	194.5 x 52	庚子（康熙五十九年，1720）	天津 天津市藝術博物館	
山水圖	軸	紙	水墨	不詳		太原 山西省博物館	
山林隱居圖	軸	絹	設色	190 x 98	甲午（康熙五十三年，1714）孟秋	烟臺 山東省烟臺市博物館	
山水圖	軸	紙	設色	不詳	康熙戊戌（五十七	南京 南京博物院	

名稱	形式	質地	色彩	尺寸 高×寬cm	創作時間	收藏處所	典藏號碼
					年，1718）重陽後 五日		
梅柳春渡圖	軸	紙	設色		己卯（康熙三十八 年，1699）長夏	昆山 崑崙堂美術館	
溪山訪友圖（仿黃子久筆）	軸	紙	設色	136 × 75.5	己亥（康熙五十八 年，1719）秋日	日本 大阪橋本大乙先生	
山水圖（12幀）	冊	紙	設色	（每幀）27.2 × 18.6		美國 普林斯頓大學藝術館	47-173a-1
山水圖（綾本山水集冊之1） 附：	冊頁	綾	設色	25.7 × 21.8		美國 普林斯頓大學藝術館	78-24a
秋林歸騎圖（為臨翁作）	軸	紙	設色	不詳	乙未（康熙五十四 年，1715）重陽前 一日	上海 朵雲軒	

畫家小傳：嚴載。本名載，後自改名恠。字滄醅。四川華陽人。與陸蒪同里。善畫山水，好作奇境。兼善花鳥。流傳署款紀年作品見於聖祖康熙三十八（1699）至五十九（1720）年。（見國朝畫識、桐陰論畫、益州書畫錄補遺、中國畫家人名大辭典）

顏 岳

名稱	形式	質地	色彩	尺寸 高×寬cm	創作時間	收藏處所	典藏號碼
花果圖（蔡嘉等花果圖合卷之 1幀）	卷	紙	設色	不詳		北京 故宮博物院	
花鳥圖（與顏嶧合作合卷）	卷	絹	設色	不詳	壬寅（康熙六十一 年，1722）秋	南京 南京博物院	
梅花白頭圖	軸	紙	設色	不詳	己卯（康熙三十八 年，1699）立秋	北京 故宮博物院	
仿元人梅花圖	軸	紙	水墨	不詳	康熙丁亥（四十六 年，1707）上巳	濟南 山東省博物館	
桃花雙禽圖	軸	絹	設色	55 × 41		南京 南京博物院	
花卉圖（12幀）	冊	絹	設色	（每幀）29.8 × 25.5	丙戌（康熙四十五 年，1706）	南京 南京博物院	

畫家小傳：顏岳。籍里、身世不詳。疑為顏嶧兄弟。工畫花卉，得宋、元人遺意。流傳署款紀年作品見於聖祖康熙三十八（1699）至六十一（1722）年。（見退齋心賞錄、中國畫家人名大辭典）

張登龍

名稱	形式	質地	色彩	尺寸 高×寬cm	創作時間	收藏處所	典藏號碼
酌泉圖	卷	絹	設色	31.7 × 296.3	己卯（康熙三十八 年，1699）	北京 故宮博物院	

畫家小傳：張登龍。畫史無載。流傳署款紀年作品見於聖祖康熙三十八（1699）年。身世待考。

名稱	形式	質地	色彩	尺寸 高x寬cm	創作時間	收藏處所	典藏號碼

（釋）懶 雲

附：

名稱	形式	質地	色彩	尺寸	創作時間	收藏處所	典藏號碼
芭蕉、荷花圖（2幅）	軸	紙	水墨	不詳	乾隆二十三年（戊寅，1758）	上海 上海文物商店	
仿梅道人溪山仙館圖	軸	紙	水墨	不詳	己卯（康熙三十八年，1699）	上海 上海文物商店	
荷花鴛鴦圖	軸	紙	設色	不詳	丙戌（康熙四十五年，1706）	上海 上海文物商店	

畫家小傳：懶雲。僧。住江蘇南匯。身世不詳。與楊晉、徐致同時。善畫花卉。流傳署款紀年作品見於聖祖康熙三十八(1699)至高宗乾隆二十三(1758)年。（見百幅庵畫寄、中國畫家人名大辭典）

單疇書

名稱	形式	質地	色彩	尺寸	創作時間	收藏處所	典藏號碼
邠風圖	軸	絹	設色	112.5 × 53	己卯（康熙三十八年，1699）	青島 山東省青島市博物館	

畫家小傳：單疇書。畫史無載。流傳署款紀年作品見於聖祖康熙三十八(1699)年。身世待考。

侯 遠

附：

名稱	形式	質地	色彩	尺寸	創作時間	收藏處所	典藏號碼
荷花水禽圖	軸	絹	設色	194 × 93	己卯（？康熙三十八年，1699）	上海 朵雲軒	

畫家小傳：侯遠。畫史無載。流傳署款作品紀年疑為聖祖康熙三十八(1699)年。身世待考。

劉 焜

名稱	形式	質地	色彩	尺寸	創作時間	收藏處所	典藏號碼
風雨歸舟圖	軸	絹	設色	不詳	癸酉（康熙三十二年，1693）	杭州 浙江省博物館	
仿古山水圖（12幀）	冊	絹	設色	（每幀）33.2 × 24.4	己卯（康熙三十八年，1699）	廣州 廣州市美術館	

畫家小傳：劉焜。字洞昭。曹縣人。善畫人物及花卉；尤工山水。流傳署款作品紀年見於聖祖康熙三十八(1699)年。年。（見曹州府志、中國畫家人名大辭典）

周 灝

名稱	形式	質地	色彩	尺寸	創作時間	收藏處所	典藏號碼
修竹流泉圖	卷	紙	設色	23 × 181.5	乾隆庚午（十五年，1750）秋八月	廣州 廣東省博物館	
谿山無盡圖	卷	紙	水墨	13.9 × 372.1	乾隆丙戌（三十一年，1766）仲夏既	美國 華盛頓特區弗瑞爾藝術館	45.38

名稱	形式	質地	色彩	尺寸 高x寬㎝	創作時間	收藏處所	典藏號碼
					望，時年八十有一		
松風泉韻圖	軸	紙	水墨	175 x 46.8		台南 石允文先生	
松峰高隱圖	軸	紙	設色	132.1 x 43	己巳（乾隆十四年，1749））仲冬既望	香港 香港美術館	FA1984.174
山水圖	軸	紙	水墨	不詳	壬戌（乾隆七年，1742）三月望後二日	北京 故宮博物院	
關山行旅圖	軸	紙	設色	不詳	癸亥（乾隆八年，(1743) 秋七月	北京 故宮博物院	
瀟湘煙雨圖	軸	紙	水墨	不詳	戊辰（乾隆十三年，1748）	天津 天津市藝術博物館	
奇峰飛瀑圖	軸	紙	設色	不詳	乾隆戊寅（二十三年，1758）	合肥 安徽省博物館	
面園雅集圖	軸	紙	設色	不詳	乾隆四年己未（1739）	上海 上海博物館	
觀瀑圖	軸	紙	設色	不詳	丙寅（乾隆十一年，1746）臘月	上海 上海博物館	
竹石圖	軸	紙	水墨	不詳	丙子（乾隆二十一年，1756）	上海 上海博物館	
携琴訪友圖	軸	紙	設色	100 x 45.2	丙子（乾隆二十一年，1756）三月上浣	上海 上海博物館	
雪山行旅圖	軸	紙	設色	不詳	丁丑（乾隆二十二年，1757）	上海 上海博物館	
仿王蒙山水圖	軸	紙	設色	不詳	乾隆乙酉（三十年，1765）	上海 上海博物館	
騰龍圖	軸	紙	設色	135.3 x 45	乾隆辛酉（六年，1741）八月望後一日	日本 東京永青文庫	
擬吳仲圭墨竹圖	軸	綾	水墨	175.4 x 41.2	甲寅（雍正十二年，1734）五月望日	日本 京都北野正男先生	
竹石圖	軸	紙	水墨	74.4 x 46.4		日本 中埜又左衛門先生	
仿文石寶竹石圖	軸	紙	水墨	90.5 x 36.9		日本 福岡縣石詢道雄先生	32
山水圖（清周灝等山水冊 8 之	冊頁	紙	設色	不詳		廣州 廣州市美術館	

名稱	形式	質地	色彩	尺寸 高x寬cm	創作時間	收藏處所	典藏號碼

2 幀）

附：

名稱	形式	質地	色彩	尺寸 高x寬cm	創作時間	收藏處所	典藏號碼
墨竹圖	卷	紙	水墨	34.3 x 259	庚午（乾隆十五年，1750）春夜	紐約 佳士得藝品拍賣公司/拍賣目錄 1993,06,04.	
墨竹圖	軸	綾	水墨	不詳	庚戌（雍正六年，1728）八月朔日	北京 北京市文物商店	
竹石圖	軸	紙	水墨	189.5 x 53.5		北京 北京市工藝品進出口公司	
竹林幽趣圖	軸	紙	設色	不詳	乾隆乙亥（二十年，1755）	上海 朵雲軒	
竹居圖	軸	紙	設色	不詳	乙酉（乾隆三十年，1765）	上海 上海文物商店	
秋山行旅圖	軸	紙	設色	不詳		上海 上海工藝品進出口公司	
竹石圖	軸	紙	水墨	不詳	庚午（乾隆十五年，1750）	蘇州 蘇州市文物商店	
山水人物圖	軸	紙	水墨	不詳	己丑（康熙四十八年，1709）	蘇州 蘇州市文物商店	
雪竹圖	軸	紙	水墨	188 x 41.5	乾隆六年（辛酉，1741）	紐約 佳士得藝品拍賣公司/拍賣目錄 1984,06,29.	
松峰高隱圖	軸	紙	設色	33 x 42.5	己巳（乾隆十四年，1749）仲冬既望	香港 蘇富比藝品拍賣公司/拍賣目錄 1984,11,11.	
雲巖飛翠圖	軸	紙	水墨	97.2 x 44.8		香港 蘇富比藝品拍賣公司/拍賣目錄 1984,11,11.	
花鳥	摺扇面	紙	設色	16 x 45	辛丑（康熙六十年，1721）維夏	紐約 佳士得藝品拍賣公司/拍賣目錄 1984,06,29.	
山水圖（清名家山水花鳥冊 16 之第 7 幀）	冊頁	紙	水墨	不詳		紐約 佳士得藝品拍賣公司/拍賣目錄 1996,09,18.	
水墨山水（清名家山水花鳥冊 16 之第 2 幀）	冊頁	紙	水墨	不詳		香港 蘇富比藝品拍賣公司/拍賣目錄 1999,10,31.	

畫家小傳：周灝。字晉瞻。號芷巖、雪癡。江蘇嘉定人。生於聖祖康熙十四（1675）年。高宗乾隆三十（1765）尚在世。能詩畫。精刻竹，亦長於畫竹，有筆到興隨之妙；山水畫，亦秀潤。（見墨香居畫識、墨林今話、竹人傳、中國畫家人名大辭典）

柳 遇

名稱	形式	質地	色彩	尺寸 高x寬cm	創作時間	收藏處所	典藏號碼
傳經圖	卷	絹	設色	不詳		北京 故宮博物院	
微雨鋤瓜圖（為宋致作）	卷	紙	水墨	28.5 x 73.6	康熙辛巳（四十年	南京 南京博物院	

名稱	形式	質地	色彩	尺寸 高x寬cm	創作時間	收藏處所	典藏號碼
					，1701）秋八月		
蘭雪堂圖	卷	紙	設色	33 x 166.9		南京 南京博物院	
鶯粟（罌粟）	軸	絹	設色	71.9 x 39.9		台北 故宮博物院	故畫 00754
宋致靜聽松風圖（柳遇寫照、王翬補景）	軸	紙	設色	128 x 44.8	康熙庚辰（三十九年，1700)	北京 故宮博物院	
山水圖	冊頁	紙	水墨	22.7 x 63	己未（康熙十八年，1679)	北京 故宮博物院	
摹趙大年水村圖	摺扇面	紙	設色	不詳	辛卯（康熙五十年，1711）春三月	北京 故宮博物院	
賞梅演樂圖（今雨瑤華圖冊8之1幀）	冊頁	紙	設色	19.1 x 31.9		北京 故宮博物院	

畫家小傳：柳遇。字仙期。江蘇吳人。工畫人物，精密生動，點綴景物，色色俱佳，不亞於明仇英。流傳署款紀年作品見於聖祖康熙三十九(1700)至五十(1711)年。(見國朝畫徵錄、在亭叢稿、中國畫家人名大辭典）

佟世晉

名稱	形式	質地	色彩	尺寸 高x寬cm	創作時間	收藏處所	典藏號碼
秋林散步圖（為澹翁作）	軸	紙	設色	不詳	康熙三十九年（庚辰，1700）重九	瀋陽 遼寧省博物館	
淺絳山水圖	軸	紙	設色	145.7 x 50.9		日本 東京帝室博物館	

畫家小傳：佟世晉。字康侯。裏平人。善畫山水，多得元黃公望、高克恭法，墨暈淋漓，饒有氣概；間作蝦、蟹，亦佳。流傳署款紀年作品見於聖祖康熙三十九(1700)年。(見國朝畫徵錄、中國畫家人名大辭典）

(釋) 通 微

名稱	形式	質地	色彩	尺寸 高x寬cm	創作時間	收藏處所	典藏號碼
仿北苑意作清溪觀禾圖（為蕉士作）	軸	紙	設色	138 x 40.3	康熙庚辰（三十九年，1700）上月十四日	南京 南京博物院	
仿趙孟頫蘭花圖	摺扇面	紙	水墨	不詳		北京 故宮博物院	

畫家小傳：通微。僧。字恆徹。浙江杭州人。為江蘇松江雨花庵和尚。工寫意花卉、禽蟲。流傳署款紀年作品見於聖祖康熙三十九(1700)年。(見畫畫紀略、中國畫家人名大辭典）

錢槿田
附：

名稱	形式	質地	色彩	尺寸 高x寬cm	創作時間	收藏處所	典藏號碼
人物圖（禹之鼎等瓶花客懷圖冊3之1幀）	冊頁	紙	設色	不詳	（庚辰，康熙三十九年，1700)	天津 天津市文物公司	

畫家小傳：錢槿田。畫史無載。流傳署款作品約見於聖祖康熙三十九（1700）年。身世待考。

名稱	形式	質地	色彩	尺寸 高x寬cm	創作時間	收藏處所	典藏號碼

馮 偉

附：

| 花卉圖（禹之鼎等瓶花客懷圖 冊頁 紙 設色 不詳 （庚辰，康熙三十 天津 天津市文物公司 冊3之1幀） 九年，1700） |

畫家小傳：馮偉。女。字漢雲。廣西平南人。好吟詠。精刺繡。所繪繡譜，鈎勒花竹、禽蟲，有宋元人筆致。流傳署款紀年作品見於
　　　　聖祖康熙三十九年（見虹廬畫談、中國畫家人名大辭典）

曾 岳

| 山水（松院習靜圖） 軸 紙 設色 不詳 庚辰（？康熙三十 日本 東京張允中先生 九年，1700）春仲 |

畫家小傳：曾岳。字文伯。號秋崖。閩人，寓居順天。善畫人物及花鳥。流傳署款作品紀年疑為聖祖康熙三十九年。（見圖繪寶鑑續纂、
　　　　中國畫家人名大辭典）

楊 梓

附：

| 水墨竹石 摺扇面 金箋 水墨 17 x 52.5 紐約 佳士得藝品拍賣公司/拍 賣目錄1984,06,29. |

畫家小傳：楊梓。畫史無載。身世待考。

錢元昌

| 梅花山茶圖 軸 紙 設色 不詳 康熙癸巳（五十二 北京 故宮博物院 年，1713）十二月 |
| 林泉高興圖 軸 紙 水墨 不詳 乾隆乙丑（十年， 臨海 浙江省臨海市博物館 1745） |

畫家小傳：錢元昌。字朝采。號埜堂、一翁。浙江海鹽人。錢界從子。生於聖祖康熙十五(1676)年，卒不詳。康熙四十一(1702)年孝廉。
　　　　有雋才，工詩，善書畫。弱冠時，即以「三絕」名於時。好作折枝花，得蔣廷錫法，而能行己意。（見國朝畫徵錄、墨林今話、
　　　　香樹齋文集、中國畫家人名大辭典）

(釋)雪 蕉

| 枯木竹石圖 軸 絹 設色 100 x 33.3 日本 東京國立博物館 |

畫家小傳：雪蕉。僧。字中炳。籍里、身世不詳。居江蘇江寧承恩寺。善寫梅。（見莫愁湖志、中國畫家人名大辭典等）

徐 昉

| 大漠牧放圖（虞山諸賢合璧冊 冊頁 紙 設色 29.7 x 22.1 （辛巳，康熙四 北京 故宮博物院 12之1幀） 十年，1701） |

名稱	形式	質地	色彩	尺寸 高x寬cm	創作時間	收藏處所	典藏號碼

畫家小傳：徐昉。道士。號滄圃。江蘇崑山人。善寫意花卉、翎毛，畫幅雖小，殊有逸致，所作荷花睡鴨，尤著名於時；亦工畫人物。流傳署款作品約見於聖祖康熙四十（1701）年。（見墨林今話、中國畫家人名大辭典）

張子畏

名稱	形式	質地	色彩	尺寸 高x寬cm	創作時間	收藏處所	典藏號碼
荷花圖（為古存作，戴思望、張子畏雜畫冊8之5幀）	冊頁	紙	設色	（每幀）24.4 x 32.7	辛巳（康熙四十年，1701）新秋	美國 普林斯頓大學藝術館（ Edward Elliott 先生寄存）	L242.70

畫家小傳：張子畏。名不詳，字子畏。江蘇武進人。為惲壽平甥。善畫花草，得其舅甌香館法；亦工臨摹古畫。（見國朝畫徵錄、中國畫家人名大辭典）

王　犖

名稱	形式	質地	色彩	尺寸 高x寬cm	創作時間	收藏處所	典藏號碼
雪景山水圖	軸	絹	設色	不詳	戊子（康熙四十七年，1708）冬仲	北京 故宮博物院	
春山聳翠圖	軸	紙	設色	不詳	壬辰（康熙五十一年，1712）	北京 故宮博物院	
仿李營丘萬木寒山圖（為韻生作）	軸	絹	設色	不詳	辛丑（康熙六十年，1721）臘月	北京 故宮博物院	
仿李公麟山水圖	軸	紙	水墨	不詳		北京 故宮博物院	
翠竹江村圖	軸	絹	設色	不詳		北京 中國歷史博物館	
臨唐寅松軒讀易圖	軸	絹	設色	124.5 x 60.4	辛巳（康熙四十年，1701）九秋	北京 中央工藝美術學院	
仿倪瓚梧竹松石圖	軸	紙	水墨	69 x 31.5	康熙己亥（五十八年，1719）	天津 天津市藝術博物館	
仿吳鎮山水圖	軸	絹	水墨	129 x 61.5	庚辰（康熙三十九年，1700）	南寧 廣西壯族自治區博物館	
仿各家山水圖（10幀）	冊	紙	設色	不詳	康熙壬辰（五十一年，1712）	太原 山西省博物館	
附：							
瑤宮積雪圖（仿王右丞）	軸	絹	設色	121 x 57.5	庚辰（康熙三十九年，1700）秋初	紐約 佳士得藝品拍賣公司/拍賣目錄 1990,11,28.	

畫家小傳：王犖。字耕南。號稼亭、梅崎。江蘇吳人。與王翬同時，畫山水仿其筆墨，頗得貌似。署款紀年作品見於聖祖康熙三十九（1700）至六十（1721）年（見國朝畫徵錄、中國畫家人名大辭典等）

趙　溶

名稱	形式	質地	色彩	尺寸 高x寬cm	創作時間	收藏處所	典藏號碼
仿王蒙山水圖（為鶴老作）	軸	紙	水墨	不詳	辛巳（康熙四十年，1701）清和月	南京 南京博物院	

畫家小傳：趙溶。字雪江。號梅谷、悅可。江蘇太倉人。性喜閒散，愛吟詠、書法，工畫山水，私淑王原祁，作品蒼潤古秀，作小幀有尺幅千里之勢。流傳署款紀年作品見於聖祖康熙四十(1701)年。（見寶山縣志、墨林今話、中國畫家人名大辭典）

戴 經

山水圖	軸	紙	設色	不詳	辛巳（康熙四十年，1701）	蘇州 江蘇省蘇州博物館	

畫家小傳：戴經。畫史無載。流傳署款紀年作品見於聖祖康熙四十(1701)年。身世待考。

周 攀

唐人詩意圖	軸	紙	設色	不詳	辛巳（康熙四十年，1701）	北京 故宮博物院	

畫家小傳：周攀。畫史無載。流傳署款紀年作品見於聖祖康熙四十(1701)年。身世待考。

陳 農

賣漿圖（擬閻立本意）	軸	絹	設色	68 × 35.5	己丑（康熙四十八年，1709）仲夏	濟南 山東省博物館	
柳下泊舟圖	摺扇面	粉箋	設色	不詳	丁亥（康熙四十六年，1707）	合肥 安徽省博物館	
春睡圖	摺扇面	紙	設色	不詳	辛巳（康熙四十年，1701）	南通 江蘇省南通博物苑	

畫家小傳：陳農。字耕農。號酩齋。江蘇甘泉（今揚州）人。善畫前賢故事人物，不失古法。流傳署款紀年作品見於聖祖康熙四十（1701）至四十八(1709)年。（見畫人補遺、中國美術家人名辭典）

經 綸

蔡卓庵松風抱膝圖像（胡在恪題）	卷	絹	設色	不詳	辛巳（康熙四十年，1701）	北京 故宮博物院	

畫家小傳：經綸。字嵒叔。浙江餘姚人。善畫。性好飲酒，醉後落筆畫最工。所繪人物、美女、花卉、禽魚，無不用粉，人或以此輕之。流傳署款紀年作品見於聖祖康熙四十(1701)年。（見越畫見聞、圖繪寶鑑續纂、中國美術家人名辭典）

周 覽
附：

雙鳧虞美人圖	軸	紙	設色	133.1 × 56.1	辛巳（康熙四十年	上海 上海文物商店	

名稱	形式	質地	色彩	尺寸 高x寬㎝	創作時間	收藏處所	典藏號碼
					，1701）		

畫家小傳：周覽。字元覽。浙江秀水人。承家學，與兄銓、況俱工畫。善畫花鳥，主張自出手眼不襲前人，故每畫必對花寫生，而能曲盡娟妍秀冶之致，妙絕一時。惜天不假年，二十九歲而夭。流傳署款紀年作品見於聖祖康熙四十（1711）年。（見國朝畫徵錄、中國畫家人名大辭典）

楊　桐

名稱	形式	質地	色彩	尺寸 高x寬㎝	創作時間	收藏處所	典藏號碼
竹石圖	軸	絹	水墨	159.5 x 51	康熙辛巳（四十年 ，1701）	天津 天津市藝術博物館	

畫家小傳：楊桐。畫史無載。流傳署款紀年作品見於聖祖康熙四十（1711）年。身世待考。

薛　泓

名稱	形式	質地	色彩	尺寸 高x寬㎝	創作時間	收藏處所	典藏號碼
曉煙積雪圖（宋駿業、薛泓合作）	軸	絹	設色	192.4 x 56.5	康熙戊子（四十七年，1708）	天津 天津市藝術博物館	
千巖積翠圖	軸	金箋	水墨	不詳	辛巳（康熙四十年 ，1701）	杭州 浙江省博物館	

畫家小傳：薛泓。字笠人。江蘇長洲人。善畫山水，倣元黃公望。流傳署款紀年作品見於聖祖康熙四十（1701）至四十七（1708）年。（見歷代畫史彙傳附錄、中國畫家人名大辭典）

陶　宏

名稱	形式	質地	色彩	尺寸 高x寬㎝	創作時間	收藏處所	典藏號碼
竹林七賢圖	卷	絹	設色	不詳		天津 天津市藝術博物館	
嬰戲圖	軸	絹	設色	不詳		北京 故宮博物院	
山齋舟過圖	軸	絹	設色	136.2 x 51		天津 天津市藝術博物館	
人物仕女圖（12幀）	冊	紙	設色	（每幀）22.7 x 23.3	辛巳（康熙四十年 ，1701）正月	上海 上海博物館	
仿宋元十二家山水圖（12幀）	冊	綾	設色	不詳	癸未（康熙四十二年，1703）嘉平	上海 上海博物館	

畫家小傳：陶宏。字文度。善畫花卉。畫史無載。流傳署款紀年作品見於聖祖康熙四十（1701）至四十二（1703）年。身世待考。

張　翰

名稱	形式	質地	色彩	尺寸 高x寬㎝	創作時間	收藏處所	典藏號碼
山水圖（10幀）	冊	紙	設色	不詳		瀋陽 故宮博物院	

畫家小傳：張翰。畫史無載。身世待考。

徐大珩

名稱	形式	質地	色彩	尺寸 高x寬㎝	創作時間	收藏處所	典藏號碼
九老圖	軸	絹	設色	不詳		上海 上海博物館	

名稱	形式	質地	色彩	尺寸 高×寬cm	創作時間	收藏處所	典藏號碼

畫家小傳：徐大珩。字聲昭。江蘇吳人。身世不詳。善畫。（見圖繪寶鑑續纂、中國畫家人名大辭典）

徐秉義

長日看山圖	軸	紙	設色	85.3 x 46.6		南京 南京博物院	

畫家小傳：徐秉義。畫史無載。身世待考。

鄒 坤

溪山雪霽圖	軸	絹	設色	151.2 x 44.1		南京 南京博物院	

畫家小傳：鄒坤，一作名壽坤。字子貞。江蘇吳縣人。鄒喆之子。善畫山水，能繼家傳。（見圖繪寶鑑續纂、國詩畫徵錄、中國畫家人
　　　　名大辭典）

王 嘉

啟南詩意圖	軸	紙	水墨	不詳		南京 南京博物院	

畫家小傳：王嘉。字逸上。江蘇華亭人。家世不詳。工畫山水，宗法董其間昌。（見圖繪寶鑑續纂、中國畫家人名大辭典）

陳 撰

蕉梅圖（為東麓作）	軸	紙	設色	不詳	辛酉（乾隆六年，1741）七月	北京 故宮博物院	
牡丹梅石圖	軸	紙	設色	不詳	丙寅（乾隆十一年，1746）三月	北京 故宮博物院	
梅花蘭石圖	軸	紙	水墨	不詳	丁丑（乾隆二十二年，1757）八月	北京 故宮博物院	
屈原圖	軸	紙	設色	61.2 x 29.8	己酉（雍正七年，1729）	天津 天津市藝術博物館	
梨花白燕圖	軸	紙	設色	不詳	乾隆戊午（三年，1738）	石家莊 河北省博物館	
荷花圖	軸	紙	水墨	不詳	戊午（乾隆三年，1738）	上海 上海博物館	
蘭石梅花圖	軸	紙	水墨	81.5 x 34.4	丁丑（乾隆二十二年，1757）	上海 上海博物館	
墨菜圖	軸	紙	水墨	不詳		上海 上海博物館	
蘇小妹像	軸	紙	水墨	不詳		上海 上海博物館	
荷香十里圖	軸	紙	水墨	99.4 x 42.2	甲戌（乾隆十九年	南京 南京博物館	

名稱	形式	質地	色彩	尺寸 高×寬cm	創作時間	收藏處所	典藏號碼
					，1754）		
梅花圖	軸	紙	水墨	97.6 × 29	甲子（乾隆九年，1744）小春	無錫 江蘇省無錫市博物館	
觀書仕女圖	軸	絹	水墨	91.4 × 39.2	癸亥（乾隆八年，1743）	杭州 浙江省博物館	
蔬菜圖	軸	紙	水墨	75 × 44	丁巳（乾隆二年，1737）	重慶 重慶市博物館	
梅石水仙圖	軸	紙	設色	101 × 41	辛未（乾隆十六年，1751）	重慶 重慶市博物館	
秋海棠圖	軸	絹	水墨	40.5 × 29.5	甲寅（雍正十二年，1734	廣州 廣州市美術館	
送行山水圖	軸	絹	設色	79.1 × 21.2		日本 京都國立博物館	A甲565
墨梅圖（8幀）	冊	紙	水墨	（每幀）10.2×15.5		台北 私人	
花卉圖（12幀）	冊	紙	水墨	（每幀）33×25	庚申（乾隆五年，1740）	瀋陽 故宮博物院	
雜畫（10幀）	冊	紙	設色	（每幀）23.8×30.5	壬寅（康熙六十一年，1722）二月	北京 故宮博物院	
梅花圖（12幀）	冊	紙	水墨	不詳	辛亥（雍正九年，1731）七月	北京 故宮博物院	
梅竹蘭石圖（12幀）	冊	紙	設色	不詳	乙卯（雍正十三年，1735）	北京 故宮博物院	
花卉圖（8幀）	冊	紙	設色	不詳	壬申（乾隆十七年，1752）	北京 故宮博物院	
花卉圖（8幀）	冊	紙	水墨	（每幀）22.3×27		北京 故宮博物院	
花卉圖（8幀）	冊	紙	水墨	不詳		北京 故宮博物院	
花卉圖（8幀）	冊	紙	設色	不詳	壬申（乾隆十七年，1752）	北京 故宮博物院	
花卉圖（8幀）	冊	紙	水墨	（每幀）22.3×27		北京 故宮博物院	
花卉圖（8幀）	冊	紙	水墨	不詳		北京 故宮博物院	
花卉圖（10幀）	冊	紙	設色	（每幀）24.2×30.6		北京 故宮博物院	

名稱	形式	質地	色彩	尺寸 高×寬cm	創作時間	收藏處所	典藏號碼
花卉圖（12幀）	冊	紙	設色	不詳		北京 故宮博物院	
花卉圖（12幀）	冊	紙	設色	不詳		北京 故宮博物院	
花卉圖（12幀）	冊	紙	設色	不詳		北京 故宮博物院	
花卉圖（12幀）	冊	紙	設色	不詳		北京 故宮博物院	
梅花圖（8幀）	冊	紙	水墨	不詳		北京 故宮博物院	
花果圖（8幀）	冊	紙	設色	不詳		北京 中國歷史博物館	
梅花圖（李鱓等山水花鳥冊 10之1幀）	冊頁	紙	設色	24 × 29.7	庚申（乾隆五年，1740）四月	北京 首都博物館	
花卉圖（10幀）	冊	紙	設色	（每幀）19.9 × 30		天津 天津市藝術博物館	
花果圖（12幀）	冊	紙	設色	（每幀）39 × 29		天津 天津市歷史博物館	
花鳥圖（10幀）	冊	紙	水墨	不詳		合肥 安徽省博物館	
寫意花果子 8幀）	冊	紙	設色	（每幀）24.2 × 31.1	壬寅（康熙六十一年，1722）	上海 上海博物館	
雜畫（8幀）	冊	紙	水墨	不詳	辛亥（雍正九年，1731）上春	上海 上海博物館	
花卉圖（8幀）	冊	紙	水墨	不詳	辛亥（雍正九年，1731）	上海 上海博物館	
花卉圖（12幀）	冊	紙	設色	不詳	戊午（乾隆三年，1738）九月	上海 上海博物館	
花卉圖（8幀）	冊	紙	設色	（每幀）20.8 × 26.9	己未（乾隆四年，1739）清明	上海 上海博物館	
花卉圖（8幀）	冊	紙	設色	（每幀）30.1 × 23.9		上海 上海博物館	
花卉（項穆之、醒甫等雜畫冊 22之1幀）	冊頁	紙	設色	38.5 × 23.6		上海 上海博物館	
折枝花卉圖（12幀）	冊	紙	設色	不詳	丁卯（乾隆十二年，1747）花朝	南京 南京博物院	
花果圖（為巽老作，清李鱓等 花果冊之1幀）	摺扇面	紙	設色	不詳	（己酉，雍正七年，1729）	蘇州 江蘇省蘇州博物館	
花卉圖（6幀）	冊	紙	設色	不詳		杭州 浙江省杭州市文物考古所	
梅花圖（12幀）	冊	紙	水墨	不詳		杭州 浙江省杭州西泠印社	

名稱	形式	質地	色彩	尺寸 高x寬㎝	創作時間	收藏處所	典藏號碼
花鳥圖（10幀）	冊	紙	設色	（每幀）24 x 28	癸酉（乾隆十八年，1753）夏五	廣州 廣東省博物館	
花卉圖（8幀）	冊	紙	水墨	（每幀）18.5 x 26		廣州 廣東省博物館	
九秋圖（9幀）	冊	紙	設色	（每幀）24 x 30		貴陽 貴州省博物館	
墨梅圖（5幀）	冊	紙	水墨	不詳	甲午（乾隆三十九年，1774）正月上元日	日本 東京村上與四郎先生	
花卉雜畫（？幀）	冊	紙	水墨	不詳		日本 兵庫縣黑川古文化研究所	
梅花圖（8幀）	冊	紙	水墨	（每幀）23 x 15.6		美國 普林斯頓大學藝術館（Edward Elliott 先生寄存）	L235.79
花卉圖（16幀）	冊	紙	設色	（每幀）18.2 x 21.8		美國 普林斯頓大學藝術館（方聞教授寄存）	
菊花圖	冊頁	紙	設色	21.3 x 26.8		美國 勃克萊加州大學藝術館	CC234a
芭蕉圖	冊頁	紙	設色	21.3 x 26.8		美國 勃克萊加州大學藝術館	CC234b
墨梅圖	摺扇面	紙	水墨	17.3 x 53.4		美國 勃克萊加州大學藝術館（高居翰教授寄存）	CC29
花卉圖（8幀）	冊	紙	設色	（每幀）23.4 x 14.3	乙卯（雍正十三年，1735）冬日	美國 勃克萊加州大學藝術館（高居翰教授寄存）	CC28
附：							
蘭石圖	軸	紙	水墨	不詳	庚申（乾隆五年，1740）	上海 朵雲軒	
梅花圖	軸	紙	水墨	不詳	丁卯（乾隆十二年，1747）	天津 天津市文物公司	
觀音化身圖（金農題）	軸	紙	水墨	35.6 x 22.2		紐約 佳仕得藝品拍賣公司/拍賣目錄 1987,06,03.	
梅谿讀書圖	軸	絹	設色	102 x 38	乙卯（雍正十三年，1735）冬十月之望	紐約 佳士得藝品拍賣公司/拍賣目錄 1990,11,28.	
花果圖（12幀）	冊	紙	設色	不詳		上海 上海工藝品進出口公司	
花卉圖（8幀）	冊	紙	設色	（每幀）24.7	壬寅（康熙六十一	紐約 蘇富比藝品拍賣公司/拍	

名稱	形式	質地	色彩	尺寸 高×寬㎝	創作時間	收藏處所	典藏號碼
				× 30.4	年，1722）二月	賣目錄 1986,12,04.	
花卉圖（10幀）	冊	紙	設色	（每幀）24.2		紐約 蘇富比藝品拍賣公司/拍	
				× 15.5		賣目錄 1987,12,08.	

畫家小傳：陳撰。字楞山。號玉几山人。鄞人，家錢塘，寄寓江都。生於聖祖康熙十六（1677）年，卒於高宗乾隆廿三（1758）年。為毛奇
齡篩子。有詩才。善畫山水，絕去臨仿，筆墨靈秀；又能畫梅，尤得雋逸畝之趣。（見國朝畫徵錄、桐陰論畫、墨林今話、樊榭
山房集、道吉堂集、中國畫家人名大辭典）

熊一瀟

蒼松圖（為周翁作）	軸	紙	設色	不詳	壬午（康熙四十一 年，1702）嘉平	北京 中央工藝美術學院	

畫家小傳：熊一瀟。字漢若。號蔚懷。江西南昌人。聖祖康熙三年進士。官至工部尚書。工寫竹枝，能盡風、晴、雨、露之態。流傳署款
紀年作品見於聖祖康熙四十一(1702)年。（見讀畫輯略、中國美術家人名辭典）

方 伸

萬山飛雪圖	軸	絹	設色	96.7 × 55.4	康熙壬午（四十一 年，1702）	石家莊 河北省博物館	

畫家小傳：方伸。畫史無載。流傳署款紀年作品見於聖祖康熙四十一(1702)年。身世待考。

全 弘

秋林講易圖	軸	紙	設色	不詳	壬午（康熙四十一 年，1702）	無錫 江蘇省無錫市博物館	

畫家小傳：全弘。畫史無載。流傳署款紀年作品見於聖祖康熙四十一(1702)年。身世待考。

岳 禮

秋景山水圖	軸	紙	設色	不詳	康熙壬午（四十一 年，1702）春二 月	北京 故宮博物院	
雲棧圖	軸	紙	水墨	119 × 49	乾隆癸酉（十八年 ，1753）小春九日	太原 山西省博物館	
山水圖（清李世倬等雜畫冊12 之1幀）	冊頁	紙	設色	不詳		廣州 廣州市美術館	

畫家小傳：岳禮。字會嘉。號蕉園。滿洲正白旗人。聖祖康熙五年舉人。仕官至漢興道員。家居與唐岱極近，自幼同參畫禪。因久宦秦、
蜀，故所畫多似川北溪山峰巒之形態。流傳署款紀年作品見於聖祖康熙四十一(1702)年，至高宗乾隆十八(1753)年。（見讀畫輯
略、八旗文經、中國美術家人名辭典）

名稱	形式	質地	色彩	尺寸 高x寬㎝	創作時間	收藏處所	典藏號碼

淩　恒

名稱	形式	質地	色彩	尺寸 高x寬㎝	創作時間	收藏處所	典藏號碼
雪柳翠鷺圖	軸	絹	設色	104.2 × 53	戊子（康熙四十七年，1708）新秋	北京 故宮博物院	
罌粟花圖	軸	紙	設色	不詳	乾隆戊辰（十三年，1748）季秋	開封 開封市博物館	
花鳥圖（12幀，為文翁作）	冊	絹	設色	不詳	乾隆丙申（四十一年，1776）仲春	瀋陽 遼寧省博物館	
梨花白燕圖	摺扇面	紙	設色	不詳	壬午（康熙四十一年，1702）仲秋	北京 故宮博物院	

畫家小傳：淩恒。字蓉溪。籍里、身世不詳。工寫花卉，畫法工緻。流傳署款紀年作品見於聖祖康熙四十一(1702)年，至高宗乾隆四十一(1776)年。（見歷代畫史彙傳附錄、中國畫家人名大辭典）

朱彝鑑

名稱	形式	質地	色彩	尺寸 高x寬㎝	創作時間	收藏處所	典藏號碼
麓木垂蔭圖	軸	紙	水墨	不詳	康熙壬午（四十一年，1702）	上海 上海博物館	

畫家小傳：朱彝鑑。字千里。浙江秀水人。朱彝尊之弟。精於篆法，亦善畫。流傳署款紀年作品見於聖祖康熙四十一(1702)年。（見曝書亭集、耕硯田齋筆記、中國畫家人名大辭典）

魯　鼏

名稱	形式	質地	色彩	尺寸 高x寬㎝	創作時間	收藏處所	典藏號碼
蓮池鴛鴦圖	軸	絹	設色	153.3 × 52.1		英國 倫敦大英博物館	1936.16.9.067（ADD147）
杏花翠鳥（清魯鼏畫花鳥冊之1）	冊頁	絹	設色	23.4 × 19.9		台北 故宮博物院	故畫 03434-1
花蝶（清魯鼏畫花鳥冊之2）	冊頁	絹	設色	23.4 × 19.9		台北 故宮博物院	故畫 03434-2
荔枝山雀（清魯鼏畫花鳥冊之3）	冊頁	絹	設色	23.4 × 19.9		台北 故宮博物院	故畫 03434-3
薔薇幽禽（清魯鼏畫花鳥冊之4）	冊頁	絹	設色	23.4 × 19.9		台北 故宮博物院	故畫 03434-4
風柳鳴蟬（清魯鼏畫花鳥冊之5）	冊頁	絹	設色	23.4 × 19.9		台北 故宮博物院	故畫 03434-5
虎耳草蜂（清魯鼏畫花鳥冊之6）	冊頁	絹	設色	23.4 × 19.9		台北 故宮博物院	故畫 03434-6
野菊蜻蜓（清魯鼏畫花鳥冊之	冊頁	絹	設色	23.4 × 19.9		台北 故宮博物院	故畫 03434-7

名稱	形式	質地	色彩	尺寸 高x寬cm	創作時間	收藏處所	典藏號碼
7)							
梅竹山雀（清魯鼐畫花鳥冊之8）	冊頁	絹	設色	23.4 x 19.9		台北 故宮博物院	故畫 03434-8
花卉、草蟲圖（12幀）	冊	絹	設色	不詳	壬午（康熙四十一年，1702）	上海 上海文物商店	

畫家小傳：魯鼐。字式和。浙江山陰人。身世不詳。工畫花卉、草蟲，有宋人風致。流傳署款紀年作品見於聖祖康熙四十一(1702)年。
　　（見圖繪寶鑑續纂、中國畫家人名大辭典）

林 璧

山水、花卉圖（12段）	卷	紙	設色	（每段）33 x 62.5		天津 天津市歷史博物館	
荷花翠鳥圖	軸	紙	水墨	不詳	壬午（康熙四十一年，1702）	上海 上海博物館	

畫家小傳：林璧。畫史無載。流傳署款紀年作品見於聖祖康熙四十一(1702)年。身世待考。

李 棟

竹石人物圖	軸	紙	設色	不詳		石家莊 河北省博物館	
山水圖（8幀）	冊	絹	設色	（每幀）31 x 39.5		北京 故宮博物院	

畫家小傳：李棟。字吉士（一作吉四）。號鳳嵐。江蘇高郵（一作興化）人。聖祖康熙四十一（1702）年舉順天孝廉。善畫山水，尤工唐李思訓青綠法，名振江、淮間。（見圖繪寶鑑續纂、高郵州志、中國畫家人名大辭典）

張 甄

錦雞花竹圖	軸	紙	設色	124.8 x 56.3	壬午（康熙四十一年，1702）	天津 天津市藝術博物館	

畫家小傳：張甄。畫史無載。流傳署款紀年作品見於聖祖康熙四十一(1702)年。身世待考。

董 含

山水圖（12幀）	冊	紙	設色	不詳	壬午（康熙四十一年，1702）	天津 天津市藝術博物館	

畫家小傳：董含。畫史無載。流傳署款紀年作品見於聖祖康熙四十一(1702)年。身世待考。

陳 尹

風雨歸舟圖	軸	紙	水墨	不詳	壬午（康熙四十一	合肥 安徽省博物館	

名稱	形式	質地	色彩	尺寸 高x寬cm	創作時間	收藏處所	典藏號碼
					年，1702）		

畫家小傳：陳尹。字莘野。號雲樵。江蘇青浦人。少從學於上海李藩。所畫人物、山水、花鳥，初甚工細，後入疎老，有出藍之譽。王原祁嘗評其畫云，前無十洲，後無章侯，可入神品。流傳署款紀年作品見於聖祖康熙四十一(1702)年。（見青浦縣志、中國畫家人名大辭典）

張澤粲

名稱	形式	質地	色彩	尺寸 高x寬cm	創作時間	收藏處所	典藏號碼
芝卉富貴圖（祝戴太夫人六十壽作）	軸	紙	設色	90.1 x 47.5	癸巳（康熙五十二年，1713）端陽前二日	日本 東京國立博物館	

畫家小傳：張澤粲。字道復。號文五。江蘇華亭人。聖祖康熙四十一(1702)年孝廉。為人縱情詩酒，負不羈之才。工畫花鳥，不輕易作。其墨荷野鳧圖，尤為時所珍。（見金山志、松江詩徵、說學齋集、黃唐堂集、中國畫家人名大辭典）

林令旭

名稱	形式	質地	色彩	尺寸 高x寬cm	創作時間	收藏處所	典藏號碼
梅花圖（為冶堂作，8幀）	冊	紙	水墨	不詳	乾隆六年（辛酉，1741）孟冬	北京 故宮博物院	

畫家小傳：林令旭。字預仲。號晴江。江蘇婁縣人。生於聖祖康熙十七(1678)年，卒於高宗乾隆八(1743)年。世宗雍正八年進士。工詩文。善畫花鳥，兼寫墨梅。（見婁縣志、松江詩徵、畫囊、唐堂集、中國畫家人名大辭典）

汪後來

名稱	形式	質地	色彩	尺寸 高x寬cm	創作時間	收藏處所	典藏號碼
秋山圖	軸	紙	設色	193 x 92.1	□申（？）冬日	香港 香港美術館	FA1983.139
雪景山水圖	軸	紙	設色	108 x 33	丁卯（乾隆十二年，1747）冬至前三日	香港 香港美術館	FA1983.140
山水圖	軸	紙	設色	104.2 x 27.7	辛酉（乾隆六年，1741）	香港 利榮森北山堂	
山水圖	軸	紙	設色	160.2 x 44.5		香港 何耀光至樂樓	
山水圖	軸	紙	設色	193.5 x 103.7		香港 鄭若琳先生	
青山偕往圖	軸	綾	設色	104.3 x 60	辛未（乾隆十六年，1751）冬月	廣州 廣東省博物館	
山水圖（7幀）	冊	紙	設色	（每幀）34.8 x 23.5		香港 中文大學中國文化研究所文物館	73.783

名稱	形式	質地	色彩	尺寸 高x寬㎝	創作時間	收藏處所	典藏號碼
山水圖（2幀）	冊	紙	設色	（每幀）26.8 x 23.5	辛酉（乾隆六年，1741）	香港 利榮森北山堂	
坐觀雲岫圖	摺扇面	紙	設色	16.8 x 47.6		香港 許晉義崇宜齋	AG28
羅浮山水圖（12幀）	冊	紙	設色	（每幀）29.5 x 21		廣州 廣州市美術館	
附：							
秋江獨釣圖	軸	紙	設色	124 x 35.5		紐約 佳士得藝品拍賣公司/拍賣目錄1992,12,02.	

畫家小傳：汪後來。字鹿岡。廣東人。生於聖祖康熙十七（1678）年，高宗乾隆十六（1751）年尚在世。康熙四十一（1702）年武舉人。工畫山水。（見嶺南畫徵略、中國畫家人名大辭典等）

王 鵬

名稱	形式	質地	色彩	尺寸 高x寬㎝	創作時間	收藏處所	典藏號碼
雪山圖	軸	絹	設色	不詳	庚子（康熙五十九年，1720）	溫州 浙江省溫州博物館	
附：							
山水圖	摺扇面	金箋	水墨	不詳		香港 佳士得藝品拍賣公司/拍賣目錄1998.09.15.	

畫家小傳：王鵬。字龍友。浙江金華人。清聖祖康熙四十二（1703）年武進士。工書畫。（見兩浙名畫記、中國畫家人名大辭典）

冷 枚

名稱	形式	質地	色彩	尺寸 高x寬㎝	創作時間	收藏處所	典藏號碼
奉敕仿仇英漢宮春曉	卷	絹	設色	33.4 x 800.8	癸未（康熙四十二年，1703）春三月	台北 故宮博物院	故畫01717
綠野草堂	卷	絹	設色	29.1 x 294.1		台北 故宮博物院	故畫01718
賞月圖	軸	絹	設色	119.8 x 61.2		台北 故宮博物院	故畫02806
人物畫幅	軸	絹	設色	119.7 x 61.5		台北 故宮博物院	故畫02807
春夜宴桃李園圖	軸	絹	設色	188.4 x 95.6		台北 故宮博物院	故畫03062
劉海戲蟾圖	軸	金箋	水墨	42.5 x 32	庚子（康熙五十九年，1720）季春	香港 香港美術館・虛白齋	XB1992.153
簪花仕女圖	軸	絹	設色	163.1 x 93.5		瀋陽 故宮博物院	

名稱	形式	質地	色彩	尺寸 高x寬cm	創作時間	收藏處所	典藏號碼
獻壽仕女圖	軸	絹	設色	不詳		瀋陽 故宮博物院	
三星圖	軸	絹	設色	不詳	乾隆六年（辛酉，1741）季夏	瀋陽 遼寧省博物館	
探梅圖	軸	絹	設色	94.6 × 50.8		旅順 遼寧省旅順博物館	
避暑山莊圖	軸	絹	設色	254.8 × 17.2		北京 故宮博物院	
梧桐雙兔圖	軸	絹	設色	35.5 × 29.1		北京 故宮博物院	
蕉蔭讀書圖	軸	絹	設色	不詳		北京 中央美術學院	
連生貴子圖	軸	絹	設色	不詳		北京 中央工藝美術學院	
春閨倦讀圖	軸	絹	設色	175 × 104	甲辰（雍正二年，1724）	天津 天津市藝術博物館	
平原獵騎圖	軸	紙	設色	43.5 × 49.6		天津 天津市藝術博物館	
雪艷圖	軸	絹	設色	96 × 50		天津 天津市藝術博物館	
麻姑獻壽圖	軸	絹	設色	不詳		濟南 山東省博物館	
永膺多福圖	軸	絹	設色	132.5 × 53.1		濟南 山東省博物館	
挾弓圖（冷枚、馬圖合作）	軸	絹	設色	170.1 × 77.5		濟南 山東省博物館	
雪艷圖	軸	絹	設色	92.8 × 52.5		上海 上海博物館	
唐人詩意圖	軸	紙	設色	不詳	壬辰（康熙五十一年，1712）	廣州 廣州市美術館	
醉月圖	軸	絹	設色	97 × 49		廣州 廣州市美術館	
雪艷圖	軸	絹	設色	62.5 × 48.3		貴陽 貴州省博物館	
中秋觀月圖	軸	絹	設色	93 × 47.3	康熙丁亥（四十六年，1707）孟秋	日本 東京原田氏仰看齋	
洛神圖	軸	紙	設色	87.5 × 43.2		日本 東京細川護貞先生	
仕女嬰戲圖	軸	絹	設色	97.1 × 41.5		日本 東京細川護貞先生	
蘭湯浴罷圖	軸	絹	設色	163 × 63.5	庚辰（康熙三十九年，1700）夏五月下澣	日本 大阪橋本大乙先生	
吉慶圖	軸	絹	設色	111.9 × 58.8		日本 私人	
仕女圖	軸	絹	設色	不詳		美國 波士頓美術館	
九思圖（九鷺鷥，為子翁作）	軸	絹	設色	222 × 52	雍正乙巳（三年，1725）春三月	美國 鳳凰市美術館（Mr.Roy And Marilyn Papp 寄存）	

名稱	形式	質地	色彩	尺寸 高×寬cm	創作時間	收藏處所	典藏號碼
全慶圖	軸	絹	設色	149.9 × 99.1		美國 辛辛那提市藝術館	
清客遺像圖	軸	絹	設色	108.6 × 51.6		英國 倫敦大英博物館	1922.1.19.01(ADD21)
讀書仕女圖	軸	絹	設色	163.4 × 97.6		英國 倫敦大英博物館	1910.2.12.46(ADD171)
仕女圖（畫幅集冊 27 之 1 幀）	冊頁	絹	設色	38.4 × 31.3		台北 故宮博物院	故畫 01279-24
仕女圖（畫幅集冊 27 之 1 幀）	冊頁	絹	設色	38.2 × 31.6		台北 故宮博物院	故畫 01279-25
人物圖（畫幅集冊 27 之 1 幀）	冊頁	絹	設色	32.2 × 37.6		台北 故宮博物院	故畫 01279-26
人物圖（畫幅集冊 27 之 1 幀）	冊頁	絹	設色	32.2 × 37.6		台北 故宮博物院	故畫 01279-27
耕織圖（(40 幀)	冊	絹	設色	不詳		台北 故宮博物院	故畫 03383
畫馬（8 幀）	冊	絹	設色	（每幀）29.4 × 35.2	康熙戊戌（五十七年，1718）仲春	台北 故宮博物院	中畫 00060
九歌圖（9 幀）	冊	紙	設色	（每幀）18.1 × 14.6		北京 故宮博物院	
墨竹圖（8 幀）	冊	絹	水墨	（每幀）13.2 × 15.5		美國 私人	

附：

名稱	形式	質地	色彩	尺寸 高×寬cm	創作時間	收藏處所	典藏號碼
行樂圖	卷	紙	設色	不詳		北京 中國文物商店總店	
鍾馗圖	軸	絹	硃紅	90.1 × 58.8		上海 上海文物商店	
人物故事圖	軸	絹	設色	68.8 × 43.		武漢 湖北省武漢市文物商店	
九思圖（為子翁老長兄作）	軸	絹	設色	165.5 × 95.5	雍正乙巳（三年，1725）春王月	紐約 佳士得藝品拍賣公司/拍賣目錄 1986,06,04.	
高士賞梅圖	軸	絹	設色	100.3 × 58	癸巳（康熙五十二年，1713）秋日	紐約 蘇富比藝品拍賣公司/拍賣目錄 1986,12,04.	
仕女圖（12 幀）	冊	絹	設色	不詳		北京 北京市工藝品進出口公司	
春宮圖（8 幀）	冊	絹	設色	（每幀）28.2 × 29.1		香港 蘇富比藝品拍賣公司/拍賣目錄 1984,11,11.	

名稱	形式	質地	色彩	尺寸 高×寬㎝	創作時間	收藏處所	典藏號碼
竹圖（8幀）	冊	絹	水墨	（每幀）13. × 15.2	康熙戊戌（五十七 年，1718）花朝	香港 蘇富比藝品拍賣公司/拍 賣目錄 1988,11,30.	

畫家小傳：冷枚。字吉臣。山東膠州人。焦秉貞弟子。善畫人物，尤工仕女。康熙時供奉內廷畫院，參與萬壽盛典圖繪製。流傳署款紀年作品見於聖祖康熙三十九（1700），至高宗乾隆六(1741)年。（見國朝院畫錄、熙朝名畫記、桐陰論畫、中國畫家人名大辭典）

馬 圖

名稱	形式	質地	色彩	尺寸 高×寬㎝	創作時間	收藏處所	典藏號碼
挾弓圖（冷枚、馬圖合作）	軸	絹	設色	170.1 × 77.5		濟南 山東省博物館	
晨妝圖	軸	絹	設色	126.4 × 60.2		無錫 江蘇省無錫市博物館	

畫家小傳：馬圖。字瑞卿。江蘇丹陽人。專門寫照，兼善人物及山水畫。（見無聲詩史、中國畫家人名大辭典）

沙聲遠

名稱	形式	質地	色彩	尺寸 高×寬㎝	創作時間	收藏處所	典藏號碼
柳蔭牧馬圖	軸	紙	設色	不詳	康熙癸未（四十二 年，1703）	上海 上海古籍書店	

畫家小傳：沙聲遠。號包山。江蘇南通人。以賣畫流寓如皋。流傳署款紀年作品見於聖祖康熙四十二(1703)年。（見清畫家詩史、中國美術家人名辭典）

嵇秀雯

名稱	形式	質地	色彩	尺寸 高×寬㎝	創作時間	收藏處所	典藏號碼
山水圖	軸	絹	設色	194.7 × 52.6	康熙癸未（四十二 年，1703）秋	日本 京都國立博物館（上野有 竹齋寄贈）	A甲209

畫家小傳：嵇秀雯。畫史無載。署款紀年作品見於聖祖康熙四十二（1703）年。身世待考。

章 參

附：

名稱	形式	質地	色彩	尺寸 高×寬㎝	創作時間	收藏處所	典藏號碼
山水圖	軸	絹	設色	不詳	癸未（？康熙四十 二年，1703）	北京 中國文物商店總店	

畫家小傳：章參。畫史無載。流傳署款作品紀年疑為聖祖康熙四十二（1703）年。身世待考。

劉 督

名稱	形式	質地	色彩	尺寸 高×寬㎝	創作時間	收藏處所	典藏號碼
荷花圖	軸	絹	設色	159.8 × 94.6	癸未（康熙四十二 年，1703）冬日	揚州 江蘇省揚州市博物館	

附：

名稱	形式	質地	色彩	尺寸 高×寬㎝	創作時間	收藏處所	典藏號碼
仿李唐山水圖	軸	絹	設色	180.6 × 95.3	乙酉（康熙四十四	上海 上海文物商店	

名稱	形式	質地	色彩	尺寸 高×寬cm	創作時間	收藏處所	典藏號碼
					年，1705）		

畫家小傳：劉謩。畫史無載。流傳署款紀年作品見於聖祖康熙四十二（1703）、四十四（1705）年。身世待考。

邵逢春

名稱	形式	質地	色彩	尺寸 高×寬cm	創作時間	收藏處所	典藏號碼
葡萄圖	軸	絹	水墨	177.5 × 52	癸未（？康熙四十二年，1703）冬日	廣州 廣州市美術館	

畫家小傳：邵逢春。畫史無載。流傳署款作品紀年疑似聖祖康熙四十二（1703）年。身世待考。

嵇 襄

名稱	形式	質地	色彩	尺寸 高×寬cm	創作時間	收藏處所	典藏號碼
山水圖（張鴻烈題跋於康熙四十九年）	軸	絹	設色	194.5 × 52.4	畫於癸未（康熙四十二年，1703）春	日本 京都國立博物館	A甲209

畫家小傳：嵇襄。畫史無載。身世待考。流傳署款作品紀年見於聖祖康熙四十二（1703）年。

王 昱

名稱	形式	質地	色彩	尺寸 高×寬cm	創作時間	收藏處所	典藏號碼
山水圖	卷	紙	設色	不詳		上海 上海博物館	
山水圖	軸	紙	不詳	不詳		台北 故宮博物院（蘭千山館寄存）	
仿黃公望山水圖	軸	紙	設色	62.4 × 35.8		香港 葉承耀先生	
溪山漁隱圖	軸	紙	水墨	84.1 × 36	丁卯（乾隆十二年，1747）嘉平月	瀋陽 遼寧省博物館	
水雲鄉圖	軸	紙	設色	57.6 × 33.3		瀋陽 遼寧省博物館	
仿倪黃山水圖	軸	紙	水墨	不詳	乾隆丁卯（十二年，1747）	北京 中國歷史博物館	
楓林秋色圖	軸	絹	設色	135.7 × 64.7		北京 中國美術館	
仿李成暮靄殘雪圖	軸	紙	設色	94.5 × 45.1		北京 首都博物館	
仿黃子久浮嵐暖翠圖	軸	紙	設色	223 × 114	丁未（雍正五年，1727）四月望日	北京 首都博物館	
仿大癡山水圖	軸	紙	設色	169.7 × 70.5	甲申（康熙四十三年，1704）春穀雨日	天津 天津市藝術博物館	

名稱	形式	質地	色彩	尺寸 高x寬cm	創作時間	收藏處所	典藏號碼
枯木蕉石圖	軸	紙	水墨	60.8 x 44	丁卯（乾隆十二年，1747）	天津 天津市藝術博物館	
山水圖	軸	紙	設色	169 x 70.5	戊辰（乾隆十三年，1748）十月望日	天津 天津市藝術博物館	
遠樹幽山圖	軸	紙	設色	169.7 x 70.5	乾隆庚午（十五年，1750）	天津 天津市藝術博物館	
松月蘭石圖（王綜、顧唐龍合作）	軸	絹	水墨	180.7 x 58		天津 天津市藝術博物館	
春山曉秀圖	軸	絹	設色	75 x 38.7		天津 天津市藝術博物館	
秋色老梧桐圖	軸	紙	水墨	79 x 43.5		天津 天津市藝術博物館	
寒梅夜月圖	軸	紙	設色	90 x 49		天津 天津市藝術博物館	
仿梅道人漁父圖	軸	絹	水墨	156.8 x 53.1		石家莊 河北省博物館	
重林複嶂圖（為二叔祖作）	軸	紙	設色	91.3 x 51.8	雍正丙午（四年，1726）清和	上海 上海博物館	
水閣松風圖（仿黃鶴山樵筆）	軸	紙	水墨	62.4 x 40	癸丑（雍正十一年，1733）春初	上海 上海博物館	
仿董其昌山水圖（為蔗田作）	軸	紙	水墨	115.6 x 49.4	戊辰（乾隆十三年，1748）嘉平上浣	上海 上海博物館	
仿王蒙山水圖	軸	紙	設色	89.5 x 59		上海 上海博物館	
嶺雲山翠圖	軸	紙	水墨	不詳		上海 上海博物館	
夏山暖翠圖	軸	絹	設色	153 x 94	康熙庚子（五十九年，1720）花朝	南京 南京博物院	
夏山林館圖	軸	紙	水墨	不詳	己巳（乾隆十四年，1749）	南京 南京博物院	
仿趙、黃合參山水圖（為栗園作）	軸	紙	設色	不詳	王寅（康熙六十一年，1722）夏	杭州 浙江省博物館	
仿倪黃筆意山水	軸	絹	設色	96.1 x 53.7	癸亥（康熙二十年，1683）	成都 四川省博物院	
仿王蒙山水圖	軸	紙	水墨	123.3 x 57.7		成都 四川大學	
仿一峰山水圖	軸	紙	水墨	85 x 46	丁未（雍正五年，1727）	廣州 廣東省博物館	
雪漁圖	軸	紙	水墨	134.5 x 48.6	己巳（乾隆十四年	廣州 廣東省博物館	

名稱	形式	質地	色彩	尺寸 高×寬cm	創作時間	收藏處所	典藏號碼
					，1749）春日		
仿黃公望法萬壑松風圖	軸	紙	設色	173 × 92.5	己巳（乾隆十四年，1749）夏日	廣州 廣州市美術館	
仿趙大年烟柳江樹圖（為梧翁作）	軸	紙	水墨	44.5 × 31.5	壬子（雍正十年，1732）九秋	南寧 廣西壯族自治區博物館	
仿黃公望河山清曉圖	軸	紙	設色	不詳	己未（乾隆四年，1739）仲夏	南寧 廣西壯族自治區博物館	
山水橫幅	軸	紙	水墨	72.7 × 89.7	戊辰（乾隆十三年，1748）十月望日	日本 東京小幡酉吉先生	
江山深秀圖（仿黃子久筆）	軸	紙	設色	不詳	丙寅（乾隆十一年，1746）小春上浣	日本 京都小川睦之輔先生	
仿大癡道人富春山色圖	軸	紙	設色	122 × 68.5	丙午（雍正四年，1726）冬	美國 普林斯頓大學藝術館	66-243
仿范寬設色山水圖	軸	紙	設色	150.2 × 31.4		美國 華盛頓特區弗瑞爾藝術館	80.175
擬黃公望河山清曉圖	摺扇面	紙	設色	16.2 × 52		香港 劉作籌虛白齋	151
山水圖（10幀，為安老作）	冊	紙	設色	不詳	辛酉（乾隆六年，1741）仲春	瀋陽 故宮博物館	
仿古山水圖（10幀）	冊	紙	設色	不詳	戊戌（康熙五十七年，1718）	北京 故宮博物院	
仿關仝山水圖	摺扇面	紙	水墨	16.9 × 50.7	乙丑（乾隆十年，1745）	北京 故宮博物院	
山水圖	摺扇面	紙	水墨	18 × 51.1	戊辰（乾隆十三年，1748）	北京 故宮博物院	
層巒積翠圖	摺扇面	紙	設色	19.6 × 57.8	己巳（乾隆十四年，1749）	北京 故宮博物院	
雪景山水圖	摺扇面	紙	水墨	不詳		北京 故宮博物院	
山水圖	摺扇面	紙	設色	不詳	甲申（康熙四十三年，1704）	天津 天津市藝術博物館	
山水圖（祁豸佳等山水花鳥冊27之1幀）	冊頁	絹	設色	30 × 23.4		天津 天津市藝術博物館	
仿北苑意山水圖（王原祁、徐玫、許穎、鄭棟、王昱、吳耒	冊	紙	設色	24.2 × 13.5	（乙未，康熙五十四年，1715）	南京 南京博物院	

名稱	形式	質地	色彩	尺寸 高x寬㎝	創作時間	收藏處所	典藏號碼
、金永熙、黃鼎山水合冊8之1幀)							
為西叔作山水圖	摺扇面	紙	設色	不詳	壬子(雍正十年,1732)	南京 南京博物院	
仿黃子久山水圖	摺扇面	紙	設色	不詳	癸亥(乾隆八年,1743)	南京 南京博物院	
山水圖(清李世倬等雜畫冊12之1幀)	冊頁	紙	設色	不詳		廣州 廣州市美術館	
山水圖(摹李咸熙筆)	摺扇面	紙	水墨	不詳	庚戌(雍正八年,1730)菊月	日本 京都園田湖城先生	
附:							
天際歸舟圖	軸	紙	水墨	90 x 49		大連 遼寧省大連市文物商店	
蘆汀鴻雁圖	軸	紙	水墨	78.5 x 50.6	己巳(乾隆十四年,1749)	上海 上海友誼商店古玩分店	
仿黃公望層巒聳翠圖(為敍老作)	軸	紙	設色	152.8 x 86.9	己酉(雍正七年,1729)六月望日	上海 上海文物商店	
仿黃鶴山樵山水圖	軸	紙	水墨	不詳	癸丑(雍正十一年,1733)	上海 上海文物商店	
仿黃子久意山水圖	軸	紙	水墨	204.5 x 108.6	乾隆己巳(十四年,1749)上元前一日	紐約 蘇富比藝品拍賣公司/拍賣目錄1981,05,08.	
雪山雲樹圖	軸	絹	設色	97.8 x 68.5		紐約 蘇富比藝品拍賣公司/拍賣目錄1982,06,04.	
仿倪瓚山水圖	橫幅	紙	水墨	33.6 x 42	庚午(乾隆十五年,1750)清和月	紐約 蘇富比藝品拍賣公司/拍賣目錄1984,12,05.	
仿米芾山水圖	軸	紙	水墨	134.6 x 53.8	己酉(雍正七年,1729)冬日	紐約 蘇富比藝品拍賣公司/拍賣目錄1985,06,03.	
仿黃公望山水(為素老作)	軸	紙	設色	113.7 x 54	癸丑(雍正十一年,1733)季秋	紐約 蘇富比藝品拍賣公司/拍賣目錄1988,11,30.	
仿黃公望山水圖	軸	紙	設色	272 x 127.5	壬申(乾隆十七年,1752)春仲	紐約 佳士得藝品拍賣公司/拍賣目錄1990,11,28.	
仿黃公望山水圖	軸	紙	設色	104.8 x 56.5	丁酉(康熙五十六年,1717)春日	紐約 佳士得藝品拍賣公司/拍賣目錄1994,06,01.	

名稱	形式	質地	色彩	尺寸 高×寬cm	創作時間	收藏處所	典藏號碼
仿黃公望山水圖	軸	紙	水墨	131.4 × 51.5	庚申（乾隆五年，1740）四月中浣日	紐約 佳士得藝品拍賣公司/拍賣目錄 1994,11,30.	
溪山煙雨圖（仿子久筆意山水）	軸	紙	設色	121.3 × 45.7	丙寅（乾隆十一年，1746）秋日	紐約 佳士得藝品拍賣公司/拍賣目錄 1995,09,19.	
清溪載鶴圖	軸	紙	水墨	35.2 × 37.5	乙未（乾隆四年，1739）秋日	紐約 佳士得藝品拍賣公司/拍賣目錄 1995,09,19.	
仿黃鶴山樵山水圖	摺扇面	紙	設色	不詳	丁卯（乾隆十二年，1747）	蘇州 蘇州市文物商店	
重巒煙靄圖	摺扇面	紙	設色	18 × 53		紐約 佳士得藝品拍賣公司/拍賣目錄 1988,11,30.	
山水、花卉圖（12幀，與王宸合作）	冊	紙	水墨	（每幀）19 × 26.5		香港 佳士得藝品拍賣公司/拍賣目錄 1991,03,18.	
竹溪風雨圖	摺扇面	紙	設色	17 × 53	辛酉（乾隆六年，1741）仲春	香港 佳士得藝品拍賣公司/拍賣目錄 1996,04,28.	

畫家小傳：王昱。字日初。號東莊、雲槎山人。江蘇太倉人。王原祁族弟。工畫山水，學於族兄原祁，筆墨淡薄疏致。流傳署款紀年作品見於康熙四十三（1704）至乾隆十七(1752)年。（見國朝畫徵錄附王原祁傳、桐陰論畫、今畫偶錄、在亭叢稿、書畫紀略、煙霞閣詩稿、中國畫家人名大辭典）。

牟 義

名稱	形式	質地	色彩	尺寸 高×寬cm	創作時間	收藏處所	典藏號碼
碧桃蠶豆花圖（為正翁作）	軸	絹	設色	51.8 × 30	甲午（康熙五十三年，1774）夏	揚州 江蘇省揚州市博物館	
鵪鶉圖	軸	紙	設色	不詳	庚子（康熙五十九年，1720）	南京 南京博物院	
牧牛圖	軸	紙	設色	不詳		鎮江 江蘇省鎮江市博物館	
虎耳草青蛙（明人書畫扇（利）冊之18）	摺扇面	紙	設色	17.5 × 53.8		台北 故宮博物館	故畫 03566-18
雜畫（12幀，牟義、何藩合裝）	冊	絹	設色	不詳	丙子（乾隆二十一年，1756）	天津 天津市藝術博物館	
雜畫圖（12幀）	冊	紙	設色	不詳	康熙甲申（四十三年，1704）長至月	上海 上海博物館	

畫家小傳：牟義。安徽廬江人。身世不詳。善畫花鳥及草蟲。流傳署款紀年作品見於聖祖康熙四十三(1704)至高宗乾隆二十一(1756)年。（見虹廬畫談、中國畫家人名大辭典）

名稱	形式	質地	色彩	尺寸 高x寬cm	創作時間	收藏處所	典藏號碼

江有渚

附：

| 山水圖（為昌翁作） | 橫幅 | 紙 | 設色 | 不詳 | 康熙甲申（四十三年，1704) | 北京 中國文物商店總店 | |

畫家小傳：江有渚。閩人。身世不詳。工畫山水、人物。流傳署款紀年作品見於聖祖康熙四十三(1704)年。（見閩中書畫姓氏錄、中國畫家人名大辭典）

謝 樸

| 全城圖（謝樸、張烈合作） | 卷 | 絹 | 設色 | 不詳 | 甲申（康熙四十三年，1704) | 天津 天津市藝術博物館 | |
| 臨仇英補袞圖（禹之鼎作題） | 軸 | 絹 | 設色 | 129.8 x 46 | 庚寅（康熙四十九年，1710) 冬日 | 蘇州 江蘇省蘇州博物館 | |

畫家小傳：謝樸。字廣勤。江蘇常熟人。身世不詳。工畫山水。流傳署款紀年作品見於聖祖康熙四十三（1704）至四十九(1710)年。（見虞山畫志、中國畫家人名大辭典）

(釋) 達 真

荷花鷺鷥圖	軸	絹	設色	不詳	甲申（康熙四十三年，1704)	北京 故宮博物院	
秋塘野禽圖	軸	紙	設色	不詳	（雍正五年，丁未，1727)	北京 故宮博物院	
梅花八哥圖	軸	金箋	設色	不詳		合肥 安徽省博物館	
花鳥圖（10幀）	冊	絹	設色	不詳		合肥 安徽省博物館	

附：

| 蘭花圖 | 卷 | 紙 | 水墨 | 不詳 | | 蘇州 蘇州市文物商店 | |

畫家小傳：達真。僧。俗姓楊。字簡庵。江蘇松江人。受度於超果寺。通內外典外，能詩及書畫。畫工花卉、翎毛。戶部尚書王鴻緒，以其畫扇進御，聖祖稱善，遂聞名於世。流傳署款紀年作品見於聖祖康熙四十三(1704)年，至世宗雍正五(1727)年。（見婁縣志、中國畫家人名大辭典）

張 烈

| 全城圖（謝樸、張烈合作） | 卷 | 絹 | 設色 | 不詳 | 甲申（康熙四十三年，1704) | 天津 天津市藝術博物館 | |
| 桃李園夜宴圖 | 軸 | 絹 | 設色 | 167 x 109 | | 天津 天津市藝術博物館 | |

畫家小傳：張烈。畫史無載。與謝樸同時。流傳署款紀年作品見於聖祖康熙四十三(1704)年。身世待考。

名稱	形式	質地	色彩	尺寸 高x寬㎝	創作時間	收藏處所	典藏號碼

李希贗

名稱	形式	質地	色彩	尺寸 高x寬㎝	創作時間	收藏處所	典藏號碼
仿元人山水圖	軸	金箋	設色	不詳		北京 故宮博物院	
江岸風帆圖	軸	絹	水墨	171.5 x 50.6	甲申（康熙四十三年，1704）	天津 天津市藝術博物館	
林際茅亭圖	軸	絹	設色	不詳		天津 天津市藝術博物館	
林亭聽瀑圖（為天翁作）	軸	紙	水墨	60.7 x 24.9	庚申（康熙十九年，1680）初夏	日本 中埜又左衛門先生	

畫家小傳：李希贗。畫史無載。流傳署款紀年作品見於聖祖康熙十九（1680）至四十三(1704)年。身世待考。

邵 芝

名稱	形式	質地	色彩	尺寸 高x寬㎝	創作時間	收藏處所	典藏號碼
花卉圖（花卉雜畫冊之第2幀）	冊頁	絹	設色	不詳		美國 耶魯大學藝術館	1986.4.1.2

畫家小傳：邵芝。畫史無載。身世待考。

周孔傳

名稱	形式	質地	色彩	尺寸 高x寬㎝	創作時間	收藏處所	典藏號碼
洞庭秋月圖	軸	絹	設色	212.5 x 53.5		英國 倫敦大英博物館	1929.8.28.01（ADD69）
雲山圖	摺扇面	紙	設色	不 詳	甲申（康熙四十三年，1704）	南京 南京博物院	
瀟湘夜雨（高簡等四人合四時山水於一扇面）	摺扇面	紙	設色	不詳		南京 南京博物院	

畫家小傳：周孔傳。籍里、身世均不詳。善畫。流傳署款紀年作品見於聖祖康熙四十三(1704)年。（見歷代畫史彙傳附錄、中國畫家人名大辭典）

丁 植

名稱	形式	質地	色彩	尺寸 高x寬㎝	創作時間	收藏處所	典藏號碼
江天暮雪（高簡等四人合四時山水於一扇面）	摺扇面	紙	設色	不詳		南京 南京博物院	

畫家小傳：丁植。畫史無載。約與高簡、周孔傳同時。身世待考。

朱 昭

名稱	形式	質地	色彩	尺寸 高x寬㎝	創作時間	收藏處所	典藏號碼
仿子久南山圖	軸	金箋	設色	134 x 63	甲申（康熙四十三年，1704）	天津 天津市藝術博物館	

畫家小傳：朱昭。畫史無載。流傳署款紀年作品見於聖祖康熙四十三(1704)年。身世待考。

名稱	形式	質地	色彩	尺寸 高x寬㎝	創作時間	收藏處所	典藏號碼

李為憲

附：

| 南山積翠圖 | 軸 | 絹 | 設色 | 59.5 x 41 | 甲申（康熙四十三 年，1704） | 天津 天津市文物公司 | |

畫家小傳：李為憲。畫史無載。流傳署款紀年作品見於聖祖康熙四十三(1704)年。身世待考。

汪 淇

| 臨石田筆松鶴圖（為祝隆老壽 作） | 軸 | 絹 | 設色 | 144.5 x 66 | 甲申（康熙四十三 年，1704）三月 | 日本 東京柳孝藏先生 | |

畫家小傳：汪淇。字竹里。號白嶽山人。安徽新安人，僑居江蘇常熟。工詩善畫。畫擅山水，筆墨疏落，瀟灑出塵。流傳署款作品紀年疑似
聖祖康熙四十三（1704）年。（見倡和集、中國畫家人名大辭典）

朱倫瀚

指畫春山侍讀圖	軸	絹	設色	120.1 x 78.4		旅順 遼寧省旅順博物館	
指畫殿閣薰風圖	軸	絹	設色	不詳		北京 中央美術學院	
指畫山村春色圖	軸	絹	設色	103.1 x 49.6		天津 天津市藝術博物館	
指畫仿王蒙山水圖	軸	紙	設色	184.5 x 98.2		天津 天津市藝術博物館	
採芝圖	軸	絹	設色	不詳	乾隆丁卯（十二年 ，1747）	濟南 山東省博物館	
指畫九如圖	軸	絹	設色	161 x 81.1		濟南 山東省博物館	
指畫峭壁懸泉圖	軸	紙	設色	不詳		揚州 江蘇省揚州市博物館	
指畫林深結屋圖	軸	紙	設色	229 x 119.2	癸丑（雍正十一年 ，1733）	徐州 江蘇省徐州博物館	
松溪亭子圖	軸	紙	設色	157.8 x 64.8	癸亥（乾隆八年， 1743）	上海 上海博物館	
花鳥圖	軸	絹	設色	不詳		上海 上海博物館	
指畫觀泉圖	軸	紙	設色	不詳		南京 南京博物院	
指畫松鹿圖	軸	紙	設色	不詳		溫州 浙江省溫州博物館	
指畫松鷹圖	軸	絹	水墨	不詳		成都 四川大學	
指畫牧歸圖	軸	絹	設色	63 x 43		重慶 重慶市博物館	
指畫青山疊翠圖	軸	絹	設色	134.5 x 63.9		廣州 廣東省博物館	

名稱	形式	質地	色彩	尺寸 高x寬㎝	創作時間	收藏處所	典藏號碼
指畫松石丹桂圖	軸	絹	設色	234.8 x 99.2	雍正九年（辛亥，1731）秋七月	日本 東京國立博物館	TA-353
指頭畫觀瀑圖	軸	紙	設色	163 x 58.5	乾隆乙亥（二十年，1755）春二月之朔	日本 東京池永林一先生	
松林高士圖	軸	絹	設色	157.2 x 79.1		日本 東京林宗毅先生	
指頭畫子母虎涉水圖	軸	紙	設色	155.2 x 90.2		日本 橫濱岡山美術館	
摹石田老人谿屋讀書圖	軸	紙	設色	221.3 x 117.7	甲寅（雍正十二年，1734）仲秋	日本 私人	
山水圖	軸	絹	水墨	183.8 x 52.4		日本 私人	
指頭畫高貞勁節圖	軸	綾	水墨	198.7 x 43.2		日本 私人	
山水圖	軸	紙	設色	196.6 x 112.1		美國 芝加哥藝術中心	1965.1128
指畫觀瀑圖	軸	紙	設色	173.8 x 87.2	康熙辛丑（六十年，1721）清和中浣五日	加拿大 多倫多Finlayson先生	ACC14698
指頭畫山水圖	軸	紙	設色	174 x 88.5	乾隆辛未（十六年，1751）長至	英國 倫敦大英博物館	1924.8.6.01（ADD26）
指畫御製詩意冊（12幀）	冊	絹	水墨、設色	（每幀）28.7 x 35.3		台北 故宮博物院	故畫03414
仿元人作雜畫圖（？幀）	冊	紙	水墨	不詳	雍正庚戌（八年，1730）夏月	瀋陽 遼寧省博物館	
指畫西湖十景（10幀）	冊	絹	設色	（每幀）32.9 x 38.6		北京 首都博物館	
指畫雜畫（10幀）	冊	紙	設色	（每幀）24.5 x 30.5	乾隆十一年丙寅（1746）	天津 天津市藝術博物館	
臨古山水圖（12幀）	冊	紙	水墨	（每幀）19.7	己巳（乾隆十四年	上海 上海博物館	

名稱	形式	質地	色彩	尺寸 高x寬cm	創作時間	收藏處所	典藏號碼
				x 22.5	，1749）長夏月		
指畫山水圖	摺扇面	紙	水墨	不詳	甲辰（雍正二年，1724）	南京 南京博物院	
山水圖（清李世倬等雜畫冊12之1幀）	冊頁	紙	設色	不詳		廣州 廣州市美術館	
飲中八仙圖（8幀）	冊	絹	設色	（每幀）25.8 x 29.9	乙酉（康熙四十四年，1705）桂月	日本 大阪橋本大乙先生	
聽秋圖（撫大癡畫法）附：	摺扇面	幾	設色	17 x 52		日本 大阪橋本大乙先生	
指畫山水	軸	紙	設色	不詳	乾隆丁卯（十二年，1747）	北京 中國文物商店總店	
山水圖	軸	紙	水墨	不詳	丁卯（乾隆十二年，1747）	北京 中國文物商店總店	
指畫下山虎圖	軸	紙	設色	不詳	乾隆五年（庚申，1740）	天津 天津市文物公司	
指畫松林飛瀑圖	軸	絹	設色	77 x 45		天津 天津市文物公司	
玉壺富貴圖	軸	紙	設色	103 x 51	壬辰（康熙五十一年，1712）仲夏	紐約 佳士得藝品拍賣公司/拍賣目錄 1988,11,30.	
猛虎圖	軸	紙	設色	213.3 x 114.2		紐約 佳士得藝品拍賣公司/拍賣目錄 1989,12,04.	
荷亭清話圖	摺扇面	紙	設色	不詳		鎮江 鎮江市文物商店	

畫家小傳：朱倫瀚。字涵齋，又字亦軒。號一三。明宗室，入清，隸奉天正紅旗漢軍籍。生於聖祖康熙十九（1680）年。卒於高宗乾隆廿五（1760）年。康熙五十一年武進士。仕官至御史。善指頭畫，得舅氏高其佩法，山水清奇氣厚。（見國朝畫徵續錄、熙朝雅頌集、中國畫家人名大辭典）

范

名稱	形式	質地	色彩	尺寸 高x寬cm	創作時間	收藏處所	典藏號碼
山閣飛泉圖（為古翁作）	軸	絹	設色	73.2 x 47.3	康熙乙酉（四十四年，1705）秋日	杭州 浙江美術學院	
寫景山水圖（8幀）	冊	紙	水墨	（每幀）25 x 36.4	康熙丙戌（四十五年，1706）重九	廣東 廣東省博物館	
山水圖（車以載等人山水圖冊之第3幀）	冊頁	紙	設色	19.7 x 14.5		荷蘭 阿姆斯特丹Rijks博物館	RAK1990-12

畫家小傳：范纘。字武功。號笏溪。江蘇婁縣人。工詩文、書法。善畫山水，流傳署款紀年作品見於聖祖康熙四十四（1705）、四十五年。（見國朝畫識、墨林韻語、江南通志、松江詩徵、中國畫家人名大辭典等）

名稱	形式	質地	色彩	尺寸 高×寬cm	創作時間	收藏處所	典藏號碼
李 山							
柏鹿圖	軸	絹	設色	不詳		石家莊 河北省博物館	
指畫鷹犬泉石圖	軸	絹	設色	不詳		濟南 山東省博物館	
指畫蘆雁圖	軸	絹	設色	174.1 x 98.5		青島 山東省青島市博物館	
烟寺風帆圖（李堂、李山合作）	軸	絹	設色	140 x 51.5	雍正壬子（十年，1732）正月	南通 江蘇省南通博物苑	
梅雀圖	軸	綾	水墨	不詳		南通 江蘇省南通博物苑	
山水圖	軸	絹	水墨	不詳	康熙丙申（五十五年，1716）仲秋	日本 組田昌平先生	
山水圖	軸	絹	設色	不詳		日本 江田勇二先生	
山水圖	軸	絹	設色	146.2 x 56	丁未（雍正五年，1727）秋月	英國 倫敦大英博物館	1958.4.12.06(ADD292)
草蟲圖	摺扇面 水墨		設色	不詳		美國 火魯奴奴Hutchinson先生	
附：							
三老問道圖	軸	絹	設色	不詳		上海 上海文物商店	
清供圖	軸	絹	設色	不詳		上海 上海文物商店	
商山四老圖	軸	絹	設色	不詳		上海 上海文物商店	
指畫牡丹貓石圖	軸	絹	水墨	不詳		蘇州 蘇州市文物商店	

畫家小傳：李山。字紫琅。浙江錢塘人。善指頭畫兼筆繪，能畫林木和馬，均有古法。流傳署款紀年作品見於聖祖康熙四十四（1705）年，至世宗雍正十(1732)年。(見國朝畫徵續錄、朱倫瀚傳、歷代畫史彙傳、宋元明清書畫家年表、中國畫家人名大辭典)

名稱	形式	質地	色彩	尺寸 高×寬cm	創作時間	收藏處所	典藏號碼
張 偉							
牡丹圖	軸	絹	設色	157.8 x 71.9		上海 上海博物館	
文昌帝君圖	軸	絹	設色	112.1 x 48.1		日本 私人	
山茶（張偉寫生花卉冊24之1）	冊頁	絹	設色	40.6 x 35		台北 故宮博物院	故畫03436-1
梨花（張偉寫生花卉冊24之2）	冊頁	絹	設色	40.6 x 35		台北 故宮博物院	故畫03436-2
桃花（張偉寫生花卉冊24之3）	冊頁	絹	設色	40.6 x 35		台北 故宮博物院	故畫03436-3

名稱	形式	質地	色彩	尺寸 高x寬cm	創作時間	收藏處所	典藏號碼
杏花（張偉寫生花卉冊24之4）	冊頁	絹	設色	40.6 x 35		台北 故宮博物院	故畫 03436-4
牡丹（張偉寫生花卉冊24之5）	冊頁	絹	設色	40.6 x 35		台北 故宮博物院	故畫 03436-5
杜鵑（張偉寫生花卉冊24之6）	冊頁	絹	設色	40.6 x 35		台北 故宮博物院	故畫 03436-6
紫滕（張偉寫生花卉冊24之7）	冊頁	絹	設色	40.6 x 35		台北 故宮博物院	故畫 03436-7
月季（張偉寫生花卉冊24之8）	冊頁	絹	設色	40.6 x 35		台北 故宮博物院	故畫 03436-8
櫻桃（張偉寫生花卉冊24之9）	冊頁	絹	設色	40.6 x 35		台北 故宮博物院	故畫 03436-9
罌粟（張偉寫生花卉冊24之10）	冊頁	絹	設色	40.6 x 35		台北 故宮博物院	故畫 03436-10
蛺蝶竹石（張偉寫生花卉冊之11）	冊頁	絹	設色	40.6 x 35		台北 故宮博物院	故畫 03436-11
萱花百合（張偉寫生花卉冊之12）	冊頁	絹	設色	40.6 x 35		台北 故宮博物院	故畫 03436-12
金鳳花（張偉寫生花卉冊之13）	冊頁	絹	設色	40.6 x 35		台北 故宮博物院	故畫 03436-13
凌霄花（張偉寫生花卉冊之14）	冊頁	絹	設色	40.6 x 35		台北 故宮博物院	故畫 03436-14
蜀葵（張偉寫生花卉冊24之15）	冊頁	絹	設色	40.6 x 35		台北 故宮博物院	故畫 03436-15
豆蔲鸚鴒（張偉寫生花卉冊24之16）	冊頁	絹	設色	40.6 x 35		台北 故宮博物院	故畫 03436-16
秋海棠（張偉寫生花卉冊24之17）	冊頁	絹	設色	40.6 x 35		台北 故宮博物院	故畫 03436-17
菊花（張偉寫生花卉冊24之18）	冊頁	絹	設色	40.6x 35		台北 故宮博物院	故畫 03436-18
佛手柑（張偉寫生花卉冊24之19）	冊頁	絹	設色	40.6 x 35		台北 故宮博物院	故畫 03436-19
竹石山雉（張偉寫生花卉冊24之20）	冊頁	絹	設色	40.6 x 35		台北 故宮博物院	故畫 03436-20

名稱	形式	質地	色彩	尺寸 高×寬cm	創作時間	收藏處所	典藏號碼
魚藻（張偉寫生花卉冊24之21）	冊頁	絹	設色	40.6 × 35		台北 故宮博物院	故畫 03436-21
臘梅松枝（張偉寫生花卉冊24之22）	冊頁	絹	設色	40.6 × 35		台北 故宮博物院	故畫 03436-22
水仙（張偉寫生花卉冊24之23）	冊頁	絹	設色	40.6 × 35		台北 故宮博物院	故畫 03436-23
天竹（張偉寫生花卉冊24之24）	冊頁	絹	設色	40.6 × 35		台北 故宮博物院	故畫 03436-24
花卉圖（12幀）	冊	絹	設色	不詳		北京 故宮博物院	
菊花圖	摺扇面	紙	設色	17.3 × 51.5	乙酉（康熙四十四年，1705）小春	南京 南京博物院	
花鳥圖（12幀）	冊	絹	設色	（每幀）27.3 × 21.7		廣州 廣州市美術館	

畫家小傳：張偉。字赤臣（或作赤城）。江蘇嘉定人。工畫花草、翎毛；亦能山水、人物，有明宋旭遺意。流傳署款紀年作品見於聖祖康熙四十四(1705)年（見畫囊、中國畫家人名大辭典）

強國忠

名稱	形式	質地	色彩	尺寸 高×寬cm	創作時間	收藏處所	典藏號碼
法元人墨竹	軸	絹	水墨	142.8 × 57.1		台北 故宮博物院	故畫 02579
松峽懸瀑圖	軸	紙	設色	不詳		南京 南京博物院	
雲山溪樹（強國忠畫山水甲冊10之1）	冊頁	紙	水墨	25.4 × 19.4		台北 故宮博物院	故畫 03255-1
溪岸村居（強國忠畫山水甲冊10之2）	冊頁	紙	水墨	25.4 × 19.4		台北 故宮博物院	故畫 03255-2
米氏雲山（強國忠畫山水甲冊10之3）	冊頁	紙	水墨	25.4 × 19.4		台北 故宮博物院	故畫 03255-3
籬院石橋（強國忠畫山水甲冊10之4）	冊頁	紙	水墨	25.4 × 19.4		台北 故宮博物院	故畫 03255-4
曲徑林屋（強國忠畫山水甲冊10之5）	冊頁	紙	水墨	25.4 × 19.4		台北 故宮博物院	故畫 03255-5
奄林幽居（強國忠畫山水甲冊10之6）	冊頁	紙	水墨	25.4 × 19.4		台北 故宮博物院	故畫 03255-6
煙橫水榭（強國忠畫山水甲冊10之7）	冊頁	紙	水墨	25.4 × 19.4		台北 故宮博物院	故畫 03255-7

名稱	形式	質地	色彩	尺寸 高x寬cm	創作時間	收藏處所	典藏號碼
蒼樹幽亭（強國忠畫山水甲冊 10之8）	冊頁	紙	水墨	25.4 x 19.4		台北 故宮博物院	故畫 03255-8
雲山流泉（強國忠畫山水甲冊 10之9）	冊頁	紙	水墨	25.4 x 19.4		台北 故宮博物院	故畫 03255-9
疏林茅亭（強國忠畫山水甲冊 10之10）	冊頁	紙	水墨	25.4 x 19.4		台北 故宮博物院	故畫 03255-10
危石深院（強國忠畫山水乙冊 10之1）	冊頁	紙	水墨	40.4 x 24.7		台北 故宮博物院	故畫 03256-1
石橋水樹（強國忠畫山水乙冊 10之2）	冊頁	紙	水墨	40.4 x 24.7		台北 故宮博物院	故畫 03256-2
巖壑幽居（強國忠畫山水乙冊 10之3）	冊頁	紙	水墨	40.4 x 24.7		台北 故宮博物院	故畫 03256-3
流泉板橋（強國忠畫山水乙冊 10之4）	冊頁	紙	水墨	40.4 x 24.7		台北 故宮博物院	故畫 03256-4
重巒磴道（強國忠畫山水乙冊 10之5）	冊頁	紙	水墨	40.4 x 24.7		台北 故宮博物院	故畫 03256-5
林院幽深（強國忠畫山水乙冊 10之6）	冊頁	紙	水墨	40.4 x 24.7		台北 故宮博物院	故畫 03256-6
懸巖漱瀑（強國忠畫山水乙冊 10之7）	冊頁	紙	水墨	40.4 x 24.7		台北 故宮博物院	故畫 03256-7
溪橋村舍（強國忠畫山水乙冊 10之8）	冊頁	紙	水墨	40.4 x 24.7		台北 故宮博物院	故畫 03256-8
平湖亭榭（強國忠畫山水乙冊 10之9）	冊頁	紙	水墨	40.4 x 24.7		台北 故宮博物院	故畫 03256-9
策杖行吟（強國忠畫山水乙冊 10之10）	冊頁	紙	水墨	40.4 x 24.7		台北 故宮博物院	故畫 03256-10
畫蘭（10幀）	冊	紙	水墨	（每幀）24.5 x 25		台北 故宮博物院	故畫 03257
附：							
仿李成山水圖	軸	絹	水墨	65.4 x 37.8		紐約 蘇富比藝品拍賣公司/拍賣目錄 1984,06,13.	

畫家小傳：強國忠。字大年。號琢庵。東北奉天人（一作漢軍旗人）。官至郎中。工書。善畫細筆山水；又作墨竹，師法元吳鎮。年八十餘尚能作尺幅小景。與王原祁同侍內廷，常共論書畫。署款紀年作品見於聖祖康熙四十四（1705）年。（見八旗畫錄、繪境軒讀畫記、讀畫輯略、中國美術家人名辭典）

名稱	形式	質地	色彩	尺寸 高x寬cm	創作時間	收藏處所	典藏號碼
王旼							
仿宋人寫生十七種圖	卷	絹	設色	不詳	康熙丙申（五十五年，1716）立冬後二日	瀋陽 故宮博物館	
花卉蔬果圖	卷	絹	設色	15 x 110.2		瀋陽 故宮博物館	
春江花月夜圖	軸	絹	設色	107.6 x 72.4		揚州 江蘇省揚州市博物館	
牡丹（序榮集繪冊之1）	冊頁	絹	設色	不詳		台北 故宮博物院	故畫 03417-1
鳶尾薔薇（序榮集繪冊之5）	冊頁	絹	設色	不詳		台北 故宮博物院	故畫 03417-5
荷花（序榮集繪冊之6）	冊頁	絹	設色	不詳	乙酉（康熙四十四年，1705）秋月	台北 故宮博物院	故畫 03417-6
桂花木棉（序榮集繪冊之8）	冊頁	絹	設色	不詳		台北 故宮博物院	故畫 03417-8
菊花（序榮集繪冊之10）	冊頁	絹	設色	不詳		台北 故宮博物院	故畫 03417-10
水仙山茶天竺（序榮集繪冊之11）	冊頁	絹	設色	不詳		台北 故宮博物院	故畫 03417-11
山水圖	冊頁	絹	設色	32.2 x 50		英國 倫敦大英博物館	1983.7.5.07(ADD447)

畫家小傳：王旼。字容穆。江蘇竹里人。善寫意花卉，點染設色，有明陳淳氣味。署款紀年作品見於聖祖康熙四十四（1705）至五十五（1716）年。（見讀畫輯略、中國美術家人名辭典）

名稱	形式	質地	色彩	尺寸 高x寬cm	創作時間	收藏處所	典藏號碼
沈陛							
雜畫（諸昇等五人雜畫合卷5之第3段）	卷	紙	設色	不詳		北京 故宮博物院	
竹澗圖	卷	絹	水墨	不詳	乙酉（康熙四十四年，1705）	天津 天津市藝術博物館	
竹雀圖	軸	絹	水墨	不詳	戊子（康熙四十七年，1708）	南京 南京博物院	
山水圖（沈廷瑞等四人山水合冊4之1幀）	冊頁	紙	設色	不詳		上海 上海博物館	

畫家小傳：沈陛。字左臣。號小休。浙江仁和人。沈仕之六世孫。能文，善畫。畫愛寫墨竹，意在筆先，偃息疏漲，動合矩度。流傳署款紀年作品見於聖祖康熙四十四（1705）至四十七（1708）年。（見圖繪寶鑑續纂、兩浙名畫記、國朝畫識、中國畫家人名大辭典）

唐岳

名稱	形式	質地	色彩	尺寸 高x寬cm	創作時間	收藏處所	典藏號碼
荷花鵁鶄圖	軸	絹	設色	147.7 x 81	乙酉（康熙四十四年，1705）	天津 天津市藝術博物館	

畫家小傳：唐岳。畫史無載。流傳署款紀年作品見於聖祖康熙四十四（1705）年。身世待考。

王 蕃

雜畫（諸昇等五人雜畫合卷5之第5段）	卷	紙	設色	不詳		北京 故宮博物院	
枯樹巖屋圖（清王概、王蕃雜畫冊7之1幀）	冊頁	紙	設色	17 x 16.5		常熟 江蘇省常熟市文物管理委員會	
臥地蟠松圖（清王概、王蕃雜畫冊7之1幀）	冊頁	紙	設色	17 x 16.5		常熟 江蘇省常熟市文物管理委員會	
麋鹿圖（清王概、王蕃雜畫冊7之1幀）	冊頁	紙	設色	17 x 16.5		常熟 江蘇省常熟市文物管理委員會	

畫家小傳：王蕃。畫史無載。約與章聲同時。身世待考。

醉真子

墨荷圖	軸	紙	水墨	不詳	乙酉（康熙四十四年，1705）	石家莊 河北省博物館	

畫家小傳：醉真子。畫史無載。流傳署款紀年作品見於聖祖康熙四十四（1705）年。身世待考。

薛 雪

蘭花圖（為鶴棲作）	軸	紙	水墨	不詳	雍正甲寅（十二年，1734）冬月	蘇州 江蘇省蘇州博物館	

畫家小傳：薛雪。字生白。號一瓢、掃葉山人、磨劍山人、槐雲道人等。河東人，長居江蘇長洲。薛虞卿之子。生於聖祖康熙廿（1681）年，卒於高宗乾隆三十五（1770）年。以醫鳴世。兼工詩、書、畫。畫善寫蘭，頗精妙。（見墨林今話、耕硯田齋筆記、槐雲道人傳、墨林韻語、歸愚文鈔、中國畫家人名大辭典）

張 轂

	冊頁	絹	設色	34 x 27.5	丙戌（康熙四十五年，1706）夏六月	上海 上海博物館	

畫家小傳：張轂。畫史無載。流傳署款紀年作品見於聖祖康熙四十五（1706）年。身世待考

劉九德

猱猊圖	軸	絹	設色	178.8 x 236.5		台北 故宮博物院	故畫 03724

名稱	形式	質地	色彩	尺寸 高x寬cm	創作時間	收藏處所	典藏號碼
猱猊	軸	絹	設色	175.3×237.8		台北 故宮博物院	故畫 03725

附：

西園雅集圖	摺扇面	紙	設色	不詳	康熙四十五年（ 丙戌，1706）	北京 北京市文物商店	

畫家小傳：劉九德。字陽升。順天人。聖祖康熙中奉召寫聖祖御容，稱旨，授官中書。善畫人物、仕女，尤工寫真。流傳署款紀年作品
　　　　見於聖祖康熙四十五（1706）年。（見圖繪寶鑑續纂、中國畫家人名大辭典）

顧日永

仿宋元山水圖（8幅，為映崑 作）	軸	絹	設色	不詳	丙戌（康熙四十五 年，1706）七月既 望	上海 上海博物館	
仿北苑山水圖（為希翁作）	軸	絹	設色	不詳	雍正乙卯（十三年 ，1735）初秋	上海 上海博物館	
登瀛洲圖（各人畫扇貳冊（下 ）冊之2）	摺扇面	紙	設色	不詳		台北 故宮博物院	故畫 03557-2

畫家小傳：顧日永。字元昭。江蘇吳人。善畫山水，師法元人；亦工界畫，與紐樞同時有名。流傳署款紀年作品見於聖祖康熙四十五
　　　　（1706）年，至世宗雍正十三(1735)年。（見吳門補乘、中國畫家人名大辭典）

俞菽隱

素心蘭（空谷國香圖卷4之第 2段）	卷	絹	設色	（各段）18.2 × 25.8不等		上海 上海博物館	

畫家小傳：俞菽隱。畫史無載。身世待考。

徐 蘭

蘭花圖（為東山作，空谷國香 圖卷4之第3段）	卷	絹	設色	（各段）18.2 × 25.8不等		上海 上海博物館	
十八羅漢圖	軸	紙	水墨	不詳	丙戌（康熙四十五 年，1706）嘉平朔 旦	北京 故宮博物院	

畫家小傳：徐蘭。字芬若，號芸軒（一作字芝仙，號芬若）。江蘇常熟人，流寓北通州。善詩畫。畫花卉，可繼惲壽平；白描人物，一時
　　　　無對手。流傳署款紀年作品見於聖祖康熙四十五(1706)年。（見海虞畫苑略、別裁詩傳、居易錄、柳朝隨筆、中國畫家人名大
　　　　辭典）

名稱	形式	質地	色彩	尺寸 高x寬cm	創作時間	收藏處所	典藏號碼

卞永式

| 素心蘭（空谷國香圖卷4之第4段） | 卷 | 絹 | 設色 | （各段）18.2 x 25.8不等 | | 上海 上海博物館 | |

畫家小傳：卞永式。畫史無載。身世待考。

秦漣

| 溪窗客話圖 | 軸 | 金箋 | 設色 | 不詳 | 丙戌（康熙四十五年，1706）冬月 | 北京 故宮博物院 | |
| 山水圖（為枚翁作） | 摺扇面 | 紙 | 設色 | 不詳 | 丁酉（康熙五十六年，1717）仲夏 | 北京 故宮博物院 | |

附：

| 橋頭觀瀑圖 | 軸 | 絹 | 設色 | 不詳 | 雍正丙午（四年，1726）夏月 | 青島 青島市文物商店 | |

畫家小傳：秦漣。字文水。號石魚。江蘇金陵人。為樊圻弟子。工畫山水、人物，有元人風度。與羅洹（梅仙）齊名。流傳署款紀年作品見於聖祖康熙四十五(1706)年，至世宗雍正四(1726)年。（見讀畫輯略、江寧續志、中國美術家人名辭典）

曹泓
附：

| 梅禽圖（為序翁作） | 軸 | 絹 | 設色 | 不詳 | 丙戌（康熙四十五年，1706）小春 | 北京 中國文物商店總店 | |

畫家小傳：曹泓。畫史無載。署款紀年作品見於聖祖康熙四十五(1706)年。身世待考。

遲熼

白鷹圖	軸	紙	設色	不詳	康熙丙戌（四十五年，1706）仲秋	平湖 浙江省平湖縣博物館	
仿宣和白鷹圖	軸	紙	設色	102 x 53	康熙丁亥（四十六年，1707）仲夏	成都 四川大學	
梅花鸜鴿圖	軸	絹	設色	72.5 x 39	康熙戊戌（五十七年1718）仲夏	廣州 廣東省博物館	

附：

| 雙喜圖 | 軸 | 紙 | 設色 | 123 x 54 | | 紐約 佳士得藝品拍賣公司/拍賣目錄 1995,3,22. | |

畫家小傳：遲熼。字淡生。畫史無載。流傳署款紀年作品見於聖祖康熙四十五(1706)至五十七(1718)年。身世待考。

名稱	形式	質地	色彩	尺寸 高x寬cm	創作時間	收藏處所	典藏號碼

侯 悅

| 山水圖 | 軸 | 金箋 | 設色 | 不詳 | 丙戌（康熙四十五年，1706） | 北京 故宮博物院 | |

畫家小傳：侯悅。畫史無載。流傳署款紀年作品見於聖祖康熙四十五(1706)年。身世待考。

胡容安

| 雜畫（胡容安、堵霞珠聯璧合冊？之？幀） | 冊 | 絹 | 設色 | 不詳 | 丙戌（康熙四十五年，1706） | 北京 首都博物館 | |

畫家小傳：胡容安。畫史無載。流傳署款紀年作品見於聖祖康熙四十五(1706)年。身世待考。

堵 霞

| 虞美人圖 | 摺扇面 金箋 | | 設色 | 16.6 x 48.7 | 丁亥（康熙四十六年，1707） | 北京 故宮博物院 | |
| 花卉（胡容安、堵霞珠聯璧合冊？之？幀） | 冊 | 絹 | 設色 | 不詳 | 丙戌（康熙四十五年，1706） | 北京 首都博物館 | |

附：

| 荷花圖 | 軸 | 紙 | 設色 | 112 x 35.5 | | 紐約 佳士得藝品拍賣公司/拍賣目錄 1990.05.31. | |

畫家小傳：堵霞。女。字綺齋、巖如。號蓉湖女士。江蘇無錫人。適吳氏。博學能詩，尤工繪畫寫生。所作花木、蟲魚、蔬果之類，不用落墨，無須粉本，隨意點染，深造徐熙、黃筌沒骨化境；兼擅小楷，信筆題跋，韻致天成。流傳署款紀年作品見於聖祖康熙四十五(1706)、四十六 (1707) 年。（見圖繪寶鑑續纂、擷芳集、安序堂集、南野堂筆記、中國畫家人名大辭典）

鄭 澥

| 山水圖（翁陵等山水冊12之1幀） | 冊頁 | 紙 | 設色 | 不詳 | | 北京 故宮博物院 | |

畫家小傳：鄭澥。畫史無載。身世待考。

女道子

| 山水圖（翁陵等山水冊12之1幀） | 冊頁 | 紙 | 設色 | 不詳 | | 北京 故宮博物院 | |

畫家小傳：女道子。畫史無載。身世待考。

湯祖祥

| 仿宋花卉圖（12幀） | 冊 | 絹 | 設色 | 不詳 | | 合肥 安徽省博物館 | |

名稱	形式	質地	色彩	尺寸 高x寬㎝	創作時間	收藏處所	典藏號碼

畫家小傳：湯祖祥。字充閭。江蘇武進人。身世不詳。聖祖康熙（1662-1722）間，以畫花卉鳴於時。（國朝畫徵續錄、中國畫家人名大辭典）

駱 翔

穿針乞巧圖	卷	絹	設色	不詳		無錫 江蘇省無錫市博物館	

畫家小傳：駱翔。字漢飛。浙江杭州人。家世不詳。善畫人物。（見圖繪寶鑑續纂、中國畫家人名大辭典）

馬 坦

山水圖（12幀）	冊	紙	水墨	（每幀）32.4 x 23.6	丙戌（康熙四十五年，1706）	重慶 重慶市博物館	
附：							
山水圖（清人雜畫扇面冊之一幀）	摺扇面	紙	水墨	不詳		北京 北京市工藝品進出口公司	

畫家小傳：馬坦。畫史無載。流傳署款紀年作品見於聖祖康熙四十五(1706)年。身世待考。

萬 个

蘭石圖	卷	紙	水墨	不詳	己丑（康熙四十八年，1709）	北京 故宮博物院	
鶴鹿松石圖	軸	紙	水墨	175.3 x 88.5		南京 南京博物院	
松鶴圖	軸	紙	水墨	138.1 x 61.1		南昌 江西省博物館	

畫家小傳：萬个。江西人。為八大山人弟子。生於聖祖康熙二十一（1682）年，卒年不詳。能作一筆石，而石之凹凸深淺，無不畢具。流傳署款紀年作品見於康熙四十八（1709）年。（見鄭板橋集、中國畫家人名大辭典）

華 喦

仿元人山水圖	卷	絹	設色	33.5 x ?		台北 私人	
花卉圖	卷	絹	設色	34 x 335	乙卯（雍正十三年，1735）小春	瀋陽 故宮博物館	
噉荔圖（為周念修作）	卷	絹	設色	28 x 74	丁亥（康熙四十六年，1707）長夏	瀋陽 遼寧省博物館	
秋樹竹禽圖	卷	絹	設色	不詳	丙子（乾隆二十一年，1756）	瀋陽 遼寧省博物館	
補畫陳洪綬西園雅集圖	卷	絹	設色	41.7 x 429	雍正乙巳（三年，1725）	北京 故宮博物院	

名稱	形式	質地	色彩	尺寸 高x寬cm	創作時間	收藏處所	典藏號碼
黃竹嶺圖	卷	紙	設色	27.7 x 99	雍正七年（己酉，1729）	北京 故宮博物院	
山水圖	卷	絹	設色	34.2 x 212.2	雍正八年（庚戌，1730）六月	北京 故宮博物院	
百獸圖	卷	絹	設色	不詳		北京 故宮博物院	
蘭石圖	卷	紙	水墨	40.3 x 468.5		北京 故宮博物院	
秋山晚翠圖	卷	紙	設色	27.8 x 138.2	己酉（雍正七年，1729）秋九月	上海 上海博物館	
松石清蔭圖	卷	紙	設色	32.1 x 556	壬子（雍正十年，1732）九月	上海 上海博物館	
龍梅圖	卷	絹	設色	不詳	乙未（康熙五十四年，1715）	溫州 浙江省溫州博物館	
雜畫	卷	紙	設色	27.7 x ?		日本 東京國立博物館	TA-496
花鳥圖	卷	紙	設色	28.3 x 318.1		日本 東京高島菊次郎槐安居	
秋江汎月圖（為立先世兄作）	卷	紙	設色	24.2 x ?	戊辰（乾隆十三年，1748）重陽後二日	美國 New Haven 翁萬戈先生	
柳陰閑居圖	卷	紙	水墨	29.4 x 97.5		德國 柏林東亞藝術博物館	1988-411
午日鍾馗	軸	紙	設色	133.5 x 63.7		台北 故宮博物院	故畫 00765
壽星	軸	紙	白描	178.3 x 93.9	戊辰（乾隆十三年，1748）夏六月	台北 故宮博物院	故畫 02509
花鳥	軸	紙	設色	不詳		台北 故宮博物院	國贈 026758
山水（霜秋棹舟圖）	軸	紙	設色	130.7 x 36.8	甲辰（雍正二年，1724）秋九月	台北 故宮博物院（蘭千山館寄存）	
野燒圖	軸	紙	設色	46.4 x 27.6		台北 故宮博物院（蘭千山館寄存）	
游魚花卉圖	軸	紙	水墨	235.5 x 51.1		台北 國泰美術館	
竹谿六逸圖	軸	紙	設色	116.5 x 133.5	壬子（雍正十年，1732）六月	台北 國泰美術館	
竹爐清吟圖	軸	紙	設色	120.7 x 30.8	壬戌（乾隆七年，1742）春日	台北 國泰美術館	

名稱	形式	質地	色彩	尺寸 高x寬cm	創作時間	收藏處所	典藏號碼
竹雀圖	軸	紙	設色	130.3 x 53.5		台北 鴻禧美術館	C1-840
鳥唫竹枝圖	軸	紙	設色	129 x 51	庚申（乾隆五年，1740）夏日	台北 長流美術館	
山水圖	軸	紙	設色	244.9 x 120.8		台北 陳啟斌畏罍堂	
松泉盤翠圖	軸	紙	水墨	150 x 57		台北 黃君璧白雲堂	
田家樂圖	軸	紙	設色	79 x 99		台北 李鴻球先生	
射鵰牧馬圖	軸	紙	設色	120 x 56	乙卯（雍正十三年，1735）八月	台北 黃秉章先生	
花鳥圖	軸	紙	設色	144.1 x 48.8		香港 何耀光至樂樓	
聽泉圖	軸	紙	設色	135.2 x 73.1		香港 何耀光至樂樓	
竹鳥圖	軸	紙	設色	137 x 38.1		香港 何耀光至樂樓	
桐華庵勝集合作竹石秋禽圖（華嵒、顏曳、許大、鄭燮合作）	軸	紙	設色	111.7 x 30.7	乾隆丙寅（十一年，1746）秋九	香港 王南屏先生	
瑞年歲慶圖	軸	紙	設色	90.8 x 46	戊辰（乾隆十三年，1748）嘉平月小除夕日	香港 徐伯郊先生	
簫曲鳥圖（芭蕉菊石）	軸	紙	設色	112.3 x 60.2	乾隆十二年（丁卯，1747）秋八月	香港 黃仲方先生	
鍾馗圖	軸	紙	設色	163 x 77.5		香港 葉承耀先生	
避跡茅茨圖	軸	紙	設色	154.1 x 56.8		香港 許晉義崇宜齋	
松鶴圖	軸	紙	設色	240 x 131.3		香港 劉作籌虛白齋	101
清吟圖	軸	紙	設色	176.6 x 95.9		香港 劉作籌虛白齋	125
松聲草閣圖	軸	紙	設色	125 x 31	壬子（雍正十年，1732）七月	香港 劉作籌虛白齋	
松蘿雙鶴圖	軸	紙	設色	174 x 91.5		新加坡 Dr.E.Lu	
臨鏡圖	軸	紙	設色	135.1 x 36.2		長春 吉林省博物館	
萬壑松聲圖	軸	紙	設色	200 x 114	乙卯（雍正十三年，1735）小春	瀋陽 故宮博物館	

名稱	形式	質地	色彩	尺寸 高×寬㎝	創作時間	收藏處所	典藏號碼
竹石錦雞圖	軸	絹	設色	不詳		瀋陽 故宮博物館	
秋山行旅圖	軸	絹	設色	不詳		瀋陽 故宮博物館	
菊石圖	軸	紙	設色	不詳		瀋陽 故宮博物館	
擬宋人筆作萬籟松烟圖	軸	絹	設色	131 × 53.7	丙申（康熙五十五年，1716）冬二月	瀋陽 遼寧省博物館	
蒼山延燒圖	軸	紙	設色	不詳	甲寅（雍正十二年，1734）十一月八日	瀋陽 遼寧省博物館	
好鳥鳴春圖	軸	紙	設色	119.6 × 48.5	戊辰（乾隆十三年，1748）三月中浣	瀋陽 遼寧省博物館	
花鳥圖	軸	紙	設色	不詳	丙子（乾隆二十一年，1756）	瀋陽 遼寧省博物館	
秋樹竹禽圖	軸	紙	設色	130.8 × 47.5	七十五歲（乾隆二十三年，1758）	瀋陽 遼寧省博物館	
鸜鵒隻棲圖	軸	紙	設色	不詳		瀋陽 遼寧省博物館	
竹石鸚鵡圖	軸	紙	設色	131 × 52		瀋陽 遼寧省博物館	
三獅圖	軸	紙	水墨	194.1 × 105.5	己未（乾隆四年，1739）	旅順 遼寧省旅順博物館	
柏下仙鹿圖	軸	絹	設色	171 × 124.8	庚申（乾隆五年，1740）夏日	旅順 遼寧省旅順博物館	
松鶴圖	軸	紙	設色	不詳		旅順 遼寧省旅順博物館	
黃鸝翠柳圖	軸	紙	設色	114.8 × 53.8		旅順 遼寧省旅順博物館	
出獵圖	軸	絹	設色	148.8 × 60	丁酉（康熙五十六年，1717）春	北京 故宮博物院	
松石圖	軸	絹	水墨	187.5 × 97.6	丁酉（康熙五十六年，1717）	北京 故宮博物院	
松鼠啄栗圖	軸	紙	設色	不詳	辛丑（康熙六十年，1721）冬日	北京 故宮博物院	
秋樹讀書圖	軸	紙	設色	不詳	癸卯（雍正元年，1723）八月八日	北京 故宮博物院	
仿米山水圖	軸	紙	水墨	121.2 × 45	雍正甲辰（二年，1724）	北京 故宮博物院	

名稱	形式	質地	色彩	尺寸 高×寬 cm	創作時間	收藏處所	典藏號碼
八山圖	軸	紙	設色	不詳	甲辰（雍正二年，1724）秋	北京 故宮博物院	
自寫小像	軸	紙	設色	130 × 51	雍正丁未（五年，1727）長夏	北京 故宮博物院	
列子御風圖	軸	絹	設色	128.5 × 45.3	雍正丁未（五年，1727）	北京 故宮博物院	
谿山猛雨圖	軸	紙	水墨	193 × 66.4	雍正己酉（七年，1729）秋七月	北京 故宮博物院	
秋樹八哥圖	軸	紙	設色	161 × 87.9	癸丑（雍正十一年，1733）初秋	北京 故宮博物院	
山水圖	軸	綾	水墨	188.5 × 50	癸丑（雍正十一年，1733）	北京 故宮博物院	
山水圖	軸	絹	設色	112.6 × 67.8	甲寅（雍正十二年，1734）三月	北京 故宮博物館	
雪景山水圖	軸	紙	設色	不詳	丙辰（乾隆元年，1736）夏五月	北京 故宮博物院	
蒲葵圖	軸	紙	設色	不詳	丙辰（乾隆元年，1736）夏日	北京 故宮博物院	
觀梅圖	軸	紙	設色	不詳	壬戌（乾隆七年，1742）春日	北京 故宮博物院	
桃潭浴鴨圖	軸	紙	設色	271.5 × 137	壬戌（乾隆七年，1742）小春	北京 故宮博物院	
山水人物圖	軸	紙	設色	不詳	壬戌（乾隆七年，1742）	北京 故宮博物院	
松蔭並轡圖	軸	紙	設色	不詳	癸亥（乾隆八年，1743）四月	北京 故宮博物院	
六鶴同春圖	軸	紙	設色	不詳	甲子（乾隆九年，1744）春三月	北京 故宮博物院	
寒駝殘雪圖	軸	紙	設色	139.6 × 58.3	乾隆丙寅（十一年，1746）春朝	北京 故宮博物院	
牡丹圖	軸	紙	設色	133.1 × 53.8	戊辰（乾隆十三年，1748）春三月	北京 故宮博物院	
柳塘翠鷺圖	軸	紙	設色	136.5 ×50.5	戊辰（乾隆十三年，1748）秋日	北京 故宮博物院	

名稱	形式	質地	色彩	尺寸 高×寬㎝	創作時間	收藏處所	典藏號碼
鍾馗嫁妹圖	軸	絹	設色	135.4 × 70	己巳（乾隆十四年，1749）八月望	北京 故宮博物館	
花鳥圖	軸	紙	設色	310.9×137.3	庚午（乾隆十五年，1750）春正月	北京 故宮博物院	
臨泉清眺圖	軸	絹	設色	224 × 113.5	辛未（乾隆十六年，1751）	北京 故宮博物院	
桃柳仕女圖	軸	絹	設色	125.5 × 48.3	辛未（乾隆十六年，1751）春三月	北京 故宮博物院	
秋山閒眺圖	軸	紙	設色	不詳	辛未（乾隆十六年，1751）春	北京 故宮博物院	
鍾馗秤鬼圖	軸	紙	設色	136.4 × 67	壬申（乾隆十七年，1752）秋七月	北京 故宮博物院	
竹林七賢圖	軸	紙	設色	174.7 × 92.8	壬申（乾隆十七年，1752）十月	北京 故宮博物院	
程兆熊圖像（丁皋畫像，黃漱補圖，華嵒添鶴）	軸	絹	設色	不詳	壬申（乾隆十七年，1752）春仲	北京 故宮博物院	
圍獵圖	軸	絹	設色	154.3 × 83.4	癸酉（乾隆十八年，1753）秋九月	北京 故宮博物院	
八柏遐齡圖（松鶴圖）	軸	絹	設色	211 × 133	甲戌（乾隆十九年，1754）冬十一月	北京 故宮博物院	
陋室銘圖	軸	絹	設色	不詳	乙亥（乾隆二十年，1755）冬	北京 故宮博物院	
天山積雪圖	軸	紙	設色	159.1 × 52.8	乙亥（乾隆二十年，1755）春	北京 故宮博物院	
禽兔秋艷圖	軸	紙	設色	135.4 × 62.3	丙子（乾隆二十一年，1756）春正月	北京 故宮博物院	
听松圖	軸	絹	設色	104.5 × 42.5	丙子（乾隆二十一年，1756）夏六月	北京 故宮博物館	
山水圖	軸	紙	設色	125 × 59.8		北京 故宮博物院	
沒骨山水圖	軸	絹	設色	129.1 × 61.5		北京 故宮博物院	
青綠山水圖	軸	絹	設色	164.3 × 46.8		北京 故宮博物院	
丹桂飄香圖	軸	紙	設色	不詳		北京 故宮博物院	

名稱	形式	質地	色彩	尺寸 高x寬㎝	創作時間	收藏處所	典藏號碼
仕女圖	軸	紙	設色	113.5 x 59.1		北京 故宮博物院	
村童鬧學圖	軸	紙	設色	137.8 x 39.8		北京 故宮博物院	
吳石倉像	軸	絹	設色	107.1 x 50.3		北京 故宮博物院	
空山煙翠圖	軸	絹	設色	147.5 x 43.6		北京 故宮博物院	
松鼠板栗圖	軸	紙	設色	不詳		北京 故宮博物院	
和合二仙圖	軸	紙	設色	不詳		北京 故宮博物院	
薔薇山鳥圖	軸	紙	設色	126.7 x 55.1		北京 故宮博物院	
柏樹八哥圖	軸	絹	設色	211 x 133		北京 故宮博物院	
柳蔭仕女圖	軸	紙	設色	131.6 x 55.6		北京 故宮博物院	
秋林遠眺圖	軸	絹	設色	188.5 x 97.4		北京 故宮博物院	
秋林讀書圖	軸	紙	設色	166 x 77.8		北京 故宮博物院	
秋堂讀騷圖	軸	絹	設色	158.8 x 68.1		北京 故宮博物院	
梧桐松鼠圖	軸	紙	設色	164.2 x 55		北京 故宮博物院	
梅嶺雪霽圖	軸	絹	設色	不詳		北京 故宮博物院	
荷花圖	軸	紙	設色	不詳		北京 故宮博物院	
鍾馗圖	軸	紙	設色	134.2 x 53.8		北京 故宮博物院	
秋樹鬥禽圖	軸	紙	設色	117 x 54.3		北京 故宮博物院	
吟秋圖	軸	紙	水墨	160.3 x 46.8	甲寅（雍正十二年，1734）二月	北京 中國歷史博物館	
水西山宅圖	軸	紙	設色	不詳	辛酉（乾隆六年，1741）秋日	北京 中國歷史博物館	
人物圖	軸	紙	設色	不詳		北京 中國歷史博物館	
仲子灌園圖	軸	紙	設色	不詳		北京 中國歷史博物館	
觀泉圖	軸	紙	設色	不詳		北京 中國歷史博物館	
清潤古木圖	軸	紙	水墨	不詳		北京 中國歷史博物館	

名稱	形式	質地	色彩	尺寸 高x寬㎝	創作時間	收藏處所	典藏號碼
江干遊賞圖	軸	絹	設色	103.8×109.8	丁酉（康熙五十六年，1717）夏四月	北京 中國美術館	
深山客話圖	軸	絹	設色	186.2×100.7	庚戌（雍正八年，1730）七月	北京 中國美術館	
紅白芍藥圖	軸	絹	設色	94 × 97.3	辛亥（雍正九年，1731）初夏	北京 中國美術館	
柳下調絲圖	軸	絹	設色	129.5 × 56.3	辛未（乾隆十六年，1751）三月	北京 中國美術館	
竹林七賢圖	軸	紙	設色	不詳	戊辰（乾隆十三年，1748）	北京 首都博物館	
枝頭洗羽圖（為仰見作）	軸	紙	設色	124.5 × 29.5	壬戌（乾隆七年，1742）十二月六日	北京 中國畫院	
松柏三老圖	軸	紙	設色	不詳	庚午（乾隆十五年，1750）冬日	北京 中央美術學院	
桃柳聚禽圖	軸	紙	設色	171.7 × 92.4	壬申（乾隆十七年，1752）	北京 中央美術學院	
觀蛇圖	軸	紙	設色	不詳	戊辰（乾隆十三年，1748）	北京 中央工藝美術學院	
竹樹聚禽圖	軸	紙	設色	179 × 65.2	辛未（乾隆十六年，1751）	北京 中央工藝美術學院	
霜枝鸚鵡圖	軸	紙	設色	111 × 46.8		北京 中央工藝美術學院	
白雲松舍圖	軸	紙	設色	158.4 × 54.5	甲寅（雍正十二年，1734）	天津 天津市藝術博物館	
寒梅翠鳥圖	軸	紙	設色	125 × 57	乾隆元年（丙辰，1736）	天津 天津市藝術博物館	
鍾馗賞竹圖	軸	紙	設色	176 × 94.8	丁巳（乾隆二年，1737）	天津 天津市藝術博物館	
竹菊圖	軸	紙	設色	不詳	辛酉（乾隆六年，1741）	天津 天津市藝術博物館	
桃花鴛鴦圖	軸	紙	設色	128.2 × 62.6	戊辰（乾隆十三年，1748）	天津 天津市藝術博物館	
春夜宴桃李園圖	軸	紙	設色	180.2 × 95.5	戊辰（乾隆十三年，1748）	天津 天津市藝術博物館	
牡丹竹石圖	軸	紙	設色	128.8 × 49.5	乙亥（乾隆二十年	天津 天津市藝術博物館	

名稱	形式	質地	色彩	尺寸 高×寬㎝	創作時間	收藏處所	典藏號碼
					，1755）七十四歲		
二老談道圖	軸	絹	水墨	83.8 × 33.2		天津 天津市藝術博物館	
山鵲愛梅圖	軸	絹	設色	216.5 × 107		天津 天津市藝術博物館	
柳禽圖	軸	紙	設色	141.8 × 52.4		天津 天津市藝術博物館	
垂柳仕女圖	軸	紙	設色	130.6 × 54.8		天津 天津市藝術博物館	
秋香過嶺圖	軸	絹	設色	184.2 × 99.6		天津 天津市藝術博物館	
孤渚泊舫圖	軸	紙	水墨	114.5 × 42.4		天津 天津市藝術博物館	
海棠白頭圖	軸	絹	設色	50.8 × 35.8		天津 天津市藝術博物館	
高枝好鳥圖	軸	紙	設色	101 × 43.1		天津 天津市藝術博物館	
疏樹歸禽圖	軸	絹	設色	83.3 × 96		天津 天津市藝術博物館	
疏柳雙鸝	軸	紙	設色	143.1 × 53		天津 天津市藝術博物館	
古樹平江圖	軸	絹	設色	160 × 67	甲辰（雍正二年，1724）新秋	濟南 山東省博物館	
梧桐雙鳳圖	軸	紙	設色	不詳	乙亥（乾隆二十年，1755）	濟南 山東省博物館	
天官圖	軸	絹	設色	不詳		濟南 山東省濟南市博物館	
秋枝畫眉圖	軸	紙	設色	不詳	丙寅（康熙十一年，1746）	煙臺 山東省煙臺市博物館	
梅竹圖	軸	紙	設色	不詳	丁卯（乾隆十二年，1747）	太原 山西省博物館	
三獅圖	軸	紙	水墨	59 × 181		太原 山西省博物館	
秋庭山鳥圖	軸	紙	設色	124 × 44		太原 山西省博物館	
蝠鹿圖	軸	紙	水墨	120.5 × 59		太原 山西省博物館	
菊花秋葵圖	軸	絹	設色	51 × 34.7		西安 陝西歷史博物館	
鯉魚圖	軸	綾	水墨	不詳		西安 陝西省西安市文物保護考古所	
西堂思詩圖	軸	紙	設色	137.5 × 60	壬子（雍正十年，1732）春日	合肥 安徽省博物館	
雙松圖	軸	紙	設色	270 × 139	癸丑（雍正十一年，1733）九月二日	合肥 安徽省博物館	

名稱	形式	質地	色彩	尺寸 高×寬㎝	創作時間	收藏處所	典藏號碼
梧桐柳蟬圖（華喦、許濱、程兆熊合作）	軸	紙	設色	126.5 × 54.8	庚午（乾隆十五年，1750）	合肥 安徽省博物館	
梅竹春音圖	軸	紙	設色	132.5 × 45.5	壬申（乾隆十七年，1752）春日	合肥 安徽省博物館	
尋春圖	軸	絹	設色	173 × 57.5	丙子（乾隆二十一年，1756）	合肥 安徽省博物館	
崇柯含秀圖	軸	絹	設色	173 × 57.5	丙子（乾隆二十一年，1756）春	合肥 安徽省博物館	
八鶴圖	軸	絹	設色			合肥 安徽省博物館	
三星圖	軸	絹	設色	175.1 × 97.2		合肥 安徽省博物館	
林和靖梅鶴圖	軸	絹	設色	170 × 100		合肥 安徽省博物館	
石榴萱石圖	軸	絹	設色	120 × 47		黃山 安徽省黃山市博物館	
青蓮白鷺圖	軸	紙	設色	不詳	辛未（乾隆十六年，1751）	揚州 江蘇省揚州市博物館	
菊花圖	軸	綾	設色	不詳		揚州 江蘇省揚州市博物館	
蘭花圖	軸	綾	設色	不詳		揚州 江蘇省揚州市博物館	
千手觀音圖	軸	絹	設色	114 × 45		南通 江蘇省南通博物苑	
仿宋人秋林詩意圖	軸	絹	設色	161 × 77	丙申（康熙五十五年，1716）臯月	上海 上海博物館	
寒林霜月圖	軸	紙	水墨	125.3 × 55.5	乙巳（雍正三年，1725）	上海 上海博物館	
遠江吞岸圖	軸	紙	水墨	128.6 × 57.6	乙巳（雍正三年，1725）仲春	上海 上海博物館	
桃花源圖	軸	紙	設色	119.2 × 127	丙午（雍正四年，1726）	上海 上海博物館	
棲雲竹閣圖	軸	紙	設色	132.2 × 39.8	庚戌（雍正八年，1730）七月三日	上海 上海博物館	
沈瑜篤學圖	軸	紙	設色	160 × 83.6	辛亥（雍正九年，1731）五月	上海 上海博物館	
松下觀泉圖	軸	紙	設色	196 × 116	壬子（雍正十年，1732）冬日	上海 上海博物館	
金谷園圖	軸	紙	設色	178.9 × 94.1	壬子（雍正十年，1732）小春	上海 上海博物館	

名稱	形式	質地	色彩	尺寸 高×寬cm	創作時間	收藏處所	典藏號碼
西園雅集圖	軸	絹	設色	184.7×100.8	壬子（雍正十年，1732）春二月	上海 上海博物館	
空亭濯翠圖	軸	紙	水墨	177 × 54	甲寅（雍正十二年，1734）四月	上海 上海博物館	
梅花草亭圖	軸	紙	設色	125.9 × 69	丙辰（乾隆元年，1736）	上海 上海博物館	
茅屋雨竹圖	軸	紙	設色	129 × 55.9	丁巳（乾隆二年，1737）	上海 上海博物館	
秋浦並蠻圖	軸	紙	設色	124.9 × 59.6	丁巳（乾隆二年，1737）春日	上海 上海博物館	
壽星騎鹿圖	軸	絹	設色	167.1×101.6	己未（乾隆四年，1739）春三月	上海 上海博物館	
遊山圖	軸	絹	設色	197.5 × 116	辛酉（乾隆六年，1741）冬日	上海 上海博物館	
桂樹山娃圖	軸	論	設色	168.9 × 99	壬戌（乾隆七年，1742）夏初	上海 上海博物館	
瞽人說書圖	軸	紙	設色	133.5 × 60	乾隆甲子（九年，1744）	上海 上海博物館	
西園雅集圖	軸	紙	設色	180.7 × 94.8	丙寅（乾隆十一年，1746）三月	上海 上海博物館	
雪夜讀書圖	軸	紙	設色	138.7 × 73.6	丙寅（乾隆十一年，1746）六月	上海 上海博物館	
劉訏山遊圖	軸	紙	設色	165.7 × 82.9	丙寅（乾隆十一年，1746）冬月	上海 上海博物館	
鳳凰梧桐圖	軸	紙	設色	190.5×105.3	丁卯（乾隆十二年，1747）小春	上海 上海博物館	
金碧山水圖	軸	紙	設色	96.6 × 39.9	乾隆己巳（十四年，1749）春	上海 上海博物館	
村童鬧行圖	軸	紙	設色	不詳	己巳（乾隆十四年，1749）	上海 上海博物館	
蘆塘水鳥圖	軸	紙	設色	119.7 × 50.5	己巳（乾隆十四年，1749）秋八月	上海 上海博物館	
翠羽和鳴圖	軸	絹	設色	177.2 × 97.4	己巳（乾隆十四年，1749）小春	上海 上海博物館	

名稱	形式	質地	色彩	尺寸 高×寬㎝	創作時間	收藏處所	典藏號碼
寒山、拾得像	軸	紙	設色	不詳	辛未（乾隆十六年，1751）	上海 上海博物館	
花鳥圖	軸	紙	設色	不詳	壬申（乾隆十七年，1752)	上海 上海博物館	
六鴿圖	軸	紙	設色	155.8 × 76.1	壬申（乾隆十七年，1752) 冬日	上海 上海博物館	
松下撫琴圖	軸	紙	設色	129.8 × 46.6	乾隆甲戌（十九年，1754）	上海 上海博物館	
擬宋人法作荷花鴛鴦圖	軸	絹	設色	129.1 × 52.4	七十有三（乾隆十九年，1754)	上海 上海博物館	
松鶴圖	軸	紙	設色	不詳	甲戌（乾隆十九年，1754) 秋九月	上海 上海博物館	
淡墨溪山圖	軸	紙	水墨	121.1 × 61.9	乙亥（乾隆二十年，1755) 春	上海 上海博物館	
松鶴圖	軸	紙	設色	176.2 × 90.6	乙亥（乾隆二十年，1755)	上海 上海博物館	
蘭菊竹禽圖	軸	紙	設色	132 × 59.5	七十有四（乾隆二十年，乙亥，1755)	上海 上海博物館	
海棠綬帶圖	軸	紙	設色	136.5 × 67.4	七十有五（乾隆二十一年，1756)	上海 上海博物館	
春風禽趣圖	軸	紙	設色	不詳	丙子（乾隆二十一年，1756)	上海 上海博物館	
仿大癡山水	軸	絹	設色	148.8 × 44		上海 上海博物館	
五馬圖	軸	紙	設色	138.5 × 71.2		上海 上海博物館	
仿米青綠山水	軸	紙	設色	132.4 × 61		上海 上海博物館	
竹石牡丹圖	軸	紙	設色	148.3 × 58.6		上海 上海博物館	
坐攬石壁圖	軸	紙	設色	139.2 × 51.1		上海 上海博物館	
壯心千里圖	軸	紙	設色	103.7 × 43.4		上海 上海博物館	
空庭悟賞圖	軸	紙	水墨	182.7 × 94.8		上海 上海博物館	
枝頭鸚鵡圖	軸	紙	設色	97.4 × 30.1		上海 上海博物館	

名稱	形式	質地	色彩	尺寸 高x寬cm	創作時間	收藏處所	典藏號碼
松竹梅石圖	軸	絹	設色	185.7×101.1		上海 上海博物館	
松藤雙鶴圖	軸	紙	設色	173.8 × 92.7		上海 上海博物館	
和鳴佳趣圖	軸	紙	設色	115.2 × 34.1		上海 上海博物館	
柳燕鸚鵒圖	軸	紙	設色	125.6 × 71.8		上海 上海博物館	
昭君出塞圖	軸	紙	水墨	128.3 × 64		上海 上海博物館	
風條棲烏圖	軸	紙	設色	125.8 × 31.6		上海 上海博物館	
幽鳥和鳴圖	軸	紙	設色	143.4 × 52.7		上海 上海博物館	
紅榴雙鵲圖	軸	紙	設色	89.9 × 93.6		上海 上海博物館	
草閣松聲圖	軸	紙	設色	139.1 × 55.5		上海 上海博物館	
荔枝天牛圖	軸	絹	設色	53.5 × 42.1		上海 上海博物館	
倩柳繫紅圖	軸	絹	設色	126 × 46		上海 上海博物館	
清溪垂釣圖	軸	紙	水墨	137 × 66		上海 上海博物館	
荷靜納涼圖	軸	紙	設色	156.7 × 80.6		上海 上海博物館	
紫鴿翻風圖	軸	絹	設色	50.5 × 33.8		上海 上海博物館	
喬木鸚鵡圖	軸	紙	設色	141.6 × 36.9		上海 上海博物館	
新燕穿柳圖	軸	紙	設色	132 × 69.5		上海 上海博物館	
鳳凰女仙圖	軸	絹	設色	174 × 96.9		上海 上海博物館	
錦雞竹菊圖	軸	紙	設色	106.8 × 47.2		上海 上海博物館	
關山勒馬圖	軸	紙	設色	124 × 57.1		上海 上海博物館	
鸚鵡圖	軸	紙	設色	130.5 × 53		上海 上海博物館	
觀音像	軸	紙	水墨	64 × 30.8		上海 上海博物館	
仕女圖	軸	紙	設色	48.5 × 28		上海 上海畫院	
梧桐鸚鵡圖	軸	紙	設色	157 × 42.5	丙寅（乾隆十一年，1746）	上海 上海人民美術出版社	
蘇米對書圖	軸	絹	設色	151.6 × 70	雍正乙巳（三年，1725）春	南京 南京博物院	
梅花書屋圖	軸	紙	設色	227.7 × 115	癸丑（雍正十一年，1733）九月	南京 南京博物院	
松泉圖	軸	紙	水墨	242.8×135.5	甲寅（雍正十二年，1734）冬日	南京 南京博物院	

名稱	形式	質地	色彩	尺寸 高×寬㎝	創作時間	收藏處所	典藏號碼
桃柳鴛鴦圖	軸	紙	設色	128.2 × 60.4	戊辰（乾隆十三年，1748）春	南京 南京博物院	
鍾馗嫁妹圖	軸	絹	設色	135.5 × 70.1	己巳（乾隆十四年，1749）八月望前	南京 南京博物院	
松鶴圖	軸	紙	設色	不詳	癸酉（乾隆十八年，1753）夏日	南京 南京博物院	
春水雙鴨圖	軸	紙	設色	55.6 × 37.9		南京 南京博物院	
雜畫（4幅）	軸	綾	設色	不詳		南京 南京博物院	
花鳥圖（3幅）	軸	綾	設色	（每幅）55.4 × 37.7		南京 南京博物院	
山水圖	軸	絹	設色	不詳	癸卯（雍正元年，1723）	鎮江 江蘇省鎮江市博物館	
松蔭道士圖	軸	絹	設色	104.5 × 42.5	丙子（乾隆二十一年，1756）	鎮江 江蘇省鎮江市博物館	
泰岱雲海圖	軸	紙	水墨	170 × 67.8	庚戌（雍正八年，1730）八月三日	常州 江蘇省常州市博物館	
雙雀圖	軸	紙	設色	不詳	丙戌（康熙四十五年，1706）孟春	無錫 江蘇省無錫市博物館	
愛鶴圖	軸	紙	設色	177.5 × 89.3	丙戌（康熙四十五年，1706)	無錫 江蘇省無錫市博物館	
白芍藥圖	軸	紙	設色	136.3 × 55.8		無錫 江蘇省無錫市博物館	
秋梧棲鳳圖	軸	紙	設色	204 × 121.5		無錫 江蘇省無錫市博物館	
書畫合璧（書畫2幀合裝）	軸	紙	設色	（畫）20.1 × 14.2		無錫 江蘇省無錫市博物館	
宋儒詩意圖	軸	紙	設色	86.9 × 117.7	甲辰（雍正二年，1724）元月	蘇州 江蘇省蘇州博物館	
花甲重周（又名桃柳雙鴨圖，與許濱合畫）	軸	紙	設色	186.5 × 96.3	庚午（乾隆十五年，1750）初春	蘇州 江蘇省蘇州博物館	
楓林猿戲圖	軸	紙	設色	不詳	辛未（乾隆十六年，1751）	蘇州 靈巖山寺	
人物故事圖	軸	紙	設色	135.8 × 66.8	乾隆丁巳（二年，1737）	杭州 浙江省博物館	
柳岸松風圖	軸	紙	設色	132.5 × 62.3	丙寅（乾隆十一年	杭州 浙江省博物館	

名稱	形式	質地	色彩	尺寸 高x寬cm	創作時間	收藏處所	典藏號碼
					，1746）夏日		
仿元人作林梢野鳥圖	軸	紙	設色	不詳	庚午（乾隆十五年，1750）夏六月廿一日	杭州 浙江省博物館	
水閣雲峰圖	軸	紙	設色	176.4 × 90.5		杭州 浙江省博物館	
松蔭三老圖	軸	紙	設色	194.2 × 107.9		杭州 浙江省博物館	
枯樹寒禽圖	軸	紙	水墨	163.2 × 58		杭州 浙江省博物館	
歸莊圖	軸	絹	設色	199.7 × 93		杭州 浙江省博物館	
林梢野鳥圖	軸	紙	設色	132 × 51	庚午（乾隆十五年，1750）	杭州 浙江美術學院	
重巖鍊氣圖	軸	絹	設色	169.3 × 98		杭州 浙江省杭州市文物考古所	
松石人物圖	軸	絹	設色	124 × 58		平湖 浙江省平湖縣博物館	
松山遊屐圖	軸	絹	設色	182.5 × 100		溫州 浙江省溫州博物館	
趙必溓兄弟吟梅圖	軸	絹	設色	不詳	雍正八年（庚戌，1730）	寧波 浙江省寧波市天一閣文物保管所	
梅竹雙喜圖	軸	絹	設色	151.5 × 97.5		長沙 湖南省博物館	
高松雙鶴圖	軸	紙	設色	160.5 × 169	戊午（乾隆三年，1738）二月	成都 四川省博物院	
逍遙公像	軸	絹	設色	144 × 84		成都 四川大學	
柳蔭牧馬圖	軸	紙	設色	137 × 62.6	甲寅（雍正十二年，1734）四月二日	重慶 重慶市博物館	
松磵蒼鹿圖	軸	紙	設色	103 × 63		重慶 重慶市博物館	
仿趙仲穆山水圖	軸	絹	設色	177 × 46		重慶 重慶市博物館	
金屋春深圖	軸	紙	設色	119 × 57	乙卯（雍正十三年，1735）夏日	廣州 廣東省博物館	
黃鸝翠柳圖	軸	紙	設色	118.5 × 47.5	丙寅（乾隆十一年，1746）四月	廣州 廣東省博物館	
春宴圖	軸	紙	設色	144 × 60.5	戊辰（乾隆十三年，1748）初秋	廣東 廣東省博物館	
崇儒館圖	軸	紙	設色	171.8 × 92.3	壬申（乾隆十七年	廣東 廣東省博物館	

名稱	形式	質地	色彩	尺寸 高x寬cm	創作時間	收藏處所	典藏號碼
					，1752)		
林下談道圖	軸	絹	設色	181 × 96		廣東 廣東省博物館	
松下三老圖	軸	絹	設色	171 × 98		廣東 廣東省博物館	
岷山北堂圖	軸	紙	設色	112 × 28.4		廣東 廣東省博物館	
秋枝雙鷺圖	軸	紙	設色	143.5 × 49		廣東 廣東省博物館	
桂林雙喜圖	軸	紙	設色	94.2 × 37.8		廣東 廣東省博物館	
梧桐綬帶圖	軸	紙	設色	138 × 73.3		廣東 廣東省博物館	
梅石春禽圖	軸	紙	設色	138.5 × 42		廣東 廣東省博物館	
葵石畫眉圖	軸	紙	設色	131 × 57		廣東 廣東省博物館	
澂江夕曛圖	軸	絹	水土	148.5 × 43		廣東 廣東省博物館	
鸚鵡荔枝圖	軸	絹	設色	127.5 × 40.5		廣東 廣東省博物館	
桐蔭問道圖（為國符作）	軸	絹	設色	175.2 × 89.5	雍正五年（丁未，1727）長至日	廣州 廣州市美術館	
泉壑松聲圖	軸	絹	設色	153 × 46.5	戊申（雍正六年，1728）春日	廣州 廣州市美術館	
秋山雲起圖	軸	紙	設色	132 × 62.5	乾隆甲戌（十九年，1754)	廣州 廣州市美術館	
芝蘭松鶴圖	軸	紙	設色	234 ×118.5	甲戌（乾隆十九年，1754）冬十月	廣州 廣州市美術館	
竹樹集禽圖	軸	紙	設色	不詳	乙亥（乾隆二十年，1755)	廣州 廣州市美術館	
三高士圖	軸	絹	設色	159 × 88.5		南寧 廣西壯族自治區博物館	
靈霄松壽圖	軸	紙	設色	207 × 118		南寧 廣西壯族自治區博物館	
山水（梧竹書屋圖）	軸	紙	設色	96.6 × 30.4		日本 東京國立博物館	
山水（擬元人筆意）	軸	絹	設色	130.3 × 36.4	壬子（雍正十年，1732）冬月	日本 東京幡生彌治郎先生	
水閣觀魚圖	軸	絹	設色	167 × 44.2		日本 東京幡生彌治郎先生	
牡丹圖	軸	絹	設色	85.1 × 44.2		日本 東京河井荃廬先生	
林泉高臥圖	軸	絹	設色	156.7 × 45.5		日本 東京山本悌二郎先生	
沒骨山水	軸	紙	設色	97.9 × 39.4	乾隆己巳（十四年，1749）春	日本 東京山本悌二郎先生	
喬松雙鶴圖	軸	絹	設色	213.5 ×116.3	庚午（乾隆十五年	日本 東京住友寬一先生	

名稱	形式	質地	色彩	尺寸 高x寬㎝	創作時間	收藏處所	典藏號碼
					，1750）春日		
秋林飽霜圖	軸	絹	設色	137.3 × 44.9		日本 東京住友寬一先生	
松下雙鶴圖	軸	絹	設色	195.9 × 91.1	丁丑（乾隆二十二年，1757）秋七月	日本 東京住友寬一先生	
柳下游魚圖	軸	紙	水墨	160.6 × 54.5	庚午（乾隆十五年，1750）秋日	日本 東京小室翠雲先生	
仿馬遠筆意山水圖	軸	絹	設色	150.5 × 76.5		日本 東京村上與四郎先生	
七賢圖	軸	絹	設色	不詳		日本 京都中西文三先生	
古木寒禽圖	軸	紙	設色	110.9 × 43.3		日本 京都島川直次郎先生	
寫歐陽修秋聲賦詩意圖	軸	紙	設色	94 × 113.5	乙亥（乾隆二十年，1755）冬十月，時年七十四	日本 大阪市立美術館	
花鳥圖	軸	紙	設色	106 × 34.5		日本 大阪橋本大乙先生	
大鵬圖	軸	紙	水墨	176.1 × 88.6		日本 京都泉屋博古館	
雞冠花圖	軸	紙	設色	不詳	時年七十一（乾隆十七年，1752）	日本 京都小川廣己先生	
松蘿雙鳥圖	軸	紙	設色	124.4 × 52		日本 山口良夫先生	
芙蓉蘆鴨圖	軸	紙	設色	175.3 × 58.6		日本 江田勇二先生	
山水（松山講道圖）	軸	紙	設色	131.3 × 34.6	壬子（雍正十年，1732）夏日	日本 阿形邦三先生	
壽翁圖	軸	紙	設色	133.9 × 44		日本 私人	
秋泉圖	軸	紙	設色	136.7 × 62.1		日本 私人	
躑躅小禽圖	軸	紙	設色	119.1 × 50.7		日本 私人	
老樹白猿圖	軸	紙	設色	139.5 × 62.8	丁卯（乾隆十二年，1747））秋新	美國 普林斯頓大學藝術館	60-31
泰岱雲海圖	軸	紙	水墨	179 × 67.7	庚戌（雍正八年，1730）八月三日	美國 普林斯頓大學藝術館	69-75
竹菊朱雀圖	軸	紙	設色	126.7 × 59.5		美國 普林斯頓大學藝術館（Edward Elliott 先生	L197.70

名稱	形式	質地	色彩	尺寸 高x寬cm	創作時間	收藏處所	典藏號碼
						寄存)	
白芍藥圖	軸	紙	設色	128.6 x 57.1	壬申（乾隆十七年，1752）八月杪	美國 紐約市大都會藝術博物館	13.220.119
山水圖（為翁松年作）	軸	紙	設色	176.7 x 38.2	雍正五年（丁未，1727）又十二月	美國 紐約市布魯克林藝術博物館	80.119.1
栗鼠叭叭鳥	軸	紙	設色	134.5 x 60.3		美國 華盛頓特區弗瑞爾藝術館	58.8
唐寅像	軸	紙	設色	97.3 x 41.8		美國 華盛頓特區弗瑞爾藝術館	81.26
秋林高士圖	軸	紙	設色	138.7 x 54.8		美國 芝加哥藝術中心	1967.576
蹊巖美雲圖	軸	絹	設色	126.4 x 62.2	乾隆丙寅（十一年，1746）春日	美國 芝加哥大學藝術博物館	1974.79
講秋圖	軸	紙	設色	114.8 x 39.8	壬子（雍正十年，1732）冬日	美國 克利夫蘭藝術博物館	54.263
高齋賞菊圖	軸	紙	設色	64.5 x 114.6		美國 聖路易斯市藝術館	7.54
山水人物圖（12幅）	軸	金箋	設色	（每幅）226 x 62.5	戊午（乾隆三年，1738）夏	美國 舊金山亞洲藝術館	B74 D5-16
松泉盤翠圖	軸	紙	水墨	177.8 x 54.6	甲寅（雍正十二年，1734）五月	美國 舊金山亞洲藝術館	B69 D44
松鼠圖	軸	絹	設色	136.2 x 49.5		美國 舊金山亞洲藝術館	B82 D1
花鳥圖	軸	紙	設色	131.6 x 53.4		美國 勃克萊加州大學藝術館（高居翰教授寄存）	
野火圖	軸	紙	設色	53.2 x 52.5		美國 勃克萊加州大學藝術館（高居翰教授寄存）	
擬元人花鳥圖	軸	紙	設色	131.4 x 32.6		美國 舊金山蝸居齋	
潑墨蒼龍圖（墨松）	軸	紙	水墨	不詳	壬子（雍正十年，1732）冬夜	加拿大 多倫多皇家安大略博物館	
仕女圖	軸	紙	設色	124.3 x 51.3		德國 柏林東亞藝術博物館	1988-410
山水圖	軸	紙	設色	179 x 75.1		德國 柏林東亞藝術博物館	1968-2
寫生（二冊，24幀）	冊	紙	設色	（每幀）20.1		台北 故宮博物院（蘭千山館寄	

名稱	形式	質地	色彩	尺寸 高x寬cm	創作時間	收藏處所	典藏號碼
				x 25.4		存）	
山水圖（為裕兄作）	摺扇面	紙	設色	18.4 x 53.7		台北 蘭千山館	
山水圖（12幀）	頁	紙	設色	（每幀）25.1 x 31	甲戌（乾隆十九年，1754）冬十二月	香港 何耀光至樂樓	
花鳥圖（4幀）	冊	紙	設色	（每幀）32 x 44.8	丁卯（乾隆十二年，1747）冬日	香港 招署東先生	
人物、山水圖（12幀）	冊	紙	設色	（每幀）26.9 x 32.4		香港 羅桂祥先生	
秋原霜鳥圖	摺扇面	紙	設色	15.8 x 47.7		香港 劉作籌虛白齋	167
山水花鳥圖（4幀）	冊	絹	設色	不詳		瀋陽 遼寧省博物館	
仿宋元山水圖（12幀）	冊	紙	設色	不詳	乙未（康熙五十四年，1715）元月	北京 故宮博物院	
山水圖（8幀）	冊	紙	設色	（每幀）19.8 x 29.4	壬寅（康熙六十一年，1722）春日	北京 故宮博物院	
花鳥圖（8幀）	冊	紙	設色	（每幀）46.6 x 31.4	癸亥（乾隆八年，1743）正月	北京 故宮博物院	
花鳥圖（8幀）	冊	紙	設色	（每幀）23.7 x 27.8	乙丑（乾隆十年，1745）秋日	北京 故宮博物院	
雜畫（12幀）	冊	紙	設色	（每幀）25.5 x 16.5	己巳（乾隆十四年，1749）正月	北京 故宮博物院	
花鳥、山水圖（12幀）	冊	紙	設色	不詳	甲戌（乾隆十九年，1754）春	北京 故宮博物院	
山水清音圖（12幀）	冊	紙	水墨	（每幀）28.3 x 22		北京 故宮博物院	
花鳥圖（12幀）	冊	紙	設色	不詳		北京 故宮博物院	
萬卉回春圖（12幀）	冊	絹	設色	不詳		北京 故宮博物院	
雜畫（12幀）	冊	紙	設色	不詳		北京 故宮博物院	
人物圖	摺扇面	紙	設色	17.3 x 49.6		北京 故宮博物院	
山水圖	摺扇面	紙	設色	18.4 x 54.3		北京 故宮博物院	
松蔭觀鶴圖	摺扇面	紙	設色	17 x 50.7		北京 故宮博物院	
望霞圖	摺扇面	紙	設色	17 x 50.7		北京 故宮博物院	
花卉圖（名筆集勝冊12之1幀）	冊頁	紙	設色	不詳		北京 故宮博物院	

名稱	形式	質地	色彩	尺寸 高×寬cm	創作時間	收藏處所	典藏號碼
山水圖（為雲樵丈翁作）	摺扇面	紙	設色	16 × 45	乙未（康熙五十四年，1715）五月二十九日	北京 中國歷史博物館	
山水、花鳥圖（8幀）	冊	絹	設色	（每幀）30.2 × 20.7	丙子（乾隆二十一年，1756）春	北京 中國美術館	
游魚圖	摺扇面	紙	水墨	17.5 × 53.2		北京 中國美術館	
停舟觀瀑圖（李鱓等山水花鳥冊10之1幀）	冊頁	紙	設色	24 × 29.7		北京 首都博物館	
山水圖（12幀）	冊	絹	設色	（每幀）30.5 × 22.5		天津 天津市藝術博物館	
柳塘採蓮圖（陳洪綬等十人花卉山水冊10之1幀）	冊頁	紙	水墨	23.1 × 3.5	戊申（雍正六年，1728）春三月八日	天津 天津市藝術博物館	
山水、花卉圖（8幀）	冊	紙	設色	不詳	雍正戊申（六年，1728）二月	上海 上海博物館	
柳陰放牧圖	摺扇面	紙	設色	不詳	癸丑（雍正十一年，1733）	上海 上海博物館	
嬰戲圖（12幀）	冊	紙	設色	（每幀）19.5 × 16.1	丁巳（乾隆二年，1737）正月	上海 上海博物館	
好鳥和鳴圖	摺扇面	紙	設色	不詳	壬戌 乾隆七年，1742）	上海 上海博物館	
寫生花鳥草蟲圖（8幀）	冊	絹	設色	（每幀）36 × 26.7	庚午（乾隆十五年，1750）冬日	上海 上海博物館	
人物、山水（10幀）	冊	紙	設色	（每幀）26.9 × 32.6		上海 上海博物館	
花鳥（8幀）	冊	紙	設色	（每幀）20.5 × 27.5		上海 上海博物館	
皋兒看梅圖（華喦、明中合冊2之1幀）	冊頁	紙	設色	19.6 × 27.3		上海 上海博物館	
水仙圖	摺扇面	紙	設色	不詳		上海 上海博物館	
竹禽圖	摺扇面	紙	設色	不詳		上海 上海博物館	
紅葉畫眉圖	摺扇面	紙	設色	不詳		上海 上海博物館	
仿諸家山水圖（16幀）	冊	紙	設色	（每幀）23.5 × 17.6	辛酉（乾隆六年，1741）冬	無錫 江蘇省無錫市博物館	
山水圖（5幀）	冊	紙	設色	（每幀）36.6		福州 福建省博物館	

名稱	形式	質地	色彩	尺寸 高x寬㎝	創作時間	收藏處所	典藏號碼
				x 24.5			
山水圖（16幀）	冊	紙	設色	計詳	己酉（雍正七年，1729）秋日	廣州 廣東省博物館	
竹石集禽圖	摺扇面	紙	設色	19.2 x 55	七十四（乾隆二十年，乙亥，1755）	廣州 廣州市美術館	
雜畫（12幀）	冊	絹	設色	（每幀）30 x 25.5		廣州 廣州市美術館	
書畫（10幀，畫7、書3）	冊	絹	設色	不詳	其一：己未（乾隆四年，1739）十一月二十二日	日本 東京國立博物館	
山水圖（12幀）	冊	紙	設色	（每幀）23 x 31.1		日本 東京國立博物館	
青綠山水（新羅山人書畫冊之1）	冊頁	絹	青綠	28.5 x 31.5		日本 東京高島菊次郎先生	
春柳黃鶯（新羅山人書畫冊之2）	冊頁	絹	設色	28.5 x 31.5		日本 東京高島菊次郎先生	
山中老松（新羅山人書畫冊之3）	冊頁	絹	水墨	28.5 x 31.5		日本 東京高島菊次郎先生	
水榭看蓮（新羅山人書畫冊之4）	冊頁	絹	水墨	28.5 x 31.5		日本 東京高島菊次郎先生	
水邊放馬（新羅山人書畫冊之5）	冊頁	絹	設色	28.5 x 31.5		日本 東京高島菊次郎先生	
水墨山水（新羅山人書畫冊之10）	冊頁	絹	設色	28.5 x 31.5		日本 東京高島菊次郎先生	
人物圖（12幀）	冊	絹	設色	（每幀）26.5 x 37.4		日本 東京柳孝藏先生	
人物山水（12幀）	冊	紙	水墨、設色	（每幀）20.9 x 27.9		日本 大阪市立美術館	
雜畫（10幀）	冊	紙	水墨	（每幀）11.1 x 16.4	癸未（康熙四十二年，1703）秋九月	日本 大阪橋本大乙先生	
花卉、山水圖（9幀）	冊	紙	設色	（每幀）31.6 x 25.1		日本 大阪橋本大乙先生	
仿古圖（10幀）	冊	紙	設色	（每幀）19.8 x 31.2		日本 大阪橋本大乙先生	

名稱	形式	質地	色彩	尺寸 高×寬cm	創作時間	收藏處所	典藏號碼
雜畫（6幀）	冊	紙	設色	（每幀）23.4 × 32.4	丙午（雍正四年，1726）小春	日本 兵庫縣黑川古文化研究所	
泰岱雲海圖	摺扇面	紙	設色	不詳		美國 波士頓美術館	
山水（清七家扇面合冊之第7）	摺扇面	紙	水墨	不詳		美國 波士頓美術館	
雜畫（8幀）	冊	紙	設色	不詳		美國 紐約王季遷明德堂原藏	
山水圖（16幀）	冊	紙	水墨、設色	（每幀）16 × 23	己酉（雍正七年，1729）秋日	美國 華盛頓特區弗瑞爾藝術館	55.20a-p
山水圖	摺扇面	紙	設色	18 × 53.1		美國 印地安阿波里斯市藝術博物館	1983.187
詩意山水人物圖（12幀）	冊	紙	設色	（每幀）11 × 13	乙丑（乾隆十年，1745）小春	美國 克利夫蘭藝術博物館	
清礀古木圖	摺扇面	紙	設色	15.6 × 48.1	雍正辛亥（九年，1731）夏四月二十二日	美國 舊金山亞洲藝術館	B83 D2
花鳥圖（10幀）	冊	紙	設色	（每幀）22.4 × 28.3		美國 勃克萊加州大學藝術館	CC241
雜畫（5幀）	冊	絹	設色	（每幀）28.9 × 34.8		美國 勃克萊加州大學藝術館（高居翰教授寄存）	CC66
秋風掠野燒（野火圖）	冊頁	紙	設色	53.2 × 52.5		美國 加州勃克萊高居翰教授景元齋	
菊石圖（寫為克翁先生）	摺扇面	紙	設色	20.2 × 57.9	辛卯（康熙五十年，1711）秋日	美國 夏威夷火魯奴奴藝術學院	2311.1
鍾馗騎驢圖	摺扇面	紙	設色	18.1 × 52.9		美國 夏威夷火魯奴奴藝術學院	3505.1
人物、花卉圖（4幀）	冊	紙	設色	（每幀）32 × 37		加拿大 多倫多皇家安大略博物館	
雜畫（8幀）	冊	紙	設色	（每幀）31.4 × 36.4		德國 柏林東亞藝術博物館	1988-412
花卉圖	摺扇面	紙	水墨	18.1 × 51.4		德國 柏林東亞藝術博物館	1988-230
山水圖	摺扇面	紙	水墨	19.2 × 55.5		德國 柏林東亞藝術博物館	1988-231
人物圖	摺扇面	紙	設色	17.3 × 53.9		德國 柏林東亞藝術博物館	1988-232
枯木圖	摺扇面	紙	設色	17.4 × 48.9		德國 柏林東亞藝術博物館	1988-233
山水人物圖	摺扇面	紙	設色	17.9 × 52.1		德國 柏林東亞藝術博物館	1988-234
枯木鵰鴒圖	冊頁	紙	設色	31.1 × 44.8		瑞士 蘇黎士黎得堡博物館	RCH.1234

名稱	形式	質地	色彩	尺寸 高×寬cm	創作時間	收藏處所	典藏號碼

附：

名稱	形式	質地	色彩	尺寸 高×寬cm	創作時間	收藏處所	典藏號碼
溪山秋色圖	卷	絹	設色	18.5 × 134.5	丁卯（乾隆十二年，1747）春二月	紐約 佳士得藝品拍賣公司/拍賣目錄1991,05,29.	
花鳥圖	卷	絹	設色	35 × 320.8	戊辰（乾隆十三年，1748）冬日	紐約 佳士得藝品拍賣公司/拍賣目錄1994,11,30.	
松下焚香圖	軸	紙	水墨	不詳	辛酉（乾隆六年，1741）夏五月	大連 遼寧省大連市文物商店	
松林文會圖	軸	紙	設色	不詳	丁酉（康熙五十六年，1717）春二月	北京 榮寶齋	
仙人白鹿圖	軸	絹	設色	不詳	戊辰（乾隆十三年，1748）冬十二月	北京 北京市文物商店	
竹樓圖並書記	軸	紙	設色	不詳	乙亥（乾隆二十年，1755）冬	北京 北京市文物商店	
人物、花鳥圖（12幅）	軸	絹	設色	（每幅）50 × 37		北京 北京市工藝品進出口公司	
古柏喜鵲圖	軸	紙	設色	不詳		濟南 山東省濟南市文物商店	
竹雀圖	軸	紙	設色	133 × 45		上海 朵雲軒	
松鷹圖	軸	紙	設色	55.8 × 54.3		上海 上海文物商店	
昭君出塞圖	軸	紙	水墨	125.1 × 58.8		上海 上海文物商店	
紅樹青山圖	軸	絹	設色	149.6 × 43.9		上海 上海文物商店	
高山喬木圖	軸	紙	設色	137.5 × 68.1		上海 上海文物商店	
畫眉竹樹圖	軸	紙	設色	140.4 × 53		上海 上海文物商店	
漁家樂圖	軸	紙	設色	139.9 × 61.1		上海 上海文物商店	
桃林三老圖	軸	絹	設色	111.2 × 89.8		上海 上海友誼商店古玩分店	
雙獅圖	軸	紙	設色	不詳	辛未（乾隆十六年，1751）	上海 上海工藝品進出口公司	
山水圖	軸	紙	設色	不詳	癸卯（雍正元年，1723）冬十月	鎮江 鎮江市文物商店	
松蔭道士圖（為瑞五作）	軸	紙	設色	不詳	丙子（乾隆二十一年，1756）夏六月	鎮江 鎮江市文物商店	
荷塘柳燕圖	軸	紙	水墨	81.6 × 35.5		紐約 蘇富比藝品拍賣公司/拍賣目錄1982,06,04.	
水墨竹石圖	軸	紙	水墨	138 × 32		紐約 佳士得藝品拍賣公司/拍賣目錄1983,11,30.	

名稱	形式	質地	色彩	尺寸 高×寬㎝	創作時間	收藏處所	典藏號碼
果熟鳥先嚐圖	軸	絹	設色	42.5 × 28.5		紐約 蘇富比藝品拍賣公司/拍賣目錄 1984,12,05.	
村樂圖	橫幅	紙	設色	79.8 × 99.8		紐約 佳仕得藝品拍賣公司/拍賣目錄 1986,06,04.	
花竹嬉禽圖	軸	紙	設色	125.7 × 59		紐約 蘇富比藝品拍賣公司/拍賣目錄 1986,09,25、26.	
琵琶春怨圖	軸	紙	設色	136.5 × 61		紐約 佳仕得藝品拍賣公司/拍賣目錄 1986,12,01.	
花鳥圖	軸	綾	設色	55.5 × 37.8		紐約 佳仕得藝品拍賣公司/拍賣目錄 1986,12,01.	
芍藥圖	軸	紙	設色	131.5 × 60		紐約 佳仕得藝品拍賣公司/拍賣目錄 1986,12,01.	
柳蔭鸂鶒圖	軸	紙	設色	127 × 47.6		紐約 蘇富比藝品拍賣公司/拍賣目錄 1986,12,04.	
聽歌消暑圖	軸	紙	設色	144.2 × 45.7		紐約 蘇富比藝品拍賣公司/拍賣目錄 1987,12,08.	
紅葉翠鳥圖	軸	紙	設色	125.7 × 56.8	丙寅（乾隆十一年，1746）菊秋	紐約 蘇富比藝品拍賣公司/拍賣目錄 1987,12,08.	
賀歲圖	軸`	紙	設色	90.8 × 45.7	戊辰（乾隆十三年，1748）嘉平月小除夕	紐約 佳士得藝品拍賣公司/拍賣目錄 1987,12,11.	
松鼠圖	軸	紙	設色	113 × 57.2	丙寅（乾隆十一年，1746）冬日	紐約 蘇富比藝品拍賣公司/拍賣目錄 1988,06,01.	
秋原射雁圖	軸	紙	設色	125.2 × 52	乙亥（乾隆二十年，1755）春	紐約 佳士得藝品拍賣公司/拍賣目錄 1988,06,02.	
鍾馗圖	軸	紙	設色	101 × 41	辛丑（康熙六十年，1721）天中節	紐約 蘇富比藝品拍賣公司/拍賣目錄 1988,11,30.	
仙鶴瑞松圖	軸	絹	設色	55.9 × 42.3		紐約 蘇富比藝品拍賣公司/拍賣目錄 1988,11,30.	
鸚鵒竹木圖	軸	紙	設色	112 × 51		紐約 佳士得藝品拍賣公司/拍賣目錄 1989,06,01.	
畫眉松瀑圖）	軸	紙	設色	136.5 × 50	乾隆乙亥（二十年，1755）春	紐約 佳士得藝品拍賣公司/拍賣目錄 1990,05,31.	
菊石花貓圖	軸	紙	設色	107 × 46.5	壬辰（康熙五十一	紐約 佳士得藝品拍賣公司/拍	

名稱	形式	質地	色彩	尺寸 高×寬㎝	創作時間	收藏處所	典藏號碼
					年，1712）小春	賣目錄 1990,05,31.	
松門春雨	軸	紙	設色	246 × 120.5		紐約 佳士得藝品拍賣公司/拍 賣目錄 1990,05,31.	
荷塘圖	軸	絹	設色	185.5×143.5	丙午（雍正四年，1726）夏六月	紐約 佳士得藝品拍賣公司/拍 賣目錄 1990,11,28.	
童戲鞦韆圖	軸	紙	設色	149 × 48		紐約 佳士得藝品拍賣公司/拍 賣目錄 1990,11,28.	
松鶴長春圖	軸	絹	設色	192 × 136.5	甲戌（乾隆十九年，1754）冬十一月	紐約 佳士得藝品拍賣公司/拍 賣目錄 1990,11,28.	
滿園秋色圖	軸	絹	設色	162 × 91		紐約 佳士得藝品拍賣公司/拍 賣目錄 1990,11,28.	
山水圖（2幅）	軸	紙	設色	（每幅）96.5 × 28.5		紐約 佳士得藝品拍賣公司/拍 賣目錄 1990,11,28.	
牡丹雙鳥圖	軸	紙	設色	126.5 × 61.5	丁卯（乾隆十二年，1747）九月	香港 佳士得藝品拍賣公司/拍 賣目錄 1991,03,18.	
琵琶春怨圖	軸	紙	設色	136 × 61		香港 佳士得藝品拍賣公司/拍 賣目錄 1991,03,18.	
邂迣茅茨圖	軸	紙	設色	154.5 × 47	乙丑（乾隆十年，1745）春二月	香港 佳士得藝品拍賣公司/拍 賣目錄 1991,03,18.	
窮冬出甕圖	軸	紙	設色	109 × 30.5		紐約 佳士得藝品拍賣公司/拍 賣目錄 1991,05,29.	
青山茂林圖	軸	紙	設色	174 × 94.5	乾隆乙丑（十年，1745）	紐約 佳士得藝品拍賣公司/拍 賣目錄 1992,06,02.	
竹壙清吟圖	軸	紙	設色	121 × 30.5	壬午（康熙四十一年，1702）春日	紐約 佳士得藝品拍賣公司/拍 賣目錄 1992,06,02.	
海棠綬帶圖	軸	紙	設色	133.3 × 60.6	壬申（乾隆十七年，1752）冬	紐約 佳士得藝品拍賣公司/拍 賣目錄 1992,12,02.	
松蔭清話圖	軸	絹	設色	246.4 × 127		紐約 佳士得藝品拍賣公司/拍 賣目錄 1992,12,02.	
花竹嬉禽圖	軸	絹	設色	99.5 × 39	戊辰（乾隆十三年，1748）秋九月三日	紐約 佳士得藝品拍賣公司/拍 賣目錄 1993,06,04.	
謝靈運詩意圖	軸	紙	設色	122 × 60.4		紐約 佳士得藝品拍賣公司/拍 賣目錄 1993,12,01.	

名稱	形式	質地	色彩	尺寸 高×寬cm	創作時間	收藏處所	典藏號碼
米家山水圖	軸	紙	水墨	129.5 × 61		紐約 佳士得藝品拍賣公司/拍賣目錄 1993,12,01.	
松間高士圖	軸	紙	設色	171.4 × 93.5	壬戌（乾隆七年，1742）春日	紐約 佳士得藝品拍賣公司/拍賣目錄 1993,12,01.	
柳下醉鍾馗圖	軸	絹	設色	182.8 × 98.5		紐約 佳士得藝品拍賣公司/拍賣目錄 1994,06,01.	
夏景山水圖	橫幅	絹	設色	176 × 100	庚午（乾隆十五年，1750）冬日	香港 佳士得藝品拍賣公司/拍賣目錄 1994,10,30.	
和合二仙圖	軸	絹	設色	185 × 96		紐約 佳士得藝品拍賣公司/拍賣目錄 1994,11,30.	
竹枝鸜鵒圖	軸	紙	設色	112 × 51		紐約 佳士得藝品拍賣公司/拍賣目錄 1994,11,30.	
紈扇高士圖	軸	絹	設色	118.8 × 47.8	丁未（雍正五年，1727）夏六月	紐約 佳士得藝品拍賣公司/拍賣目錄 1995,03,22.	
隼擊水禽圖	軸	紙	設色	177 × 91	雍正四年（丙午，1726）夏五月	香港 佳士得藝品拍賣公司/拍賣目錄 1995,04,30.	
安樂先生圖	軸	絹	設色	166 × 92		紐約 佳士得藝品拍賣公司/拍賣目錄 1995,10,29.	
聽訶圖	軸	紙	設色	144.1 × 45.7		紐約 佳士得藝品拍賣公司/拍賣目錄 1996,09,18.	
麻姑像（并小楷書麻姑仙壇記）	軸	絹	設色	77.1 × 32.8		紐約 佳士得藝品拍賣公司/拍賣目錄 1997,09,19.	
秋山泛溪圖	軸	絹	設色	148.6 × 48.8		紐約 佳士得藝品拍賣公司/拍賣目錄 1997,09,19.	
秋山清潤圖	軸	紙	設色	129.5 × 48.5	雍正辛亥（九年，1731）秋九月	紐約 佳士得藝品拍賣公司/拍賣目錄 1997,09,19.	
福祿壽圖	軸	紙	設色	266.7 × 148.5		紐約 佳士得藝品拍賣公司/拍賣目錄 1998,03,24.	
芙蓉郊鶬圖	軸	紙	設色	130 × 63	壬申（乾隆十七年，1752）秋日	香港 佳士得藝品拍賣公司/拍賣目錄 1998,09,15.	
丹山白鳳圖	軸	紙	設色	128 × 47	丙子（乾隆二十一年，1756）	香港 佳士得藝品拍賣公司/拍賣目錄 1998,09,15.	
太平萬年圖	軸	紙	水墨	129 × 51.5	丙午（雍正四年，1726）秋日	香港 佳士得藝品拍賣公司/拍賣目錄 1998,09,15.	

名稱	形式	質地	色彩	尺寸 高×寬cm	創作時間	收藏處所	典藏號碼
竹鳥圖	軸	紙	設色	112.4 × 50.8		香港 蘇富比藝品拍賣公司／拍賣目錄 1999,10,31.	
山水圖	軸	紙	設色	129 × 60.5		香港 蘇富比藝品拍賣公司／拍賣目錄 1999,10,31.	
柳蔭垂釣圖	軸	紙	設色	127 × 38.4	乾隆庚午（十五年，1750）春日	香港 佳士得藝品拍賣公司／拍賣目錄 2001,04,29.	
竹禽圖	摺扇面	紙	設色	不詳		武漢 湖北省武漢市文物商店	
山水、人物、花鳥圖（8幀）	冊	絹	設色	（每幀）30 × 39		紐約 佳士得藝品拍賣公司／拍賣目錄 1984,06,29.	
秋梧讀書圖	摺扇面	紙	設色	17.4 × 52.1		紐約 蘇富比藝品拍賣公司／拍賣目錄 1984,06,13.	
秋景山水圖	摺扇面	紙	設色	53.3 × 18.5	庚戌（雍正八年，1730）立秋日	紐約 佳士得藝品拍賣公司／拍賣目錄 1988,06,02.	
喜鵲青松圖	摺扇面	紙	設色	16.8 × 49.5		紐約 佳士得藝品拍賣公司／拍賣目錄 1990,11,28.	
山水圖（10幀）	冊	絹	設色	（每幀）25.3 × 37.1		紐約 佳士得藝品拍賣公司／拍賣目錄 1993,12,01.	
閒林清眺圖	摺扇面	紙	設色	17.5 × 52		香港 佳士得藝品拍賣公司／拍賣目錄 1996,04,28.	
山水、花鳥、草蟲（12幀）	冊	紙	設色、水墨	（每幀）25.5 × 17	己巳（乾隆十四年，1749）正月	紐約 佳士得藝品拍賣公司／拍賣目錄 1998,09,15.	

畫家小傳：華嵒。字秋岳。號新羅山人。福建臨汀人，久寓揚州，晚歸西湖。生於聖祖康熙二十一（1682）年。卒於高宗乾隆廿一（1756）年。善畫人物、花鳥、山水、草蟲等，脫出時習，筆意縱逸，機趣天然。為「揚州八怪」之一。（見國朝畫徵錄、桐陰論畫、墨林今話、杭郡詩輯、補錢塘縣志、中國畫家人名大辭典）

沈　銓

名稱	形式	質地	色彩	尺寸 高×寬cm	創作時間	收藏處所	典藏號碼
野圃瓜卉草蟲圖	卷	絹	設色	41 × 468		日本 東京宮內廳	
駿馬圖	卷	絹	設色	26.3 × ?	乾隆壬申（十七年，1752）中秋	日本 東京柳孝藏先生	
百鶴圖	卷	絹	設色	30.3 × 381.		美國 芝加哥市藝術中心	1989.627
百鳥圖	卷	絹	設色	不詳		美國 堪薩斯市納爾遜-艾金斯藝術博物館	50-65
擬古	軸	絹	設色	不詳		台北 故宮博物院	國贈 031067

名稱	形式	質地	色彩	尺寸 高×寬cm	創作時間	收藏處所	典藏號碼
萱竹貓蝶圖	軸	絹	設色	100 × 46	乾隆癸酉（十八年，1753）嘉平	台北 張添根養和堂	
群鴨圖	軸	絹	設色	130 × 82.6		台北 陳啟斌畏罍堂	
花鳥圖（錦雉花石）	軸	絹	設色	195.5×115.5	戊戌（康熙五十七年，1718）嘉平日	香港 香港美術館	FA1981.043
雪景花鳥圖	軸	紙	設色	106.2 × 45.3		香港 許晉義崇宜齋	
花鳥雙兔圖	軸	絹	設色	146.3 × 65.1		香港 劉作籌虛白齋	115
鶴鹿同春圖	軸	絹	設色	167.5 × 82.3	乾隆戊午（三年，1738）	長春 吉林省博物館	
梅花綬帶圖	軸	紙	設色	108.5 × 46	庚子（康熙五十九年，1720）	瀋陽 故宮博物館	
槐蔭犬臥圖	軸	絹	設色	127.5 × 68.5	乾隆庚午（十五年，1750）	瀋陽 故宮博物館	
萱茂百齡圖	軸	紙	設色	170 × 89	丙子（乾隆二十一年，1756）春	瀋陽 故宮博物館	
荷花鷺鷥圖	軸	紙	設色	129.5 × 57	乾隆丙子（二十一年，1756）麥秋	瀋陽 故宮博物館	
丹鳳朝陽圖	軸	絹	設色	不詳	乾隆戊寅（二十三年，1758）	瀋陽 故宮博物館	
柏鹿圖	軸	絹	設色	161 × 80.6	乙卯（雍正十三年，1735）	旅順 遼寧省旅順博物館	
仿元人筆意作老樹蹲鷹圖	軸	紙	設色	139.5 × 71.7	乙卯（雍正十三年，1735）麥秋	北京 故宮博物院	
馬羊鹿猴等雜畫（5幅）	軸	絹	設色	不詳	乾隆壬戌（七年，1742）	北京 故宮博物院	
桃柳雙鵝圖	軸	絹	設色	不詳	乾隆二十年（乙亥，1755）	北京 故宮博物院	
荷鷺圖	軸	絹	設色	不詳	乾隆丙子（二十一年，1756)	北京 故宮博物院	
松梅雙鶴圖	軸	絹	設色	191 × 98.3	乾隆己卯（二十四年，1759）秋	北京 故宮博物院	
花卉草蟲圖	軸	絹	設色	不詳		北京 中央美術學院	

名稱	形式	質地	色彩	尺寸 高x寬cm	創作時間	收藏處所	典藏號碼
受天百祿圖	軸	絹	設色	199 × 98	乾隆辛未（十六年，1751）	天津 天津市藝術博物館	
封侯甚伯圖	軸	絹	設色	不詳	乾隆辛未（十六年，1751）	天津 天津市藝術博物館	
蘆雁圖	軸	紙	設色	不詳	乾隆丁丑（二十二年，1757）	天津 天津市藝術博物館	
柏鹿圖	軸	絹	設色	183 × 100.6	乾隆戊寅（二十三年，1758）七十七老人	天津 天津市藝術博物館	
蘆雁圖	軸	絹	設色	不詳	辛未（乾隆十六年，1751）	唐山 河北省唐山市博物館	
秋圃圖	軸	絹	設色	171.5 × 47.5	七十八叟（乾隆二十四年，1759)	濟南 山東省濟南市博物館	
梅竹錦雞圖	軸	絹	設色	202 × 106	己酉（雍正七年，1729）	煙臺 山東省煙臺市博物館	
法松雪翁八駿圖	軸	絹	設色	不詳	己酉（雍正七年，1729）臘月	太原 山西省博物館	
荷花鴛鴦圖	軸	絹	設色	233 × 132.2	乾隆戊寅（二十三年，1758）	合肥 安徽省博物館	
花鳥圖	軸	紙	設色	171.6 × 95.9	壬午（康熙四十一年，1702）初夏	上海 上海博物館	
花卉鳥獸圖（12幅，為希翁作）	軸	絹	設色	（每幅）206 × 46.4	乾隆辛酉（六年，1741）中秋	上海 上海博物館	
錦雞圖	軸	絹	設色	227.9×182.2	乾隆甲子（九年，1744）嘉平月	上海 上海博物館	
梅竹雙雉圖	軸	紙	設色	180.6 × 89.2	乾隆丙子（二十一年，1756）上元	上海 上海博物館	
松鶴圖	軸	絹	設色	226.5 × 116	乾隆丁丑（二十二年，1757）	上海 上海博物館	
三獅圖	軸	紙	設色	不詳		上海 上海博物館	
孔雀圖	軸	紙	設色	239.5 × 123		上海 上海博物館	
齊眉圖	軸	紙	設色	130.7 × 59.6		上海 上海博物館	
喬松雙鹿圖	軸	絹	設色	80 × 47.5	乾隆丁卯（十二年	南京 南京博物院	

名稱	形式	質地	色彩	尺寸 高×寬㎝	創作時間	收藏處所	典藏號碼
					，1747)		
雙鹿圖（為古老作）	軸	紙	設色	173.5 × 89	乾隆甲戌（十九年，1754）秋	南京 南京博物院	
受天百祿圖	軸	紙	設色	173 × 93.5	乾隆丙子（二十一年，1756）驫賓	南京 南京博物院	
梅花綬帶圖	軸	絹	設色	131 × 58		南京 南京博物院	
牡丹貓石圖	軸	絹	設色	179 × 45.5		鎮江 江蘇省鎮江市博物館	
群仙祝寺圖	軸	紙	設色	179 × 97		鎮江 江蘇省鎮江市博物館	
孔雀圖	軸	紙	設色	不詳	乾隆己巳（十四年，1749）	無錫 江蘇省無錫市博物館	
松鶴圖	軸	紙	設色	不詳	乾隆己卯（二十四年，1759）	無錫 江蘇省無錫市博物館	
柏鹿圖	軸	絹	設色	175.2 × 91		無錫 江蘇省無錫市博物館	
碧梧棲鳳圖	軸	絹	設色	226.4 × 158.7	乾隆戊午（三年，1738）	蘇州 江蘇省蘇州博物館	
牡丹綬帶圖	軸	絹	設色	不詳	乾隆辛酉（六年，1741）嘉平	蘇州 江蘇省蘇州博物館	
柏鹿蜂猴圖（為乾老作）	軸	絹	設色	不詳	甲子（乾隆九年，1744）三月	蘇州 江蘇省蘇州博物館	
柏鹿圖（為松溪作）	軸	絹	設色	98.2 × 47.2	乾隆丙寅（十一年，1746）三秋	蘇州 江蘇省蘇州博物館	
受天百祿圖	軸	紙	設色	132.6 × 157.6	乾隆戊寅（二十三年，1758）	蘇州 江蘇省蘇州博物館	
梧桐雙貓圖	軸	絹	設色	不詳	康熙庚子（五十九年，1720）三秋	杭州 浙江省博物館	
柏鹿圖（祝翁老叔八秩大壽作）	軸	紙	設色	140.8 × 67.1	乾隆己未（四年，1739）中秋	杭州 浙江省博物館	
桂花錦雞圖	軸	絹	設色	199.8 × 45	乾隆癸亥（八年，1743）三秋	杭州 浙江省博物館	
喜報三臺圖	軸	絹	設色	不詳	乾隆甲子（九年，1744）	杭州 浙江省博物館	
松鶴圖	軸	絹	設色	不詳	乾隆丙寅（十一年，1746）	杭州 浙江省博物館	
墨松圖	軸	紙	水墨	不詳	乾隆乙亥（二十年	浙江 浙江省博物館	

名稱	形式	質地	色彩	尺寸 高x寬㎝	創作時間	收藏處所	典藏號碼
					，1755）新夏		
寒花雙貓圖	軸	紙	設色	177.6 x 48.1	乾隆丁丑（二十二年，1757）	杭州 浙江省博物館	
花鳥圖	軸	絹	水墨	不詳	乾隆辛未（十六年，1751）	杭州 浙江省圖書館	
朝天高唱圖	軸	紙	設色	不詳	乾隆甲子（九年，1744）長夏	杭州 浙江省杭州市文物考古所	
雙鹿圖	軸	紙	設色	不詳	七十五歲（乾隆二十一年，1756）	杭州 浙江省杭州市文物考古所	
梅花綬帶圖	軸	絹	設色	72 x 48		桐鄉 浙江省桐鄉縣博物館	
梧桐雙貓圖	軸	紙	設色	不詳	庚子（康熙五十九年，1720）	德清 浙江省德清縣博物館	
松月圖	軸	紙	水墨	不詳	乾隆乙亥（二十年，1755）	德清 浙江省德清縣博物館	
貓菊雙鳥圖	軸	絹	設色	不詳		寧波 浙江省寧波市天一閣文物保管所	
蜂猴圖	軸	絹	設色	72 x 88	乾隆己巳（十四年，1749）	武漢 湖北省博物館	
松梅雙鶴圖（為福翁作）	軸	絹	設色	不詳	乾隆己卯（二十四年，1759）小春	成都 四川省博物院	
三獅圖	軸	紙	設色	不詳	乾隆乙亥（二十年，1755）清和	成都 四川大學	
石榴珍禽圖	軸	絹	設色	99 x 41.2		成都 四川大學	
松鶴圖	軸	紙	設色	不詳	乾隆癸酉（十八年，1753）	福州 福建省博物館	
柏鹿圖	軸	紙	設色	不詳	癸酉（乾隆十八年，1753）	福州 福建省博物館	
雙鹿圖	軸	絹	設色	181.8 x 93	甲寅（雍正十二年，1734）	廣州 廣東省博物館	
菊花雙鳥圖	軸	絹	設色	99 x 50.3	乾隆丁卯（十二年，1747）	廣州 廣東省博物館	
喜鵲雙鹿圖	軸	紙	設色	不詳	乾隆庚辰（二十五年，1760）	廣州 廣東省博物館	
枇杷圖	軸	紙	設色	111.5 x 28.8		廣州 廣東省博物館	

名稱	形式	質地	色彩	尺寸 高x寬㎝	創作時間	收藏處所	典藏號碼
耄德洪基圖	軸	絹	設色	195 × 46		廣州 廣東省博物館	
蜂猴圖	軸	紙	設色	不詳		廣州 廣州市美術館	
松梅雙雉圖	軸	絹	設色	196 × 95	乾隆乙亥（二十年，1755）暮秋	昆明 雲南省博物館	
花鳥圖	軸	絹	設色	98.8 × 48.8	乾隆三年（戊午，1738）嘉平月	日本 東京帝室博物館	
花鳥圖（春卉聚禽）	軸	絹	設色	191 × 103.5	己未（乾隆四年，1739）仲春月上浣日	日本 東京宮內廳	
花鳥（梧桐孔雀圖）	軸	絹	設色	不詳		日本 東京根津美術館	
獅子圖	軸	絹	設色	194.4 × 97.7	乾隆癸酉（十八年，1753）春王	日本 東京藤田美術館	
百鹿、百鶴圖（屏風，20幅）	軸	絹	設色	（每幅）154.5 × 56.2		日本 東京出光美術館	
仿元人三星拱照圖	軸	紙	設色	38.9 × 128.7		日本 東京出光美術館	
花柳蘆雁圖	軸	絹	設色	239 × 119.3		日本 東京永青文庫	
梧桐白兔圖	軸	絹	設色	121.8 × 52.4	乾隆戊午（三年，1738）冬杪	日本 東京田中武兵衛先生	
雙鹿圖	軸	絹	設色	206 × 98.5	乾隆戊辰（十三年，1748）長至	日本 東京宮本仲先生	
貓圖	軸	紙	設色	112.1 × 56.1	乾隆丁丑（二十二年，1757）上巳	日本 東京幡生彌治郎先生	
蘆雁圖	軸	紙	設色	178.8 × 90.9	七十九老人（乾隆二十五年，庚辰，1760）	日本 東京深野達先生	
秋花雙兔圖	軸	絹	設色	77.3 × 47.9	乾隆丁巳（二年，1737）嘉平月	日本 東京白須直先生	
丹鳳朝陽圖（擬北宋人筆）	軸	絹	設色	201.8 × 97	乙卯（雍正十三年，1735）冬杪	日本 東京井上侯爵先生	
仙桃雙鶴圖	軸	絹	設色	107.9 × 56.7	癸丑（雍正十一年，1733）三秋	日本 東京岡崎正也先生	
秋園貓兒圖	軸	絹	設色	159.8 × 70.3	辛亥（雍正九年，	日本 東京岩崎小彌太先生	

名稱	形式	質地	色彩	尺寸 高×寬㎝	創作時間	收藏處所	典藏號碼
					1731）冬日		
花鳥圖（6摺屏風一對）	軸	絹	設色	（每摺）97.6 ×40	乾隆戊辰（十三年，1748）清和	日本 東京井上勝之助先生	
法徐崇嗣法花鳥圖	軸	絹	設色	不詳	戊戌（康熙五十七年，1718）夏日	日本 東京村上與四郎先生	
墨竹圖（6摺屏風一對）	屏	紙	設色	163.9×590.2		日本 東京島津忠承先生	
柳雁圖（寫元人意）	軸	絹	設色	239.4×119.7		日本 東京細川護立先生	
花鳥圖（4幅）	軸	絹	設色	（每幅）190.9 ×45.5		日本 東京小田切滿壽之助先生	
花鳥(牡丹雙鴿圖)	軸	絹	設色	113.5×51.4	庚戌（雍正八年，1730）麥秋	日本 東京住友寬一先生	
柳塘白鵝圖	軸	絹	設色	24.4×19.7		日本 東京住友寬一先生	
梅花綺鳥圖	軸	絹	設色	227.3×48.5		日本 東京小幡酉吉先生	
擬古雙鴨圖	軸	絹	設色	119.1×44.8	乾隆辛未（十六年，1751）	日本 東京林宗毅先生	
花鳥圖（對幅）	軸	絹	設色	（每幅）115.7 ×41		日本 仙台市博物館	
牡丹舞蝶圖	軸	絹	設色	53.8×78.4		日本 仙台市博物館	
仿元人菊花圖	軸	絹	設色	86.2×37.4		日本 京都國立博物館	A甲747
雙鶴圖	軸	絹	設色	124.2×51.5	乾隆己卯（二十四年，1759）七十八叟	日本 京都國立博物館	A甲213
梅竹雪兔圖（寫北宋人筆意）	軸	絹	設色	230.5×131.7	乾隆丁巳（二年，1737）小春	日本 京都泉屋博古館	
雪梅群兔圖	軸	絹	設色	165.1×80.3	丙申（康熙五十五年，1716）歲杪	日本 大阪橋本大乙先生	
擬北宋人筆意老松雙鶴圖	軸	紙	設色	169.3×90.3		日本 大阪橋本大乙先生	
秋漠群馬圖	橫幅	絹	設色	67.2×71.8	乾隆丁巳（二年，1737）九秋	日本 奈良大和文華館	
爵祿封侯圖	軸	絹	設色	207.6×99.7	丁巳（乾隆二年，	日本 神戶縣小寺成藏先生	

名稱	形式	質地	色彩	尺寸 高x寬cm	創作時間	收藏處所	典藏號碼
					1737）長夏		
燕掠飛花圖	軸	絹	設色	96.8 × 47		日本 兵庫縣黑川古文化研究所	
松下遊鹿圖（摹呂紀筆意，六摺屏風一對）	軸	絹	設色	不詳	丙午（雍正四年，1726）天中節	日本 兵庫縣阿部房次郎先生	
松上雙鶴圖	軸	絹	設色	159.1 × 72.4	辛亥（雍正九年，1731）中秋	日本 松阪縣小津清左衞門先生	
樹下雙猿圖	軸	絹	設色	88 × 105.4		日本 長崎縣立美術博物館	A1-40
雙鹿圖	軸	絹	設色	202.3 × 95.4		日本 沖繩縣立博物館	大 A-115
麻姑仙圖	軸	紙	設色	106.8 × 49.7		日本 沖繩縣立博物館	大 A-55
宋人罩澍圖（對幅）	軸	絹	設色	（每幅）95.3 × 37.4		日本 沖繩縣立博物館	大 A-88
一路功名圖	軸	絹	設色	127.3 × 48.5		日本 大久保先生	
松下雙鹿圖	軸	絹	設色	230 × 109.7		日本 山口良夫先生	
擬梁廣筆意蘆渚群鷺圖	軸	絹	設色	111.5 × 51.6	壬申（乾隆十七年，1752）春日	日本 山口良夫先生	
溪樹雙鹿圖	軸	絹	設色	191.8 × 49.8		日本 江田勇二先生	
岸樹鴛鴦圖	軸	絹	設色	191.8 × 49.8		日本 江田勇二先生	
桃樹雙鶴圖	軸	絹	設色	不詳	乾隆丁卯（十二年，1747）蕤賓	日本 繭山龍泉堂	
葵石戲貓圖	軸	絹	設色	不詳	乾隆丁丑（二十二年，1757）春日，七十六老人	美國 紐約王季遷明德堂原藏	
雞、牡丹、芭蕉圖	軸	絹	設色	57 × 57.2		美國 紐約市布魯克林藝術博物館	
花鳥圖	軸	絹	設色	不詳		美國 堪薩斯市納爾遜-艾金斯藝術博物館	
屏開金雀圖	軸	絹	設色	133.1 × 53.8		美國 西雅圖市藝術館	35.590
白鷺圖	軸	絹	設色	21.3 × 17.1		美國 勃克萊加州大學藝術館	

名稱	形式	質地	色彩	尺寸 高×寬㎝	創作時間	收藏處所	典藏號碼
						（高居翰教授寄存）	
野禽菊花圖	軸	絹	設色	不詳		美國 火魯奴奴 Hutehinson 先生	
浴馬圖	軸	絹	設色	92.4 × 63.5	乾隆庚午（十五年，1750）長夏	英國 倫敦大英博物館	1936.10.9.041(ADD120)
花鳥圖（梅禽野兔）	軸	絹	設色	140 × 63.8	癸卯（雍正元年，1723）小春	英國 倫敦大英博物館	1913.5.1.023(ADD230)
花鳥圖	軸	絹	設色	不詳		英國 倫敦大英博物館	1960.7.16.013（ADD310）
花鳥圖	軸	絹	設色	111.6 × 63.8		英國 倫敦大英博物館	1913.5.1.023(ADD 231)
寒香圖	軸	絹	設色	38.4 × 48.2		英國 倫敦大英博物館	
芥子犬圖（花蝶母子犬）	軸	絹	設色	99.7 × 33.3	乾隆庚午（十五年，1750）長夏	英國 倫敦大英博物館	1881.12.10.46(ADD 235)
花鳥圖	軸	絹	設色	160.8 × 87.2		德國 科隆東亞藝術博物館	A77.110
百齡福祿圖（畫為峻老學長兄）	軸	絹	設色	157.2 × 88.8	乾隆癸酉（十八年，1753）春杪	瑞典 斯德哥爾摩遠東古物館	HMOK 434
山水圖	摺扇面	紙	設色	不詳	癸丑（雍正十一年，1733）暮秋之初	北京 故宮博物院	
雜畫（8幀）	冊	絹	設色	不詳	乾隆戊寅（二十三年，1758）新春	北京 故宮博物院	
花鳥、走獸圖（12幀）	冊	絹	設色	（每幀）36 × 27.9	辛丑（康熙六十年，1721）長夏	上海 上海博物館	
雜畫（?幀）	冊	絹	設色	（每幀）30.9 × 40		日本 東京出光美術館	
花卉草蟲圖（6幀）	冊	絹	設色	（每幀）24.4 × 20.1		日本 東京住友寬一先生	
花鳥圖（?幀）	冊	絹	設色	不詳		英國 倫敦大英博物館	1960.7.16.013(ADD 310)
附：							
花鳥圖	卷	絹	設色	27.5 × 213	乾隆甲子（九年，1744）新秋	紐約 佳士得藝品拍賣公司/拍賣目錄 1992,12,02.	
柏鹿圖	軸	絹	設色	不詳	乾隆己巳（十四年	大連 遼寧省大連市文物商店	

名稱	形式	質地	色彩	尺寸 高x寬cm	創作時間	收藏處所	典藏號碼
					，1749）		
三羊圖	軸	絹	設色	不詳	甲戌（乾隆十九年，1754）	北京 北京市文物商店	
雪中蕉鶴圖	軸	絹	設色	不詳	乾隆乙亥（二十年，1755）五月	北京 北京市文物商店	
雪蕉梅鶴圖	軸	絹	設色	不詳	己巳（乾隆十四年，1749）長至節	北京 榮寶齋	
柏鹿圖	軸	紙	設色	不詳	乾隆乙丑（十年，1745）	青島 青島市文物商店	
花鳥圖	軸	絹	設色	不詳	庚子（康熙五十九年，1720）	上海 朵雲軒	
芙蓉鴛鴦圖（為蘊翁作）	軸	絹	設色	184 x 107	甲戌（乾隆十九年，1754）小春	上海 朵雲軒	
雙鹿圖	軸	絹	設色	104 x 90	乾隆己未（四年，1739）	上海 上海文物商店	
擬黃筌秋桐群鷄圖	軸	絹	設色	162.2 x 94.2	乾隆庚申（五年，1740）嘉平月	上海 上海文物商店	
受天百祿圖	軸	絹	設色	不詳	乾隆壬申（十七年，1752）	上海 上海文物商店	
採芝圖（史兆增、沈銓合作）	軸	紙	設色	不詳	乾隆己卯（二十四年，1759）	上海 上海文物商店	
楓猴圖	軸	絹	設色	不詳	乾隆丁卯（十二年，1747）	蘇州 蘇州市文物商店	
花竹聚禽圖	軸	絹	設色	162.5 x 80.6	乾隆庚午（十五年，1750）春三月	紐約 蘇富比藝品拍賣公司/拍賣目錄1981,05,07.	
崖樹群猴圖	軸	絹	設色	81.3 x 47.6	乾隆丁卯（十二年，1747）春	紐約 蘇富比藝品拍賣公司/拍賣目錄1982,06,05.	
松蘿挂月圖	軸	紙	設色	94 x 46.3	乾隆三年（戊午，1738）	紐約 蘇富比藝品拍賣公司/拍賣目錄1985,06,03.	
春溪浴禽圖	軸	絹	設色	129.5 x 82.5	癸丑（雍正十一年，1733）秋日	紐約 佳仕得藝品拍賣公司/拍賣目錄1986,12,01.	
夏園花蝶圖	軸	絹	設色	92.5 x 39.5		紐約 佳仕得藝品拍賣公司/拍賣目錄1986,12,01.	
花竹鴛鴦圖	軸	紙	設色	183.8 x 95.5		紐約 蘇富比藝品拍賣公司/拍	

名稱	形式	質地	色彩	尺寸 高x寬㎝	創作時間	收藏處所	典藏號碼
柳樹鵬鵒圖	軸	絹	設色	151 x 81.5	乾隆癸酉（十八年，1753）	紐約 佳士得藝品拍賣公司/拍賣目錄1987,12,08.	
喜鵲牡丹圖	軸	絹	設色	190.7 x 96.5	乾隆庚午（十五年，1750）春正	紐約 佳士得藝品拍賣公司/拍賣目錄1988,11,30.	
鸞鳳呈祥圖	軸	絹	設色	198 x 94.5	乾隆戊子（三年，1738）春仲	香港 佳士得藝品拍賣公司/拍賣目錄1990,11,28.	
花鳥圖	軸	絹	設色	170.8 x 83.8	乾隆庚午（十五年，1750）秋九月既望	紐約 佳士得藝品拍賣公司/拍賣目錄1991,03,18.	
鳳鶴圖	軸	絹	設色	217.1 x 95.9	乾隆癸酉（十八年，1753）中秋	紐約 佳士得藝品拍賣公司/拍賣目錄1991,05,29.	
仿古花鳥（4幅，各為：封侯蔭子圖、堂上白頭圖、秋林五駿圖、喜報三台圖）	軸	絹	設色	（每幅）156 x 45		紐約 佳士得藝品拍賣公司/拍賣目錄1992,06,02.	
花鳥圖（梅茶綬帶）	軸	綾	設色	86.3 x 49.5	乾隆癸酉（十八年，1753）小春	紐約 佳士得藝品拍賣公司/拍賣目錄1992,06,02.	
牡丹錦雞圖	軸	紙	設色	170.8 x 94.4	乾隆丁丑（二十二年，1757）春	紐約 佳士得藝品拍賣公司/拍賣目錄1992,12,02.	
松竹孔雀圖	軸	絹	設色	188 x 115	乾隆壬申（十七年，1752）清和	紐約 佳士得藝品拍賣公司/拍賣目錄1994,06,01.	
猴圖	軸	絹	設色	111.7 x 52.7		紐約 佳士得藝品拍賣公司/拍賣目錄1994,06,01.	
松鶴延年圖	軸	絹	設色	239.5 x 129.5		紐約 佳士得藝品拍賣公司/拍賣目錄1995,09,19.	
貓蜂圖	軸	紙	設色	69.9 x 56.5	乾隆丁卯（十二年，1747）三秋	紐約 佳士得藝品拍賣公司/拍賣目錄1997,09,19.	
松鷹圖	軸	紙	設色	120.6 x 39.4	乾隆壬申（十七年，1752）嘉平	紐約 佳士得藝品拍賣公司/拍賣目錄1997,09,19.	
雙鶴鹿圖	軸	紙	設色	175.2 x 92.3	乾隆壬戌（七年，1742）暮春	香港 佳士得藝品拍賣公司/拍賣目錄1998,03,24.	
猿鹿圖	軸	絹	設色	197 x 98	丙辰（乾隆元年，1736）夏仲	香港 佳士得藝品拍賣公司/拍賣目錄1998,09,15.	
撫北宋人小景（18幀）	冊	絹	設色	（每幀）28	乾隆乙丑（十年，	香港 蘇富比藝品拍賣公司/拍賣目錄1999,10,31.	

名稱	形式	質地	色彩	尺寸 高x寬cm	創作時間	收藏處所	典藏號碼
				x 40	1745）秋日	賣目錄 1984,11,11.	
花鳥、走獸圖（12幀）	冊	絹	設色	（每幀）21.5 x 30.5	乾隆庚申（五年，1740）長夏	紐約 佳士得藝品拍賣公司/拍 賣目錄 1991,05,29.	
花卉、草蟲圖（9幀）	冊	絹	設色	（每幀）23 x 17	庚寅（康熙四十九 年，1710）夏	紐約 佳士得藝品拍賣公司/拍 賣目錄 1993,12,01.	

畫家小傳：沈銓。字衡之。號南蘋。浙江吳興（或作德清、湖州）人。生於聖祖康熙二十一（1682）年。卒於高宗乾隆廿五（1760）年。工寫花卉、翎毛，設色妍麗；兼畫人物。曾應日本國王聘，前往教畫三年，從習者眾，影響彼邦畫學深遠。（見國朝畫識、畫友錄、歷代畫史彙傳、中國畫家人名大辭典）

丁有煜

名稱	形式	質地	色彩	尺寸 高x寬cm	創作時間	收藏處所	典藏號碼
菊石圖	卷	紙	水墨	不詳	乾隆己未（四年，1739）重九日	南通 江蘇省南通博物苑	
南瓜圖	卷	紙	水墨	41 x 65	癸未（乾隆二十八 年，1763）秋仲	南通 江蘇省南通博物苑	
牡丹圖	軸	紙	水墨	68 x 34.8	癸丑（雍正十一年，1733）	南通 江蘇省南通博物苑	
牡丹圖	軸	絹	水墨	不詳	戊寅（乾隆二十三 年，1758）冬	南通 江蘇省南通博物苑	
梅花圖	軸	紙	水墨	112 x 36	庚辰（乾隆二十五 年，1760）上元	南通 江蘇省南通博物苑	
竹圖並題（12幀）	冊	紙	水墨	不詳	乾隆庚申（五年，1740）夏五中浣	南通 江蘇省南通博物苑	
花果圖（12幀）	冊	紙	設色	不詳	乾隆元年（丙辰，1736）四月浴佛日	南京 南京博物院	
花卉圖（10幀）	冊	紙	設色	不詳	乾隆己未（四年，1739）夏五月	廣州 廣東省博物館	
寫意花卉圖（？幀）	冊	紙	設色	不詳	乾隆辛酉（六年，1741）春正月	廣州 廣東省博物館	

畫家小傳：丁有煜。畫史無傳。字麗中。生於聖祖康熙二十一（1682）年，高宗乾隆二十八（1763）年尚在世。身世待考。

褚 遠

名稱	形式	質地	色彩	尺寸 高x寬cm	創作時間	收藏處所	典藏號碼
山水圖	摺扇面	金箋	水墨	不詳	丁亥（？康熙四十 六年，1707）	北京 故宮博物院	

畫家小傳：褚遠。畫史無載。流傳署款作品紀年疑為聖祖四十六（1707）年。身世待考。

名稱	形式	質地	色彩	尺寸 高×寬㎝	創作時間	收藏處所	典藏號碼

欽 穀

附：

| 秋山策杖圖 | 軸 | 金箋 | 設色 | 不詳 | 丁亥（？康熙四十六年，1707） | 上海 朵雲軒 | |

畫家小傳：欽穀。畫史無載。流傳署款作品紀年疑為聖祖四十六（1707）年。身世待考。

吳兆年

附：

| 竹石圖 | 扇面 | 絹 | 水墨 | 不詳 | 丁亥（？康熙四十六年，1707） | 上海 朵雲軒 | |

畫家小傳：吳兆年。畫史無載。流傳署款作品紀年疑為聖祖康熙四十六（1707）年。身世待考。

魯兆龍

| 邗江夏景圖 | 軸 | 綾 | 水墨 | 59 × 50 | 丁亥（康熙四十六年，1707） | 廣州 廣州市美術館 | |

畫家小傳：魯兆龍。畫史無載。流傳署款作品紀年疑為聖祖康熙四十六（1707）年。身世待考。

高鳳翰

名稱	形式	質地	色彩	尺寸 高×寬㎝	創作時間	收藏處所	典藏號碼
杏林圖	卷	紙	設色	28.1 × 44.3		香港 葉承耀先生	
墨花圖（為雁老作）	卷	紙	水墨	不詳	己亥（康熙五十八年，1719）	北京 故宮博物院	
畫石圖	卷	紙	水墨	不詳	壬戌（乾隆七年，1742）	北京 故宮博物院	
牡丹圖并題	卷	紙	設色	25 × 185.5	戊午（乾隆三年，1738）新月三日	北京 首都博物館	
花卉圖	卷	紙	設色	27 × 472	康熙庚子（五十九年，1720）	天津 天津市歷史博物館	
兩峰草堂圖（高鳳翰、葉芳林合作）	卷	絹	設色	不詳	庚申（乾隆五年，1740）	煙臺 山東省煙臺市博物館	
富貴清高圖	卷	紙	設色	不詳	丁未（雍正五年，1727）之春	合肥 安徽省博物館	
書畫合璧	卷	紙	設色	26.7 × 122.3	壬子（雍正十年，1732）	揚州 江蘇省揚州市博物館	
山水、花卉圖（合裱）	卷	紙	水墨	17 × 82.5不	康熙己亥（五十八	上海 上海博物館	

名稱	形式	質地	色彩	尺寸 高×寬㎝	創作時間	收藏處所	典藏號碼
				等	年，1719）		
牡丹圖	卷	紙	設色	不詳	戊午（乾隆三年，1738）新正三日	上海 上海博物館	
蕉荷、竹菊圖（2段）	卷	紙	設色	36.8 × 239	康熙丁酉（五十六年，1717）	成都 四川大學	
書畫	卷	紙	水墨	26 × 145	乾隆壬戌（七年，1742）	重慶 重慶市博物館	
寒香留影圖	卷	紙	設色	27.6 × 131	乾隆戊辰（十三年，1748）	昆明 雲南省博物館	
松山一角圖	卷	紙	設色	29 × 525	雍正甲寅（十二年，1734）二月廿八日	日本 大阪橋本大乙先生	
拾得溪山圖	卷	紙	水墨	32.6 × 567.5	乾隆戊午（三年，1738）十二月	日本 大阪橋本大乙先生	
雜畫（3幀合裝）	卷	紙	水墨	（每幀）31.5 × 35.5		美國 密歇根大學艾瑞慈教授	
梅竹牡丹圖	卷	紙	水墨	26 × 322.2	辛酉（乾隆六年，1741）	美國 克利夫蘭藝術博物館	
大富貴圖	軸	紙	設色	不詳		台北 故宮博物院	國贈 024922
四季花卉圖（4幅）	軸	紙	設色	不詳		台北 故宮博物院（蘭千山館寄存）	
墨荷圖	軸	紙	水墨	56.3 × 87.6		台北 國泰美術館	
竹石藤花圖	軸	絹	水墨	123.5 × 54	戊申（雍正六年，1728）秋九月望日	台北 長流美術館	
廣陵花瑞圖	軸	絹	設色	162.2 × 46.6		香港 中文大學中國文化研究所文物館	73.1373
左筆蕉菊圖	軸	紙	設色	131.2 × 52.7		香港 黃仲方先生	
墨梅圖	軸	紙	水墨	117.2 × 51.9		香港 李潤桓心泉閣	
桃花春筍圖	軸	絹	設色	不詳		長春 吉林省博物館	
牡丹圖	軸	絹	設色	141 × 40.5	乾隆辛酉（六年，1741）	瀋陽 故宮博物院	
牡丹圖	軸	紙	設色	182 × 53	乙巳（雍正三年，1725）之春	瀋陽 遼寧省博物館	
牡丹圖	軸	紙	設色	不詳	丙午（雍正四年，	瀋陽 遼寧省博物館	

名稱	形式	質地	色彩	尺寸 高x寬cm	創作時間	收藏處所	典藏號碼
					1726）		
五嶽圖	軸	絹	設色	148.8 x 50.6		瀋陽 遼寧省博物館	
玉蘭牡丹圖	軸	紙	設色	不詳	庚子（康熙五十九年，1720）初夏四月三日	北京 故宮博物院	
荷花圖	軸	紙	設色	不詳	壬寅（康熙六十一年，1722）伏日	北京 故宮博物院	
牡丹竹石圖	軸	紙	水墨	不詳	甲辰（雍正二年，1724）	北京 故宮博物院	
山水圖	軸	紙	設色	不詳	乙巳（雍正三年，1725）七月十六日	北京 故宮博物院	
自寫小像	軸	絹	設色	106.8 x 53.4	丁未（雍正五年，1727）三月初一日	北京 故宮博物院	
荷花圖	軸	紙	設色	不詳	丁未（雍正五年，1727）冬	北京 故宮博物院	
指畫五嶽圖	軸	紙	設色	不詳	丙辰（乾隆元年，1736）六月	北京 故宮博物院	
花卉圖	軸	紙	設色	不詳	丁巳（乾隆二年，1737）春	北京 故宮博物院	
四季花卉圖	軸	紙	設色	不詳	丁巳（乾隆二年，1737）	北京 故宮博物院	
蓮塘清供圖	軸	紙	設色	不詳	己未（乾隆四年，1739）	北京 故宮博物院	
牡丹圖	軸	紙	設色	不詳	辛酉（乾隆六年，1741）八月五日	北京 故宮博物院	
松柏圖	軸	紙	設色	197.2 x 116	戊辰（乾隆十三年，1748）初夏	北京 故宮博物院	
晴川香雪圖（為潛亭作）	軸	紙	設色	44.5 x 28.8	戊申（雍正六年，1728）二月	北京 中國歷史博物館	
牡丹拳石圖	軸	絹	設色	不詳	雍正乙巳（三年，1725）	北京 中國歷史博物館	
天台白松圖	軸	絹	水墨	不詳		北京 中國歷史博物館	

名稱	形式	質地	色彩	尺寸 高×寬cm	創作時間	收藏處所	典藏號碼
古梅圖（為汝南作）	軸	紙	設色	不詳	乾隆六年（辛酉，1741）九月廿八	北京 中國美術館	
鷄冠花圖	軸	紙	設色	不詳	乾隆戊辰（十三年，1748）秋八月	北京 中國美術館	
牡丹圖	軸	絹	水墨	不詳	雍正戊申（六年，1728）	北京 中國美術館	
蓮圖（為望華作）	軸	紙	設色	不詳	雍正戊申（六年，1728）夏日	北京 首都博物館	
文選樓草賦圖	軸	紙	設色	149 × 69.2	乾隆四年（乙未，1739）	北京 首都博物館	
煙汀野戍圖	軸	紙	設色	不詳	丁未（雍正五年，1727）	北京 首都博物館	
荷花圖	軸	絹	設色	134.5 × 53.7	戊申（雍正六年，1728）	北京 首都博物館	
秋山讀書圖（為大士作）	軸	紙	設色	78.3 × 44	雍正甲辰（二年，1724）	北京 中央美術學院	
富貴清高圖（花卉圖，為孟老作）	軸	紙	設色	不詳	乾隆丙辰（元年，1736）三月	北京 中央工藝美術學院	
牡丹雄雞圖	軸	絹	設色	不詳		北京 中央工藝美術學院	
荷花圖	軸	絹	水墨	不詳		北京 中央工藝美術學院	
仿藍瑛山水圖（為朱篠園作）	軸	紙	設色	不詳	丙午（雍正四年，1726）	天津 天津市藝術博物館	
雪景山水圖	軸	絹	設色	141.4 × 56.6	丙午（雍正四年，1726）	天津 天津市藝術博物館	
三臺柱石圖	軸	紙	設色	120.8 × 49.4	雍正七年歲次己酉（1729）	天津 天津市藝術博物館	
半亭對鞠圖	軸	紙	設色	不詳	戊辰（乾隆十三年，1748）	天津 天津市藝術博物館	
牡丹圖	軸	絹	設色	134 × 45	己未（乾隆四年，1739）	天津 天津市楊柳青畫社	
瓶芝梅竹圖	軸	紙	設色	115 × 45.5	庚子（康熙五十九年，1720）	太原 山西省博物館	
雲峰霖雨圖	軸	絹	設色	不詳	丁卯（乾隆十二年，1747）	太原 山西省博物館	

名稱	形式	質地	色彩	尺寸 高x寬cm	創作時間	收藏處所	典藏號碼
仿徐渭綠天秋艷圖	軸	絹	設色	126 x 50	甲午（康熙五十三年，1714）冬臘	濟南 山東省博物館	
書畫（冊頁裝）	軸	紙	水墨	96 x 26	丁酉（康熙五十六年，1717）	濟南 山東省博物館	
雨中海棠圖（為申仲作）	軸	絹	設色	90 x 44	康熙丁酉（五十六年，1717）	濟南 山東省博物館	
溪山訪友圖	軸	絹	設色	不詳	康熙庚子（五十九年，1720）冬	濟南 山東省博物館	
方友圖	軸	絹	設色	131 x 44.5	康熙壬寅（六十一年，1722）	濟南 山東省博物館	
怪石圖	軸	紙	水墨	103 x 30.5	乾隆壬戌（七年，1742	濟南 山東省博物館	
古木寒鴉圖	軸	紙	水墨	不詳	乾隆癸亥（八年，1743）	濟南 山東省博物館	
影瘦香寒圖	軸	紙	設色	125 x 42	乙丑（乾隆十年，1745）冬日	濟南 山東省博物館	
自畫像	軸	絹	設色	47 x 31.5		濟南 山東省博物館	
雪景奇石圖	軸	絹	設色	不詳		濟南 山東省博物館	
甘谷圖通景（12幅）	軸	紙	設色	不詳	雍正二年，甲辰（1724）	濟南 山東省濟南市博物館	
素襪凌波圖	軸	紙	設色	不詳	壬子（雍正十年，1732）	濟南 山東省濟南市博物館	
天香競艷圖	軸	絹	設色	不詳	辛酉（乾隆六年，1741）	濟南 山東省濟南市博物館	
古木寒禽圖	軸	絹	設色	不詳	康熙丙申（五十五年，1716）	青島 山東省青島市博物館	
指畫蘆雁圖	軸	絹	水墨	不詳	雍正二年甲辰（1724）	青島 山東省青島市博物館	
雲海孤鶴圖（朱岷、高鳳翰合作）	軸	絹	設色	110.5 x 53	雍正丙午（四年，1726）	青島 山東省青島市博物館	
山中雪意圖	軸	絹	設色	不詳	丁未（雍正五年，1727）	青島 山東省青島市博物館	
寒林鴉陣圖	軸	紙	水墨	不詳	戊申（雍正六年，1728）	青島 山東省青島市博物館	

名稱	形式	質地	色彩	尺寸 高x寬cm	創作時間	收藏處所	典藏號碼
寒林鴉陣圖（為晚峰作）	軸	紙	水墨	不詳	戊申（雍正六年，1728）	青島 山東省青島市博物館	
西亭詩思圖（黃鈺、高鳳翰合作）	軸	紙	設色	136.2 × 64	雍正甲寅（十二年，1734）	青島 山東省青島市博物館	
食祿有方之圖（高鳳翰、栗樸存合作）	軸	紙	設色	不詳	乾隆己未（四年，1739）	青島 山東省青島市博物館	
荷鷺圖	軸	絹	設色	不詳		青島 山東省青島市博物館	
玉山特立圖（高鳳翰、葉芳林合作）	軸	絹	設色	112 × 50	乾隆庚申（五年，1740）	煙臺 山東省煙臺市博物館	
仿樊圻山水圖	軸	絹	設色	101 × 45		煙臺 山東省煙臺市博物館	
松柏雲山圖（為審翁作）	軸	紙	設色	不詳	丁卯（乾隆十二年，1747）五月二日	太原 山西省博物館	
牡丹玉蘭圖	軸	絹	設色	不詳	康熙丁酉（五十六年，1717）	西安 陝西省西安市文物保護考古所	
鐵骨冰心圖	軸	紙	設色	43 × 28	雍正癸丑（十一年，1733）	合肥 安徽省博物館	
雁點青天圖	軸	紙	設色	42.5 × 28	雍正癸丑（十一年，1733）	合肥 安徽省博物館	
五石圖	軸	絹	水墨	不詳	雍正癸丑（十一年，1733）	揚州 江蘇省揚州市博物館	
書畫合璧	軸	紙	設色	不詳	戊午（乾隆三年，1738）	揚州 江蘇省揚州市博物館	
菊石圖（為友仁作）	軸	紙	設色	不詳	雍正丙午（四年，1726）	上海 上海博物館	
天池僧話圖	軸	紙	設色	21.6 × 30	甲寅（雍正十二年，1734）十二月	上海 上海博物館	
清華富貴圖（為爾翁作）	軸	紙	設色	124 × 63	丁巳（乾隆二年，1737）	上海 上海博物館	
秋山圖	軸	紙	設色	不詳	戊午（乾隆三年，1738）冬月	上海 上海博物館	
灣上送別圖	軸	紙	水墨	116.5 × 40.	庚申（乾隆五年，1740）	上海 上海博物館	
阿鰹圖	軸	紙	設色	108.7 × 35.7	乾隆丁卯（十二年，1747）秋八月	上海 上海博物館	

名稱	形式	質地	色彩	尺寸 高x寬㎝	創作時間	收藏處所	典藏號碼
古雪清艷圖	軸	紙	設色	100.3 × 50.1	乾隆戊辰（十三年，1748）三月三日	上海 上海博物館	
松節蓮房圖	軸	紙	水墨	211.3 × 90.4	雍正六年（戊申，1728）二月朔六日	南京 南京博物院	
層雪暖香圖（為畏老作）	軸	紙	水墨	83.9 × 40.9	乾隆丁巳（二年，1737）初臘	南京 南京博物院	
香流幽谷圖	軸	紙	設色	929 × 44	戊辰（乾隆十三年，1748）春	南京 南京博物院	
秋樹圖	軸	絹	設色	不詳		南京 南京博物院	
梅石圖	軸	絹	設色	120 × 47	乾隆丙寅（十一年，1746）臘月	鎮江 江蘇省鎮江市博物館	
秋園艷草圖	軸	絹	設色	142 × 66.2		無錫 江蘇省無錫市博物館	
甘菊圖（為孝德作）	軸	紙	設色	125.5 × 49.8	康熙庚子（五十九年，1720）	蘇州 江蘇省蘇州博物館	
竹菊湖石圖	軸	紙	設色	134 × 47	乾隆戊辰（十三年，1748）長至節	昆山 崑崙堂美術館	
雲石圖	軸	綾	設色	119.5 × 43.5	康熙丁酉（五十六年，1717）	杭州 浙江美術學院	
松石圖	軸	絹	水墨	不詳	康熙丁酉（五十六年，1717）	寧波 浙江省寧波市天一閣文物保管所	
牡丹圖	軸	紙	設色	不詳	乾隆乙丑（十年，1745）	寧波 浙江省寧波市天一閣文物保管所	
牡丹圖	軸	絹	設色	124 × 46	庚子（康熙五十九年，1720）	武漢 湖北省武漢市博物館	
花供詩意圖	軸	絹	水墨	99 × 48.2	乾隆辛酉（六年，1741）	成都 四川省博物院	
冰雪清界圖	軸	紙	設色	106 × 60	雍正乙卯（十三年，1735）	重慶 重慶市博物館	
梅花圖	軸	紙	水墨	129 × 40	乾隆丁巳（二年，1737）	重慶 重慶市博物館	
菊石梧桐圖	軸	紙	水墨	112 × 43	乾隆甲子（九年，1744）	重慶 重慶市博物館	
三臺柱石圖	軸	紙	設色	不詳		重慶 重慶市博物館	

名稱	形式	質地	色彩	尺寸 高×寬cm	創作時間	收藏處所	典藏號碼
霧山深樹圖	軸	紙	設色	133 × 47		重慶 重慶市博物館	
梧桐竹石圖	軸	絹	設色	235.5 × 95	丙午（雍正四年，1726）	廣州 廣東省博物館	
六朝留影圖（為琢老作）	軸	絹	水墨	117.8 × 58	雍正癸丑（十一年，1733）	廣州 廣東省博物館	
陶琴圖	軸	紙	設色	98.5 × 44.5	雍正癸丑（十一年，1733）	廣州 廣東省博物館	
菊石圖	軸	紙	設色	86 × 39	癸丑（雍正十一年，1733）	廣州 廣東省博物館	
枯木竹石圖	軸	紙	設色	不詳	雍正甲寅（十二年，1734）	廣州 廣東省博物館	
指畫古木寒鴉圖	軸	綾	水墨	不詳	乾隆二年，丁巳（1737）	廣州 廣東省博物館	
牡丹錦雞圖	軸	絹	設色	97.5 × 51		廣州 廣東省博物館	
松石圖	軸	紙	設色	153 × 45.5		廣州 廣東省博物館	
指畫綠天清蔭圖	軸	絹	水墨	130 × 61.5		廣州 廣州市美術館	
寒香留影圖（為西亭作）	軸	紙	設色	不詳	乾隆戊辰（十三年，1748）春正月望三日	昆明 雲南省博物館	
煙汀野戍圖	軸	紙	設色	54.2 × 33	丁未（雍正五年，1727）	蘭州 甘肅省博物館	
芭蕉竹石圖	軸	絹	設色	不詳	乾隆十三年，戊辰（1748）	蘭州 甘肅省博物館	
奇石圖	軸	絹	設色	不詳		日本 東京久志美術館	
湖石圖	軸	紙	水墨	76.3 × 32.7	乾隆戊辰（十三年，1748）秋八月	日本 東京住友寬一先生	
詩意人物軸	軸	絹	設色	不詳	乾隆丁巳（二年，1737）春	日本 京都 Kitaho Masao	
天香清蔭圖	軸	綾	設色	160.4 × 43.3		日本 京都中山善次先生	A2666
雪石圖（為弟元質畫）	軸	絹	設色	131.6 × 43.5	癸卯（雍正元年，1723）陽月	日本 京都泉屋博古館	
晴霞淨艷圖	軸	絹	設色	143.9 × 52.4	雍正丁未（五年，1727）冬十一月廿六日	日本 京都桑名鐵城先生	

名稱	形式	質地	色彩	尺寸 高×寬cm	創作時間	收藏處所	典藏號碼
草堂藝菊圖	軸	紙	設色	122 × 51	丁未（雍正五年，1727）	日本 大阪市立美術館	
老松圖	軸	綾	設色	150.7 × 42.8	雍正甲寅（十二年，1734）	日本 大阪市立美術館	
古樹寒鴉圖	軸	紙	水墨	137.1 × 59.9	乾隆丙寅（十一年，1746）新夏	日本 大阪市立美術館	
晴霞淨艷圖	軸	絹	設色	144.5 × 52.5	雍正丁未（五年，1727）冬十一月廿六日	日本 大阪橋本大乙先生	
梧桐蘭花圖	軸	絹	水墨	152.5 × 49		日本 大阪橋本大乙先生	
鴉陣圖	軸	紙	水墨	84.9 × 41.9	乾隆乙丑（十年，1745）	日本 兵庫縣黑川古文化研究所	
山中羅漢圖	軸	紙	設色	127.7 × 60.1	乾隆元年（丙辰，1736）二月	日本 中埜又左衛門先生	
畫石圖	軸	紙	水墨	111.6 × 41.3	乙卯（雍正十三年，1735）長至	日本 阿形邦三先生	
富貴花圖（牡丹）	軸	紙	設色	107.1 × 35	乙卯（雍正十三年，1735）冬	美國 普林斯頓大學藝術館（Edward Elliott 先生寄存）	L224.71
菊石圖	軸	紙	設色	114 × 54.8		美國 紐約大都會藝術博物館	1989.363.159
江干客興圖	軸	絹	水墨	不詳	雍正十年歲在壬子（1732）冬十月	美國 紐約王季遷明德堂（孔達原藏）	
花石圖	軸	紙	水墨	不詳		美國 紐約顧洛阜先生	
菊石圖	軸	紙	水墨	141 × 45.1		美國 紐約布魯克林藝術博物館	
蕉石圖	軸	紙	設色	144.3 × 43.3		美國 紐約大都會藝術博物館（Denis 楊先生寄存）	
古木怪石圖（對幅）	軸	紙	設色	（每幅）23.2 × 29.3		美國 密歇根大學艾瑞慈教授	
危崖老屋圖	軸	紙	設色	129.7 × 48.1		美國 聖路易斯市吳納孫教授	
富貴圖	軸	絹	設色	115.1 × 64.8		美國 勃克萊加州大學藝術館	1980.42.12
左筆菊花圖	軸	紙	設色	109.1 × 33.4		美國 夏威夷火魯奴奴藝術學	3848.1

名稱	形式	質地	色彩	尺寸 高x寬cm	創作時間	收藏處所	典藏號碼
山水圖	軸	紙	設色	113.6 x 36.9		美國 夏威夷火魯奴奴藝術學院	4083.1
雲表奇嶂圖	軸	紙	設色	120.7 x 47		美國 私人	
得樹軒秋意圖	軸	紙	設色	80.4 x 42.2	乾隆己未（四年，1739）冬十月十六日	加拿大 多倫多市Finlayson先生	ACC14886
鴉陣圖	軸	紙	設色	102.1 x 40		德國 柏林東亞藝術博物館	1969-22
鴉陣圖	軸	紙	水墨	121.1 x 45.9		瑞典 斯德哥爾摩遠東古物館	NMOK 414
書畫合冊（10幀，畫5幀）	冊	紙	設色	（每幀）21 x 32	乾隆丙寅（十一年，1746）	台北 清玩雅集	
西園翰墨（10幀）	冊	紙	設色	27.5 x 21.8		香港 利榮森北山堂	K92.9
東牟奇松（三絕冊之1）	冊頁	紙	設色	24 x 31		香港 劉作籌虛白齋	
仿李營丘秋樹圖（三絕冊之2）	冊頁	紙	設色	24 x 31		香港 劉作籌虛白齋	
天池僧話（三絕冊之3）	冊頁	紙	設色	24 x 31		香港 劉作籌虛白齋	
邗溝春汎（三絕冊之4）	冊頁	紙	設色	24 x 31		香港 劉作籌虛白齋	
怪石圖	摺扇面	金箋	水墨	16.6 x 52.4		香港 莫華釗承訓堂	K92.65
仿青藤道士畫蓮（高鳳翰畫冊之1）	冊頁	紙	水墨	20.5 x 26.5	乾隆丙寅（十一年，1746）冬日	香港 霍寶材先生	
澹香疏影（高鳳翰畫冊之2）	冊頁	紙	水墨	20.5 x 26.5		香港 霍寶材先生	
三台岩（高鳳翰畫冊之3）	冊頁	紙	水墨	20.5 x 26.5		香港 霍寶材先生	
雪堆（高鳳翰畫冊之4）	冊頁	紙	水墨	20.5 x 26.5		香港 霍寶材先生	
白隱園學楊居儉（高鳳翰畫冊之5）	冊頁	紙	水墨	20.5 x 26.5		香港 霍寶材先生	
雅集圖（高鳳翰畫冊之6）	冊頁	紙	水墨	20.5 x 26.5	丙寅（乾隆十一年，丙寅）十月	香港 霍寶材先生	
書畫紀遊（8幀）	冊	紙	設色	（每幀）28 x 34	癸丑（雍正十一年，1733）十二月九日	瀋陽 故宮博物館	
指畫雜畫（8幀）	冊	絹	設色	不詳		瀋陽 故宮博物館	
曉鴉圖	冊頁	紙	水墨	27.8 x 34.8	雍正六年（戊申，1728）	瀋陽 遼寧省博物館	
牡丹圖	冊頁	紙	設色	27.8 x 34.8	雍正六年（戊申，	瀋陽 遼寧省博物館	

名稱	形式	質地	色彩	尺寸 高x寬㎝	創作時間	收藏處所	典藏號碼
					1728）		
雜畫（8幀）	冊	絹	設色	不詳	康熙癸巳（五十二年，1713）	瀋陽 遼寧省博物館	
山水、花卉圖（8幀）	冊	紙	設色	不詳		旅順 遼寧省旅順博物館	
花卉圖（12幀）	冊	紙	設色	不詳	庚子（康熙五十九年，1720）	北京 故宮博物院	
山水紀遊圖（10幀，為宣安作）	冊	紙	設色	不詳	丙午（雍正四年，1726）	北京 故宮博物院	
書畫（？幀）	冊	紙	水墨	不詳	戊申（雍正六年，1728）十月	北京 故宮博物院	
寫景山水圖（8幀）	冊	紙	設色	不詳	戊申（雍正六年，1728）	北京 故宮博物院	
雜畫圖（8幀）	冊	紙	設色	不詳	癸丑（雍正十一年，1733）	北京 故宮博物院	
雜畫圖（8幀）	冊	紙	設色	不詳	丙辰（乾隆元年，1736）臘月	北京 故宮博物院	
詩書畫圖（10幀）	冊	紙	設色	不詳	丁巳（乾隆二年，1737）	北京 故宮博物院	
指畫花卉圖（？幀）	冊	紙	設色	不詳	己未（乾隆四年。1739）	北京 故宮博物院	
文心別寄圖（為荔翁作，文心別寄圖冊之一）	冊頁	紙	設色	不詳	雍正乙卯（十三年，1735）	北京 中國歷史博物館	
花卉圖（10幀）	冊	紙	設色	（每幀）27.5 x 37	康熙丁酉（五十六年，1717）冬月	北京 中國歷史博物館	
指畫山水圖（3幀，為魯青作）	冊	紙	設色	不詳	丁巳（乾隆二年，1737）四月朔	北京 中國歷史博物館	
作石圖并書畫（8幀）	冊	紙	設色	不詳	乾隆丙寅（十一年，1746）春	北京 中國歷史博物館	
芍藥圖	冊頁	金箋	設色	18.1 x 17.7	乾隆元年（丙辰，1736）	北京 中國歷史博物館	
花卉圖（10幀）	冊	紙	設色	不詳		北京 中國歷史博物館	
書畫（12幀）	冊	紙	設色	（每幀）32.5 x 24.4	乾隆改元丙辰（1736）	天津 天津市藝術博物館	
指畫花卉、山水圖（12幀）	冊	紙	設色	（每幀）	乾隆丙辰（元年，	天津 天津市藝術博物館	

名稱	形式	質地	色彩	尺寸 高x寬cm	創作時間	收藏處所	典藏號碼
				23.4 x 30.3	1736)		
書畫（13幀）	冊	紙	設色	（每幀）18.5 x 25.9	乾隆甲子（九年，1744）	天津 天津市藝術博物館	
遠眺江帆圖（祁豸佳等山水花鳥冊27之1幀）	冊頁	絹	設色	30 x 23.4		天津 天津市藝術博物館	
花卉圖（8幀）	冊	絹	設色	不詳	癸巳（康熙五十二年，1713）	濟南 山東省博物館	
山水圖（6幀）	冊	紙	設色	（每幀）37 x 74	雍正甲寅（十二年，1734）	濟南 山東省博物館	
書畫稿（15幀）	冊	紙	水墨	不詳	丁巳（乾隆二年，1737）	濟南 山東省博物館	
山水圖（6幀）	冊	紙	設色	不詳		濟南 山東省博物館	
書畫（清陳馥等書畫冊12之3幀）	冊頁	紙	水墨	不詳	乾隆十三年（戊辰，1748）	濟南 濟南市博物館	
怪石圖（8幀）	冊	紙	設色	不詳		濟南 山東省濟南市博物館	
花卉圖（高鳳翰、汪士慎等山水花卉冊）	冊頁	紙	設色	17 x 82.5	辛丑（康熙六十年，1721）	上海 上海博物館	
牡丹圖（6幀）	冊	紙	設色	（每幀）24 x 34	乾隆丁巳（二年，1737）四月十日	上海 上海博物館	
雜畫（高鳳翰、陳治書畫合璧冊16幀）	冊頁	紙	水墨	（每幀）27.6 x 20.8	乾隆丙寅（十一年，1746）	上海 上海博物館	
梅花圖並書（8幀）	冊	紙	設色	（每幀）78.6 x 52.3	乾隆丁卯（十二年，1747）	上海 上海博物館	
山水圖（7幀）	冊	紙	設色	（每幀）22.5 x 37.9		上海 上海博物館	
雜畫（12幀）	冊	絹	設色	（每幀）21.9 x 27		上海 上海博物館	
花卉圖（廣陵十家集畫冊10之第9幀）	冊頁	紙	設色	26.2 x 18.3		上海 上海博物館	
荷葉圖（鄭燮等雜畫冊12之第8幀）	冊頁	紙	設色	30.3 x 25		上海 上海博物館	
枝頭小禽圖（鄭燮等花卉冊13之第13幀）	冊頁	紙	水墨	23.7 x 31.3		上海 上海博物館	
書畫（14幀）	冊	紙	設色	（每幀）23.1 x 32.6	乾隆戊午（三年，1738）十月	南京 南京博物院	

名稱	形式	質地	色彩	尺寸 高x寬cm	創作時間	收藏處所	典藏號碼
醉石圖（8幀）	冊	紙	設色	（每幀）32.5 x 24.4	壬戌（乾隆七年，1742）	長沙 湖南省博物館	
山水、花卉圖（？幀）	冊	紙	設色、設色	不詳	乙卯（雍正十三年，1735）立秋日	重慶 重慶市博物館	
雜畫圖（10幀，為家小阮作）	冊	紙	設色	不詳	丙寅（乾隆十一年，1746）秋七月廿三日	重慶 重慶市博物館	
醉石圖（？幀，為旂原作）	冊	紙	水墨	不詳	壬戌（乾隆七年，1742）冬	長沙 湖南省博物館	
書畫（5幀）	冊	紙	設色、水墨	（每幀）47.4 x 28.1	雍正十二年甲寅（1734）	成都 四川省博物院	
石交圖（6幀）	冊	紙	設色	（每幀）28.5 x 46.8	壬戌（乾隆七年，1742）	成都 四川省博物院	
花卉圖（12幀）	冊	金箋	設色	（每幀）40 x 25	乾隆癸亥（八年，143）	重慶 重慶市博物館	
雜畫（10幀）	冊	紙	設色	（每幀）28 x 44.4	乾隆丙寅（十一年，1746）	重慶 重慶市博物館	
石圖（8幀）	冊	紙	設色	（每幀）36 x 30		重慶 重慶市博物館	
雜畫（8幀，為蓼濤作）	冊	絹	設色	（每幀）23.2 x 32	雍正甲辰（二年，1724）秋	貴陽 貴州省博物館	
枯木、蘭石圖（秋興八首書畫冊15之第1幀）	冊頁	紙	水墨	23.1 x 26.9	壬戌（乾隆七年，1742）	日本 東京國立博物館	
梅花圖（秋興八首書畫冊15之第2幀）	冊頁	紙	水墨	23.1 x 26.9	壬戌（乾隆七年，1742）	日本 東京國立博物館	
書畫（翰墨繪冊19幀，畫6幀）	冊頁	絹	設色	（每幀）17. x 21.7	丙申（康熙五十五年，1716）暮春	日本 東京國立博物館	
詩書畫三絕（16幀，畫7）	冊	紙	設色	21.7 x 16.2	乾隆二年，丁巳（1737）十月二十二日	日本 東京住友寬一先生	
古木花卉圖（8幀）	冊	紙	水墨	（每幀）24.2 x 30.5		日本 奈良大和文華館	1130
雜畫（4幀）	冊	紙	設色	不詳	辛酉（乾隆六年，1741）三月	日本 京都守屋正先生	
指畫（11幀）	冊	紙	設色	（每幀）28.2	雍正甲寅（十二年	日本 大阪市立美術館	

名稱	形式	質地	色彩	尺寸 高×寬cm	創作時間	收藏處所	典藏號碼
				× 42.4	，1734）正月		
雪菊圖	冊頁	紙	設色	23.7 × 29.5		日本 大阪橋本大乙先生	
水墨山水圖	摺扇面	紙	水墨	16.2 × 48.6		日本 山口良夫先生	
花鳥雜畫（12幀）	冊	紙	設色	（每幀）22 × 39.5		美國 普林斯頓大學藝術館	77-15
山水圖（？幀）	冊	紙	設色	（每幀）31.3 × 24		美國 紐約大都會藝術博物館	1981.285.8
花卉雜畫（12幀）	冊	紙	水墨	（每幀）20.2 × 25		美國 密歇根大學藝術博物館	1969/2.142
雜畫（冊頁卷裝，？幀）	冊	紙	水墨	（每幀）31.5 × 35.5		美國 密歇根大學艾瑞慈教授	
花卉圖（8幀）	冊	紙	水墨	（每幀）20.3 × 30.8	戊申（雍正六年，1728）	美國 勃克萊加崙大學藝術館 （Gaenslen先生寄存）	
雜畫（12幀）	冊	紙	水墨	（每幀）21.6 × 32.2	雍正癸丑（十一年，1733）	美國 勃克萊加州大學藝術館 （Schlenker先生寄存）	
仿陸治花卉圖（為應老長兄寫）	摺扇面	紙	設色	16.9 × 50.1	乙巳（雍正三年，1725）伏日	英國 倫敦大英博物館	1951.4.7.06 (ADD261)
奇石圖	摺扇面	紙	設色	17.6 × 52	壬寅（康熙六十一年，1722）六月入伏第二日	英國 倫敦大英博物館	1951.4.7.06 (ADD262)
仿沈石田法碧梧清暑圖	摺扇面	紙	設色	17.4 × 51.9	壬寅（康熙六十一年，1722）六月伏日	英國 倫敦大英博物館	1951.4.7.07 (ADD263)
山水圖	摺扇面	紙	設色	16.7 × 48.5	乙巳（雍正三年，1725）五月	英國 倫敦大英博物館	1951.4.7.08 (ADD264)
雪竹圖	摺扇面	紙	設色	17.8 × 54.9		英國 倫敦大英博物館	1951.4.7.09 (ADD265)
東牟古松圖（為研邨作）	摺扇面	紙	水墨	18 × 53	丁未（雍正五年，1727）仲夏	英國 倫敦大英博物館	1951.4.7.09 (ADD266)
山水圖	摺扇面	紙	水墨	17 × 50.1		英國 倫敦大英博物館	1951.4.7.04 (ADD260)
春溪桃花圖	摺扇面	紙	設色	17.8 × 55	壬寅（康熙六十一年，1722）冬日	英國 倫敦大英博物館	1951.4.7.011(ADD267)
蓮花圖	摺扇面	紙	水墨	17.8 × 54.8		英國 倫敦大英博物館	1951.4.7.012(ADD268)

名稱	形式	質地	色彩	尺寸 高x寬cm	創作時間	收藏處所	典藏號碼
山水圖	摺扇面	紙	設色	18 x 53		英國 倫敦大英博物館	1951.4.7.013(ADD269)
墨竹圖	摺扇面	紙	水墨	17.9 x 55	壬寅（康熙六十一年，1722）	英國 倫敦大英博物館	1951.4.7.014(ADD270)
山水圖	摺扇面	紙	水墨	27.9 x 54.5		英國 倫敦大英博物館	1951.4.7.015(ADD271)
金陵勝跡圖（12幀）	冊	紙	設色	（每幀）26.4 x 32.2	乾隆元年歲在丙辰（1736）四月	德國 柏林東亞藝術博物館	5310
雲根圖（8幀）	冊	紙	設色	（每幀）19.1 x 35.8		德國 柏林東亞藝術博物館	1988-402
秋江泛棹圖	摺扇面	紙	水墨	17.6 x 51.5	乾隆己未（四年，1739）八月	德國 柏林東亞藝術博物館	1988-219
墨牡丹圖	摺扇面	紙	水墨	17 x 50.6		德國 柏林東亞藝術博物館	1988-218
月影彩菊圖	冊頁	紙	設色	21.5 x 30.3		瑞典 斯德哥爾摩遠東古物館	NMOK 538
附：							
荷花圖（為景嵐作）	卷	紙	水墨	不詳	丁酉（康熙五十六年，1717）	北京 北京市文物商店	
牡丹圖	軸	紙	設色	不詳	甲寅（雍正十二年，1734）立夏後一日	北京 北京市文物商店	
荷花圖	軸	絹	設色	不詳		北京 中國文物商店總店	
牡丹圖	軸	紙	水墨	134 x 53.5	丁未（雍正五年，1727）	北京 北京市工藝品進出口公司	
菊石圖	軸	紙	水墨	不詳	雍正戊申（六年，1728）	北京 北京市工藝品進出口公司	
寒鴉萬點圖	軸	絹	設色	63 x 41	乾隆十三年（戊辰，1748）	天津 天津市文物公司	
蕉石月季圖	軸	紙	設色	156.4 x 46		濟南 山東省文物商店	
雪竹圖	軸	紙	設色	不詳	庚子（康熙五十九年，1720）	濟南 山東省濟南市文物商店	
六朝松石圖	軸	紙	水墨	不詳	壬戌（乾隆七年，1742）	濟南 山東省濟南市文物商店	
長年富貴圖	軸	絹	設色	不詳	乙丑（乾隆十年，1745）	濟南 山東省濟南市文物商店	

名稱	形式	質地	色彩	尺寸 高×寬㎝	創作時間	收藏處所	典藏號碼
梅花圖	軸	絹	水墨	不詳	乾隆丙寅（十一年，1746）	上海 朵雲軒	
花卉圖（4幅）	軸	綾	設色	不詳		上海 上海文物商店	
隸書題畫漁家樂圖	軸	紙	設色	50 × 15.7	雍正甲寅（十二年，1734）	武漢 湖北省武漢市文物商店	
天仙美人圖（案供瓶花）	軸	紙	設色	153.6 × 47	乾隆丁卯（十二年，1747）春三月	紐約 蘇富比藝品拍賣公司/拍賣目錄1980,12,18.	
奇石圖	軸	綾	設色	73.5 × 24		紐約 佳士得藝品拍賣公司/拍賣目錄1984,06,29.	
清華富貴圖（為爾翁同學作）	軸	金箋	設色	129 × 48		紐約 佳仕得藝品拍賣公司/拍賣目錄1986,06,04.	
竹石花卉圖	軸	絹	水墨	123.5 × 54.6	戊申（雍正六年，1728）秋九月望日	紐約 佳仕得藝品拍賣公司/拍賣目錄1986,06,04.	
花卉圖（4幅）	軸	絹	設色	（每幅）144 × 47	乾隆丁卯（十二年，1747）冬	紐約 佳士得藝品拍賣公司/拍賣目錄1988,11,30.	
荷花圖	軸	絹	設色	152.5 × 36.7	康熙戊戌（五十七年，1718）」	紐約 佳士得藝品拍賣公司/拍賣目錄1990,05,31.	
花卉圖	軸	紙	設色	117 × 48.5	雍正王子（十年，1732)秋季	紐約 佳士得藝品拍賣公司/拍賣目錄1991,05,29.	
秋山飛瀑圖	軸	絹	設色	163.7 × 57.3		紐約 佳士得藝品拍賣公司/拍賣目錄1993,12,01.	
春溪煙景圖	軸	絹	設色	145.5 × 51	甲寅（雍正十二年，1734）四月十有三日	紐約 佳士得藝品拍賣公司/拍賣目錄1997,09,19.	
山水、花卉圖（8幀）	冊	紙	設色、水墨	不詳	乾隆元年（丙辰，1736)十一月廿六日	北京 榮寶齋	
雜畫十二種圖（12幀，為龍翁作）	冊	紙	設色	不詳	乾隆八年（癸亥，1743)	北京 榮寶齋	
雜畫（10幀，高鳳翰、松岑為研村合作）	冊	紙	設色	（每幀）34 × 21	癸亥（乾隆八年，1743)	濟南 山東省濟南市文物商店	
花卉圖（4幀）	冊	紙	設色	（每幀）28 × 42	雍正癸丑（十一年，1733）	南京 南京市文物商店	
花卉（4幀）	冊	紙	水墨	（每幀）20.3		紐約 蘇富比藝品拍賣公司/拍	

名稱	形式	質地	色彩	尺寸 高x寬cm	創作時間	收藏處所	典藏號碼
				x 29.9		賣目錄 1988,06,01.	
古木寒鴉圖	摺扇面	紙	水墨	19.5 x 57	乙丑（乾隆十年，1745）五月	紐約 佳士得藝品拍賣公司/拍 賣目錄 1989,12,04.	
花卉圖（8幀）	冊	紙	設色	（每幀）25 x 34	雍正丁未（五年，1727）	紐約 佳士得藝品拍賣公司/拍 賣目錄 1991,05,29.	
山水、花卉圖（8幀）	冊	紙	水墨	（每幀）19 x 29	戊申（雍正六年，1728）	紐約 佳士得藝品拍賣公司/拍 賣目錄 1993,06,04	
溪山帆影圖	摺扇面	紙	水墨	16.2 x 46.3	乙卯（雍正十三年，1735）五月	紐約 佳士得藝品拍賣公司/拍 賣目錄 1996,9,18.	
花卉圖（明清名家山水扇面冊 18之1幀）	摺扇面	金箋	設色	不詳		紐約 佳士得藝品拍賣公司/拍 賣目錄 1997,09,19.	

畫家小傳：高鳳翰。字西園。號南村、南阜老人、尚左生。山東膠州人。生於聖祖康熙二十二（1683）年，卒於高宗乾隆十四（1749）年。曾仕官歙縣縣丞，遭劾去職。後右臂痺，遂以左手作畫。山水樹石，筆墨縱逸。又工書、篆刻。為「揚州八怪」之一。（見國朝畫徵續錄、桐陰論畫、墨林今話、飛鴻堂印人傳、板橋集、中國畫家人名大辭典）

鄒士隨

名稱	形式	質地	色彩	尺寸 高x寬cm	創作時間	收藏處所	典藏號碼
長江萬里圖	卷	紙	水墨	不詳	庚戌，雍正八年（1730）夏六月	廣州 廣東省博物館	
山水圖（張鵬翀等人雜畫冊10 之1幀）	冊頁	絹	水墨	不詳		北京 中國歷史博物館	
送行圖（鄒士隨、鄒一桂合冊 10之1幀）	冊頁	紙	設色	不詳	乾隆壬戌（七年，1742）蒲月	南京 南京博物院	
附：							
摹宋元明寫生花卉圖（？幀）	冊	紙	設色	不詳	丁亥（康熙四十六 年，1707）暮春	北京 中國文物商店總店	

畫家小傳：鄒士隨。字景和。號晴川。江蘇無錫人。鄒顯吉之子。生於聖祖康熙二十二（1683）年，高宗乾隆七（1742）年尚在世。世宗雍正元年進士。工畫山水，得家傳，筆意雅秀，皴染規模黃公望，極有神理。（見國朝畫識、桐陰論畫、劍光閣文集、雲川閣文集、芝庭詩稿、中國畫家人名大辭典）

唐　俊

名稱	形式	質地	色彩	尺寸 高x寬cm	創作時間	收藏處所	典藏號碼
溪山歸牧圖	卷	絹	設色	37 x 184	雍正戊申（六年，1728）初夏	常熟 江蘇省常熟市文物管理 委員會	
桃源圖	軸	紙	設色	不詳	辛丑（康熙六十年，1721）長夏	長春 吉林省博物館	

名稱	形式	質地	色彩	尺寸 高×寬cm	創作時間	收藏處所	典藏號碼
雪中送炭像	軸	絹	設色	86.8 × 45.7	康熙戊子（四十七年，1708）中秋	北京 故宮博物院	
梅竹坡石圖（楊晉、唐俊合作）	軸	絹	水墨	129.6 × 62.2	己亥（康熙五十八年，1719）長至後四日	無錫 江蘇省無錫市博物館	
松風水閣圖	軸	絹	設色	138 × 66	雍正乙卯（十三年，1735）	武漢 湖北省博物館	
太華山圖（為安翁大老先生畫）	軸	絹	設色	265.3 × 137	己酉（雍正七年，1729）新秋	日本 京都泉屋博古館	
山水圖（10幀）	冊	絹	設色	不詳	丁酉（康熙五十六年，1717）	北京 故宮博物院	
山水圖（6幀）	冊	絹	設色	（每幀）31.5 × 25.7	康熙庚寅（四十九年，1710）六月	上海 上海博物館	
秋山雨霽圖	冊頁	絹	設色	33.9 × 40.6	壬辰（康熙五十一年，1712）	南京 南京博物院	
秋聲賦圖	摺扇面	紙	設色	不詳	辛卯（康熙五十年，1711）秋日	常熟 江蘇省常熟市文物管理委員會	
附：							
仿趙孟頫秋山圖	卷	紙	設色	不詳	丁卯（康熙二十六年，1687）	北京 中國文物商店總店	

畫家小傳：唐俊。字石耕。江蘇常熟人。生於聖祖康熙二十二（1683）年，世宗雍正六（1728）年尚在世。善畫山水、花竹，始學蔡天涯，以鮮妍見稱。繼師王石谷，轉而超逸秀拔，為石谷晚年得意弟子。（見國朝畫識、桐陰論畫、常熟縣志、海虞畫苑略、蘇州府志、柳南隨筆、中國畫家人名大辭典）

焦秉貞

名稱	形式	質地	色彩	尺寸 高×寬cm	創作時間	收藏處所	典藏號碼
園客揖門畫	卷	綾	設色	35 × 201.4	康熙戊午（十七年，1678）秋八月	台北 長流美術館	
康熙南巡虎邱行宮圖	卷	絹	設色	58.2 × 546.9		日本 東京山本義次先生	
翠華臨幸圖	卷	絹	設色	48.4 × 784	康熙三十八年己卯（1699）十月，江南巡撫宋犖恭進	英國 倫敦大英博物館	1919.12.16.01(ADD1)
青綠山水樓閣（摹趙承旨筆意）	軸	絹	設色	120.6 × 40.9		日本 東京林宗毅先生	
西洋風俗畫	軸	絹	設色	129 × 50		日本 奈良大和文華館	
山水圖	軸	絹	設色	101 × 47.1		美國 加州史坦福大學藝博館（加州私人寄存）	

名稱	形式	質地	色彩	尺寸 高x寬cm	創作時間	收藏處所	典藏號碼
桐陰仕女圖	軸	絹	設色	不詳		瑞典 斯德哥爾摩遠東古物館	NMOK371
蘇東坡像	軸	紙	水墨	86.6 x 50		捷克 布拉格 Narodoni Museum v Praze-Naprstokovo Museum	A5982
山水樓閣（10幀）	冊	紙	水墨	不詳		台北 故宮博物院	故畫 03217
柳院鞦韆（焦秉貞畫仕女圖冊之1）	冊頁	絹	設色	不詳		台北 故宮博物院	故畫 03218-1
風雨微吟（焦秉貞畫仕女圖冊之2）	冊頁	絹	設色	不詳		台北 故宮博物院	故畫 03218-2
蓮舟晚泊（焦秉貞畫仕女圖冊之3）	冊頁	絹	設色	不詳		台北 故宮博物院	故畫 03218-3
桂香灈月（焦秉貞畫仕女圖冊之4）	冊頁	絹	設色	不詳		台北 故宮博物院	故畫 03218-4
梧階夜雨（焦秉貞畫仕女圖冊之5）	冊頁	絹	設色	不詳		台北 故宮博物院	故畫 03218-5
松閣笙歌（焦秉貞畫仕女圖冊之6）	冊頁	絹	設色	不詳		台北 故宮博物院	故畫 03218-6
梅窗刺繡（焦秉貞畫仕女圖冊之7）	冊頁	絹	設色	不詳		台北 故宮博物院	故畫 03218-7
秉燭敲棊（焦秉貞畫仕女圖冊之8）	冊頁	絹	設色	不詳		台北 故宮博物院	故畫 03218-8
山水（另面劉統勳書）	摺扇面	紙	設色	不詳		台北 故宮博物院	國贈 024708
仕女圖（12幀）	冊	絹	設色	不詳		北京 故宮博物院	
歸去來辭圖	摺扇面	紙	設色	16 x 47.6	戊子（康熙四十七年，1708）夏日	北京 故宮博物院	
臨貫休十八羅漢圖	摺扇面	紙	設色	22.8 x 62.5		日本 岡山市藤原祥宏先生	
塞上野趣圖（焦秉貞、郎世寧合作）	摺扇面	紙	設色	18.9 x 52.1		美國 克利夫蘭藝術博物館	
附：							
官員出行圖	卷	紙	設色	46.6 x 1073		紐約 蘇富比藝品拍賣公司/拍賣目錄 1986,12,04.	
班婕妤圖	軸	紙	水墨	136 x 79.4		香港 蘇富比藝品拍賣公司/拍賣目錄 1984,11,11.	
杖節圖（蘇武牧羊）	軸	絹	設色	55.9 x 62.9		香港 蘇富比藝品拍賣公司/拍	

名稱	形式	質地	色彩	尺寸 高×寬cm	創作時間	收藏處所	典藏號碼
						賣目錄 1984,11,11.	
柳堤繫馬圖	軸	絹	設色	136 × 69		紐約 佳士得藝品拍賣公司/拍	
						賣目錄 1989,06,01.	
漁村小景	軸	紙	設色	114.3 × 59.6		紐約 佳士得藝品拍賣公司/拍	
						賣目錄 1994,06,01.	
盆蘭圖	軸	紙	設色	117 × 59		香港 佳士得藝品拍賣公司/拍	
						賣目錄 1996,04,28.	
雜畫（4幀）	冊	紙	設色	不詳		香港 蘇富比藝品拍賣公司/拍	
						賣目錄 1984,11,11.	
午瑞圖（12幀）	冊	絹	設色	（每幀）19 × 14.3		紐約 佳士得藝品拍賣公司/拍 賣目錄 1988,11,30.	
百苗圖（24幀）	冊	絹	設色	（每幀）24 × 18		紐約 佳士得藝品拍賣公司/拍 賣目錄 1989,12,04.	
白描人物（8幀）	冊	紙	水墨	（每幀）30.5 × 31		香港 佳士得藝品拍賣公司/拍 賣目錄 2001,04,29.	

畫家小傳：焦秉貞。山東濟寧人。聖祖康熙中祗候內廷，官欽天監五官正。工畫人物、山水、樓觀等，能摻用西洋光影透視法。流傳署款紀年作品見於聖祖康熙十七(1678)年，至世宗雍正四(1726)年，(見國朝畫徵錄、桐陰論畫、國朝畫院錄、中華畫人室隨筆、中國畫家人名大辭典)

鄭　培

名稱	形式	質地	色彩	尺寸 高×寬cm	創作時間	收藏處所	典藏號碼
百蟲圖	卷	絹	設色	31.7 × ?		日本 長崎縣立美術博物館	AIイ117
松鶴圖	軸	紙	設色	130.1 × 45.8		日本 東京國立博物館	
鸜鵒凌霄花圖	軸	紙	設色	133.6 × 48.6		日本 京都國立博物館	A甲1122
人物圖	軸	紙	水墨	41 × 58.8		日本 大阪橋本大乙先生	
石榴喜鵲圖	軸	紙	設色	97.3 × 38.5		日本 大阪橋本大乙先生	
會稽山圖	軸	絹	設色	134.2 × 74.8		日本 長崎縣立美術博物館	
花鳥圖	軸	紙	設色	101.2 × 46.5		日本 長崎縣立美術博物館	AIイ20
月照紗窗人圖	軸	紙	設色	69.6 × 25.8		日本 長崎縣立美術博物館	AIイ104
花鳥圖	軸	絹	設色	147,1 × 79.3		日本 江田勇二先生	

名稱	形式	質地	色彩	尺寸 高x寬cm	創作時間	收藏處所	典藏號碼

畫家小傳：鄭培，本名維培。字山如。號古亭。浙江笤溪人。為沈銓弟子。善畫花鳥。嘗隨師遊日本長崎，有名於時。（見支那畫家辭書）

高 乾

名稱	形式	質地	色彩	尺寸	創作時間	收藏處所	典藏號碼
春王雙喜圖（喜鵲花石）	橫幅	絹	設色	39 x 67.7		日本 大阪橋本大乙先生	
花鳥圖	軸	絹	設色	130.1 x 54.7		日本 長崎縣立美術博物館	AI イ 73

畫家小傳：高乾。字其昌。號萍庵、合山。浙江崇德人。與兄高鈞同為沈銓弟子。善畫。曾隨師遊日本長崎。（見支那畫家辭書）

王 敬

名稱	形式	質地	色彩	尺寸	創作時間	收藏處所	典藏號碼
鉤勒蘭花圖（李寅等雜畫冊12之1幀）	冊頁	紙	設色	17.2 x 12.1		北京 故宮博物院	

畫家小傳：王敬。畫史無載。身世待考。

范廷鎮

名稱	形式	質地	色彩	尺寸	創作時間	收藏處所	典藏號碼
五清圖	軸	紙	設色	128.5 x 61.5		天津 天津市藝術博物館	
喬柯竹石圖	軸	絹	設色	171.5 x 82.2		天津 天津市藝術博物館	
修竹遠山圖	軸	絹	設色	170 x 53	戊子（康熙四十七年，1708）	鄭州 河南省博物館	
竹溪飛瀑圖	軸	紙	設色	123.2 x 54.1		成都 四川省博物院	
松溪高士圖（名人畫扇（丁）冊之7）	摺扇面	紙	設色	不詳		台北 故宮博物院	故畫 03549-7
暗香疏影（名人畫扇（丁）冊之12）	摺扇面	紙	水墨	不詳		台北 故宮博物院	故畫 03549-12
擬古花卉圖（12幀）	冊	絹	設色	（每幀）29.5 x 29.2	丙申（康熙五十五年，1716）臘月	北京 故宮博物院	
寫生花果圖（12幀）	冊	紙	水墨	（每幀）29.5 x 29.2		北京 故宮博物院	
山水圖（10幀）	冊	紙	設色	（每幀）41.2 x 27		上海 上海博物館	
山水圖（徐枋等山水冊10之1幀）	冊頁	紙	設色	約24 x 34.7		上海 上海博物館	

名稱	形式	質地	色彩	尺寸 高×寬cm	創作時間	收藏處所	典藏號碼
溪山春曉圖	摺扇面	紙	設色	不詳	丙戌（康熙四十五年，1706）	成都 四川省博物院	
附：							
秋林蕭寺圖	軸	紙	設色	185.3 × 54.3		北京 中國文物商店總店	
花卉圖（8幀）	軸	絹	設色	（每幀）29 × 23		天津 天津市文物公司	

畫家小傳：范廷鎮。字鹿疇（或作祉安、止安）。號芷庵（一號凍亭、樂亭）。江蘇武進人。能作花卉、草蟲，並書法，學惲壽平。流傳署款紀年作品見於聖祖康熙四十七（1708）至五十五（1716）年。（見讀畫輯略、畫傳編韻、清畫家詩史、中國美術家人名辭典）

顧 元

匡廬圖	軸	紙	設色	242 × 100.5	戊子（康熙四十七年，1708）	武漢 湖北省博物館	
附：							
弄玉相鳳圖	軸	絹	設色	不詳	康熙四十八年（己丑，1709）清和月	北京 中國文物商店總店	

畫家小傳：顧元。號杞園。畫史無載。流傳署款紀年作品見於聖祖康熙四十七（1708）、四十八（1709）年。身世待考。

(釋)自 渡

花鳥圖	軸	紙	水墨	142.5 × 37		香港 中文大學中國文化研究所文物館	73.68
附：							
花鳥圖	卷	紙	設色	29.5 × 834.5		紐約 佳士得藝品拍賣公司/拍賣目錄 1994.11.30.	

畫家小傳：自渡。僧。姓氏、籍里不詳。康熙間托缽於廣東順德西華庵。能以左手作畫，善作牡丹。流傳作品有署款「七十三廢髠前中翰自渡」，是知為明遺老。（見嶺南畫徵略、五山誌林、中國畫家人名大辭典）

(釋) 清 永

雲山放舟圖	軸	絹	設色	不詳	丁未（雍正五年，1727）	上海 上海博物館	
竹林松樓圖	軸	絹	設色	不詳	雍正甲辰（二年，1724）春日	南通 江蘇省南通博物苑	
附：							
為越老作山水圖	軸	絹	設色	不詳	戊子（康熙四十七	上海 朵雲軒	

名稱	形式	質地	色彩	尺寸 高x寬㎝	創作時間	收藏處所	典藏號碼
					年，1708）		
仿吳鎮筆意山水	軸	絹	水墨	186.3×101.6	雍正丙午(四年，1726）夏日	紐約 蘇富比藝品拍賣公司/拍賣目錄 1984,06,13.	

畫家小傳：清永。僧。自署銘山清永。畫史無載。流傳署款紀年作品見於聖祖康熙四十七（1708）年至世宗雍正五（1727）年。身世待考。

陳濟

附：

秋林讀書圖	軸	綾	設色	132.4 × 49	戊子（康熙四十七年，1708）春	北京 中國文物商店總店	

畫家小傳：陳濟。畫史無載。署款紀年作品見於聖祖康熙四十七(1708)年。身世待考。

墨池

梅花竹石圖（墨池、成素庵合作）	軸	絹	設色		戊子（？康熙四十七年，1708）	歙縣 安徽省歙縣博物館	

畫家小傳：墨池，姓氏不詳。畫史無載。署款作品紀年疑為聖祖康熙四十七(1708)年。身世待考。

成素庵

梅花竹石圖（墨池、成素庵合作）	軸	絹	設色		戊子（？康熙四十七年，1708）	歙縣 安徽省歙縣博物館	

畫家小傳：成素庵。畫史無載。署款作品紀年疑為聖祖康熙四十七(1708)年。身世待考。

張畫

雜卉圖	卷	紙	水墨	30.6 × 531.1		台北 故宮博物院	故畫 01676
天竺水仙圖	軸	絹	設色	102.5 × 35.8	己丑（康熙四十八年，1709）	天津 天津市藝術博物館	
牡丹（張畫花卉冊之1）	冊頁	紙	水墨	27.6 × 25		台北 故宮博物院	故畫 03440-1
瓶梅（張畫花卉冊之2）	冊頁	紙	水墨	27.6 × 25		台北 故宮博物院	故畫 03440-2
蘭花（張畫花卉冊之3）	冊頁	紙	水墨	27.6 × 25		台北 故宮博物院	故畫 03440-3
薔薇（張畫花卉冊之4）	冊頁	紙	水墨	27.6 × 25		台北 故宮博物院	故畫 03440-4
罌粟（張畫花卉冊之5）	冊頁	紙	水墨	27.6 × 25		台北 故宮博物院	故畫 03440-5
菖蒲（張畫花卉冊之6）	冊頁	紙	水墨	27.6 × 25		台北 故宮博物院	故畫 03440-6
佛手（張畫花卉冊之7）	冊頁	紙	水墨	27.6 × 25		台北 故宮博物院	故畫 03440-7
蘭花（張畫花卉冊之8）	冊頁	紙	水墨	27.6 × 25		台北 故宮博物院	故畫 03440-8

名稱	形式	質地	色彩	尺寸 高x寬㎝	創作時間	收藏處所	典藏號碼
草石（張畫花卉冊之9）	冊頁	紙	水墨	27.6 x 25		台北 故宮博館院	故畫 03440-9
盆梅（張畫花卉冊之10）	冊頁	紙	水墨	27.6 x 25		台北 故宮博館院	故畫 03440-10

畫家小傳：張畫。字文始。號研山。江蘇長洲人。為王武弟子。善寫生，花鳥入能品。（見國朝畫徵錄、吳門補乘、中國畫家人名大辭典）

柯士芳

竹石圖	摺扇面	金箋	水墨	不詳		北京 故宮博物院	

畫家小傳：柯士芳。畫史無載。身世待考。

汪 松

山水（名賢集錦冊12之1幀）	冊頁	絹	設色	不詳		北京 故宮博物院	

畫家小傳：汪松。畫史無載。身世待考。

于 藩

山水（名賢集錦冊12之1幀）	冊頁	絹	設色	不詳		北京 故宮博物院	

畫家小傳：于藩。畫史無載。身世待考。

馬 瀚

山水（名賢集錦冊12之1幀）	冊頁	絹	設色	不詳		北京 故宮博物院	

畫家小傳：馬瀚。畫史無載。身世待考。

對 亭

花卉（名賢集錦冊12之1幀）	冊頁	絹	設色	不詳		北京 故宮博物院	

畫家小傳：對亭。畫史無載。身世待考。

莘 野

山水（名賢集錦冊12之1幀）	冊頁	絹	設色	不詳		北京 故宮博物院	

畫家小傳：莘野。畫史無載。身世待考。

施 圻

山水（名賢集錦冊12之1幀）	冊頁	絹	設色	不詳		北京 故宮博物院	

畫家小傳：施圻。畫史無載。身世待考。

陳 濬

山水圖（12幀）	冊	紙	水墨	不詳	康熙四十八年（己	北京 故宮博物院	

名稱	形式	質地	色彩	尺寸 高x寬cm	創作時間	收藏處所	典藏號碼

丑，1709）秋八月

畫家小傳：陳潛。畫史無載。流傳署款紀年作品見於聖祖康熙四十八(1709)年。身世待考。

王譽昌

| 仿惠崇山水圖 | 冊頁 | 絹 | 設色 | 不詳 | | 南京 南京博物院 | |

附：

| 仿趙集賢山水圖 | 軸 | 絹 | 設色 | 105.5 x 49.7 | 己丑（康熙四十八 | 上海 上海文物商店 | |
| | | | | | 年，1709） | | |

畫家小傳：王譽昌。字露湑。號話山。江蘇常熟人。以詩名家。間畫山水，，臨摹加蹟，往往入神。相傳曾借耕煙畫摹作，歸以摹本，耕煙莫辨。流傳署款紀年作品見於聖祖康熙四十八(1709)年。（見海虞畫苑略、常熟新志、中國畫家人名大辭典）

楊嘉植

附：

| 仿子久山水圖 | 卷 | 紙 | 設色 | 不詳 | 己丑（康熙四十八 | 天津 天津市文物公司 | |
| | | | | | 年，1709） | | |

畫家小傳：楊嘉植。畫史無載。流傳署款紀年作品見於聖祖康熙四十八(1709)年。身世待考。

張道浚

附：

山水（清名家山水花鳥冊16之	冊頁	紙	設色	不詳	康熙己丑（四十八	紐約 佳士得藝品拍賣公司/拍	
13幀）					年，1709）	賣目錄 1996,09,18.	
水墨竹石（清名家山水花鳥冊	冊頁	紙	水墨	不詳		香港 蘇富比藝品拍賣公司/拍	
16之1開）						賣目錄 1999.10.31.	
水墨竹石（清名家山水花鳥冊	冊頁	紙	水墨	不詳		香港 蘇富比藝品拍賣公司/拍	
16之1開）						賣目錄 1999.10.31.	

畫家小傳：張道浚。字廷先、庭仙。安徽新安人，寓居江蘇虞山。好鼓琴，能詩，工書，善畫竹、山水，修潔之士也。流傳署款紀年作品見於聖祖康熙四十八(1709)年。（見琴川志、海虞詩苑、中國畫家人名大辭典）

楊鄰椿

| 柳禽錦葵圖 | 摺扇面 金箋 | | 設色 | 16 x 48 | 己丑（？康熙四十 | 南京 南京博物院 | |
| | | | | | 八年，1709） | | |

畫家小傳：楊鄰椿。畫史無載。流傳署款作品紀年疑為聖祖康熙四十八(1709)年。身世待考。

李 琮

名稱	形式	質地	色彩	尺寸 高x寬cm	創作時間	收藏處所	典藏號碼
荷花鴛鴦圖	軸	紙	設色	不詳	乾隆二十二年（丁丑，1757）春日	北京 故宮博物院	

畫家小傳：李琮。畫史無載。生於聖祖康熙二十四（1685）年，高宗乾隆二十二（1757）年尚在世。身世待考。

沈　鳳

名稱	形式	質地	色彩	尺寸 高x寬cm	創作時間	收藏處所	典藏號碼
水仙圖	卷	紙	水墨	29.8 x 374.4	康熙辛卯（五十年，1711）	天津 天津市藝術博物館	
斷山叢篠圖	軸	紙	水墨	105.5 x 50	癸酉（乾隆十八年，1753）孟秋	瀋陽 遼寧省博物館	
臨燕文貴山水圖	軸	紙	設色	不詳	乾隆丁卯（十二年，1747）秋仲	北京 故宮博物院	
澗崗築室圖	軸	紙	設色	129.5 x 64	戊辰（乾隆十三年，1748）	天津 天津市藝術博物館	
百事大吉圖	軸	紙	設色	不詳	乾隆己巳（十四年，1749）	天津 天津市藝術博物館	
臨王蒙秋山蕭寺圖	軸	紙	水墨	124.5 x 36	乾隆丁卯（十二年，1747）	上海 上海博物館	
白描洛神圖	軸	紙	水墨	不詳	康熙辛卯（五十年，1711）	南京 南京博物院	
竹樹小山圖	軸	紙	水墨	不詳	甲戌（乾隆十九年，1754）長至	南京 南京博物院	
為友竹作山水圖	軸	紙	水墨	不詳	丁巳（乾隆二年，1737）	﹑蘇州 江蘇省蘇州博物館	
仿曹雲西山水圖	軸	紙	水墨	128 x 60.8	庚午（乾隆十五年，1750）秋八月	成都 四川大學	
臨邊定屋舟圖并題	軸	紙	設色	不詳	雍正乙卯（十三年，1735）初秋	廣州 廣州市美術館	
臨倪高士平林遠岫圖	軸	綾	水墨	64.8 x 33.3	辛未（乾隆十六年，1751）臘月既望	日本 東京河井荃廬先生	
山水圖	冊頁	紙	設色	不詳		北京 故宮博物院	
山水圖（12幀）	冊	紙	設色	不詳	乾隆元年（丙辰，1736）	天津 天津市藝術博物館	
不繫舟圖（？幀）	冊	絹	設色	不詳		南京 南京博物院	

附：

名稱	形式	質地	色彩	尺寸 高×寬㎝	創作時間	收藏處所	典藏號碼
山水圖	軸	紙	水墨	不詳		上海 朵雲軒	
仿董源山水圖	軸	紙	水墨	129 × 53.3	乾隆甲戌（十九年，1754）閏四月	紐約 佳士得藝品拍賣公司/拍賣目錄 1988,11,30.	
青山載舟圖	橫披	紙	設色	64.8 × 110.5		紐約 佳士得藝品拍賣公司/拍賣目錄 1998,03,24.	
師倪高士喬柯圖（清名家山水花鳥冊 16 之第 3 幀）	冊頁	紙	水墨	不詳		紐約 佳士得藝品拍賣公司/拍賣目錄 1996,09,18.	
水墨山水（清名家山水花鳥冊 16 之第 1 幀）	冊頁	紙	水墨	不詳		香港 蘇富比藝品拍賣公司/拍賣目錄 1999,10,31.	

畫家小傳：沈鳳。字凡民。號補蘿。江蘇江陰人。生於聖祖康熙二十四（1685）年。卒於高宗乾隆二十（1755）年。以國學生官至同知。工書、善畫。畫山水，學元倪瓚，喜用乾筆。（見國朝畫徵錄、桐陰論畫、墨林今話、小倉山房文集、中國畫家人名大辭典）

張 庚

名稱	形式	質地	色彩	尺寸 高×寬㎝	創作時間	收藏處所	典藏號碼
峨嵋霽雪圖	卷	紙	設色	不詳	戊申（雍正六年，1728）	北京 故宮博物院	
仿井西富春山居圖	卷	紙	設色	不詳	乾隆壬申（十七年，1752）	天津 天津市藝術博物館	
仿大癡山水圖	卷	紙	設色	不詳	乾隆辛酉（六年，1741）	上海 上海博物館	
摹倪瓚獅子林圖	卷	紙	水墨	不詳	乾隆辛酉（六年，1741）重九日	蘇州 江蘇省蘇州博物館	
江深竹靜書堂圖（為山舟作）	卷	紙	水墨	30 × 126	乾隆戊寅（二十三年，1758）春正	廣州 廣州市美術館	
仿王蒙山水	軸	紙	水墨	82 × 52.2	雍正壬子（十年，1732）閏午	台北 故宮博物院	故畫 00774
蕉林松屋圖	軸	紙	水墨	不詳	乾隆庚午（十五年，1750）	長春 吉林省博物館	
萬木奇峰圖	軸	紙	設色	不詳	雍正十二年（甲寅，1734）	瀋陽 故宮博物院	
南山松竹圖（為怡村作）	軸	紙	設色	不詳	乾隆辛未（十六年，1751）秋八月下浣	瀋陽 遼寧省博物館	
仿大癡良常山館圖	軸	絹	設色	162 × 47.1	乾隆丙子（二十一年，1756）	瀋陽 遼寧省博物館	

名稱	形式	質地	色彩	尺寸 高×寬cm	創作時間	收藏處所	典藏號碼
雀林松屋圖	軸	紙	設色	不詳	乾隆庚午（十五年，1750）六月下浣	長春 吉林省博物館	
品爐圖（為實齋作）	軸	紙	設色	不詳	庚申（乾隆五年，1740）早春下浣	北京 故宮博物院	
臨黃公望良常山館圖	軸	紙	設色	不詳	乙亥（乾隆二十年，1755）早春	北京 中國歷史博物館	
蕭寺晴雲圖	軸	紙	設色	不詳	乾隆辛未（十六年，1751）	天津 天津市藝術博物館	
溪山無盡圖	軸	紙	水墨	123 × 47.6	乾隆壬申（十七年，1752）	天津 天津市藝術博物館	
谿水茅屋圖	軸	紙	設色	不詳	七十六（乾隆二十五年，庚辰，1760）	天津 天津市藝術博物館	
松林亭子圖	軸	紙	水墨	不詳	乾隆丁卯（十二年，1747）	上海 上海博物館	
谿山行旅圖	軸	紙	設色	103 × 39	乾隆己巳（十四年，1749）	上海 上海博物館	
仿良常山館圖（為盧雅雨作）	軸	紙	設色	不詳	乾隆丙子（二十一年，1756）新秋	上海 上海博物館	
仿北苑夏山圖	軸	紙	水墨	78.5 × 87	乾隆丁丑（二十二年，1757）	蘇州 江蘇省蘇州博物館	
種竹結茅圖	軸	絹	設色	82.3 × 45.6	七十有五（乾隆二十四年，1759）	杭州 浙江省杭州市文物考古所	
松柏同春圖	軸	紙	設色	不詳	七十有六（乾隆二十五年，1760）	寧波 浙江省寧波市天一閣文物保管所	
仿王蒙作山水圖	軸	紙	水墨	114.5 × 34	乾隆乙亥（二十年，1755）夏四月	重慶 重慶市博物館	
仿吳鎮烟江叠嶂圖	軸	紙	設色	不詳	丙辰（乾隆元年，1736）暮春	廣州 廣州市美術館	
秋林茅屋圖	軸	紙	設色	109.1 × 56.7		日本 東京河井荃廬先生	
仿巨然山水圖	軸	紙	水墨	118.1 × 54.8	乾隆庚辰（二十五年，1760）上巳	日本 東京河井荃廬先生	
仿冷謙山水圖	軸	紙	水墨	121.2 × 57.6	乾隆辛未（十六年	日本 東京河井荃廬先生	

名稱	形式	質地	色彩	尺寸 高x寬cm	創作時間	收藏處所	典藏號碼
					，1751）秋八月		
秋林疊嶂圖（撫江貫道筆法）	軸	綾	水墨	178.8 x 52.4	乾隆庚午（十五年，1750）秋九月	日本 大阪松本一鳳先生	
竹林圖（寫倪高士詩意）	軸	紙	設色	131.5 x 31.6	時年七十（乾隆十九年，甲戌，1754）	日本 大阪市立美術館	
仿董其昌滿院秋苔圖	軸	紙	設色	63.7 x 33.5		美國 加州史坦福大學藝術博物館	81.1
臨董其昌山水圖	軸	紙	水墨	92.5 x 42.3		美國 聖路易斯市藝術館（米蘇里州梅林先生寄存）	
仿黃公望雪景山水圖	軸	紙	設色	58.4 x 38.2		荷蘭 阿姆斯特丹 Rijks 博物館（私人寄存）	20
法黃公望秋山林木圖	摺扇面	紙	設色	16.6 x 49.3		香港 劉作籌虛白齋	153
山水圖（10 幀）	冊	紙	水墨	不詳	庚申（乾隆五年，1740）	北京 故宮博物院	
山水圖（12 幀）	冊	紙	水墨	（每幀）27.5 x 44.3	乾隆丙寅（十一年，1746）	北京 故宮博物院	
山水、花卉圖（10 幀）	冊	紙	設色	不詳		北京 故宮博物院	
山水圖	摺扇面	紙	水墨	不詳	乾隆庚午（十五年，1750）	北京 中國歷史博物館	
山水圖（10 幀）	冊	紙	水墨	（每幀）21.5 x 29.5	乾隆庚申（五年，1740）	天津 天津市藝術博物館	
花鳥、山水圖（10 幀）	冊	紙	水墨	（每幀）22.2 x 30.3	乾隆己巳（十四年，1749）	天津 天津市藝術博物館	
山水圖（8 幀）	冊	紙	水墨	不詳	壬申（乾隆十七年，1752）秋九月	上海 上海博物館	
仿黃鶴山樵山水圖（為自明作）	摺扇面	紙	水墨	不詳	乾隆辛酉（六年，1741）秋七月上浣	美國 紐約王季遷明德堂原藏	
附：							
仿黃鶴山樵山水圖（為秀升作）	軸	紙	設色	不詳	乾隆丁丑（二十二年，1757）孟冬	大連 大連市文物商店	
山水圖	軸	絹	設色	不詳		北京 北京市工藝品進出口公司	
松溪品茗圖	軸	絹	水墨	176.5 x 65	壬戌（乾隆七年，1742）清和勸農日	香港 佳士得藝品拍賣公司/拍賣目錄 1991,03,18.	

名稱	形式	質地	色彩	尺寸 高x寬cm	創作時間	收藏處所	典藏號碼
煙霞岡巒圖	軸	紙	水墨	137.2 x 52.7	七十六歲（乾隆二十五年，庚辰）	紐約 佳士得藝品拍賣公司/拍賣目錄 1996,09,18.	
仿古山水圖（？幀）	冊	紙	設色	不詳		北京 中國文物商店總店	
墨筆山水圖（9幀）	冊	紙	水墨	（每幀）21 x 14		紐約 佳士得藝品拍賣公司/拍賣目錄 1984,06,29.	
花卉、山水圖（8幀）	冊	紙	設色	（每幀）27.3 x 35.5		紐約 蘇富比藝品拍賣公司/拍賣目錄 1984,12,05.	
山水圖（9幀）	冊	紙	水墨	（每幀）21 x 14		紐約 佳士得藝品拍賣公司/拍賣目錄 1990,05,31.	

畫家小傳：張庚。原名燾，字浦三。更名後，亦易字浦山，號瓜田逸史、白苧村桑者、彌伽居士等。浙江秀水人。生於聖祖康熙二十四（1685）年。卒於高宗乾隆二十五（1760）年。乾隆二年舉鴻博。工書、詩、古文。善畫山水，出入董、巨、黃公望間；兼能白描人物、花卉。又通畫論，撰有浦山論畫、國朝畫徵錄行世。（見國朝畫徵錄序、國朝畫識、桐陰論畫、墨林今話、香樹齋文集、耕硯田齋筆記、中國畫家人名大辭典）

吳　松

蘆屋圖（胡榕若、吳松蘆屋圖卷2之1段）	卷	紙	設色	不詳		北京 故宮博物院	
疏林遠岫圖	軸	紙	設色	不詳		蘇州 江蘇省蘇州博物館	
山水圖（？幀）	冊	絹	設色	不詳	庚寅（康熙四十九年，1710）桂月	北京 首都博物館	

畫家小傳：吳松。畫史無載。流傳署款紀年作品見於聖祖康熙四十九(1710)年。身世待考。

胡榕若

| 蘆屋圖（胡榕若、吳松蘆屋圖卷2之1段） | 卷 | 紙 | 設色 | 不詳 | | 北京 故宮博物院 | |

畫家小傳：胡榕若。畫史無載。約與吳松同時。身世待考。

姚與穆

| 瑤姬進壽圖 | 軸 | 紙 | 設色 | 不詳 | | 無錫 江蘇省無錫市博物館 | |
| 三多圖 | 軸 | 絹 | 設色 | 162.5 x 93 | 庚寅（康熙四十九年，1710）桂月 | 紹興 浙江省紹興市博物館 | |

畫家小傳：姚與穆。浙江慈谿人。身世不詳。畫山水，似藍瑛，鬆潤過之。流傳署款紀年作品見於聖祖康熙四十九(1710)年。（見畫人補遺、中國美術家人名辭典）

王　正

名稱	形式	質地	色彩	尺寸 高x寬cm	創作時間	收藏處所	典藏號碼
花鳥圖	軸	絹	設色	不詳	庚寅（康熙四十九年，1710）	北京 故宮博物院	
花石聚禽圖	軸	絹	設色	不詳		日本 江田勇二先生	
花石集禽圖	軸	絹	設色	183 x 95		美國 鳳凰市美術館（Mr. Roy And Marilyn Papp 寄存）	
秋菊野卉圖（明花卉畫冊之7）	冊頁	紙	設色	17.9 x 52.3		台北 故宮博物院	故畫 03515-7
山水圖（高岑等山水冊14之1幀）	冊頁	紙	設色	不詳		北京 故宮博物院	
花卉昆蟲圖（李寅等雜畫冊12之1幀）	冊頁	紙	設色	17.2 x 12.1		北京 故宮博物院	

畫家小傳：王正。女。字端人。自號邘江女史。江蘇江都人。受業徐俌。適李若谷。能詩。善畫花卉，布置工整。流傳署款紀年作品見於聖祖康熙四十九（1710）年。（見國朝畫徵續錄、眷墨堂詩話、中國畫家人名大辭典）

韓

名稱	形式	質地	色彩	尺寸 高x寬cm	創作時間	收藏處所	典藏號碼
牧羊圖（李寅等雜畫冊12之1幀）	冊頁	紙	設色	17.2 x 12.1		北京 故宮博物院	

畫家小傳：韓燝。畫史無載。身世待考。

陸道淮

名稱	形式	質地	色彩	尺寸 高x寬cm	創作時間	收藏處所	典藏號碼
松鶴圖	軸	紙	設色	101.4 x 39.7		香港 鄭德坤木扉	
寫沈周詩意山水圖	軸	紙	設色	不詳	庚子（康熙五十九年，1720）人日	北京 故宮博物院	
臨倪瓚山水圖	軸	紙	水墨	不詳	雍正癸卯（元年，1723）正月廿四日	北京 故宮博物院	
山水圖	軸	紙	設色	不詳	雍正戊申（六年，1728）八月十日	北京 故宮博物院	
竹塢幽居圖	軸	紙	設色	62.5 x 34.5	戊戌（康熙五十七年，1718）	天津 天津市藝術博物館	
叢篠喬柯圖	軸	紙	水墨	48 x 42.8	壬寅（康熙六十一年，1722）	上海 上海博物館	
山居春曉圖	軸	紙	設色	99.7 x 41.2	雍正甲辰（二年，1724）	上海 上海博物館	
松竹幽亭圖	軸	絹	水墨	不詳	庚寅（康熙四十九年，1710）嘉平	南京 南京博物院	

名稱	形式	質地	色彩	尺寸 高x寬cm	創作時間	收藏處所	典藏號碼

| 夙阿先生像 | 冊頁 | 紙 | 水墨 | 不詳 | | 北京 故宮博物院 | |
| 山水圖（清俞金等山水冊 8 之 1 幀） | 冊頁 | 紙 | 設色 | 不詳 | | 天津 天津市藝術博物館 | |

畫家小傳：陸道淮。字上游。江蘇嘉定人。為吳歷高弟。工畫山水，兼能花卉。流傳署款紀年作品見於聖祖康熙四十九(1710)年，至世宗雍正六(1728)年。（見多師錄、墨井詩鈔、中國畫家人名大辭典）

吳國杰

附：

| 仿黃子久山水圖 | 摺扇面 金箋 | 水墨 | 不詳 | | 庚寅（康熙四十九 年，1710) | 無錫 無錫市文物商店 | |

畫家小傳：吳國杰。聖祖康熙時人。籍里、身世不詳。善畫山水。流傳署款紀年作品見於康熙四十九(1710)年。（見虹廬畫談、中國畫家人名大辭典）

陳 彭

| 墨蘭圖 | 冊頁 | 紙 | 水墨 | 30.5 x 24.1 | | 美國 舊金山亞洲藝術館 | |

畫家小傳：陳彭。字幼籛、八百。江蘇常州人。善畫竹。與金農熟稔，常命代畫，幾亂真。（見墨林今話、畫林新詠、冬心先生畫竹記、中國畫家人名大辭典）

趙 海

附：

| 花鳥圖（12 幀） | 冊 | 紙 | 水墨、設色 | （每幀) 24 x 27.5 | | 紐約 佳士得藝品拍賣公司/拍 賣目錄 1984,06,29. | |

畫家小傳：趙海。字三山。江蘇興化人。秉性孝友。工畫花卉、蟲鳥。李鱓見其作品甚奇之。（見揚州畫苑錄、興化縣誌、中國美術家人名辭典）

張 鴻

| 古松茅屋圖 | 軸 | 金箋 | 設色 | 不詳 | | 太原 山西省博物館 | |

畫家小傳：張鴻。字衍夫。號鶴澗。浙江元和人，居江蘇江寧。善畫山水；尤工寫梅、蘭'、竹菊。（見圖繪寶鑑續纂、墨香居畫識、歷代畫史彙傳）

吳爾 高

| 山水圖 | 摺扇面 金箋 | 設色 | 不詳 | | 庚寅（？康熙四十七 年，1710) | 太原 山西省博物館 | |

畫家小傳：吳爾 高亘。畫史無載。流傳署款作品紀年疑為聖祖康熙四十七（1710）年。身世待考。

名稱	形式	質地	色彩	尺寸 高×寬cm	創作時間	收藏處所	典藏號碼

張嚴如

| 海棠牽牛花（明花卉畫冊之6） | 冊頁 | 紙 | 設色 | 17.9 × 52.3 | | 台北 故宮博物院 | 故畫 03515-6 |

畫家小傳：張嚴如。畫史無載。身世待考。

何步武

| 溪山秋曉圖 | 摺扇面 | 金箋 | 水墨 | 不詳 | 庚寅（？康熙四十九年，1710） | 北京 故宮博物院 | |

畫家小傳：何步武。畫史無載。流傳署款作品紀年疑為聖祖康熙四十九（1710）年。身世待考。

顧 企

| 江巖宴飲圖（清名家為俊甫作山水冊9之1幀） | 冊頁 | 金箋 | 設色 | 不詳 | 庚寅（康熙四十九年，1710）冬日 | 日本 中埜又左衛門先生 | |

畫家小傳：顧企。畫史無載。流傳署款作品紀年疑為聖祖康熙四十九（1710）年。身世待考。

李 靄

| 山水圖（清名家為俊甫作山水冊9之1幀） | 冊頁 | 金箋 | 設色 | 不詳 | 庚寅（康熙四十九年，1710）孟冬 | 日本 中埜又左衛門先生 | |

畫家小傳：李靄。。畫史無載。流傳署款作品紀年疑為聖祖康熙四十九（1710）年。身世待考。

寄園光

| 仿元商琦山水圖（清名家為俊甫作山水冊9之1幀） | 冊頁 | 金箋 | 設色 | 不詳 | 庚寅（康熙四十九年，1710）冬日 | 日本 中埜又左衛門先生 | |

畫家小傳：寄園光。畫史無載。流傳署款作品紀年疑為聖祖康熙四十九（1710）年。身世待考。

鄒一桂

十香圖（仿惲壽平）	卷	紙	設色	29.3 × 129.2		台北 故宮博物院	故畫 01679
雙清圖	卷	紙	設色	30 × 202	乾隆二十年（乙亥，1755）	台北 歷史博物館	
百花圖	卷	絹	設色	不詳	乾隆七年（壬戌，1742）	北京 中國歷史博物館	
百花圖	卷	絹	設色	不詳		北京 中國歷史博物館	
花卉圖	卷	紙	設色	不詳	乾隆壬申（十七年，1752）	天津 天津市藝術博物館	

名稱	形式	質地	色彩	尺寸 高×寬㎝	創作時間	收藏處所	典藏號碼
山水圖	卷	絹	設色	不詳		日本 東京住友寬一先生	
花卉圖	卷	紙	設色	33.3 × 333.3		日本 尾道縣橋本元吉先生	
長江勝景圖	卷	紙	設色	47.8 × ?		日本 繭山龍泉堂	
樹石圖（顧愷之女史箴圖卷拖尾畫跋）	卷	紙	水墨	25.1 × 74.2		英國 倫敦大英博物館	1903.4.8.1(ADD1)
盎春生意	軸	紙	設色	42.2 × 74.5		台北 故宮博物院	故畫 00776
古幹梅	軸	紙	設色	119.1 × 51.3		台北 故宮博物院	故畫 00777
藤花	軸	紙	設色	30.1 × 42.2		台北 故宮博物院	故畫 00778
雪景	軸	紙	設色	10.6 × 5.6		台北 故宮博物院	故畫 01768
雲山	軸	紙	設色	10.6 × 5.6		台北 故宮博物院	故畫 01769
山水	軸	紙	設色	167.8 × 83.9		台北 故宮博物院	故畫 02533
溪山村落	軸	紙	水墨	118.4 × 73.9		台北 故宮博物院	故畫 02534
秋山蕭寺	軸	紙	設色	192 × 62.4	乾隆庚午（十五年，1750）臘月	台北 故宮博物院	故畫 02535
松岩石室圖	軸	紙	水墨	145.9 × 73.9		台北 故宮博物院	故畫 02536
溪村秋色	軸	紙	設色	111 × 36		台北 故宮博物院	故畫 02537
秋塘釣艇圖	軸	紙	水墨	146.5 × 62.3		台北 故宮博物院	故畫 02538
水閣延賓	軸	紙	設色	159.4 × 87.7		台北 故宮博物院	故畫 02539
佛像	軸	絹	設色	134.8 × 59.9		台北 故宮博物院	故畫 02540
畫松	軸	綾	設色	88 × 58		台北 故宮博物院	故畫 02541
春華(花)	軸	紙	設色	118.9 × 63.4		台北 故宮博物院	故畫 02542
秋色	軸	紙	設色	37 × 36.8		台北 故宮博物院	故畫 02543
秋爽圖	軸	紙	設色	170.5 × 75.6		台北 故宮博物院	故畫 02544
梨花夜月	軸	紙	設色	125.7 × 55.2		台北 故宮博物院	故畫 02545

名稱	形式	質地	色彩	尺寸 高x寬cm	創作時間	收藏處所	典藏號碼
花卉	軸	絹	設色	100 x 49.7		台北 故宮博物院	故畫 02546
花卉	軸	紙	設色	126.7 x 62		台北 故宮博物院	故畫 02547
畫菊	軸	紙	設色	107.3 x 51		台北 故宮博物院	故畫 02548
芙蓉	軸	綾	設色	144.5 x 53.3		台北 故宮博物院	故畫 02549
霜菊秋蘿	軸	絹	設色	83.5 x 44.3		台北 故宮博物院	故畫 02550
薔薇朱藤	軸	絹	設色	83.5 x 44.5		台北 故宮博物院	故畫 02551
芙蓉丹桂	軸	絹	設色	83.4 x 47.2		台北 故宮博物院	故畫 02552
蜀葵石榴	軸	絹	設色	83.4 x 44.6		台北 故宮博物院	故畫 02553
藤花芍藥	軸	紙	設色	129.1 x 60.8		台北 故宮博物院	故畫 02554
金英秋實	軸	紙	水墨	78.9 x 36.7		台北 故宮博物院	故畫 02555
春華秋實	軸	紙	水墨	60.9 x 94.5		台北 故宮博物院	故畫 02556
秋英呈艷	軸	紙	設色	155 x 74.5		台北 故宮博物院	故畫 02557
白梅山茶	軸	絹	設色	83.2 x 47		台北 故宮博物院	故畫 02558
紅桃白梨	軸	絹	設色	83.4 x 47.1		台北 故宮博物院	故畫 02559
玉蘭紅杏	軸	絹	設色	83.4 x 44.5		台北 故宮博物院	故畫 02560
梧桐紫薇	軸	絹	設色	61.5 x 61.6		台北 故宮博物院	故畫 02561
桃花薔薇	軸	紙	設色	137.4 x 68.8		台北 故宮博物院	故畫 02562
碧桃紫藤	軸	紙	設色	129.9 x 52.4		台北 故宮博物院	故畫 02563
蠟梅天竺山茶	軸	紙	設色	127 x 35.2	癸酉（乾隆十八年，1753）長至日	台北 故宮博物院	故畫 02564
歲朝圖	軸	紙	設色	129 x 60.2		台北 故宮博物院	故畫 02565
碧桃春鳥	軸	紙	設色	29.2 x 21.6		台北 故宮博物院	故畫 02566
杏花雙燕	軸	紙	設色	126.5 x 35.4		台北 故宮博物院	故畫 02567
杏花雙燕	軸	紙	設色	153.6 x 51.2		台北 故宮博物院	故畫 02568
杏花燕子	軸	紙	設色	141.3 x 67.4		台北 故宮博物院	故畫 02569
蒲芷群鷗圖	軸	紙	水墨	166.4 x 71.6		台北 故宮博物院	故畫 02570

名稱	形式	質地	色彩	尺寸 高x寬㎝	創作時間	收藏處所	典藏號碼
橅宋院畫榴下雄雞圖	軸	紙	設色	165.9 x 89.6	辛未（乾隆十六年，1751）九月	台北 故宮博物院	故畫 02571
杏花（高宗御題）	軸	紙	設色	122.2 x 51.1		台北 故宮博物院	故畫 02572
秋海棠（高宗御題）	軸	紙	設色	121.2 x 75.3		台北 故宮博物院	故畫 02573
繪高宗御筆擬古詩詩意	軸	紙	設色	188.7 x 55.8		台北 故宮博物院	故畫 02939
豐鄉慶節圖	軸	紙	設色	90 x 141.9	辛未（乾隆十六年，1751）新春	台北 故宮博物院	故畫 03001
花卉	軸	絹	設色	214.5 x 98		台北 故宮博物院	故畫 03002
花卉	軸	紙	設色	137.1 x 85.9		台北 故宮博物院	故畫 03003
墨梅	軸	絹	水墨	187.2 x 93.5		台北 故宮博物院	故畫 03004
秋花九種	軸	紙	設色	118.2 x 101.5		台北 故宮博物院	故畫 03005
桃花紫藤	軸	紙	設色	92 x 122.7		台北 故宮博物院	故畫 03006
太古雲嵐	軸	紙	設色	188 x 78	壬申（乾隆十七年，1752）春仲	台北 故宮博物院	故畫 03662
寫生花卉	軸	紙	設色	76.6 x 152.3		台北 故宮博物院	故畫 03751
溪山晚泊	軸	紙	設色	174.3 x 69.8		台北 故宮博物院	中畫 00088
菊石	軸	紙	設色	158.1 x 78.7		台北 故宮博物院	中畫 00089
設色山水	軸	紙	設色	134.6 x 64.8		台北 故宮博物院（蘭千山館寄存）	
春信三香圖（高宗御題）	軸	紙	設色	149 x 64	高宗題：乾隆丁丑（二十二年，1757）孟冬月	香港 香港美術館・虛白齋	XB1992.161
蒲塘佳色圖	軸	紙	設色	110 x 50		瀋陽 故宮博物院	
玉堂富貴圖	軸	絹	設色	197 x 96	辛巳（乾隆二十六	瀋陽 遼寧省博物館	

名稱	形式	質地	色彩	尺寸 高×寬㎝	創作時間	收藏處所	典藏號碼
					年，1761）		
瑤島仙花圖	軸	紙	設色	121.3 × 58.8	乾隆丙戌（三十一年，1766）	北京 故宮博物院	
牡丹圖	軸	絹	設色	不詳		北京 中國歷史博物館	
芙蓉雙鷺圖	軸	紙	設色	不詳		北京 中國歷史博物館	
牡丹圖	軸	絹	設色	不詳		北京 首都博物館	
菊花圖（紈扇裱軸）	軸	紙	設色	不詳		北京 首都博物館	
臘梅天竺圖（紈扇裱軸）	軸	紙	設色	不詳		北京 首都博物館	
房山雲居寺圖	軸	紙	設色	119 × 49.5		北京 首都博物館	
杜牧詩意圖	軸	紙	設色	129.5 × 50.8	乾隆辛未（十六年，1751）	天津 天津市藝術博物館	
翠柏雙喜圖	軸	紙	設色	226 × 113.8	癸未（乾隆二十八年，1763）	天津 天津市藝術博物館	
松菊圖	軸	紙	設色	不詳	戊子（乾隆三十三年，1768）	天津 天津市藝術博物館	
蟠桃雙鶴圖	軸	絹	設色	不詳	乾隆辛未（十六年，1751）	承德 河北省承德避暑山莊博物館	
魏紫圖（牡丹）	軸	絹	設色	58 × 40		石家莊 河北省博物館	
四季花卉圖	軸	絹	設色	不詳	乾隆己丑（三十四年，1769）	太原 山西省晉祠文物管理處	
春花圖	軸	紙	設色	69 × 50	六十有九（乾隆十九年，1754）	煙臺 山東省煙臺市博物館	
碧桃海棠圖	軸	紙	設色	120 × 48.8	甲戌（乾隆十九年，1754）	上海 上海博物館	
碧桃圖	軸	絹	設色	96.1 × 48	乾隆庚辰（二十五年，1760）	上海 上海博物館	
黃鶴樓圖	橫幅	紙	設色	不詳		上海 上海博物館	
紫薇綬帶圖	軸	絹	設色	不詳		上海 上海博物館	
萱石圖	軸	紙	設色	不詳		上海 上海博物館	
菊花圖	軸	絹	設色	不詳	戊子（乾隆三十三年，1768）	南京 南京博物院	
水仙玉梅圖	軸	紙	設色	不詳		南京 南京博物院	
牡丹桃花圖	軸	絹	設色	88 × 41		南京 南京市博物館	
秋菊圖	軸	紙	設色	不詳	丁亥（乾隆三十三	鎮江 江蘇省鎮江市博物館	

名稱	形式	質地	色彩	尺寸 高×寬㎝	創作時間	收藏處所	典藏號碼
					年，1767）		
摹南田歲朝圖	軸	紙	設色	不詳	辛卯（康熙五十年，1711）	無錫 江蘇省無錫市博物館	
心香書屋圖（為景兄作）	軸	紙	設色	不詳	乾隆壬午（二十七年，1762）長至後	無錫 江蘇省無錫市博物館	
菊石圖（為大翁作）	軸	絹	設色	不詳	甲戌（乾隆十九年，1754）重陽	杭州 浙江省杭州市文物考古所	
菊花秋色圖	軸	紙	設色	不詳	壬午（乾隆二十七年，1762）	義烏 浙江省義烏市博物館	
烟艇泊舟圖	軸	紙	水墨	不詳	乾隆戊辰（十三年，1748）秋	廣州 廣東省博物館	
歲朝圖	軸	絹	設色	不詳	庚辰（乾隆二十五年，1760）	廣州 廣東省博物館	
江村漁樂圖	軸	紙	設色	53 × 55		廣州 廣東省博物館	
臘梅天竺圖	軸	紙	設色	不詳		廣州 廣東省博物館	
玉堂富貴圖	軸	絹	設色	159.5 × 94		廣州 廣州市美術館	
棲霞勝賞圖	軸	紙	設色	120 × 48.5	壬午（乾隆二十七年，1762）閏五月望	南寧 廣西壯族自治區博物館	
牡丹圖	軸	絹	設色	184 × 91	乾隆丙戌（三十一年，1766）	南寧 廣西壯族自治區博物館	
牡丹雙鶴圖	軸	絹	設色	178.4 × 95.7	乾隆戊辰（十三年，1748）	日本 東京國立博物館	
梅花圖	軸	紙	設色	78.5 × 29.4		日本 京都貝塚茂樹先生	
折枝花卉圖	軸	絹	設色	96.9 × 52.7		韓國 私人	
半籬秋影圖（竹石花卉）	軸	紙	設色	106.5 × 40		美國 普林斯頓大學藝術館（私人寄存）	
菊石圖	軸	絹	設色	104.7 × 48.9		美國 芝加哥藝術中心	1953.41
花卉圖（芍藥）	軸	紙	設色	155.4 × 78.7		美國 夏威夷火魯奴奴藝術學院	1669.1
梅花書屋（鄒一桂十二書城圖冊之1）	冊頁	紙	設色	不詳		台北 故宮博物院	故畫 03247-1
紅杏書樓（鄒一桂十二書城圖	冊頁	紙	設色	不詳		台北 故宮博物院	故畫 03247-2

名稱	形式	質地	色彩	尺寸 高x寬 cm	創作時間	收藏處所	典藏號碼
冊之 2）							
碧梧書館（鄒一桂十二書城圖冊之 3）	冊頁	紙	設色	不詳		台北 故宮博物院	故畫 03247-3
青蓮書社（鄒一桂十二書城圖冊之 4）	冊頁	紙	設色	不詳		台北 故宮博物院	故畫 03247-4
密筠書社（鄒一桂十二書城圖冊之 5）	冊頁	紙	設色	不詳		台北 故宮博物院	故畫 03247-5
綠天書塢（鄒一桂十二書城圖冊之 6）	冊頁	紙	設色	不詳		台北 故宮博物院	故畫 03247-6
天香書院（鄒一桂十二書城圖冊之 7）	冊頁	紙	設色	不詳		台北 故宮博物院	故畫 03247-7
萬松書巖（鄒一桂十二書城圖冊之 8）	冊頁	紙	設色	不詳		台北 故宮博物院	故畫 03247-8
秋林書圃（鄒一桂十二書城圖冊之 9）	冊頁	紙	設色	不詳		台北 故宮博物院	故畫 03247-9
遲雲書閣（鄒一桂十二書城圖冊之 10）	冊頁	紙	設色	不詳		台北 故宮博物院	故畫 03247-10
聽泉書榭（鄒一桂十二書城圖冊之 11）	冊頁	紙	設色	不詳		台北 故宮博物院	故畫 03247-11
印月書堂（鄒一桂十二書城圖冊之 12）	冊頁	紙	設色	不詳		台北 故宮博物院	故畫 03247-12
薔薇（鄒一桂花卉冊之 1）	冊頁	紙	設色	不詳		台北 故宮博物院	故畫 03248-1
銀花芙蓉（鄒一桂花卉一冊之 2）	冊頁	紙	設色	不詳		台北 故宮博物院	故畫 03248-2
萱花杜鵑（鄒一桂花卉一冊之 3）	冊頁	紙	設色	不詳		台北 故宮博物院	故畫 03248-3
石竹夾竹桃（鄒一桂花卉一冊之 4）	冊頁	紙	設色	不詳		台北 故宮博物院	故畫 03248-4
茉莉剪雀（鄒一桂花卉一冊之 5）	冊頁	紙	設色	不詳		台北 故宮博物院	故畫 03248-5
秋葵石竹（鄒一桂花卉一冊之 6）	冊頁	紙	設色	不詳		台北 故宮博物院	故畫 03248-6
菊花紫蘭（鄒一桂花卉一冊之 7）	冊頁	紙	設色	不詳		台北 故宮博物院	故畫 03248-7

名稱	形式	質地	色彩	尺寸 高x寬cm	創作時間	收藏處所	典藏號碼
萱花野卉（鄒一桂花卉一冊之8）	冊頁	紙	設色	不詳		台北 故宮博物院	故畫03248-8
月桃蘭花（鄒一桂花卉一冊之9）	冊頁	紙	設色	不詳		台北 故宮博物院	故畫03248-9
僧鞋菊（鄒一桂花卉一冊之10）	冊頁	紙	設色	不詳		台北 故宮博物院	故畫03248-10
蒲公英蠶豆花（鄒一桂花卉一冊之11）	冊頁	紙	設色	不詳		台北 故宮博物院	故畫03248-11
秋海棠美人蕉（鄒一桂花卉一冊之12）	冊頁	紙	設色	不詳		台北 故宮博物院	故畫03248-12
梨花（鄒一桂畫花卉二冊之1）	冊頁	紙	設色	不詳		台北 故宮博物院	故畫03249-1
山茶（鄒一桂畫花卉二冊之2）	冊頁	紙	設色	不詳		台北 故宮博物院	故畫03249-2
郁茶（鄒一桂畫花卉二冊之3）	冊頁	紙	設色	不詳		台北 故宮博物院	故畫03249-3
水木樨（鄒一桂畫花卉二冊之4）	冊頁	紙	設色	不詳		台北 故宮博物院	故畫03249-4
紫花地丁蠶豆（鄒一桂畫花卉二冊之5）	冊頁	紙	設色	不詳		台北 故宮博物院	故畫03249-5
魚兒牡丹（鄒一桂畫花卉二冊之6）	冊頁	紙	設色	不詳		台北 故宮博物院	故畫03249-6
僧帽菊（鄒一桂畫花卉二冊之7）	冊頁	紙	設色	不詳		台北 故宮博物院	故畫03249-7
錦葵（鄒一桂畫花卉二冊之8）	冊頁	紙	設色	不詳		台北 故宮博物院	故畫03249-8
翠梅（鄒一桂畫花卉二冊之9）	冊頁	紙	設色	不詳		台北 故宮博物院	故畫03249-9
剪秋羅（鄒一桂畫花卉二冊之10）	冊頁	紙	設色	不詳		台北 故宮博物院	故畫03249-10
紅蓼（鄒一桂畫花卉二冊之11）	冊頁	紙	設色	不詳		台北 故宮博物院	故畫03249-11
藍菊（鄒一桂畫花卉二冊之12）	冊頁	紙	設色	不詳		台北 故宮博物院	故畫03249-12
紅梅（鄒一桂花卉圖冊之1）	冊頁	紙	設色	不詳		台北 故宮博物院	故畫03250-1
梨花（鄒一桂花卉圖冊之2）	冊頁	紙	設色	不詳		台北 故宮博物院	故畫03250-2
芍藥（鄒一桂花卉圖冊之3）	冊頁	紙	設色	不詳		台北 故宮博物院	故畫03250-3
紫藤（鄒一桂花卉圖冊之4）	冊頁	紙	設色	不詳		台北 故宮博物院	故畫03250-4
芙蓉（鄒一桂花卉圖冊之5）	冊頁	紙	設色	不詳		台北 故宮博物院	故畫03250-5

名稱	形式	質地	色彩	尺寸 高x寬cm	創作時間	收藏處所	典藏號碼
碧桃花（鄒一桂花卉圖冊之6）	冊頁	紙	設色	不詳		台北 故宮博物院	故畫 03250-6
月季（鄒一桂花卉圖冊之7）	冊頁	紙	設色	不詳		台北 故宮博物院	故畫 03250-7
虞美人（鄒一桂花卉圖冊之8）	冊頁	紙	設色	不詳		台北 故宮博物院	故畫 03250-8
萱花（鄒一桂花卉圖冊之9）	冊頁	紙	設色	不詳		台北 故宮博物院	故畫 03250-9
剪秋羅（鄒一桂花卉圖冊之10）	冊頁	紙	設色	不詳		台北 故宮博物院	故畫 03250-10
牽牛花（鄒一桂花卉圖冊之11）	冊頁	紙	設色	不詳		台北 故宮博物院	故畫 03250-11
菊花（鄒一桂花卉圖冊之12）	冊頁	紙	設色	不詳		台北 故宮博物院	故畫 03250-12
梅花麻雀（鄒一桂畫花鳥冊之1）	冊頁	紙	設色	不詳		台北 故宮博物院	故畫 03251-1
桃花燕子（鄒一桂畫花鳥冊之2）	冊頁	紙	設色	不詳		台北 故宮博物院	故畫 03251-2
楓樹白頭翁（鄒一桂畫花鳥冊之3）	冊頁	紙	設色	不詳		台北 故宮博物院	故畫 03251-3
枇杷翡翠（鄒一桂畫花鳥冊之4）	冊頁	紙	設色	不詳		台北 故宮博物院	故畫 03251-4
紅蓼鵪鴒（鄒一桂畫花鳥冊之5）	冊頁	紙	設色	不詳		台北 故宮博物院	故畫 03251-5
石榴翎毛（鄒一桂畫花鳥冊之6）	冊頁	紙	設色	不詳		台北 故宮博物院	故畫 03251-6
竹上鳥雀（鄒一桂畫花鳥冊之7）	冊頁	紙	設色	不詳		台北 故宮博物院	故畫 03251-7
芙蓉翠鳥（鄒一桂畫花鳥冊之8）	冊頁	紙	設色	不詳		台北 故宮博物院	故畫 03251-8
姚黃（鄒一桂墨妙珠林（未）冊之1）	冊頁	紙	設色	63.1 x 42.3	丙寅（乾隆十一年，1746）三月	台北 故宮博物院	故畫 03638-1
魏紫（鄒一桂墨妙珠林（未）冊之2）	冊頁	紙	設色	63.1 x 42.3		台北 故宮博物院	故畫 03638-2
祥雲紅（鄒一桂墨妙珠林（未）冊之3）	冊頁	紙	設色	63.1 x 42.3		台北 故宮博物院	故畫 03638-3
萬卷書（鄒一桂墨妙珠林（未）冊之4）	冊頁	紙	設色	63.1 x 42.3		台北 故宮博物院	故畫 03638-4
朝天紫（鄒一桂墨妙珠林（未）	冊頁	紙	設色	63.1 x 42.3		台北 故宮博物院	故畫 03638-5

名稱	形式	質地	色彩	尺寸 高×寬㎝	創作時間	收藏處所	典藏號碼
冊之 5）							
金繫腰（鄒一桂墨妙珠林（未）冊之 6）	冊頁	紙	設色	63.1 x 42.3		台北 故宮博物院	故畫 03638-6
狀元紅（鄒一桂墨妙珠林（未）冊之 7）	冊頁	紙	設色	63.1 x 42.3		台北 故宮博物院	故畫 03638-7
醉玉環（鄒一桂墨妙珠林（未）冊之 8）	冊頁	紙	設色	63.1 x 42.3		台北 故宮博物院	故畫 03638-8
瑞露嬋（鄒一桂墨妙珠林（未）冊之 9）	冊頁	紙	設色	63.1 x 42.3		台北 故宮博物院	故畫 03638-9
淡鵝黃（鄒一桂墨妙珠林（未）冊之 10）	冊頁	紙	設色	63.1 x 42.3		台北 故宮博物院	故畫 03638-10
銀紅球（鄒一桂墨妙珠林（未）冊之 11）	冊頁	紙	設色	63.1 x 42.3		台北 故宮博物院	故畫 03638-11
鹿胎紅（鄒一桂墨妙珠林（未）冊之 12）	冊頁	紙	設色	63.1 x 42.3		台北 故宮博物院	故畫 03638-12
烟籠紫（鄒一桂墨妙珠林（未）冊之 13）	冊頁	紙	設色	63.1 x 42.3		台北 故宮博物院	故畫 03638-13
漢宮春（鄒一桂墨妙珠林（未）冊之 14）	冊頁	紙	設色	63.1 x 42.3		台北 故宮博物院	故畫 03638-14
碧玉樓（鄒一桂墨妙珠林（未）冊之 15）	冊頁	紙	設色	63.1 x 42.3		台北 故宮博物院	故畫 03638-15
一捻紅（鄒一桂墨妙珠林（未）冊之 16）	冊頁	紙	設色	63.1 x 42.3		台北 故宮博物院	故畫 03638-16
繡衣紅（鄒一桂墨妙珠林（未）冊之 17）	冊頁	紙	設色	63.1 x 42.3		台北 故宮博物院	故畫 03638-17
舞青猊（鄒一桂墨妙珠林（未）冊之 18）	冊頁	紙	設色	63.1 x 42.3		台北 故宮博物院	故畫 03638-18
飛燕粧（鄒一桂墨妙珠林（未）冊之 19）	冊頁	紙	設色	63.1 x 42.3		台北 故宮博物院	故畫 03638-19
慶天香（鄒一桂墨妙珠林（未）冊之 20）	冊頁	紙	設色	63.1 x 42.3		台北 故宮博物院	故畫 03638-20
紫袍金印（鄒一桂墨妙珠林（未）冊之 21）	冊頁	紙	設色	63.1 x 42.3		台北 故宮博物院	故畫 03638-21
胭脂界粉（鄒一桂墨妙珠林（未）冊之 22）	冊頁	紙	設色	63.1 x 42.3		台北 故宮博物院	故畫 03638-22

名稱	形式	質地	色彩	尺寸 高×寬㎝	創作時間	收藏處所	典藏號碼
未）冊之22）							
蕚綠華（鄒一桂墨妙珠林（未）冊之23）	冊頁	紙	設色	63.1 × 42.3		台北 故宮博物院	故畫 03638-23
承露盤（鄒一桂墨妙珠林（未）冊之24）	冊頁	紙	設色	63.1 × 42.3		台北 故宮博物院	故畫 03638-24
山水（小金漆多寶格內貯小手卷）	冊頁	紙	水墨	10.6 × 5.6		台北 故宮博物院	故畫 1766-2
山水圖（8幀）	冊	紙	設色	（每幀）15.3 × 21		香港 許晉義崇宜齋	
花卉圖（10幀）	冊	紙	設色	不詳	丁亥（乾隆三十二年，1767）仲春	瀋陽 遼寧省博物館	
花卉圖（12幀）	冊	紙	設色	（每幀）25 × 33.3	甲寅（雍正十二年，1734）	北京 故宮博物院	
花卉圖（12幀）	冊	絹	設色	（每幀）31.7 × 27.1		北京 故宮博物院	
楚黔寫生山水（18幀）	冊	紙	設色	（每幀）30.3 × 37.7	乾隆八年（癸亥，1743）	北京 故宮博物院	
山水（8幀）	冊	紙	設色	（每幀）20 × 17.1		北京 故宮博物院	
白海棠圖	冊頁	絹	設色	31.7 × 51.8		北京 故宮博物院	
花卉（8幀）	冊	紙	設色	（每幀）20 × 17.1		北京 故宮博物院	
度索仙（碧桃花，清鄒一桂惲蘭溪花卉合冊8之第1幀）	冊頁	絹	設色	38 × 31.6		天津 天津市藝術博物館	
姑射仙（牡丹花，清鄒一桂惲蘭溪花卉合冊8之第3幀）	冊頁	絹	設色	38 × 31.6		天津 天津市藝術博物館	
九華仙（菊花，清鄒一桂惲蘭溪花卉合冊8之第5幀）	冊頁	絹	設色	38 × 31.6		天津 天津市藝術博物館	
臨江仙（芙蓉花，清鄒一桂惲蘭溪花卉合冊8之第6幀）	冊頁	絹	設色	38 × 31.6		天津 天津市藝術博物館	
洛浦仙（水仙花，清鄒一桂惲蘭溪花卉合冊8之第8幀）	冊頁	絹	設色	38 × 31.6		天津 天津市藝術博物館	
梅花圖（廣陵十家集畫冊之第1幀）	冊頁	紙	設色	26.2 × 18.3	庚申（乾隆五年，1740）秋日	上海 上海博物館	

名稱	形式	質地	色彩	尺寸 高×寬cm	創作時間	收藏處所	典藏號碼
畫（項穆之、醒甫等雜畫冊22之1）	冊頁	紙	設色	約38.5×23.6		上海 上海博物館	
松鶴圖（鄒士隨、鄒一桂合冊10之1幀）	冊頁	紙	設色	24.4 × 30.5	乾隆七年（壬戌，1742）蒲月	南京 南京博物院	
山水圖	摺扇面	紙	設色	15.8 × 45.7		南京 南京市博物館	
山水觀我圖（22幀）	冊	紙	設色	（每幀）30×37	乾隆八年（癸亥，1743）七月既望	貴陽 貴州省博物館	
梅花圖	冊頁	紙	水墨	19.2 × 27.7		日本 大阪橋本大乙先生	
花鳥圖	摺扇面	紙	設色	18.3 × 51.2		日本 岡山市藤原祥宏先生	
草蟲圖	摺扇面	紙	設色	18.3 × 51.4		日本 岡山市藤原祥宏先生	
羅漢圖（12幀）	冊	紙	水墨	（每幀）27.7×17		美國 密歇根大學藝術博物館（密歇根州鄭先生寄存）	83.80.5
女仙圖	冊頁	絹	設色	29.3 × 30.3		美國 加州 Richard Vinograd 先生	
仿趙令穰山水圖	摺扇面	金箋	設色	17.1 × 52.4		德國 柏林東亞藝術博物館	1988-390
附：							
花卉圖	卷	絹	設色	31.8 × 836.6	乾隆乙丑（十年，1745）立夏	紐約 蘇富比藝品拍賣公司/拍賣目錄 1986,12,04.	
花卉圖	卷	紙	設色	22.2 × 346.3		紐約 佳士得藝品拍賣公司/拍賣目錄 1998,03,24.	
花鳥圖通景（12幅，與蔣溥合作）	軸	絹	設色	209.7×1095.4	乾隆辛未（十六年，1751）	北京 北京市工藝品進出口公司	
玉蘭圖	軸	絹	設色	不詳	乾隆庚寅（三十五年，1770）	上海 朵雲軒	
仿燕文貴溪山行旅圖	軸	絹	設色	不詳		上海 上海文物商店	
杞菊延年圖	軸	紙	設色	不詳	癸未（乾隆二十八年，1763）	南京 南京市文物商店	
堯年圖	軸	紙	設色	不詳		無錫 無錫市文物商店	
山水圖	軸	紙	設色	105.3 × 57.2		紐約 蘇富比藝品拍賣公司/拍賣目錄 1984,06,13.	
天中麗景圖	軸	紙	設色	155 × 46	庚辰（乾隆二十五年，1760）小春	紐約 佳士得藝品拍賣公司/拍賣目錄 1991,05,29.	
花鳥圖	軸	紙	設色	76.2 × 33.6	庚寅（乾隆三十五年，1770）重九前	紐約 佳士得藝品拍賣公司/拍賣目錄 1993,12,01.	

名稱	形式	質地	色彩	尺寸 高x寬cm	創作時間	收藏處所	典藏號碼
天中五友圖（高宗御題）	軸	紙	設色	108.8 x 55.9	三日 高宗題於戊寅（乾隆二十三年，1758）清和	紐約 佳士得藝品拍賣公司/拍賣目錄 1996,09,18.	
花卉圖（12幀）	冊	絹	設色	（每幀）31.1 x 25		香港 蘇富比藝品拍賣公司/拍賣目錄 1984,11,11.	
黔省紀遊（22幀）	冊	紙	設色	（每幀）28.5 x 35	戊午（乾隆三年，1738）至己亥（四十四年，1743）	紐約 佳士得藝品拍賣公司/拍賣目錄 1991,05,29.	
花蝶圖（10幀）	冊	絹	設色	（每幀）37.5 x 37.5		紐約 佳士得藝品拍賣公司/拍賣目錄 1994,06,01.	

畫家小傳：鄒一桂。字原褒。號小山、讓卿、二知老人。江蘇無錫人。生於聖祖康熙二十五（1686）年。卒於高宗乾隆三十七（1772）年。雍正五年進士。仕官至內閣學士兼禮部侍郎。以繪事服侍內廷。出身繪畫世家，善寫生花卉，設色明淨、清古冶艷，被譽惲壽平後僅見。（見國朝畫徵續錄、熙朝名畫續錄、桐陰論畫、大雅堂續稿、中國畫家人名大辭典）

汪士慎

名稱	形式	質地	色彩	尺寸 高x寬cm	創作時間	收藏處所	典藏號碼
梅竹圖	卷	紙	水墨	33.4 x 186.2		香港 中文大學中國文化研究所文物館	73.675
梅花圖（為薏田作）	卷	紙	水墨	不詳	辛酉（乾隆六年，1741）中秋	北京 故宮博物院	
梅花圖	卷	紙	水墨	不詳	庚午（乾隆十五年，1750）	北京 故宮博物院	
江路野梅圖	卷	絹	水墨	不詳		北京 故宮博物院	
桃梅（冊頁裱裝）	卷	紙	水墨	20.4 x 30.5	康熙庚子（五十九年，1720）	北京 中國歷史博物館	
梅花圖	卷	絹	設色	不詳	癸亥（乾隆八年，1743）七月	北京 中國美術館	
梅花圖并隸書詩（為吳載垕作）	卷	紙	水墨	（畫）20 x 187	戊申（雍正六年，1728）冬十月	泰州 江蘇省泰州市博物館	
墨梅圖（為學山作）	卷	紙	水墨	不詳	乾隆六年（辛酉，1741）秋	? 夏衍先生	
墨梅圖	軸	紙	水墨	96.3 x 33.5		香港 何耀光至樂樓	
梅竹二友圖	軸	紙	水墨	94.1 x 35		香港 羅桂祥先生	
墨梅圖（為西唐道友作）	軸	紙	水墨	88 x 26.8		新加坡 Dr.E.Lu	

名稱	形式	質地	色彩	尺寸 高x寬㎝	創作時間	收藏處所	典藏號碼
春風香國圖	軸	紙	設色	74.4 x 63.7	庚申（乾隆五年，1740）	瀋陽 故宮博物院	
梅花圖	軸	紙	水墨	108.4 x 59.4		瀋陽 遼寧省博物館	
梅花蘭石圖	軸	紙	設色	不詳	庚戌（雍正八年，1730）中秋	北京 故宮博物院	
梅花圖	軸	紙	設色	不詳	乙卯（雍正十三年，1735）	北京 故宮博物院	
梅花圖	軸	紙	設色	不詳	己未（乾隆四年，1739）小春中浣	北京 故宮博物院	
春風香國圖	軸	紙	設色	不詳	庚申（乾隆五年，1740）仲春	北京 故宮博物院	
梅花圖（8幅）	軸	紙	水墨	（每幅）115.5 x 30.1	丙寅（乾隆十一年，1746）	北京 故宮博物院	
松藤萱石圖	軸	紙	設色	121.5 x 53.2	乙丑（乾隆十年，1745）仲冬	北京 首都博物館	
白梅圖	軸	紙	設色	174.5 x 61.5		北京 首都博物館	
梅花圖	軸	紙	水墨	141.4 x 71.8		北京 中央工藝美術學院	
蘭花圖	軸	紙	水墨	92 x 41.5	雍正乙卯（十三年，1735）	天津 天津市藝術博物館	
月梅圖	軸	絹	設色	104.8 x 61.1		天津 天津市藝術博物館	
梅竹圖	軸	紙	設色	102.5 x 30.3		天津 天津市藝術博物館	
梅竹蘭石圖	軸	紙	水墨	99.6 x 26		天津 天津市藝術博物館	
梅花圖	軸	紙	水墨	77 x 23.6		天津 天津市藝術博物館	
墨蘭圖	軸	紙	水墨	92.7 x 41.8		天津 天津市藝術博物館	
白梅圖	軸	紙	水墨	131.5 x 41	乾隆元年（丙辰，1736）孟春十日	合肥 安徽省博物館	
梅花圖	軸	紙	水墨	134 x 42.5		合肥 安徽省博物館	
梅花圖通景（6幅）	軸	絹	水墨	（每幅）120.7 x 35.2	丁卯（乾隆十二年，1747)小春	揚州 江蘇省揚州市博物館	

名稱	形式	質地	色彩	尺寸 高x寬cm	創作時間	收藏處所	典藏號碼
梅花圖	軸	絹	水墨	115 x 31.5		揚州 江蘇省揚州市博物館	
碧桃圖	軸	紙	水墨	105 x 45		揚州 江蘇省揚州市博物館	
貓石桃花圖	軸	紙	水墨	不詳	戊申（雍正六年，1728）九月	上海 上海博物館	
梅花圖（為柳窗作）	軸	紙	設色	77.7 x 40.4	辛酉（乾隆六年，1741）仲春	上海 上海博物館	
梅花圖	軸	紙	水墨	不詳	壬戌（乾隆七年，1742）仲冬十日	上海 上海博物館	
蘭竹圖	軸	紙	水墨	118.1 x 43.4	戊辰（乾隆十三年，1748）新秋	上海 上海博物館	
梅花圖	軸	紙	水墨	不詳	乾隆庚午（十五年，1750）	上海 上海博物館	
梅花圖	軸	紙	水墨	129.1 x 36.8		上海 上海博物館	
梅花圖	軸	紙	設色	113.3 x 50.2		上海 上海博物館	
萱花圖	軸	紙	水墨	不詳		上海 上海博物館	
梅花圖	軸	紙	水墨	不詳		上海 上海畫院	
空裏疏香圖	軸	紙	水墨	84.7 x 40.8	丙辰（乾隆元年，1736）立秋後四日	南京 南京博物院	
梅花圖	軸	紙	水墨	123.5 x 31.3		南京 南京博物院	
湖石水仙圖	軸	紙	水墨	56.8 x 19.3		南京 南京博物院	
蘭竹石圖	軸	紙	水墨	96.5 x 30.5		南京 南京博物院	
梅竹圖	軸	紙	水墨	125.3 x 43.9		無錫 江蘇省無錫市博物館	
蒼松竹石圖	軸	紙	水墨	85.5 x 46.5	辛酉（乾隆六年，1741）仲冬	杭州 浙江省博物館	
梅花圖	軸	紙	水墨	110.5 x 24.5	辛未（乾隆十六年，1751）	杭州 浙江美術學院	
蘭竹石圖（為雪門作）	軸	紙	水墨	87.5 x 34.5	辛亥（雍正九年，1731）六月中旬	四川 四川大學	
黃牡丹圖	軸	紙	設色	131 x 59	雍正六年（戊申，1728）	廣州 廣東省博物館	

名稱	形式	質地	色彩	尺寸 高x寬cm	創作時間	收藏處所	典藏號碼
蘭石圖	軸	紙	水墨	125 x 31.5	辛亥（雍正九年，1731）夏仲	廣州 廣東省博物館	
古佛像	軸	紙	水墨	119.5 x 53.5		廣州 廣東省博物館	
松柏圖（為天翁作）	軸	紙	水墨	144.5 x 57	庚戌（雍正八年，1730）冬十月	廣州 廣州市美術館	
竹石圖	軸	紙	水墨	152.4 x 38.5	壬子（雍正十年，1732）秋九月	日本 東京石川寅吉先生	
畫梅	軸	絹	設色	66.7 x 41.2	辛酉（乾隆六年，1741）仲春	日本 東京河井荃廬先生	
乞水圖	軸	紙	水墨	90.8 x 26.7	庚申（乾隆五年，1740）秋九月	美國 普林斯頓大學藝術館	79-13
蘭竹圖	軸	紙	水墨	85.7 x 28.4		美國 普林斯頓大學藝術館（Edward Elliott 先生寄存）	L207.70
花蝶圖（吳侃畫蝶、管希寧寫花、汪士慎題詩）	軸	紙	設色	122.1 x 43.3	辛酉（乾隆六年，1741）五月	美國 普林斯頓大學藝術館（Edward Elliott 先生寄存）	L323.70
梅花圖	軸	紙	水墨	39.3 x 27.5	己未（乾隆四年，1739）上春	美國 紐約王季遷明德堂	
梅花圖	軸	紙	水墨	144.8 x 75.6		美國 克利夫蘭藝術博物館	85.366
墨梅圖	軸	紙	水墨	101 x 22.3		美國 勃克萊加州大學藝術館	CC243
梅花圖	軸	紙	設色	113.2 x 33.3		美國 勃克萊加州大學藝術館（高居翰教授寄存）	
桃花圖	軸	紙	設色	113.7 x 28.9		美國 私人	
梅花圖	軸	紙	設色	不詳		加拿大 多倫多皇家安大略博物館	
花卉圖（10幀）	冊	紙	水墨	（每幀）13.4 x 18		香港 利榮森北山堂	K92.11
墨梅圖	摺扇面	紙	水墨	16.2 x 24.6		香港 私人	
花卉圖（12幀）	冊	紙	設色	（每幀）34 x 23	壬戌（乾隆七年，1742）夏四月十日	瀋陽 故宮博物館	

名稱	形式	質地	色彩	尺寸 高x寬cm	創作時間	收藏處所	典藏號碼
菊杞、修竹圖（6幀）	冊	紙	設色	（每幀）29 x 36.7	丁卯（乾隆十二年，1747）仲夏	瀋陽 遼寧省博物館	
梅花圖（8幀）	冊	紙	設色	不詳	乾隆六年（辛酉，1741）秋九月	北京 故宮博物院	
梅蘭圖（10幀）	冊	紙	水墨	每幀）23.3 x 27.9	壬戌（乾隆七年，1742）長至	北京 故宮博物院	
花卉圖（12幀）	冊	紙	設色	不詳		北京 故宮博物院	
花卉圖（12幀）	冊	紙	設色	（每幀）23.9 x 27.5		北京 故宮博物院	
竹石水仙圖（汪士慎、戴鑑、管希寧合作）	摺扇面	紙	水墨	17.5 x 53		北京 故宮博物院	
梅桃書畫合璧（？幀）	冊	紙	設色	不詳	庚子（康熙五十九年，1720）九月晦日	北京 中國歷史博物館	
梅花圖（為采赤作，10幀）	冊	紙	水墨	不詳	己未（乾隆四年，1739）小春中浣	北京 中國美術館	
山水圖（8幀）	軸	絹	設色	（每幀）41.6 x 29	甲寅（雍正十二年，1734）	合肥 安徽省博物館	
梅花圖（10幀）	冊	紙	水墨	（每幀）27.9 x 22.2		合肥 安徽省博物館	
花卉圖（高鳳翰、汪士慎等山水花卉冊之1幀））	冊頁	紙	設色	17 x 82.5		上海 上海博物館	
花卉圖（12幀）	冊	紙	水墨	（每幀）22.3 x 30.6	雍正八年（庚戌，1730）	上海 上海博物館	
梅花圖（8幀）	冊	紙	水墨	（每幀）23.8 x 30.5	雍正辛亥（九年，1731）中秋前四日	上海 上海博物館	
花卉圖（廣陵十家集畫10之1幀）	冊頁	紙	設色	26.2 x 18.3	庚申（乾隆五年，1740）	上海 上海博物館	
梅花圖（12幀）	冊	紙	水墨	（每幀）25.2 x 32.7不等	辛酉（乾隆六年，1741）嘉平十日	上海 上海博物館	
梅花圖（8幀）	冊	紙	水墨	（每幀）25.1 x 32.3	乾隆壬戌（七年，1742）二月	上海 上海博物館	
花卉（16幀）	冊	絹	水墨	（每幀）24.2		上海 上海博物館	

名稱	形式	質地	色彩	尺寸 高x寬cm	創作時間	收藏處所	典藏號碼
				x 30.9			
梅花圖（鄭燮等雜畫冊12之第11幀）	冊頁	紙	設色	30.3 x 25		上海 上海博物館	
竹石圖（鄭燮等花卉冊13之第4幀）	冊頁	紙	設色	23.7 x 31.3		上海 上海博物館	
花卉圖（12幀）	冊	紙	設色	24.2 x 31.2	已巳歲（乾隆十四年，1749）暮春	南京 南京博物院	
雜畫並詩（7幀）	冊	紙	設色	不詳	雍正七年（己酉，1729）八月	? 夏衍先生	
墨梅圖（12幀）	冊	紙	水墨	（每幀）24.6 x 32.8		日本 奈良大和文華館	1138
梅花（?幀）	冊	紙	水墨	不詳		日本 京都 Moriya	
花卉畫（6幀）	冊	絹	水墨	（每幀）23 x 29.7	辛酉（乾隆六年，1741）嘉平十日	美國 普林斯頓大學藝術館（方聞教授寄存）	
山水、花卉圖（?幀）	冊	紙	設色	（每幀）20.5 x 25.3		美國 紐約大都會藝術博物館	1980.426.5
附：							
梅竹圖	卷	紙	水墨	35.5 x 990		北京 北京市工藝品進出口公司	
墨梅圖	卷	紙	水墨	不詳	乾隆己巳（十四年，1749）上春	北京 北京市文物商店	
梅花圖	卷	紙	水墨	27.5 x 372	乾隆十五年（庚午，1750）四月中浣	紐約 佳士得藝品拍賣公司/拍賣目錄1992,06,02.	
梅竹圖	軸	紙	設色	不詳	乾隆六年（辛酉，1741)九月	北京 北京市文物商店	
松石圖	軸	紙	水墨	不詳		濟南 山東省濟南市文物商店	
三友圖	軸	紙	水墨	185.2 x 93.8		上海 上海文物商店	
乞水圖	軸	紙	水墨	93.5 x 25	庚申（乾隆五年，1740）九月	紐約 佳士得藝品拍賣公司/拍賣目錄1987,06,03.	
蘭石圖	軸	紙	水墨	61 x 24.1	丁卯（乾隆十二年，1747）嘉平	紐約 佳士得藝品拍賣公司/拍賣目錄1987,12,11.	
墨梅圖	軸	紙	水墨	16 x 24.8		紐約 佳士得藝品拍賣公司/拍賣目錄1988,11,30.	

名稱	形式	質地	色彩	尺寸 高×寬cm	創作時間	收藏處所	典藏號碼
花卉蘭石圖	軸	紙	水墨	99.8 × 29.8	辛酉（乾隆六年，1741）小春	紐約 蘇富比藝品拍賣公司/拍賣目錄 1989,09,28、29.	
蘭竹石圖	軸	紙	水墨	85.8 × 28.9		紐約 佳士得藝品拍賣公司/拍賣目錄 1991,11,25.	
梅花圖	軸	絹	設色	104.5 × 48.5	戊午（乾隆三年，1738）	紐約 佳士得藝品拍賣公司/拍賣目錄 1992,12,02.	
花卉圖並書（12幀）	冊	紙	水墨	（每幀）24 × 15.3	甲寅（雍正十二年，1734）七月上浣	上海 上海市工藝品進出口公司	
山水圖（原濟等雜畫冊6之1幀）	冊頁	紙	設色	23.5 × 28.8		武漢 湖北省武漢市文物商店	
梅花圖（8幀）	冊	紙	水墨	（每幀）22.5 × 30.2		紐約 蘇富比藝品拍賣公司/拍賣目錄 1985,06,03.	
梅花圖（12幀）	冊	紙	水墨	（每幀）19 × 24	己未（乾隆四年，1739）小春中浣	香港 佳士得藝品拍賣公司/拍賣目錄 1991,03,18.	
梅花圖（8幀）	冊	紙	設色	（每幀）25 × 32		紐約 佳士得藝品拍賣公司/拍賣目錄 1994,11,30.	
梅花圖（12開）	冊	紙	設色	（每開）28.5 × 36	乾隆丁卯（十二年，1747）二月	紐約 佳士得藝品拍賣公司/拍賣目錄 1995,09,19.	

畫家小傳：汪士慎。字近人。號巢林。安徽休寧（或作浙江）人，流寓揚州。生於聖祖康熙二十五（1686）年。卒於高宗乾隆二十四年（1759）。工詩、書法。善畫水仙、梅花，筆意清妙絕俗。為「揚州八怪」之一。（見國朝畫徵續錄、國朝畫識、桐陰論畫、墨林今話、中國畫家人名大辭典）

李鱓

	形式	質地	色彩	尺寸	創作時間	收藏處所	
五松圖	卷	紙	水墨	不詳	乾隆十六年（辛未，1751）	北京 中國歷史博物館	
花卉圖	卷	紙	水墨	29 × 257.7	乾隆十年（乙丑，1745）	天津 天津市藝術博物館	
花卉圖	卷	紙	設色	26.7 × 381.7	康熙己亥（五十八年，1719）八月	上海 上海博物館	
山水圖	卷	紙	水墨	26.5 × 153.4	乙卯（雍正十三年，1735）	上海 上海博物館	
冷艷幽香圖	卷	紙	設色	34.4 × 361	乾隆十四年，己巳（1749）	南京 南京博物院	
墨竹三段圖	卷	紙	水墨	不詳	乾隆三年（戊午，	重慶 重慶市博物館	

名稱	形式	質地	色彩	尺寸 高×寬㎝	創作時間	收藏處所	典藏號碼
					1738）秋八月		
花卉圖	卷	絹	設色	25 × 257	丁酉（康熙五十六年，1717）八月	廣州 廣東省博物館	
牡丹	軸	紙	水墨	130.5 × 45		台北 故宮博物院	國贈 024919
花鳥圖	軸	紙	水墨	141.3 × 38.5		台北 故宮博物院(蘭千山館寄存)	
四季平安圖	軸	紙	設色	126 × 58	乾隆七年（王戌，1742）臘月	台北 李鴻球先生	
歲朝清供圖	軸	紙	設色	106.6 × 60.3	乾隆元年（丙辰，1736）新春	香港 中文大學中國文化研究所文物館	77.27
浴鴨圖	軸	紙	設色	49.5 × 56.7	乾隆十七年（王申，1752）九月	香港 鄭德坤木扉	
春燕圖	軸	紙	設色	164 × 44.7		香港 徐伯郊先生	
三陽開泰圖（楊柳梅石圖）	軸	紙	設色	163.4 × 90.1		香港 徐伯郊先生	
荷花鴛鴦圖	軸	紙	設色	133.9 × 62.3	乾隆十四年（己巳，1749）夏五月	香港 黃仲方先生	
花鳥圖	軸	紙	設色	169.1 × 75.6		香港 劉作籌虛白齋	113
垂藤綬帶圖	軸	紙	設色	176 × 45.5		香港 劉作籌虛白齋	
荷鴨圖	軸	紙	設色	不詳	乾隆十五年（庚午，1750）	長春 吉林省博物館	
萱花芍藥圖	軸	紙	水墨	181.4 × 50.8		長春 吉林省博物館	
梅竹蘭石圖	軸	紙	水墨	191 × 61	乾隆九年（甲子，1744）嘉平月	瀋陽 故宮博物館	
竹石蘭花圖	軸	紙	水墨	不詳	乾隆十九年（甲戌，1754）	瀋陽 故宮博物館	
紫藤黃鸝圖	軸	絹	設色	121.3 × 50	乾隆十二年丁卯（1747）	瀋陽 遼寧省博物館	
牡丹蘭石圖	軸	紙	水墨	162.1 × 71	乾隆十五年（庚午，1750）正月	瀋陽 遼寧省博物館	
花果圖（石榴秋葵）	軸	紙	設色	187.1 × 48.8	乾隆十九年，甲戌（1754）嘉平日	瀋陽 遼寧省博物館	

名稱	形式	質地	色彩	尺寸 高x寬cm	創作時間	收藏處所	典藏號碼
夏景花卉圖	軸	紙	設色	不詳	乾隆十九年（甲戌，1754）	瀋陽 遼寧省博物館	
萱石圖	軸	紙	水墨	不詳		旅順 遼寧省旅順博物館	
松藤圖	軸	紙	設色	124 x 62.5	雍正八年（庚戌，1730）	北京 故宮博物院	
蕉竹圖（鄭燮題）	軸	紙	水墨	不詳	雍正十二年（甲寅，1734）	北京 故宮博物院	
荷花圖	軸	紙	水墨	不詳	乾隆八年（癸亥，1743）前四月	北京 故宮博物院	
松石牡丹圖	軸	紙	設色	不詳	乾隆二十一年（丙子，1756）	北京 故宮博物院	
盆菊圖	軸	紙	設色	不詳		北京 故宮博物院	
拳石雙柏圖	軸	紙	設色	不詳	雍正九年（辛亥，1731）小春	北京 中國歷史博物館	
杏花春燕（四季花卉圖4之第1幅）	軸	絹	設色	不詳	乾隆三年（戊午，1738）臘月	北京 中國歷史博物館	
花卉圖（四季花卉圖4之餘3幅）	軸	絹	設色	不詳	乾隆四年（己未，1739）清和月	北京 中國歷史博物館	
松鷹圖	軸	紙	設色	不詳	乾隆七年（壬戌，1742）	北京 中國歷史博物館	
五松圖	軸	紙	水墨	不詳	乾隆九年（甲子，1744）七月	北京 中國歷史博物館	
盆菊圖	軸	紙	水墨	不詳	乾隆十七年（壬申，1752）	北京 中國歷史博物館	
紫薇八哥圖	軸	紙	設色	不詳	乾隆十九年（甲戌，1754）八月	北京 中國歷史博物館	
菊石鵪鶉圖	軸	紙	設色	不詳		北京 中國歷史博物館	
花鳥草蟲圖（4屏）	軸	紙	設色	（每屏）160.8 x 47	雍正五年（丁未，1727）七月既望	北京 中國美術館	
歲寒圖	軸	紙	設色	不詳	乾隆元年（丙辰，1736）孟春	北京 中國美術館	
松鶴圖	軸	紙	水墨	不詳	乾隆十八年（癸酉，1753）二月	北京 中國美術館	
籬菊雄雞圖	軸	紙	設色	不詳	乾隆十八年（癸酉	北京 中國美術館	

名稱	形式	質地	色彩	尺寸 高×寬cm	創作時間	收藏處所	典藏號碼
					，1753）八月		
松竹梅石圖	軸	紙	水墨	不詳	乾隆七年（壬戌，1742）	北京 北京市文物局	
傲霜圖	軸	紙	水墨	108 × 53	乾隆戊辰（十三年，1748）	北京 北京市文物局	
平安富貴圖	軸	紙	水墨	不詳		北京 北京市文物局	
梅石水仙圖	軸	紙	設色	不詳	雍正乙卯（十三年，1735）冬十二月	北京 首都博物館	
梅石黃鳥圖	軸	絹	設色	84.5 × 50.5	乾隆十七年，壬申（1752）暮春月	北京 首都博物館	
松藤牡丹圖	軸	紙	設色	不詳	乾隆十六年春（辛未，1751）	北京 中央美術學院	
雙松芝石圖	軸	紙	水墨	134 × 66		北京 中央美術學院	
松風水月圖	軸	紙	水墨	不詳		北京 中央美術學院	
蔬菜圖	軸	紙	水墨	不詳		北京 中央工藝美術學院	
風竹圖	軸	紙	水墨	122.5 × 61.3		北京 中央工藝美術學院	
秋葵圖	軸	紙	設色	119.5 × 62.4	雍正四年（丙午，1726	天津 天津市藝術博物館	
松萱桂蘭圖	軸	紙	設色	183 × 91.5	雍正壬子（十年，1732）	天津 天津市藝術博物館	
瓜瓞連登圖	軸	紙	設色	115 × 50	雍正十年（壬子，1732）閏五月	天津 天津市藝術博物館	
四季花卉圖（4幅）	軸	紙	設色	（每幅）177.2 × 46	乙卯（雍正十三年，1735）	天津 天津市藝術博物館	
故園圖	軸	紙	設色	125.5 × 64.8	乾隆十二年（丁卯，1747）	天津 天津市藝術博物館	
紫藤圖	軸	紙	設色	134.8 × 71.6		天津 天津市藝術博物館	
豆架蟋蟀圖	軸	紙	設色	144.2 × 43.8		天津 天津市藝術博物館	
牡丹圖	軸	紙	水墨	128 × 61	乾隆四年（己未，1739）	天津 天津市歷史博物館	

名稱	形式	質地	色彩	尺寸 高x寬㎝	創作時間	收藏處所	典藏號碼
桃花柳燕圖	軸	紙	設色	125 × 51	乾隆六年（辛酉，1741）	天津 天津市歷史博物館	
三秋圖	軸	紙	設色	不詳	乾隆十年（乙丑，1745）	天津 天津市歷史博物館	
右柏凌霄圖	軸	紙	設色	181 × 101.5	乾隆十九年（甲戌，1754）	天津 天津市歷史博物館	
梅石圖	軸	紙	水墨	106 × 56.5	雍正乙卯（十三年，1735）	天津 天津市文化局文物處	
雞石蜀葵圖	軸	紙	設色	不詳	乾隆十九年（甲戌，1754）	天津 天津市文化局文物處	
芍藥圖	軸	紙	設色	不詳	乾隆元年（丙辰，1736）	天津 天津市美術學院	
蓮竹果實圖	軸	紙	設色	118 × 53.2		天津 天津市人民美術出版社	
梅花水仙圖	軸	紙	設色	64 × 59	雍正四年（丙午，1726）	天津 天津市楊柳青畫社	
百齡圖	軸	紙	水墨	140.5 × 55	乾隆九年（甲子，1744）中冬	石家莊 河北省博物館	
水仙雙魚圖	軸	紙	設色	不詳	乾隆九年（甲子，1744）	太原 山西省博物館	
月季紫藤圖	軸	紙	設色	不詳	乾隆四年（己未，1739）	濟南 山東省博物館	
牡丹圖	軸	紙	設色	不詳	乾隆六年（辛酉，1741）	濟南 山東省博物館	
古木竹石圖	軸	紙	水墨	不詳	乾隆六年（辛酉，1741）	濟南 山東省博物館	
德禽圖	軸	紙	設色	不詳	乾隆七年（壬戌，1742）	濟南 山東省博物館	
長年富貴圖	軸	紙	設色	不詳	乾隆七年（壬戌，1742）	濟南 山東省博物館	
芭蕉圖	軸	紙	水墨	140 × 66	乾隆二十年（乙亥，1755）八月	濟南 山東省博物館	
僧鞋菊圖	軸	紙	設色	不詳	乾隆七年（壬戌，1742）二月	濟南 山東省濟南市博物館	

名稱	形式	質地	色彩	尺寸 高×寬cm	創作時間	收藏處所	典藏號碼
雙虎圖（為碩衍作）	軸	紙	設色	不詳	乾隆十二年，丁卯（1747）	濟南 山東省濟南市博物館	
牡丹圖	軸	紙	水墨	167.5 × 46	乾隆二十一年丙子（1756）三月望日	濟南 山東省濟南市博物館	
竹禽圖	軸	紙	設色	181.5 × 51		濟南 山東省濟南市博物館	
鍾馗圖	軸	紙	設色	不詳		濟南 山東省濟南市博物館	
芭蕉眠鵝圖	軸	紙	設色	121 × 60.5	乾隆三年（戊午，1738）八月	青島 山東省青島市博物館	
梧桐菊石圖（為明卿作）	軸	紙	設色	138 × 73	乾隆十九年（甲戌，1754）春三月	烟臺 山東省烟臺市博物館	
牡丹松石圖	軸	絹	設色	149 × 57	乾隆九年（甲子，1744）	鄭州 河南省博物館	
芙蓉圖	軸	紙	設色	87 × 46.5	康熙辛丑（六十年，1721）	合肥 安徽省博物館	
瓶花圖	軸	絹	設色	100 × 51	康熙辛丑（六十年，1721）	合肥 安徽省博物館	
蘭竹圖	軸	紙	水墨	97 × 36	乾隆七年（壬戌，1742）	合肥 安徽省博物館	
柏樹牡丹圖	軸	紙	設色	188.5 × 106	乾隆十年（乙丑，1745）	合肥 安徽省博物館	
紫藤松石圖	軸	紙	設色	不詳	乾隆十五年（庚午，1750）	合肥 安徽省博物館	
堂茂雙齡圖	軸	紙	水墨	不詳	乾隆二十年（乙亥，1755）	合肥 安徽省博物館	
百事大吉圖	軸	紙	水墨	122.5 × 61	乾隆二十一年（丙子，1756）	合肥 安徽省博物館	
柳塘覓食圖	軸	紙	設色	138.5 × 47		合肥 安徽省博物館	
萱石圖	軸	綾	設色	不詳	雍正五年（丁未，1727）	揚州 江蘇省揚州市博物館	
薔薇花圖	軸	紙	設色	118 × 46.5	雍正九年（辛亥，1731）七月	揚州 江蘇省揚州市博物館	
竹菊坡石圖	軸	紙	水墨	95.7 × 60.2	雍正甲寅（十二年，1734）十一月十日	揚州 江蘇省揚州市博物館	

名稱	形式	質地	色彩	尺寸 高x寬cm	創作時間	收藏處所	典藏號碼
芭蕉獨鵝圖	軸	紙	設色	不詳	乾隆十五年（庚午，1750）	揚州 江蘇省揚州市博物館	
雙松圖	橫幅	紙	水墨	不詳	乾隆十六年（辛未，1751）秋七月	揚州 江蘇省揚州市博物館	
松風水月圖	軸	紙	水墨	不詳	乾隆十七年（壬申，1752）中春	揚州 江蘇省揚州市博物館	
蕉竹圖	軸	紙	設色	不詳	乾隆十七年，壬申（1752）小春	揚州 江蘇省揚州市博物館	
三友圖	軸	紙	水墨	179.2 x 94.8	乾隆十八年（癸酉，1753）	揚州 江蘇省揚州市博物館	
平安富貴圖	軸	紙	水墨	不詳		揚州 江蘇省揚州市博物館	
竹圖	軸	紙	水墨	不詳		揚州 江蘇省揚州市博物館	
竹石藤花圖	軸	紙	設色	不詳		揚州 江蘇省揚州市博物館	
松柏長春圖	軸	紙	設色	145.5 x 38.7		揚州 江蘇省揚州市博物館	
松菊猶存圖	軸	紙	水墨	不詳		揚州 江蘇省揚州市博物館	
桐雀圖	軸	絹	設色	不詳		揚州 江蘇省揚州市博物館	
梅竹水仙圖	軸	紙	設色	175.6 x 93.8		揚州 江蘇省揚州市博物館	
墨梅圖	軸	紙	水墨	不詳		揚州 江蘇省揚州市博物館	
雙松圖	軸	紙	水墨	不詳		揚州 江蘇省揚州市博物館	
端午小景圖	軸	紙	設色	不詳	雍正昭陽赤奮若（癸丑，十一年，1733）夏五月	南通 江蘇省南通博物苑	
萱花圖	軸	絹	設色	42.5 x 30	乾隆九年（甲子，1744）正月	南通 江蘇省南通博物苑	
柳燕圖	軸	絹	設色	不詳	乾隆十八年（癸酉，1753）夏五	南通 江蘇省南通博物苑	
竹石水仙圖	軸	紙	水墨	177 x 51	乾隆二十年（乙亥，1755）	南通 江蘇省南通博物苑	
五松圖	軸	紙	水墨	224 x 122		南通 江蘇省南通博物苑	
瓶插牡丹圖	軸	紙	水墨	55.8 x 33.7		南通 江蘇省南通博物苑	
桃花黃鸝圖	軸	絹	設色	不詳		南通 江蘇省南通博物苑	

名稱	形式	質地	色彩	尺寸 高×寬cm	創作時間	收藏處所	典藏號碼
荷花圖	軸	絹	設色	42.5 × 30		南通 江蘇省南通博物苑	
玉蘭海棠圖	軸	紙	設色	193 × 105.5	乾隆十八年（癸酉，1753）新秋	泰州 江蘇省泰州市博物館	
芍藥圖	軸	紙	水墨	不詳		泰州 江蘇省泰州市博物館	
鷄冠花圖	軸	紙	設色	不詳	雍正五年（丁未，1727）三月	上海 上海博物館	
四清圖	軸	紙	設色	不詳	雍正戊申（六年，1728）	上海 上海博物館	
荷花圖	軸	紙	水墨	125.9 × 60.9	雍正乙卯（十三年，1735）仲冬	上海 上海博物館	
梅花圖	軸	紙	水墨	124.8 × 68.5	雍正乙卯（十三年，1735）	上海 上海博物館	
松竹石圖	軸	紙	設色	不詳	乾隆四年（己未，1739）	上海 上海博物館	
牡丹圖	軸	紙	水墨	不詳	乾隆六年（辛酉，1741）三月	上海 上海博物館	
鷺鷥圖	軸	紙	設色	不詳	乾隆七年（壬戌，1742）七月	上海 上海博物館	
花鳥圖	軸	紙	設色	不詳	乾隆八年（癸亥，1743）	上海 上海博物館	
花卉圖（4幅）	軸	紙	設色	不詳	乾隆十年（乙丑，1745)	上海 上海博物館	
紫藤圖	軸	紙	設色	不詳	乾隆丁卯（十二年，1747）	上海 上海博物館	
石榴圖	軸	紙	設色	167.1 × 93.9	乾隆十二年，丁卯（1747）	上海 上海博物館	
牡丹萱石圖	軸	紙	水墨	249.7 × 108.3	乾隆十四年（己巳，1749）春三月	上海 上海博物館	
秋花鴛鴦圖（為悅翁作）	軸	紙	設色	不詳	乾隆十四年，己巳（1749）秋九月	上海 上海博物館	
紫藤月季圖	軸	紙	設色	不詳	乾隆十四年，己巳（1749）	上海 上海博物館	
石榴蜀葵圖	軸	紙	設色	183.8 × 42.6	乾隆十五年（庚午，1750）仲冬	上海 上海博物館	

名稱	形式	質地	色彩	尺寸 高x寬㎝	創作時間	收藏處所	典藏號碼
菊石雄雞圖	軸	紙	設色	184 × 42.3	乾隆十五年，庚午（1750）	上海 上海博物館	
朱藤黃鸝圖	軸	紙	設色	184.2 × 42.4	乾隆十五年，庚午（1750）仲冬	上海 上海博物館	
松石紫藤圖	軸	紙	設色	242.2×120.3	乾隆十六年，辛未（1751）四月	上海 上海博物館	
蕉竹圖	軸	紙	水墨	179.2 × 96.9	乾隆十七年（壬申，1752）	上海 上海博物館	
花鳥圖（12幅）	軸	紙	設色	不詳	乾隆癸酉（十八年，1753）中春	上海 上海博物館	
穀雨名花圖（為祿翁作）	軸	紙	水墨	366.5 × 143	乾隆癸酉（十八年，1753）春三月	上海 上海博物館	
墨花圖（12幅）	軸	紙	水墨	不詳	乾隆十八年（癸酉，1753）	上海 上海博物館	
牡丹蘭石圖	軸	紙	水墨	180.9 × 93.1	乾隆十八年（癸酉，1753）	上海 上海博物館	
牡丹圖	軸	紙	設色	不詳	乾隆十八年，癸酉（1753）	上海 上海博物館	
五松圖	軸	紙	水墨	228.5×117.8	乾隆十八年，癸酉（1753）	上海 上海博物館	
花鳥圖（10幅）	軸	紙	水墨	（每幅）194.9 × 54.1不等	乾隆十八年，癸酉（1753）	上海 上海博物館	
朱藤牡丹圖（城南春色圖，為東皐作）	軸	紙	設色	194.3×106.5	乾隆十九年，甲戌（1754）小春月	上海 上海博物館	
松藤牡丹圖（為楚翁作）	軸	紙	設色	238 × 118.2	乾隆二十年（乙亥，1755）秋七月	上海 上海博物館	
牡丹蘭石圖（為楚翁作）	軸	紙	設色	不詳	乾隆二十年（乙亥，1755）秋七月	上海 上海博物館	
三友圖	軸	紙	水墨	189.7 × 63.4		上海 上海博物館	
牡丹圖	軸	紙	水墨	不詳		上海 上海博物館	
盆菊圖	軸	紙	設色	106.7 × 56.3		上海 上海博物館	
蕉石圖	軸	紙	水墨	126.6 × 65.8		上海 上海博物館	

名稱	形式	質地	色彩	尺寸 高x寬cm	創作時間	收藏處所	典藏號碼
蕉竹圖	軸	紙	水墨	不詳		上海 上海博物館	
蕉菊圖（冊頁改裝）	軸	紙	設色	72.5 x 95.6		上海 上海博物館	
墨蘭圖	軸	紙	水墨	106.8 x 51.1		上海 上海博物館	
幽蘭竹石圖	軸	紙	水墨	107 x 46	乾隆十九年（甲戌，1754）	上海 上海畫院	
花鳥圖	軸	紙	設色	170 x 93	乾隆二十一年，丙子（1756）	上海 上海人民美術出版社	
石畔秋英圖（為敬倚作）	軸	絹	設色	118.9 x 56.6	康熙乙未（五十四年，1715）七月	南京 南京博物院	
土墻蝶花圖	軸	紙	設色	115 x 59.5	雍正五年（丁未，1727）正月	南京 南京博物院	
蕉石萱花圖	軸	紙	設色	145.2 x 92	雍正閼逢攝提格（甲寅，十二年，1734）夏五月	南京 南京博物院	
蕉鵝圖	軸	紙	設色	94.3 x 110.1	雍正甲寅（十二年，1734）	南京 南京博物院	
五松圖	軸	絹	水墨	122.7 x 63.8	雍正乙卯（十三年，1735）	南京 南京博物院	
玉蘭綉球花圖	軸	紙	設色	167.3 x 56.2	乾隆九年（甲子，1744）辜月	南京 南京博物院	
松石牡丹圖	軸	紙	水墨	不詳	乾隆十一年（丙寅，1746）八月	南京 南京博物院	
玉蘭牡丹圖	軸	紙	設色	138.1 x 69.8	乾隆十二年（丁卯，1747）夏四月	南京 南京博物院	
花鳥長春圖（為陳碩衍作）	軸	紙	設色	不詳	乾隆十四年（己巳，1749）新春	南京 南京博物院	
牡丹圖	軸	紙	水墨	不詳	乾隆十八年（癸酉，1753）四月	南京 南京博物院	
五松圖	軸	紙	水墨	290.9 x 133.4		南京 南京博物院	
相對二君子圖	軸	紙	水墨	不詳		南京 南京博物院	
花卉冊方（4幀合裝）	軸	紙	水墨	不詳		南京 南京博物院	

名稱	形式	質地	色彩	尺寸 高x寬㎝	創作時間	收藏處所	典藏號碼
牡丹松藤圖（為遜季作）	軸	紙	設色	不詳	乾隆十九年（甲戌，1754）四月	南京 江蘇省美術館	
雞石秋葵圖	軸	紙	設色	不詳	雍正昭陽赤奮若（十一年，癸丑，1733）	南京 南京市博物館	
柳魚圖	軸	紙	水墨	不詳	乾隆元年（丙辰，1736）正月	南京 南京市博物館	
空谷幽蘭圖	軸	紙	水墨	不詳	乾隆二年（丁巳，1737）	鎮江 江蘇省鎮江市博物館	
喜上眉梢圖	軸	紙	水墨	138.5 × 62	乾隆六年（辛酉，1741）	鎮江 江蘇省鎮江市博物館	
汀草文鴛圖	軸	紙	水墨	138.5 × 96	乾隆六年（辛酉，1741）	鎮江 江蘇省鎮江市博物館	
梧桐白頭圖	軸	紙	設色	130 × 63	乾隆六年（辛酉，1741）	鎮江 江蘇省鎮江市博物館	
柳燕游魚圖	軸	紙	設色	不詳	乾隆八年（癸亥，1743）	鎮江 江蘇省鎮江市博物館	
柳燕圖	軸	紙	水墨	不詳	乾隆九年（甲子，1744）	鎮江 江蘇省鎮江市博物館	
豆莢絡緯圖	軸	紙	設色	不詳	乾隆十一年（丙寅，1746）	鎮江 江蘇省鎮江市博物館	
松石藤蔓圖	軸	紙	設色	不詳	乾隆十三年，戊辰（1748）	鎮江 江蘇省鎮江市博物館	
柳燕圖	軸	紙	水墨	不詳	乾隆十九年（甲戌，1754）	鎮江 江蘇省鎮江市博物館	
風竹圖	軸	紙	水墨	不詳		鎮江 江蘇省鎮江市博物館	
石榴蜀葵圖（為智高作）	軸	紙	設色	172.5 × 91	乾隆十二年（丁卯，1747）正月	常州 江蘇省常州市博物館	
松石圖	軸	紙	設色	不詳	乾隆六年（辛酉，1741）	無錫 江蘇省無錫市博物館	
椿萱並茂圖（為斯翁作）	軸	紙	設色	163.8 × 93.6	乾隆十一年，丙寅（1746）臘月	無錫 江蘇省無錫市博物館	
牡丹蘭石圖	軸	紙	水墨	182.5 × 52.1		無錫 江蘇省無錫市博物館	

名稱	形式	質地	色彩	尺寸 高×寬cm	創作時間	收藏處所	典藏號碼
桂花蘭石圖	軸	紙	水墨	不詳		無錫 江蘇省無錫市博物館	
芍藥圖	軸	紙	水墨	92.5 × 35.8	乾隆二年（丁巳，1737）仲春	蘇州 江蘇省蘇州博物館	
風雨芭蕉圖	軸	紙	水墨	129.9 × 60.6	乾隆八年（癸亥，1743）後四月	蘇州 江蘇省蘇州博物館	
喜上高枝圖	軸	紙	水墨	136 × 72	乾隆二十年（乙亥，1755）清和月	昆山 崑崙堂美術館	
牡丹萱花圖	軸	紙	設色	不詳	雍正六年（戊寅，1728）春	杭州 浙江省博物館	
松石圖	軸	紙	水墨	不詳	乾隆十年（乙丑，1745）正月	杭州 浙江省博物館	
鴛鴦蓮子圖（寫賀元敷道史）	軸	紙	設色	118.7 × 54.5	乾隆十六年（辛未，1751）三月	杭州 浙江省博物館	
松菊圖（為眉公作）	軸	紙	水墨	不詳	乾隆十七年（壬申，1752）八月	杭州 浙江省博物館	
菊花豆莢圖	軸	紙	設色	176.3 × 45.6		杭州 浙江省博物館	
松石圖	軸	絹	水墨	不詳	乾隆十年（乙丑，1745）	杭州 浙江美術學院	
松菊圖	軸	紙	水墨	116.5 × 36.5	壬申（乾隆十七年，1752）	杭州 浙江美術學院	
桃花蘭石圖	軸	絹	設色	169 × 44.5		杭州 浙江美術學院	
盆菊圖	軸	紙	水墨	110 × 60.5	乙巳（雍正三年，1725）	杭州 浙江省杭州西泠印社	
秋聲圖	軸	紙	設色	130.5 × 114	乙丑（乾隆十年，1745）	杭州 浙江省杭州西泠印社	
平安如意圖	軸	絹	設色	40.5 × 38		杭州 浙江省杭州西泠印社	
同到白頭圖	軸	紙	設色	51 × 28.5		杭州 浙江省杭州西泠印社	
蕉石圖	軸	紙	水墨	不詳		嘉興 浙江省嘉興市博物館	
蜀葵圖	軸	紙	設色	不詳	雍正乙卯（十三年，1735）清和月	寧波 浙江省寧波市天一閣文物保管所	
三蔬圖	軸	紙	設色	45.8 × 60.9		寧波 浙江省寧波市天一閣文物保管所	
百事大吉圖	軸	紙	設色	100.9 × 54.8		寧波 浙江省寧波市天一閣文	

名稱	形式	質地	色彩	尺寸 高x寬cm	創作時間	收藏處所	典藏號碼
						物保管所	
松竹梅圖	軸	紙	設色	不詳	乾隆二十二年(丁丑，1757)	南昌 江西省博物館	
鳳女圖	軸	紙	設色	210 x 103		成都 四川大學	
秋葵雞黍圖	軸	紙	設色	140.5 x 66.5	雍正九年（辛亥，1731）秋	重慶 重慶市博物館	
牡丹萱石圖	軸	紙	水墨	129 x 71		重慶 重慶市博物館	
雜畫（4幅）	軸	絹	設色	（每幅）43 x 36		重慶 重慶市博物館	
松藤牡丹圖	軸	紙	設色	不詳	乾隆辛未（十六年，1751）	重慶 重慶美術學院	
松石圖	軸	紙	水墨	156 x 79.5	乾隆八年（癸亥，1743	廣州 廣東省博物館	
加冠圖	軸	紙	設色	126 x 64.5	乾隆十二年（丁卯，1747）	廣州 廣東省博物館	
指畫蘆鴉圖	軸	紙	設色	78.6 x 49.3	乾隆十四年（己巳，1749）春月	廣州 廣東省博物館	
風竹圖	軸	紙	水墨	135.1 x 78	乾隆十九年（甲戌，1754）七月	廣州 廣東省博物館	
松鶴圖	軸	紙	設色	181 x 94.5		廣州 廣東省博物館	
芭蕉梅竹圖	軸	紙	水墨	123.3 x 74.6		廣州 廣東省博物館	
花卉圖（4幅）	軸	紙	設色	（每幅）192.2 x 51		廣州 廣東省博物館	
松禽蘭石圖	軸	紙	水墨	148 x 77	乾隆二年（丁巳，1737）春	廣州 廣州市美術館	
牡丹圖	軸	紙	水墨	95.4 x 42.5	乾隆十年（乙丑，1745）	廣州 廣州市美術館	
蕉竹圖	軸	紙	水墨	142 x 87	乾隆十三年（戊辰，1748）秋七月	廣州 廣州市美術館	
五松圖	軸	紙	水墨	192 x 107	乾隆二十年，乙亥（1755）夏六月	廣州 廣州市美術館	
松柏芝石圖	軸	紙	設色	195.5 x 102		廣州 廣州市美術館	
荷塘雙鷺圖	軸	紙	設色	168.5 x 48		廣州 廣州市美術館	

名稱	形式	質地	色彩	尺寸 高×寬cm	創作時間	收藏處所	典藏號碼
蕉石圖	軸	紙	水墨	126 × 62		廣州 廣州市美術館	
臨倪瓚竹樹圖	軸	紙	水墨	118 × 41	乾隆七年（壬戌，1742）正月	南寧 廣西壯族自治區博物館	
松石牡丹圖	軸	紙	設色	184 × 98	乾隆十年（乙丑，1745）夏五	南寧 廣西壯族自治區博物館	
滿堂春色圖	軸	絹	設色	187 × 99.7	乾隆十四年，己巳（1749）	南寧 廣西壯族自治區博物館	
桃李春燕圖	軸	紙	設色	不詳	乾隆二十年（乙亥，1755）二月	南寧 廣西壯族自治區博物館	
三陽開泰圖	軸	紙	設色	169 × 91	乾隆十四年（己巳，1749）	武威 甘肅省武威市博物館	
秋柳鳴禽圖	軸	紙	設色	不詳	乾隆十六年（辛未，1751）八月	？　徐平羽先生	
五松圖	軸	絹	水墨	160 × 88.8		日本 東京國立博物館	
牡丹圖	軸	紙	設色	145 × 70.8	乾隆六年（辛酉，1741）臘月	日本 東京國立博物館	
朽牆燕子花圖。	軸	紙	設色	125.3 × 63.7	雍正四年（丙午，1726）臘月	日本 東京國立博物館	
年年富貴圖（鯰魚牡丹花）	軸	紙	水墨	87.2 × 45.7	乾隆十三年歲在戊辰（1748）二月	日本 東京國立博物館	TA-495
墨竹圖	軸	紙	水墨	104.8 × 52		日本 東京國立博物館	
嵩齡圖	軸	綾	設色	100.2 × 40.1		日本 東京出光美術館	
看荷圖	軸	紙	設色	28.8 × 33.3		日本 東京河井荃廬先生	
蓮圖	大軸	紙	水墨	不詳		日本 東京河井荃廬先生	
桂花芙蓉圖	軸	紙	設色	116.7 × 56.1	雍正八年（庚戌，1730）秋	日本 東京河井荃廬先生	
蕉下戲貓圖	軸	紙	水墨	103 × 40.3		日本 東京深野達先生	
牡丹圖	軸	紙	設色	164 × 45.1		日本 東京住友寬一先生	
芭蕉圖	軸	紙	水墨	157.9 × 45.5		日本 東京幡生彌治郎先生	
枯槎竹石圖	軸	紙	水墨	不詳		日本 京都守屋正先生	
雪梅圖	軸	紙	水墨	148 × 44.6		日本 北野正男先生	
風荷圖	軸	紙	水墨	123.1 × 60.4		日本 大阪市立美術館	

名稱	形式	質地	色彩	尺寸 高x寬㎝	創作時間	收藏處所	典藏號碼
墨竹圖	軸	紙	水墨	126.8 x 57.8	雍正旃蒙單闕（乙卯，十三年，1735）	日本 大阪市立美術館	
醉聖圖	軸	紙	設色	21.1 x 33.3		日本 福岡縣石韵道雄先生	
竹石圖	軸	紙	水墨	131.6 x 60.8	乾隆十年（乙丑，1745）四月	日本 兵庫縣黑川古文化研究所	
松石春卉圖	軸	絹	設色	182 x 42.1	乾隆二十一年（丙子，1756）春，時年七十一	日本 繭山龍泉堂	
小佐餐盤圖（海鮮菜蔬）	橫幅	紙	設色	26.1 x 29.9	庚子（康熙五十九年，1720）麥秋	日本 阿形邦三先生	
芭蕉圖	軸	紙	水墨	112.4 x 33.6		日本 金岡西三先生	
芭蕉圖	軸	紙	設色	177.8 x 47.2		美國 耶魯大學藝術館	1976.30
花鳥圖	軸	紙	設色	176 x 47.3	乾隆十九年（甲戌，1754）後四月	美國 普林斯頓大學藝術館（Edward Elliott 先生寄存）	L247.70
古柏凌霄圖	軸	紙	設色	137.2 x 41.4		美國 普林斯頓大學藝術館（私人寄存）	
墨竹圖	軸	紙	水墨	132.3 x 74.2		美國 紐約大都會藝術博物館	1989.363.161
柳燕圖	軸	紙	設色	135.2 x 33.2		美國 紐約大都會藝術博物館	1989.363.162
竹詩圖	軸	紙	水墨	不詳	乾隆十四年（己巳，1749）九月	美國 紐約顧洛阜先生	
秋燕圖	軸	紙	設色	不詳		美國 紐約顧洛阜先生	
花卉圖	軸	紙	設色	164.6 x 63.4		美國 紐約大都會藝術博物館（Denis 楊先生寄存）	
花卉圖	軸	紙	設色	16.3 x 24.9		美國 密歇根大學藝術博物館	1985/2.31
五松圖	軸	紙	水墨	199.4 x 94	乾隆十二年歲次丁卯（1747）秋九月	美國 克利夫蘭藝術博物館	76.112
柳蟬圖	軸	紙	水墨	107.8 x 47.2		美國 勃克萊加州大學藝術館	

名稱	形式	質地	色彩	尺寸 高×寬cm	創作時間	收藏處所	典藏號碼
						（高居翰教授寄存）	
花卉雜畫（2冊頁合裝）	軸	紙	設色	（每幅）28.4 × 37.4		美國 勃克萊加州大學藝術館 （Gaenslen 先生寄存）	
花卉怪石圖	軸	紙	設色	120.3 × 57		美國 勃克萊加州大學藝術館 （Gaenslen 先生寄存）	
竹石水仙圖	軸	紙	設色	182.3 × 51.1	乾隆十八年（癸酉 ，1753）春	加拿大 多倫多皇家安大略博物館 (Finlayson 先生寄存)	
萱草圖	軸	紙	水墨	22.6 × 35		加拿大 大維多利亞藝術館	85-5
歲朝清供圖	軸	紙	設色	不詳	乾隆十九年歲在甲戌（1754）小春月	荷蘭 阿姆斯特丹來登博物館	
柳蟬圖（名賢集錦圖冊之7）	冊頁	紙	設色	23.4 × 26.1		台北 陳啟斌畏罍堂	
百合花圖（名賢集錦圖冊之8）	冊頁	紙	設色	23.6 × 16.8		台北 陳啟斌畏罍堂	
花鳥圖（8幀）	冊	紙	設色	（每幀）26.2 × 35.8	丙辰（乾隆元年， 1736）夏五	香港 何耀光至樂樓	
富貴花石圖（李鱓、吳履、鄭士芳花鳥山水合冊12之1幀）	冊	紙	設色	23 × 31	乾隆五年（庚申， 1740）	瀋陽 故宮博物院	
蒼松勁草圖（李鱓、吳履、鄭士芳花鳥山水合冊12之1幀）	冊	紙	設色	23 × 31	乾隆五年（庚申， 1740）	瀋陽 故宮博物院	
白菜圖（李鱓、吳履、鄭士芳花鳥山水合冊12之1幀）	冊	紙	設色	23 × 31	乾隆五年（庚申， 1740）	瀋陽 故宮博物院	
蘿蔔大蒜圖（李鱓、吳履、鄭士芳花鳥山水合冊12之1幀）	冊	紙	設色	23 × 31	乾隆五年（庚申， 1740）	瀋陽 故宮博物院	
魚鳥圖（李鱓、吳履、鄭士芳花鳥山水合冊12之1幀）	冊	紙	設色	23 × 31	乾隆五年（庚申， 1740）	瀋陽 故宮博物院	
花鳥圖（12幀）	冊	紙	設色	（每幀）26.7 × 40.4	乾隆十七年壬申 （1752）	瀋陽 遼寧省博物館	
書畫（10幀）	冊	紙	水墨	不詳	雍正五年（丁未， 1727）	北京 故宮博物院	
花鳥圖（8幀）	冊	綾	設色	（每幀）30.2 × 37.5	雍正己酉（七年， 1729）	北京 故宮博物院	
雜畫（10幀）	冊	紙	設色	（每幀）28.2 × 36	甲寅（雍正十二年 ，1734）	北京 故宮博物院	
花卉圖（12幀）	冊	紙	設色	不詳	雍正乙卯（十三年	北京 故宮博物院	

名稱	形式	質地	色彩	尺寸 高x寬㎝	創作時間	收藏處所	典藏號碼
					，1735）		
花卉圖（8幀）	冊	紙	設色	（每幀）25.8 x 40.6	乾隆五年（庚申，1740）後六月	北京 故宮博物院	
花卉圖（12幀）	冊	絹	設色	不詳	乾隆十二年丁卯（1747）	北京 故宮博物院	
花鳥圖（8幀）	冊	紙	設色	（每幀）26.1 x 40.6	乾隆十八年癸酉（1753）	北京 故宮博物院	
花卉圖（8幀）	冊	紙	設色	不詳	乾隆十八年癸酉（1753）	北京 故宮博物院	
花卉圖（4幀）	冊	紙	設色	不詳	乾隆十八年（癸酉，1753）	北京 故宮博物院	
花卉圖（4幀）	冊	紙	設色	不詳		北京 故宮博物院	
花卉圖（10幀）	冊	紙	設色	不詳		北京 故宮博物院	
花卉圖（8幀）	冊	紙	設色	不詳		北京 故宮博物院	
花卉圖（12幀）	冊	紙	設色	不詳		北京 故宮博物院	
百齡圖	冊頁	紙	設色	26.9 x 36.9		北京 故宮博物院	
秋葵圖	摺扇面	紙	設色	不詳	康熙五十五年（丙申，1716）秋	北京 中國歷史博物館	
花卉圖（10幀）	冊	紙	設色	（每幀）27.2 x 26	乾隆五年（庚申，1740）前六月	北京 中國歷史博物館	
花卉翎毛圖（12幀）	冊	紙	設色	（每幀）26.3 x 40.7	乾隆十七年（壬申，1752）冬十一月	北京 中國歷史博物館	
萱花圖	摺扇面	紙	水墨	16 x 52	康熙丙申（五十五年，1716）	北京 中國歷史博物館	
花果圖（2幀）	冊	紙	設色	不詳		北京 中國歷史博物館	
花卉圖（書畫集錦冊14之1幀）	冊頁	絹	設色	不詳		北京 中國歷史博物館	
山水、花鳥（10幀）	冊	紙	水墨	（每幀）25.2 x 28.7		北京 中國美術館	
松石圖	冊頁	紙	水墨	24 x 35.7		北京 北京市文物局	
梅雀圖（李鱓等山水花鳥冊10之1幀）	冊頁	紙	設色	24 x 29.7		北京 首都博物館	
花果圖（12幀，為顧翁作）	冊	紙	設色	（每幀）25.5	甲午（康熙五十三	北京 中央工藝美術學院	

名稱	形式	質地	色彩	尺寸 高×寬㎝	創作時間	收藏處所	典藏號碼
				× 30.5	年，1714) 秋九月		
花卉圖（12幀）	冊	紙	設色	（每幀）36.8 × 33		天津 天津市藝術博物館	
花鳥圖（10幀）	冊	紙	設色	（每幀）28.5 × 22		天津 天津市歷史博物館	
花卉圖	冊	紙	設色	不詳	乾隆十七年壬申 （1752）	天津 天津市楊柳青畫社	
花鳥圖（12幀）	冊	絹	設色	（每幀）31.7 × 39.5	乾隆十年乙丑（ 1745）	青島 山東省青島市博物館	
蔬果花卉圖（8幀）	冊	綾	設色	（每幀）30 × 38	雍正六年（戊申， 1728）春	鄭州 河南省博物館	
同到白頭圖	冊頁	絹	設色	不詳		合肥 安徽省博物館	
松竹梅圖	冊頁	紙	水墨	24.3 × 27.9		合肥 安徽省博物館	
萬松圖	冊頁	紙	設色	不詳		揚州 江蘇省揚州市博物館	
花卉圖（7幀）	冊	絹	水墨	（每幀）20.8 × 20.6	丁酉（康熙五十六 年，1717）春日	上海 上海博物館	
墨筆花卉圖	冊	紙	水墨	不詳	丁酉（康熙五十六 年，1717）秋日	上海 上海博物館	
蘭花靈芝圖（鄭燮等雜畫冊 12之第5幀）	冊頁	紙	設色	30.3 × 25	辛亥（雍正九年， 1731）冬	上海 上海博物館	
花卉圖（鄭燮等雜畫冊12之 第6幀）	冊頁	紙	設色	30.3 × 25		上海 上海博物館	
水仙大蒜圖（鄭燮等雜畫冊 12之第7幀）	冊頁	紙	設色	30.3 × 25		上海 上海博物館	
花卉（高鳳翰、汪士慎等山水 花卉冊）	冊頁	紙	設色	17 × 82.5		上海 上海博物館	
雜畫（8幀）	冊	紙	設色	不詳	乾隆四年（己未， 1739）春	上海 上海博物館	
雜畫（8幀）	冊	紙	設色	不詳	乾隆十七年壬申 （1752）暮春月	上海 上海博物館	
花卉圖（8幀）	冊	紙	設色	（每幀）27.2 × 13.7		上海 上海博物館	
花卉圖（8幀）	冊	紙	設色	不詳		上海 上海博物館	
花果圖（12幀）	冊	紙	設色	（每幀）18.8		上海 上海博物館	

名稱	形式	質地	色彩	尺寸 高x寬cm	創作時間	收藏處所	典藏號碼
				x 19			
花卉圖（高翔等書畫集冊 12 之第 11 幀）	冊頁	絹	設色	不詳		上海 上海博物館	
花卉圖（名筆集勝圖冊 12 之第 11 幀）	冊頁	紙	設色	約 23.9 x 32.8		上海 上海博物館	
花卉圖（廣陵十家集畫冊 10 之第 7 幀）	冊頁	紙	設色	26.2 x 18.3		上海 上海博物館	
墨竹圖（鄭燮等花卉冊 13 之第 7 幀）	冊頁	紙	水墨	23.7 x 31.3	乾隆甲申（二十九年，1764）	上海 上海博物館	
菜蔬圖（鄭燮等花卉冊 13 之第 8 幀）	冊頁	紙	設色	23.7 x 31.3		上海 上海博物館	
竹卉圖（鄭燮等花卉冊 13 之第 9 幀）	冊頁	紙	設色	23.7 x 31.3		上海 上海博物館	
山水圖（8 幀）	冊	紙	水墨	（每幀）21.1 x 25.8	乾隆五年（庚申，1740）二月	南京 南京博物院	
雜畫圖（12 幀）	冊	紙	水墨	（每幀）30.1 x 18.4	乾隆二十年（乙亥，1755）	南京 南京博物院	
雜畫圖（5 幀）	冊	紙	設色	（每幀）25.5 x 24.7	乾隆二十一年（丙子，1756）	南京 南京博物院	
水仙圖	摺扇面	紙	設色	不詳	乾隆十年（乙丑，1745）	鎮江 江蘇省鎮江市博物館	
花卉圖（6 幀）	冊	紙	設色	（每幀）23.8 x 29.2	乙卯（雍正十三年，1735）秋	無錫 江蘇省無錫市博物館	
紫藤蝴蝶圖	摺扇面	紙	設色	不詳	乾隆九年（甲子，1744）	無錫 江蘇省無錫市博物館	
花果圖（為巽老作，清李鱓等花果冊之 1 幀）	摺扇面	紙	設色	不詳	（己酉，雍正七年，1729）	蘇州 江蘇省蘇州博物館	
花卉圖（12 幀）	冊	紙	設色	不詳	雍正乙卯（十三年，1735）	蘇州 江蘇省蘇州博物館	
墨竹小品	冊頁	紙	水墨	19 x 34.5		昆山 崑崙堂美術館	
花鳥圖（12 幀）	冊	紙	設色	（每幀）24.5 x 36.5		杭州 浙江省杭州西泠印社	
花卉圖（8 幀）	冊	紙	設色	（每幀）25 x 25		成都 四川省博物院	

名稱	形式	質地	色彩	尺寸 高x寬㎝	創作時間	收藏處所	典藏號碼
雜畫（8幀）	冊	紙	設色	（每幀）24.6 x 29.8		成都 四川省博物院	
花果圖（？幀）	冊	紙	設色	不詳		成都 四川大學	
花卉圖（12幀）	冊	紙	設色	（每幀）26.2 x 35.5	乾隆元年（丙辰，1736）六月	重慶 重慶市博物館	
雜畫（10幀）	冊	紙	設色	（每幀）33 x 27	乾隆五年（庚申，1740）後六月	重慶 重慶市博物館	
花卉圖（6幀）	冊	絹	水墨	（每幀）43 x 36		重慶 重慶市博物館	
雜畫（8幀）	冊	紙	設色	（每幀）24.2 x 27.7	乾隆十九年（甲戌，1754）	廣州 廣東省博物館	
雜畫（6幀）	冊	紙	水墨	（每幀）28.3 x 19.8		廣州 廣東省博物館	
雜畫（8幀）	冊	紙	設色	（每幀）27.8 x 30.8	乾隆十八年，癸酉（1753）十月既望	南寧 廣西壯族自治區博物館	
雜畫圖（8幀）	冊	紙	設色	不詳	雍正十三年（乙卯，1735）長至	？夏衍先生	
山水花卉圖（12幀）	冊	紙	設色	不詳	乾隆六年（辛酉，1741）二月	？徐平羽先生	
花果圖（8幀）	冊	紙	水墨	（每幀）27.9 x 36.4		日本 東京柳井信治先生	
花卉圖（12幀）	冊	紙	水墨	（每幀）29.1 x 39.1	雍正九年（辛亥，1731）八月	日本 東京工藤壯平先生	
三友圖（清人書畫扇冊之5）	摺扇面	紙	設色	不詳		日本 東京橋本辰二郎先生	
花卉（6幀，各為：桂花；牡丹；竹；蘭花；萱花；蘭花）	冊	紙	設色	不詳	乾隆十一年（丙寅，1746）春月	日本 京都北野正男先生	
花鳥圖（12幀）	冊	紙	水墨	（每幀）28.7 x 20.8		日本 大阪市立美術館	
疏林茅屋圖	冊頁	紙	水墨	22 x 29.5		日本 大阪橋本大乙先生	
花卉圖（12幀）	冊	紙	水墨	（每幀）27 x 36.5	乾隆五年（庚申，1740）賓月	日本 兵庫縣黑川右文化研究所	
花鳥圖（12幀）	冊	紙	水墨	（每幀）29 x 39	雍正九年（辛亥，1731）八月	日本 江田勇二先生	
山水圖	冊頁	紙	設色	29 x 39		日本 江田勇二先生	

名稱	形式	質地	色彩	尺寸 高×寬cm	創作時間	收藏處所	典藏號碼
雜畫（12幀）	冊	紙	設色	（每幀）25 × 40.3	乾隆初元（丙辰，1736）六、七月	日本 山口良夫先生	
蘭竹圖（6幀）	冊	紙	水墨	（每幀）32.4 × 45.7		美國 普林斯頓大學藝術館	77-16a-f
花卉雜畫（12幀）	冊頁	紙	設色	（每幀）28.3 × 39	雍正九年（辛亥，1731）八月	美國 普林斯頓大學藝術館（Edward Elliott 先生寄存）	L126.71
花卉蔬果圖（8幀）	冊	紙	設色	（每幀）26.9 × 33.5	乾隆五年（庚申，1740 ）夏五月十六日	美國 紐約顧洛阜先生	
花卉圖（8幀）	冊	紙	水墨	（每幀）23.5 × 28.8	乙卯（雍正十三年，1735）秋	美國 勃克萊加州大學藝術館（高居翰教授寄存）	CC194
雙鉤竹圖	冊頁	絹	水墨	26.7 × 39.5		美國 勃克萊加州大學藝術館（高居翰教授寄存）	CC123
花卉畫（8幀）	冊	紙	水墨	（每幀）26.6 × 34.4	乾隆三年（戊午，1738）秋七月	美國 勃克萊加州大學藝術館（Schlenker 先生寄存）	
花卉雜畫（2幀合裝成軸）	冊頁	紙	設色	（每幀）28.2 × 37.4		美國 勃克萊加州大學藝術館（Gaenslen 先生寄存）	
附：							
水仙牡丹蔬果圖（為鍾英作）	卷	紙	設色	不詳	雍正丙午（四年，1726）七月廿四日	北京 北京市文物商店	
禪智寺相花圖	卷	紙	設色	32 × 359.4	乾隆五年（庚申，1740）五月	紐約 蘇富比藝品拍賣公司/拍賣目錄 1980,12,18.	
花卉圖	卷	絹	設色	35 × 323.5	乾隆七年（壬戌，1742）四月	紐約 蘇富比藝品拍賣公司/拍賣目錄 1987,12,08.	
蒼松大石圖	軸	紙	水墨	不詳	乾隆六年（辛酉，1741）小春月	北京 北京市文物商店	
菊石圖	軸	紙	設色	不詳	乾隆十三年（戊辰，1748）寒食後二日	北京 北京市文物商店	
松藤萱石圖	軸	紙	設色	不詳	癸酉（乾隆十八年，1753）正月	北京 北京市文物商店	
藤蘿牡丹圖（為西舫作）	軸	紙	設色	不詳	乾隆丙子（二十一年，1756）後九月	北京 北京市文物商店	

名稱	形式	質地	色彩	尺寸 高x寬㎝	創作時間	收藏處所	典藏號碼
花卉竹石圖	軸	紙	設色	不詳		北京 北京市工藝品進出口公司	
扁豆蚱蜢圖	軸	紙	設色	不詳		北京 北京市工藝品進出口公司	
梅花圖	軸	紙	水墨	不詳		北京 北京市工藝品進出口公司	
百祿圖	軸	紙	設色	138 × 76	乙卯（雍正十三年，1735）	天津 天津市文物公司	
松柏蕙石圖	軸	紙	水墨	138.5 × 76.5	乾隆十四年（己巳，1749）	天津 天津市文物公司	
幽蘭牡丹圖	軸	紙	水墨	136 × 72	乾隆十六年（庚午，1750）	天津 天津市文物公司	
古柏竹石圖	軸	紙	設色	不詳	雍正疆圉協洽（丁未，五年，1727）冬	揚州 揚州市文物商店	
梅花水仙圖	軸	紙	設色	不詳	雍正九年（辛亥，1731）	揚州 揚州市文物商店	
菊花雄雞圖	軸	紙	水墨	不詳	乾隆六年（辛酉，1741）秋八月	揚州 揚州市文物商店	
雙松圖	軸	紙	水墨	不詳	乾隆十一年（丙寅，1746）	揚州 揚州市文物商店	
五松圖	軸	紙	水墨	221 × 110.5	乾隆十二年歲次丁卯（1747）	揚州 揚州市文物商店	
桐蔭秋色圖	軸	紙	設色	不詳	乾隆十六年（辛未，1751）秋	揚州 揚州市文物商店	
五松圖	軸	紙	設色	不詳	乾隆十八年（癸酉，1753）	揚州 揚州市文物商店	
蔬果圖	軸	綾	設色	不詳	雍正甲寅（十二年，1734）秋八月	上海 朵雲軒	
牡丹奇石圖	軸	紙	設色	不詳	乾隆二年（戊午，1738）	上海 朵雲軒	
秋樹八哥圖	軸	紙	設色	不詳	乾隆九年甲子（1744）	上海 朵雲軒	
五松圖	軸	絹	設色	193 × 86	乾隆十二年丁卯	上海 朵雲軒	

名稱	形式	質地	色彩	尺寸 高×寬cm	創作時間	收藏處所	典藏號碼
					（1747）		
牡丹萱石圖	軸	紙	設色	不詳	乾隆十四年（己巳，1749）	上海 朵雲軒	
牡丹圖	軸	紙	水墨	不詳	乾隆二十一年丙子（1756）	上海 朵雲軒	
五松圖	軸	紙	水墨	174 × 100		上海 朵雲軒	
花卉草蟲圖（4幅））	軸	紙	設色	（每幅）44.8 × 39.7	乾隆十四年（己巳，1749）正月	上海 上海文物商店	
滿庭春色圖	軸	紙	設色	192.2 × 52.7	乾隆十五年，庚午（1750）	上海 上海文物商店	
花卉圖（4幅）	軸	紙	設色	（每幅）42.9 × 30.2	乾隆十七年，壬申（1752）清和月	上海 上海文物商店	
牡丹蘭石圖	軸	紙	水墨	不詳	乾隆十九年（甲戌，1754）	上海 上海文物商店	
牡丹湖石圖	軸	紙	設色	不詳	雍正閼逢攝提格（甲寅，十二年，1734）	鎮江 鎮江市文物商店	
汀草文鴛圖	軸	紙	設色	不詳	乾隆六年（辛酉，1741）六月	鎮江 鎮江市文物商店	
梅花喜鵲圖	軸	紙	設色	不詳	乾隆六年（辛酉，1741）七月	鎮江 鎮江市文物商店	
梧桐白頭圖	軸	紙	設色	不詳	乾隆六年（辛酉，1741）臘月	鎮江 鎮江市文物商店	
松藤花石圖	軸	紙	設色	不詳	乾隆十八年（癸酉，1753）	無錫 無錫市文物商店	
虎嘯風生圖	軸	紙	設色	不詳		蘇州 蘇州市文物商店	
瓶花爐火圖	軸	紙	設色	不詳	乾隆元初，丙辰（1736）	武漢 湖北省武漢市文物商店	
松禽圖	軸	紙	設色	158.5 × 44.2	雍正九年（辛亥，1731）春	廣州 廣州市文物商店	
柳蟬圖	軸	紙	水墨	107.3 × 47.3		紐約 蘇富比藝品拍賣公司/拍賣目錄1982,06,04.	
芙蓉雙鴨圖	軸	紙	設色	104.1 × 53.4		紐約 蘇富比藝品拍賣公司/拍賣目錄1984,06,13.	

名稱	形式	質地	色彩	尺寸 高×寬cm	創作時間	收藏處所	典藏號碼
梧桐白頭圖	軸	紙	設色	169 × 75.5	乾隆十一年（丙寅，1746）春仲	香港 蘇富比藝品拍賣公司/拍賣目錄 1984,11,11.	
蘭竹（2幅合裱）	軸	紙	水墨	（每幀）32.4 × 46.3	乾隆十九年（甲戌，1754）秋八月	香港 蘇富比藝品拍賣公司/拍賣目錄 1984,11,11.	
芭蕉奇石圖	軸	紙	設色	158.6 × 45		紐約 蘇富比藝品拍賣公司/拍賣目錄 1986,06,03.	
滿院秋色圖	軸	紙	設色	103 × 47		紐約 蘇富比藝品拍賣公司/拍賣目錄 1986,06,03.	
松風水月圖（寫似子翁學長兄）	軸	紙	水墨	122 × 48.5	乾隆十一年（丙寅，1746）夏五月	紐約 佳仕得藝品拍賣公司/拍賣目錄 1986,06,04.	
蠶桑、野菊圖（2幅）	小軸	紙	設色	（每幅）27 × 29.4	雍正乙卯（十三年，1735）中冬	紐約 佳仕得藝品拍賣公司/拍賣目錄 1986,06,04.	
花陰雄雞圖	軸	紙	設色	155.3 × 51.1		紐約 佳仕得藝品拍賣公司/拍賣目錄 1986,.1,.0.1	
薔薇、園蔬（2幅）	軸	紙	設色	（每幅）36.5 × 32.5		紐約 佳士得藝品拍賣公司/拍賣目錄 1987,06,03.	
秋樹絡緯圖	軸	紙	設色	80.5 × 52		紐約 佳士得藝品拍賣公司/拍賣目錄 1988,06,02.	
指畫虎圖	軸	紙	設色	141 × 77	乾隆乙丑（十年，1745）二月	紐約 佳士得藝品拍賣公司/拍賣目錄 1989,06,01.	
青松牡丹圖	軸	紙	設色	115.5 × 54.5		紐約 佳士得藝品拍賣公司/拍賣目錄 1989,06,01.	
雙松芝蘭圖	軸	紙	設色	289 × 106	乾隆十七年歲在壬申（1752）重九	紐約 佳士得藝品拍賣公司/拍賣目錄 1990,11,28.	
五大夫松圖	軸	絹	水墨	198 × 105.5	乾隆十二年歲在丁卯（1747）三月	紐約 佳士得藝品拍賣公司/拍賣目錄 1990,11,28.	
盆菊圖	軸	紙	設色	89 × 47		紐約 佳士得藝品拍賣公司/拍賣目錄 1992,12,02.	
鹿柏長年圖	軸	紙	水墨	175 × 94.5	乾隆十九年（甲戌，1754）	紐約 佳士得藝品拍賣公司/拍賣目錄 1993,12,01.	
五大夫松圖	軸	紙	水墨	179 × 96	乾隆九年（甲子，1744）七夕	紐約 佳士得藝品拍賣公司/拍賣目錄 1994,06,01.	
鵲梅蘭石圖	軸	紙	水墨	190.5 × 54	乾隆癸酉（十八年，1753）春	紐約 佳士得藝品拍賣公司/拍賣目錄 1994,11,30.	

名稱	形式	質地	色彩	尺寸 高x寬cm	創作時間	收藏處所	典藏號碼
壽享千齡圖	軸	絹	設色	207 x 97.8	乾隆十三年（戊辰，1748）秋八月	紐約 佳士得藝品拍賣公司/拍賣目錄 1994,11,30.	
富貴耄耋圖	軸	紙	設色	194.5 x 49.5	乾隆十六年（辛未，1751）春雪	紐約 佳士得藝品拍賣公司/拍賣目錄 1995,03,22.	
花卉圖（4幅）	軸	絹	設色	（每幅）39 x 28	乾隆丁巳（二年，1737）春正月	紐約 佳士得藝品拍賣公司/拍賣目錄 1995,03,22.	
花鳥圖	軸	絹	設色	88.3 x 30.5	乾隆十二年（丁卯，1747）夏四月	紐約 佳士得藝品拍賣公司/拍賣目錄 1995,03,22.	
松藤湖石圖	橫幅	紙	設色	93 x 115	乾隆十四年（己巳，1749）五月	香港 佳士得藝品拍賣公司/拍賣目錄 1995,04,30.	
古松圖	軸	紙	水墨	173 x 47.3	乾隆五年（庚申，1740）春	紐約 佳士得藝品拍賣公司/拍賣目錄 1995,09,19.	
月季花圖	軸	紙	設色	137.5 x 47.5	乾隆十年（乙丑，1745）四月	香港 佳士得藝品拍賣公司/拍賣目錄 1996,04,28.	
百事大吉圖	軸	紙	設色	138.5 x 72	乾隆十五年（庚午，1750）六月	紐約 佳士得藝品拍賣公司/拍賣目錄 1997,09,19.	
八哥百日紅	軸	紙	設色	138.2 x 52.1	乾隆九年歲在甲子（1744）十月既望	紐約 佳士得藝品拍賣公司/拍賣目錄 1998,03,24.	
秋柳鸚鵡圖	軸		設色	150 x 91	乾隆五年（庚申，1740）臘月	香港 佳士得藝品拍賣公司/拍賣目錄 1998,09,15.	
墨花圖（4幀）	冊	紙	水墨	不詳	乾隆三年（戊午，1738）秋	北京 榮寶齋	
花卉蔬果圖（8幀）	冊	紙	設色	（每幀）28 x 65.5	雍正八年（庚戌，1730）秋八月	天津 天津市文物公司	
翎毛花果圖（6幀）	冊	絹	設色	（每幀）20 x 28		天津 天津市文物公司	
花卉、蔬果圖（8幀）	冊	紙	設色	（每幀）23 x 29		上海 朵雲軒	
雜畫（10幀）	冊	紙	設色	（每幀）27 x 36.8	乾隆十七年（壬申，1752）冬	香港 蘇富比藝品拍賣公司/拍賣目錄 1984,11,11.	
花竹鱖魚圖	冊頁	紙	設色	25 x 36.2		香港 蘇富比藝品拍賣公司/拍賣目錄 1984,11,11.	
蘭花圖	冊頁	紙	水墨	17.8 x 23.5		紐約 蘇富比藝品拍賣公司/拍賣目錄 1988,06,01.	
花鳥蟲魚畫（10幀）	冊	紙	水墨、	（每幀）約		紐約 佳士得藝品拍賣公司/拍	

名稱	形式	質地	色彩	尺寸 高x寬cm	創作時間	收藏處所	典藏號碼
			設色	17.8 x 29		賣目錄 1989,12,04.	
花卉圖（8幀）	冊	紙	水墨	18 x 22.5		紐約 佳士得藝品拍賣公司/拍	
						賣目錄 1990,05,31.	
花鳥蔬果圖（16幀）	冊	紙	設色	（每幀）27.9 x 31.1	乾隆十八年（癸酉，1753）	紐約 佳士得藝品拍賣公司/拍 賣目錄 1994,06,01.	
花鳥圖	摺扇面	紙	水墨	17.5 x 53.5	乾隆十八年（癸酉，1753）三月	香港 佳士得藝品拍賣公司/拍 賣目錄 1996,04,28.	
花卉圖（12幀）	冊	紙	水墨	（每幀）21 x 14		紐約 佳士得藝品拍賣公司/拍 賣目錄 1998,03,24.	
花鳥圖（清揚州名家花果冊8之第4幀）	冊頁	絹	設色	不詳		香港 蘇富比藝品拍賣公司/拍 賣目錄 1999,10,31.	

畫家小傳：李鱓。字宗揚。號復堂。江蘇興化人。生於聖祖康熙二十五（1686）年，卒於高宗乾隆二十五（1760）年。聖祖康熙五十（1711）年舉人。檢選出任知縣。善畫花鳥，師法明林良，用筆縱橫馳騁，不拘繩墨，多得天趣。為「揚州八怪」之一。（見國朝畫徵錄、桐陰論畫、墨林今話、板橋集、中國畫家人名大辭典）

張宗蒼

名稱	形式	質地	色彩	尺寸 高x寬cm	創作時間	收藏處所	典藏號碼
山水	卷	絹	設色	18.2 x 51.3		台北 故宮博物院	故畫 01708
雪景	卷	紙	設色	28.5 x 154		台北 故宮博物院	故畫 01709
烟江叠嶂圖	卷	紙	水墨	25 x 190	乾隆元年（丙辰，1736）四月	瀋陽 故宮博物館	
雪溪帆影圖	卷	紙	設色	36 x 200.7		瀋陽 遼寧省博物館	
寒山千尺雪圖	卷	紙	設色	不詳	癸酉（乾隆十八年，1753)孟春	北京 故宮博物院	
雲林寺圖	卷	紙	設色	不詳		北京 中國歷史博物館	
白雲紅葉圖	卷	紙	設色	39.2 x 289	乾隆十七年（壬申，1752）	天津 天津市藝術博物館	
竹堂重陽高會圖（張宗蒼、余省、潘是稷、王玖、余洋合作）	卷	紙	設色	50.3 x 306.7	乾隆十七年壬申（1752）	天津 天津市藝術博物館	
惠山圖	卷	紙	設色	40.3 x 253.2		天津 天津市藝術博物館	
寒江共濟圖	卷	紙	水墨	31.9 x 215.7	乾隆癸亥（八年，1743）	上海 上海博物館	
負骸圖	卷	紙	水墨	不詳		上海 上海博物館	

名稱	形式	質地	色彩	尺寸 高x寬cm	創作時間	收藏處所	典藏號碼
盛青嶁肖像（周鎮州、張宗蒼合作）	卷	紙	設色	不詳	丁未（雍正五年，1727）	蘇州 江蘇省蘇州博物館	
飛閣流泉圖	卷	紙	水墨	39.5 x 153		廣州 廣東省博物館	
法梅花道人山水圖	卷	紙	水墨	19.4 x 185	乙卯（雍正十三年，1735）九秋上浣	美國 鳳凰市美術館（Mr.Roy And Marilyn Papp 寄存）	
仿董北苑筆意	軸	紙	水墨	102.5 x 58.1	乾隆癸亥（八年，1743）穀雨日	台北 故宮博物院	故畫 02761
摹倪瓚筆意	軸	紙	水墨	57 x 35.3	乾隆十一年（丙寅，1746）閏三月上浣	台北 故宮博物院	故畫 02760
佃漁樂事	軸	紙	設色	183.7 x 117.4	癸酉（乾隆十八年，1753）春二月	台北 故宮博物院	故畫 03049
江潮圖	軸	紙	設色	166.7 x 69.5		台北 故宮博物院	故畫 00775
天池石壁	軸	紙	設色	116.4 x 46.2		台北 故宮博物院	故畫 02726
萬笏朝天	軸	紙	設色	116.5 x 46		台北 故宮博物院	故畫 02727
石湖霽景	軸	紙	設色	116.9 x 46.4		台北 故宮博物院	故畫 02728
支硎翠岫	軸	紙	設色	116.4 x 46.3		台北 故宮博物院	故畫 02729
華山鳥道	軸	紙	設色	116.1 x 46.2		台北 故宮博物院	故畫 02730
靈岩積翠	軸	紙	設色	116.9 x 46.2		台北 故宮博物院	故畫 02731
寒山曉鐘	軸	紙	設色	116.8 x 46.3		台北 故宮博物院	故畫 02732
松雲溪館	軸	紙	設色	122.6 x 55.2		台北 故宮博物院	故畫 02733
青峯紅樹圖	軸	紙	設色	151.2 x 84		台北 故宮博物院	故畫 02734
松風溪閣	軸	紙	設色	120.2 x 59.7		台北 故宮博物院	故畫 02735
穹窿仙觀	軸	紙	設色	116.8 x 46.3		台北 故宮博物院	故畫 02736
雲峯飛瀑	軸	紙	設色	116.1 x 50.6		台北 故宮博物院	故畫 02737
白雲紅樹	軸	紙	設色	124 x 58.8		台北 故宮博物院	故畫 02738
蘇台春景	軸	紙	設色	116.5 x 46.1		台北 故宮博物院	故畫 02739
秋山行旅	軸	紙	設色	83.1 x 78.8		台北 故宮博物院	故畫 02740

名稱	形式	質地	色彩	尺寸 高×寬cm	創作時間	收藏處所	典藏號碼
秋山霽色	軸	紙	設色	71.5 × 43.9		台北 故宮博物院	故畫 02741
光福山橋	軸	紙	設色	116.1 × 46.1		台北 故宮博物院	故畫 02742
包山奇石	軸	紙	設色	116.6 × 46.2		台北 故宮博物院	故畫 02743
草堂趺坐	軸	紙	水墨	79.3 × 36.9		台北 故宮博物院	故畫 02744
法螺曲徑	軸	紙	設色	116.5 × 46.2		台北 故宮博物院	故畫 02745
雪景	軸	紙	設色	115.3 × 72.1		台北 故宮博物院	故畫 02746
莫釐縹緲	軸	紙	設色	116.9 × 46.2		台北 故宮博物院	故畫 02747
鄧尉香雪	軸	紙	設色	117 × 46.3		台北 故宮博物院	故畫 02748
千尺飛泉	軸	紙	設色	161.3 × 46.3		台北 故宮博物院	故畫 02749
水亭對瀑	圓幅	紙	設色	直徑 41.1		台北 故宮博物院	故畫 02750
竹亭觀瀑圖	軸	紙	設色	140.5 × 63.3		台北 故宮博物院	故畫 02751
海湧一峯	軸	紙	設色	116.9 × 46.3		台北 故宮博物院	故畫 02752
西湖圖	橫幅	紙	設色	77.6 × 96.3		台北 故宮博物院	故畫 02753
松陰高士圖	軸	紙	設色	150.2 × 65.6		台北 故宮博物院	故畫 02754
山水	軸	紙	水墨	138.1 × 64.3		台北 故宮博物院	故畫 02755
山水	軸	紙	設色	42.1 × 32.5		台北 故宮博物院	故畫 02756
山水（高宗御題）	軸	紙	設色	131.6 × 51.4		台北 故宮博物院	故畫 02757
千岩層雪（高宗御題）	軸	紙	設色	196.2 × 83.3		台北 故宮博物院	故畫 02758
摹黃公望山水	軸	紙	設色	123.8 × 47.4		台北 故宮博物院	故畫 02759
雲巘山樓	軸	紙	設色	111 × 98.3		台北 故宮博物院	故畫 03042
雲嵐松翠	軸	紙	設色	164.5 × 119.6		台北 故宮博物院	故畫 03043
秋雲紅葉	軸	紙	設色	152.1 × 118.3		台北 故宮博物院	故畫 03044
靈巖山圖	軸	紙	設色	184.8 × 150.8		台北 故宮博物院	故畫 03045
雪景	橫幅	紙	設色	77.9 × 122.6		台北 故宮博物院	故畫 03046
水軒吟眺	橫幅	綾	設色	84.5 × 116.2		台北 故宮博物院	故畫 03047

名稱	形式	質地	色彩	尺寸 高x寬cm	創作時間	收藏處所	典藏號碼
柳溪放艇	橫幅	紙	設色	49.8 x 110.3		台北 故宮博物院	故畫 03048
花塢春泉（高宗御題）	軸	紙	設色	139.3 x 92.9		台北 故宮博物院	故畫 03050
荻浦秋帆（高宗御題）	軸	紙	設色	139.3 x 92.6		台北 故宮博物院	故畫 03051
柳塘夏雨（高宗御題）	軸	紙	設色	139.8 x 92.8		台北 故宮博物院	故畫 03052
雪景（高宗御題）	軸	紙	設色	139.7 x 92.8		台北 故宮博物院	故畫 03053
摹郭熙筆意	軸	紙	設色	137.3 x 115.4		台北 故宮博物院	故畫 03054
雲崖錦樹	軸	紙	設色	182.6 x 133		台北 故宮博物院	故畫 03757
寒灘漁泊	軸	紙	設色	99.2 x 164		台北 故宮博物院	故畫 03766
虎山橋訪友圖（為夢堂作）	軸	紙	水墨	43.5 x 62.2	乾隆甲子（九年，1744）上元	台北 國泰美術館	
雲林煙艇圖	軸	紙	水墨	127.9 x 49		台北 鴻禧美術館	C2-831
山水圖	軸	紙	設色	123.6 x 35		香港 中文大學中國文化研究所文物館	84.2
松亭杳靄圖	軸	紙	水墨	93.7 x 54.1		香港 許晉義崇宜齋	
山徑看雲圖	軸	紙	設色	不詳		長春 吉林省博物館	
寒江釣雪圖	軸	紙	設色	不詳	雍正戊申（六年，1728）	瀋陽 故宮博物院	
松山楓樹圖（為翼謀作）	軸	紙	設色	77 x 44	癸亥（乾隆八年，1743）七月	瀋陽 故宮博物館	
秋林青嶂圖	軸	紙	設色	不詳	乾隆癸亥（八年，1743）七月新秋	瀋陽 故宮博物館	
江天笑傲圖	軸	紙	水墨	不詳	甲子（乾隆九年，1744）	瀋陽 故宮博物館	
水閣雲峰圖	軸	絹	設色	103.6 x 53	己巳（乾隆十四年，1749）冬初十月下浣	瀋陽 遼寧省博物館	
盤山別墅圖	軸	紙	設色	不詳		北京 故宮博物院	
山水圖	軸	紙	水墨	不詳	癸酉（乾隆十八年，1753）	北京 首都博物館	
山水圖	軸	紙	設色	不詳	雍正辛亥（九年，1731）九月	北京 中央工藝美術學院	
仿大癡山水圖	軸	紙	水墨	106 x 61	乾隆癸亥（八年，1743）	天津 天津市藝術博物館	

名稱	形式	質地	色彩	尺寸 高x寬cm	創作時間	收藏處所	典藏號碼
黃鼎像（張宗蒼、倪驤合作）	軸	紙	設色	62.2 x 101.6	乾隆九年甲子（1744）	天津 天津市藝術博物館	
仿王蒙山水圖	軸	紙	設色	128 x 64.2		天津 天津市藝術博物館	
長亭過客圖	軸	紙	設色	93.1 x 97.6		天津 天津市藝術博物館	
巖谷水邨圖	軸	紙	設色	96.1 x 71.8		天津 天津市藝術博物館	
仿子久夏山圖	軸	絹	設色	147.5 x 74.5	乙丑（乾隆十年，1745）	天津 天津市楊柳青畫社	
山店遊人圖	軸	絹	設色	136 x 58	雍正辛亥（九年，1731）秋八月	濟南 山東省博物館	
仿王蒙山水圖	軸	絹	設色	162 x 80	雍正辛亥（九年，1731）	青島 山東省青島市博物館	
嵩山古柏圖（為玉盟作）	軸	絹	設色	不詳	乾隆癸酉（十八年，1753）春三月	揚州 江蘇省揚州市博物館	
仿吳鎮山水圖	軸	紙	水墨	170.7 x 29.9	壬寅（康熙六十一年，1722）	上海 上海博物館	
嵩山古柏圖（為西疇作）	軸	紙	設色	不詳	雍正丙午（四年，1726）十月	上海 上海博物館	
仿倪黃山水圖	軸	紙	水墨	110.5 x 53	乾隆元年（丙辰，1736）	上海 上海博物館	
仿趙大年山水圖	軸	絹	設色	不詳	丙辰（乾隆元年，1736）	上海 上海博物館	
仿大癡秋山圖	軸	紙	設色	不詳	辛酉（乾隆六年，1741）春二月	上海 上海博物館	
仿大癡秋山圖	軸	紙	設色	93.2 x 46.4	乾隆七年，壬戌（1742）春二月	上海 上海博物館	
萬壑千崖圖	軸	紙	設色	126.9 x 45.9	乾隆九年，甲子（1744）清和	上海 上海博物館	
擬董源筆作萬木奇峰圖	軸	紙	水墨	155.5 x 54.3	乾隆戊辰（十三年，1747）夏五	上海 上海博物館	
岳陽大觀圖	軸	絹	設色	不詳		上海 上海博物館	
萬木奇峰圖	軸	紙	水墨	133.9 x 86.6		上海 上海博物館	
富春山圖	軸	絹	設色	153.5 x 78	乾隆元年（丙辰，1736）春分日	南京 南京博物院	

名稱	形式	質地	色彩	尺寸 高x寬㎝	創作時間	收藏處所	典藏號碼
仿倪黃小景圖（為鶴舫作）	軸	紙	水墨	65.4 x 33.8	乾隆乙丑（十年，1745）九月上浣	南京 南京博物院	
西湖行宮八景圖	橫幅	紙	設色	不詳		常州 江蘇省常州市博物館	
仿趙孟頫山水圖	軸	紙	設色	142.3 x 65.7	乾隆十五年（庚午，1750）九月	無錫 江蘇省無錫市博物館	
淮南秋色圖	軸	紙	水墨	不詳	乾隆五年（庚申，1740）	蘇州 江蘇省蘇州博物館	
南山圖	軸	絹	設色	不詳	乾隆丙寅（十一年，1746）	蘇州 江蘇省蘇州博物館	
仿大癡富春圖	軸	紙	設色	134 x 63	乾隆十四年（己巳，1749）	成都 四川省博物院	
仿王蒙山水圖	軸	紙	水墨	不詳	丙辰（乾隆元年，1736）	廣州 廣州市美術館	
飛流寒江圖	軸	紙	設色	111.5 x 88		廣州 廣州市美術館	
嵩山古柏圖	軸	紙	設色	83.3 x 130.6	雍正丙午（四年，1726）	日本 東京山本悌二郎先生	
倪黃小景山水	軸	紙	水墨	不詳	乾隆乙丑（十年，1745）九月上浣	日本 東京河井荃廬先生	
山水（倣大癡老人筆意）	軸	紙	水墨	不詳	雍正壬子（十年，1732）春日	日本 京都飯田新七先生	
山水圖	軸	紙	水墨	51.5 x 41.8		日本 京都富岡益太郎先生	
萬笏朝天圖	軸	紙	設色	115.5 x 44.6		日本 大阪市立美術館	
寫唐解元意山水圖	軸	紙	設色	92.4 x 61.7	乾隆十四年己巳（1749）冬十月上浣	日本 兵庫縣黑川古文化研究所	
避暑山莊三十六景（上冊、18幀）	冊	紙	紙	不詳		台北 故宮博物院	故畫 03373
避暑山莊三十六景（下冊、18幀）	冊	紙	紙	不詳		台北 故宮博物院	故畫 03374
山水圖（12幀,張宗蒼8幀,張治4幀）	冊	紙	設色	（每幀）26.3 x 33.2		台南 石允文先生	
山水圖（8幀）	冊	紙	設色	不詳	乾隆十三年戊辰（1748）	長春 吉林大學	
仿王蒙山水圖	摺扇面	金箋	水墨	15.9 x 49		北京 故宮博物院	
仿宋元各家山水圖（30幀）	冊	紙	水墨	不詳		北京 中國歷史博物館	

名稱	形式	質地	色彩	尺寸 高x寬cm	創作時間	收藏處所	典藏號碼
仿古山水圖（12幀）	冊	紙	設色	（每幀）27 x 43	乾隆甲子（九年，1744）	北京 北京市文物局	
山水圖	摺扇面	紙	水墨	不詳	己酉（雍正七年，1729）	天津 天津市藝術博物館	
摹古山水圖（10幀）	冊	紙	水墨	（每幀）23 x 31.7	雍正壬子（十年，1732）	天津 天津市藝術博物館	
山水圖（清周笠等雜畫冊8之1幀）	冊頁	紙	設色	不詳	（辛酉，乾隆六年，1741）	天津 天津市藝術博物館	
仿古山水圖（10幀）	冊	紙	設色、水墨	（每幀）25.8 x 31.2	乾隆辛未（十六年，1751）五月	上海 上海博物館	
柳堤行旅圖（名筆集勝圖冊12之第9幀）	冊頁	紙	設色	約23.9x32.8	己酉（雍正七年，1729）嘉平	上海 上海博物館	
琵琶行詩意圖	摺扇面	紙	設色	不詳	乙巳（雍正三年，1725）	南京 南京博物院	
秋江釣月圖	摺扇面	紙	設色	不詳	乙亥（乾隆二十年，1755）	南京 南京博物院	
仿宋元山水圖（8幀）	冊	紙	設色	（每幀）28 x 43	乾隆庚午（十五年，1750）	無錫 江蘇省無錫市博物館	
納涼弄筆圖	摺扇面	紙	水墨	不詳	雍正乙巳（三年，1725）	寧波 浙江省寧波市天一閣文物保管所	
仿古山水圖（10幀）	冊	紙	設色	（每幀）30 x 43	雍正庚戌（八年，1730）長夏	廣州 廣東省博物館	
山水圖	冊頁	綾	水墨	25.7 x 20.7		日本 大阪橋本大乙先生	
撫趙文敏秋山圖	冊頁	紙	水墨	26.6 x 34.3		日本 兵庫縣黑川古文化研究所	
山水圖（清人名家書畫扇面冊之1幀）	摺扇面	金箋	設色	17.5 x 49.5	雍正己酉（七年，1729）	日本 中埜又左衛門先生	
山水圖（？幀）	冊	紙	水墨、設色	（每幀）3.7 x 4.4		美國 紐約大都會藝術博物館	42.74.1
仿古山水圖（6幀）	冊	紙	設色	（每幀）15.6 x 22.1		美國 舊金山亞洲藝術館	B60 D124
山水圖	摺扇面	紙	水墨	32.3 x 29.1		美國 火魯奴奴市 Hutchin-son 先生	
山水圖	冊頁	紙	設色	32.6 x 28.7		瑞典 斯德哥爾摩遠東古物館	NMOK372

名稱	形式	質地	色彩	尺寸 高x寬㎝	創作時間	收藏處所	典藏號碼
擬宋元八家遺法山水圖（8幀）	冊	紙	水墨	（每幀）24.1 x 27.8	乾隆十三年戊辰（1748）夏七月一日	瑞士 蘇黎士黎得堡博物館	RCH.1162
附：							
仿王原祁山水圖	卷	紙	水墨	30 x 484.5	乾隆十五年（庚午，1750）夏六月	濟南 山東省濟南市文物商店	
仿倪瓚山水圖	短卷	紙	水墨	25.5 x 48	雍正甲寅（十二年，1734）秋日	紐約 佳士得藝品拍賣公司/拍賣目錄 1995,09,19.	
山水圖	卷	紙	水墨	20.2 x 130.5	雍正庚戌（八年，1730）三月	紐約 佳士得藝品拍賣公司/拍賣目錄 1995,10,29.	
味經窩圖	卷	紙	設色	29.9 x 276.2	雍正十有三年（乙卯，1735）清和望日	紐約 佳士得藝品拍賣公司/拍賣目錄 1996,09,18.	
摹古山水圖	卷	紙	水墨	30.5 x 186.3	雍正壬子（十年，1733）春三月	香港 佳士得藝品拍賣公司/拍賣目錄 1998,09,15.	
山水圖	軸	絹	水墨	不詳		北京 中國文物商店總店	
仲圭遺則圖	軸	紙	水墨	97.2 x 50.7	雍正壬子（十年，1733）	上海 上海友誼商店古玩分店	
摹董源萬木奇峰圖	軸`	絹	設色	160 x 92	壬子（雍正十年，1732）新秋	上海 朵雲軒	
仿巨然山水圖	軸	紙	水墨	不詳	雍正乙卯（十三年，1735）	上海 朵雲軒	
山水圖（高宗戊子御題）	軸	紙	設色	42.5 x 32.7		紐約 蘇富比藝品拍賣公司/拍賣目錄 1980,12,18.	
仿黃公望山水圖	軸	紙	設色	132 x 61.3	雍正壬子（十年，1732）春三月	紐約 蘇富比藝品拍賣公司/拍賣目錄 1984,06,13.	
寒林飛瀑圖	軸	紙	水墨	102 x 54.5	雍正己酉（七年，1729）嘉平	紐約 佳仕得藝品拍賣公司/拍賣目錄 1986,06,04.	
寒山曉鐘圖	軸	紙	設色	114.3 x 44.5		紐約 佳仕得藝品拍賣公司/拍賣目錄 1986,12,01.	
寫大癡老人法山水圖	軸	紙	水墨	57.8 x 29.2	戊辰（乾隆十三年，1748）秋日	紐約 佳士得藝品拍賣公司/拍賣目錄 1987,12,11.	
仿梅道人山水圖	軸	紙	水墨	184.1 x 96.5	癸酉（乾隆十八年，1753）秋七月下浣	紐約 佳士得藝品拍賣公司/拍賣目錄 1989,06,01.	

名稱	形式	質地	色彩	尺寸 高x寬cm	創作時間	收藏處所	典藏號碼
雲林煙艇圖（高宗御題）	軸	紙	水墨	127.5 x 49	高宗題於乙亥（乾隆二十年，1755）清和	紐約 佳士得藝品拍賣公司/拍賣目錄 1992,06,02.	
仿黃公望富春大嶺圖	軸	紙	設色	142.2 x 52.5	己巳（乾隆十四年，1749）夏五月	香港 佳士得藝品拍賣公司/拍賣目錄 1995,04,30.	
仿古山水圖（12幀）	冊	紙	設色	不詳	乾隆九年（甲子，1744）二月	北京 北京市文物商店	
仿古山水圖（12幀）	冊	紙	設色	不詳	乾隆九年（甲子，1744）九月廿日	北京 北京市文物商店	
仿古山水圖（8幀）	冊	紙	設色	不詳	乾隆十三年（戊辰，1748）	上海 上海文物商店	
仿古山水圖（8幀）	冊	紙	水墨	（每幀）23.8 x 23		上海 上海工藝品進出口公司	
仿古山水圖（12幀）	冊	紙	水墨、設色	（每幀）26 x 13	乾隆十三年（戊辰，1748）夏日	紐約 蘇富比藝品拍賣公司/拍賣目錄 1981.10.25.	
落日餘暉圖（清名家山水花鳥集冊第1幀）	冊頁	紙	設色	不詳	乾隆戊午（三年，1738）秋日	紐約 佳士得藝品拍賣公司/拍賣目錄 1989,12,04.	
摹梅花庵主筆意山水圖	摺扇面	紙	水墨	15 x 46.5	辛丑（康熙六十年，1721）新秋	紐約 佳士得藝品拍賣公司/拍賣目錄 1993,06,04.	
山水圖（清名家山水花鳥冊16之1幀）	冊頁	紙	設色	不詳	乾隆戊午（三年，1738）秋日	紐約 佳士得藝品拍賣公司/拍賣目錄 1996,09,18.	

畫家小傳：張宗蒼。字默存、墨岑。號篁村、瘦竹。江蘇吳縣人。生於聖祖康熙二十五（1686）年，卒於高宗乾隆二十一（1756）年。善畫山水，出自黃鼎門下。高宗南巡，以呈畫命入內廷祗候。作品沉渾蒼鬱，極得高宗喜愛，特授官戶部主事。（見國朝畫徵錄、熙朝名畫錄、桐陰論畫、墨林今話、甦叟養窩閒記、中國畫家人名大辭典）

陳　善

江城春曉圖	軸	絹	設色	164.7 x 104.6	雍正壬子（十年，1732）季秋	揚州 江蘇省揚州市博物館	
樹林圖	摺扇面	紙	設色	17 x 52.3		香港 潘祖堯小聽颿樓	CP54
寫景山水圖（12幀）	冊	紙	設色	不詳	乾隆乙酉（三十年，1765）春初	北京 中國歷史博物館	

畫家小傳：陳善。大興人。生於聖祖康熙二十五（1686）年，高宗乾隆三十（1765）年尚在世。為唐岱弟子。善畫山水，多用焦墨，丘壑深邃；亦工人物。雍正時供奉畫院。京師人呼之小陳相公。（見國朝畫徵續錄、書畫紀略、中國畫家人名大辭典）

金德鑑

名稱	形式	質地	色彩	尺寸 高x寬cm	創作時間	收藏處所	典藏號碼
仿米南宮山水圖	冊頁	紙	水墨	33.5 x 41		台北 黃君璧白雲堂	
仿趙大年山水圖	冊頁	紙	設色	33.5 x 41		台北 黃君璧白雲堂	
附：							
摹王廉州秋山圖	軸	紙	水墨	不詳		上海 上海文物商店	

畫家小傳：金德鑑。字保三。號前釋老人。江蘇元和人，流寓上海。精醫術。工畫山水，仿王蒙、趙孟頫、文徵明諸家，秀潤蒼鬱；青綠尤精妙入神。（見海上墨林、芥子園畫譜、中國畫家人名大辭典）

赫 奕

名稱	形式	質地	色彩	尺寸 高x寬cm	創作時間	收藏處所	典藏號碼
雲山圖	卷	絹	設色	不詳		丹東 遼寧省丹東市抗美援朝紀念館	
秋山圖	軸	絹	設色	105.5 x 48.4		台北 故宮博物院	故畫 02376
秋山凝翠	軸	絹	設色	71 x 28		台北 故宮博物院	故畫 02377
秋山平遠	軸	絹	設色	99.4 x 48.3		台北 故宮博物院	故畫 02378
秋山晴翠	軸	絹	設色	95 x 48.5		台北 故宮博物院	故畫 02379
秋山雲樹	軸	絹	設色	139.8 x 61.2		台北 故宮博物院	故畫 02380
晴嵐晚翠	軸	絹	設色	99.2 x 51.2		台北 故宮博物院	故畫 02381
丹楓翠岫	軸	絹	設色	81.5 x 38.3		台北 故宮博物院	故畫 02382
雨墅風林	軸	絹	水墨	57.3 x 44.8		台北 故宮博物院	故畫 02383
水村圖	軸	絹	設色	108.9 x 42.5		台北 故宮博物院	故畫 02384
禁園秋霽	軸	絹	設色	84.8 x 58.9		台北 故宮博物院	故畫 02385
竹梧清景	軸	絹	設色	79.6 x 43		台北 故宮博物院	故畫 02386
茆亭竹樹	軸	絹	水墨	86.6 x 39.4		台北 故宮博物院	故畫 02387
山中讀畫圖	軸	絹	設色	104.7 x 53.4		台北 故宮博物院	故畫 02388
林亭圖	軸	紙	水墨	98 x 42.5	癸巳（康熙五十二年1713）二月春分前二日	台北 故宮博物院	故畫 02389
畫漁父詞	軸	紙	水墨	64.8 x 35.7		台北 故宮博物院	故畫 02390
畫唐人詩意	軸	絹	設色	34.1 x 58.7		台北 故宮博物院	故畫 02391
仿倪黃合作筆意	軸	絹	設色	114 x 52.6		台北 故宮博物院	故畫 02392
烟江漁艇	軸	絹	設色	111.5 x 50.2		台北 故宮博物院	故畫 00687

名稱	形式	質地	色彩	尺寸 高×寬㎝	創作時間	收藏處所	典藏號碼
山水	軸	絹	設色	107.6 × 45.6		台北 故宮博物院	故畫 00688
丹中餘閑	軸	紙	設色	85 × 71	丁亥（康熙四十六年，1707）三月	台北 李鴻球先生	
秋水孤亭圖	軸	絹	設色	92 × 48	丁酉（康熙四十四年，1705）	瀋陽 遼寧省博物館	
秋江閑棹圖	軸	絹	設色	不詳	丙申（康熙五十五年，1716）	北京 中國歷史博物館	
疏樹秋暉圖	軸	紙	設色	81.5 × 46.9	丁酉（康熙五十六年，1717）	天津 天津市藝術博物館	
山水圖	軸	絹	設色	不詳		天津 天津市藝術博物館	
蜀江巫峽圖	軸	絹	水墨	100 × 48		廣州 廣東省博物館	
一望春綠（山水人物泥金扇面冊之16）	摺扇面	泥金箋	設色	17.8 × 54.7		台北 故宮博物院	故畫 03561-16
山水圖（12幀）	冊	紙	水墨	（每幀）32 × 22	己未（康熙十八年，1679）	瀋陽 故宮博物院	
唐人詩意山水圖（12幀）	冊	紙	設色	不詳	戊申（雍正六年，1728）春日	旅順 遼寧省旅順博物館	
仿元人山水圖（8幀）	冊	紙	設色	不詳	丁未（雍正五年，1727）	北京 故宮博物院	
山水圖（6幀）	冊	紙	設色	（每幀）28.2 × 20		天津 天津市藝術博物館	
仿元人山水圖（8幀）	冊	紙	設色	（每幀）47 × 33		太原 山西省博物館	
山水圖（10幀）	冊	紙	水墨、設色	（每幀）45.8 × 31.9	乙巳（雍正三年，1725）夏	上海 上海博物館	
山水圖	摺扇面	金箋	水墨	不詳		日本 江田勇二先生	
山水圖	摺扇面	金箋	水墨	不詳		日本 江田勇二先生	
擬董思翁筆意山水圖	摺扇面	金箋	水墨	不詳		日本 江田勇二先生	
山水圖	摺扇面	金箋	設色	不詳		日本 江田勇二先生	
附：							
秋江獨釣圖	軸	紙	水墨	84 × 71	丁亥（康熙四十六年 1707）三月	紐約 佳士得藝品拍賣公司/拍賣目錄 1990,05,31.	
山水圖（12幀）	冊	紙	設色	（每幀）34.6	戊申（雍正六年，	紐約 佳士得藝品拍賣公司/拍	

名稱	形式	質地	色彩	尺寸 高x寬㎝	創作時間	收藏處所	典藏號碼
				x 25.1	1728）春日	賣目錄 1996,09,18.	

畫家小傳：赫奕（一作頤）。滿洲正白旗人。姓赫里舍氏。字澹士。號南谷、碧巖簫史、碧簫外史。仕官至工部尚書。生性澹泊，琴書之外專事於畫。善畫山水，為王原祁弟子，宗法元人，不染時習，峰巒渾厚，草木華滋，別開生面。時有南王北赫之稱。流傳署款紀年作品見於聖祖康熙五十（1711）年，至世宗雍正六(1728)年。（見國朝畫徵錄、桐陰論畫、讀畫輯略、中國美術家人名辭典）

王 土

名稱	形式	質地	色彩	尺寸 高x寬㎝	創作時間	收藏處所	典藏號碼
花鳥圖	卷	紙	水墨	不詳	庚子（康熙五十九年，1720）	北京 故宮博物院	
四季花卉圖	卷	紙	水墨	32 x 510	丙申（康熙五十五年，1716）春日	成都 四川大學	
竹石雙鷹圖	軸	絹	設色	不詳	辛卯（康熙五十年，1711）春日	成都 四川省博物院	
竹石雙鴉圖	軸	綾	水墨	不詳	辛卯（康熙五十年，1711）仲冬	成都 四川省博物院	

畫家小傳：王土。字子毛。拓城人，居河南商丘。善畫花鳥、竹石，極獲張庚（浦山）讚賞。流傳署款紀年作品見於聖祖康熙五十（1711）至五十五(1716)年。（見國朝畫徵錄、中國畫家人名大辭典）

朱汝琳

名稱	形式	質地	色彩	尺寸 高x寬㎝	創作時間	收藏處所	典藏號碼
草蟲	卷	紙	設色	28.4 x 410.2	康熙辛卯（五十年，1711）暮春	台北 故宮博物院	故畫 01738

畫家小傳：朱汝琳。籍里、身世不詳。聖祖康熙五十（1711）年作草蟲卷，曾獲高宗睿題。（見熙朝名畫錄、石渠寶笈續編、中國美術家人名辭典）

沈 喻

名稱	形式	質地	色彩	尺寸 高x寬㎝	創作時間	收藏處所	典藏號碼
山水（畫幅集冊 27 之 1 幀）	冊頁	紙	設色	37.9 x 20.1		台北 故宮博物院	故畫 01279-15
山水（畫幅集冊 27 之 1 幀）	冊頁	紙	水墨	33 x 27.5		台北 故宮博物院	故畫 01279-16
山水（畫幅集冊 27 之 1 幀）	冊頁	絹	設色	31.7 x 31.9		台北 故宮博物院	故畫 01279-17

畫家小傳：沈喻。籍里、身世不詳。聖祖康熙時，任職內務府司庫。善畫，似摹法董、巨。康熙五十（1711）年，曾奉召繪避暑山莊圖。（見國朝畫徵錄、國朝畫院錄、中國畫家人名大辭典）

張 照

名稱	形式	質地	色彩	尺寸 高x寬㎝	創作時間	收藏處所	典藏號碼
臨王穀祥梅花	軸	紙	水墨	61.3 x 30.2	雍正七年（己酉，1729）五月	台北 故宮博物院	故畫 00764
觀音	軸	紙	水墨	不詳		台北 故宮博物院	國贈 024979

名稱	形式	質地	色彩	尺寸 高x寬cm	創作時間	收藏處所	典藏號碼
墨梅（張照畫扇冊、12幀）	冊	紙	水墨	不詳		台北 故宮博物院	故畫 03238
梅花圖（9幀）	冊	紙	水墨	（每幀）24.5 x 15		天津 天津市藝術博物館	
梅花圖（12幀）	冊	紙	水墨	不詳	雍正甲辰（二年，1724）正月二日	上海 上海博物館	
梅花圖（12幀）	冊	紙	水墨	不詳	雍正六年（戊申，1728）正月二日	上海 上海博物館	
墨梅圖（高簡、張照梅花圖合冊10之5幀）	冊	紙	水墨	（每幀）26.3 x 32.3不等		南京 南京博物院	
梅花圖（10幀）	冊	紙	水墨	（每幀）23.2 x 14.5	雍正甲辰（二年，1724）六月	廣州 廣州市美術館	
附：							
梅花圖（10幀）	冊	紙	水墨	（每幀）25.1 x 41.6	雍正癸卯（元年，1723）十正月	紐約 佳士得藝品拍賣公司/拍 賣目錄 996,03,27.	

畫家小傳：張照。字得天。號涇南、梧囡、天瓶居士。江蘇華亭人。生於聖祖康熙三十（1691）年。卒於高宗乾隆十（1745）年。康熙四十八年進士。工詩、文。善書、畫，為藝林稱重。畫善墨梅、白描大士，雅秀有致。（見國朝畫識、桐陰論畫、書畫紀略、實楔軒詩文集、海上墨林、中國畫家人名大辭典）

葉 翕

山棧行旅圖	軸	紙	設色	不詳		日本 江田勇二先生	
石壁漁舟	摺扇面	紙	設色	16.4 x 48.3		台北 故宮博物院	故扇 00292

畫家小傳：葉翕。字雲將。號桐庵。籍里、身世不詳。善畫山水。（見圖繪寶鑑續纂、中國畫家人名大辭典）

徐用錫

附：

秋山蕭寺圖	軸	紙	設色	161 x 75	辛卯（康熙五十年，1711）季秋	紐約 佳士得藝品拍賣公司/拍 賣目錄 1995,03,22.	

畫家小傳：徐用錫。字晉齋。浙江嘉興人。工詩畫。畫山水，宗法王原祁，能作巨幅。流傳署款紀年作品見於聖祖康熙五十（1711）年。（見墨林今話、中國畫家人名大辭典）

黃 松

奇峰幽谷圖	軸	絹	水墨	不詳		濟南 山東省博物館	
秋塘鷺鷥圖	軸	絹	水墨	不詳		上海 上海博物館	
荷鷺圖	軸	紙	設色	不詳		南京 南京市博物館	

名稱	形式	質地	色彩	尺寸 高×寬㎝	創作時間	收藏處所	典藏號碼

| 游蝦圖 | 摺扇面 | 金箋 | 水墨 | 不詳 | | 合肥 安徽省博物館 | |

畫家小傳：黃松，署名多作太松。字天其。號黃石。太平（一作寧國）人。善畫花鳥，為蔣廷錫弟子，能傳其法，用筆清勁，傅色明艷；亦能作山水。（見圖繪寶鑑續纂、國朝畫識、寧國府志、歷代畫史彙傳、中國畫家人名大辭典）

楊 履
附：

| 山水圖（清楊履等山水冊12之3幀） | 冊頁 | 絹 | 設色 | 不詳 | 辛卯（？康熙五十年，17111) | 上海 朵雲軒 | |

畫家小傳：楊履。畫史無載。流傳署款作品紀年疑似聖祖康熙五十（1711）年。身世待考。

陶 騮
附：

| 山水圖（清楊履等山水冊12之3幀） | 冊頁 | 絹 | 設色 | 不詳 | | 上海 朵雲軒 | |

畫家小傳：陶騮。畫史無載。與楊履同時。身世待考。

楚 琛
附：

| 山水圖（清楊履等山水冊12之3幀） | 冊頁 | 絹 | 設色 | 不詳 | | 上海 朵雲軒 | |

畫家小傳：楚琛。畫史無載。與楊履同時。身世待考。

陸羽漸
附：

| 山水圖（清楊履等山水冊12之3幀） | 冊頁 | 絹 | 設色 | 不詳 | | 上海 朵雲軒 | |

畫家小傳：陸羽漸。畫史無載。與楊履同時。身世待考。

王 稷

| 攜琴山遊圖 | 軸 | 絹 | 設色 | 不詳 | 壬辰（康熙五十一年，1712）季秋 | 濟南 山東省博物館 | |

附：

| 仿古山水圖（？幀） | 冊 | 絹 | 設色 | 不詳 | | 北京 北京市工藝品進出口公司 | |

名稱	形式	質地	色彩	尺寸 高×寬cm	創作時間	收藏處所	典藏號碼

畫家小傳：王稷。畫史無載。流傳署款紀年作品見於聖祖康熙五十一（1712）年。身世待考。

胡 鎮

名稱	形式	質地	色彩	尺寸 高×寬cm	創作時間	收藏處所	典藏號碼
魚躍鳥飛圖	軸	絹	設色	151.1 × 81.5		日本 京都國立博物館	A甲687

畫家小傳：胡鎮。畫史無載。身世待考。

金 農

名稱	形式	質地	色彩	尺寸 高×寬cm	創作時間	收藏處所	典藏號碼
梅景圖	卷	紙	設色	18.5 × 113.4		台北 故宮博物院（蘭千山館寄存）	
橫枝疏影圖	卷	紙	水墨	31.5 × 97.5	七十五翁（（乾隆二十六年，1761）	台北 長流美術館	
梅花圖（4 冊頁裝）	卷	絹	設色	（每頁）40 × 60	乾隆庚辰（二十五年，1760）十月	香港 中文大學中國文化研究所文物館	
紅白梅花圖（為玲瓏山館主作）	卷	絹	設色	38.5 × 349.5		香港 霍寶材先生	
十香圖	卷	紙	水墨	22 × 487.5	庚午（乾隆十五年，1750）	上海 上海博物館	
梅花圖	卷	紙	水墨	9.4 × 107.3	七十六叟（乾隆二十七年，1762）	南京 南京博物院	
梅花袖珍圖	卷	紙	水墨	不詳	壬午（乾隆二十七年，1762)	廣州 廣東省博物館	
寒梅欲雪水墨圖（為本初長老作）	卷	絹	水墨	不詳	乾隆丙子（二十一年，1756）十二月	? 李初梨先生	
臨趙榮祿畫馬圖	卷	絹	設色	29.8 × 158.7		日本 奈良大和文華館	1139
墨梅圖（仿逃禪老人畫法）	卷	紙	水墨	29 × 251.5	乾隆丙子（二十一年，1756）春三月望後二日	日本 大阪橋本大乙先生	
歲寒三友圖	卷	紙	設色	26.1 × ?		瑞典 斯德哥爾摩遠東古物館	
墨竹	軸	紙	水墨	115.9 × 39		台北 故宮博物院（蘭千山館寄存）	
墨梅圖	軸	紙	水墨	136 × 28.5	乾隆三十五年（庚寅，1770）四月朔日	台北 國泰美術館	
白梅圖	軸	紙	水墨	117 × 33	七十三翁（乾隆二十四年，1759）	台北 長流美術館	
墨梅圖	軸	紙	水墨	88.8 × 30.6		台北 蘭千山館	

名稱	形式	質地	色彩	尺寸 高×寬cm	創作時間	收藏處所	典藏號碼
菖蒲圖	軸	紙	水墨	120.1 x 27.2	七十二翁（乾隆二十三年，1758）	台北 蘭千山館	
水墨梧桐	軸	紙	水墨	35 x 49		台北 李鴻球先生	
仿王冕墨梅圖	軸	絹	水墨	130.6 x 71.4		台北 陳啟斌畏罍堂	
梅花圖	軸	紙	水墨	95.5 x 27.7	乾隆庚辰（二十五年，1760）二月，七十四翁	香港 何耀光至樂樓	
臨李公麟觀音圖	軸	紙	設色	113.4 x 45.7		香港 羅桂祥先生	
獨馬圖	軸	紙	水墨	120.5 x 57.5		香港 劉作籌虛白齋	
蘭竹石圖	軸	紙	水墨	113.4 x 41.4	乾隆庚午（十五年，1750）浴佛日	新加坡 Dr.E.Lu	
紅墨二色梅圖	軸	紙	設色	123 x 28	七十四翁（乾隆二十五年，1760）	瀋陽 故宮博物館	
梅花圖	軸	紙	水墨	167 x 98		瀋陽 故宮博物館	
秋風圖	軸	絹	設色	86.2 x 32.2	年七十六（乾隆二十七年，1762）	瀋陽 遼寧省博物館	
葫蘆圖	軸	絹	水墨	34 x 24		瀋陽 遼寧省博物館	
仿王元章梅花圖（為香雨作）	軸	紙	水墨	116.8 x 43.5	（乾隆二十一年，丙子，1756)	北京 故宮博物院	
龍窠樹下佛圖	軸	紙	設色	不詳	乾隆二十五年（庚辰，1760）三月廿二日	北京 故宮博物院	
梅花圖	軸	紙	水墨	125.4 x 27	（乾隆二十五年，庚辰，1760)	北京 故宮博物院	
丹竹玄石圖	軸	紙	設色	89.5 x 33.7	（乾隆二十五年，庚辰，1760)	北京 故宮博物院	
林下清風圖	軸	絹	設色	不詳	乾隆二十六年（辛巳，1761）建寅之月	北京 故宮博物院	
月華圖	軸	紙	水墨	不詳	乾隆二十六年（辛巳，1761)	北京 故宮博物院	
自畫像	軸	紙	設色	131.4 x 59		北京 故宮博物院	

名稱	形式	質地	色彩	尺寸 高x寬㎝	創作時間	收藏處所	典藏號碼
梅花圖	軸	紙	水墨	129 × 26.5	七十四翁（乾隆二十五年，1760）	北京 中國歷史博物館	
醉鍾馗圖	軸	紙	設色	不詳	七十三翁（乾隆二十四年，1759）	北京 中國美術館	
雙色梅花圖	軸	紙	水墨	129.5 × 56.3	七十四翁（乾隆二十五年，1760）	北京 中國美術館	
梅花圖	軸	絹	水墨	不詳	七十二翁（乾隆二十三年，1758）	北京 首都博物館	
秋風落梅圖	軸	絹	水墨	不詳		北京 中央工藝美術學院	
梅花圖	軸	紙	水墨	130 × 52.1	庚辰（乾隆二十五年，1760）	天津 天津市藝術博物館	
佛像	軸	紙	設色	133 × 62.5	乾隆二十五年（庚辰，1760）	天津 天津市歷史博物館	
洞庭枇杷圖（為晉嚴作）	軸	紙	設色	不詳	壬午（乾隆二十七年，1762）	濟南 山東省濟南市博物館	
古佛圖	軸	絹	設色	117 × 47	七十四（乾隆二十五年，1760）	煙臺 山東省煙臺市博物館	
梅花圖	軸	紙	水墨	138 × 92	七十四歲（乾隆二十五年，1760）	合肥 安徽省博物館	
梅花圖	軸	絹	設色	128 × 40.5	七十五（乾隆二十六年，1761）	合肥 安徽省博物館	
牆竹圖	軸	絹	水墨	32.7 × 45.9	乾隆丁丑（二十二年，1757）	揚州 江蘇省揚州市博物館	
梅花圖	軸	絹	設色	128.8 × 40	七十又五歲（乾隆二十六年，辛巳，1761）	揚州 江蘇省揚州市博物館	
梅花圖（為湘文作）	軸	絹	水墨	96.8 × 40.7	壬午（乾隆二十七年，1762）孟冬	揚州 江蘇省揚州市博物館	
墨竹圖	軸	紙	水墨	112 × 30.6	乾隆庚午（十五年，1750）五月	上海 上海博物館	
墨竹圖	軸	紙	水墨	不詳	乾隆庚午（十五年，1750）八月	上海 上海博物館	
墨竹圖	軸	紙	水墨	138.8 × 36.8	庚午（乾隆十五年，1750）八月	上海 上海博物館	

名稱	形式	質地	色彩	尺寸 高x寬㎝	創作時間	收藏處所	典藏號碼
梅花圖	軸	絹	水墨	不詳	乾隆乙亥（二十年，1755）	上海 上海博物館	
荷花圖	軸	紙	水墨	122.5 x 29.2	七十一翁（乾隆二十二年，1757）	上海 上海博物館	
幽蘭圖	軸	紙	水墨	122.9 x 37.7	己卯（乾隆二十四年，1759）二月	上海 上海博物館	
長壽佛圖	軸	紙	設色	120.6 x 28.4	乾隆二十四年（己卯1759）十一月廿八日	上海 上海博物館	
紅白梅花圖（為敬堂作）	軸	絹	設色	138 x 65.5	七十三翁（乾隆二十四年，1759）	上海 上海博物館	
梅花圖	軸	紙	水墨	119 x 31.5	七十三翁（乾隆二十四年，1759）	上海 上海博物館	
鍾馗圖	軸	紙	設色	113.3 x 54.5	七十四翁（乾隆二十五年，1760）	上海 上海博物館	
墨竹圖	軸	紙	水墨	不詳	壬午（乾隆二十七年，1762）夏	上海 上海博物館	
洗象圖	軸	紙	設色	130.7 x 48.8	七十六叟（乾隆二十七年，1762）	上海 上海博物館	
梅花圖	軸	紙	水墨	121 x 29.9		上海 上海博物館	
蘭花圖	軸	絹	水墨	74.8 x 24.1		上海 上海博物館	
牽馬圖并書詩	軸	紙	設色	49 x 80.2	七十五叟（乾隆二十六年，1761）	南京 南京博物院	
紅蘭花圖	軸	絹	設色	130.5 x 37	年七十五（乾隆二十六年，1761）	南京 南京博物院	
玉壺春色圖（為田居作）	軸	絹	設色	131 x 42.5	年七十五（乾隆二十六年，1761）	南京 南京博物院	
梅花圖（對幅）	軸	紙	設色	（每幅）129.4 x 22.2	辛巳（乾隆二十六年，1761）九秋	南京 南京博物院	
書畫（金農畫、劉墉書合裝）	軸	紙	水墨	不詳		南京 南京大學	
繁枝交映圖	軸	絹	設色	不詳		鎮江 江蘇省鎮江市博物館	
香林抱塔圖	軸	紙	水墨	61.5 x 28.8		蘇州 江蘇省蘇州博物館	
梅花圖	軸	絹	水墨	131.4 x 39.1	乾隆二十三年（戊寅，1758）初春	杭州 浙江省博物館	

名稱	形式	質地	色彩	尺寸 高x寬cm	創作時間	收藏處所	典藏號碼
醉鍾馗圖	軸	紙	水墨	125.1 x 50	己卯（乾隆二十四年，1759）	杭州 浙江省博物館	
梅花圖	軸	絹	水墨	33.8 x 46.1		杭州 浙江省博物館	
藥師佛像	軸	紙	設色	124.5 x 58.1		杭州 浙江省博物館	
梅花圖	軸	紙	水墨	122 x 44	七十六叟（乾隆二十七年，1762）	杭州 浙江美術學院	
紅梅圖	軸	絹	設色	51 x 54.5		杭州 浙江美術學院	
菖蒲圖	軸	絹	設色	不詳		杭州 浙江美術學院	
梅花圖	軸	絹	設色	不詳	乾隆戊寅（二十三年，1758）	杭州 浙江省杭州市文物考古所	
墨竹圖	軸	紙	水墨	126 x 43.2	庚午（乾隆十五年，1750）	長沙 湖南省博物館	
墨竹圖并書	軸	紙	水墨	109 x 47	乾隆庚午（十五年，1750）十月	成都 四川省博物院	
墨竹圖並題（為芝田作）	軸	紙	水墨	109 x 47	乾隆壬申（十七年，1752）七月	成都 四川省博物院	
梅花圖	軸	紙	水墨	138.4 x 38.8	乾隆己卯（二十四年，1759）	成都 四川省博物院	
雙勾竹圖（為項均作）	軸	紙	水墨	105.4 x 54.5	壬午（乾隆二十七年`，1762）	成都 四川省博物院	
墨竹圖	軸	紙	水墨	不詳		成都 四川大學	
洞庭枇杷圖	軸	紙	設色	123 x 27	七十六叟（乾隆二十七年，1762）	重慶 重慶市博物館	
梅花圖	軸	紙	水墨	117 x 59	七十二翁（乾隆二十三年，1758）	廣州 廣東省博物館	
林下清風雙勾竹圖（為鶴亭夫人四十壽作）	軸	絹	水墨	不詳	乾隆二十六年（辛巳，1761）寅月	廣州 廣東省博物館	
雪浪靈璧圖	橫幅	紙	水墨	43.3 x 119.3		廣州 廣東省博物館	
梅花圖	軸	絹	水墨	不詳		廣州 廣東省博物館	
竹石寒梅圖	軸	紙	水墨	132 x 31	乾隆庚午（十五年，1750）	廣州 廣州市美術館	
紅梅圖	橫幅	紙	設色	87.9 x 137.1	七十四翁（乾隆二十五年，1760）	日本 東京國立博物館	
墨梅	軸	絹	水墨	52.1 x 59.7	七十六叟（乾隆二	日本 東京河井荃盧先生	

名稱	形式	質地	色彩	尺寸 高x寬cm	創作時間	收藏處所	典藏號碼
					十七年，1762)		
梅花圖	軸	紙	設色	151.5 x 60.6	七十五叟 (乾隆二十六年，1761)	日本 東京尾崎洵盛先生	
枇杷圖	軸	紙	水墨	132 x 37.3	乾隆壬戌 (七年，1742) 五月	日本 東京細川護貞先生	
阿羅漢像	軸	紙	設色	不詳		日本 京都小川睦之輔先生	
翠袖半濕圖 (墨竹)	軸	紙	水墨	不詳	庚午歲 (乾隆十五年，1750) 十月	日本 京都橋本關雪先生	
羅漢	軸	紙	設色	不詳		日本 京都守屋正先生	
羅漢圖	軸	紙	水墨	89.1 x 23.7	乾隆丁卯 (十二年，1747) 三月十有六日	日本 大阪市立美術館	
墨竹圖	軸	紙	水墨	126.7 x 46.4	乾隆庚午 (十五年，1750) 九月	日本 大阪市立美術館	
騂驢圖	軸	紙	水墨	114.8 x 46.3	乾隆二十五年 (庚辰，1760) 四月	日本 大阪市立美術館	
冰雪之交 (墨梅圖)	軸	絹	水墨	145 x 38.7	七十二翁 (乾隆二十三年，1758)	日本 大阪橋本大乙先生	
墨梅圖	橫幅	絹	水墨	37.5 x 48.5		日本 大阪橋本大乙先生	
棕櫚達摩圖	軸	紙	設色	100.5 x 51.9	七十六叟(乾隆二十七年，1762)	日本 山口良夫先生	
墨梅圖	軸	絹	水墨	33.7 x 45.3		韓國 首爾月田美術館	
柳暝萼笑圖	軸	絹	水墨	108.2 x 42.3		美國 耶魯大學藝術館	1986.123.2
墨梅圖	軸	紙	水墨	115.9 x 41.1	乾隆元年 (丙辰，1736)	美國 耶魯大學藝術館	1976.26.2
瑞草圖 (畫奉晉嚴世老先生)	軸	紙	設色	68.7 x 25.3	壬午 (乾隆二十七年，1762) 嘉平	美國 New Haven 翁萬戈先生	
墨梅圖 (4 聯幅)	軸	紙	水墨	(每幅) 96.6 x 51.5	乾隆元年 (丙辰，1736) 十月	美國 New Haven 翁萬戈先生	
墨梅圖	軸	紙	水墨	97.6 x 47.4		美國 普林斯頓大學藝術館 (Edward Elliott 先生寄存)	L198.70
達磨圖	軸	紙	設色	62.2 x 28.1		美國 普林斯頓大學藝術館 (	

名稱	形式	質地	色彩	尺寸 高x寬㎝	創作時間	收藏處所	典藏號碼
						私人寄存）	
仿王若水筆意作朱竹圖（為巢林作）	軸	紙	硃紅	121 x 33.5		美國 普林斯頓大學藝術館（私人寄存）	L73.70
墨梅圖	軸	紙	水墨	124.4 x 43.1		美國 紐約大都會藝術博物館	1989.363.160
墨梅圖（奉寄穀原比部先生）	軸	紙	水墨	不詳	己卯（乾隆二十四年，1759）冬日，七十三翁	美國 紐約顧洛阜先生	
紅梅圖（寫贈鶴亭）	軸	紙	設色	132.1 x 28.5	己卯（乾隆二十四年，1759）嘉平月三日	美國 華盛頓特區弗瑞爾藝術館	65.10
花卉圖	軸	紙	設色	28.9 x 31.4		美國 密歇根大學艾瑞慈教授	
鍾馗圖	軸	紙	設色	72.7 x 28.7		美國 聖路易斯市藝術館（米蘇里州梅林先生寄存）	
墨梅圖	軸	紙	設色	116.3 x 60.2	庚辰（乾隆二十五年，1760）三月	美國 堪薩斯市納爾遜-艾金斯藝術博物館	58-54
墨梅圖（贈二亭老友）	軸	紙	水墨	142 x 30.6	七十又三（乾隆二十四年，1759）	美國 勃克萊加州大學藝術館	1975.36
折枝牡丹圖	軸	紙	水墨	74 x 37.5		美國 舊金山蝸居齋	
墨梅圖	軸	紙	水墨	111.7 x 40.2	七十三翁（乾隆二十四年，1759）	加拿大 多倫多皇家安大略博物館（Finlaysom 先生寄存）	ACC15725
羅漢圖	軸	紙	水墨	69.1 x 25.5		英國 倫敦大英博物館	1968.10.14.03（ADD365）
花果圖（14幀）	冊	紙	水墨	（每幀）16.6 x 22.5	乾隆庚辰（二十五年，1760）夏四月上旬	台北 長流美術館	
梅花圖（4幀）	冊	絹	設色	（每幀）40 x 60	乾隆庚辰（二十五年，1760）十月，七十四叟	香港 中文大學中國文化研究所文物館	
墨梅圖	摺扇面	紙	水墨	16.5 x 52.3		香港 莫華釗承訓堂	K92.66
吾自畫圖（為意林作，16殘存12幀）	冊	紙	水墨	（每幀）19 x 27	乾隆二十四年（己卯，1759）六月	瀋陽 故宮博物館	
雜畫（12幀）	冊	絹	水墨	（每幀）35.5 x 23.9	甲戌（乾隆十九年，1754）三月上巳後二日	瀋陽 遼寧省博物館	

名稱	形式	質地	色彩	尺寸 高×寬 cm	創作時間	收藏處所	典藏號碼
花卉圖（6幀）	冊	紙	設色	（每幀）24.5 × 32	七十五（乾隆二十六年，辛巳，1761）	瀋陽 遼寧省博物館	
水仙圖（8幀）	冊	紙	設色、水墨	（每幀）26 × 32	乾隆辛巳（二十六年，1761）	瀋陽 遼寧省博物館	
蔬果圖（10幀）	冊	紙	設色	不詳	乾隆己卯（二十四年，1759）	長春 吉林省博物館	
梅花圖（10幀）	冊	紙	水墨	（每幀）23.5 × 30.2	乾隆壬午（二十七年，1762）九秋	旅順 遼寧省旅順博物館	
墨梅圖（12幀）	冊	紙	水墨	不詳	乾隆戊寅（二十三年，1758）	北京 故宮博物院	
人物、山水圖（12幀）	冊	紙	設色	（每幀）24.3 × 31	乾隆二十四年（己己，1759）八月十一日	北京 故宮博物院	
荷塘圖	摺扇面	紙	設色	17.2 × 52.4	（乾隆二十四年，己卯，1759）	北京 故宮博物院	
梅花圖（12幀）	冊	紙	設色	（每幀）26.1 × 30.6	庚辰（乾隆二十五年，1760）八月	北京 故宮博物院	
梅花圖	摺扇面	紙	水墨	17.4 × 51.9	（乾隆二十六年，辛巳，1761）	北京 故宮博物院	
枇杷圖	摺扇面	紙	設色	17.5 × 53.4	（乾隆二十七年，壬午，1762）	北京 故宮博物院	
梅花圖	摺扇面	紙	水墨	17.4 × 53.4	（乾隆二十七年，壬午，1762）	北京 故宮博物院	
梅花圖	摺扇面	紙	水墨	17.7 × 53.2	（乾隆二十七年，壬午，1762）	北京 故宮博物院	
梅花圖	摺扇面	紙	水墨	16.7 × 51.9	（乾隆二十七年，壬午，1762）	北京 故宮博物院	
梅花圖	摺扇面	紙	水墨	17.4 × 53.1	（乾隆二十七年，壬午，1762）	北京 故宮博物院	
瑞草圖	摺扇面	紙	設色	17.8 × 53.5	（乾隆二十七年，壬午，1762）	北京 故宮博物院	
蘭花圖	摺扇面	紙	水墨	17.3 × 52.8	（乾隆二十七年，壬午，1762）	北京 故宮博物院	
梅花圖（12幀）	冊	紙	水墨	（每幀）23.4		北京 故宮博物院	

名稱	形式	質地	色彩	尺寸 高x寬cm	創作時間	收藏處所	典藏號碼
				x 33.5			
雙勾蘭花圖	摺扇面	紙	水墨	17.1 x 49.4		北京 故宮博物院	
花卉蔬果圖（16幀）	冊	紙	設色	（每幀）24.6 x 30.9	乾隆辛巳（二十六 年，1761）秋日	北京 中國歷史博物館	
梅花圖	摺扇面	紙	水墨	16.8 x 52.2	乾隆壬午（二十七 年，1762）	北京 中國歷史博物館	
雜畫（12幀）	冊	紙	水墨	（每幀）24.9 x 31.7	甲戌（乾隆十九年 ，1754）	天津 天津市藝術博物館	
花卉圖（12幀，為羅聘代筆）	冊	紙	水墨	（每幀）24.9 x 31.7	乾隆十九年（甲戌 ，1754）冬	天津 天津市藝術博物館	
花卉圖（8幀）	冊	絹	水墨	（每幀）40.8 x 30.3		天津 天津市藝術博物館	
書畫（8幀）	冊	絹	水墨	（每幀）40.4 x 27		天津 天津市藝術博物館	
慈姑花（清金農孟覲乙花卉冊 10之1幀）	冊頁	紙	設色	約23 x 30		天津 天津市藝術博物館	
靈芝（清金農孟覲乙花卉冊10 之1幀）	冊頁	紙	設色	約23 x 30		天津 天津市藝術博物館	
蕉石（清金農孟覲乙花卉冊10 之1幀）	冊頁	紙	設色	約23 x 30		天津 天津市藝術博物館	
花石（清金農孟覲乙花卉冊10 之1幀）	冊頁	紙	設色	約23 x 30		天津 天津市藝術博物館	
繡球花（清金農孟覲乙花卉冊 10之1幀）	冊頁	紙	設色	約23 x 30		天津 天津市藝術博物館	
松（清金農孟覲乙花卉冊10 之1幀）	冊頁	紙	設色	約23 x 30		天津 天津市藝術博物館	
鉤勒竹圖（清董邦達等山水花 卉冊12之1幀）	冊頁	紙	水墨	約30.5 x 57		天津 天津市藝術博物館	
鉤勒蘭圖（清董邦達等山水花 卉冊12之1幀）	冊頁	紙	水墨	約30.5 x 57		天津 天津市藝術博物館	
梅花圖	摺扇面	粉箋	水墨	不詳	辛巳（乾隆二十六 年，1761）四月	合肥 安徽省博物館	
梅花圖	冊頁	絹	水墨	32.1 x 29.8		合肥 安徽省博物館	
梅花圖	摺扇面	紙	水墨	不詳	辛巳（乾隆二十六	揚州 江蘇省揚州市博物館	

名稱	形式	質地	色彩	尺寸 高×寬 ㎝	創作時間	收藏處所	典藏號碼
					年，1761)		
書畫（12幀，畫8、書4）	冊	紙	水墨	（每幀）28 × 21		南通 江蘇省南通博物苑	
書畫（與高翔合冊，12幀）	冊	紙	水墨	不詳	乙巳（雍正三年，1725）冬	上海 上海博物館	
枇杷、柏樹（2幀）	冊頁	絹	水墨	不詳	戊辰（乾隆十三年，1748)	上海 上海博物館	
梅花圖（22幀）	冊	紙	水墨	（每幀）25.8 × 33	乾隆二十二年（丁丁丑，1757）二月五日	上海 上海博物館	
雜畫（10幀）	冊	絹	水墨	（每幀）21 × 36.5	己卯（乾隆二十四年，1759）三月廿七日	上海 上海博物館	
山水圖（12幀，為川止作）	冊	紙	設色	（每幀）26.1 × 34.9	乾隆二十四年（己卯，1759）立秋日	上海 上海博物館	
雜畫（10幀，與羅聘合璧）	冊	紙	設色	（每幀）24.2 × 31.5	庚辰（乾隆二十五年，1760）九月	上海 上海博物館	
花果（12幀）	冊	紙	設色	（每幀）26.3 × 32.6	七十六歲（乾隆二十七年，1762)	上海 上海博物館	
梅花圖（廣陵十家集畫冊10之第6幀）	冊頁	紙	設色	26.2 × 18.3		上海 上海博物館	
蘭石圖（鄭燮等雜畫冊12之第10幀）	冊頁	紙	設色	30.3 × 25		上海 上海博物館	
蘭花圖（鄭燮等花卉冊13之第10幀）	冊頁	紙	水墨	23.7 × 31.3		上海 上海博物館	
花卉圖（12幀，為盧見曾作）	冊	紙	水墨	不詳	甲戌（乾隆十九年，1754）夏	杭州 浙江省博物館	
雜畫（8幀）	冊	絹	水墨	（每幀）35 × 23.5	七十二翁（乾隆二十三年，戊寅）	武漢 湖北省博物館	
梅花圖（12幀）	冊	瓷青紙	金色	（每幀）25 × 15.5	乾隆二十二年（丁丑，1757)	福州 福建省博物館	
墨花圖（12幀）	冊	紙	水墨	不詳	甲戌（乾隆十九年，1754）三月	廣州 廣州市美術館	
雜畫（6幀）	冊	紙	設色	（每幀）24	乾隆二十四年（己	南寧 廣西壯族自治區博物館	

名稱	形式	質地	色彩	尺寸 高×寬cm	創作時間	收藏處所	典藏號碼
				× 31.5	卯，1759）秋七月		
梅花圖	摺扇面	紙	水墨	不詳		昆明 雲南省博物館	
三清圖（梅竹水仙）	摺扇面	紙	水墨	18.4 × 57.9		日本 東京國立博物館	
墨梅（清人書畫扇冊之9）	摺扇面	紙	水墨	不詳		日本 東京橋本辰二郎先生	
畫佛（8幀）	冊	紙	設色	不詳	甲戌（乾隆十九年，1754）十二月朔日	日本 東京尾崎洵盛先生	
雜畫（金農、羅聘合璧畫冊9之4幀）	冊頁	絹	水墨	（每幀）34.5 × 24.5		日本 兵庫縣黑川古文化研究所	
十六羅漢圖（16幀）	冊	絹	設色	（每幀）38.1 × 25.1	乾隆己卯（二十四年，1759）四月浴佛日	日本 中埜又左衛門先生	
梅花圖（6幀）	冊	紙	水墨	（每幀）24.4 × 30.5		韓國 弘益大學校博物館	2136-1-6
墨戲（14幀）	冊	紙	設色	（每幀）28.4 × 23.9	甲戌（乾隆十九年，1754）五月	美國 New Haven 翁萬戈先生	
畫梅（12幀）	冊	紙	水墨	（每幀）25.2 × 29.7	乾隆丁丑（二十二年，1757）九月、十月	美國 普林斯頓大學藝術館（Edward Elliott 先生寄存）	L237.70
墨梅圖	冊頁	紙	水墨	16.8 × 22.5		美國 紐約大都會藝術博物館（Denis 楊先生寄存）	
墨梅圖（16幀）	冊	紙	設色	（每幀）20 × 25.1		美國 勃克萊加州大學藝術館（高居翰教授寄存）	
水墨山水人物圖（12幀）	冊	紙	水墨	不詳	乾隆己卯（二十四年，1759）六月	美國 夏威夷火魯奴奴藝術學院	
山水圖（12幀）	冊	紙	水墨	（每幀）16.7 × 22.6	乾隆元年（丙辰，1736）夏五月	瑞士 蘇黎士黎得堡博物館	RCH.1175
附：							
紡車圖	卷	絹	設色	不詳	乾隆二十六年（辛巳，1761）	上海 上海文物商店	
墨梅圖	卷	紙	水墨	22 × 321	乾隆二十六年歲次辛巳（1761）	香港 佳士得藝品拍賣公司/拍賣目錄 1998,09,15.	
菩提佛像	軸	絹	設色	61 × 43	七十五叟（乾隆二十六年，辛巳，17	大連 遼寧省大連市文物商店	

名稱	形式	質地	色彩	尺寸 高x寬cm	創作時間	收藏處所	典藏號碼
					61）		
雙勾蘭圖（為鶴崖作）	軸	絹	水墨	不詳	乾隆二十四年（己卯，1759）	北京 北京市文物商店	
鍾馗圖	軸	紙	設色	不詳	年七十五（乾隆二十六年，辛巳，1761）	上海 朵雲軒	
竹圖	軸	紙	水墨	不詳	壬申（乾隆十七年，1752）	上海 上海文物商店	
紡車圖	軸	紙	設色	142 x 35.4	七十五叟（乾隆二十六年，辛巳，1761）	上海 上海文物商店	
梅花圖（為釋航作）	軸	絹	水墨	不詳	乾隆二十三年（戊寅，1758）首春	杭州 杭州市文物考古所	
梅花圖	軸	絹	水墨	97.6 x 41.5	乾隆二十年（乙亥，1755）	武漢 湖北省武漢市文物商店	
枇杷奇石圖	軸	紙	水墨	116.5 x 37	己卯（乾隆二十四，1759）首春	紐約 蘇富比藝品拍賣公司/拍賣目錄 1982,11,19.	
茅舍繰車圖	軸	絹	設色	105 x 54		紐約 佳士得藝品拍賣公司/拍賣目錄 1984,06,29.	
梅花圖	軸	紙	水墨	83 x 31.2	乾隆乙亥（二十年，1755）二月二日	紐約 佳仕得藝品拍賣公司/拍賣目錄 1986,12,01.	
花卉圖	軸	絹	水墨	33.5 x 45.5		紐約 佳仕得藝品拍賣公司/拍賣目錄 1986,12,01.	
墨竹書畫（合裱）	軸	絹	水墨	（畫）28 x 40.3		紐約 佳仕得藝品拍賣公司/拍賣目錄 1986,12,01.	
墨梅圖	軸	紙	水墨	133.3 x 44.7		紐約 蘇富比藝品拍賣公司/拍賣目錄 1987,12,08.	
秋菊圖	軸	紙	水墨	24.1 x 31.1		紐約 蘇富比藝品拍賣公司/拍賣目錄 1988,06,01.	
山水人物圖	軸	紙	設色	101 x 36.9	辛未（乾隆十六年，1751）人日	紐約 蘇富比藝品拍賣公司/拍賣目錄 1988,06,01.	
墨梅圖	小軸	紙	水墨	21.5 x 31		紐約 佳士得藝品拍賣公司/拍賣目錄 1989,06,01.	
墨梅圖	軸	紙	水墨	136.5 x 32.5	庚午（乾隆十五年	紐約 佳士得藝品拍賣公司/拍	

名稱	形式	質地	色彩	尺寸 高×寬cm	創作時間	收藏處所	典藏號碼
					，1750）十月朔	賣目錄 1989,12,04.	
鍾馗圖	軸	紙	設色	130 × 50		紐約 佳士得藝品拍賣公司/拍賣目錄 1991,05,29.	
墨梅圖	軸	紙	水墨	98 × 47.5		紐約 佳士得藝品拍賣公司/拍賣目錄 1991,11,25.	
墨竹	軸	紙	水墨	148.5 × 38.5	七十六叟（乾隆二十七年，壬午，1762）	紐約 佳士得藝品拍賣公司/拍賣目錄 1992,06,02.	
醉鍾馗圖	軸	紙	設色	124 × 57	辛巳（乾隆二十六年，1761）夏日	紐約 佳士得藝品拍賣公司/拍賣目錄 1993,12,01.	
馬圖	軸	紙	水墨	97.8 × 41.3		紐約 佳士得藝品拍賣公司/拍賣目錄 1994,06,01.	
閉目羅漢圖	軸	紙	設色	101.6 × 30.4		紐約 佳士得藝品拍賣公司/拍賣目錄 1996,03,27.	
菊、竹（2幅）	軸	絹	水墨	（每幅）30.8 × 44.4	甲戌（乾隆十九年，1754）之春	香港 蘇富比藝品拍賣公司/拍賣目錄 1999,10,31.	
墨梅圖	摺扇面	紙	水墨	17 × 52.5	乾隆庚辰（二十五年，1760）之二月	紐約 佳仕得藝品拍賣公司/拍賣目錄 1986,06,04.	
駿馬圖（6幀）	冊	絹	設色	（每幀）29.2 × 38.2		紐約 佳士得藝品拍賣公司/拍賣目錄 1990,05,31.	
八駿圖（8幀合裱成卷）	冊頁	紙	水墨	（每幀）16.5 × 21	七十五歲（乾隆二十六年，辛巳，1761）	紐約 佳士得藝品拍賣公司/拍賣目錄 1990,11,28.	
花果圖（10幀）	冊	絹	水墨	（每幀）33 × 30	乾隆戊寅（二十三年，1758）三月	紐約 佳士得藝品拍賣公司/拍賣目錄 1992.06.02.	
天牛仙桃（金農繪畫信札冊之1幀）	冊頁	紙	設色	不詳		紐約 佳士得藝品拍賣公司/拍賣目錄 1998,09,15.	
牧馬圖（金農繪畫信札冊之1幀）	冊頁	紙	設色	不詳		香港 佳士得藝品拍賣公司/拍賣目錄 1998,09,15.	
壽星圖（金農繪畫信札冊之1幀）	冊頁	紙	設色	不詳		香港 佳士得藝品拍賣公司/拍賣目錄 1998,09,15.	
小兒騎竹馬（金農繪畫信札冊之1幀）	冊頁	紙	設色	不詳		香港 佳士得藝品拍賣公司/拍賣目錄 1998,09,15.	
花果（清揚州名家花果冊8之	冊頁	紙	設色	不詳	庚戌（雍正八年，	香港 蘇富比藝品拍賣公司/拍	

名稱	形式	質地	色彩	尺寸 高x寬cm	創作時間	收藏處所	典藏號碼

第3幀）　　　　　　　　　　　　　　　　　　　　1730）嘉平十二月　　賣目錄 1999,10,31.

畫家小傳：金農。字壽門。號稽留山民、昔耶居士、金吉金、金為蘇伐羅、心出家庵粥飯僧等。浙江仁和人，流寓揚州。生於聖祖康熙

　　　二十六（1687）年。卒於高宗乾隆二十八（1763）年。乾隆元年舉鴻博。工詩文，精鑑賞，善書畫。畫能梅竹、佛像、人馬、

　　　花木、山水等，皆能脫盡畫家習氣。為「揚州八怪」之首。傳世作品中有臣字落款者，顯示曾應奉內廷作畫。(見國朝畫徵續

　　　錄、桐陰論畫、墨林今畫、學福齋集、西泠五布衣集、中華畫人室隨筆、中國畫家人名大辭典)

黃　慎

名稱	形式	質地	色彩	尺寸 高x寬cm	創作時間	收藏處所	典藏號碼
設色山水	卷	紙	設色	不詳		台北 故宮博物院	國贈 024580
花卉圖	卷	紙	設色	28.5 x 291.7	雍正十二年（甲寅，1734）	旅順 遼寧省旅順博物館	
王樂圃松蔭讀書圖	卷	紙	設色	42.6 x 95	乾隆五年（庚申，1740）	北京 故宮博物院	
花卉圖	卷	紙	水墨	不詳		北京 故宮博物院	
桃花源圖	卷	紙	設色	38 x 349	乾隆甲申（二十九年，1764）冬月	合肥 安徽省博物館	
丁有煜肖像（鄭燮、袁枚題）	卷	紙	水墨	41.5 x 186	乾隆乙亥（二十年，1755）年冬	南通 江蘇省南通博物苑	
花卉圖（冊頁裝成）	卷	紙	設色	27.3 x 60	雍正四年（丙午，1726）八月	上海 上海博物館	
松林書屋圖	卷	綾	設色	45.7 x 178.3	雍正七年（己酉，1729）	上海 上海博物館	
夜遊平山圖	卷	紙	設色	36.5 x 102.6	甲戌（乾隆十九年，1754）	上海 上海博物館	
二老圖	卷	紙	設色	不詳		南京 江蘇省美術館	
花卉圖（4段）	卷	絹	設色	不詳		長沙 湖南省博物館	
人物山水圖	卷	紙	設色	27.6 x 248		日本 東京國立博物館	
秋柳圖	卷	紙	水墨	31.5 x 150	雍正乙卯（十三年，1735）春三月	日本 東京高島菊次郎槐安居	
花卉圖	卷	紙	水墨	29.1 x ?		日本 私人	
蘇軾履笠圖	卷	紙	設色	28.2 x ?		韓國 首爾湖巖美術館	13-327
山水圖（冊頁10幀裝成）	卷	紙	設色	（每幀）42.4 x 54.7	雍正己酉（七年，1729）秋七月	瑞士 蘇黎士黎得堡博物館	RCH.1176
人物	軸	紙	設色	132.5 x 63		台北 故宮博物院	國贈 024918
煉丹圖	軸	紙	設色	不詳		台北 故宮博物院	國贈 024603
人物	橫披	紙	設色	不詳		台北 故宮博物院	國贈 026696

名稱	形式	質地	色彩	尺寸 高x寬cm	創作時間	收藏處所	典藏號碼
人物	軸	紙	設色	141.5 x 71		台北 故宮博物院（蘭千山館寄存）	
水墨花卉圖	軸	紙	水墨	138.2 x 56.4		台北 國泰美術館	
花鳥圖	軸	絹	設色	168.7 x 46.5		台北 長流美術館	
漁翁晒網圖	軸	紙	設色	135.2 x 78.1		台北 長流美術館	
獻壽圖	軸	紙	設色	126 x 59	乾隆十年（乙丑，1745）小春月	台北 長流美術館	
梅鷹圖	軸	紙	水墨	267.7 x 128.4		台北 陳啟斌畏罍堂	
人物圖	軸	紙	設色	153.7 x 88.4		香港 中文大學中國文化研究所文物館	77.28
雙鴨圖	軸	紙	設色	129 x 62.6	乾隆丁丑（二十二年，1757）小春月	香港 鄭德坤木扉	
蘇東坡觀硯	軸	紙	設色	96.3 x 55.4		香港 黃仲方先生	K92.29
柳蔭漁艇圖	軸	紙	設色	93.9 x 41.1	雍正十二年（甲寅，1734）秋七月	香港 徐伯郊先生	
人物（麻姑圖）	軸	紙	設色	177.2 x 91.7		香港 葉承耀先生	
漁翁漁婦圖	軸	紙	設色	126.4 x 54.9		香港 許晉義崇宜齋	
陶淵明採菊圖	軸	紙	設色	96.8 x 33.3		香港 羅桂祥先生	
山村送別圖	軸	絹	設色	126 x 60	雍正六年（戊申，1728）秋七月	香港 劉作籌虛白齋	
壽星圖	軸	紙	設色	150 x 85		香港 劉作籌虛白齋	126
深陰採茶圖	軸	紙	設色	177.5 x 92.1		澳門 賈梅士博物院	A244
麻姑圖	軸	綾	設色	121 x 53.6	雍正十二年（甲寅，1734）	長春 吉林省博物館	
白鹿圖	軸	紙	水墨	不詳		長春 吉林省博物館	
攜琴仕女圖	軸	紙	設色	126 x 58	雍正九年（辛亥，1731）十二月	瀋陽 故宮博物館	
騎驢採梅圖	軸	紙	設色	156 x 81	雍正十二年（甲寅，1734）	瀋陽 故宮博物館	
人物圖	軸	紙	設色	不詳	乾隆五年（庚申，1740）	瀋陽 故宮博物館	
踏雪尋梅圖	軸	紙	設色	182 x 95	乾隆七年（壬戌，1742）六月	瀋陽 故宮博物館	

名稱	形式	質地	色彩	尺寸 高x寬cm	創作時間	收藏處所	典藏號碼
東方朔像	軸	紙	設色	171 × 77	乾隆八年（癸亥，1743）	瀋陽 故宮博物館	
瓶花圖	軸	紙	水墨	85 × 49		瀋陽 故宮博物館	
斲琴圖	軸	紙	設色	189 × 103.3	戊寅（乾隆二十三年，1758）	瀋陽 遼寧省博物館	
柳塘雙鷺圖	軸	紙	設色	139 × 62.5		瀋陽 遼寧省博物館	
瓶梅圖	軸	紙	設色	103.2 × 34.6		瀋陽 遼寧省博物館	
捧梅圖	軸	紙	設色	124 × 65		瀋陽 遼寧省博物館	
賣魚圖	軸	絹	設色	119.6 × 59.7		瀋陽 遼寧省博物館	
蘆鴨圖	軸	紙	設色	123.3 × 55.2		瀋陽 遼寧省博物館	
五老圖	軸	紙	設色	126.5 × 61.5	壬寅（康熙六十一年，1722）小春月	旅順 遼寧省旅順博物館	
麻姑獻壽圖	軸	紙	設色	不詳		旅順 遼寧省旅順博物館	
菊花圖	軸	紙	水墨	121.3 × 41.5	戊申（雍正六年，1728）秋八月	北京 故宮博物院	
尋梅圖	軸	紙	設色	不詳	雍正十二年（甲寅，1734）長至日	北京 故宮博物院	
三羊圖	橫幅	紙	設色	不詳	乾隆元年（丙辰，1736）	北京 故宮博物院	
蘆鴨圖	軸	紙	設色	125.6 × 59.8	乾隆丁丑（二十二年，1757）小春月	北京 故宮博物院	
商山四皓圖	軸	紙	設色	120.2 × 68.3	乾隆辛巳（二十六年，1761）秋	北京 故宮博物院	
漱石捧硯圖	軸	紙	設色	85.2 × 35.8		北京 故宮博物院	
簪花圖	軸	絹	設色	181.6 × 100.6	乾隆十七年（壬申，1752）中秋	北京 中國歷史博物館	
函關紫氣圖	軸	紙	設色	不詳	乾隆乙亥（二十年，1755）	北京 中國歷史博物館	
三朵花像	軸	紙	設色	不詳		北京 中國歷史博物館	
柳蟬圖	軸	紙	設色	不詳		北京 中國歷史博物館	
雄雞圖	軸	絹	設色	不詳		北京 中國歷史博物館	
荷花三鷺（蓮鷺圖）	軸	紙	設色	186.3 × 109.2	七十一老人（乾隆	北京 中國美術館	

名稱	形式	質地	色彩	尺寸 高×寬 cm	創作時間	收藏處所	典藏號碼
					二十二年，丁丑，1757）		
蘇武牧羊圖	軸	紙	設色	不詳	乾隆十八年（癸酉，1753）	北京 中國美術館	
八月梅花圖	軸	紙	設色	143.5 × 74		北京 中國美術館	
柳石八哥圖	軸	紙	設色	不詳		北京 中國美術館	
踏雪尋梅圖	軸	紙	設色	不詳		北京 中國美術館	
醉臥圖	軸	絹	設色	50.6 × 75.4		北京 中國美術館	
蘆荻游鴨圖	軸	紙	設色	不詳		北京 中國美術館	
柳蔭垂釣圖	軸	紙	設色	189 × 107		北京 中國美術館	
秋山圖	軸	紙	設色	不詳		北京 首都博物館	
采茶圖	軸	紙	設色	91 × 35		北京 首都博物館	
荷鴨圖	軸	紙	設色	不詳		北京 首都博物館	
蔗鶴圖	軸	紙	設色	不詳		北京 中央美術學院	
賞梅圖	軸	紙	設色	不詳		北京 中央美術學院	
乘槎壽星圖	軸	紙	設色	不詳		北京 中央工藝美術學院	
清波垂釣圖	軸	紙	設色	141.7 × 55.2		北京 中央工藝美術學院	
柳鴉圖	軸	紙	水墨	不詳		北京 中央工藝美術學院	
盲叟圖	軸	紙	設色	122 × 53.7	雍正九年（辛亥，1731）	天津 天津市藝術博物館	
探珠圖	軸	紙	設色	229 × 111	乾隆十一年（丙寅，1746）	天津 天津市藝術博物館	
麻姑獻壽圖	軸	紙	設色	170.5 × 91	乾隆十六年（辛未，1751）	天津 天津市藝術博物館	
壽翁圖	軸	紙	設色	不詳	七十四（乾隆二十五年，庚辰，1760）	天津 天津市藝術博物館	
來福圖	軸	紙	設色	206.7 × 113.5		天津 天津市藝術博物館	
瓶梅圖	軸	紙	設色	不詳		天津 天津市藝術博物館	
清波釣徒圖	軸	紙	設色	62.5 × 83		天津 天津市藝術博物館	
漁婦攜筐圖	軸	紙	設色	138 × 48.4		天津 天津市藝術博物館	
歸牧圖	軸	紙	設色	130 × 62.5		天津 天津市藝術博物館	
醉鐵拐李圖	軸	紙	設色	135 × 168.6		天津 天津市藝術博物館	

名稱	形式	質地	色彩	尺寸 高x寬cm	創作時間	收藏處所	典藏號碼
蓼灘泊舟圖	軸	紙	設色	202.8 × 59		天津 天津市藝術博物館	
二老行春圖	軸	絹	設色	144.5 × 67	雍正九年（辛亥，1731）	天津 天津市歷史博物館	
蹴鞠圖	軸	絹	設色	116.5 × 125.3	乾隆乙亥（二十年，1755）	天津 天津市歷史博物館	
李鐵拐圖	軸	紙	設色	200 × 104		天津 天津市美術學院	
寧王相馬圖	橫幅	絹	設色	179 × 195.5		石家莊 河北省博物館	
蘆鳧圖	軸	紙	設色	89.2 × 97.5	雍正七年（己酉，1729）	石家莊 河北省石家莊文物管理所	
煉丹圖	橫幅	紙	設色	不詳	乾隆丙寅（十一年，1746）	石家莊 河北省石家莊文物管理所	
瓶梅仕女圖	軸	紙	水墨	92.2 × 39.5	乙巳（雍正三年，1725）春	濟南 山東省博物館	
老人圖	軸	紙	設色	不詳	乾隆癸未（二十八年，1763）	濟南 山東省博物館	
武夷採茶圖	軸	紙	設色	不詳		濟南 山東省博物館	
芙蓉白鷺圖	軸	紙	水墨	236 × 69		濟南 山東省博物館	
秋江雙鴨圖	軸	紙	設色	不詳		濟南 山東省博物館	
秋林讀書圖	軸	絹	設色	不詳		濟南 山東省博物館	
鷹石圖	軸	紙	設色	不詳		濟南 山東省博物館	
東坡洗硯圖	軸	紙	設色	不詳		濟南 山東省濟南市博物館	
麻姑獻壽圖	軸	絹	設色	201 × 98.5	乾隆乙亥（二十年，1755）	青島 山東省青島市博物館	
漁翁圖	軸	紙	設色	137 × 64	乾隆九年（甲子，1744）十二月	煙臺 山東省煙臺市博物館	
採茶圖	軸	紙	設色	91 × 60		煙臺 山東省煙臺市博物館	
蘆塘雙鴨圖	橫幅	紙	設色	93 × 126		煙臺 山東省煙臺市博物館	
風雨歸舟圖	軸	紙	水墨	180 × 92	乾隆三年（戊午，1738）	太原 山西省博物館	
蘇武牧羊圖	軸	紙	設色	98 × 109.5	乾隆十六年（辛未，1751）	太原 山西省博物館	
停琴獨坐圖	軸	紙	設色	196 × 108	乾隆丁丑（二十二年，1757）	太原 山西省博物館	
接蝠圖	軸	紙	設色	190 × 100		太原 山西省博物館	

名稱	形式	質地	色彩	尺寸 高x寬cm	創作時間	收藏處所	典藏號碼
鴛鴦仕女圖	軸	紙	設色	132 x 64		鄭州 河南省博物館	
人物圖	軸	紙	設色	不詳	庚戌（雍正八年，1730）秋八月	太原 山西省博物館	
仿米氏山水圖	軸	紙	水墨	不詳	乾隆三年（戊午，1738）十二月	太原 山西省博物館	
蘇武牧羊圖	軸	紙	設色	不詳	乾隆十六年（辛未，1751）秋八月	太原 山西省博物館	
石榴山鳥圖	軸	紙	設色	不詳	乾隆壬午（二十七年，1762）	西安 陝西歷史博物館	
柳鶴圖	軸	紙	水墨	118 x 56	乾隆丁亥（三十二年，1767）七月	西安 陝西歷史博物館	
柳蔭鷺鷥圖	軸	紙	設色	不詳		西安 陝西省西安市文物保護考古所	
嚴子陵像	軸	綾	設色	102 x 90.7	乙巳（雍正三年，1725）	合肥 安徽省博物館	
三羊圖	軸	紙	設色	不詳	乾隆乙酉（三十年，1765）	合肥 安徽省博物館	
雙羊圖	軸	紙	設色	不詳	八十歲（乾隆三十一年，丙戌，1766）	合肥 安徽省博物館	
歲朝清供圖	軸	紙	水墨	不詳		合肥 安徽省博物館	
壽星圖	軸	紙	設色	不詳		合肥 安徽省博物館	
獅狗圖	軸	紙	設色	不詳	雍正二年（甲辰，1724）	揚州 江蘇省揚州市博物館	
整冠圖	軸	絹	設色	191.5 x 95.5	雍正六年（戊申，1728）夏四月	揚州 江蘇省揚州市博物館	
麻姑敬酒圖	軸	紙	水墨	100.1 x 47.8	雍正八年（庚戌，1730）三月	揚州 江蘇省揚州市博物館	
鍾進士圖	軸	紙	設色	100.4 x 115.1	雍正九年（辛亥，1731）五月	揚州 江蘇省揚州市博物館	
鍾馗圖	軸	絹	設色	99.2 x 65.7	雍正十二年（甲寅，1734）端陽日	揚州 江蘇省揚州市博物館	
雙鷺圖	軸	紙	水墨	不詳	乾隆庚午（十五年，1750）	揚州 江蘇省揚州市博物館	
壽星圖	軸	紙	設色	不詳	乾隆十五年（庚午	揚州 江蘇省揚州市博物館	

名稱	形式	質地	色彩	尺寸 高x寬cm	創作時間	收藏處所	典藏號碼
					，1750）		
麻姑敬酒圖	軸	紙	設色	不詳	乾隆十八年（癸酉，1753）	揚州 江蘇省揚州市博物館	
韓魏公簪金帶圍圖	軸	絹	設色	179.3 x 92.1	乾隆十九年（甲戌，1754）春正月	揚州 江蘇省揚州市博物館	
梅花圖	軸	紙	設色	不詳	乙亥（乾隆二十年，1755）	揚州 江蘇省揚州市博物館	
鍾馗圖	軸	紙	設色	不詳	乾隆二十年（乙亥，1755）	揚州 江蘇省揚州市博物館	
麻姑獻壽圖	軸	紙	設色	不詳	乾隆壬午（二十七年，1762）秋九月	揚州 江蘇省揚州市博物館	
玉簪花圖	軸	紙	水墨	42.6 x 27.4		揚州 江蘇省揚州市博物館	
夜雨寒潮圖	軸	紙	水墨	不詳		揚州 江蘇省揚州市博物館	
費長房遇仙圖	軸	紙	設色	不詳		揚州 江蘇省揚州市博物館	
賞梅圖	軸	紙	設色	157 x 77.5		揚州 江蘇省揚州市博物館	
蘆雁圖	軸	紙	設色	不詳		揚州 江蘇省揚州市博物館	
李泌賞海棠花圖	軸	紙	設色	238 x 132	乾隆癸酉（十八年，1753）立夏	南通 江蘇省南通博物苑	
人物故事圖（12屏）	軸	紙	設色	（每屏）201 x 55	乾隆十八年（癸酉，1753）良月	南通 江蘇省南通博物苑	
水仙圖	軸	紙	設色	不詳		南通 江蘇省南通博物苑	
玉蘭圖	軸	紙	水墨	不詳		南通 江蘇省南通博物苑	
柳鷺圖	軸	紙	設色	不詳		南通 江蘇省南通博物苑	
墨梅圖	軸	紙	水墨	不詳		南通 江蘇省南通博物苑	
鐵拐李像	軸	紙	設色	不詳		南通 江蘇省南通博物苑	
仕女携琴圖	軸	紙	水墨	127.5 x 55	甲辰（雍正二年，1724）小春月	泰州 江蘇省泰州市博物館	
八仙圖	軸	絹	設色	228.5 x 164	雍正五年（丁未，1727）	泰州 江蘇省泰州市博物館	
鍾馗圖	軸	紙	設色	不詳	乾隆三年（戊午，1738）	泰州 江蘇省泰州市博物館	
獻花圖	軸	紙	設色	不詳	乾隆丙子（二十一年，1756）	泰州 江蘇省泰州市博物館	

名稱	形式	質地	色彩	尺寸 高x寬cm	創作時間	收藏處所	典藏號碼
春夜宴桃李園圖	軸	紙	設色	121 x 165	壬午（乾隆二十七年，1762）秋八月	泰州 江蘇省泰州市博物館	
鍾馗圖	軸	紙	設色	不詳	雍正十二年（甲寅，1734）	上海 上海博物館	
東坡玩硯圖	軸	紙	水墨	不詳	雍正十二年（甲寅，1734）	上海 上海博物館	
牡丹圖	軸	紙	水墨	109.1 x 50	乾隆十年（乙丑，1745）	上海 上海博物館	
雪景山水圖	軸	紙	設色	不詳	乾隆癸酉（十八年，1753）	上海 上海博物館	
蛟湖讀書圖	軸	紙	設色	不詳	乾隆辛巳（二十六年，1761）	上海 上海博物館	
蓮鷺圖	橫幅	紙	水墨	87 x 140.6	乾隆癸未（二十八年，1763）	上海 上海博物館	
石城風雨圖	軸	紙	水墨	110.5 x 188.5		上海 上海博物館	
柳枝畫眉圖	軸	紙	水墨	105 x 48		上海 上海博物館	
柳鷺圖	軸	紙	設色	164.1 x 89.3		上海 上海博物館	
柳鷺圖	軸	紙	設色	113.7 x 57.7		上海 上海博物館	
瓶梅圖	軸	紙	水墨	不詳		上海 上海博物館	
疏柳鳴禽圖	軸	紙	水墨	不詳		上海 上海博物館	
攜琴訪友圖	軸	紙	設色	168 x 88.5		上海 上海博物館	
蘇武牧羊圖	橫幅	紙	設色	94.2 x 101.2		上海 上海博物館	
鐵拐李像	軸	紙	設色	不詳	乾隆壬午（二十七年，1762）	上海 上海畫院	
醉仙圖	軸	紙	設色	不詳		上海 中國美術家協會上海分會	
人物圖	軸	紙	設色	151.1 x 63.2		上海 上海人民美術出版社	
白太傅吟詩圖	軸	紙	水墨	不詳	雍正七年（己酉，1729）夏四月	南京 南京博物院	

名稱	形式	質地	色彩	尺寸 高x寬㎝	創作時間	收藏處所	典藏號碼
鍾馗圖	軸	紙	設色	不詳	雍正九年（辛亥，1731）	南京 南京博物院	
問道圖	軸	紙	設色	不詳	乾隆五年（庚申，1740）三月	南京 南京博物院	
採珠圖	軸	紙	設色	274.4 x 130.2	乾隆十二年（丁卯，1747）春三月	南京 南京博物院	
採珠圖	軸	紙	設色	不詳	乾隆丁丑（二十二年，1757）	南京 南京博物院	
林和靖愛梅圖	軸	紙	設色	94.3 x 110.1		南京 南京博物院	
品硯圖	軸	紙	設色	122.7 x 63.8		南京 南京博物院	
湖亭秋興圖	軸	紙	設色	不詳		南京 南京博物院	
漁翁圖	軸	紙	設色	不詳		南京 南京博物院	
雙鴨圖	軸	紙	設色	不詳		南京 南京博物院	
聽琴圖	軸	紙	設色	不詳		南京 南京博物院	
端午鍾馗圖	軸	紙	設色	167 x 94	雍正九年（辛亥，1731）端陽日	南京 江蘇省美術館	
麻姑進酒圖	軸	紙	設色	167 x 94	乾隆十年（乙丑，1745）春三月	南京 江蘇省美術館	
瓶插芍藥圖	軸	紙	設色	68 x 50.5		南京 江蘇省美術館	
問道圖	軸	紙	設色	67 x 80	乾隆五年（庚申，1740）	南京 南京市博物館	
漁翁圖	軸	紙	設色	不詳		南京 南京市博物館	
漁翁得利圖	軸	紙	設色	不詳	雍正十二年（甲寅，1734）	鎮江 江蘇省鎮江市博物館	
人物圖	軸	紙	設色	不詳	乾隆己卯（二十四年，1759）	鎮江 江蘇省鎮江市博物館	
楊柳雙鴨圖	軸	紙	設色	不詳		鎮江 江蘇省鎮江市博物館	
三仙圖	軸	紙	設色	不詳		常州 江蘇省常州市博物館	
人物圖	軸	紙	設色	124.7 x 64.7	雍正九年（辛亥，1731）	無錫 江蘇省無錫市博物館	
蓮塘雙禽圖	軸	紙	設色	139.6 x 58.7	雍正十一年（癸丑，1733）春二月	無錫 江蘇省無錫市博物館	

名稱	形式	質地	色彩	尺寸 高x寬cm	創作時間	收藏處所	典藏號碼
人物圖	軸	紙	設色	157 x 95.7		無錫 江蘇省無錫市博物館	
鐵拐李像	軸	紙	設色	不詳		無錫 江蘇省無錫市博物館	
八仙圖	軸	絹	設色	221.5 x 161.7	雍正五年（丁未，1727）	蘇州 江蘇省蘇州博物館	
群盲聚訟圖	軸	紙	設色	87.2 x 67.3	乾隆九年（甲子，1744）二月	蘇州 江蘇省蘇州博物館	
大孤山小孤灣圖	軸	紙	設色	不詳		蘇州 江蘇省蘇州博物館	
蘇武牧羊圖	軸	紙	設色	178.4 x 91.1		蘇州 江蘇省蘇州博物館	
人物小品	橫幅	紙	設色	31 x 37	丁卯（乾隆十二年，1747）秋日	昆山 崑崙堂美術館	
壽星圖	軸	紙	設色	173.5 x 86		杭州 浙江省博物館	
人物圖	軸	紙	設色	不詳		杭州 浙江省博物館	
瓶梅圖	軸	紙	水墨	不詳		杭州 浙江省博物館	
梅花山雞圖	軸	紙	設色	124.5 x 61.5	乾隆十年（乙丑，1745）	杭州 浙江美術學院	
山谷雙鵝圖	軸	紙	設色	177.5 x 89.5		杭州 浙江省杭州西泠印社	
麻姑獻壽圖	軸	紙	設色	185 x 111		杭州 浙江省杭州西泠印社	
溪橋策杖圖	軸	紙	設色	95.5 x 90.5		杭州 浙江省杭州西泠印社	
壽星圖	軸	紙	設色	不詳		杭州 浙江省杭州西泠印社	
松下撫琴圖	軸	紙	設色	不詳		金華 浙江省金華市太平天國侍王府紀念館	
鐵拐李像	軸	紙	設色	不詳		溫州 浙江省溫州博物館	
楊柳白鷺圖	軸	紙	設色	不詳		寧波 浙江省寧波市天一閣文物保管所	
醉眠圖	軸	紙	設色	不詳		寧波 浙江省寧波市天一閣文物保管所	
鍾馗圖	軸	紙	設色	不詳	乾隆十八年（癸酉，1753）	鄞縣 浙江省鄞縣文管會	
銘硯圖	軸	紙	設色	159 x 65.5		南昌 江西省博物館	
荷花雙鷺圖	軸	紙	水墨	不詳		南昌 江西省八大山人紀念館	
三仙圖	軸	紙	設色	132.8 x 189.5		景德鎮 江西省景德鎮博物館	

名稱	形式	質地	色彩	尺寸 高x寬cm	創作時間	收藏處所	典藏號碼
麻姑圖	軸	紙	設色	122 × 54.5	雍正十三年（乙卯，1735）	婺源 江西省婺源縣博物館	
麻姑圖	軸	紙	設色	181 × 101	乾隆丙戌（三十一年，1766）	長沙 湖南省博物館	
麻姑獻壽圖	軸	絹	設色	不詳	雍正七年（己酉，1729）	宜昌 湖北省宜昌市文物處	
鍾馗圖	橫幅	紙	設色	124.5×169.5	雍正四年（丙午，1726）	成都 四川省博物院	
杏花柳燕圖	軸	紙	設色	79.8 × 44.8		成都 四川省博物院	
柳鷺圖	軸	紙	水墨	不詳		成都 四川省博物院	
風雨行舟圖	軸	紙	水墨	161.6 × 88.1		成都 四川省博物院	
停琴倚扇圖	軸	紙	水墨	127.5 × 96.5		成都 四川大學	
楊柳鸜鵒圖	軸	紙	設色	不詳		成都 四川大學	
蘆雁圖	軸	紙	設色	167 × 94		成都 四川大學	
紉蘭圖	軸	紙	水墨	66 × 34.8	雍正七年（己酉，1729）二月	重慶 重慶市博物館	
風塵三俠圖	軸	紙	設色	106 × 51		重慶 重慶市博物館	
麻姑圖	軸	紙	設色	170 × 92.5	乾隆八年（癸亥，1743）	福州 福建省博物館	
鷹圖	軸	紙	設色	172 × 88.7	乾隆庚辰（二十五年，1760）	福州 福建省博物館	
萱花貓蝶圖	軸	紙	設色	不詳	雍正十二年（甲寅，1734）嘉平月	寧化 福建省寧化縣紀念館	
風塵三俠圖	軸	紙	設色	154.5 × 86		寧化 福建省寧化縣紀念館	
採芝圖	軸	紙	設色	114.5 × 60	雍正四年（丙午，1726）	廣州 廣東省博物館	
探珠圖	軸	紙	設色	282 × 128.4	乾隆十四年（己巳，1749）春王月	廣州 廣東省博物館	
張果老故事圖	軸	絹	設色	111.5 × 70.7	乾隆二十年（乙亥，1755）	廣州 廣東省博物館	
踏雪尋梅圖	軸	紙	設色	170.7 × 91	乾隆壬午（二十七年，1762）秋七月	廣州 廣東省博物館	

名稱	形式	質地	色彩	尺寸 高×寬㎝	創作時間	收藏處所	典藏號碼
雋不疑試劍圖	軸	紙	設色	174 × 93	乾隆癸卯（四十八年，1783）	廣州 廣東省博物館	
秋江漁翁圖	軸	紙	設色	不詳		廣州 廣東省博物館	
寒溪夜雨圖	軸	紙	水墨	165.9 × 89		廣州 廣東省博物館	
雲壑松泉圖	軸	絹	設色	174.5 × 50.5		廣州 廣東省博物館	
擊磬圖	軸	紙	設色	142 × 66		廣州 廣東省博物館	
雙貓圖	軸	紙	設色	136.8 × 64		廣州 廣東省博物館	
鵪鶉野菊田	軸	絹	設色	174.5 × 50.5		廣州 廣東省博物館	
蘆雁圖	軸	紙	設色	不詳		廣州 廣東省博物館	
愛梅圖	軸	紙	設色	159.5 × 80.5	甲辰（雍正二年，1724）	廣州 廣州市美術館	
鍾馗圖	軸	紙	設色	117 × 58.5	雍正九年（辛亥，1731）端午	廣州 廣州市美術館	
麻姑圖	軸	紙	設色	170 × 81		廣州 廣州市美術館	
探梅圖	軸	紙	設色	189 × 115		廣州 廣州市美術館	
廣陵花瑞圖	軸	紙	設色	185 × 114		廣州 廣州市美術館	
篷窗看山圖	軸	絹	設色	153.5 × 49		廣州 廣州市美術館	
蕉蔭戲犬圖	軸	紙	水墨	不詳		廣州 廣州市美術館	
獅子狗圖	軸	紙	水墨	不詳		廣州 廣州美術學院	
探梅圖通景（4幅）	軸	絹	設色	（每幅）12.6 × 40.5	乾隆十六年（辛未，1751）小春月	南寧 廣西壯族自治區博物館	
賞菊圖	軸	紙	設色	不詳		昆明 雲南省博物館	
蘇武牧羊圖	軸	絹	設色	不詳	乾隆乙亥（二十年，1755）	烏魯木齊 新疆維吾爾自治區博物館	
石室仙宮圖	軸	絹	設色	144.5 × 44.8		日本 東京岡田朝太郎先生	
麻姑圖	軸	紙	設色	171.8 × 85.7	乾隆庚辰（二十五年，1760）冬月	日本 東京河井荃盧先生	
仙人圖	軸	紙	設色	117 × 40.9	壬寅（康熙六十一年，1722）秋九月	日本 橫濱原富太郎先生	
人物圖	軸	紙	設色	140.6 × 73.9	雍正七年（己酉，1729）十月	日本 名古屋櫻木俊一先生	

名稱	形式	質地	色彩	尺寸 高×寬㎝	創作時間	收藏處所	典藏號碼
人物圖	軸	紙	設色	178 × 53.6		日本 京都國立博物館	
仙子漁者圖	軸	紙	設色	114.6 × 41.1		日本 大阪市立美術館	
蕉蔭白鶴圖	軸	紙	設色	193.5 × 53		日本 大阪橋本大乙先生	
仙人圖	軸	紙	設色	149 × 82		日本 大阪橋本大乙先生	
煙雨歸漁圖	軸	紙	設色	207 × 59.5		日本 大阪橋本大乙先生	
人物圖	軸	紙	設色	不詳	乾隆十七年（壬申，1752）五月	日本 江田勇二先生	
一枝仙人圖（挖耳仙人）	軸	紙	設色	121.5 × 38.6	丙寅（乾隆十一年，1746）春二月	日本 福岡市美術館	
壽星圖	軸	紙	設色	107 × 48.8	甲辰（雍正二年，1724）冬日	日本 西宮縣武川盛次先生	
古木散馬圖	軸	絹	設色	184.1 × 115.1	乾隆十七年（壬申，1752）小春月	日本 繭山龍泉堂	
麻姑仙人圖	軸	紙	設色	166.3 × 79.2		日本 山口良夫先生	
漁樵問答圖	軸	紙	設色	105.7 × 55.5		日本 中埜又左衛門先生	
鐵拐李渡海圖	軸	紙	設色	89.5 × 29.4		日本 中埜又左衛門先生	
秋林釣艇圖	軸	紙	設色	80 × 42		日本 中埜又左衛門先生	
九瀧溯舟圖	軸	紙	設色	150 × 97.4	乾隆丁丑（二十二年，1757），七十有一	日本　私人	
山水（松宇巉峰圖）	軸	紙	設色	178.3 × 61.4	雍正七年（己酉，1729）十一月	日本 私人	
韓魏公簪金帶圍圖	軸	絹	設色	102.8 × 51.7	雍正十年（壬子，1732）五月	日本 私人	
寒蘆瘦鴨圖	軸	紙	設色	134.5 × 39.8		日本 私人	
鍾馗圖	軸	紙	設色	175.9 × 92.4		日本 私人	
山水人物圖	軸	紙	設色	180.1 × 95.6		日本 私人	
老人圖	軸	紙	設色	106 × 51.5		美國 普林斯頓大學藝術館（Edward Elliott 先生寄存）	L33.75
枯樹神鷹圖	軸	紙	設色	167.3 × 84.5		美國 普林斯頓大學藝術館（	

名稱	形式	質地	色彩	尺寸 高×寬 cm	創作時間	收藏處所	典藏號碼
						私人寄存）	
雪景山水圖	軸	紙	設色	160.6 × 94.7		美國 紐約大都會藝術博物館	1971.125
東籬高士圖	軸	紙	設色	68.5 × 33.5		美國 紐約哥倫比亞大學藝術館	
人物圖（品花圖）	軸	紙	設色	102 × 40	壬寅（康熙六十一年，1722）新秋	美國 華盛頓特區弗瑞爾藝術館	62.14
枯槎秋鷹	軸	紙	設色	123.3 × 45	乾隆乙亥（二十年，1755）	美國 堪薩斯市納爾遜-艾金斯藝術博物館	
蘆雁圖	軸	紙	設色	106.6 × 134.9		美國 舊金山亞洲藝術館	B74 D1
人物圖	軸	紙	設色	116.8 × 34.5	壬寅（康熙六十一年，1722）秋九月	美國 勃克萊加州大學藝術館（高居翰教授寄存）	
擊磬圖	軸	紙	設色	115.0 × 60	乾隆乙未（四十年，1775）秋月	加拿大 多倫多市皇家安大略博物館（Finlayson先生寄存）	
山水（縴夫拉縴圖）	軸	紙	設色	89.5 × 117.5		英國 倫敦大英博物館	1960.4.9.01（ADD307）
人物圖（寧戚飯牛圖）	軸	絹	設色	128.3 × 48.9	乾隆九年（甲子，1744）春二月	英國 倫敦大英博物館	1910.2.12.471（ADD 212）
捧花老人圖	軸	紙	設色	133.1 × 74.6	乾隆十三年（戊辰，1748）秋九月	德國 柏林東亞藝術博物館	1970-4
荷花白鷺圖	軸	紙	水墨	175.3 × 45.2		荷蘭 阿姆斯特丹 Rijks 博物館	
繡球桃花（序榮集繪冊之2）	冊頁	絹	設色	不詳		台北 故宮博物院	故畫 03417-2
杏花（序榮集繪冊之3）	冊頁	絹	設色	不詳		台北 故宮博物院	故畫 03417-3
芍藥（序榮集繪冊之4）	冊頁	絹	設色	不詳		台北 故宮博物院	故畫 03417-4
萱草芙蓉（序榮集繪冊之7）	冊頁	絹	設色	不詳		台北 故宮博物院	故畫 03417-7
秋葵石竹（序榮集繪冊之9）	冊頁	絹	設色	不詳		台北 故宮博物院	故畫 03417-9
山茶梅花（序榮集繪冊之12）	冊頁	絹	設色	不詳	雍正七年（己酉，1729）秋	台北 故宮博物院	故畫 03417-12
墨卉（6幀）	冊	紙	水墨	不詳		台北 故宮博物院	國贈 024978
人物圖	冊頁	紙	設色	23.5 × 29.8		台北 國泰美術館	
石榴圖	冊頁	紙	水墨	25.3 × 17.5		台北 陳啟斌畏罍堂	

名稱	形式	質地	色彩	尺寸 高x寬cm	創作時間	收藏處所	典藏號碼
花鳥圖（8幀）	冊	紙	設色	不詳		長春 吉林省博物館	
山水人物花卉（6幀）	冊	紙	設色	（每幀）24.8×43.8		瀋陽 遼寧省博物館	
山水人物圖（12幀）	冊	紙	設色、水墨	不詳	雍正十三年（乙卯，1735）秋九月	北京 故宮博物院	
花卉圖（8幀）	冊	紙	設色	（每幀）29.8×23.5	乾隆五年（庚申，1740）六月	北京 故宮博物院	
雜畫（12幀）	冊	紙	水墨、設色	不詳	乾隆甲子（九年，1744）	北京 故宮博物院	
蔬果圖（12幀）	冊	紙	設色	不詳	乾隆十六年（辛未，1751）長至日	北京 故宮博物院	
人物、花卉圖（12幀）	冊	紙	設色	不詳		北京 故宮博物院	
花卉圖（8幀）	冊	紙	設色	（每幀）23.1×30.6		北京 故宮博物院	
花果圖（12幀）	冊	紙	設色	（每幀）24.2×31.4		北京 故宮博物院	
雜畫（8幀）	冊	紙	設色	（每幀）24.2×33.2		北京 故宮博物院	
雜畫（12幀）	冊	紙	設色	不詳		北京 故宮博物院	
蔬果圖	摺扇面	紙	設色	17.1 x 50.6		北京 故宮博物院	
梨花白燕圖	冊頁	紙	水墨	不詳		北京 中國歷史博物館	
花卉圖（文心別寄圖冊之1幀）	冊頁	紙	設色	不詳		北京 中國歷史博物館	
書畫（12幀）	冊	紙	設色	（每幀）28 x 47.4		天津 天津市藝術博物館	
人物圖（10幀）	冊	絹	設色	（每幀）24.8 x 24.5	庚子（康熙五十九年，1720）九月	天津 天津市歷史博物館	
書畫（14幀）	冊	紙	設色	（每幀）39.5 x 29.5	乾隆五年（庚申，1740）	濟南 山東省濟南市博物館	
花卉圖（12幀）	冊	紙	設色	不詳	乾隆十年（乙丑，1745）春	太原 山西省博物館	
風雨歸舟圖	摺扇面	粉箋	水墨	不詳	乾隆十三年（戊辰，1748）	合肥 安徽省博物館	
柳岸泛舟圖	摺扇面	粉箋	水墨	不詳		合肥 安徽省博物館	

名稱	形式	質地	色彩	尺寸 高×寬㎝	創作時間	收藏處所	典藏號碼
琴鶴相隨圖	摺扇面	粉箋	設色	不詳		合肥 安徽省博物館	
碧桃細柳圖	冊頁	紙	設色	不詳		合肥 安徽省博物館	
對奕圖	摺扇面	紙	設色	不詳	乙酉（乾隆三十年，1765）	揚州 江蘇省揚州市博物館	
人物圖（清韓璧等山水人物冊5之1幀）	冊頁	紙	設危	不詳		泰州 江蘇省泰州市博物館	
花卉圖（11幀，為吳克蕃作）	冊	紙	水墨	（每幀）29.2×25.3	乾隆二年（丁巳，1737）秋七月	上海 上海博物館	
花卉圖（12幀）	冊	紙	水墨	（每幀）24.3×28	乾隆十六年（辛未，1751）閏五月	上海 上海博物館	
花鳥草蟲（10幀）	冊	紙	設色	（每幀）23.5×29.2		上海 上海博物館	
雜畫（12幀）	冊	紙	設色、水墨	（每幀）23.7×34.7		上海 上海博物館	
石榴圖（廣陵十家集畫冊10之第4幀）	冊頁	紙	設色	26.2×18.3		上海 上海博物館	
花卉圖（鄭燮等雜畫冊12之第3幀）	冊頁	紙	設色	30.3×25	雍正九年（辛亥，1731）春三月	上海 上海博物館	
花卉圖（鄭燮等雜畫冊12之第4幀）	冊頁	紙	設色	30.3×25		上海 上海博物館	
雜畫並書（？幀）	冊	紙	水墨、設色	不詳	乾隆八年（癸亥，1743）秋七月	南京 南京博物院	
萬安橋圖	摺扇面	紙	設色	不詳		鎮江 江蘇省鎮江市博物館	
踏雪尋梅圖	摺扇面	紙	設色	不詳		鎮江 江蘇省鎮江市博物館	
雜畫圖（10幀）	冊	紙	設色	不詳	乾隆三年（戊午，1738）春正	常州 江蘇省常州市博物館	
雜畫（4幀）	冊	綾	設色	（每幀）30.3×15.8	雍正十二年（甲寅，1734）	無錫 江蘇省無錫市博物館	
花果圖（為巽老作，清李鱓等花果冊之1幀）	摺扇面	紙	設色	不詳	（己酉，雍正七年，1729）	蘇州 江蘇省蘇州博物館	
雜畫（12幀）	冊	紙	設色	（每幀）27.4×22.3	乾隆丙戌（三十一年，1766）冬	杭州 浙江省杭州市文物考古所	
相琴圖	摺扇面	紙	設色	不詳	乙巳（雍正三年，	寧波 浙江省寧波市天一閣文	

名稱	形式	質地	色彩	尺寸 高×寬㎝	創作時間	收藏處所	典藏號碼
					1725)	物保存所	
賞花圖	摺扇面	紙	設色	不詳	雍正十二年（甲寅，1734）春三月	寧波 浙江省寧波市天一閣文物保存所	
山水、人物圖（8幀）	冊	紙	設色	不詳		長沙 湖南省博物館	
山月彈琴圖	摺扇面	粉箋	設色	不詳		長沙 湖南省博物館	
書、畫（畫10幀，書9幀）	冊	紙	設色	（每幀）30.3×31.7	乾隆四年（己未，1739）春正月	福州 福建省博物館	
紀遊圖（8幀）	冊	紙	設色	（每幀）31×43.5	雍正十二年（甲寅，1734）	廣州 廣東省博物館	
書畫（12幀）	冊	絹	設色	（每幀）33.5×24	乾隆二年（丁巳，1737）春三月	廣州 廣東省博物館	
詩畫（24幀）	冊	紙	水墨、設色	（每幀）29.4×34.8		日本 東京小室翠雲先生	
寫意山水圖（清人書畫扇冊之第10幀）	摺扇面	金箋	水墨	不詳		日本 東京橋本辰二郎先生	
雜畫（12幀）	冊	紙	設色	不詳	七十逸叟（乾隆二十一年，1756）	日本 京都守屋正先生	
山水圖（14幀）	冊	紙	水墨	（每幀）23.1×48.1	乾隆三年（戊午，1738）四月	日本 京都泉屋博古館	
高士消暑圖	摺扇面	紙	水墨	不詳	乾隆十五年（庚午，1750）六月	美國 哈佛大學福格藝術館	1981.54
雜畫（4幀）	冊	紙	水墨	（每幀）35×28.7		美國 耶魯大學藝術館（私人寄存）	
山水圖	摺扇面	金箋	水墨	17.5×51.8		美國 耶魯大學藝術館（私人寄存）	
山水雜畫（8幀）	冊	紙	設色	（每幀）23.2×32.3		美國 普林斯頓大學藝術館	76-43
山水人物圖（8幀）	冊	綾	設色	（每幀）30.9×40.8	乾隆十五年（庚午，1750）睡春三月	美國 底特律藝術中心	77.24.1-8
羅公遠像	冊頁	紙	設色	28.6×33.2		美國 密歇根大學藝術博物館	1983/2.158
故事人物圖	冊頁	紙	設色	28.6×34.4		美國 密歇根大學藝術博物館	1983/2.156
故事人物圖	冊頁	紙	設色	28.6×34.3		美國 密歇根大學藝術博物館	1983/2.155
劉寬像	冊頁	紙	設色	28.6×34.4		美國 密歇根大學藝術博物館	1983/2.157
山水、人物（8幀）	冊	綾	設色	（每幀）36.1	乾隆十五年（庚午	美國 紐約 Hobart 先生	

名稱	形式	質地	色彩	尺寸 高x寬cm	創作時間	收藏處所	典藏號碼
				x 48.1不等	，1750）春二月至夏		
風俗圖（12幀）	冊	紙	設色	（每幀）34 x 43.6	雍正八年（庚戌，1730）夏五月二日	美國 勃克萊加州大學藝術館（高居翰教授寄存）	CC71
山水、人物、草蟲圖（6幀）	冊	紙	設色	（每幀）22.4 x 27.4		美國 勃克萊加州大學藝術館（高居翰教授寄存）	CC73
漁夫圖	冊頁	紙	設色	28.9 x 35.5		美國 勃克萊加州大學藝術館（Gaenslen先生寄存）	
江畔行吟圖	冊頁	紙	水墨	28.9 x 35.7		美國 勃克萊加州大學藝術館（Gaenslen先生寄存）	
歷代人物圖（8幀）	冊	紙	設色	（每幀）28.8 x 32.4		美國 加州史坦福大學藝術博物館	67.60.1-8
山水圖（10幀）	冊	絹	設色	（每幀）47.5 x 30		美國 聖地牙哥藝術博物館	70.04
柘榴圖	摺扇面	紙	設色	18.5 x 51		美國 火魯奴奴 Hutehinson先生	
雜畫（8幀）	冊	紙	設色	（每幀）27.2 x 61.1		德國 柏林東亞藝術博物館	1988-414
雜畫、山水圖（10幀）	冊	紙	設色	（每幀）23.1 x 30.1		瑞典 斯德哥爾摩遠東古物館	NMOK520-530
花鳥圖（幀）	冊	紙	設色	不詳		瑞典 斯德哥爾摩遠東古物館	NMOK520-31
附：							
公孫大娘舞劍器圖	卷	紙	設色	37.5 x 333	雍正十三年（乙卯，1735）	天漢 天津市文物公司	
陶淵明詩意圖	卷	紙	設色	不詳	癸卯（雍正元年，1723）冬十二月	上海 朵雲軒	
四季花卉	卷	紙	設色	37.7 x 567	乾隆十三年（戊辰，1748）小春月	紐約 佳士得藝品拍賣公司/拍賣目錄 1993,12,01.	
踏雪尋梅圖	軸	紙	設色	不詳	乾隆二十八年（癸未，1763）	北京 榮寶齋	
八仙圖	軸	紙	設色	不詳	雍正五年（丁未，1727）秋九月	北京 北京市文物商店	
踏雪尋梅圖	軸	紙	設色	不詳	乾隆八年（癸亥，1743）五月	北京 北京市文物商店	

名稱	形式	質地	色彩	尺寸 高×寬cm	創作時間	收藏處所	典藏號碼
張果老騎驢圖	軸	紙	設色	94 × 53.5	雍正十一年（癸丑，1733）	北京 北京市工藝品進出口公司	
雪梅寒雀圖（4幅）	軸	紙	設色	（每幅）179.2 × 54.4	乾隆十六年（辛未，1751）	北京 北京市工藝品進出口公司	
柳鷺圖	軸	紙	設色	不詳		北京 北京市工藝品進出口公司	
琵琶盲女圖	軸	紙	水墨	137 × 55	乾隆十五年（庚午，1750）	天津 天津市文物公司	
仙女圖	軸	紙	設色	165 × 76	乾隆甲戌（十九年，1754）	天津 天津市文物公司	
二仙圖	軸	紙	設色	165 × 76		天津 天津市文物公司	
教子圖	軸	紙	設色	71 × 75.5	丙午（雍正四年，1726）春月	揚州 揚州市文物商店	
賞畫圖	橫幅	絹	設色	不詳	雍正九年（辛亥，1731）七月	揚州 揚州市文物商店	
漁舟歸去圖	軸	絹	設色	74.5 × 92	雍正十二年（甲寅，1734）冬至前一日	揚州 揚州市文物商店	
蓼灘釣舟圖	軸	紙	設色	不詳		揚州 揚州市文物商店	
蒼鷹獨立圖	軸	紙	設色	不詳	乾隆己卯（二十四年，1759）	上海 朵雲軒	
漁翁圖	軸	紙	設色	不詳		上海 朵雲軒	
賞梅圖	軸	紙	設色	不詳		上海 朵雲軒	
二仙圖	軸	紙	設色	148 × 51		上海 上海文物商店	
麻姑進爵圖	軸	紙	設色	84 × 41		上海 上海文物商店	
荷花雙鳧圖	軸	紙	設色	不詳		上海 上海文物商店	
蕉鶴圖	軸	紙	設色	不詳		上海 上海文物商店	
蘆雁圖	軸	紙	設色	不詳		上海 上海文物商店	
風塵三俠圖	軸	紙	設色	不詳	乾隆十八年（癸酉，1753）	上海 上海工藝品進出口公司	
天官圖	軸	紙	設色	不詳	乾隆十八年（癸酉，1753）	南京 南京市文物商店	
耄耋圖	軸	紙	設色	不詳		南京 南京市文物商店	
彈琴圖	軸	紙	設色	不詳		南京 南京市文物商店	

名稱	形式	質地	色彩	尺寸 高×寬㎝	創作時間	收藏處所	典藏號碼
聽琴圖	軸	綾	設色	不詳		南京 南京市文物商店	
鐵拐李採芝圖	軸	紙	設色	142 × 63		蘇州 蘇州市文物商店	
二仙圖	軸	紙	設色	295 × 130		蘇州 蘇州市文物商店	
松門石鏡圖	軸	紙	設色	87.2 × 11.9		武漢 湖北省武漢市文物商店	
杏花柳燕圖	軸	紙	設色	不詳		武漢 湖北省武漢市文物商店	
揚州詩意圖	軸	紙	設色	139.5 × 71		紐約 佳士得藝品拍賣公司/拍賣目錄 1984,06,29.	
仙人圖	軸	紙	設色	159 × 77		紐約 佳士得藝品拍賣公司/拍賣目錄 1984,06,29.	
秋江漁話圖	軸	紙	設色	177.5 × 95		紐約 佳士得藝品拍賣公司/拍賣目錄 1984,06,29.	
漁翁圖	軸	紙	設色	64.8 × 29.2		紐約 蘇富比藝品拍賣公司/拍賣目錄 1984,06,13.	
人物圖	軸	紙	水墨	149.8 × 40.6	雍正九年（辛亥，1731）春二月	紐約 蘇富比藝品拍賣公司/拍賣目錄 1984,12,05.	
羨門論道圖	軸	絹	設色	88.2 × 96	雍正十二年（甲寅，1734）	紐約 蘇富比藝品拍賣公司/拍賣目錄 1985,06,03.	
人物圖	軸	紙	設色	68.6 × 71.7		紐約 蘇富比藝品拍賣公司/拍賣目錄 1986,06,03.	
麻姑圖	軸	絹	設色	143.5 × 71.4	乾隆九年（甲子，1744）小春月	紐約 佳仕得藝品拍賣公司/拍賣目錄 1986,06,04.	
仙翁乘龍圖	軸	紙	設色	201 × 102.2	乾隆十年（乙丑，1745）元月	紐約 佳仕得藝品拍賣公司/拍賣目錄 1986,12,01.	
人物（喝酒圖）	軸	紙	設色	163.3 × 90.3	乾隆十五年（庚午，1750）夏四月	紐約 蘇富比藝品拍賣公司/拍賣目錄 1987,12,08.	
鸜鵒圖	軸	紙	設色	184.2 × 953.3		紐約 蘇富比藝品拍賣公司/拍賣目錄 1988,11,30.	
三羊開泰圖	軸	紙	設色	156 × 89.5		紐約 佳士得藝品拍賣公司/拍賣目錄 1989,06,01.	
鷹熊圖	軸	紙	設色	192.5 × 112	乾隆丁亥（三十二年，1767）春三月	紐約 佳士得藝品拍賣公司/拍賣目錄 1989,06,01.	
人物圖	軸	紙	設色	181.5 × 104	乾隆庚辰（三十九年，1700）四月	紐約 佳士得藝品拍賣公司/拍賣目錄 1989,06,01.	
秋柳鳴蟬圖	軸	紙	設色	94 × 58.5		紐約 佳士得藝品拍賣公司/拍	

名稱	形式	質地	色彩	尺寸 高×寬cm	創作時間	收藏處所	典藏號碼
						賣目錄 1990,05,31.	
蒼松圖	軸	紙	水墨	173.3 × 60.3		紐約 佳士得藝品拍賣公司/拍賣目錄 1990,05,31.	
寒江白鷺圖	軸	紙	設色	164 × 87	乾隆丁亥（三十二年，1767）冬	紐約 佳士得藝品拍賣公司/拍賣目錄 1990,05,31.	
騎驢踏雪圖	軸	紙	設色	180.5 × 92.5		紐約 佳士得藝品拍賣公司/拍賣目錄 1990,11,28.	
商山四皓圖	軸	紙	設色	188 × 105	乾隆二十年（乙亥，1755）春三月	紐約 佳士得藝品拍賣公司/拍賣目錄 1990,11,28.	
賣花翁圖	軸	紙	水墨	111 × 41	雍正五年（丁未，1727）蒲月	紐約 佳士得藝品拍賣公司/拍賣目錄 1990,11,28.	
溪邊白羊圖	橫幅	紙	設色	91.5 × 122		香港 佳士得藝品拍賣公司/拍賣目錄 1991,03,18.	
雨景山水圖	軸	紙	設色	不詳		香港 佳士得藝品拍賣公司/拍賣目錄 1991,03,18.	
石榴圖	小軸	紙	設色	25.5 × 31		紐約 佳士得藝品拍賣公司/拍賣目錄 1991,05,29.	
梅樹蒼鷹圖	軸	紙	水墨	268 × 128.5	七十二歲（乾隆二十三年，1758）	紐約 佳士得藝品拍賣公司/拍賣目錄 1991,05,29.	
秋葵圖	軸	紙	水墨	158 × 40		紐約 佳士得藝品拍賣公司/拍賣目錄 1992,06,02.	
秋江閒話圖	軸	紙	設色	177.5 × 95		紐約 佳士得藝品拍賣公司/拍賣目錄 1993,12,01.	
風雨載酒圖	軸	紙	設色	188.5 × 104		紐約 佳士得藝品拍賣公司/拍賣目錄 1994,11,30.	
雪坡仙鷺圖	軸	紙	設色	163.3 × 88.9	乾隆丁亥（三十二年，1767）冬	紐約 佳士得藝品拍賣公司/拍賣目錄 1994,11,30.	
對菊撫琴圖	軸	紙	設色	87.5 × 48	丙午（雍正四年，1726）小春月	紐約 佳士得藝品拍賣公司/拍賣目錄 1995,03,22.	
柳岸雙鷺圖	軸	紙	設色	192 × 53.5		香港 佳士得藝品拍賣公司/拍賣目錄 1996,04,28.	
山水圖	軸	紙	水墨	169.5 × 92.6		紐約 佳士得藝品拍賣公司/拍賣目錄 1996,09,18.	
蘆雁圖	軸	紙	設色	151.8 × 44.4		香港 佳士得藝品拍賣公司/拍	

名稱	形式	質地	色彩	尺寸 高×寬㎝	創作時間	收藏處所	典藏號碼
						賣目錄 2001,04,29.	
赤壁圖	摺扇面	紙	設色	不詳	乾隆十五年（庚午，1750）秋七月	北京 北京市文物商店	
山水圖（12幀）	冊	紙	水墨、設色	（每幀）14×20	乾隆五年（庚申，1740）	上海 朵雲軒	
仕女圖	摺扇面	紙	設色	不詳	丙午（雍正四年，1726）	上海 上海友誼商店	
花卉圖（11幀）	冊	紙	水墨	不詳	乾隆庚午（十五年，1750）	上海 上海工藝品進出口公司	
雜畫（6幀）	冊	紙	設色	（每幀）28.9×40.6	乾隆庚午（十五年，1750）秋	紐約 蘇富比藝品拍賣公司/拍賣目錄 1986,12,04.	
風雨漁舟圖	摺扇面	紙	水墨	17.5×51.5		紐約 佳仕得藝品拍賣公司/拍賣目錄 1986,12,01.	
山水（10幀）	冊	紙	水墨	（每幀）24×30.7		紐約 佳士得藝品拍賣公司/拍賣目錄 1988,11,30.	
花果（8幀）	冊	紙	水墨、設色	（每幀）20.9×35.8	丙午（雍正四年，1726）暮春	香港 佳士得藝品拍賣公司/拍賣目錄 1995,04,30.	
花卉（清揚州名家花果冊8之第6幀）	冊頁	絹	設色	不詳		香港 蘇富比藝品拍賣公司/拍賣目錄 1999,10,31.	

畫家小傳：黃慎。字躬懋。號癭瓢。福建寧化人，久寓揚州。生於聖祖康熙二十六（1687）年。卒於高宗乾隆三十五（1770）年。能詩，善草書，工畫，有「三絕」之譽。擅畫山水、人物、仙佛。為「揚州八怪」之一。（見桐陰論畫、揚州畫苑錄、板橋集、巳山文集、全閩詩錄、汀州府志、中國畫家人名大辭典）

李世倬

名稱	形式	質地	色彩	尺寸 高×寬㎝	創作時間	收藏處所	典藏號碼
史忠正公贊像	卷	紙	設色	不詳		台北 故宮博物院	國贈 027016
嵩祝圖	卷	紙	水墨	35×212		瀋陽 故宮博物院	
為琭翁畫像	卷	紙	水墨	不詳	丁丑（乾隆二十二年，1757）	北京 故宮博物院	
山水圖	卷	紙	水墨	不詳		北京 故宮博物院	
長江萬里圖	卷	紙	水墨	不詳		北京 故宮博物院	
書畫（與湛福書法合裱）	卷	紙	水墨	27.9×259		北京 中國歷史博物館	
為趙峻飛畫像	卷	綾	設色	32.8×162	壬子（雍正十年，1732）	天津 天津市藝術博物館	
北堂梳髮圖	卷	紙	水墨	不詳		成都 四川省博物院	

名稱	形式	質地	色彩	尺寸 高×寬㎝	創作時間	收藏處所	典藏號碼
對松山圖	軸	紙	設色	118.1 × 54.9		台北 故宮博物院	故畫 00781
連理杉	軸	紙	水墨	138.8 × 51		台北 故宮博物院	故畫 02584
繪高宗御筆擬古詩	軸	紙	設色	189.2 × 55.6		台北 故宮博物院	故畫 02936
竹趣圖	軸	紙	水墨	88 × 35		台北 故宮博物院	國贈 024920
山水圖	軸	紙	水墨	105 × 42.6		台北 故宮博物院（蘭千山館 寄存）	
春山觀瀑圖	軸	紙	水墨	不詳	己丑（乾隆三十四年，1769）	瀋陽 故宮博物院	
九嶷溪徑圖	軸	紙	水墨	不詳		瀋陽 故宮博物院	
指畫鍾馗策蹇載酒圖	軸	紙	設色	不詳	雍正甲寅（十二年，1734）月五日	瀋陽 遼寧省博物館	
雙馬圖	橫幅	紙	水墨	不詳		瀋陽 遼寧省博物館	
觀瀑圖	軸	紙	水墨	73.3 × 34.5		瀋陽 遼寧省博物館	
指畫雄雞菊石圖	軸	紙	水墨	103 × 44		旅順 遼寧省旅順博物館	
山水圖	軸	紙	水墨	不詳	己丑（乾隆三十四年，1769）	北京 故宮博物院	
皋塗精舍圖	軸	紙	設色	83.7 × 48.4		北京 故宮博物院	
麻姑圖	軸	紙	設色	不詳		北京 中國歷史博物館	
水閣野航圖	軸	紙	設色	不詳		天津 天津市藝術博物館	
丘壑圖	軸	紙	水墨	75.2 × 38		天津 天津市藝術博物館	
春元圖	軸	紙	水墨	86.3 × 40		天津 天津市藝術博物館	
秋浦橫舟圖	軸	紙	水墨	69 × 35		太原 山西省博物館	
仿倪瓚山水圖	軸	紙	水墨	不詳		太原 山西省博物館	
塔影雁聲圖	軸	紙	水墨	72.1 × 36.5		西安 陝西歷史博物館	
牧牛圖	軸	紙	水墨	不詳		濟南 山東省濟南市博物館	
漁樵問答圖	軸	紙	水墨	62.4 × 31		揚州 江蘇省揚州市博物館	
臨倪瓚山水圖	軸	紙	水墨	76 × 51		南通 江蘇省南通博物苑	
國色天香圖	軸	紙	設色	109.9 × 40	康熙甲午（五十三年，1714）	上海 上海博物館	
指頭畫虎圖	軸	紙	設色	不詳	雍正戊申（六年，1728）	上海 上海博物館	
林亭山色圖	軸	紙	水墨	75.8 × 34.5		上海 上海博物館	

名稱	形式	質地	色彩	尺寸 高×寬cm	創作時間	收藏處所	典藏號碼
採芝圖	軸	紙	水墨	89.5 × 41.3		上海 上海博物館	
雪山歸樵圖	軸	紙	水墨			上海 上海博物館	
仿江貫道長江圖	軸	紙	水墨	不詳		蘇州 江蘇省蘇州博物館	
觀瀑圖	軸	紙	水墨	不詳		蘇州 靈巖山寺	
泰岱松山圖	軸	紙	水墨	63.9 × 32.5		杭州 浙江省博物館	
指畫柳蔭鳥語圖	軸	紙	設色	80 × 42.5		平湖 浙江省平湖縣博物館	
仿倪黃筆意圖	軸	紙	水墨	122.3 × 55.5		長沙 湖南省博物館	
雲林秋霽圖	軸	紙	設色	124 × 54.5		武漢 湖北省博物館	
鳳女圖	軸	紙	設色	210 × 103		成都 四川大學	
萬木奇峰圖	軸	紙	水墨	172.7 × 56.8	乾隆己未（四年，1739）夏三月	重慶 重慶市博物館	
指畫高山仰止圖	軸	絹	水墨	94 × 41.2		廣州 廣東省博物館	
積雪浮雲圖	軸	紙	設色	不詳		廣州 廣東省博物館	
風雨行舟圖	軸	紙	水墨	100 × 54		廣州 廣州市美術館	
積雪雲端圖	軸	絹	水墨	不詳		廣州 廣州市美術館	
六合同春圖	軸	紙	水墨	不詳		日本 東京林大八先生	
聽松高士圖	軸	紙	水墨	81 × 30.7		日本 大阪橋本大乙先生	
臨沈周摹吳鎮山水圖	軸	紙	水墨	129.2 × 34.7	甲戌（乾隆十九年，1754）春分	日本 山口良夫先生	
山水圖（坐觀春泉）	軸	紙	水墨	78 × 41.5		美國 普林斯頓大學藝術館	63-56
仿王翬白雲精舍圖	軸	紙	水墨	111.3 × 36.7		美國 紐約Weill先生	
松岡藜策圖	軸	紙	水墨	104.6 × 50		美國 紐約Hobart先生	
秀色凝空圖	軸	紙	水墨	87.6 × 42.2		美國 芝加哥藝術中心	1984.1339
松巖懸瀑圖	軸	紙	水墨	91.1 × 41.3		美國 克利夫蘭藝術博物館	
山水圖（4幅）	軸	紙	水墨	（每幅）17.1 × 22.4		美國 聖路易斯市藝術館	180.1987
觀畫圖	軸	紙	設色	70 × 39.5		美國 勃克萊加州大學藝術館	1980.42.17
臨沈周山水圖	軸	紙	設色	78 × 43.8		美國 勃克萊加州大學藝術館	CC217
採芝圖	軸	紙	水墨	68.8 × 34.3		美國 勃克萊加州大學藝術館（高居翰教授寄存）	CC125
山水圖	軸	紙	水墨	100.1 × 51		美國 夏威夷火魯奴奴藝術學院	5387.1

名稱	形式	質地	色彩	尺寸 高×寬㎝	創作時間	收藏處所	典藏號碼
修竹遠山圖	軸	紙	水墨	90 x 39.5	乾隆九年（甲子，1744）	美國 火魯奴奴Hutchinson先生	
臨唐子畏寫鬭風圖	軸	紙	水墨	67.3 x 34.9		加拿大 多倫多皇家安大略博物館	
山水人物（行旅歇息圖）	軸	紙	水墨	不詳		荷蘭 阿姆斯特丹來登博物館	
松軒遠韵圖	軸	絹	水墨	39.1 x 28.2		義大利 羅馬國立東方藝術博物館（Gisondi 女士寄存）	
疏樹懸崖（李世倬雜畫冊之1）	冊頁	紙	水墨	25.7 x 15.6		台北 故宮博物院	故畫01219-1
棲枝翠鳥（李世倬雜畫冊之2）	冊頁	紙	設色	25.7 x 15.6		台北 故宮博物院	故畫01219-2
漁藻圖（李世倬雜畫冊之3）	冊頁	紙	設色	25.7 x 15.6		台北 故宮博物院	故畫01219-3
鱸子（李世倬雜畫冊之4）	冊頁	紙	水墨	25.7 x 15.6		台北 故宮博物院	故畫01219-4
柳蟬（李世倬雜畫冊之5）	冊頁	紙	水墨	25.7 x 15.6		台北 故宮博物院	故畫01219-5
蟹蝦（李世倬雜畫冊之6）	冊頁	紙	設色	25.7 x 15.6		台北 故宮博物院	故畫01219-6
村叟（李世倬雜畫冊之7）	冊頁	紙	水墨	25.7 x 15.6		台北 故宮博物院	故畫01219-7
榴實（李世倬雜畫冊之8）	冊頁	紙	設色	25.7 x 15.6		台北 故宮博物院	故畫01219-8
宣石虎耳草（李世倬雜畫冊之9）	冊頁	紙	設色	25.7 x 15.6		台北 故宮博物院	故畫01219-9
平湖檣影（李世倬雜畫冊之10）	冊頁	紙	水墨	25.7 x 15.6		台北 故宮博物院	故畫01219-10
蠟梅天竹寫趙彝齋筆意（李世倬雜畫冊之11）	冊頁	紙	設色	25.7 x 15.6		台北 故宮博物院	故畫01219-11
白描鍾馗（李世倬雜畫冊之12）	冊頁	紙	白描	25.7 x 15.6		台北 故宮博物院上	故畫01219-12
清溪晚釣（李世倬畫山水冊之1）	冊頁	紙	設色	不詳		台北 故宮博物院	故畫03260-1
仿大癡道人（李世倬畫山水冊之2）	冊頁	紙	設色	不詳		台北 故宮博物院	故畫03260-2
浴鶴圖（李世倬畫山水冊之3）	冊頁	紙	設色	不詳		台北 故宮博物院	故畫03260-3
扁舟夕照（李世倬畫山水冊之4）	冊頁	紙	設色	不詳		台北 故宮博物院	故畫03260-4
仿元人山水（李世倬畫山水冊之5）	冊頁	紙	水墨	不詳		台北 故宮博物院	故畫03260-5
古岸脩篁（李世倬畫山水冊之	冊頁	紙	設色	不詳		台北 故宮博物院	故畫03260-6

名稱	形式	質地	色彩	尺寸 高x寬cm	創作時間	收藏處所	典藏號碼
6)							
江村暮雨（李世倬畫山水冊之7)	冊頁	紙	設色	不詳		台北 故宮博物院	故畫 03260-7
秋林遠瀑（李世倬畫山水冊之8)	冊頁	紙	水墨	不詳		台北 故宮博物院	故畫 03260-8
楚山烟雨（李世倬畫山水冊之9)	冊頁	紙	水墨	不詳		台北 故宮博物院	故畫 03260-9
古木新篁（李世倬畫山水冊之10)	冊頁	紙	水墨	不詳		台北 故宮博物院	故畫 03260-10
繡壁繁英（李世倬仿諸家山水冊之1)	冊頁	紙	設色	12.3 x 7.4		台北 故宮博物院	故畫 03261-1
虛亭清樾（李世倬仿諸家山水冊之2)	冊頁	紙	水墨	12.3 x 7.4		台北 故宮博物院	故畫 03261-2
丹楓返照（李世倬仿諸家山水冊之3)	冊頁	紙	設色	12.3 x 7.4		台北 故宮博物院	故畫 03261-3
石磴飛泉（李世倬仿諸家山水冊之4)	冊頁	紙	設色	12.3 x 7.4		台北 故宮博物院	故畫 03261-4
雨嶂雲濃（李世倬仿諸家山水冊之5)	冊頁	紙	水墨	12.3 x 7.4		台北 故宮博物院	故畫 03261-5
水村風煖（李世倬仿諸家山水冊之6)	冊頁	紙	設色	12.3 x 7.4		台北 故宮博物院	故畫 03261-6
靜聽松聲（李世倬仿諸家山水冊之7)	冊頁	紙	水墨	12.3 x 7.4		台北 故宮博物院	故畫 03261-7
桃溪雙棹（李世倬仿諸家山水冊之8)	冊頁	紙	設色	12.3 x 7.4		台北 故宮博物院	故畫 03261-8
秋林策杖（李世倬仿諸家山水冊之9)	冊頁	紙	設色	12.3 x 7.4		台北 故宮博物院	故畫 03261-9
山亭聽泉（李世倬仿諸家山水冊之10)	冊頁	紙	設色	12.3 x 7.4		台北 故宮博物院	故畫 03261-10
寒林高陰（李世倬仿諸家山水冊之11)	冊頁	紙	水墨	12.3 x 7.4		台北 故宮博物院	故畫 03261-11
古寺鐘聲（李世倬仿諸家山水冊之12)	冊頁	紙	設色	12.3 x 7.4		台北 故宮博物院	故畫 03261-12
米芾拜石圖（李世倬畫扇面冊	摺扇面 紙		水墨	16.3 x 48.5		台北 故宮博物院	故畫 03574-1

名稱	形式	質地	色彩	尺寸 高×寬㎝	創作時間	收藏處所	典藏號碼
之1）							
松巘漁艇（李世倬畫扇面冊2）	摺扇面	紙	水墨	16.6 × 50.3		台北 故宮博物院	故畫 03574-2
桂子蘭孫（李世倬畫扇面冊之3）	摺扇面	紙	設色	16.7 × 49.8		台北 故宮博物院	故畫 03574-3
仿莫是龍山水（李世倬畫扇面冊之4）	摺扇面	紙	設色	17.5 × 53.2		台北 故宮博物院	故畫 03574-4
鳥語雙清圖（李世倬畫扇面冊之5）	摺扇面	紙	設色	17.7 × 53.5		台北 故宮博物院	故畫 03574-5
載鶴圖（李世倬畫扇面冊之6）	摺扇面	紙	設色	17.2 × 52.8		台北 故宮博物院	故畫 03574-6
倚杖閒吟（李世倬畫扇面冊之7）	摺扇面	紙	水墨	16.3 × 48.5		台北 故宮博物院	故畫 03574-7
竹蔭秋館（李世倬畫扇面冊之8）	摺扇面	紙	設色	17.7 × 53.2		台北 故宮博物院	故畫 03574-8
遊魚圖（李世倬畫扇面冊之9）	摺扇面	紙	水墨	16.4 × 48		台北 故宮博物院	故畫 03574-9
擬高且園行旅圖（李世倬畫扇面冊之10）	摺扇面	紙	設色	17.6 × 53.8		台北 故宮博物院	故畫 03574-10
畫牛（李世倬畫扇面冊之11）	摺扇面	紙	水墨	17.3 × 52.6		台北 故宮博物院	故畫 03574-11
尋詩市遠（李世倬畫扇面冊之12）	摺扇面	紙	設色	16.3 × 48.2		台北 故宮博物院	故畫 03574-12
震旦樓（李世倬墨妙珠林（午）冊之1）	冊頁	紙	設色	63 × 42.4		台北 故宮博物院	故畫 03640-1
元珠樓（李世倬墨妙珠林（午）冊之2）	冊頁	紙	設色	63 × 42.4		台北 故宮博物院	故畫 03640-2
環翠樓（李世倬墨妙珠林（午）冊之3）	冊頁	紙	設色	63 × 42.4		台北 故宮博物院	故畫 03640-3
玉梁台（李世倬墨妙珠林（午）冊之4）	冊頁	紙	設色	63 × 42.4		台北 故宮博物院	故畫 03640-4
飛仙樓（李世倬墨妙珠林（午）冊之5）	冊頁	紙	設色	63 × 42.4		台北 故宮博物院	故畫 03640-5
四鳳樓（李世倬墨妙珠林（午）冊之6）	冊頁	紙	設色	63 × 42.4		台北 故宮博物院	故畫 03640-6
瓊華樓（李世倬墨妙珠林（午）冊之7）	冊頁	紙	設色	63 × 42.4		台北 故宮博物院	故畫 03640-7
泚月台（李世倬墨妙珠林（午）冊之8）	冊頁	紙	設色	63 × 42.4		台北 故宮博物院	故畫 03640-8

名稱	形式	質地	色彩	尺寸 高×寬㎝	創作時間	收藏處所	典藏號碼
冊之8）							
天齊樓（李世倬墨妙珠林（午）冊之9）	冊頁	紙	設色	63 x 42.4		台北 故宮博物院	故畫 03640-9
環淵樓（李世倬墨妙珠林（午）冊之10）	冊頁	紙	設色	63 x 42.4		台北 故宮博物院	故畫 03640-10
丹雲台（李世倬墨妙珠林（午）冊之11）	冊頁	紙	設色	63 x 42.4		台北 故宮博物院	故畫 03640-11
金墉台（李世倬墨妙珠林（午）冊之12）	冊頁	紙	設色	63 x 42.4		台北 故宮博物院	故畫 03640-12
天柱樓（李世倬墨妙珠林（午）冊之13）	冊頁	紙	設色	63 x 42.4		台北 故宮博物院	故畫 03640-13
鎮星台（李世倬墨妙珠林（午）冊之14）	冊頁	紙	設色	63 x 42.4		台北 故宮博物院	故畫 03640-14
九層樓（李世倬墨妙珠林（午）冊之15）	冊頁	紙	設色	63 x 42.4		台北 故宮博物院	故畫 03640-15
青琳台（李世倬墨妙珠林（午）冊之16）	冊頁	紙	設色	63 x 42.4		台北 故宮博物院	故畫 03640-16
露珠樓（李世倬墨妙珠林（午）冊之17）	冊頁	紙	設色	63 x 42.4		台北 故宮博物院	故畫 03640-17
承霄台（李世倬墨妙珠林（午）冊之18）	冊頁	紙	設色	63 x 42.4		台北 故宮博物院	故畫 03640-18
偃盖樓（李世倬墨妙珠林（午）冊之19）	冊頁	紙	設色	63 x 42.4		台北 故宮博物院	故畫 03640-19
九霞台（李世倬墨妙珠林（午）冊之20）	冊頁	紙	設色	63 x 42.4		台北 故宮博物院	故畫 03640-20
紅波樓（李世倬墨妙珠林（午）冊之21）	冊頁	紙	設色	63 x 42.4		台北 故宮博物院	故畫 03640-21
祛塵台（李世倬墨妙珠林（午）冊之22）	冊頁	紙	設色	63 x 42.4		台北 故宮博物院	故畫 03640-22
赭雪樓（李世倬墨妙珠林（午）冊之23）	冊頁	紙	設色	63 x 42.4		台北 故宮博物院	故畫 03640-23
珍林台（李世倬墨妙珠林（午）冊之24）	冊頁	紙	設色	63 x 42.4		台北 故宮博物院	故畫 03640-24
梅竹幽鳥（名人便面畫冊之4）	摺扇面 紙		水墨	不詳		台北 故宮博物院	故畫 03558-4

名稱	形式	質地	色彩	尺寸 高x寬㎝	創作時間	收藏處所	典藏號碼
劉海戲蟾圖（名人便面畫冊（二）之12）	摺扇面	紙	設色	不詳		台北 故宮博物院	故畫03559-12
山水圖（10幀）	冊	紙	設色	（每幀）15.5 x 22.5	乾隆十五年（庚午，1750）春仲	瀋陽 故宮博物館	
雜畫（12幀）	冊	紙	水墨	（每幀）38 x 28		瀋陽 故宮博物館	
山水圖（12幀）	冊	紙	設色	（每幀）24.5 x 30.6	乾隆丁卯（十二年，1747）上元	潘陽 遼寧省博物館	
山水圖（12幀）	冊	紙	水墨	（每幀）23.4 x 47		潘陽 遼寧省博物館	
鍾馗圖（12幀）	冊	紙	水墨	（每幀）24.1 x 28.1		潘陽 遼寧省博物館	
山水圖（12幀）	冊	紙	水墨	不詳		旅順 遼寧省旅順博物館	
桂花月兔圖	摺扇面	紙	設色	16.5 x 49.3	戊申（雍正六年，1728）	北京 故宮博物院	
爵近楓宸圖	摺扇面	紙	設色	16.6 x 51		北京 故宮博物院	
山水圖（8幀）	冊	紙	水墨	不詳		北京 中國歷史博物館	
山水圖	摺扇面	紙	設色	17.4 x 51.5		北京 中國歷史博物館	
雜畫（8幀）	冊	紙	設色	不詳	雍正十年，壬子（1732）	天津 天津市藝術博物館	
山水圖（清周笠等雜畫冊8之1幀）	冊頁	紙	設色	不詳	（辛酉，乾隆六年，1741）	天津 天津市藝術博物館	
逍遙勝蹟圖（12幀）	冊	紙	水墨	（每幀）26.8 x 20.6	乾隆丙寅（十一年，1746）	天津 天津市藝術博物館	
人物、山水圖（10幀）	冊	紙	水墨	不詳	丁卯（乾隆十二年，1747）	天津 天津市歷史博物館	
雜畫（8幀）	冊	紙	設色	（每幀）31 x 30		天津 天津市歷史博物館	
雜畫（11幀）	冊	紙	水墨	（每幀）20.8 x 28.4		天津 天津市歷史博物館	
山水圖	摺扇面	紙	水墨	不詳	乙卯（雍正十三年，1735）	太原 山西省博物館	
山水花卉圖（10幀）	冊	紙	水墨、設色	（每幀）25.4 x 31.9	壬戌（乾隆七年，1742）六月廿五日	上海 上海博物館	

名稱	形式	質地	色彩	尺寸 高×寬cm	創作時間	收藏處所	典藏號碼
菊花圖（10幀）	冊	紙	水墨	不詳		上海 上海博物館	
山水圖（10幀）	冊	紙	設色	（每幀）36.4×26		廣州 廣東省博物館	
花卉圖（12幀）	冊	紙	設色	（每幀）22×29		廣州 廣東省博物館	
仿唐寅山水圖（10幀）	冊	絹	設色	不詳	乾隆己未（四年，1739）仲春	廣州 廣州市美術館	
山水圖（12幀）	冊	紙	設色	（每幀）22.9×32.9		廣州 廣州市美術館	
山水圖（清李世倬等雜畫冊12之1幀）	冊頁	紙	設色	不詳		廣州 廣州市美術館	
詩意山水圖（12幀）	冊	紙	水墨	（每幀）21.9×33.8		日本 東京國立博物館	
唐人詩意圖（扇面畫冊之2）	摺扇面	紙	設色	18.3×52.1		美國 華盛頓特區弗瑞爾藝術館	80.142b
山水圖（12幀）	冊	紙	設色	（每幀）24.1×14.5		美國 堪薩斯市納爾遜-艾金斯藝術博物館	
山水、花鳥圖（8幀）	冊	紙	設色	（每幀）23.5×28.8		英國 倫敦大英博物館	1979.6.25.02（ADD417）
附：							
臨蘇軾山水圖	卷	紙	設色	不詳		北京 中國文物商店總店	
截寫長江萬里圖	卷	絹	水墨	31.5×123.5	雍正壬子（十年，1732）	天津 天津市文物公司	
溪山疊嶂圖	卷	紙	水墨	13.5×145	乙未（康熙五十四年，1715）冬日	紐約 佳士得藝品拍賣公司/拍賣目錄1995,10,29.	
山水圖	卷	絹	水墨	42.3×148	甲寅（雍正十二年，1734）秋九月	紐約 佳士得藝品拍賣公司/拍賣目錄1995,10,29.	
栽菊圖	軸	紙	水墨	65.8×33.5	丙戌（乾隆三十一年，1766）秋九月	北京 中國文物商店總店	
仿黃公望山水圖	軸	紙	水墨	100×42.6		上海 上海文物商店	
福祿圖	軸	紙	設色	不詳		上海 上海文物商店	
臨沈仕山水圖	軸	紙	水墨	83×42		上海 上海工藝品進出口公司	
仿王蒙山水圖	軸	紙	水墨	99×45.7		紐約 蘇富比藝品拍賣公司/拍賣目錄1984,12,05.	

名稱	形式	質地	色彩	尺寸 高×寬㎝	創作時間	收藏處所	典藏號碼
仕女圖	軸	絹	設色	114.3 × 46.3		紐約 佳仕得藝品拍賣公司/拍賣目錄 1986,12,01.	
圍獵圖	軸	紙	設色	40.6 × 58		紐約 蘇富比藝品拍賣公司/拍賣目錄 1986,12,04.	
雲岳松岡圖	軸	紙	水墨	127.5 × 64	甲子（乾隆九年，1744）七月	紐約 佳士得藝品拍賣公司/拍賣目錄 1991,05,29.	
杖笠松杉圖	軸	紙	水墨	76 × 37		紐約 佳士得藝品拍賣公司/拍賣目錄 1992,06,02.	
聽瀑圖	軸	絹	青綠	122.9 × 65.1		紐約 佳士得藝品拍賣公司/拍賣目錄 1992,06,02.	
幽山結茅圖	軸	紙	水墨	89.5 × 47		紐約 佳士得藝品拍賣公司/拍賣目錄 1992,12,02.	
杏花春雨江南圖	軸	紙	設色	104.1 × 48.3		紐約 佳士得藝品拍賣公司/拍賣目錄 1993,12,01.	
平安如意圖	軸	紙	水墨	76.2 × 36.2	乾隆辛未（十六年，1751）冬月	紐約 佳士得藝品拍賣公司/拍賣目錄 1993,12,01.	
柳燕圖	軸	紙	水墨	59.4 × 41.9		紐約 佳士得藝品拍賣公司/拍賣目錄 1996,03,27.	
觀瀑圖	軸	紙	水墨	112.7 × 39.4		紐約 佳士得藝品拍賣公司/拍賣目錄 1996,09,18.	
番獵圖	橫幅	紙	設色	40.6 × 56.8		紐約 佳士得藝品拍賣公司/拍賣目錄 1997,09,19.	
山水圖	軸	紙	水墨	81.3 × 35.3	丁卯（乾隆十二年，1747）三月	紐約 佳士得藝品拍賣公司/拍賣目錄 1998,03,24.	
玉女獻壽圖	軸	絹	設色	151.1 × 45.8		香港 佳士得藝品拍賣公司/拍賣目錄 1998,09,15.	
梅花圖	摺扇面	紙	設色	不詳		北京 中國文物商店總店	
山水圖（清人雜畫扇面冊之1幀）	摺扇面	紙	水墨	不詳		北京 北京市工藝品進出口公司	
雜畫（12幀）	冊	紙	水墨	（每幀）17.1 × 22.7	丁卯（乾隆十二年，1747）	武漢 湖北省武漢市文物商店	
山水圖（7幀）	冊	紙	設色	（每幀）19 × 23.4		紐約 蘇富比藝品拍賣公司/拍賣目錄 1984,12,05.	
山水、竹石圖（8幀）	冊	紙	設色、	（每幀）12.4		紐約 蘇富比藝品拍賣公司/拍	

名稱	形式	質地	色彩	尺寸 高×寬cm	創作時間	收藏處所	典藏號碼
			水墨	× 15.2		賣目錄 1986.06.03	
園林佳景圖	摺扇面	紙	設色	16.5 × 49.5		紐約 佳仕得藝品拍賣公司/拍 賣目錄 1986,12,01.	
山水圖（4幀）	冊	紙	水墨	（每幀）17.2 × 22.5	癸未（康熙四十二 年，1703）三月	紐約 佳士得藝品拍賣公司/拍 賣目錄 1987,12,11.	
山水圖（15幀）	冊	紙	設色	（每幀）6.5 × 14.5		紐約 佳士得藝品拍賣公司/拍 賣目錄 1995,09,19.	
山水圖（清各家山水花鳥書法 扇面冊 10 之 1 幀）	摺扇面	金箋	水墨	不詳		紐約 佳士得藝品拍賣公司/拍 賣目錄 1998,09,15.	

畫家小傳：李世倬。字漢章。號穀齋。三韓人。兩湖總督李如龍之子，侍郎高其佩之甥。生於聖祖康熙二十六（1687）年，卒於高宗
　　　乾隆三十五（1770）年。仕官至通政司右通政。善畫山水、人物、花鳥、果品等。（見國朝畫徵錄、熙朝名畫續錄、熙朝雅
　　　頌集、讀畫閒評、墨林今話、桐陰論畫、中國畫家人名大辭典）

文永豐

名稱	形式	質地	色彩	尺寸 高×寬cm	創作時間	收藏處所	典藏號碼
山水圖（畫幅集冊 27 之 1 幀）	冊頁	絹	設色	38.2 × 32.3		台北 故宮博物院	故畫 01279-13
山水圖（畫幅集冊 27 之 1 幀）	冊	絹	設色	39.3 × 32		台北 故宮博物院	故畫 01279-14

附：

名稱	形式	質地	色彩	尺寸 高×寬cm	創作時間	收藏處所	典藏號碼
硯山圖（清初十一名家硯山圖 冊之第 5 幀）	冊頁	紙	水墨	24.5 × 31		紐約 佳士得藝品拍賣公司/拍 賣目錄 1995,09,19.	

畫家小傳：文永豐。字鹿曹。號東堂。江蘇長洲人。為文點之次孫。生於聖祖康熙二十六（1687）年。卒於世宗雍正十二（1734）年。
　　　善畫花卉，點染有致。（見蘇州府志、中國畫家人名大辭典）

王圖炳

名稱	形式	質地	色彩	尺寸 高×寬cm	創作時間	收藏處所	典藏號碼
荷花圖	軸	絹	設色	133.2 × 35.3		台北 故宮博物院	故畫 02508
薔薇(王圖炳春景花卉詩畫冊之 2)	冊頁	絹	設色	不詳		台北 故宮博物院	故畫 03240-2
牡丹(王圖炳春景花卉詩畫冊之 4)	冊頁	絹	設色	不詳		台北 故宮博物院	故畫 03240-4
海棠(王圖炳春景花卉詩畫冊之 6)	冊頁	絹	設色	不詳		台北 故宮博物院	故畫 03240-6
桃花(王圖炳春景花卉詩畫冊之 8)	冊頁	絹	設色	不詳		台北 故宮博物院	故畫 03240-8
杏花(王圖炳春景花卉詩畫冊之	冊頁	絹	設色	不詳		台北 故宮博物院	故畫 03240-10

名稱	形式	質地	色彩	尺寸 高x寬cm	創作時間	收藏處所	典藏號碼
10)							
丁香(王圖炳春景花卉詩畫冊之12)	冊頁	絹	設色	不詳		台北 故宮博物院	故畫03240-12
蓮花(王圖炳夏景花卉詩畫冊之2)	冊頁	絹	設色	不詳		台北 故宮博物院	故畫03241-2
柳蟬(王圖炳夏景花卉詩畫冊之4)	冊頁	絹	設色	不詳		台北 故宮博物院	故畫03241-4
梔子花(王圖炳夏景花卉詩畫冊之6)	冊頁	絹	設色	不詳		台北 故宮博物院	故畫03241-6
山丹(王圖炳夏景花卉詩畫冊之8)	冊頁	絹	設色	不詳		台北 故宮博物院	故畫03241-8
榴花(王圖炳夏景花卉詩畫冊之10)	冊頁	絹	設色	不詳		台北 故宮博物院	故畫03241-10
向日葵(王圖炳夏景花卉詩畫冊之12)	冊頁	絹	設色	不詳		台北 故宮博物院	故畫03241-12
佛手(王圖炳秋景花卉詩畫冊之2)	冊頁	絹	設色	不詳		台北 故宮博物院	故畫03242-2
秋海棠(王圖炳秋景花卉詩畫冊之4)	冊頁	絹	設色	不詳		台北 故宮博物院	故畫03242-4
蘭花(王圖炳秋景花卉詩畫冊之6)	冊頁	絹	設色	不詳		台北 故宮博物院	故畫03242-6
紅蓼(王圖炳秋景花卉詩畫冊之8)	冊頁	絹	設色	不詳		台北 故宮博物院	故畫03242-8
梧桐(王圖炳秋景花卉詩畫冊之10)	冊頁	絹	設色	不詳		台北 故宮博物院	故畫03242-10
牽牛(王圖炳秋景花卉詩畫冊之12)	冊頁	絹	設色	不詳		台北 故宮博物院	故畫03242-12
山茶(王圖炳冬景花卉詩畫冊之2)	冊頁	絹	設色	不詳		台北 故宮博物院	故畫03243-2
菊花(王圖炳冬景花卉詩畫冊之4)	冊頁	絹	設色	不詳		台北 故宮博物院	故畫03243-4
梅花(王圖炳冬景花卉詩畫冊之6)	冊頁	絹	設色	不詳		台北 故宮博物院	故畫03243-6
水仙(王圖炳冬景花卉詩畫冊之8)	冊頁	絹	設色	不詳		台北 故宮博物院	故畫03243-8

名稱	形式	質地	色彩	尺寸 高x寬㎝	創作時間	收藏處所	典藏號碼
月季(王圖炳冬景花卉詩畫冊之10)	冊頁	絹	設色	不詳		台北 故宮博物院	故畫03243-10
萬年松(王圖炳冬景花卉詩畫冊之12)	冊頁	絹	設色	不詳		台北 故宮博物院	故畫03243-12

畫家小傳：王圖炳。字麟照。籍里不詳。聖祖康熙五十一(1712)進士。高宗乾隆四(1739)年任職翰林院侍讀，以年老乞請回籍。
　　　　能書，善畫花卉。(見甌缽羅室書畫過目考、中國畫家人名大辭典)

丁 裕

名稱	形式	質地	色彩	尺寸 高x寬㎝	創作時間	收藏處所	典藏號碼
寫字 (清丁裕畫後天不老冊之1)	冊頁	絹	設色	33 x 30.2		台北 故宮博物院	故畫03415-1
品茶 (清丁裕畫後天不老冊之2)	冊頁	絹	設色	33 x 30.2		台北 故宮博物院	故畫03415-2
春遊 (清丁裕畫後天不老冊之3)	冊頁	絹	設色	33 x 30.2		台北 故宮博物院	故畫03415-3
讌飲 (清丁裕畫後天不老冊之4)	冊頁	絹	設色	33 x 30.2		台北 故宮博物院	故畫03415-4
賞畫 (清丁裕畫後天不老冊之5)	冊頁	絹	設色	33 x 30.2		台北 故宮博物院	故畫03415-5
市桃 (清丁裕畫後天不老冊之6)	冊頁	絹	設色	33 x 30.2		台北 故宮博物院	故畫03415-6
納涼 (清丁裕畫後天不老冊之7)	冊頁	絹	設色	33 x 30.2		台北 故宮博物院	故畫03415-7
題壁 (清丁裕畫後天不老冊之8)	冊頁	絹	設色	33 x 30.2		台北 故宮博物院	故畫03415-8
採芝 (清丁裕畫後天不老冊之9)	冊頁	絹	設色	33 x 30.2		台北 故宮博物院	故畫03415-9
奕棋 (清丁裕畫後天不老冊之10)	冊頁	絹	設色	33 x 30.2		台北 故宮博物院	故畫03415-10
彈琴 (清丁裕畫後天不老冊之11)	冊頁	絹	設色	33 x 30.2		台北 故宮博物院	故畫03415-11
浮槎 (清丁裕畫後天不老冊之12)	冊頁	絹	設色	33 x 30.2		台北 故宮博物院	故畫03415-12
附：							
棠蔭弈棋圖 (為達生作)	軸	絹	設色	不詳	康熙五十一年 (王	北京 北京市文物商店	

名稱	形式	質地	色彩	尺寸 高x寬cm	創作時間	收藏處所	典藏號碼

辰，1712）長夏

畫家小傳：丁裕。字文華。康熙、雍正時供奉內廷。畫史無載。流傳署款紀年作品見於聖祖康熙五十一（1712)年。

榮　漣

附：

碧梧書屋圖	軸	絹	水墨	207 x 82	壬辰（康熙五十一 年，1712)	天津 天津市文物公司	

畫家小傳：榮漣。道士。字三華。號聽松山人。江蘇無錫人。少孤多病，母命入明陽觀為道士。性至孝。母歿，廬墓不出。邑中士夫築
　　　　室於錫山巔，以居之。與僧妙復及杜詔交善，時稱「九峰三逸」。善畫山水，筆墨灑落超脫。流傳署款紀年作品見於聖祖康熙
　　　　五十一（1712）年。（見無錫縣志、國朝畫識、中國畫家人名大辭典）

虞景星

枯木竹石圖	摺扇面	紙	水墨	不詳	乙卯（雍正十三年， 1735)	成都 四川省博物院	

畫家小傳：虞景星。字東皋。江蘇金壇人。聖祖康熙五十一（1712）年進士。工詩，善書畫，雅負三絕之望。作山水，學宋米芾；尤長
　　　　於畫松，虯枝密葉，燦然可觀。流傳署款作品紀年疑為世宗雍正十三(1735)年。（見國朝畫徵錄、竹嘯軒詩傳、中國畫家人
　　　　名大辭典）

顧　原

雪山策蹇圖	軸	紙	設色	119 x 45	辛亥（雍正九年， 1731)	天津 天津市藝術博物館	
秋林錦秀圖	軸	紙	設色	164.5 x 89.5		天津 天津市藝術博物館	
鬱峰疊翠圖	軸	絹	水墨	不詳		天津 天津市藝術博物館	
秋山行旅圖	軸	絹	設色	151 x 100	戊申（雍正六年， 1728) 清和	南通 江蘇省南通博物苑	
山靜村幽圖（為越嶠作）	軸	紙	設色	不詳	乾隆辛酉（六年， 1741) 八月	上海 上海博物館	
滿園春色圖	軸	紙	設色	204.2 x 108.6		上海 上海博物館	
關羽像	軸	絹	設色	不詳		平湖 浙江省平湖縣博物館	
山水圖	摺扇面	紙	設色	不詳	壬辰（康熙五十一 年，1712)	重慶 重慶市博物館	
水仙圖	摺扇面	金箋	設色	不詳		美國 火魯奴奴 Hutchinson 先	

名稱	形式	質地	色彩	尺寸 高×寬cm	創作時間	收藏處所	典藏號碼

生

附：

名稱	形式	質地	色彩	尺寸 高×寬cm	創作時間	收藏處所	典藏號碼
四清圖（顧原、余省、于壽伯、錢鑑合作）	軸	紙	水墨	不詳		上海 朵雲軒	
棧閣好雲圖	軸	紙	設色	184.5 × 98	乾隆甲子（九年，1744）八月	蘇州 蘇州市文物商店	
雪山行旅圖	軸	絹	設色	127 × 57.1		紐約 佳士得藝品拍賣公司/拍賣目錄 1994,11,30.	

畫家小傳：顧原。字逢源。號松山。江蘇常熟人，終老浙江平湖。能詩。工書。善畫山水、花卉，有筆力而浙派氣息未化。流傳署款紀年作品見於聖祖康熙五十一(1712)年至高宗乾隆九(1744)年（見平湖縣志、海虞畫苑略、虞山畫志、中華畫人室隨筆、中國畫家人名大辭典）

高 翔

名稱	形式	質地	色彩	尺寸 高×寬cm	創作時間	收藏處所	典藏號碼
深春臥雨圖（為近人寫）	卷	紙	設色	29.8 × ?		香港 何耀光至樂樓	
山水圖	卷	紙	水墨	不詳	雍正甲辰（二年，1724）	北京 故宮博物院	
詩意圖	卷	紙	水墨	28.5 × 118.9		上海 上海博物館	
桃華源圖	軸	紙	設色	128 × 41	己酉（雍正七年，1729）春三月	香港 中文大學中國文化研究所文物館	73.674
墨梅圖	軸	紙	水墨	71.6 × 30.3		瀋陽 遼寧省博物館	
溪山游艇圖	軸	紙	水墨	不詳	壬寅（康熙六十一年，1722）上元日	北京 故宮博物院	
山水圖	軸	紙	設色	不詳	雍正二年（甲辰，1724）	北京 故宮博物院	
榴花圖	軸	紙	設色	不詳	乾隆七年（壬戌，1742）	北京 故宮博物院	
山水圖	軸	紙	水墨	125.7 × 38.6		北京 中國歷史博物館	
蟒導河官衙即事圖	軸	紙	設色	92.8 × 33		北京 中央工藝美術學院	
秋林讀書圖	軸	紙	設色	51.5 × 35		合肥 安徽省博物館	
事事大吉圖	軸	紙	設色	68.7 × 34.7		揚州 江蘇省揚州市博物館	
彈指閣圖	軸	紙	水墨	68.5 ×38		揚州 江蘇省揚州市博物館	
秋山圖	軸	紙	水墨	158.2 × 89.1	乾隆三年（戊午，	上海 上海博物館	

名稱	形式	質地	色彩	尺寸 高x寬cm	創作時間	收藏處所	典藏號碼
					1738）		
僧房掃葉圖	軸	紙	設色	69.9 x 30.6		上海 上海博物館	
折枝榴花圖（為五斗作）	軸	紙	設色	53.6 x 24.5	壬戌（乾隆七年，1742）	南京 南京博物院	
彈指閣圖	軸	紙	水墨	51 x 28		南昌 江西省博物館	
山水圖	軸	紙	設色	不詳	雍正七年（己酉，1729）三月	廣州 廣東省博物館	
秋江放棹圖	軸	紙	水墨	111 x 54.5	己酉（雍正七年，1729）春三月	廣州 廣東省博物館	
梅花圖	軸	紙	設色	58.2 x 29.5		杭州 浙江省博物館	
山水圖（4幅）	軸	紙	水墨	（每幅）54 x 24		重慶 重慶市博物館	
梅竹雙清圖	軸	綾	設色	82.4 x 41.2		日本 東京河井荃盧先生	
墨梅圖	軸	紙	水墨	87.5 x 38.9		美國 普林斯頓大學藝術館（ Edward Elliott 先生寄存）	L220.70
寒窗十詠圖（10幀）	冊	紙	水墨	（每幀）13.7 x 12.2		香港 利榮森北山堂	K92.10
山水圖（？幀）	冊	紙	設色	（每幀）24.2 x 15.5		香港 鄭德坤木扉	
揚州即景圖（8幀）	冊	紙	設色	不詳	壬辰（康熙五十一年，1712）	瀋陽 故宮博物館	
松風溪月圖	冊頁	紙	水墨	不詳		北京 故宮博物院	
陸游詩意圖（8幀）	冊	紙	設色	不詳		北京 故宮博物院	
帆收楚天圖	摺扇面	紙	設色	17 x 48		北京 故宮博物院	
松崖竹屋圖（李鱓等山水花鳥冊10之1幀）	冊頁	紙	設色	24 x 29.7		北京 首都博物館	
山水圖（12幀，為柏園作）	冊	紙	水墨	（每幀）31.2 x 24.5	丙午（雍正四年，1726）花朝	天津 天津市藝術博物館	
書畫（9幀）	冊	紙	水墨	（每幀）22 x 39.8	雍正癸卯（元年，1723）歲除	上海 上海博物館	
山水圖并書畫（12幀，為自牧作）	冊	紙	水墨	（每幀）23.9 x 55.4	乙巳（雍正三年，1725）十二月望	上海 上海博物館	
瘦樹秋風圖（為西翁作）	摺扇面	紙	設色	不詳	庚申（乾隆五年，	上海 上海博物館	

名稱	形式	質地	色彩	尺寸 高x寬㎝	創作時間	收藏處所	典藏號碼
					1740）		
山水圖（8 幀）	冊	紙	水墨	（每幀）29 x 39		上海 上海博物館	
梅花圖合璧（10 幀）	冊	紙	設色	不詳		上海 上海博物館	
花卉圖（高翔等書畫集冊 12 之第 12 幀）	冊頁	絹	設色	不詳		上海 上海博物館	
蘭花圖	冊頁	紙	設色	不詳		上海 上海博物館	
夏雲奇峰圖	冊頁	紙	水墨	不詳		上海 上海博物館	
南瓜、絲瓜圖（廣陵十家集畫冊 10 之第 3 幀）	冊頁	紙	設色	26.2 x 18.3		上海 上海博物館	
蘭石圖（鄭燮等雜畫冊 12 之第 12 幀）	冊頁	紙	設色	30.3 x 25		上海 上海博物館	
竹樹小山圖	摺扇面	紙	水墨	不詳	辛亥（雍正九年，1731）七月	蘇州 江蘇省蘇州博物館	
平山堂八景圖（8 幀）	冊	紙	設色	不詳	壬辰（康熙五十一年，1712）	日本 東京程琦先生	
墨筆山水圖（3 幀）	冊	紙	設色	不詳		美國 紐約王季遷明德堂（孔達原藏）	
附：							
竹菊石圖	軸	紙	設色	不詳	乙未（康熙五十四年，1715）冬十月	北京 北京市文物商店	
山水圖	軸	紙	水墨	125 x 53.5	丙午（雍正四年，1726）新秋	紐約 佳仕得藝品拍賣公司/拍賣目錄 1986,06,04.	
歲慶圖	軸	紙	設色	37.8 x 28.8	丁巳（乾隆二年，1737）	紐約 蘇富比藝品拍賣公司/拍賣目錄 1986,06,03.	
紅梅圖	軸	紙	設色	93.5 x 37.5		紐約 佳士得藝品拍賣公司/拍賣目錄 1993,06,04.	
僧房掃葉圖	軸	紙	設色	61.5 x 28.5		紐約 佳士得藝品拍賣公司/拍賣目錄 1998,03,24.	
彈指閣圖	軸	絹	設色	73 x 35.5		紐約 佳士得藝品拍賣公司/拍賣目錄 1998,09,15.	
山水圖（8 幀）	冊	紙	水墨	（每幀）29 x 39.5		紐約 佳士得藝品拍賣公司/拍賣目錄 1996,03,27.	
花卉圖（清揚州名家花果冊 8	冊頁	紙	水墨	不詳		香港 蘇富比藝品拍賣公司/拍	

名稱	形式	質地	色彩	尺寸 高x寬cm	創作時間	收藏處所	典藏號碼
之第 7 幀）						賣目錄 1999,10,31.	

畫家小傳：高翔。字鳳岡。號西唐。甘泉人。生於聖祖康熙二十七（1688）年。卒於高宗乾隆十八（1753）年。能詩，工篆刻，善畫梅，筆墨鬆秀蒼潤；畫山水，法弘仁間參石濤，靜簡富書卷氣。（見國朝畫徵錄、桐陰論畫、墨林今話、中國畫家人名大辭典）

張鵬翀

名稱	形式	質地	色彩	尺寸 高x寬cm	創作時間	收藏處所	典藏號碼
秋湖夜泛圖	卷	紙	設色	15.7 x 64		台北 故宮博物院	故畫 01680
谿山蒼翠圖	卷	紙	設色	21.9 x 135		美國 鳳凰市美術館（Mr.Roy And Marilyn Papp 寄存）	
春山出雲	軸	絹	設色	124.6 x 65.6	乾隆七年，壬戌（1742）二月既望	台北 故宮博物院	故畫 02574
松梅清韻圖	軸	絹	設色	106.9 x 55.2	乾隆七年，壬戌（1742）嘉平	台北 故宮博物院	故畫 02576
翠巘高秋圖	軸	紙	設色	96.5 x 29.8	甲子（乾隆九年，1744）重九	台北 故宮博物院	故畫 00780
翠巘高秋圖	軸	紙	設色	101.1 x 49.9	乾隆九年，甲子（1744）重九日	台北 故宮博物院	故畫 02577
春林烟岫	軸	紙	水墨	35.9 x 34.4		台北 故宮博物院	故畫 02575
雪景人物（乾隆御題）	軸	紙	水墨	112.8 x 28.8		台北 故宮博物院	故畫 02578
松桂交柯圖	軸	紙	水墨	188.9 x 91.2		台北 故宮博物院	故畫 03007
西山秋眺	橫幅	紙	設色	86.6 x 116.8		台北 故宮博物院	故畫 03008
五清競瑞	軸	紙	設色	不詳		台北 故宮博物院	國贈 031068
溪山清遠圖（為涇南作）	軸	紙	水墨	不詳	乾隆庚申（五年，1740）暮春	長春 吉林省博物館	
古木寒山圖	軸	紙	水墨	118 x 34.5	丁巳（乾隆二年，1737）	瀋陽 故宮博物院	
竹柏圖	軸	紙	水墨	不詳	乾隆三年，戊午（1738）	北京 故宮博物院	
夏山雲木圖	軸	紙	水墨	不詳	甲寅（雍正十二年，1734）	天津 天津市藝術博物館	
寒壑雙清圖	軸	紙	設色	不詳		上海 上海古籍書店	
古木幽篁圖	軸	紙	水墨	不詳	壬子（雍正十年，1732）	南京 南京博物院	

名稱	形式	質地	色彩	尺寸 高×寬㎝	創作時間	收藏處所	典藏號碼
古木竹石圖（為謹堂作）	軸	紙	水墨	不詳	甲子（乾隆九年，1744）仲冬	無錫 江蘇省無錫市博物館	
山水圖	軸	紙	設色	89 × 40	甲辰（雍正二年，1724）秋月	昆山 崑崙堂美術館	
松柏同春圖	軸	紙	水墨	不詳		廣州 廣東省博物館	
雙清圖	軸	紙	水墨	71.7 × 44.9	丙辰（乾隆元年，1736）冬日	日本 兵庫縣黑川古文化研究所	
玉堂秋山圖	軸	紙	設色	67.2 × 63.8		美國 芝加哥大學藝術博物館	1984.97
倣王原祁山水圖	軸	紙	設色	不詳		美國 火魯奴奴 Hutehinson 先生	
雲壑流泉（張鵬翀山水冊之1）	冊頁	紙	設色	不詳		台北 故宮博物院	故畫 03252-1
青松流泉（張鵬翀山水冊之2）	冊頁	紙	設色	不詳		台北 故宮博物院	故畫 03252-2
野橋邨樹（張鵬翀山水冊之3）	冊頁	紙	設色	不詳		台北 故宮博物院	故畫 03252-3
水亭風月（張鵬翀山水冊之4）	冊頁	紙	設色	不詳		台北 故宮博物院	故畫 03252-4
津亭風柳（張鵬翀山水冊之5）	冊頁	紙	設色	不詳		台北 故宮博物院	故畫 03252-5
古幹繁花（張鵬翀山水冊之6）	冊頁	紙	水墨	不詳		台北 故宮博物院	故畫 03252-6
湧晴雪（張鵬翀畫桃花寺八景冊之1）	冊頁	紙	設色	不詳		台北 故宮博物院	故畫 03253-1
小九疊（張鵬翀畫桃花寺八景冊之2）	冊頁	紙	設色	不詳		台北 故宮博物院	故畫 03253-2
吟清籟（張鵬翀畫桃花寺八景冊之3）	冊頁	紙	設色	不詳		台北 故宮博物院	故畫 03253-3
坐霄漢（張鵬翀畫桃花寺八景冊之4）	冊頁	紙	設色	不詳		台北 故宮博物院	故畫 03253-4
雲外賞（張鵬翀畫桃花寺八景冊之5）	冊頁	紙	設色	不詳		台北 故宮博物院	故畫 03253-5
滌襟泉（張鵬翀畫桃花寺八景冊之6）	冊頁	紙	設色	不詳		台北 故宮博物院	故畫 03253-6
點筆石（張鵬翀畫桃花寺八景冊之7）	冊頁	紙	設色	不詳		台北 故宮博物院	故畫 03253-7
繡雲壁（張鵬翀畫桃花寺八景冊之8）	冊頁	紙	設色	不詳		台北 故宮博物院	故畫 03253-8
水木清華（張鵬翀畫詩意十景圖冊之1）	冊頁	紙	設色	不詳		台北 故宮博物院	故畫 03254-1

名稱	形式	質地	色彩	尺寸 高x寬cm	創作時間	收藏處所	典藏號碼
丹台春曉（張鵬翀畫詩意十景圖冊之2）	冊頁	紙	設色	不詳		台北 故宮博物院	故畫 03254-2
白雲濃綠（張鵬翀畫詩意十景圖冊之3）	冊頁	紙	設色	不詳		台北 故宮博物院	故畫 03254-3
溪山烟雨（張鵬翀畫詩意十景圖冊之4）	冊頁	紙	水墨	不詳		台北 故宮博物院	故畫 03254-4
楚山修竹（張鵬翀畫詩意十景圖冊之5）	冊頁	紙	設色	不詳		台北 故宮博物院	故畫 03254-5
秋林平遠（張鵬翀畫詩意十景圖冊之6）	冊頁	紙	設色	不詳		台北 故宮博物院	故畫 03254-6
紅樹清泉（張鵬翀畫詩意十景圖冊之7）	冊頁	紙	設色	不詳		台北 故宮博物院	故畫 03254-7
山館高秋（張鵬翀畫詩意十景圖冊之8）	冊頁	紙	設色	不詳		台北 故宮博物院	故畫 03254-8
萬壑松濤（張鵬翀畫詩意十景圖冊之9）	冊頁	紙	設色	不詳		台北 故宮博物院	故畫 03254-9
茅高雪霽（張鵬翀畫詩意十景圖冊之10）	冊頁	紙	設色	不詳		台北 故宮博物院	故畫 03254-10
林亭山色（集名人畫冊之12）	冊頁	紙	水墨	25.3 x 30.8		台北 故宮博物院	故畫 03508-12
漁父圖（名人便面畫冊（二）之3）	摺扇面	紙	設色	不詳		台北 故宮博物院	故畫 03559-3
山水圖（張鵬翀等人雜畫冊10之1幀）	冊頁	絹	水墨	不詳		北京 中國歷史博物館	
夏日曉雲圖	摺扇面	紙	水墨	不詳		合肥 安徽省博物館	
山水圖（嚴鈺、張鵬翀山水合冊10之5幀）	冊	紙	設色	不詳		蘇州 江蘇省蘇州博物館	
山水圖（清李世倬等山水冊12之1幀）	冊頁	紙	設色	不詳		廣州 廣州市美術館	
孟夏水榭圖	摺扇面	紙	水墨	16.1 x 48.6		日本 金岡酉三先生	
附：							
仿倪瓚山水圖	軸	紙	水墨	79.6 x 42.2		上海 上海文物商店	
江鄉漁舍圖	軸	紙	水墨	81.2 x 47.6	壬戌（乾隆七年，1742）秋日	紐約 蘇富比藝品拍賣公司/拍賣目錄 1982,06,04.	
山水圖	軸	紙	水墨	121.5 x 21	丁巳（乾隆二年，	紐約 佳士得藝品拍賣公司/拍	

名稱	形式	質地	色彩	尺寸 高x寬cm	創作時間	收藏處所	典藏號碼
					1737）六月	賣目錄 1988,11,30	

畫家小傳：張鵬翀。字天扉，一字柳庵。號南華。江蘇崇明人，徙居嘉定。生於聖祖康熙二十七（1688）年，卒於高宗乾隆十（1745）年。雍正五年進士。喜奕能詩。善畫山水，師元四家，尤長於倪瓚、黃公望法，筆墨鬆秀，設色沖淡。（見國朝畫徵續錄、熙朝名畫續錄、桐陰論畫、墨林今話、歸愚文鈔、香樹齋續集、青浦縣志、中國畫家人名大辭典）

馬曰琯

名稱	形式	質地	色彩	尺寸 高x寬cm	創作時間	收藏處所	典藏號碼
設色山水圖	軸	紙	設色	77.9 x 34.1		香港 徐伯郊先生	

畫家小傳：馬曰琯。字嶰谷。安徽新安人。生於聖祖康熙二十七（1688）年，卒於高宗乾隆二十（1755）年。為漢伏波將軍馬援後裔。家世業鹽。家富藏書。築玲瓏山館，座上客無虛日，名士薈萃。為人善畫，工詩詞。（見清代學者生卒及著述表、歷代名人年里碑傳總表、中國畫家人名大辭典）

郎世寧

名稱	形式	質地	色彩	尺寸 高x寬cm	創作時間	收藏處所	典藏號碼
百駿圖	卷	絹	設色	94.5 x 776.2	雍正六年歲次戊申（1728）仲春	台北 故宮博物院	故畫 00916
院本親蠶圖（1）- 詣壇（郎世寧、金昆、吳桂、曹樹德合作）	卷	絹	設色	51 x 762.8	乾隆九年（甲子，1744）	台北 故宮博物院	故畫 00917
院本親蠶圖（2）- 祭壇（郎世寧、金昆、盧湛、陳永价合作）	卷	絹	設色	51 x 576.2	乾隆九年（甲子，1744）	台北 故宮博物院	故畫 00918
院本親蠶圖（3）- 採桑（郎世寧、金昆、程梁、丁觀鵬合作）	卷	絹	設色	51 x 590.4	乾隆九年（甲子，1744）	台北 故宮博物院	故畫 00919
院本親蠶圖（4）- 獻繭（郎世寧、金昆、程志道、李慧林合作）	卷	絹	設色	51 x 639.7	乾隆九年（甲子，1744）	台北 故宮博物院	故畫 00920
阿玉錫持矛盪寇圖	卷	紙	設色	27.1 x 104.4	乙亥（乾隆二十年，1755）七月	台北 故宮博物院	故畫 01099
瑪瑺斫陣圖	卷	紙	設色	38.4 x 285.9	高宗御題於己卯（乾隆二十四年，1759）長夏	台北 故宮博物院	故畫 01098
愛烏罕四駿	卷	紙	設色	40.7 x 297.1	乾隆廿七年（壬午，1762）	台北 故宮博物院	故畫 01049
郊原牧馬圖	卷	絹	設色	51.2 x 166		北京 故宮博物院	
弘曆（高宗）觀馬圖	卷	絹	設色	22.5 x 425.5		北京 故宮博物院	
八駿圖	卷	絹	設色	52.7 x 92		南昌 江西省博物館	

名稱	形式	質地	色彩	尺寸 高×寬㎝	創作時間	收藏處所	典藏號碼
牧馬圖	卷	紙	設色	30.6 × 344		日本 東京國立博物館	
春遊圖	卷	絹	設色	不詳		日本 京都有鄰館	
興高采烈圖	卷	絹	設色	92.1 × 311.5		日本 京都帝國大學文科大學	
閱駿圖	卷	絹	設色	不詳		日本 京都藤井善助先生	
百馬圖	卷	紙	水墨	94.1 × ？		美國 紐約大都會藝術博物館	1991.134
乾隆帝王帝后像（帝后妃嬪12像）	卷	絹	設色	52.9 × 688.3	乾隆元年（丙辰，1736）八月吉日	美國 克利夫蘭藝術博物館	
西洋風景圖	卷	絹	設色	52.7 × ？		美國 史坦福大學藝術博物館（私人寄存）	
哈薩克貢馬圖	卷	紙	設色	44.4 × ？	己卯（乾隆二十四年，1759）新正	法國 巴黎居美博物館	MG17033
木蘭秋獮圖（4幅）	卷	絹	設色	不詳		法國 巴黎居美博物館	
聚瑞圖	軸	絹	設色	173 × 86.1	雍正元年（癸卯，1723）九月十五日	台北 故宮博物院	故畫 00803
霹靂驤圖（十駿圖之1）	軸	絹	設色	239.3 × 270.1	癸亥（乾隆八年，1743）	台北 故宮博物院	故畫 03697
籋雲駛圖（十駿圖之2）	軸	絹	設色	239.5 × 270.4	癸亥（乾隆八年，1743）	台北 故宮博物院	故畫 03698
奔霄驄圖（十駿圖之3）	軸	絹	設色	240 × 270.5	癸亥（乾隆八年，1743）	台北 故宮博物院	故畫 03700
雪點鵰圖（十駿圖之4）	軸	絹	設色	238.2 × 270.6	癸亥（乾隆八年，1743）	台北 故宮博物院	故畫 03701
赤花鷹圖（十駿圖之5）	軸	絹	設色	234.6 × 270.8	癸亥（乾隆八年，1743）	台北 故宮博物院	故畫 03703
開泰圖	軸	絹	設色	228.5 × 138.3	乾隆丙寅（十一年，1746）孟春	台北 故宮博物院	故畫 03767
大宛騮圖（十駿圖之6）	軸	絹	設色	231 × 274	戊辰（乾隆十三年，1748）	台北 故宮博物院	故畫 03715
如意驄圖（十駿圖之7）	軸	絹	設色	231.2 × 278.1	戊辰（乾隆十三年，1748）	台北 故宮博物院	故畫 03717
紅玉座圖（十駿圖之8）	軸	絹	設色	230.5 × 297.5	戊辰（乾隆十三年，1748）	台北 故宮博物院	故畫 03718
白鶻圖	軸	絹	設色	123.8 × 65.3	乾隆十六年（辛未	台北 故宮博物院	故畫 00802

名稱	形式	質地	色彩	尺寸 高x寬cm	創作時間	收藏處所	典藏號碼
					，1751）閏五月初十日		
白海青圖	軸	絹	設色	178.2 x 119	甲申（乾隆二十九年，1764）夏	台北 故宮博物院	故畫 03731
白鷹圖	軸	絹	設色	179.9 x 99.2	乾隆三十年（乙酉，1765）正月初五日	台北 故宮博物院	故畫 00957
蒼水虬圖（十駿犬圖之1）	軸	絹	設色	246.8 x 164		台北 故宮博物院	故畫 03732
墨玉螭圖（十駿犬圖之2）	軸	絹	設色	247.5 x 164.4		台北 故宮博物院	故畫 03733
睒星狼圖（十駿犬圖之3）	軸	絹	設色	246.6 x 163.8		台北 故宮博物院	故畫 03734
雪爪盧圖（十駿犬圖之4）	軸	絹	設色	246.7 x 163.2		台北 故宮博物院	故畫 03735
茹黃豹圖（十駿犬圖之5）	軸	絹	設色	247.5 x 163.7		台北 故宮博物院	故畫 03736
金翅獫圖（十駿犬圖之6）	軸	絹	設色	247.3 x 163.6		台北 故宮博物院	故畫 03737
霜花鷂圖（十駿犬圖之7）	軸	絹	設色	247.2 x 163.9		台北 故宮博物院	故畫 03738
斑錦彪圖（十駿犬圖之8）	軸	絹	設色	247.6 x 164		台北 故宮博物院	故畫 03739
驀空鵲圖（十駿犬圖之9）	軸	絹	設色	247.2 x 164		台北 故宮博物院	故畫 03740
蒼猊犬圖（十駿犬圖之10）	軸	絹	設色	268 x 193.7		台北 故宮博物院	故畫 03794
八駿圖	軸	絹	設色	139.3 x 80.2		台北 故宮博物院	故畫 00796
雲錦呈才	軸	絹	設色	59 x 35.4		台北 故宮博物院	故畫 00797
花底仙尨	軸	絹	設色	123.2 x 61.9		台北 故宮博物院	故畫 00798
交阯果然	軸	絹	設色	109.8 x 84.7		台北 故宮博物院	故畫 00799
玉花鷹	軸	絹	設色	143.8 x 78.1		台北 故宮博物院	故畫 00800
白海青	軸	紙	設色	141.3 x 88.9		台北 故宮博物院	故畫 00801

名稱	形式	質地	色彩	尺寸 高x寬cm	創作時間	收藏處所	典藏號碼
瓶花	軸	絹	設色	113.4 x 59.5		台北 故宮博物院	故畫 00804
山水	軸	絹	設色	143.2 x 89.1		台北 故宮博物院	故畫 00953
白猿	軸	絹	設色	151.2 x 91.9		台北 故宮博物院	故畫 00954
花陰雙鶴	軸	絹	設色	170.7 x 93.1		台北 故宮博物院	故畫 00955
錦春圖	軸	絹	設色	169.2 x 95.2		台北 故宮博物院	故畫 00956
白鷹	軸	絹	設色	188.9 x 97.9		台北 故宮博物院	故畫 00958
魚藻	橫幅	絹	設色	68.8 x 122.1		台北 故宮博物院	故畫 00959
海西知時草	軸	紙	設色	136.6 x 88.6		台北 故宮博物院	故畫 00960
洋菊	軸	紙	設色	63 x 42.8		台北 故宮博物院	故畫 02893
青羊	軸	絹	設色	217.6 x 191.8		台北 故宮博物院	故畫 03692
孔雀開屏	軸	絹	設色	328 x 282		台北 故宮博物院	故畫 03702
鶖鶖爾鳥圖	軸	絹	設色	159 x 96.2		台北 故宮博物院	故畫 03741
瑞麐圖	軸	絹	設色	216.2 x 144.6		台北 故宮博物院	故畫 03730
萬壽長春圖	軸	絹	設色	117.4 x 56.3		台北 故宮博物院	中畫 00053
穿和服西洋仕女像	軸	絹	設色	107.8 x 48.3		台北 故宮博物院（蘭千山館寄存）	
嘉禾鵪鶉圖	軸	絹	設色	50.3 x 48	雍正二年（甲辰，1724）夏月	長春 吉林大學	
松樹羚羊圖	軸	絹	設色	150 x 75.5	雍正四年（丙午，1726）八月	瀋陽 故宮博物館	
竹蔭西獵圖	軸	絹	設色	246 x 133		瀋陽 故宮博物館	
松鶴圖（郎世寧、唐岱合作）	軸	絹	設色	223 x 142		瀋陽 故宮博物館	
嵩獻英芝圖	軸	絹	設色	不詳	雍正二年（甲辰，1724）十月	北京 故宮博物院	
自在騸圖	軸	絹	設色	250.5 x 270.5	乾隆癸亥（八年，1743）孟春	北京 故宮博物院	
英驥子圖	軸	絹	設色	238.5 x 270.2	乾隆癸亥（八年，1743）孟春	北京 故宮博物院	
萬吉驦圖	軸	絹	設色	238.5 x 269.7	乾隆癸亥（八年，1743）孟春	北京 故宮博物院	

名稱	形式	質地	色彩	尺寸 高×寬cm	創作時間	收藏處所	典藏號碼
鬪虎聊圖	軸	絹	設色	240.3 × 270	乾隆癸亥（八年，1743）孟春	北京 故宮博物院	
獅子玉圖	軸	絹	設色	238.3 × 269.8	乾隆癸亥（八年，1743）孟春	北京 故宮博物院	
弘曆（高宗）馬戲圖	橫幅	絹	設色	不詳	乾隆十二年（丁卯，1747）七月	北京 故宮博物院	
弘曆（高宗）圍獵野餐像	軸	絹	設色	317.5 × 190	乾隆十四年（己巳，1749）四月	北京 故宮博物院	
花鳥圖	軸	絹	設色	63.2 × 32.5		北京 故宮博物院	
午瑞圖	軸	絹	設色	140 × 84		北京 故宮博物院	
羚羊圖	軸	絹	設色	150.5 × 75		北京 故宮博物院	
雪松仙鶴圖	軸	絹	設色	不詳		北京 中國歷史博物館	
松柏九鶴圖	軸	絹	設色	168.3 × 95.5		北京 中國美術館	
聚瑞圖	軸	絹	設色	不詳	雍正三年（乙巳，1725）十一月十五日	上海 上海博物館	
雙鵝圖	軸	絹	設色	146.5 × 80		成都 四川省博物院	
松馬圖（2幅）	軸	絹	設色	（每幅）202 × 161		廣州 廣東省博物館	
山水人物圖	軸	絹	設色	131.4 × 48		日本 東京住友寬一先生	
柳蔭八駿圖	軸	絹	設色	124.3 × 66.9		日本 兵庫藪本莊五郎先生	
猛虎圖	軸	絹	設色	261 × 200.2		日本 大阪市立美術館	
封侯圖	軸	紙	設色	96.2 × 136.1		日本 大阪市立美術館	
仕女與狗圖	軸	絹	設色	153 × 78.8		美國 紐約布魯克林藝術博物館	
夜市圖	軸	絹	設色	257.8 × 155		美國 加州史坦福大學藝術博物館	69.154
牡丹（郎世寧仙萼長春冊第1幀）	冊頁	絹	設色	33.3 × 27.8		台北 故宮博物院	故畫 01222-1
桃花（郎世寧仙萼長春冊第2	冊頁	絹	設色	33.3 × 27.8		台北 故宮博物院	故畫 01222-2

名稱	形式	質地	色彩	尺寸 高×寬㎝	創作時間	收藏處所	典藏號碼
幀）							
芍藥（郎世寧仙萼長春冊第 3 幀）	冊頁	絹	設色	33.3 × 27.8		台北 故宮博物院	故畫 01222-3
海棠玉蘭（郎世寧仙萼長春冊第 4 幀）	冊頁	絹	設色	33.3 × 27.8		台北 故宮博物院	故畫 01222-4
虞美人蝴蝶花（郎世寧仙萼長春冊第 5 幀）	冊頁	絹	設色	33.3 × 27.8		台北 故宮博物院	故畫 01222-5
黃刺蘪（郎世寧仙萼長春冊第 6 幀）	冊頁	絹	設色	33.3 × 27.8		台北 故宮博物院	故畫 01222-6
石竹（郎世寧仙萼長春冊第 7 幀）	冊頁	絹	設色	33.3 × 27.8		台北 故宮博物院	故畫 01222-7
櫻桃（郎世寧仙萼長春冊第 8 幀）	冊頁	絹	設色	33.3 × 27.8		台北 故宮博物院	故畫 01222-8
罌粟（郎世寧仙萼長春冊第 9 幀）	冊頁	絹	設色	33.3 × 27.8		台北 故宮博物院	故畫 01222-9
紫白丁香（郎世寧仙萼長春冊第 10 幀）	冊頁	絹	設色	33.3 × 27.8		台北 故宮博物院	故畫 01222-10
百合花、纏枝牡丹（郎世寧仙萼長春冊第 11 幀）	冊頁	絹	設色	33.3 × 27.8		台北 故宮博物院	故畫 01222-11
翠竹牽牛（郎世寧仙萼長春冊第 12 幀）	冊頁	絹	設色	33.3× 27.8		台北 故宮博物院	故畫 01222-12
荷花慈姑花（郎世寧仙萼長春冊第 13 幀）	冊頁	絹	設色	33.3× 27.8		台北 故宮博物院	故畫 01222-13
谷花稷穗（郎世寧仙萼長春冊第 14 幀）	冊頁	絹	設色	33.3 × 27.8		台北 故宮博物院	故畫 01222-14
雞冠花（郎世寧仙萼長春冊第 15 幀）	冊頁	絹	設色	33.3 × 27.8		台北 故宮博物院	故畫 01222-15
菊花（郎世寧仙萼長春冊第 16 幀）	冊頁	絹	設色	33.3 × 27.8		台北 故宮博物院	故畫 01222-16
果親王允禮乘馬像	冊頁	絹	設色	31.4 × 36.6	雍正十三年（乙卯，1735)	北京 故宮博物院	
花卉圖（10 幀）	冊	絹	設色	（每幀）32.5 × 28.5		北京 故宮博物院	
中國風景圖	冊頁	絹	設色	不詳		日本 神奈川縣長谷川先生	

名稱	形式	質地	色彩	尺寸 高×寬cm	創作時間	收藏處所	典藏號碼
花鳥圖	摺扇面	紙	設色	23 × 60.1		美國 密歇根大學藝術博物館	1969/2.167
塞上野趣圖（焦秉貞、郎世寧合作）	摺扇面	紙	設色	18.9 × 52.1		美國 克利夫蘭藝術博物館	
附：							
春蒐行圍圖	卷	絹	設色	54.5 × 487.8		香港 佳士得藝品拍賣公司/拍賣目錄 2001,04,29.	
菜蔬圖	軸	絹	設色	49 × 76.5		北京 北京市工藝品進出口公司	
美人春思圖	軸	紙	設色	58.7 × 30.2	乾隆二十年（乙亥，1755）十月奉勅畫	紐約 佳仕得藝品拍賣公司/拍賣目錄 1986,06,04.	
秋卉石禽圖	軸	絹	設色	152.3 × 91.4		紐約 佳士得藝品拍賣公司/拍賣目錄 1987,12,11.	
花卉圖（2幅）	軸	紙	設色	（每幅）34 × 29.2		紐約 蘇富比藝品拍賣公司/拍賣目錄 1988,11,30.	

畫家小傳：郎世寧(Giuseppe Castiglione)。義大利人。生當清聖祖康熙二十七（1688），卒於高宗乾隆三十一（1766）年。康熙十四年，以耶穌會教士來華，進入內廷供奉繪事。歷事康、雍、乾三朝。善畫人物、花鳥、犬馬動物，運用西洋寫生及光影法，形神生動逼真。深受高宗喜愛。(見中華畫人室隨筆、故宮郎世寧畫集、中國畫家人名大辭典)

程嗣立

名稱	形式	質地	色彩	尺寸 高×寬cm	創作時間	收藏處所	典藏號碼
谿山村莊圖（為穀堂作）	軸	紙	水墨	113.4 × 55	雍正十一年（癸丑，1733）十月既望	旅順 遼寧省旅順博物館	

畫家小傳：程嗣立。字風衣。號皇邨。安徽淮安人。生於聖祖康熙二十七（1688）年，卒於高宗乾隆九（1744）年。隱於黃冠。間作山水，以遣興。(見墨林韻語、方南塘集、中國畫家人名大辭典)

張 遠

名稱	形式	質地	色彩	尺寸 高×寬cm	創作時間	收藏處所	典藏號碼
水村圖（為師老作）	軸	絹	設色	不詳	癸巳（康熙五十二年，1713）至前三日	北京 中國美術館	
竹菊圖	軸	紙	水墨	146.5 × 42		天津 天津市藝術博物館	
仿曹雲西滿船黃葉圖	軸	紙	水墨	不詳	戊戌（康熙五十七年，1718）	海鹽 浙江省海鹽縣博物館	

畫家小傳：張遠。字超然。號無悶道人。福建侯官人，避耿精忠亂，流寓江蘇常熟，入贅何氏。聖祖康熙三十八(1699)年，領解閩闈。工詩。善書畫。繪畫山水，點染水墨，別有韻致。流傳署款紀年作品見於康熙五十二（1713）、五十七(1718)年。(見常熟

名稱	形式	質地	色彩	尺寸 高x寬cm	創作時間	收藏處所	典藏號碼

縣志、海虞詩苑、曝書亭集、中國畫家人名大辭典）

韓瑤蓀

附：

| 華封三祝圖 | 軸 | 絹 | 設色 | 不詳 | 康熙癸巳（五十二年，1713） | 上海 朵雲軒 | |

畫家小傳：韓瑤蓀。畫史無載。流傳署款紀年作品見於聖祖康熙五十二(1713)年。身世待考。

茅麐

嚴光敏藤陰讀書圖	卷	絹	設色	30 x 165	己未（康熙十八年，1679）	重慶 重慶市博物館	
芝梅雙鶴圖	軸	絹	設色	不詳		西安 陝西省西安市文物保護考古所	
泉石清流圖像	軸	絹	設色	132 x 50	癸巳（康熙五十二年，1713）季秋	德清 浙江省德清縣博物館	
叠巘飛泉圖	軸	絹	設色	145 x 82	辛丑（康熙六十年，1721）仲秋	成都 四川大學	
花鳥圖	摺扇面	金箋	設色	不詳		蘇州 江蘇省蘇州博物館	

畫家小傳：茅麐。字天石。浙江歸安人。工詩詞。善畫山水。流傳署款紀年作品見於聖祖康熙五十二（1713）至六十(1721)年。（見國朝畫徵續錄、中國畫家人名大辭典）

張伯龍

| 古松流泉圖像 | 卷 | 紙 | 設色 | 不詳 | 康熙癸巳（五十二年，1713）秋八月 | 瀋陽 遼寧省博物館 | |

附：

| 千巒百嶂圖 | 軸 | 絹 | 設色 | 不詳 | | 上海 朵雲軒 | |

畫家小傳：張伯龍。字慈長。福建永安人。工畫山水、人物，下筆超群；寫生，尤得其神。流傳署款紀年作品見於聖祖康熙五十二(1713)年。（見圖繪寶鑑續纂、中國畫家人名大辭典）

吳元澄

| 夏山高隱圖 | 軸 | 絹 | 設色 | 108.9 x 49.3 | 康熙癸巳（五十二年，1713） | 合肥 安徽省博物館 | |

畫家小傳：吳元澄。字港若。安徽休寧人。善畫。與王石谷、王麓臺諸老輩相交善。流傳署款紀年作品見於聖祖康熙五十二(1713)年。（見虹廬畫談、中國畫家人名大辭典）

名稱	形式	質地	色彩	尺寸 高×寬cm	創作時間	收藏處所	典藏號碼

吳 時

名稱	形式	質地	色彩	尺寸 高×寬cm	創作時間	收藏處所	典藏號碼
寫杜牧詩意圖	軸	紙	設色	123.5 × 20.8		台北 故宮博物院	故畫 03678
嬰戲圖	摺扇面	紙	設色	不詳		台北 故宮博物院	故扇 00208

畫家小傳：吳時。畫史無載。身世待考。

武元吉

名稱	形式	質地	色彩	尺寸 高×寬cm	創作時間	收藏處所	典藏號碼
山水圖	摺扇面	金箋	水墨	不詳	癸巳（？康熙五十二年，1713）夏日	北京 故宮博物院	

畫家小傳：武元吉。畫史無載。流傳署款作品紀年疑為聖祖康熙五十二(1713)年。身世待考。

韓中裕

名稱	形式	質地	色彩	尺寸 高×寬cm	創作時間	收藏處所	典藏號碼
山水圖（8幀）	冊	紙	設色	不詳	癸巳（康熙五十二年，1713）	石家莊 河北省博物館	

畫家小傳：韓中裕。畫史無載。流傳署款紀年作品見於聖祖康熙五十二(1713)年。身世待考。

林 熊

名稱	形式	質地	色彩	尺寸 高×寬cm	創作時間	收藏處所	典藏號碼
仿大癡山水圖	摺扇面	金箋	水墨	不詳	甲午（？康熙五十三年，1714）仲冬	北京 故宮博物院	

畫家小傳：林熊。字公兆。莆田人。棄家，遊歷吳越、齊魯。為人善詩畫，工八分書，皆楚楚可觀。又善篆刻，以漢人為法，不妄奏一刀。流傳署款作品紀年疑為聖祖康熙五十三(1714)年。（見印人傳、中國畫家人名大辭典）

（釋）一 智

名稱	形式	質地	色彩	尺寸 高×寬cm	創作時間	收藏處所	典藏號碼
黃山圖	軸	絹	設色	不詳	壬寅（康熙六十一年，1722）秋七月望後二日	蘇州 靈巖山寺	
黃海山色圖	軸	紙	水墨	217.6 × 122.3		廣州 廣東省博物館	
黃山圖（44幀）	二冊	絹	設色	（每幀）34.5 × 31	康熙甲午（五十三年，1714）重陽前一日	北京 首都博物館	

附：

名稱	形式	質地	色彩	尺寸 高×寬cm	創作時間	收藏處所	典藏號碼
黃山圖	軸	紙	設色	不詳	壬寅（康熙六十一年，1722）春	北京 北京市文物商店	

名稱	形式	質地	色彩	尺寸 高×寬㎝	創作時間	收藏處所	典藏號碼

畫家小傳：一智。僧。字廩峰（一作石峰）。又稱黃海雲舫護迂客。安徽休寧人。善畫山水，用筆疏爽。流傳署款紀年書畫作品見於聖祖康熙五十三(1714)、六十一（1722）年。(見國朝畫徵錄、耕硯田齋筆記、中國畫家人名大辭典)

蔣 洲

| 仿黃居寶花鳥圖 | 軸 | 絹 | 設色 | 129 x 43.8 | | 日本 福岡市美術館 | 7-B-150 |

畫家小傳：蔣洲。字履軒。江蘇常熟人。蔣廷錫之子。仕官至山東巡撫。善畫鉤勒花卉。(見常熟縣誌、中國畫家人名大辭典)

陸 琰

| 勞之辨渡海祝釐圖 | 卷 | 絹 | 設色 | 玲十 | 康熙甲午（五十三 年，1714） | 天津 天津市歷史博物館 | |

畫家小傳：陸琰。畫史無載。流傳署款紀年作品見於聖祖康熙五十三(1714)。身世待考。

圖清格

蘭花圖	卷	紙	水墨	不詳	甲午（康熙五十三 年，1714）	北京 故宮博物院	
藍石圖	軸	紙	水墨	88.3 x 46.9		北京 中國歷史博物館	
風雨歸莊圖	軸	絹	水墨	不詳		泰州 江蘇省泰州市博物館	
新篁雙鵲圖	軸	紙	水墨	165.2 x 47.5		日本 福岡縣石韵道雄先生	13

畫家小傳：圖清格。滿洲人。字牧山。號月坡、牧山老人。曾官大同知府。工詩。善書畫。畫山水學石濤；又以草書寫菊；兼作竹石、花卉、草蟲，超逸有異趣。流傳署款紀年作品見於聖祖康熙五十三（1714）年。(見國朝畫徵續錄、鄭板橋集、桐陰論畫、中國畫家人名大辭典)

朱 霞

| 畫雞 | 卷 | 絹 | 水墨 | 40.9 x ? | | 日本 愛知縣新美忠夫先生 | |
| 法黃公望山水圖 | 軸 | 絹 | 水墨 | 158.4 x 41.2 | | 日本 私人 | |

畫家小傳：朱霞。字耕方（或作賡方）。號初晴。江蘇南匯人。為人博學，工詩文。聖祖康熙中，曾應鄂爾泰聘訂南邦黎獻集。善草書。尤工繪事，設色寫生得徐熙筆意，畫雞最擅。(見國朝畫識、清畫家詩史、海上墨林、東村文略、婁縣志、松江詩徵、中國畫家人名大辭典)

惲蘭溪

| 武陵仙（桃花，清鄒一桂惲蘭 溪花卉合冊8之第2幀） | 冊頁 | 絹 | 設色 | 38 x 31.6 | | 天津 天津市藝術博物館 | |

名稱	形式	質地	色彩	尺寸 高×寬cm	創作時間	收藏處所	典藏號碼
銀漢仙（牽牛花，清鄒一桂惲蘭溪花卉合冊8之第4幀）	冊頁	絹	設色	38 × 31.6		天津 天津市藝術博物館	
羅浮仙（梅花，清鄒一桂惲蘭溪花卉合冊8之第7幀）	冊頁	絹	設色	38 × 31.6		天津 天津市藝術博物館	

畫家小傳：惲蘭溪。女。江蘇無錫人。為鄒一桂妻室。善畫花卉。（見孫子瀟天真閣集、墨林今話、中國畫家人名大辭典）

張廷玖

名稱	形式	質地	色彩	尺寸 高×寬cm	創作時間	收藏處所	典藏號碼
山水圖（清俞金等山水冊8之1幀）	冊頁	紙	設色	不詳		天津 天津市藝術博物館	

畫家小傳：張廷玖。畫史無載。疑似活動於聖祖後期畫家。身世待考。

孫淇

名稱	形式	質地	色彩	尺寸 高×寬cm	創作時間	收藏處所	典藏號碼
山水圖（清俞金等山水冊8之1幀）	冊頁	紙	設色	不詳		天津 天津市藝術博物館	

畫家小傳：孫淇。畫史無載。疑似活動於聖祖後期畫家。身世待考。

黃之淑

名稱	形式	質地	色彩	尺寸 高×寬cm	創作時間	收藏處所	典藏號碼
蘭石圖	軸	絹	水墨	不詳		天津 天津市藝術博物館	

畫家小傳：黃之淑。女。字耕畹。廣東人。適廣陵洪氏。善畫蘭竹。（見耕硯田齋筆記、中國畫家人名大辭典）

葉敷

名稱	形式	質地	色彩	尺寸 高×寬cm	創作時間	收藏處所	典藏號碼
秋山茅亭圖	軸	紙	設色	不詳	甲午（？康熙五十三年，1714）	上海 上海博物館	

畫家小傳：葉敷。畫史無載。流傳署款作品紀年疑為聖祖康熙五十三（1714）年。身世待考。

潘崇寧

名稱	形式	質地	色彩	尺寸 高×寬cm	創作時間	收藏處所	典藏號碼
杏林唱曉圖	軸	絹	設色	不詳	甲午（？康熙五十三年，1714）	北京 中國歷史博物館	
杏花飛燕圖	摺扇面	金箋	設色	不詳		北京 故宮博物院	

畫家小傳：潘崇寧。畫史無載。流傳署款作品紀年疑為聖祖康熙五十三（1714）年。身世待考。

吳耒

名稱	形式	質地	色彩	尺寸 高×寬cm	創作時間	收藏處所	典藏號碼
擬趙大年筆意山水（王原祁、徐玫、許穎、鄭棟、王昱、吳	冊	紙	設色	24.2 × 13.5	（乙未，康熙五十四年，1715）	南京 南京博物院	

名稱	形式	質地	色彩	尺寸 高x寬cm	創作時間	收藏處所	典藏號碼

耒、金永熙、黃鼎山水合冊 8
之 1 幀）

畫家小傳：吳耒。畫史無載。流傳署款作品見於聖祖康熙五十四(1715)年。身世待考。

姚宏度

山水圖	軸	紙	設色	不詳	康熙乙未（五十四年，1715）	北京 故宮博物院	

畫家小傳：姚宏度。字宗裝。浙江平湖人。善詩文。超俊不凡。兼工書畫。流傳署款紀年作品見於聖祖康熙五十四(1715)年。（見平湖縣志、中國畫家人名大辭典）

涂 洛

高其佩洗聰明圖（涂洛、陸蘋合作）	軸	絹	設色	122 x 60.4		上海 上海博物館	
麓村高逸圖（王翬、楊晉、徐洛合作）	軸	絹	設色	不詳	乙未（康熙五十四年，1715）季春	美國 堪薩斯市納爾遜-艾金斯藝術博物館	

畫家小傳：涂洛。畫史無載。似為王翬弟子輩。流傳署款紀年作品見於聖祖康熙五十四(1715)年。身世待考。

許 穎

山水圖（王原祁、徐玫、許穎、鄭棟、王昱、吳耒、金永熙、黃鼎八家山水合冊第 3 幀）	冊頁	紙	設色	不詳	乙未（康熙五十四年，1715）夏五	南京 南京博物院	

畫家小傳：許穎。字逸人。江蘇常熟人。工畫山水。流傳署款紀年作品見於聖祖康熙五十四(1715)年。（見常熟縣志、中國畫家人名大辭典）

金永熙

仿李成寒林圖	軸	紙	水墨	68.5 x 31.5		台北 故宮博物院（蘭千山館寄存）	
山水圖（高簡等八家山水合裝冊 8 之第 1 幀）	冊頁	紙	水墨	不詳		上海 上海博物館	
寫雲林小景（王原祁、徐玫、許穎、鄭棟、王昱、吳耒、金永熙、黃鼎山水合冊 8 之 1 幀）	冊	紙	設色	24.2 x 13.5	乙未（康熙五十四年，1715）春日	南京 南京博物院	
仿黃公望山水圖	摺扇面	紙	設色	不詳	乙巳（雍正三年，1725）夏日	成都 四川省博物院	

附：

名稱	形式	質地	色彩	尺寸 高×寬㎝	創作時間	收藏處所	典藏號碼

| 仿古山水圖（12幀） | 冊 | 紙 | 設色、水墨 | （每幀）64 × 40.5 | 雍正元年（癸卯，1723）八月望前 | 香港 佳士得藝品拍賣公司/拍賣目錄 1991,03,18. | |

畫家小傳：金永熙。字明吉。江蘇蘇州人。善畫山水，為王原祁弟子，得其法，與王敬銘、李為憲、曹培源稱麓臺四大弟子。流傳署款紀年作品見於聖祖康熙五十四（1715）年，至世宗雍正三（1725）年。（見圖繪寶鑑續纂、國朝畫徵錄、桐陰論畫、中國畫家人名大辭典）

曹 琇
附：

| 臨元人花卉小圖 | 卷 | 紙 | 設色 | 不詳 | 丁酉（康熙五十六年，1717）新夏 | 北京 北京市文物商店 | |
| 四季花鳥圖 | 卷 | 絹 | 設色 | 28 × 235 | 乙未（康熙五十四年，1715） | 天津 天津市文物公司 | |

畫家小傳：曹琇，字五章。號石苑。江蘇常熟人。善畫花卉，得天趣。嘗為蔣廷錫代筆。流傳署款紀年作品見於聖祖康熙五十四（1715）至五十六（1717）年。（見虞山畫志、耕硯田齋筆記、中國畫家人名大辭典）

劉 璸
附：

| 臘轉春回圖 | 軸 | 絹 | 設色 | 不詳 | 乙未（康熙五十四年，1715）蒲節前三日 | 成都 四川省文物商店 | |

畫家小傳：劉璸。字斐章。楚江人。身世不詳。善畫山水。流傳署款紀年作品見於聖祖康熙五十四（1715）年。（見歷代畫史彙傳附錄、中國畫家人名大辭典）

鄭 棟

| 寫王勃詩意山水（王原祁、徐玫、許穎、鄭棟、王昱、吳耒、金永熙、黃鼎山水合冊8之1幀） | 冊 | 紙 | 設色 | 24.2 × 13.5 | 乙未（康熙五十四年，1715）夏五 | 南京 南京博物院 | |

畫家小傳：鄭棟。畫史無載。流傳署款紀年作品見於聖祖康熙五十四（1715）年。身世待考。

吳 焯

| 松下人物圖 | 軸 | 絹 | 水墨 | 不詳 | 乙未（康熙五十四年，1715） | 北京 故宮博物院 | |
| 商山四皓圖 | 軸 | 金箋 | 水墨 | 不詳 | 癸卯（雍正元年， | 北京 故宮博物院 | |

名稱	形式	質地	色彩	尺寸 高x寬cm	創作時間	收藏處所	典藏號碼
					1723）		
夜宴桃李園圖	軸	紙	設色	不詳		北京 故宮博物院	
仿華嵒柳溪放牧圖	摺扇面	紙	設色	不詳	乾隆丙子（二十一年，1756）秋	北京 故宮博物院	
附：							
遠山古柏圖	軸	金箋	水墨	不詳	庚子（康熙五十九年，1720）秋月	上海 上海文物商店	

畫家小傳：吳焯。字俊生。海門人。善寫真，山水、人物並工。流傳署款紀年作品見於聖祖康熙五十四（1715）年，至高宗乾隆二十一（1756）年。（見墨林今話、揚州畫舫錄、中國畫家人名大辭典）

陳邦直

名稱	形式	質地	色彩	尺寸	創作時間	收藏處所	典藏號碼
荷蘆圖（名人便面畫冊（二）之6）	摺扇面	紙	水墨	不詳		台北 故宮博物院	故畫 03559-6

畫家小傳：陳邦直。字方大。號愚亭。浙江海寧人。聖祖康熙五十四（1715）年進士。善畫花鳥，得惲壽平格法。（見兩浙名畫記、中國畫家人名大辭典）

關繼維

名稱	形式	質地	色彩	尺寸	創作時間	收藏處所	典藏號碼
山水八景圖（8幀，程順則題跋）	冊	紙	設色	不詳	程題：康熙丙申（五十五年，1716）蒲日	日本 東京張允中先生	

畫家小傳：關繼維。畫史無載。琉球國人。流傳署款作品約在聖祖康熙五十五（1716）年。身世待考。

吳麐

名稱	形式	質地	色彩	尺寸	創作時間	收藏處所	典藏號碼
仿倪雲林早秋圖	軸	紙	設色	不詳	丙戌（乾隆三十一年，1766）花朝前三日	瀋陽 遼寧省博物館	
仿雲林山水圖	軸	紙	水墨	不詳	乙酉（乾隆三十年，1765）七五老人	天津 天津市藝術博物館	
仿董其昌正峰圖	軸	紙	水墨	123.4 x 69	戊子（乾隆三十三年，1768）七十八歲	天津 天津市藝術博物館	
仿梅道人山水圖	軸	紙	水墨	不詳	庚寅（乾隆三十五年，1770）	合肥 安徽省博物館	
仿李唐山水圖	軸	紙	設色	不詳	乾隆庚寅（三十五	上海 上海博物館	

名稱	形式	質地	色彩	尺寸 高x寬cm	創作時間	收藏處所	典藏號碼
					年，1770）		
仿雲林溪山雨霽圖	軸	絹	水墨	不詳	乙丑（乾隆十年，1745）秋月	常熟 江蘇省常熟市文物管理委員會	
山水圖	冊頁	紙	水墨	不詳	癸酉（乾隆十八年，1753）三月	北京 故宮博物院	
擬古山水圖（12幀）	冊	紙	水墨、設色	不詳	乙酉（乾隆三十年，1765）秋月	北京 故宮博物院	
山水圖（10幀）	冊	紙	水墨、設色	不詳	丙戌（乾隆三十一年，1766）四月	北京 故宮博物院	
仿古山水圖（12幀，為玉井作）	冊	紙	水墨、設色	不詳	己丑（乾隆三十四年，1769）夏四月	北京 故宮博物院	
山水圖（12幀，為善長作）	冊	紙	水墨、	不詳	辛卯（乾隆三十六年，1771）夏	北京 故宮博物院	
山水圖（10幀）	冊	紙	設色	不詳	壬辰（乾隆三十七年，1772）八十二	天津 天津市藝術博物館	
山水圖（16幀）	冊	紙	設色	（每幀）26.8 x 36.8		上海 上海博物館	
江干竹樹圖（曹岳、戴子來等十人山水合冊10之1幀）	冊頁	紙	設色	22.8 x 18.9		上海 上海博物館	
附：							
仿倪雲林山水圖	軸	紙	水墨	129.6 x 43.2	丁亥（乾隆三十二年，1767）冬月，時年七十七歲	紐約 佳士得藝品拍賣公司/拍賣目錄 1998,03,24.	
仿董其昌山水圖（6幀）	冊	紙	水墨	（每幀）16.3 x 22.2	壬辰（乾隆三十七年，1772）秋	武漢 湖北省武漢市文物商店	

畫家小傳：吳麐。字栗園，號西溪老人。安徽歙縣人，流寓揚州。生於聖祖康熙三十（1691）年，高宗乾隆三十七（1772）年尚在世。善畫山水，學元黃公望，有古君子風。（見墨林今話、揚州畫舫錄、中國畫家人名大辭典）

李　嚴

靜遠禪師像	卷	絹	設色	不詳	乾隆癸卯（四十八年，1783）	南京 南京博物院	
慧照禪師小象	軸	絹	設色	74 x 51.2	乾隆壬寅（四十七年，1782）	南京 南京博物院	

畫家小傳：李嚴。字築夫。號南山。江蘇青浦人。生於聖祖康熙三十（1691）年，高宗乾隆四十八（1783）年尚在世。初業漆工。後改

名稱	形式	質地	色彩	尺寸 高x寬㎝	創作時間	收藏處所	典藏號碼

學畫，善於寫真；又工山水、人物，用墨濃密，名噪一時。（見墨香居畫識、中國畫家人名大辭典）

王者佐

名稱	形式	質地	色彩	尺寸 高x寬㎝	創作時間	收藏處所	典藏號碼
臨范寬溪山行旅圖（為茂翁作）	軸	紙	設色	150 x 66.9	丙申（康熙五十五年，1716）春王正月	日本 東京國立博物館	TA-520

畫家小傳：王者佐（一名佐）。字師尹。號敬一道人。江蘇嘉定（一作常熟）人。工畫山水，為吳歷之弟子，能入堂奧。流傳署款紀年作品見於聖祖康熙五十五（1716）年（見南翔誌、畫囊、中國美術家人名辭典）

趙 曉

名稱	形式	質地	色彩	尺寸 高x寬㎝	創作時間	收藏處所	典藏號碼
仿王原祁山水圖	軸	紙	水墨	43.2 x 28.8		天津 天津市藝術博物館	
倣大癡筆畫山水（清趙曉畫山水冊之1）	冊頁	紙	水墨	51.3 x 47.6		台北 故宮博物院	故畫 03214-1
倣倪高士林亭遠岫圖（清趙曉畫山水冊之2）	冊頁	紙	水墨	51.3 x 47.6		台北 故宮博物院	故畫 03214-2
倣趙令穰江村花柳圖（清趙曉畫山水冊之3）	冊頁	紙	青綠	51.3 x 47.6		台北 故宮博物院	故畫 03214-3
倣北苑墨法山水（清趙曉畫山水冊之4）	冊頁	紙	水墨	51.3 x 47.6		台北 故宮博物院	故畫 03214-4
倣荊關遺意畫山水（清趙曉畫山水冊之5）	冊頁	紙	設色	51.3 x 47.6		台北 故宮博物院	故畫 03214-5
倣高房山畫山水（清趙曉畫山水冊之6）	冊頁	紙	設色	51.3 x 47.6		台北 故宮博物院	故畫 03214-6
倣梅道人溪山無盡圖（清趙曉畫山水冊之7）	冊頁	紙	水墨	51.3 x 47.6		台北 故宮博物院	故畫 03214-7
倣李晞古江皋送遠圖（清趙曉畫山水冊之8）	冊頁	紙	設色	51.3 x 47.6	丙申（康熙五十五年，1716）小春	台北 故宮博物院	故畫 03214-8

畫家小傳：趙曉。字堯日。江蘇太倉人。善畫山水，受法於王原祁，多作小幅，筆墨平淡古雅，設色亦渾樸沖潤。流傳署款紀年作品見於聖祖康熙五十五（1716）年。（見國朝畫徵錄、桐陰論畫、中國畫家人名大辭典）

王 雋

附：

名稱	形式	質地	色彩	尺寸 高x寬㎝	創作時間	收藏處所	典藏號碼
秋山無盡圖	卷	紙	設色	不詳		北京 中國文物商店總店	

畫家小傳：王雋。字禮石。號東皋。江蘇青浦人。承家學，善畫山水，宗法黃公望，嘗臨其秋山無盡圖卷，有名於時。（見青浦縣志、

名稱	形式	質地	色彩	尺寸 高×寬cm	創作時間	收藏處所	典藏號碼

中國畫家人名大辭典）

甘士調

名稱	形式	質地	色彩	尺寸 高×寬cm	創作時間	收藏處所	典藏號碼
指畫芙蓉水禽圖	軸	綾	水墨	96.2 × 44.4	丙申（康熙五十五年，1716）春三月 上巳	瀋陽 遼寧省博物館	
指畫柳燕圖	軸	絹	設色	120.8 × 48		瀋陽 遼寧省博物館	
指畫花鳥圖（4幅）	軸	紙	水墨	不詳		北京 中國歷史博物館	
指畫鷹石圖	軸	絹	水墨	不詳	壬寅（康熙六十年，1722）	北京 中央美術學院	
指畫柳燕圖	軸	絹	水墨	不詳		煙臺 山東省煙臺市博物館	
指畫松鷹圖	軸	綾	水墨	不詳		上海 上海古籍書店	
螃蟹圖	軸	紙	水墨	不詳	甲辰（雍正二年，1724）冬月	南京 南京市博物館	
指畫墨竹圖	軸	紙	水墨	不詳		重慶 重慶市博物館	
指畫拒霜游鴨圖	軸	絹	設色	120 × 51		廣州 廣州市美術館	
指畫竹禽圖	軸	絹	水墨	不詳		南寧 廣西壯族自治區博物館	
指頭畫松鷹圖	軸	絹	水墨	120.4 × 65.6		日本 私人	

畫家小傳：甘士調。號和庵。遼陽人。善指畫，能繼其同里高其佩畫學。流傳署款紀年作品見於聖祖康熙五十五（1716）年，至世宗
　　　　雍正二(1724)年。（見左亭叢稿、中國畫家人名大辭典）

張古民

名稱	形式	質地	色彩	尺寸 高×寬cm	創作時間	收藏處所	典藏號碼
山水圖（徐枋等山水冊10之1幀）	冊頁	紙	設色	約24 × 34.7		上海 上海博物館	

畫家小傳：張古民。字仁遠。號南田。江蘇嘉定人。善畫山水，筆墨腴潤，極似李流芳。（見太倉州志、中國畫家人名大辭典）

馬 昂

名稱	形式	質地	色彩	尺寸 高×寬cm	創作時間	收藏處所	典藏號碼
山頭飛泉圖	軸	絹	設色	167 × 99	丙申（康熙五十五年，1716）春仲	瀋陽 故宮博物院	
山水圖（為若翁作）	摺扇面	紙	設色	不詳	丙申（康熙五十五年，1716）春	北京 故宮博物院	

畫家小傳：馬昂。字若軒。江蘇上海人。幼年性岐嶷。家貧。長而勤學，遂通小學，識奇字，並工詩、古文辭；尤精醫術，善繪事。
　　　　畫工山水，宗法王石谷。流傳署款紀年作品見於聖祖康熙五十五（1716）年。（見海上墨林、中國畫家人名大辭典）

名稱	形式	質地	色彩	尺寸 高×寬cm	創作時間	收藏處所	典藏號碼

陸 亮

| 山水圖 | 摺扇面 | 金箋 | 水墨 | 不詳 | 丙申（？康熙五十五年，1716） | 北京 故宮博物院 | |

畫家小傳：陸亮。畫史無載。流傳署款作品紀年疑為聖祖康熙五十五（1716）年。身世待考。

朱 繡

百鳥朝鳳圖	軸	絹	設色	314 × 135		台北 長流美術館	
文伯朝母圖	軸	絹	設色	137 × 73		天津 天津市藝術博物館	
竹林七賢圖	軸	絹	設色	不詳	丙申（康熙五十五年，1716）	溫州 浙江省溫州博物館	

畫家小傳：朱繡。字綵章。號箕村。安徽休寧人。朱一是後裔。善畫山水，傳其家學；兼善花卉，得惲南田寫生法。好遊歷，所至遇佳山水、花木，輒寫為圖畫。流傳署款紀年作品見於聖祖康熙五十五(1716)年。（見國朝畫徵錄、詠歸亭詩鈔、中國畫家人名大辭典）

余 珣

| 蘭蕙圖 | 軸 | 絹 | 設色 | 不詳 | | 南京 南京博物院 | |

畫家小傳：余珣。字荀若。號荊山。江蘇常熟人。善寫生，作梅雀草蟲，筆有韻致。（見海虞畫苑略、虞山畫志、中國畫家人名大辭典）

方士庶

江山佳勝圖（擬許道寧）	卷	紙	水墨	25 × 264.5	乾隆乙丑（十年，1745）夏五	瀋陽 故宮博物館	
仿古山水圖（4段）	卷	紙	水墨	66 × 29.1；67.5×29.2；64 × 28.8；65.5 × 29.1	戊辰（乾隆十三年，1748）夏六月	北京 首都博物館	
松蔭待客圖（為竹樓作）	卷	紙	設色	不詳	乾隆十一年（丙寅，1746）仲夏月	上海 上海博物館	
揚州文會圖	卷	絹	設色	31.7 × 201	乾隆八年（癸亥，1743）	美國 克利夫蘭藝術博物館	
九日行庵文讌圖	卷	絹	設色	31.7 × 201.1		美國 克利夫蘭藝術博物館	
雪景山水圖	卷	紙	水墨	21.9 × 117.2	癸亥（乾隆八年，1743）正月	美國 洛杉磯郡藝術博物館	
仿董源夏山烟靄圖	軸	紙	設色	228.3 × 87.5	乾隆二年歲在丁巳（1737）冬十一月望後二日	台北 故宮博物院	故畫 00779

名稱	形式	質地	色彩	尺寸 高x寬cm	創作時間	收藏處所	典藏號碼
仿井西道人山水圖	軸	紙	設色	46.7 x 31.2		台北 故宮博物院（蘭千山館寄存）	
湖莊春曉圖	軸	紙	設色	128.8 x 67	乾隆十年（乙丑，1745）冬	台北 故宮博物院（蘭千山館寄存）	
山水圖（秋山葉落圖）	軸	紙	設色	54.1 x 34.5	丙寅（乾隆十一年，1746）秋七月	台北 故宮博物院（蘭千山館寄存）	
仿王蒙山水圖	軸	紙	設色	96.7 x 57.5		台北 鴻禧美術館	C1-12
撫吳仲圭畫法山水圖	軸	紙	水墨	152 x 61	乾隆壬戌（七年，1742）秋八月	台北 清玩雅集	
晴麓白雲圖	軸	絹	設色	231 x 82.4	乾隆己巳（十四年，1749）仲冬	香港 徐伯郊先生	
仿鵲華秋色圖	軸	絹	設色	152.5 x 66.5	雍正甲寅（十二年，1734）夏四月臨	香港 黃秉章先生	
山水圖	軸	紙	設色	36.3 x 27.3		香港 劉作籌虛白齋	141
山水（江岸花樹圖）	軸	紙	設色	88.5 x 30.5	戊午（乾隆三年，1738）年十一月十又九日	新加坡 Dr.E.Lu	
仿李龍眠山莊圖	軸	紙	水墨	不詳	乾隆元年（丙辰，1736）	長春 吉林省博物館	
臨元繆佚民山徑雜樹圖	軸	紙	水墨	139.3 x 30	乾隆己巳（十四年，1749）六月二十二日	長春 吉林省博物館	
山村叢林圖	軸	絹	水墨	不詳		長春 吉林省博物館	
短亭曲橋圖	軸	紙	設色	128 x 49	戊午（乾隆三年，1738）	瀋陽 故宮博物院	
松山春居圖	軸	紙	設色	不詳	乾隆丙寅（十一年，1746）	瀋陽 故宮博物院	
桃花菴圖	軸	絹	水墨	118 x 62.4	戊辰（乾隆十三年，1748）仲冬	瀋陽 故宮博物館	
菖蒲圖	軸	紙	設色	505 x 58	乾隆己巳（十四年，1749）端五	瀋陽 故宮博物館	
端午即景圖	軸	紙	設色	78 x 26	己巳（乾隆十四年，1749）	瀋陽 故宮博物館	

名稱	形式	質地	色彩	尺寸 高x寬㎝	創作時間	收藏處所	典藏號碼
山居圖	軸	紙	水墨	不詳		瀋陽 故宮博物館	
山水圖（為蘊齋作）	軸	紙	設色	不詳	乾隆五年（庚申，1740）夏四月廿三日	瀋陽 遼寧省博物館	
補林泉高逸圖像（為馬日琯作）	軸	絹	設色	73.4 x 50.3	雍正甲寅（十二年，1734）冬	北京 故宮博物院	
補鄭燮像	軸	紙	設色	96.6 x 46.3		北京 故宮博物院	
山水圖	軸	紙	設色	87.4 x 44.4	癸亥（乾隆八年，1743）	北京 故宮博物院	
行庵大樹圖	軸	紙	設色	131.4 x 64.5	乾隆九年，甲子（1744）	北京 故宮博物院	
山水圖	軸	紙	水墨	88 x 44.1		北京 故宮博物院	
雲海松濤圖	軸	紙	設色	不詳	雍正丙寅（十二年，1734）中秋	北京 中國歷史博物館	
秋山牧牛圖	軸	紙	水墨	不詳	乾隆乙丑（十年，1745）秋九月望後四日	北京 中國美術館	
端午即景圖	軸	紙	設色	不詳	乾隆己巳（十四年，1749）端五	北京 中國美術館	
南圻圖	軸	紙	設色	143 x 71	乾隆丙寅（十一年，1746）	北京 北京市文物局	
村樹新晴圖	軸	紙	設色	不詳		北京 首都博物館	
仿倪瓚山水圖	軸	紙	水墨	104 x 49.1		北京 首都博物館	
山水圖	軸	紙	設色	不詳	乾隆八年（癸亥，1743）	北京 中央工藝美術學院	
磵曲泉清圖	軸	紙	水墨	130.5 x 59	丙寅（乾隆十一年，1746）小雪	北京 中央工藝美術學院	
荔枝圖	軸	紙	設色	不詳	乾隆庚午（十五年，1750）秋七月	北京 中央工藝美術學院	
仿子久山水圖	軸	紙	設色	84.7 x 34	雍正庚戌（八年，1730）	天津 天津市藝術博物館	
溪山曳杖圖	軸	紙	水墨	109.4 x 39	乾隆元年（丙辰，1736）	天津 天津市藝術博物館	

名稱	形式	質地	色彩	尺寸 高x寬cm	創作時間	收藏處所	典藏號碼
仿巨然山水圖	軸	紙	設色	77 x 47.5	戊午（乾隆三年，1738）	天津 天津市藝術博物館	
山藏古寺圖	軸	紙	設色	98.5 x 43.5	庚午（乾隆十五年，1750）	天津 天津市藝術博物館	
栗子圖	軸	紙	設色	115.7 x 52.5	庚午（乾隆十五年，1750）	天津 天津市藝術博物館	
山居圖	軸	紙	設色	187.1 x 96.9		天津 天津市藝術博物館	
百齡桃壽圖	軸	絹	設色	76.8 x 47.5		天津 天津市藝術博物館	
石徑仙山圖	軸	絹	水墨	99.5 x 60.5	戊申（雍正六年，1728）	合肥 安徽省博物館	
雲海松濤圖	軸	紙	設色	不詳	雍正戊申（六年，1728）	合肥 安徽省博物館	
峨嵋雙澗圖	軸	紙	設色	305 x 138	乾隆戊午（三年，1738）	合肥 安徽省博物館	
仿北苑山水圖	軸	絹	設色	100 x 58.2	丙寅（乾隆十一年，1746）	合肥 安徽省博物館	
青山秋烟圖（為觳庵作）	軸	紙	設色	不詳	雍正十一年（癸丑，1733）二月十六日	上海 上海博物館	
躃足苔痕圖	軸	紙	設色	不詳	乾隆七年（壬戌，1742）重九日	上海 上海博物館	
臨董玄宰鶴林春社圖（為于亭作）	軸	紙	設色	111.3 x 41.8	乾隆二年，丁巳（1737）閏九月十六	南京 南京博物院	
仿北苑山水圖（為受亭作）	軸	紙	水墨	124.2 x 58.4	乾隆三年（戊午，1738）	南京 南京博物院	
山村歸漁圖	軸	紙	水墨	90.5 x 40	乙丑（乾隆十年，1745）春	南京 南京博物院	
唐寅詩意圖	軸	紙	設色	112.7 x 22.7	乾隆戊辰（十三年，1748）春日	無錫 江蘇省無錫市博物館	
清溪茅堂圖	軸	紙	水墨	不詳	丙辰（乾隆元年，1736）	蘇州 江蘇省蘇州博物館	
野雲晚瀨圖	軸	紙	水墨	136.5 x 63		蘇州 江蘇省蘇州博物館	
山水圖（贈蘭舟先生作）	軸	紙	水墨	91 x 50	乾隆丁巳（二年，1737）	昆山 崑崙堂美術館	

名稱	形式	質地	色彩	尺寸 高x寬cm	創作時間	收藏處所	典藏號碼
仿米元暉山水圖	軸	紙	水墨	52.7 x 37.7	丙辰（乾隆元年，1736）冬十二月	杭州 浙江省博物館	
山水圖	軸	紙	水墨	不詳	乾隆八年（癸亥，1743）	杭州 浙江省博物館	
仿董源山水圖（為黃正川作）	軸	紙	水墨	136.8 x 60.3	乾隆己巳（十四年，1749）夏五	杭州 浙江省博物館	
煙巒蕭寺圖	軸	絹	水墨	66.5 x 42.9		杭州 浙江省博物館	
椿萱芝桂圖（為宜田作）	軸	紙	設色	130.4 x 44	乾隆己巳（十四年，1749）首春	成都 四川省博物院	
東嶂西坡圖	軸	紙	設色	102.3 x 44.8	乾隆丙寅（十一年，1746）六月三日	重慶 重慶市博物館	
寒潭畫舸圖	軸	紙	設色	131 x 60	丙寅（乾隆十一年，1746）	重慶 重慶市博物館	
仿巨然山水圖	軸	紙	水墨	103.6 x 41.5	庚午（乾隆十五年，1750）歲除前一日	重慶 重慶市博物館	
荒江聽雨圖	軸	紙	水墨	100 x 19		重慶 重慶市博物館	
仿繆佚山逕雜樹圖	軸	紙	水墨	108 x 26		重慶 重慶市博物館	
仿黃公望山水圖	軸	紙	水墨	99 x 23.6	戊午（乾隆三年，1738）	廣州 廣東省博物館	
溪雲獨載圖	軸	紙	設色	129.6 x 44	乙丑（乾隆十年，1745）仲春	廣州 廣東省博物館	
擬趙大年山莊春曉圖	軸	紙	設色	64.5 x 38.5	乾隆十年，乙丑（1745）仲冬月	廣州 廣東省博物館	
仿李咸熙寒林雅集圖	軸	紙	水墨	128 x 46.4	丁卯（乾隆十二年，1747）夏五	廣州 廣東省博物館	
平岡談道圖	軸	紙	水墨	114.7 x 54.4	乾隆十五年（庚午，1750）十二月	廣州 廣東省博物館	
湖莊春曉圖	軸	紙	設色	不詳	乾隆十年，乙丑（1745）	昆明 雲南省博物館	
秋林詩思圖	軸	紙	設色	80.6 x 42.7	戊辰（乾隆十三年，1748）七月	日本 東京山本悌二郎先生	
倣黃鶴山水圖	軸	紙	水墨	119.7 x 30.9		日本 東京仁木二郎先生	

名稱	形式	質地	色彩	尺寸 高x寬cm	創作時間	收藏處所	典藏號碼
幽壑聽泉圖（臨王蒙）	軸	紙	水墨	60.6 x 45.5		日本 東京幡生彈治郎先生	
山水（林壑霜紅圖）	軸	紙	設色	95.5 x 32.7	丙辰（乾隆元年，1736）冬十月夜	日本 私人	
林巒秋暮圖	軸	紙	設色	149.6 x 45.8		日本 私人	
山水圖	軸	紙	設色	174.5 x 49.4		日本 私人	
江城風雨圖	軸	絹	設色	190.1 x 47.9		日本 私人	
仿郭熙奇峰暮靄圖	軸	紙	水墨	124.8 x 65.9		美國 耶魯大學藝術館	1959.40
山水圖	軸	紙	設色	67.8 x 46		美國 紐約大都會藝術博物館	72.278.8
百鳥圖（聯屏12幅）	軸	絹	設色	不詳		美國 堪薩斯市納爾遜-艾金斯藝術博物館	
倣米友仁夏山欲雨圖	軸	絹	水墨	22.8 x 17.8	戊午（乾隆三年，1738）秋八月	美國 堪薩斯市納爾遜-艾金斯藝術博物館	
山水圖	軸	紙	設色	135 x 60.8	乾隆己巳（十四年，1749）夏五	美國 勃克萊加州大學藝術館（高居翰教授寄存）	CC54
臨黃公望山水圖	軸	絹	設色	148.7 x 66		美國 夏威夷火魯奴奴藝術學院	5733.1
山水圖	軸	絹	水墨	不詳		美國 火魯奴奴 Hutehinson先生	
雪景山水圖	軸	紙	設色	88.7 x 42.4		美國 私人	
山水圖（人遠秋意長）	軸	紙	水墨	95.9 x 33.7	乾隆辛酉（六年，1741）八月廿三日	德國 柏林東亞藝術博物館	1970-3
仿黃公望山水圖	軸	紙	設色	112.2 x 29		德國 科隆東亞藝術博物館	A78.4
山水圖	軸	紙	設色	124.4 x 52.4		德國 科隆東亞藝術博物館	A78.3
臨黃鼎臨方方壺高高亭圖（方士庶畫山水冊之1）	冊頁	紙	水墨	24.3 x 38.3		台北 故宮博物院	故畫01218-1
草亭懸瀑學曹雲西畫法（方士庶畫山水冊之2）	冊頁	紙	水墨	17.7 x 38.4		台北 故宮博物院	故畫01218-2
夏山烟靄（方士庶畫山水冊之3）	冊頁	紙	設色	25.4 x 36.4		台北 故宮博物院	故畫01218-3
仿黃子久學洪谷子畫法（方士庶畫山水冊之4）	冊頁	紙	水墨	25.8 x 14		台北 故宮博物院	故畫01218-4

名稱	形式	質地	色彩	尺寸 高×寬㎝	創作時間	收藏處所	典藏號碼
竹梧秋月（方士庶畫山水冊之5）	冊頁	紙	設色	27.3 × 13.7		台北 故宮博物院	故畫 01218-5
雲山縹緲（方士庶畫山水冊之6）	冊頁	紙	水墨	12 × 43.8		台北 故宮博物院	故畫 01218-6
擬王叔明意山水（方士庶畫山水冊之7）	冊頁	紙	設色	28 × 17.3		台北 故宮博物院	故畫 01218-7
仿大癡道人畫法山水（方士庶畫山水冊之8）	冊頁	紙	設色	29.4 × 10.2		台北 故宮博物院	故畫 01218-8
結屋傍泉（方士庶畫山水冊之9）	冊頁	紙	水墨	29.4 × 26.2	丙辰（乾隆元年，1736）秋日	台北 故宮博物院	故畫 01218-9
擬陶九成山水（方士庶畫山水冊之10）	冊頁	紙	水墨	25.4 × 24.3	丁巳（乾隆二年，1737）小春	台北 故宮博物院	故畫 01218-10
鶴林春社仿趙文敏筆（方士庶畫山水冊之11）	冊頁	紙	設色	30.6 × 14.8		台北 故宮博物院	故畫 01218-11
疎樹涼亭（方士庶畫山水冊之12）	冊頁	紙	水墨	24.4 × 46.2		台北 故宮博物院	故畫 01218-12
江鄉秋思（方士庶畫山水冊之13）	冊頁	紙	設色	30.1 × 23.3		台北 故宮博物院	故畫 01218-13
紅樹秋山（方士庶畫山水冊之14）	冊頁	紙	設色	24.3 × 9.5		台北 故宮博物院	故畫 01218-14
溪橋村落（方士庶畫山水冊之15）	冊頁	紙	設色	23.8 × 25.7		台北 故宮博物院	故畫 01218-15
雲山孤寺（方士庶畫山水冊之16）	冊頁	紙	水墨	18.6 × 43.6		台北 故宮博物院	故畫 01218-16
仿古山水圖（10幀）	冊	紙	設色	（每幀）31.8 × 32.3不等	乾隆三年（戊午，1738）	北京 故宮博物院	
雜畫（16幀）	冊	紙	設色	不詳	庚午（乾隆十五年，150）	北京 故宮博物院	
山水圖（文心別寄圖冊之1幀）	冊頁	紙	設色	不詳		北京 中國歷史博物館	
摹文休丞筆意山水（袁模等畫山水冊8之1幀）	冊頁	紙	設色	不詳	雍正紀元（癸卯，1723）十月四日	北京 中國歷史博物館	
山水圖（書畫集錦冊14之1	冊頁	絹	設色	不詳		北京 中國歷史博物館	

名稱	形式	質地	色彩	尺寸 高x寬cm	創作時間	收藏處所	典藏號碼

幀）

名稱	形式	質地	色彩	尺寸 高x寬cm	創作時間	收藏處所	典藏號碼
山水圖	冊頁	紙	水墨	不詳	雍正己酉（七年，1729）	北京 首都博物館	
山水圖（為次岳作，李鱓等山水花鳥冊10之1幀）	冊頁	紙	設色	24 × 29.7	甲寅（雍正十二年，1734）冬	北京 首都博物館	
山水圖（清周笠等雜畫冊8之1幀）	冊頁	紙	設色	不詳	（辛酉，乾隆六年，1741）	天津 天津市藝術博物館	
山水圖（？幀）	冊	紙	設色	不詳	乾隆七年（壬戌，1742）十二月五日	太原 山西省博物館	
仿黃子久秋山晴靄圖（方士庶等雜畫冊8之第7幀）	冊頁	絹	設色	24.1 × 24	辛亥（雍正九年，1731）寒食後三日	上海 上海博物館	
擬黃鶴山樵夏山圖（方士庶等雜畫冊8之第8幀）	冊頁	絹	設色	24.1 × 24	（辛亥，雍正九年，1731）	上海 上海博物館	
仿古山水圖（12幀）	冊	紙	設色、水墨	不詳	戊辰（乾隆十三年，1748）秋八月望日	上海 上海博物館	
山水、花卉圖（12幀，汪玉珂、方士庶合作）	冊	紙	設色	不詳	乾隆元年丙辰（1736）	杭州 浙江省杭州市文物考古所	
山水圖（12幀）	冊	紙	水墨	（每幀）27.8 × 20		日本 奈良大和文華館	1136
秋水夕陽圖	摺扇面	紙	設色	17.1 × 48.8	丁未（雍正五年，1727）三月	美國 哈佛大學福格藝術館	1978.88
小橋泉聲圖	摺扇面	紙	設色	17.4 × 53	癸丑（雍正十一年，1733）秋七月上旬	美國 哈佛大學福格藝術館	1978.89
蜀山行旅圖	摺扇面	紙	設色	16 × 49.7	丁巳（乾隆二年，1737）夏日	美國 哈佛大學福格藝術館	1978.90
月下泛舟圖	摺扇面	紙	設色	19.7 × 49.3	甲子（乾隆九年，1744）四月	美國 哈佛大學福格藝術館	1978.91
雜畫（12幀）	冊	紙	水墨、設色	（每幀）22.9 × 27.1	乙丑（乾隆十年，1745）秋七月至重九	美國 普林斯頓大學藝術館	62-111
山水圖（12幀）	冊	紙	設色	（每幀）24.5 × 14.4	戊辰（乾隆十三年，1748）秋九月	美國 勃克萊加州大學藝術館（高居翰教授寄存）	CC52

名稱	形式	質地	色彩	尺寸 高×寬㎝	創作時間	收藏處所	典藏號碼
仿古山水圖（12幀）	冊	紙	設色	（每幀）46.7×32.1	癸丑（雍正十一年，1733）春二月至冬十月	德國 柏林東亞藝術博物館	5308
附：							
古柏圖（為南圻作）	軸	紙	水墨	不詳	丙寅（乾隆十一年，1746）仲冬	北京 北京市文物商店	
仿巨然層山疊嶂圖	軸	紙	水墨	不詳	戊辰（乾隆十三年，1748）重九	北京 北京市文物商店	
仿古山水圖（4幅）	軸	紙	水墨	（每幅）209×58.5	乾隆二年，戊午（1738）	濟南 山東省濟南市文物商店	
晴雲積翠圖	軸	紙	設色	135×60	雍正十一年，癸丑（1733）	上海 上海友誼商店古玩分店	
臨黃公望為元璘良友作山水圖	軸	紙	水墨	132×63.5	丁巳（乾隆二年，1737）六月五日	蘇州 蘇州市文物商店	
高閣臨江圖	軸	紙	設色	不詳	甲寅（雍正十二年，1734）	武漢 湖北省武漢市文物商店	
山水圖	軸	紙	設色	29.2×31.1		紐約 蘇富比藝品拍賣公司/拍賣目錄1988,06,01.	
幽居清流圖	軸	紙	水墨	125.5×61	雍正庚戌（八年，1730）重九日	紐約 佳士得藝品拍賣公司/拍賣目錄1989,12,04.	
山水圖（臨王原祁）	軸	紙	設色	153×51.5	雍正辛亥（九年，1731）九月朔日	紐約 佳士得藝品拍賣公司/拍賣目錄1990,11,28.	
仿董源山水圖	軸	紙	設色	107×41		紐約 佳士得藝品拍賣公司/拍賣目錄1992,12,02.	
山水圖	軸	紙	水墨	134×30.5		紐約 佳士得藝品拍賣公司/拍賣目錄1994,06,01.	
山水圖	軸	紙	水墨	152.4×21.9	乾隆己巳（十四年，1749）初夏	紐約 佳士得藝品拍賣公司/拍賣目錄1995,09,19.	
山水圖	軸	紙	水墨	133.3×29.8		紐約 佳士得藝品拍賣公司/拍賣目錄1998,03,24.	
山水圖（8幀）	冊	紙	設色	（每幀）26.6×18.7		紐約 蘇富比藝品拍賣公司/拍賣目錄1985,06,03.	
雪景山水圖（明末清初山水名家集冊之一）	冊頁	紙	水墨	31.1×37.5	雍正六年（戊申，1728）冬十一月	紐約 佳士得藝品拍賣公司/拍賣目錄1987,12,11.	

名稱	形式	質地	色彩	尺寸 高x寬cm	創作時間	收藏處所	典藏號碼
山水圖（10幀）	冊	紙	水墨	（每幀）23.5 x 35	己丑（雍正十一年，1733）二月	紐約 佳士得藝品拍賣公司/拍賣目錄 1989,12,04.	
揚州名勝圖（2冊，24幀）	冊	紙	設色、水墨	（每幀）9.8 x 7	雍正建元（癸卯，1723）春二月	香港 佳士得藝品拍賣公司/拍賣目錄 1994,10,30.	

畫家小傳：方士庶。字循遠。號環山、小獅道人。安徽歙縣人，寓揚州。生於聖祖康熙三十一（1692）年。辛於高宗乾隆十六（1751）年。能詩。善畫山水，受學於黃鼎，用筆靈活，氣韻駘宕，有出藍之譽。（見國朝畫徵續錄、桐陰論畫、墨林今話、方南塘集、中國畫家人名大辭典）

余 省

名稱	形式	質地	色彩	尺寸 高x寬cm	創作時間	收藏處所	典藏號碼
畫蘆雁（摹呂紀筆意）	卷	紙	設色	34.6 x 890.1	丙寅（乾隆十一年，1746）四月	台北 故宮博物院	故畫 01710
仿林椿花鳥	卷	絹	設色	36.1 x 227.3	乾隆六年（辛酉，1741）春	台北 故宮博物院	故畫 01711
百蝶圖	卷	絹	設色	35.9 x 252.5	乾隆十年（乙丑，1745）七月	台北 故宮博物院	故畫 01712
摹劉永年花卉翎毛圖	卷	絹	設色	37 x ?	乾隆六年（辛酉，1741）五月	香港 王南屏先生	
仿王冕梅花圖	卷	紙	設色	30 x 304.5	乾隆壬申（十七年，1752）春	北京 中央美術學院	
竹堂重陽高會圖（張宗蒼、余省、潘是稷、王玖、余洋合作）	卷	紙	設色	50.3 x 306.7	乾隆十七年，壬申（1752）	天津 天津市藝術博物館	
花草昆蟲圖	卷	絹	設色	31 x 177		南昌 江西省博物館	
慈鳥圖	軸	紙	水墨	不詳	己卯（乾隆二十四年，1759）	天津 天津市藝術博物館	
東籬秀色	軸	紙	設色	84.3 x 67.8	乾隆九年（甲子，1744）九月	台北 故宮博物院	故畫 02762
仿高宗御筆盆橘圖	軸	紙	設色	193.8 x 90.5	乾隆十年（乙丑，1745）冬月	台北 故宮博物院	故畫 03059
無射戒寒（十二月禁籞圖九月景）	軸	紙	設色	180 x 106.3		台北 故宮博物院	故畫 03055
姑洗昌辰（十二月禁籞圖三月景）	軸	紙	設色	179.2 x 106.1		台北 故宮博物院	故畫 03056
大呂星回（十二月禁籞圖十二	軸	紙	設色	179.1 x 105.8		台北 故宮博物院	故畫 03057

名稱	形式	質地	色彩	尺寸 高×寬㎝	創作時間	收藏處所	典藏號碼

月景）

名稱	形式	質地	色彩	尺寸 高×寬㎝	創作時間	收藏處所	典藏號碼
花卉	軸	紙	設色	158.4 × 88.8		台北 故宮博物院	故畫 03058
畫乾隆御製種梅花詩意圖	軸	紙	設色	165 × 55.8		台北 故宮博物院（蘭千山館寄存）	
柳燕圖	橫披	紙	設色	24.6 × 67.1		香港 葉承耀先生	K92.37
梅竹八哥圖	軸	紙	設色	不詳		長春 吉林省博物館	
松蔭鸘鴿圖	軸	紙	設色	不詳	乾隆二十二年（丁丑，1757）二月朔	瀋陽 故宮博物館	
雪柳雙鳧圖	軸	紙	設色	不詳	乾隆三十年（乙酉，1765）清和	北京 故宮博物院	
松柏綬雞圖（為和翁作）	軸	絹	設色	不詳	乾隆戊寅（二十三年，1758）桂月	上海 上海博物館	
紫藤游魚圖	軸	紙	設色	74.6 × 39.9	乾隆癸巳（三十八年，1773）	上海 上海博物館	
五友圖（余省、馬逸、余穉、馬柟、蒼谷子合作）	軸	絹	設色	不詳		揚州 江蘇省揚州市博物館	
歲寒三友圖	軸	紙	設色	不詳	戊寅（乾隆二十三年，1758）仲冬	南京 南京博物院	
紫薇游魚圖（為聚老作）	軸	紙	設色	不詳	丙戌（乾隆三十一年，1766）仲冬	南京 南京博物院	
松鷹圖	軸	紙	設色	不詳	戊子（乾隆三十三年，1768）	南京 南京博物院	
菊石圖（為濟老作）	軸	絹	設色	不詳	庚寅（乾隆三十五年，1770）冬日	南京 南京博物院	
百合雞石圖	軸	絹	設色	不詳	甲辰（雍正二年，1724）	常熟 江蘇省常熟市文物管理委員會	
百事如意圖	軸	紙	設色	不詳	己巳（乾隆十四年，1749）	常熟 江蘇省常熟市文物管理委員會	
牡丹蘭石圖	軸	紙	設色	不詳	戊寅（乾隆二十三年，1758）	常熟 江蘇省常熟市文物管理委員會	
梅花八哥圖（為朝綱作）	軸	紙	設色	169 × 88.5	己卯（乾隆二十四年，1759）清和月	常熟 江蘇省常熟市文物管理委員會	
竹菊白頭圖	軸	絹	設色	不詳	甲午（乾隆三十九	常熟 江蘇省常熟市文物管理	

名稱	形式	質地	色彩	尺寸 高×寬cm	創作時間	收藏處所	典藏號碼
					年，1774）	委員會	
花鳥圖（清顏嶧等山水花鳥4幅之1）	軸	綾	設色	（每幅）53.1×46.5	癸酉（康熙三十二年，1693）	廣州 廣東省博物館	
雪梅聚雀圖	軸	紙	設色	150.3 × 57		日本 東京細川護貞先生	
大樹石圖	軸	紙	設色	77 × 26.4		日本 大阪橋本大乙先生	
小寒一候梅花（余省畫墨妙珠林（子）冊之1）	冊頁	紙	設色	62.8 × 42.2	乾隆十二年（丁卯，1747）清和月	台北 故宮博物院	故畫03645-1
小寒二候山茶（余省畫墨妙珠林（子）冊之2）	冊頁	紙	設色	62.8 × 42.2		台北 故宮博物院	故畫03645-2
小寒三候水仙（余省畫墨妙珠林（子）冊之3）	冊頁	紙	設色	62.8 × 42.2		台北 故宮博物院	故畫03645-3
大寒一候瑞香（余省畫墨妙珠林（子）冊之4）	冊頁	紙	設色	62.8 × 42.2		台北 故宮博物院	故畫03645-4
大寒二候蘭花（余省畫墨妙珠林（子）冊之5）	冊頁	紙	設色	62.8 × 42.2		台北 故宮博物院	故畫03645-5
大寒三候山礬（余省畫墨妙珠林（子）冊之6）	冊頁	紙	設色	62.8 × 42.2		台北 故宮博物院	故畫03645-6
立春一候迎春花（余省畫墨妙珠林（子）冊之7）	冊頁	紙	設色	62.8 × 42.2		台北 故宮博物院	故畫03645-7
立春二候櫻花（余省畫墨妙珠林（子）冊之8）	冊	紙	設色	62.8 × 42.2		台北 故宮博物院	故畫03645-8
立春三候望春（余省畫墨妙珠林（子）冊之9）	冊	紙	設色	62.8 × 42.2		台北 故宮博物院	故畫03645-9
雨水一候茶花（余省畫墨妙珠林（子）冊之10）	冊	紙	設色	62.8 × 42.2		台北 故宮博物院	故畫03645-10
雨水二候杏花（余省畫墨妙珠林（子）冊之11）	冊	紙	設色	62.8 × 42.2		台北 故宮博物院	故畫03645-11
雨水三候李花（余省畫墨妙珠林（子）冊之12）	冊	紙	設色	62.8 × 42.2		台北 故宮博物院	故畫03645-12
驚蟄一候桃花（余省畫墨妙珠林（子）冊之13）	冊	紙	設色	62.8 × 42.2		台北 故宮博物院	故畫03645-13
驚蟄二候棠梨（余省畫墨妙珠林（子）冊之14）	冊	紙	設色	62.8 × 42.2		台北 故宮博物院	故畫03645-14
驚蟄三候薔薇（余省畫墨妙珠	冊	紙	設色	62.8 × 42.2		台北 故宮博物院	故畫03645-15

名稱	形式	質地	色彩	尺寸 高x寬㎝	創作時間	收藏處所	典藏號碼
林（子）冊之15）							
春分一候海棠（余省畫墨妙珠林（子）冊之16）	冊	紙	設色	62.8 x 42.2		台北 故宮博物院	故畫 03645-16
春分二候梨花（余省畫墨妙珠林（子）冊之17）	冊	紙	設色	62.8 x 42.2		台北 故宮博物院	故畫 03645-17
春分三候木蘭（余省畫墨妙珠林（子）冊之18）	冊	紙	設色	62.8 x 42.2		台北 故宮博物院	故畫 03645-18
清明一候桐花（余省畫墨妙珠林（子）冊之19）	冊	紙	設色	62.8 x 42.2		台北 故宮博物院	故畫 03645-19
清明二候麥花（余省畫墨妙珠林（子）冊之20）	冊	紙	設色	62.8 x 42.2		台北 故宮博物院	故畫 03645-20
清明三候柳花（余省畫墨妙珠林（子）冊之21）	冊	紙	設色	62.8 x 42.2		台北 故宮博物院	故畫 03645-21
穀雨一候牡丹（余省畫墨妙珠林（子）冊之22）	冊	紙	設色	62.8 x 42.2		台北 故宮博物院	故畫 03645-22
穀雨二候酴醿（余省畫墨妙珠林（子）冊之23）	冊	紙	設色	62.8 x 42.2		台北 故宮博物院	故畫 03645-23
穀雨三候楝花（余省畫墨妙珠林（子）冊之24）	冊	紙	設色	62.8 x 42.2		台北 故宮博物院	故畫 03645-24
檀羅結（余省畫海西集卉冊之1）	冊頁	紙	設色	32.2 x 30.2	乾隆丁丑（二十二年，1757）小春	台北 故宮博物院	故畫 03379-1
朝陽鳳（余省畫海西集卉冊之2）	冊頁	紙	設色	32.2 x 30.2		台北 故宮博物院	故畫 03379-2
瑞珠盤（余省畫海西集卉冊之3）	冊頁	紙	設色	32.2 x 30.2		台北 故宮博物院	故畫 03379-3
曉雲酣（余省畫海西集卉冊之4）	冊頁	紙	設色	32.2 x 30.2		台北 故宮博物院	故畫 03379-4
鏤金英（余省畫海西集卉冊之5）	冊頁	紙	設色	32.2 x 30.2		台北 故宮博物院	故畫 03379-5
茜秋霞（余省畫海西集卉冊之6）	冊頁	紙	設色	32.2 x 30.2		台北 故宮博物院	故畫 03379-6
白香芸（余省畫海西集卉冊之7）	冊頁	紙	設色	32.2 x 30.2		台北 故宮博物院	故畫 03379-7
紫香芸（余省畫海西集卉冊之	冊頁	紙	設色	32.2 x 30.2		台北 故宮博物院	故畫 03379-8

名稱	形式	質地	色彩	尺寸 高×寬㎝	創作時間	收藏處所	典藏號碼
8）							
白茅香（余省畫嘉產薦馨冊之1）	冊頁	紙	設色	31.2 x 25		台北 故宮博物院	故畫 03377-1
排草香（余省畫嘉產薦馨冊之2）	冊頁	紙	設色	31.2 x 25		台北 故宮博物院	故畫 03377-2
藿香（余省畫嘉產薦馨冊之3）	冊頁	紙	設色	31.2 x 25		台北 故宮博物院	故畫 03377-3
芸香（余省畫嘉產薦馨冊之4）	冊頁	紙	設色	31.2 x 25		台北 故宮博物院	故畫 03377-4
秋海棠竹枝（余省畫花卉冊之1）	冊頁	絹	設色	39.8 x 28.5		台北 故宮博物院	故畫 03378-1
石竹僧帽菊（余省畫花卉冊之2）	冊頁	絹	設色	39.8 x 28.5		台北 故宮博物院	故畫 03378-2
金簪花遍地錦（余省畫花卉冊之3）	冊頁	絹	設色	39.8 x 28.5		台北 故宮博物院	故畫 03378-3
夾竹桃（余省畫花卉冊之4）	冊頁	絹	設色	39.8 x 28.5		台北 故宮博物院	故畫 03378-4
當歸花（余省畫花卉冊之5）	冊頁	絹	設色	39.8 x 28.5		台北 故宮博物院	故畫 03378-5
玉簪萬壽菊（余省畫花卉冊之6）	冊頁	絹	設色	39.8 x 28.5		台北 故宮博物院	故畫 03378-6
林檎（余省畫花卉冊之7）	冊頁	絹	設色	39.8 x 28.5		台北 故宮博物院	故畫 03378-7
菊花（余省畫花卉冊之8）	冊頁	絹	設色	39.8 x 28.5		台北 故宮博物院	故畫 03378-8
蠶豆花紫地丁（余省畫花卉冊之9）	冊頁	絹	設色	39.8 x 28.5		台北 故宮博物院	故畫 03378-9
白薔薇（余省畫花卉冊之10）	冊頁	絹	設色	39.8 x 28.5		台北 故宮博物院	故畫 03378-10
長春花（余省畫花卉冊之11）	冊頁	絹	設色	39.8 x 28.5		台北 故宮博物院	故畫 03378-11
紫白丁香（余省畫花卉冊之12）	冊頁	絹	設色	39.8 x 28.5		台北 故宮博物院	故畫 03378-12
虞美人雙蝶（姚文瀚等繪山水樓台畫冊之）	冊頁	絹	設色	不詳		台北 故宮博物院	故畫 03575-4
秋花圖（清蔣廷錫等雜畫冊9之1幀）	摺扇面	金箋	設色	不詳		長春 吉林省博物館	
花蝶圖（清蔣廷錫等雜畫冊9之1幀）	摺扇面	金箋	設色	不詳		長春 吉林省博物館	
花鳥草蟲圖（10幀）	冊	絹	設色	不詳	壬午（乾隆二十七年，1762）夏日	瀋陽 遼寧省博物館	
花卉圖（12幀）	冊	紙	設色	不詳	壬午（乾隆二十七	北京 故宮博物院	

名稱	形式	質地	色彩	尺寸 高×寬cm	創作時間	收藏處所	典藏號碼
					年，1762）秋九月		
花鳥圖（為苞翁作，8幀）	冊	紙	設色	不詳	丁亥（乾隆三十二年，1767）清和	北京 中國歷史博物館	
花鳥圖（12幀）	冊	絹	設色	不詳	庚辰（乾隆二十五年，1760）秋八月	上海 上海博物館	
花卉圖（8幀）	冊	紙	設色	不詳	丁亥（乾隆三十二年，1767）	上海 上海博物館	
畫（張開福等24人雜畫冊24之1幀）	冊頁	紙	設色	不詳		上海 上海博物館	
花鳥草蟲圖（12幀）	冊	紙	設色	（每幀）28.3 × 22.3	壬午（乾隆二十七年，1762）長至	常州 江蘇省常州市文物管理委員會	

附：

名稱	形式	質地	色彩	尺寸 高×寬cm	創作時間	收藏處所	典藏號碼
梅鶴圖	軸	絹	設色	不詳	己酉（乾隆五十四年，1789）	上海 朵雲軒	
四清圖（顧原、余省、于壽伯、錢鑑合作）	軸	紙	水墨	不詳		上海 朵雲軒	
雪景野鴨圖	軸	紙	設色	不詳		上海 上海文物商店	
竹菊白頭圖（為伊翁八十壽作）	軸	紙	設色	不詳	乾隆甲午（三十九年，1774）長夏	常州 常州市文物商店	
楊柳鸚鵡圖（為尊老作）	軸	絹	設色	150 × 43	己卯（乾隆二十四年，1759）新秋	蘇州 蘇州市文物商店	
柏陰花犬圖	軸	紙	設色	132.1 × 66.3		洛杉磯 佳士得藝品拍賣公司/拍賣目錄1998,05,20.	
花卉圖（清丁觀鵬等人物山水冊10之1幀）	冊頁	絹	設色	不詳		上海 上海文物商店	
雛雞圖	摺扇面	紙	設色	19.5 × 57		紐約 佳士得藝品拍賣公司/拍賣目錄1988,11,30.	
花蝶圖	摺扇面	紙	設色	19.5 × 58.5		紐約 佳士得藝品拍賣公司/拍賣目錄1988,11,30.	
花卉、草蟲（12幀，汪承霈、余省合筆）	冊	絹	設色	（每幀）26.2 × 22.1		紐約 佳士得藝品拍賣公司/拍賣目錄1998,09,15.	

畫家小傳：余省。字曾三。號魯亭。江蘇常熟人。生於聖祖康熙三十一（1692）年，高宗乾隆三十九（1774）年尚在世。余珣之子。能傳家學。善畫花鳥、蟲魚、蘭竹、水仙等。高宗朝供奉畫院，屢獲睿題。(見國朝畫徵續錄、中國畫家人名大辭典)

王　磊

名稱	形式	質地	色彩	尺寸 高×寬cm	創作時間	收藏處所	典藏號碼
水村圖（為健公作）	卷	絹	設色	不詳	丁酉（康熙五十六年，1717）八月	濟南 山東省濟南市博物館	

畫家小傳：王磊（一作啟磊）。字石丈。山東濟南人。為王漁洋從子。善丹青。王漁洋嘗賦詩而命為補圖。流傳署款紀年作品見於聖祖康熙五十六（1717）年。（見分甘餘話、中國畫家人名大辭典）

張同曾

菊石圖	軸	絹	設色	不詳		北京 故宮博物院	
菊花圖（仿南田師筆意）	軸	紙	設色	不詳	丁酉（康熙五十六年，1717）臘月既望	南京 南京博物院	

畫家小傳：張同曾。畫史無載。流傳署款紀年作品見於聖祖康熙五十六（1717）年。身世待考。

蔣季錫

萱石圖	摺扇面	金箋	設色	16 × 52	丁酉（康熙五十六年，1717）四月	廣州 廣州市美術館	

附：

梅竹山茶圖	軸	絹	設色	不詳	丙午（雍正四年，1726）歲朝	上海 朵雲軒	
花果圖（12幀）	冊	絹	設色	不詳		北京 中國文物商店總店	

畫家小傳：蔣季錫。女。字蘋南。江蘇常熟人。蔣廷錫妹。適華亭王氏。承家傳，工詩，善書畫。寫生花卉，得馬文馭法，兼學惲壽平。流傳署款紀年作品見於聖祖康熙五十六（1717）年，至世宗雍正四（1726）年。（見國朝畫識、今畫偶錄、正始集、擷芳集、中國畫家人名大辭典）

董 旭

九老圖	軸	絹	設色	不詳	丁酉（康熙五十六年，1717）	無錫 江蘇省無錫市博物館	

畫家小傳：董旭。浙江錢塘人。身世不詳。善畫人物。聖祖康熙時，與顧升齊名。流傳署款紀年作品見於康熙五十六（1717）年。（見國朝畫識、國朝畫徵錄、中國畫家人名大辭典）

陸 鴻

花卉圖（花卉雜畫冊之3）	冊頁	絹	設色	不詳		美國 耶魯大學藝術館	1986.4.1.3

畫家小傳：陸鴻。字儀吉。號雪舟。籍里、身世不詳。工寫生。（見婁水琴人集、中國畫家人名大辭典）

傅列星

名稱	形式	質地	色彩	尺寸 高×寬㎝	創作時間	收藏處所	典藏號碼
松石圖	軸 綾		水墨	不詳	丁酉（康熙五十六年，1717）	天津 天津市藝術博物館	

畫家小傳：傳列星。畫史無載。流傳署款紀年作品見於聖祖康熙五十六（1717）年。身世待考。

白 偉

名稱	形式	質地	色彩	尺寸 高×寬㎝	創作時間	收藏處所	典藏號碼
雜畫（18幀）	冊 紙		設色	不詳	丁酉（？康熙五十六年，1717）	南通 江蘇省南通博物苑	

畫家小傳：白偉。畫史無載。流傳署款作品紀年疑為聖祖康熙五十六（1717）年。身世待考。

芥 舟

名稱	形式	質地	色彩	尺寸 高×寬㎝	創作時間	收藏處所	典藏號碼
仿高克恭山水圖（名人畫扇貳冊（下）之18）	摺扇面 紙		設色	不詳		台北 故宮博物	故畫 03557-18
梅花小島圖	摺扇面 金箋		水墨	不詳	丁酉（？康熙五十六年，1717）	南京 南京博物院	

畫家小傳：芥舟。畫史無載。流傳署款作品紀年疑為聖祖康熙五十六（1717）年。身世待考。

覆 干

名稱	形式	質地	色彩	尺寸 高×寬㎝	創作時間	收藏處所	典藏號碼
法董其昌筆山水圖（寫祝邢母王太夫人七十榮壽）	軸 綾		水墨	183.8 × 43.7	丁酉（康熙五十六年，1717）新秋	日本 東京林宗毅先生	

畫家小傳：覆干。畫史無載。自署「當湖心樹」。約與沈宗敬同時。流傳署款紀年作品見於聖祖康熙五十六（1717）年。身世待考。

鄭 燮

名稱	形式	質地	色彩	尺寸 高×寬㎝	創作時間	收藏處所	典藏號碼
蘭石圖	卷 紙		水墨	30.3 × 528	乾隆庚午（十五年，1750）	濟南 山東省博物館	
蘭花竹石圖（為永忠作）	卷 紙		水墨	30.9 × 828.2	乾隆二十七年（壬午，1762）花朝	上海 上海博物館	
蘭竹石圖	卷 紙		水墨	46.1 × 141.6		上海 上海博物館	
荊棘叢蘭圖	卷 紙		水墨	31.5 × 508.1		南京 南京博物院	
竹蘭松石圖	卷 紙		水墨	21 × 381		成都 四川省博物院	
蘭蕙圖	卷 紙		水墨	不詳		成都 四川省博物院	
墨竹圖	卷 紙		水墨	32.6 × 129.2		日本 大阪市立美術館	
墨蘭圖（為振凡作）	卷 紙		水墨	不詳	乾隆七年（壬戌，	日本 江田勇二先生	

名稱	形式	質地	色彩	尺寸 高x寬cm	創作時間	收藏處所	典藏號碼
					1742）陽月吉日		
蘭竹圖（為振凡作）	卷	紙	水墨	34.6 x ？	乾隆七年（壬戌，1742）春	美國 普林斯頓大學藝術館（Edward Elliott 先生寄存）	L124.71
蘭竹靈芝圖	卷	紙	水墨	29 x ？		美國 勃克萊加州大學藝術館	SC33
蘭石圖	卷	紙	水墨	28.9 x ？		美國 勃克萊加州大學藝術館（SchlenKer 先生寄存）	
三清圖	卷	紙	水墨	33.7 x 240.5	乾隆十九年（甲戌，1754）秋八月下澣	英國 倫敦大英博物館	1951.7.14.037（ADD277）
蘭石	軸	紙	水墨	112 x 29.5		台北 故宮博物院	國增 005718
竹石圖	軸	紙	水墨	137.5 x 79		台北 故宮博物院	國贈 024917
墨竹	軸	紙	水墨	不詳		台北 故宮博物院	國贈 031069
清朝柱石圖	軸	紙	水墨	188.3 x 110.2	乾隆戊寅（二十三年，1758）冬日	台北 國泰美術館	
瘦竹圖（為永公和尚作）	軸	紙	水墨	163.1 x 88	乾隆乙酉（三十年，1765）	台北 國泰美術館	
墨竹圖	軸	紙	水墨	198.1 x 87.3		台北 國泰美術館	
墨竹圖	橫幅	紙	水墨	102 x 154		台北 長流美術館	
竹石圖	軸	紙	水墨	189.7 x 104		香港 中文大學中國文化研究所文物館	73.676
新篁圖（為宜綸作）	軸	紙	水墨	167.5 x 74.3	乾隆甲申（二十九年，1764）	香港 何耀光至樂樓	
雨竹圖	軸	紙	水墨	不詳	乾隆甲申（二十九年，1764）	香港 趙從衍先生	
盤蘭圖	軸	紙	水墨	197.4 x 46.5		香港 黃仲方先生	
七賢圖	軸	紙	水墨	192.8 x 114.3		香港 葉承耀先生	
墨竹圖	軸	紙	水墨	182 x 48.5		香港 劉作籌虛白齋	
竹石圖	軸	紙	水墨	127.1 x 61.4		香港 劉作籌虛白齋	95
墨蘭圖	軸	紙	水墨	34.4 x 26.3		新加坡 Dr. E. Lu	

名稱	形式	質地	色彩	尺寸 高x寬cm	創作時間	收藏處所	典藏號碼
芳蘭翠竹圖	軸	紙	水墨	不詳		哈爾濱 黑龍江省博物館	
竹石圖	軸	紙	水土	不詳		哈爾濱 黑龍江省博物館	
三松圖	軸	紙	水墨	230 × 117.3		長春 吉林省博物館	
墨竹圖（為翔高作）	橫幅	紙	水墨	91 × 170	乾隆二十八年癸末（1763）	瀋陽 故宮博物館	
幽蘭圖	軸	紙	水墨	92 × 51		瀋陽 遼寧省博物館	
蘭竹圖（為玉川作）	軸	紙	水墨	不詳	乾隆辛巳（二十六年，1761）	旅順 遼寧省旅順博物館	
水墨竹石圖	軸	紙	水墨	不詳	乾隆壬午（二十七年，1762）	旅順 遼寧省旅順博物館	
蘭石圖	軸	紙	水墨	不詳	雍正己酉（七年，1729）	北京 故宮博物院	
蘭竹圖（為飲牛作）	軸	紙	水墨	不詳	乾隆庚申（五年，1740）九秋	北京 故宮博物院	
蘭花圖	軸	紙	水墨	96.3 × 48.2	乾隆癸酉（十八年，1753）	北京 故宮博物院	
蘭石圖	橫幅	紙	水墨	不詳	乾隆丁丑（二十二年，1757）秋七月	北京 故宮博物院	
梅竹圖	軸	紙	水墨	133.1 × 31.2		北京 故宮博物院	
竹石	軸	紙	水墨	208.8 × 107.5		北京 故宮博物院	
華峰三祝圖	軸	紙	水墨	167.7 × 92.7	乾隆壬午（二十七年，1762）	北京 中國歷史博物館	
蘭石圖	軸	紙	水墨	不詳	乾隆甲申（二十九年，1764）	北京 中國歷史博物館	
竹石圖（3幅）	軸	紙	水墨	不詳		北京 中國歷史博物館	
新篁圖	軸	紙	水墨	不詳		北京 中國歷史博物館	
八畹蘭圖（為笠磯作）	軸	紙	水墨	不詳	乾隆甲申（二十九年，1764）	北京 中國美術館	
竹石圖	軸	紙	水墨	不詳		北京 首都博物館	
修篁圖	軸	紙	水墨	不詳		北京 首都博物館	
墨竹圖	軸	紙	水墨	115 × 67		北京 首都博物館	

名稱	形式	質地	色彩	尺寸 高x寬cm	創作時間	收藏處所	典藏號碼
盆蘭竹枝圖	軸	紙	水墨	113 x 46.1		北京 中央工藝美術學院	
墨竹圖	軸	紙	水墨	166 x 85.6		北京 中央工藝美術學院	
竹石圖	橫幅	紙	水墨	69.3 x 120		北京 中央工藝美術學院	
竹石圖（為章翁作）	軸	紙	水墨	170 x 90	乾隆丙子（二十一年，1756）冬	天津 天津市藝術博物館	
竹石圖（為賜老作）	軸	紙	水墨	不詳	乾隆丁丑（二十二年，1757）	天津 天津市藝術博物館	
山頂妙香圖	軸	紙	水墨	131.5 x 72.2	乾隆戊寅（二十三年，1758）	天津 天津市藝術博物館	
竹石圖	軸	紙	水墨	175 x 104	乾隆壬午（二十七年，1762）	天津 天津市藝術博物館	
蘭竹坡石圖	軸	紙	水墨	175.5 x 87		天津 天津市藝術博物館	
竹圖	軸	紙	水墨	170 x 91.5	乾隆丁丑（二十二年，1757）	天津 天津市歷史博物館	
竹圖	軸	紙	水墨	不詳		天津 天津市歷史博物館	
蘭竹石圖	軸	絹	水墨	165 x 83.5		天津 天津市楊柳青畫社	
竹石圖	軸	紙	水墨	101.5 x 59		石家莊 河北省博物館	
蘭竹石圖	橫幅	紙	水墨	195 x 112	乾隆壬午（二十七年，1762）	太原 山西省博物館	
竹圖	軸	紙	水墨	不詳		太原 山西省博物館	
雙松修竹圖（為肅翁作）	軸	紙	水墨	201 x 101.5	乾隆二十三年（戊寅，1758）三月二日	濟南 山東省博物館	
墨竹圖	軸	紙	水墨	不詳		濟南 山東省博物館	
墨竹圖	軸	紙	水墨	不詳		濟南 山東省博物館	
竹石圖（2幅）	軸	紙	水墨	不詳		濟南 山東省博物館	
蘭石圖	軸	紙	水墨	不詳		濟南 山東省博物館	
蘭竹菊圖	軸	紙	水墨	155.5 x 54.5	壬申（乾隆十七年，1752）	濟南 山東省濟南市博物館	
蘭竹石圖	橫幅	絹	水墨	不詳	乾隆癸酉（十八年，1753）	濟南 山東省濟南市博物館	
蘭石圖	軸	紙	水墨	66 x 90	乾隆己巳（十四年，1749）	煙臺 山東省煙臺市博物館	
盆蘭圖	軸	紙	水墨	62 x 68		煙臺 山東省煙臺市博物館	

名稱	形式	質地	色彩	尺寸 高x寬㎝	創作時間	收藏處所	典藏號碼
蘭竹石圖（為子芹作）	橫幅	紙	水墨	不詳	乾隆甲申（二十九年，1764）初夏十日	鄭州 河南省博物館	
墨竹圖	軸	紙	水墨	不詳		西安 陝西歷史博物館	
蘭竹圖	軸	紙	水墨	不詳	乾隆辛巳（二十六年，1761）	合肥 安徽省博物館	
蘭竹石圖	軸	紙	水墨	284.5 x 139.9	乾隆乙酉（三十年，1765）	合肥 安徽省博物館	
竹石圖	軸	紙	水墨	不詳		合肥 安徽省博物館	
墨竹圖	軸	紙	水墨	135 x 64		合肥 安徽省博物館	
墨竹圖	軸	紙	水墨	189.9 x 103.5		合肥 安徽省博物館	
蘭芝圖	軸	紙	水墨	不詳		合肥 安徽省博物館	
蘭石圖	軸	紙	水墨	不詳	乾隆戊寅（二十三年，1758）	揚州 江蘇省揚州市博物館	
蘭石圖（為六源作）	軸	紙	水墨	197.2 x 113.8	乾隆壬午（二十七年，1762）春日	揚州 江蘇省揚州市博物館	
竹圖	軸	紙	水墨	不詳		揚州 江蘇省揚州市博物館	
竹圖	橫幅	紙	水墨	不詳		揚州 江蘇省揚州市博物館	
幽蘭佛手圖	軸	紙	水墨	52.4 x 60		揚州 江蘇省揚州市博物館	
蘭竹石圖	軸	紙	水墨	178 x 102		揚州 江蘇省揚州市博物館	
蘭石圖	軸	紙	水墨	不詳		南通 江蘇省南通博物苑	
竹石圖	軸	紙	水墨	不詳	乾隆丙子（二十一年，1756）	徐州 江蘇省徐州市博物館	
墨竹圖	軸	紙	水墨	不詳	乾隆丁丑（二十二年，1757）	泰州 江蘇省泰州市博物館	
竹石圖	軸	紙	水墨	不詳	乾隆二十七年（壬午，1762）	泰州 江蘇省泰州市博物館	
竹圖	軸	紙	水墨	不詳	乾隆辛未（十六年，1751）	上海 上海博物館	
竹石圖	軸	紙	水墨	217.4 x 120.6	乾隆甲戌（十九年，1754）重九日	上海 上海博物館	
竹石圖（為瀛翁作）	軸	紙	水墨	171 x 91	乾隆戊寅（二十三年，1758）十月下	上海 上海博物館	

名稱	形式	質地	色彩	尺寸 高x寬cm	創作時間	收藏處所	典藏號碼
					浣		
竹石圖	軸	紙	水墨	不詳	乾隆戊寅（二十三年，1758）	上海 上海博物館	
松芝延壽圖	軸	紙	水墨	260 x 101	乾隆二十四年己卯（1759）新秋	上海 上海博物館	
蘭竹圖	軸	紙	水墨	172.7 x 91.5	乾隆辛巳（二十六年，1761）	上海 上海博物館	
墨竹圖	軸	紙	水墨	126.4 x 70.1	乾隆甲申（二十九年，1764）	上海 上海博物館	
墨竹圖	軸	紙	水墨	不詳		上海 上海博物館	
蘭竹石圖	軸	紙	水墨	240.3 x 120	乾隆甲申（二十九年，1764）秋杪	上海 上海博物館	
竹石蘭花圖	軸	紙	水墨	208.7 x 139.3	乾隆甲申（二十九年，1764）冬日)	上海 上海博物館	
竹圖	軸	紙	水墨	102.6 x 48.3		上海 上海博物館	
竹石圖	軸	紙	水墨	不詳		上海 上海博物館	
竹石圖	軸	紙	水墨	不詳		上海 上海博物館	
芝蘭圖	軸	紙	水墨	不詳		上海 上海博物館	
盆蘭圖	軸	紙	水墨	不詳		上海 上海博物館	
蘭石圖	軸	紙	水墨	143.3 x 74.5		上海 上海博物館	
蘭花圖	軸	紙	水墨	191 x 57		上海 上海博物館	
蘭竹圖	軸	紙	水墨	180 x 105	乾隆癸未（二十八年，1763）	上海 上海人民美術出版社	
墨竹圖（為門人王允升作）	軸	紙	水墨	不詳	乾隆十八年，癸酉（1753）	南京 南京博物院	
竹圖	軸	紙	水墨	不詳	乾隆癸酉（十八年，1753）	南京 南京博物院	
蘭菊松石圖（4屏，為誕敷作）	軸	紙	水墨	（每屏）190.2 x 50 下等	七十老人（乾隆二十七年，1762）	南京 南京博物院	
竹石圖	軸	紙	水墨	不詳		南京 南京博物院	
苔石圖（陳馥、鄭燮合作）	軸	紙	水墨	93.1 x 54.5		南京 南京博物院	
叢篁圖	軸	紙	水墨	不詳		南京 南京市博物館	

名稱	形式	質地	色彩	尺寸 高x寬cm	創作時間	收藏處所	典藏號碼
蘭竹圖	軸	紙	水墨	不詳		南京 南京市博物館	
雨洗琅玕圖	橫幅	紙	水墨	95 x 279		鎮江 江蘇省鎮江市博物館	
蘭石荊棘圖（為侶公作）	軸	紙	水墨	187 x 110.3	乾隆二十二年（丁丑，1757）建子月	常州 江蘇省常州市博物館	
清溪蘭竹圖（為宅京作）	橫幅	紙	水墨	192 x 108.2	乾隆戊寅（二十三年，1758）	無錫 江蘇省無錫市博物館	
蘭竹坡石圖（為茂林作）	軸	紙	水墨	102.7 x 103.5	乾隆甲申（二十九年，1764）	無錫 江蘇省無錫市博物館	
竹石圖	軸	紙	水墨	不詳		無錫 江蘇省無錫市博物館	
蘭竹圖	軸	紙	水墨	169.2 x 91		無錫 江蘇省無錫市博物館	
墨竹圖	軸	紙	水墨	不詳	乾隆乙亥（二十年，1755）	蘇州 江蘇省蘇州博物館	
墨竹圖	軸	紙	水墨	142.5 x 38.7		蘇州 江蘇省蘇州博物館	
竹石圖	軸	紙	水墨	128.8 x 68.5	乾隆己卯（二十四年，1759）	杭州 浙江省博物館	
竹石圖	軸	紙	水墨	191 x 105.5	乾隆二十七年，壬午（1762）	杭州 浙江美術學院	
幽蘭竹石圖	軸	紙	水墨	不詳		杭州 浙江美術學院	
柱石圖	軸	紙	水墨	140.9 x 77.2	乾隆甲申（二十九年，1764）	寧波 浙江省寧波市天一閣文物保管所	
墨竹圖	軸	紙	水墨	不詳		南昌 江西省博物館	
九畹圖	軸	紙	水墨	146.6 x 46.5		長沙 湖南省博物館	
墨竹圖	軸	紙	水墨	不詳		長沙 湖南省博物館	
竹石圖	軸	紙	水墨	不詳		長沙 湖南省博物館	
墨竹通景（4幅）	軸	紙	水墨	222.5 x 252	乾隆辛巳（二十六年，1761）	武漢 湖北省博物館	
蘭花圖	軸	紙	水墨	69 x 21		武漢 湖北省武漢市博物館	
盆蘭圖	軸	軾	水墨	不詳	乾隆癸未（二十八年，1763）	鍾祥 湖北省鍾祥縣博物館	
七月新篁圖	軸	紙	水墨	66 x 34.8		重慶 重慶市博物館	
蘭竹石圖	軸	紙	水墨	88 x 46		重慶 重慶市博物館	
竹石圖	軸	紙	水墨	164 x 91		福州 福建省博物館	

名稱	形式	質地	色彩	尺寸 高x寬cm	創作時間	收藏處所	典藏號碼
竹圖	軸	紙	水墨	不詳		福州 福建省博物館	
竹菊圖	軸	紙	水墨	184 x 51.5		福州 福建省博物館	
盆蘭圖	軸	紙	水墨	不詳	乾隆十五年，庚午（1750）	廣州 廣東省博物館	
竹圖	軸	紙	水墨	不詳	乾隆丁丑（二十二年，1757）	廣州 廣東省博物館	
竹石圖	軸	紙	水墨	154.5 x 92.5		廣州 廣東省博物館	
竹圖	軸	紙	水墨	141.8 x 63.2		廣州 廣東省博物館	
竹圖	軸	紙	水墨	不詳		廣州 廣東省博物館	
二清圖	軸	紙	水墨	不詳		廣州 廣東省博物館	
蘭花圖	軸	紙	水墨	102 x 45		廣州 廣東省博物館	
柱石圖	軸	紙	水墨	不詳	乾隆庚辰（二十五年，1760）	廣州 廣州市美術館	
竹子石筍圖	軸	紙	水墨	140 x 91.5	乾隆庚辰（二十五年，1760）	廣州 廣州市美術館	
竹石幽蘭圖	軸	紙	水墨	185 x 105		廣州 廣州市美術館	
竹石圖	軸	紙	水墨	85 x 93	乾隆乙亥（二十年，1755）	南寧 廣西壯族自治區博物館	
片石圖	軸	紙	水墨	137 x 103		南寧 廣西壯族自治區博物館	
竹圖	軸	紙	水墨	不詳		南寧 廣西壯族自治區博物館	
蘭竹石圖（為二女適袁氏者作）	軸	紙	水墨	不詳	乾隆戊寅（二十三年，1758）	？ 朱光先生	
墨竹圖（4摺屏風）	軸	紙	水墨	119.5 x 236	乾隆癸酉（十八年，1753）	日本 國立東京博物館	
墨竹圖	軸	紙	水墨	114.5 x 63.5		日本 東京高島菊次郎槐安居	
墨竹圖通景（4幅）	軸	紙	水墨	119.5 x 236	乾隆十八年（癸酉，1753）春三月	日本 東京高島菊次郎槐安居	
竹石圖	軸	紙	水墨	186.6 x 105.7		日本 東京河井荃廬先生	
竹石圖	軸	紙	水墨	不詳	乾隆甲申（二十九年，1764）	日本 東京張允中先生	

名稱	形式	質地	色彩	尺寸 高×寬㎝	創作時間	收藏處所	典藏號碼
蘭竹石	軸	紙	水墨	169.7 × 69.7		日本 京都圓山淳一先生	
墨竹圖	軸	綾	水墨	177.9 × 40.9		日本 京都桑名鐵城先生	
竹石圖	軸	紙	水墨	180.3 × 101.2	乾隆乙酉（三十年，1765）春	日本 北野正男先生	
墨蘭圖	軸	紙	水墨	120.9 × 54.1		日本 奈良大和文華館	1131
墨竹圖	軸	紙	水墨	110.9 × 62.7		日本 大阪本山彥一先生	
竹石圖	軸	紙	水墨	116.7 × 63.2		日本 大阪橋本大乙先生	
蘭竹石圖	軸	紙	水墨	133.7 × 52		日本 兵庫縣黑川古文化研究所	
煎茶圖	軸	紙	水墨	135.4 × 36.		日本 山口良夫先生	
風竹圖	軸	紙	水墨	111.7 × 31		日本 盛田昭夫先生	
蘭竹芳馨圖	軸	紙	水墨	192.2 × 51.3	七十老人（乾隆二十七年，1762）	日本 京都貝塚茂樹先生	
墨蘭圖	軸	紙	水墨	66.9 × 46.2	乾隆辛未（十六年，1751））秋九月	日本 中埜又左衛門先生	
龍孫起蟄圖	軸	紙	水墨	181.8 × 47		日本 岡山柚木玉村先生	
雙竹圖	軸	紙	水墨	112.3 × 57		日本 佐賀縣鍋島報效會	3-軸-37
墨蘭圖	軸	紙	水墨	不詳		美國 哈佛大學羅越教授	
遠山煙竹圖通景（4幅）	軸	紙	水墨	（每幅）179.2 × 64.7	乾隆十八年（癸酉，1753）仲冬	美國 普林斯頓大學藝術館（方聞教授寄存）	
廣陵種竹圖	軸	紙	水墨	171.5 × 45.5		美國 紐約大都會藝術博物館	68.212.2
空谷幽香圖	軸	紙	水墨	133.5 × 51.5		美國 紐約王季遷明德堂	
竹石圖	軸	紙	水墨	185.5 × 102.5	乾隆乙酉（三十年，1765）春	美國 克利夫蘭藝術博物館	
蘭竹石圖	軸	紙	水墨	187.7 × 93.2	乾隆辛巳（二十六年，1761）	美國 舊金山亞洲藝術館	B67 D6
竹石圖	軸	紙	水墨	168.9 × 78.5	七十衰翁（乾隆二十七年，1762）	德國 柏林東亞藝術博物館	5335
墨竹圖	軸	紙	水墨	139.9 × 39.5		德國 柏林東亞藝術博物館	1988-397

名稱	形式	質地	色彩	尺寸 高×寬㎝	創作時間	收藏處所	典藏號碼
墨竹圖	軸	紙	水墨	140.5 × 39.5		德國 柏林東亞藝術博物館	1988-398
雨竹圖（為衡老年學長寫）	軸	紙	水墨	176 × 88.6	乾隆丁丑（二十二年，1757）	德國 科隆東亞西亞藝術館	
蘭竹圖（？幀）	冊	紙	水墨	（每幀）30.6 × 44.3		天津 天津市藝術博物館	
書畫（清陳馥等書畫冊 12 之 3 幀）	冊頁	紙	水墨	不詳	乾隆戊辰（十三年，1748）	濟南 山東省濟南市博物館	
蘭竹圖（12 幀）	冊	紙	水墨	不詳	乾隆丁卯（十二年，1747）	上海 上海博物館	
蘭花圖（鄭燮等雜畫冊 12 之第 2 幀）	冊頁	紙	設色	30.3 × 25		上海 上海博物館	
蘭花圖（鄭燮等花卉冊 13 之第 1 幀）	冊頁	紙	設色	23.7 × 31.3		上海 上海博物館	
薔薇圖（鄭燮等花卉冊 13 之第 2 幀）	冊頁	紙	設色	23.7 × 31.3		上海 上海博物館	
水仙圖（鄭燮等花卉冊 13 之第 3 幀）	冊頁	紙	設色	23.7 × 31.3		上海 上海博物館	
竹圖（廣陵十家集畫冊 10 之第 10 幀）	冊頁	紙	設色	26.2 × 18.3		上海 上海博物館	
蘭蕙竹石圖	冊	絹	水墨	（每幀）37.5 × 27	壬午（乾隆二十七年，1762）	福州 福建省博物館	
蕙竹圖（4 幀）	冊	絹	水墨	不詳		廣州 廣東省博物館	
墨筆蘭竹（清人書畫扇冊之 6）	摺扇面	紙	水墨	不詳		日本 東京橋本辰二郎先生	
墨竹（12 幀）	冊	紙	水墨	（每幀）34 × 39	乾隆辛巳（二十六年，1761）	日本 東京國立博物館	
墨蘭（12 幀）	冊	金箋	水墨	（每幀）21.8 × 21.9		美國 耶魯大學藝術館（私人寄存）	TR9082
雜畫（10 幀）	冊	紙	水墨	（每幀）20.5 × 28.8		美國 舊金山蝸居齋	

附：

名稱	形式	質地	色彩	尺寸 高×寬㎝	創作時間	收藏處所	典藏號碼
盆蘭圖	卷	紙	水墨	19.5 × 89	乾隆辛巳（二十六年，1761）七月二日	紐約 佳士得藝品拍賣公司／拍賣目錄 1992,12,02.	
竹石圖	軸	紙	水墨	158 × 103	乾隆己卯（二十四	大連 遼寧省大連市文物商店	

名稱	形式	質地	色彩	尺寸 高x寬cm	創作時間	收藏處所	典藏號碼
					年，1759）		
竹枝圖	軸	紙	水墨	不詳		大連 遼寧省大連市文物商店	
竹石圖（為廷翁作）	軸	紙	水墨	不詳	乾隆己卯（二十四年，1759）	北京 榮寶齋	
墨竹（4幅）	軸	紙	水墨	158.5 x 44.5	癸未（乾隆二十八年，1763）	北京 榮寶齋	
柱石圖	軸	紙	水墨	150 x 59		天津 天津市文物公司	
竹石圖	橫幅	紙	水墨	不詳		濟南 山東省文物商店	
竹石圖	軸	紙	水墨	不詳		濟南 山東省濟南市文物商店	
墨竹圖	軸	紙	水墨	不詳		合肥 安徽省文物商店	
芝石蘭竹圖（為文翁作）	軸	紙	水墨	179 x 97	乾隆丙子（二十一年，1756)孟夏月四日	揚州 揚州市文物商店	
竹石圖	軸	紙	水墨	不詳	乾隆乙酉（三十年，1765）	揚州 揚州市文物商店	
竹石圖	軸	紙	水墨	不詳		揚州 揚州市文物商店	
蘭花圖	軸	紙	水墨	不詳		揚州 揚州市文物商店	
竹石圖	軸	紙	水墨	184 x 93	乾隆丙子（二十一年，1756）	上海 上海文物商店	
竹否圖	軸	紙	水墨	不詳		上海 上海文物商店	
竹圖	軸	紙	水墨	不詳		上海 上海文物商店	
竹圖	軸	紙	水墨	不詳		上海 上海文物商店	
蘭竹圖	軸	紙	水墨	119 x 58		上海 上海友誼商店古玩分店	
蘭花圖	軸	紙	水墨	不詳	乾隆己卯（二十四年，1759）	南京 南京市文物商店	
竹石圖	軸	紙	水墨	不詳	乾隆二十八年癸未（1763）	無錫 無錫市文物商店	
蘭竹圖	軸	絹	水墨	132 x 47		蘇州 蘇州市文物商店	
竹石圖	軸	紙	水墨	不詳	乾隆癸酉（十八年，1753）	武漢 湖北省武漢市文物商店	
修竹圖	軸	紙	水墨	129 x 66.7	乾隆甲戌（十九年，1754）	武漢 湖北省武漢市文物商店	
竹石圖	軸	紙	水墨	127 x 37	乾隆壬午（二十七年，1762）	成都 四川省文物商店	

名稱	形式	質地	色彩	尺寸 高×寬㎝	創作時間	收藏處所	典藏號碼
竹石圖（寫似天錫年學兄）	軸	紙	水墨	167.6×102.5	乾隆庚辰(二十五年，1760)十二月十五日	香港 蘇富比藝品拍賣公司/拍賣目錄1984,11,11.	
竹石圖（寫似玉老年學兄）	軸	紙	水墨	113.4 × 68	乾隆乙酉(三十年，1765)	紐約 蘇富比藝品拍賣公司/拍賣目錄1985,06,03.	
蘭花圖	軸	紙	水墨	148 × 46.3		紐約 蘇富比藝品拍賣公司/拍賣目錄1986,06,03.	
竹石圖	軸	紙	水墨	140 × 79.5		紐約 佳仕得藝品拍賣公司/拍賣目錄1986,06,04.	
蘭竹圖	軸	紙	水墨	122 × 60.3		紐約 佳仕得藝品拍賣公司/拍賣目錄1986,12,01.	
竹石圖	軸	紙	水墨	138.5 × 35		紐約 佳仕得藝品拍賣公司/拍賣目錄1986,12,01.	
幽篁圖	軸	紙	水墨	91.5 × 54.6		紐約 佳仕得藝品拍賣公司/拍賣目錄1987,06,03.	
墨竹圖	軸	紙	水墨	174.6 × 40		紐約 蘇富比藝品拍賣公司/拍賣目錄1987,12,08.	
蘭竹石圖	軸	紙	水墨	137.1 × 74	乾隆壬子(二十七年，1762)	紐約 佳士得藝品拍賣公司/拍賣目錄1987,12,11.	
雙竹圖	軸	紙	水墨	142 × 65	乾隆甲戌(十九年，1754)	紐約 佳士得藝品拍賣公司/拍賣目錄1989,12,04.	
竹石圖	軸	紙	水墨	107 × 46.5		紐約 佳士得藝品拍賣公司/拍賣目錄991,05,29.	
竹石圖	軸	紙	水墨	139 × 79.3		紐約 佳士得藝品拍賣公司/拍賣目錄1992,06,02.	
竹石圖	軸	紙	水墨	172 × 90.5		紐約 佳士得藝品拍賣公司/拍賣目錄1992,06,02.	
風竹圖	軸	紙	水墨	169 × 46.5		紐約 佳士得藝品拍賣公司/拍賣目錄1992,12,02.	
竹石圖	軸	紙	水墨	147 × 56	乾隆乙亥(二十年，1755)小春	紐約 佳士得藝品拍賣公司/拍賣目錄1992,12,02.	
墨竹圖	軸	紙	水墨	129 × 58		紐約 佳士得藝品拍賣公司/拍賣目錄1992,12,02.	
竹石圖	軸	紙	水墨	122 × 75.3	乾隆丁巳(二年，	紐約 佳士得藝品拍賣公司/拍	

名稱	形式	質地	色彩	尺寸 高×寬㎝	創作時間	收藏處所	典藏號碼
					1737）秋月	賣目錄 1993,12,01.	
蘭竹石圖	軸	綾	水墨	134.5 × 43		紐約 佳士得藝品拍賣公司/拍 賣目錄 1994,06,01.	
竹石圖	軸	紙	水墨	121 × 46		紐約 佳士得藝品拍賣公司/拍 賣目錄 1994,06,01.	
竹石圖	軸	紙	水墨	181.3 × 95.3	乾隆壬午（二十七 年，1762）初夏	紐約 佳士得藝品拍賣公司/拍 賣目錄 1994.06.01	
修竹圖	軸	紙	水墨	153 × 42.5		紐約 佳士得藝品拍賣公司/拍 賣目錄 1994.11.30.	
墨竹圖	軸	紙	水墨	104.5 × 49.2		紐約 佳士得藝品拍賣公司/拍 賣目錄 1995,3,22.	
蘭竹石圖	軸	紙	水墨	137 × 70		紐約 佳士得藝品拍賣公司/拍 賣目錄 1995,3,22.	
竹石圖	軸	紙	水墨	172 × 100		香港 佳士得藝品拍賣公司/拍 賣目錄 1995,4,30.	
蘭、菊（2幅）	軸	紙	水墨	（每幅）127 × 43.2	乾隆辛未（十六年 ，1751）秋九月十 九日	紐約 佳士得藝品拍賣公司/拍 賣目錄 1996,3,27.	
蘭竹石圖	軸	紙	水墨	137 × 70		紐約 佳士得藝品拍賣公司/拍 賣目錄 1996,9,18.	
墨竹圖	軸	紙	水墨	199.4 × 111.7	乾隆十九年（甲戌 ，1754）十月七日	紐約 佳士得藝品拍賣公司/拍 賣目錄 1996,9,18.	
密篠疏篁圖	橫幅	紙	水墨	78.8 × 90.2		紐約 佳士得藝品拍賣公司/拍 賣目錄 1998,03,24.	
幽蘭竹石圖	軸	紙	水墨	133.3 × 63.5		紐約 佳士得藝品拍賣公司/拍 賣目錄 1998,03,24.	
墨竹圖	軸	紙	水墨	142.2 × 74.3		紐約 佳士得藝品拍賣公司/拍 賣目錄 1998,03,24.	
蘭竹圖	軸	紙	水墨	166.4 × 93	乾隆廿九年（甲申 ，1764）秋七月上 浣	香港 佳士得藝品拍賣公司/拍 賣目錄 2001,04,29.	
蘭石圖（12幀）	冊	紙	水墨	（每幀）22 × 22	雍正五年（丁未， 1727）秋月	紐約 蘇富比藝品拍賣公司/拍 賣目錄 1982,11,19.	

畫家小傳：鄭燮。字克柔。號板橋。江蘇興化人。生於聖祖康熙三十二（1693）年。卒於高宗乾隆三十（1765）年。乾隆二年進士。

名稱	形式	質地	色彩	尺寸 高×寬㎝	創作時間	收藏處所	典藏號碼

曾官山東濰縣令。工詩詞。善書畫。畫擅花卉、木石，尤妙於蘭竹。為「揚州八怪」之一。（見國朝畫徵續錄、桐陰論畫、墨林今話、隨園詩話、板橋集、中國畫家人名大辭典）

沈詠蘭

附：

| 桃竹雙鵝圖 | 軸 | 絹 | 設色 | 不詳 | 康熙戊戌（五十七年，1718） | 蘇州 蘇州市文物商店 | |
| 花鳥圖 | 軸 | 絹 | 設色 | 73.6 × 46 | 乾隆甲午（三十九年，1774）春三月，時年八二歲 | 紐約 佳士得藝品拍賣公司/拍賣目錄 1992.06.02 | |

畫家小傳：沈詠蘭。畫史無載。流傳署款紀年作品見於聖祖康熙五十七(1718)年。另流傳畫作有沈蘭者，署款作品見於乾隆三十九(1774)年，疑兩者似為同一人。又據作品自署年齡八二歲推算，當生於清聖祖康熙三十二(1693)年。待考。

程　鳴

山水圖	卷	紙	水墨	不詳	雍正五年（丁未，1727）	北京 故宮博物院	
踏雪游黃山序圖（汪宏度、程鳴合作合璧卷2之2段）	卷	紙	水墨	32.2 × 50	康熙戊戌（五十七年，1718）春正月	南京 南京博物院	
山水圖	軸	紙	水墨	不詳	雍正辛亥（九年，1731）清和月	北京 故宮博物院	
山水圖	軸	紙	水墨	不詳	乾隆壬戌（七年，1742）九月	北京 故宮博物院	
鍾馗聽簫圖	軸	紙	水墨	94 × 48.6	庚子（康熙五十九年，1720）夏五	天津 天津市藝術博物館	
清江泊舟圖	軸	紙	水墨	不詳	雍正庚戌（八年，1730）	天津 天津市藝術博物館	
柳鷺圖	軸	紙	設色	不詳		太原 山西省晉祠文物管理處	
溪林鶯語圖	軸	絹	水墨	不詳		濟南 山東省博物館	
松山高遠圖	軸	紙	水墨	111.7 × 27.7		合肥 安徽省博物館	
觀瀑圖	軸	絹	水墨	不詳		上海 上海古籍書店	
湖山清趣圖	軸	紙	設色	78.2 × 38	乾隆壬戌（七年，1742）	長沙 湖南省博物館	
弌柏一石圖	軸	紙	水墨	155.6 × 81.8	乾隆首元（丙辰，	瑞典 斯德哥爾摩遠東古物館	NMOK309

名稱	形式	質地	色彩	尺寸 高x寬㎝	創作時間	收藏處所	典藏號碼
					1736）		
山水圖	冊頁	紙	設色	不詳	己酉（雍正七年，1729）	北京 故宮博物院	
山水圖（書畫集錦冊14之1幀）	冊頁	絹	設色	不詳		北京 中國歷史博物館	
黃河信水流圖（李鱓等山水花鳥冊10之1幀）	冊頁	紙	設色	24 x 29.7		北京 首都博物館	
山水圖（8幀）	冊	紙	水墨	（每幀）23.2 x 29.3	雍正甲寅（十二年，1734）	烏魯木齊 新疆維吾爾自治區博物館	
附：							
山水圖	軸	紙	設色	不詳	乾隆戊午（三年，1738）	北京 中國文物商店總店	
山水圖	軸	紙	設色	69 x 33	雍正乙卯（十三年，1735）	天津 天津市文物公司	
古椿竹石圖	軸	紙	水墨	66 x 33	癸卯（雍正元年，1723）嘉平既望	上海 朵雲軒	
山水圖（明沈士充等山水合裝冊9之1幀	摺扇面	金箋	設色	不詳		上海 朵雲軒	
山水（清名家山水花鳥冊16之14幀）	冊頁	紙	設色	不詳		紐約 佳士得藝品拍賣公司/拍賣目錄1996,09,18.	
設色花鳥（清名家山水花鳥冊16之1幀）	冊頁	紙	設色	不詳		香港 蘇富比藝品拍賣公司/拍賣目錄1999,10,31.	

畫家小傳：程鳴。字友聲。號松門。安徽歙人，占籍江蘇儀真。善畫山水，師學石濤，善用乾筆枯墨，蒼雅可賞。流傳署款紀年作品見於聖祖康熙五十七(1718)年，至高宗乾隆八（1743）年。（見國朝畫徵續錄、桐陰論畫、墨林今話、漁洋集、中國畫家人名大辭典）

馬世俊

名稱	形式	質地	色彩	尺寸 高x寬㎝	創作時間	收藏處所	典藏號碼
菊石圖	摺扇面	紙	設色	不詳	戊戌（康熙五十七年，1718）仲秋	北京 故宮博物院	
附：							
山水圖（清嚴延等山水集冊12之1幀）	摺扇面	金箋	水墨	不詳		上海 上海工藝品進出口公司	

畫家小傳：馬世俊。字章民。號甸臣。江蘇溧陽人。世祖順治十八(1661)年，殿試第一名及第。工詩。善畫山水，不專師法，自出機杼，好作巨幅。聳拔奪目。流傳署款紀年作品見於聖祖康熙五十七(1718)年。（見國朝畫徵續錄、列朝詩集小傳、中國畫家人名大辭典）

名稱	形式	質地	色彩	尺寸 高x寬㎝	創作時間	收藏處所	典藏號碼

陸二龍

| 崇山幽澗圖 | 軸 | 紙 | 設色 | 93.6 x 44.6 | 八十七老人（？） | 天津 天津市藝術博物館 | |
| 山水圖（為聞皋作） | 摺扇面 | 紙 | 水墨 | 不詳 | 康熙戊戌（五十七
年，1718）春日 | 北京 故宮博物院 | |

畫家小傳：陸二龍。字伯驤。浙江平湖人。善畫山水，作品煙雲瀟然，意在筆墨之外。流傳署款紀年作品見於聖祖康熙五十七(1718)年。（見圖繪
　　　　寶鑑續纂、平湖縣志、中國畫家人名大辭典）

汪宏度

| 踏雪游黃山序圖（汪宏度、程
鳴合作合璧卷 2 之 1 段） | 卷 | 紙 | 水墨 | 32.2 x 140 | 康熙戊戌（五十七
年，1718）春正月 | 南京 南京博物院 | |

畫家小傳：汪宏度。字于鼎。號息廬。安徽歙縣人。善畫。流傳署款紀年作品見於聖祖康熙五十七（1718）年。（見虹廬畫談、中國畫家人名大辭典）

殷 瑚

| 桃花源圖 | 軸 | 絹 | 設色 | 不詳 | 戊戌（康熙五十七
年，1718）春正月 | 無錫 江蘇省無錫市博物館 | |

畫家小傳：殷瑚。畫史無載。流傳署款紀年作品見於聖祖康熙五十七（1718）年。身世待考。

侯 梅

| □秋觀瀑圖 | 軸 | 紙 | 設色 | 不詳 | 雍正五年（丁未，
1727）仲春 | 北京 故宮博物院 | |
| 松溪聽泉圖（為升老華誕作） | 軸 | 綾 | 水墨 | 185.3 x 60 | 戊戌（康熙五十七
年，1718）清和 | 日本 大阪橋本大乙先生 | |

畫家小傳：侯梅。字來英。自稱鋤花布衣。江蘇婁縣人。工畫山水、人物。流傳署款紀年作品見於聖祖康熙五十七（1718）年至至世宗
　　　　雍正五(1727)年。（見墨香居畫識、中國畫家人名大辭典）

湯 密

竹石蕙蘭圖	軸	絹	水墨	141 x 71.4	王戌（康熙五十七 年，1718）	天津 天津市藝術博物館	
竹石圖	軸	絹	水墨	不詳	辛亥（雍正九年， 1731）	廣州 廣州市美術館	
幽溪叢蘭圖	軸	紙	水墨	151.5 x 45.5		日本 東京前田直行先生	
竹石圖（張開福等 24 人雜畫	冊頁	紙	設色	不詳		上海 上海博物館	

名稱	形式	質地	色彩	尺寸 高x寬cm	創作時間	收藏處所	典藏號碼

冊24之1幀）

附：

| 竹石圖 | 軸 | 絹 | 水墨 | 不詳 | | 上海 上海文物商店 | |

畫家小傳：湯密。字入林。號竹中人。江蘇通州人。工詩畫，善作墨竹，宗法文同。流傳署款紀年作品見於聖祖康熙五十七（1718）年（見揚州畫舫錄、如皋縣志、中國畫家人名大辭典）

（釋）傳　悟

附：

| 黃海雲舫圖 | 軸 | 紙 | 設色 | 100 x 57.7 | 戊戌（康熙五十七年，1718）登高前一日 | 紐約 蘇富比藝品拍賣公司/拍賣目錄 1986.12.04. | |

畫家小傳：傳悟。僧。畫史無載。自署悟雪莊氏。流傳署款紀年作品見於聖祖康熙五十七（1718）年。身世待考。

徐　璋

寫李鍇六十五歲獨樹圖小像	卷	紙	設色	33.7 x 57	乾隆十五年（庚午，1750）春正月廿日	北京 故宮博物院	
寫潘是稷捲綸圖像	卷	絹	設色	不詳	乾隆十五年（庚午，1750）夏四月	北京 故宮博物院	
石星源像	卷	紙	設色	42 x 58.5		北京 故宮博物院	
清溪坐釣圖	卷	紙	設色	不詳	庚戌（乾隆五十五年，1790）	北京 首都博物館	
高鳳翰披褐圖	卷	紙	水墨	29.5 x 612	（乾隆十二年，丁卯，1747）	濟南 山東省博物館	
海棠白頭圖	軸	絹	設色	不詳		錦州 遼寧省錦州市博物館	
南林大師像	軸	紙	設色	不詳	辛亥（雍正九年，1731）	南京 南京博物院	
山水圖	軸	絹	設色	193.2 x 45.2		法國 巴黎賽紐斯基博物館	M.C.9220
松下讀書圖	冊頁	紙	設色	不詳		北京 首都博物館	

附：

| 沈南蘋小像（高鳳翰題定山靜會圖） | 橫幅 | 絹 | 設色 | 56.5 x 64 | 乾隆丁巳（二年，1737）夏五月 | 紐約 佳士得藝品拍賣公司/拍賣目錄 1989.12.04. | |

名稱	形式	質地	色彩	尺寸 高x寬㎝	創作時間	收藏處所	典藏號碼
花鳥圖	軸	紙	設色	116.8 x 29.8	甲申（乾隆二十九年，1764）七月望日	紐約	佳士得藝品拍賣公司/拍賣目錄 1995,09,19.
山麓書聲圖	軸	紙	設色	84.1 x 48.9	乾隆十一年（丙寅，1746）春二月	紐約	佳士得藝品拍賣公司/拍賣目錄 1996,09,18.
山水圖	冊頁	紙	設色	不詳	戊午（乾隆二年，1738）	北京	北京市工藝品進出口公司

畫家小傳：徐璋。字瑤圃。江蘇婁縣人。生於聖祖康熙三十三（1694）年，高宗乾隆十五（1750）年尚在世。善畫人物、山水、花鳥、草蟲。寫真尤妙。乾隆初（1736），江南織造圖拉舉薦進入畫院。（見墨香居畫識、國朝畫徵錄、書畫紀略、在亭叢稿、婁縣志、中國畫家人名大辭典）

黎 奇

名稱	形式	質地	色彩	尺寸 高x寬㎝	創作時間	收藏處所	典藏號碼
牧牛圖	軸	紙	設色	163.6 x 86.9	乾隆乙未（四十年，1775）冬月	香港	莊申先生
牧童樵夫圖	軸	紙	設色	不詳		廣州	廣東省博物館

畫家小傳：黎奇。號問廬。廣東順德人。生於聖祖康熙三十三（1694）年，高宗乾隆四十（1775）年尚在世。以畫牛名世。（見劍光樓筆記、中國畫家人名大辭典）

鄒元斗

名稱	形式	質地	色彩	尺寸 高x寬㎝	創作時間	收藏處所	典藏號碼
橅宋人桃花游魚圖（為毅翁作）	軸	絹	設色	114 x 51	辛丑（康熙六十年，1721）中元節	瀋陽	故宮博物館	
花卉（12幀）	冊	絹	設色	（每幀）26 x 19.8		台北	故宮博物院	故畫 03211
杏花（四季花卉冊之1）	冊頁	絹	設色	24.3 x 24.6		台北	故宮博物院	故畫 03212-1
桃花（四季花卉冊之2）	冊頁	絹	設色	24.3 x 24.6		台北	故宮博物院	故畫 03212-2
櫻花（四季花卉冊之3）	冊頁	絹	設色	24.3 x 24.6		台北	故宮博物院	故畫 03212-3
紫藤（四季花卉冊之4）	冊頁	絹	設色	24.3 x 24.6		台北	故宮博物院	故畫 03212-4
薔薇（四季花卉冊之5）	冊頁	絹	設色	24.3 x 24.6		台北	故宮博物院	故畫 03212-5
荷花（四季花卉冊之6）	冊頁	絹	設色	24.3 x 24.6		台北	故宮博物院	故畫 03212-6
桂花木木菫（四季花卉冊之7）	冊頁	絹	設色	24.3 x 24.6		台北	故宮博物院	故畫 03212-7
菊花（四季花卉冊之8）	冊頁	絹	設色	24.3 x 24.6		台北	故宮博物院	故畫 03212-8
牡丹芙蓉（四季花卉冊之9）	冊頁	絹	設色	24.3 x 24.6		台北	故宮博物院	故畫 03212-9
茶花（四季花卉冊之10）	冊頁	絹	設色	24.3 x 24.6		台北	故宮博物院	故畫 03212-10

名稱	形式	質地	色彩	尺寸 高x寬cm	創作時間	收藏處所	典藏號碼
水仙（四季花卉冊之11）	冊頁	絹	設色	24.3 x 24.6		台北 故宮博物院	故畫 03212-11
臘梅茱萸（四季花卉冊之12）	冊頁	絹	設色	24.3 x 24.6		台北 故宮博物院	故畫 03212-12
扁豆花（清花卉畫冊五冊之第8幀）	摺扇面	紙	設色	17.5 x 51.7		台北 故宮博物院	故畫 03521-8

附：

硯山圖（清初十一名家硯山圖冊之第9幀）	冊頁	紙	設色	24.5 x 31		紐約 佳士得藝品拍賣公司/拍賣目錄 1995,09,19.	

畫家小傳：鄒元斗。字少微。號春谷、林屋山人。江蘇婁縣人，僑居常熟。為蔣廷錫弟子。聖祖康熙中供奉內廷。工詩，善畫。妙擅寫生，設色華湛，風致嬋娟，天趣物趣兼備。流傳署款紀年作品見於康熙五十八（1719）至六十（1721）年。（見國朝畫徵錄、海虞畫苑略、中國畫家人名大辭典、宋元明清書畫家年表）

王 石

荷花圖	軸	絹	設色	不詳	庚申（乾隆五年，1740）	黃巖 浙江省黃巖縣博物館	

附：

牡丹玉蘭海棠圖	軸	絹	設色	112.2 x 49.5	己亥（康熙五十八年，1719）冬日	上海 上海文物商店	

畫家小傳：王石。字日堅。江蘇高郵人。王雲從子。善畫，能紹家學，人物、山水無不入妙。流傳署款紀年作品見於聖祖康熙五十八（1719）年，至高宗乾隆五（1740）年。（見高郵縣志、中國畫家人名大辭典）

昝茹穎

附：

硯山圖（清初十一名家硯山圖冊之第11幀）	冊頁	紙	設色	24.5 x 31		紐約 佳士得藝品拍賣公司/拍賣目錄 1995,09,19.	

畫家小傳：昝茹穎。籍里、身世不詳。與唐岱同時。工畫水墨竹石、花草，筆力蒼古可愛。（見畫傳編韻、中國美術家人名辭典）

張 煒

花鳥圖	軸	紙	設色	不詳	庚申（乾隆五年，1740）	上海 上海博物館	
玉蘭圖	軸	紙	水墨	132 x 30		廣州 廣東省博物館	
花鳥圖（12幀）	冊	紙	設色	（每幀）31.6 x 23		上海 上海博物館	
雄雞圖	摺扇面	紙	水墨	不詳	己亥（康熙五十八年，1719）	杭州 浙江省杭州市文物考古所	

名稱	形式	質地	色彩	尺寸 高×寬㎝	創作時間	收藏處所	典藏號碼
雜畫（12幀）	冊	紙	水墨	（每幀）31 × 22.5	乾隆三年（戊午，1738）十月	廣州 廣州市美術館	
鵪鶉圖 附：	摺扇面	金箋	設色	18.5 × 55.5		南寧 廣西壯族自治區博物館	
牡丹圖	軸	絹	設色	不詳	丁巳（乾隆二年，1737）	蘇州 蘇州市文物商店	

畫家小傳：張煒。字芝瓢。江蘇嘉定人。善畫人物、花卉。流傳署款紀年作品見於聖祖康熙五十八（1719）年，至高宗乾隆五（1740）年。（見墨香居畫識、墨林今話、中國畫家人名大辭典）

羅 延
附：

| 硯山圖（清初十一名家硯山圖 冊之第8幀） | 冊頁 | 紙 | 水墨 | 24.5 × 31 | | 紐約 佳士得藝品拍賣公司/拍賣目錄1995,09,19. | |

畫家小傳：羅延。畫史無載。身世待考。

李遠條

| 秋林訪友圖 | 軸 | 綾 | 設色 | 不詳 | 己亥（？康熙五十八年，1719） | 上海 上海古籍書店 | |

畫家小傳：李遠條。畫史無載。流傳署款作品紀年疑為聖祖康熙五十八（1719）年。身世待考。

沈 喦

| 雲煙過眼（8幀） | 冊 | 紙 | 設色 | （每幀）27.8 × 20.7 | | 日本 私人 | |

畫家小傳：沈喦。浙江嘉興人。家世不詳。善畫人物、山水，高雅雄健，有沈周風味。（見圖繪寶鑑續纂、中國畫家人名大辭典）

丁 敬

| 梅花圖 | 軸 | 紙 | 水墨 | 85.3 × 38.8 | 乾隆二十二年（丁丑，1757）冬日 | 日本 大阪橋本大乙先生 | |
| 花鳥圖（12幀） | 冊 | 紙 | 水墨、設色 | （每幀）12.6 × 19.2 | | 日本 奈良大和文華館 | 1132 |

畫家小傳：丁敬。字敬身。號鈍丁、龍泓山人。浙江錢塘人。生於聖祖康熙三十四（1695）年，卒年不詳。乾隆初舉鴻博，不就。工書。精篆刻，為「西泠八家」之一。善寫梅，筆致蒼秀，神趣古樸簡淡。（見桐陰論畫、萍驪開記、中國畫家人名大辭典）

李方膺

名稱	形式	質地	色彩	尺寸 高x寬cm	創作時間	收藏處所	典藏號碼
菊石圖（為霽兒作）	卷	紙	設色	不詳	乾隆四年（己未，1739）十月十一日	瀋陽 故宮博物館	
蘭石圖	卷	紙	水墨	不詳	乾隆六年（辛酉，1741）	北京 故宮博物院	
花卉圖	卷	紙	水墨	32.5 x 734.6	乾隆九年（甲子，1744)	天津 天津市藝術博物館	
梅花圖	卷	紙	水墨	46 x 641		濟南 山東省博物館	
墨梅圖	卷	紙	水墨	25.7 x 178.6	乾隆十有九年（甲戌，1754）十月	南通 江蘇省南通博物苑	
梅花圖	卷	紙	設色	不詳	乾隆二十年（乙亥，1755）四月初六日	南通 江蘇省南通博物苑	
梅花圖	卷	紙	水墨	不詳	乾隆八年（癸亥，1743)	上海 上海博物館	
蘭石圖	卷	紙	水墨	33 x 312.1	壬申（乾隆十七年，1752）正月	上海 上海博物館	
梅花圖	卷	紙	水墨	46.2 x 167.8	乾隆二十四年（己卯，1759）四月初六日	大陸 藏處不詳	
梅花圖	卷	紙	水墨	28.5 x 202.	乾隆二十年（乙亥，1755）八月二之日	日本 東京國立博物館	
萬年長松圖	軸	紙	設色	194 x 57.5	乾隆乙丑（十年，1745）歲除前五日	台北 清玩雅集	
菊石圖	軸	紙	水墨	89.8 x 31.6	乾隆十四年（己巳，1749）正月	香港 中文大學中國文化研究所文物館	77.56
墨梅圖	軸	紙	水墨	122 x 43.5		香港 劉作籌虛白齋	
墨梅圖	軸	紙	水墨	85 x 38.1		香港 劉作籌虛白齋	144
蘭石圖	軸	絹	水墨	不詳	辛未（乾隆十六年，1751）八月廿日	瀋陽 故宮博物館	
竹石圖	軸	紙	水墨	109 x 62	乾隆九年（甲子，1744）三月	瀋陽 遼寧省博物館	
竹石圖	軸	紙	水墨	140 x 66.3	乾隆十六年（辛未，1751)	瀋陽 遼寧省博物館	

名稱	形式	質地	色彩	尺寸 高×寬㎝	創作時間	收藏處所	典藏號碼
竹石圖	軸	紙	水墨	149 × 75.6		旅順 遼寧省旅順博物館	
雙魚圖	軸	紙	設色	不詳	乾隆十一年（丙寅 1746）四月	北京 故宮博物院	
竹石圖	軸	紙	水墨	不詳	乾隆十八年（癸酉 ，1753）	北京 故宮博物院	
風竹圖	軸	紙	水墨	不詳	乾隆十九年（甲戌 ，1754）春日	北京 故宮博物院	
游魚圖	軸	紙	水墨	123.5 × 60.3		北京 故宮博物院	
仿郭熙松石圖	軸	紙	水墨	不詳	乾隆十年（乙丑， 1745）	北京 中國歷史博物館	
竹石圖	軸	紙	水墨	不詳	乾隆十二年（丁卯 ，1747）秋仲	北京 中國歷史博物館	
梅花圖	軸	絹	水墨	不詳	乾隆二十年（乙亥 ，1755）	北京 中國歷史博物館	
梅石圖	軸	紙	水墨	不詳	乾隆十一年（丙寅 ，1746）	北京 中國美術館	
梅花圖	軸	紙	水墨	不詳	乾隆十七年（壬申 ，1752）三月	北京 中國美術館	
荷花圖	軸	紙	水墨	不詳	乾隆十八年（癸酉 ，1753）六月	北京 中國美術館	
菊石圖（仿北宋人墨法花卉圖 4屏之1）	軸	紙	設色	197 × 58	乾隆丙寅（十一年 ，1746）	北京 中央美術學院	
芍藥花圖（仿北宋人墨法花卉 圖4屏之2）	軸	紙	設色	197 × 58	乾隆丙寅（十一年 ，1746）	北京 中央美術學院	
蜀葵圖（仿北宋人墨法花卉圖 4屏之3）	軸	紙	設色	197 × 58	乾隆丙寅（十一年 ，1746）	北京 中央美術學院	
牡丹圖（仿北宋人墨法花卉圖 4屏之4）	軸	紙	設色	197 × 58	乾隆丙寅（十一年 ，1746）	北京 中央美術學院	
梅花圖	軸	紙	水墨	不詳	乾隆十一年（丙寅 ，1746）三月	北京 中央工藝美術學院	
雙鹿齊鳴圖	軸	紙	水墨	133.5 × 59.3	乾隆八年（癸亥， 1743）	天津 天津市藝術博物館	
墨松圖	軸	紙	水墨	114 × 49	乾隆十三年（戊辰	濟南 山東省博物館	

名稱	形式	質地	色彩	尺寸 高×寬㎝	創作時間	收藏處所	典藏號碼
					1748)		
柏石長春圖	軸	紙	設色	159.5 × 82.5	乾隆二十年（乙亥，1755）長夏	濟南 山東省博物館	
蘭竹石圖	軸	紙	水墨	132.8 × 60.5	乾隆王申（十七年，1752）二月	青島 山東省青島市博物館	
菊石圖	軸	紙	設色	171.5 × 44	乾隆丙辰（元年，1736）春日	合肥 安徽省博物館	
花卉圖（4幅）	軸	紙	設色	不詳	乙丑（乾隆十年，1745）	合肥 安徽省博物館	
花卉圖（3幅）	軸	紙	設色	不詳	乾隆十一年（丙寅，1746）	合肥 安徽省博物館	
蘭石圖	軸	紙	水墨	93 × 43	乾隆癸酉（十八年，1753）	合肥 安徽省博物館	
雙松圖	軸	紙	水墨	144.8 × 83.2	乾隆十八年（癸酉，1753）	合肥 安徽省博物館	
梅竹圖	軸	紙	水墨	133.6 × 91.5	乾隆十九年（甲戌，1754）	合肥 安徽省博物館	
芝蘭雙松圖	軸	絹	水墨	不詳		合肥 安徽省博物館	
桃花楊柳圖	軸	絹	設色	160 × 45.2	丙辰（乾隆元年，1736）	揚州 江蘇省揚州市博物館	
盆蘭圖	軸	紙	水墨	不詳		揚州 江蘇省揚州市博物館	
稻魚圖	軸	紙	水墨	不詳		揚州 江蘇省揚州市博物館	
牡丹圖	軸	紙	水墨	不詳	乾隆六年（辛酉，1741）	南通 江蘇省南通博物苑	
得魚圖	軸	紙	水墨	不詳	乾隆八年（癸亥，1743）後四月	南通 江蘇省南通博物苑	
松風圖	軸	紙	設色	158 × 19	乾隆十年（乙丑，1745）	南通 江蘇省南通博物苑	
墨梅圖	軸	紙	水墨	123 × 45	戊辰（乾隆十三年，1748）冬日	南通 江蘇省南通博物苑	
梅花圖	軸	紙	水墨	25.8 × 179	乾隆十九年（甲戌，(1754)十月	南通 江蘇省南通博物苑	
竹圖	軸	紙	水墨	不詳	乾隆二十年，乙亥（1755）	南通 江蘇省南通博物苑	

名稱	形式	質地	色彩	尺寸 高x寬cm	創作時間	收藏處所	典藏號碼
翠竹牡丹圖	軸	絹	設色	147 x 44		南通 江蘇省南通博物苑	
梅花圖	軸	紙	水墨	145.2 x 50.6	乾隆五年（庚申，1740）六月	上海 上海博物館	
朱藤圖	軸	紙	設色	不詳	乾隆七年（壬戌，1742）	上海 上海博物館	
梅、蘭、竹、菊圖（4幅）	軸	紙	水墨	不詳	乾隆辛未（十六年，1751	上海 上海博物館	
風竹圖	軸	紙	水墨	147.4 x 55.5	乾隆十九年（甲戌，1754）	上海 上海博物館	
竹石圖	軸	紙	水墨	不詳		上海 上海博物館	
百花呈瑞圖	軸	絹	設色	162.5 x 43.1	乾隆元年（丙辰，1736）	南京 南京博物院	
枇杷圖	軸	紙	設色	不詳	乾隆元年（丙辰，1736）	南京 南京博物院	
竹石圖	軸	紙	水墨	不詳	乾隆十一年（丙寅，1746）三月	南京 南京博物院	
瀟湘風竹圖	軸	紙	水墨	168.3 x 67.7	乾隆十六年（辛未，1751）	南京 南京博物院	
菊石圖	軸	絹	設色	不詳		南京 南京博物院	
桃柳圖	軸	紙	設色	不詳	乾隆元年（丙辰，1736）十月	南京 江蘇省美術館	
竹石圖	軸	紙	水墨	不詳	乾隆七年（壬戌，1742）三月	鎮江 江蘇省鎮江市博物館	
梅花圖	軸	紙	水墨	不詳	乾隆八年（癸亥，1743）	鎮江 江蘇省鎮江市博物館	
竹石圖	軸	紙	水墨	不詳	乾隆十年（乙丑，1745）	鎮江 江蘇省鎮江市博物館	
竹石圖	軸	紙	水墨	不詳	乾隆十一年（丙寅，1746）	鎮江 江蘇省鎮江市博物館	
秋菊圖	軸	紙	設色	139.2 x 47.8	乾隆六年（辛酉，1741）九月	無錫 江蘇省無錫市博物館	
松石圖	軸	紙	水墨	148.8 x 80.4	乾隆十八年（癸酉，1753）	蘇州 江蘇省蘇州博物館	
菊石圖	軸	紙	設色	60.4 x 36.1	乾隆四年（己未，	杭州 浙江省博物館	

名稱	形式	質地	色彩	尺寸 高x寬cm	創作時間	收藏處所	典藏號碼
					1739）		
竹石圖	軸	紙	水墨	117.6 × 52.1	乾隆八年（癸亥，1743）	杭州 浙江省博物館	
梅花圖	軸	紙	水墨	170.5 × 44.1	乾隆十年（乙丑，1745）正月	杭州 浙江省博物館	
墨松圖	軸	紙	水墨	不詳	乾隆十年（乙丑，1745）歲除前二日	杭州 浙江省博物館	
松石圖	軸	紙	設色	122 × 45.7	乾隆十年（乙丑，1745）	杭州 浙江美術學院	
竹石圖	軸	紙	水墨	不詳		杭州 浙江省杭州西泠印社	
朱竹石圖	軸	紙	設色	不詳	壬申（乾隆十七年，1752）	長沙 湖南省博物館	
竹石圖	軸	紙	水墨	139.2 × 74.4	乾隆十八年（癸酉，1753)	成都 四川大學	
竹石圖	軸	紙	水墨	110 × 61	乾隆十八年（癸酉，1753)	成都 四川大學	
牡丹圖	軸	紙	水墨	90 × 46	乾隆四年（己未，1739）十月	重慶 重慶市博物館	
梅花圖	軸	紙	水墨	16.4 × 54	乾隆十八年（癸酉，1753)	廣州 廣東省博物館	
松石圖	軸	紙	設色	140 × 74	乾隆十八年（癸酉，1753）三月	廣州 廣州市美術館	
蘭竹石圖	軸	紙	水墨	133 × 70	乾隆癸酉（十八年，1753）八月	廣州 廣州市美術館	
墨竹圖	軸	紙	水墨	不詳		貴陽 貴州省博物館	
墨梅圖	軸	紙	水墨	不詳	乾隆十六年（辛未，1751）七月廿二日	？ 魏今非先生	
竹石圖	軸	紙	水墨	不詳	乾隆十六年（辛未，1751）嘉平月	？ 魏今非先生	
老梅圖	軸	紙	水墨	不詳	乾隆十七年（壬申，1752）秋仲	日本 東京根津美術館	
雞冠花圖	軸	紙	設色	174.2 × 43.3		日本 東京高島菊次郎槐安居	

名稱	形式	質地	色彩	尺寸 高x寬cm	創作時間	收藏處所	典藏號碼
墨松圖	軸	紙	水墨	99.1 x 40.6	乾隆十二年（丁卯，1747）十月三日	日本 東京柳井信治先生	
竹石圖	軸	紙	水墨	90 x 50.6	乾隆十八年（癸酉，1753）秋日	日本 大阪橋本大乙先生	
菊花竹石圖	軸	紙	水墨	79.5 x 40	乾隆十二年（丁卯，1747）	日本 大阪橋本大乙先生	
蘭石圖	軸	紙	水墨	31.3 x 47.2		日本 岡山市藤原祥宏先生	
花果圖	軸	紙	水墨	31.5 x 47.2		日本 岡山市藤原祥宏先生	
墨梅圖	軸	紙	水墨	135.5 x 59.1	乾隆丙寅（十一年，1746）中秋	日本 山口良夫先生	
梅樹圖	軸	紙	水墨	118 x 55.7		日本 私人	
竹石梅花圖	軸	紙	設色	113 x 59.3	乾隆八年（癸亥，1743）前四月	美國 紐約大都會藝術博物館	1971.256
梅花圖	軸	紙	水墨	160.7 x 70.4	乾隆十有九年（甲戌，1754）前四月	美國 勃克萊加州大學藝術館	1967.14
墨竹蘭菊圖	軸	紙	水墨	87.5 x 43.4		美國 火魯奴奴Hutchinson先生	
花卉圖（12幀）	冊	紙	水墨	不詳	乙卯（雍正十三年，1735）	北京 故宮博物院	
梅花圖（10幀）	冊	紙	水墨	不詳	戊辰（乾隆十三年，1748）	北京 故宮博物院	
梅花圖（18幀）	冊	紙	水墨	不詳	乾隆十六年（辛未，1751）	北京 故宮博物院	
梅花圖（8幀）	冊	紙	水墨	不詳	乾隆癸酉（十八年，1753）	北京 故宮博物院	
竹石圖（？幀，萬个題識）	冊	紙	水墨	（每幀）25 x 41.9	萬个題於乾隆十八年(癸酉，1753)正月廿三日	北京 故宮博物院	
墨竹圖（8幀）	冊	紙	水墨	（每幀）24.8 x 40.7		北京 故宮博物院	
水仙圖	冊頁	紙	水墨	31.5 x 24		北京 故宮博物院	
花卉圖（12幀）	冊	紙	水墨	不詳	乾隆十八年(癸酉	北京 中國歷史博物館	

名稱	形式	質地	色彩	尺寸 高x寬cm	創作時間	收藏處所	典藏號碼
					，1753)		
墨竹圖	冊頁	紙	水墨	不詳		北京 中國歷史博物館	
蘭花（12幀）	冊	紙	水墨	不詳	乾隆十九年（甲戌，1754)	北京 北京市文物局	
梅花圖（10幀）	冊	紙	水墨	（每幀)27.5 x 22.5	戊辰（乾隆十三年，1748)	天津 天津市文化局文物處	
梅花圖（12幀）	冊	紙	水墨	不詳		合肥 安徽省博物館	
松竹梅蘭圖（12幀）	冊	紙	水墨	（每幀)23 x 32	己巳（乾隆十四年，1749）正月六日	南通 江蘇省南通博物苑	
四君子圖（10幀）	冊	紙	水墨	不詳	辛未（乾隆十六年，1751)	南通 江蘇省南通博物苑	
花卉圖（6幀，為迴樓作）	冊	紙	設色、水墨	（每幀)33.9 x 54.1	甲辰（雍正二年，1724)三月	上海 上海博物館	
梅花圖（8幀）	冊	紙	水墨	不詳	甲寅雍正十二年(1734）元旦	上海 上海博物館	
墨花圖（8幀）	冊	紙	水墨	不詳	雍正十二年（甲寅，1734）夏五	上海 上海博物館	
花卉圖（12幀）	冊	紙	水墨	不詳	乾隆十二年丁卯（1747）十月五日	上海 上海博物館	
花鳥圖（12幀）	冊	紙	水墨	不詳	乾隆十二年（丁卯，1747)	上海 上海博物館	
梅花圖（8幀）	冊	紙	水墨	不詳	乾隆十七年壬申（1752)	上海 上海博物館	
三清圖（12幀）	冊	紙	水墨	（每幀)23.5 x 32.5	乾隆十八年癸酉（1753）夏五	上海 上海博物館	
花卉（張開福等24人雜畫冊24之1幀）	冊頁	紙	設色	不詳		上海 上海博物館	
水仙竹圖（廣陵十家集畫冊10之第5幀）	冊頁	紙	設色	26.2 x 18.3	甲寅（雍正十二年，1734）夏五	上海 上海博物館	
仿白陽墨花圖（10幀）	冊	紙	水墨	不詳	乾隆六年（辛酉，1741）十月	？ 徐平羽先生	
墨梅（13幀）	冊	紙	水墨	不詳	甲戌（乾隆十九年，1754）暮春	日本 東京國立博物館	
梅花圖（12幀）	冊	紙	水墨	（每幀)22.6		日本 京都國立博物館	A甲552

名稱	形式	質地	色彩	尺寸 高x寬㎝	創作時間	收藏處所	典藏號碼
				x 37			
梅花圖	摺扇面	紙	設色	18.4 x 57.9		日本 京都國立博物館	
墨梅	冊頁	紙	水墨	22.9 x 37		日本 大阪橋本末吉先生	
畫竹（8幀）	冊	紙	水墨	（每幀）37.2x 46.9	乾隆辛未（十六年，1751）夏日	美國 普林斯頓大學方聞教授	
墨梅花圖（8幀）	冊	紙	水墨	（每幀）24.5x 31.5		美國 紐約市 Mr.& Mrs Weill	
四君子圖（？幀）	冊	紙	水墨	（每幀）28.4x 41.1		美國 密歇根大學艾瑞慈教授	
花卉雜畫（4幀）	冊	紙	水墨	（每幀）28.2x 41	癸酉（乾隆十八年，1753）春日	美國 勃克萊加州大學藝術館（高居翰教授寄存）	CC121a-d
墨梅圖（12幀）	冊	紙	水墨	22.5 x 27.2	乾隆十三年（戊辰，1748）小春月	美國 勃克萊加州大學藝術館（高居翰教授寄存）	CC120
墨梅圖（12幀）	冊頁	紙	水墨	（每幀）22.2x 33.8	癸酉（乾隆十八年，1753）十二月	加拿大 多倫多皇家安大略博物館	
附：							
竹圖	卷	絹	水墨	26.6 x 127.6	乾隆己巳（十四年，1749）夏五	紐約 蘇富比藝品拍賣公司/拍賣目錄 1980,12,18.	
梅花圖	卷	紙	水墨	47 x 758.5	乾隆二十年（乙亥，1755）三月立夏後六日	紐約 佳士得藝品拍賣公司/拍賣目錄 1987,12,11.	
玉魄冰魂圖	卷	紙	水墨	34.3 x 606.1	乾隆十有九年（甲戌，1754）十二月	紐約 佳士得藝品拍賣公司/拍賣目錄 1996,09,18.	
竹石圖	軸	紙	水墨	118 x 57	乾隆十九年（甲戌，1754）	天津 天津市文物公司	
松石圖（為彤簪作）	軸	紙	水墨	182.6 x 91.6	乾隆十五年（庚午，1750）三月	濟南 山東省文物商店	
竹石圖（為元度作）	軸	絹	水墨	不詳	乾隆六年（辛酉，1741）	上海 朵雲軒	
得利圖（鯉魚）	軸	紙	水墨	不詳	乾隆十六年（辛未，1751）八月	上海 朵雲軒	
竹石圖	軸	紙	水墨	125 x 61.6	乾隆七年（壬戌，1742）	上海 上海文物商店	
菊花圖	橫幅	紙	水墨	30.5 x 47	乙卯(乾隆十三年	香港 蘇富比藝品拍賣公司/拍	

名稱	形式	質地	色彩	尺寸 高×寬 cm	創作時間	收藏處所	典藏號碼
					，1735）秋	賣目錄 1984,11,11.	
竹石圖	軸	紙	水墨	130 × 45.5	乾隆九年（甲子，1744）三月	紐約 佳仕得藝品拍賣公司/拍 賣目錄 1986,12,01.	
墨梅圖	軸	紙	水墨	132 × 46.5	乾隆庚午（十五年，1750）正月	紐約 佳士得藝品拍賣公司/拍 賣目錄 1990,05,31.	
蜀葵桂石圖	軸	紙	水墨	131 × ？		紐約 佳士得藝品拍賣公司/拍 賣目錄 1990,05,31.	
芭蕉竹石圖	軸	紙	水墨	113 × 49	丙辰（乾隆元年，1736）秋日	紐約 佳士得藝品拍賣公司/拍 賣目錄 1990,11,28.	
竹石圖	軸	紙	水墨	134 × 62.5	乾隆十有七年（壬申，1752）夏五月十有二之日	香港 佳士得藝品拍賣公司/拍 賣目錄 1991,03,18.	
竹石圖	軸	紙	水墨	88 × 44	乾隆十三年（戊辰，1748）二月	紐約 佳士得藝品拍賣公司/拍 賣目錄 1991,05,29.	
老松圖	軸	紙	設色	197.5 × 58.4	乾隆乙丑（十年，1745）歲除前五日	紐約 佳士得藝品拍賣公司/拍 賣目錄 1993,12,01.	
竹石圖	軸	紙	水墨	132 × 53.3	乾隆十有八年（癸酉，1753）十月	紐約 佳士得藝品拍賣公司/拍 賣目錄 1994,06,01.	
松樹圖	軸	紙	水墨	114.9 × 63.5	乾隆十四年（己巳，1749）正月	紐約 佳士得藝品拍賣公司/拍 賣目錄 1998,03,24.	
花卉圖（4幀）	冊	紙	設色	不詳	乾隆丁巳（二年，1737）秋日	北京 北京市文物商店	
墨蘭圖（12幀）	冊	紙	水墨	不詳	甲戌（乾隆十九年，1754）正月	北京 北京市文物商店	
墨梅圖（12幀）	冊	紙	水墨	（每幀）22.2 × 27.3	戊辰（乾隆十三年，1748）冬日	紐約 蘇富比藝品拍賣公司/拍 賣目錄 1986,06,03.	
蘭竹、牡丹圖（12幀）	冊	紙	水墨	（每幀）25.5 × 32		紐約 佳士得藝品拍賣公司/拍 賣目錄 1991,05,29.	
花卉圖（12開）	冊	紙	水墨	（每幀）30 × 42	壬子（乾隆十年，1732）、癸丑（1733）、甲寅（1734）	紐約 佳士得藝品拍賣公司/拍 賣目錄 1995,03,22.	
竹菊梅三友圖（12幀）	冊	紙	水墨	（每幀）24. × 27.6	乾隆十一年（丙寅，1746）冬日	紐約 佳士得藝品拍賣公司/拍 賣目錄 1996,09,18.	
松圖（8幀）	冊	紙	水墨	（每幀）25.5	壬申（乾隆十七年	紐約 佳士得藝品拍賣公司/拍	

名稱	形式	質地	色彩	尺寸 高×寬cm	創作時間	收藏處所	典藏號碼
				× 41.5	，1752）十一月五日	賣目錄 1996,09,18.	
梅花圖（清揚州名家花果冊8之第2幀）	冊頁	紙	水墨	不詳		香港 蘇富比藝品拍賣公司/拍賣目錄 1999,10,31.	
水墨雜畫（8幀）	冊	紙	水墨	（每幀）24.1 × 37.8	癸酉（乾隆十八年，1753）春日	香港 蘇富比藝品拍賣公司/拍賣目錄 1999,10,31.	

畫家外傳：李方膺。字虬仲。號晴江、秋池。江蘇通州人。生於聖祖康熙三十五（1696）年，卒於高宗乾隆二十（1755）年。雍正間，曾任合肥令，有惠政。善畫松、竹、梅、蘭等小品，筆墨恣肆，不守矩度。（見國朝畫徵續錄、桐陰論畫、書畫紀略、小倉山房文集、中國畫家人名大辭典）

陳　穀

名稱	形式	質地	色彩	尺寸 高×寬cm	創作時間	收藏處所	典藏號碼
山水圖（沈廷瑞等四人山水合冊4之1幀）	冊頁	紙	設色	不詳	（庚子，康熙五十九年，1720）	上海 上海博物館	

畫家小傳：陳穀。字戩生（又字粟餘）。號山民。江蘇金山（一作華亭）人。工畫山水，為時所重。署款作品約見於聖祖康熙五十九（1720）年。（見金山志、松江府志、中國畫家人名大辭典）

伊　海

名稱	形式	質地	色彩	尺寸 高×寬cm	創作時間	收藏處所	典藏號碼
山水圖	軸	紙	設色	119.2 × 39.2		日本 仙台市博物館	
山水圖	軸	紙	設色	78.7 × 30.1		日本 仙台市博物館	
山水圖	軸	絹	水墨	28.8 × 46		日本 仙台市博物館	
山水圖	軸	紙	水墨	116.5 × 46.9		日本 兵庫縣黑川古文化研究所	
花鳥圖（對幅）	軸	紙	設色	103.6 × 43.8		日本 兵庫縣黑川古文化研究所	
山水圖	軸	紙	水墨	126.7 × 28.3		日本 大阪橋本大乙先生	
山水圖	軸	紙	水墨	93.6 × 25.1	乙丑（乾隆十年，1745）秋八月	日本 神戶西松喬先生	
離合山水圖（3聯幅）	軸	絹	設色	不詳		日本 三重縣長谷川治郎兵衛先生	
平遠山水圖	軸	絹	設色	97.4 × 32.8		日本 福岡市石訽道雄先生	38
花鳥圖（花竹聚禽）	軸	絹	設色	132.3 × 66.6	己亥（康熙五十八年，1719）春日	日本 群馬縣立近代美術館	

名稱	形式	質地	色彩	尺寸 高x寬cm	創作時間	收藏處所	典藏號碼
山水圖	軸	紙	水墨	不詳		日本 組田昌平先生	
山水圖	軸	紙	水墨	130.7 x 29.6		日本 中埜又左衛門先生	
雪景山水圖	軸	紙	水墨	212.1 x 111.8		美國 維吉尼亞美術館	71-37
山水圖	軸	紙	水墨	不詳	乾隆七年（壬戌，1742）	美國 火魯奴奴Hutchinson先生	
山水圖	軸	紙	設色	不詳		美國 火魯奴奴Hutchinson先生	
山水圖	軸	紙	水墨	不詳	乾隆十八年（癸酉，1753）	美國 火魯奴奴Hutchinson先生	
山水寫生	軸	紙	設色	不詳		美國 火魯奴奴Hutchinson先生	
山水圖	摺扇面	紙	設色	19.4 x 57.5		日本 京都國立博物館	A甲01125
柳陰漁網圖	冊頁	紙	設色	27.5 x 45.5		日本 中埜又左衛門先生	

畫家小傳：伊海。字孚九。號莘野、匯川、梓塢、雲水伊人等。浙江吳興人。善書畫，畫風蕭散淡泊。聖祖康熙五十九年（1720）東渡日本。頗受推重，有功於彼邦南畫風氣之勃興，被稱舶日清人「四大家」之一。流傳署款紀年作品見於康熙五十八（1719）年至高宗乾隆十八（1753）年。（見支那畫家人名辭典、中國美術家人名辭典）

張澤珹

附：

硯山圖（清初十一名家硯山圖冊之第6幀）	冊頁	紙	設色	24.5 x 31		紐約 佳士得藝品拍賣公司/拍賣目錄1995,09,19.	

畫家小傳：張澤珹。字虛受。號寶甫。江蘇華亭人。張寶華之子。聖祖康熙五十九（1720）年舉孝廉，世宗雍正十三（1735）年舉鴻博。工畫山水，得董其昌遺範，極為王昱所讚賞，許為逸品。（見國朝畫徵錄、青浦縣志、婁縣志、松江詩徵、百幅庵畫寄、中國畫家人名大辭典）

張士英

山水圖	軸	紙	設色	不詳	庚子（康熙五十九年，1720）長夏	太原 山西省博物館	
人物、山水圖（10幀）	冊	紙	水墨	不詳	雍正己酉（七年，1729）春三月	太原 山西省博物館	
書畫（12幀）	冊	紙	設色	不詳	雍正癸丑（十一年，1733）	廣州 廣東省博物館	

畫家小傳：張士英。字建卿。山東人。善畫。為朱文震所撰「畫中十哲歌」中之一。流傳署款紀年作品見於聖祖康熙五十九（1720）年，

名稱	形式	質地	色彩	尺寸 高x寬cm	創作時間	收藏處所	典藏號碼

至世宗雍正十一(1733)年。（見墨林今話、中國畫家人名大辭典）

蔣錫爵

附：

仿黃子久富春山圖	卷	絹	設色	不詳	康熙五十九年庚子（1720）	上海 上海文物商店

畫家小傳：蔣錫爵。畫史無載。流傳署款紀年作品見於聖祖康熙五十九(1720)年。身世待考。

吳應貞

荷花圖	軸	紙	設色	130 x 58.5	庚子（康熙五十九年，1720）	北京 故宮博物院

附：

荷花圖	軸	紙	設色	85.5 x 39.2		蘇州 蘇州市文物商店

畫家小傳：吳應貞。女。字含五。江蘇吳江人。適同邑趙氏。工寫生，作品風神婉約。流傳署款紀年作品見於聖祖康熙五十九(1720)年。（見國朝畫徵錄、歷代畫史彙傳、中國畫家人名大辭典）

（釋）成 衡

西淀紀思圖	卷	絹	設色	不詳	庚子（康熙五十九年，1720）二月十三日	北京 故宮博物院

畫家小傳：成衡。僧。字湘南。籍里、身世不詳。善畫山水，師法王原祁。康熙間供奉內廷。聖祖賜大臣書扇，後面多其繪畫。流傳署款紀年作品見於聖祖康熙五十九(1720)年。（見國朝畫徵續錄、中國畫家人名大辭典）

王 鼎

松溪曳杖圖	軸	絹	水墨	198.3 x 52	庚子（康熙五十九年，1720）	天津 天津市藝術博物館

畫家小傳：王鼎。字荅源。號及峰。江蘇華亭人。工詩，，善畫山水，宗法沈宗敬。流傳署款紀年作品見於聖祖康熙五十九(1720)年。（見國朝畫識、婁縣志、中國畫家人名大辭典）

潘 椿

故友橋逢圖	軸	絹	水墨	194 x 52	庚子（康熙五十九年，1720）	天津 天津市藝術博物館
山水圖（清十家山水圖冊12之1幀）	冊頁	絹	設色	34 x 27.5		上海 上海博物館

名稱	形式	質地	色彩	尺寸 高x寬cm	創作時間	收藏處所	典藏號碼

畫家小傳：潘椿。畫史無載。流傳署款紀年作品見於聖祖康熙五十九(1720)年。身世待考。

洪　寅

名稱	形式	質地	色彩	尺寸 高x寬cm	創作時間	收藏處所	典藏號碼
漢山水閣圖	軸	綾	水墨	不詳	庚子（康熙五十九年，1720）	鄭州 河南省博物館	

畫家小傳：洪寅。畫史無載。流傳署款紀年作品見於聖祖康熙五十九(1720)年。身世待考。

楊　良

名稱	形式	質地	色彩	尺寸 高x寬cm	創作時間	收藏處所	典藏號碼
補莘夫教子圖	卷	紙	設色	不詳		北京 故宮博物院	
秋林問道圖	卷	紙	水墨	不詳	戊子（乾隆三十三年，1768) 夏月，七十三老人	揚州 江蘇省揚州市博物館	
柳鴨圖	軸	紙	設色	不詳	壬午（乾隆二十七年，1762) 清和月	北京 故宮博物院	
寒林圖	軸	紙	水墨	不詳	乾隆壬申（十七年，1752）	天津 天津市藝術博物館	
行旅圖	軸	紙	水墨	不詳	癸酉（乾隆十八年，1753）	天津 天津市藝術博物館	
仿石田山水圖	軸	紙	水墨	161 x 135	癸未（乾隆二十八年，1763）	太原 山西省博物館	
棧道行旅圖	軸	紙	水墨	190 x 92	戊寅（乾隆二十三年，1758）	濟南 山東省博物館	
摹石田牧牛圖	軸	紙	水墨	不詳	庚午（乾隆十五年，1750) 冬月	揚州 江蘇省揚州市博物館	
秋山行驢圖	軸	紙	水墨	119.6 x 71		揚州 江蘇省揚州市博物館	
關羽像	軸	紙	設色	不詳	乾隆十八年（癸酉，1753) 五月危日	南京 南京博物院	
山水圖	軸	紙	設色	不詳	乙酉（乾隆三十年，1765) 秋月	南寧 廣西壯族自治區博物館	
附：							
八仙渡海圖	軸	絹	設色	不詳		北京 中國文物商店總店	
授經圖	軸	絹	設色	172.5 x 45.2	辛酉（乾隆六年，1741）	北京 北京市十善進出口公司	
鍾馗圖	軸	紙	設色	不詳	己未（乾隆四年，1739)	上海 上海文物商店	

名稱	形式	質地	色彩	尺寸 高x寬cm	創作時間	收藏處所	典藏號碼
					1739）		
寒林騎馬圖	軸	絹	設色	不詳	甲子（乾隆九年，1744）	上海 上海文物商店	

畫家小傳：楊良。號硯齋。江蘇揚州甘泉人。生於聖祖康熙三十五（1696）年，高宗乾隆三十三（1768）年尚在世。善畫人物、山水，所寫壽星、天官、鍾馗及三星、八仙之屬，以及棧道、松柏之類，皆魄力有餘，而氣味近俚，論者少之。（見揚州畫苑錄、中國美術家人名辭典）

朱雲

名稱	形式	質地	色彩	尺寸 高x寬cm	創作時間	收藏處所	典藏號碼
抱琴歸去圖	軸	紙	設色	不詳	丙子（乾隆二十一年，1756）	合肥 安徽省博物館	
仿沈石田山水圖	軸	紙	水墨	159.5 x 38.5		泰州 江蘇省泰州市博物館	
仿古山水圖（12幀）	冊	紙	設色	不詳		北京 故宮博物院	
附：							
仿大癡山水圖	軸	紙	設色	不詳	乾隆丁亥（三十二年，1767）中秋十九日	上海 上海文物商店	

畫家小傳：朱雲燦。號尋源。係明遼藩，分支湖北江陵。生於聖祖康熙三十五（1696）年，高宗乾隆三十二（1767）年尚在世。與兄雲輝俱善畫。畫山水，師郭士瓊，用筆爽邁勁健。又善畫馬、魚。著有畫鏡一卷行世。（見國朝畫徵續錄、香樹齋續集、中國畫家人名大辭典）

杭世駿

名稱	形式	質地	色彩	尺寸 高x寬cm	創作時間	收藏處所	典藏號碼
梅花圖（及書法）	卷	紙	水墨	不詳		台北 故宮博物院	國贈 005397
梅萼圖并題	卷	紙	水墨	25.2 x 226	丙戌（乾隆三十一年，1766）小春十日	北京 首都博物館	
梅花圖	卷	紙	水墨	不詳	丙戌（乾隆三十一年，1766）	上海 上海博物館	
梅花圖	軸	紙	水墨	不詳		瀋陽 遼寧省博物館	
梅花圖	軸	紙	水墨	42.2 x 62.3		杭州 浙江省博物館	
西溪臥梅圖	軸	紙	水墨	82.1 x 28		日本 京都國立博物館	A甲 564
雜畫（12幀）	冊	絹	設色	不詳	壬申（乾隆十七年，1752）	長春 吉林省博物館	
梅花圖（？幀）	冊	紙	水墨	不詳	丙戌（乾隆三十一	北京 故宮博物院	

名稱	形式	質地	色彩	尺寸 高×寬㎝	創作時間	收藏處所	典藏號碼
					年，1766）		
雜畫（12幀）	冊	紙	水墨	（每幀）26 × 19		杭州 浙江省杭州西泠印社	
山水圖（12幀）	冊	紙	水墨	（每幀）24 × 31		廣州 廣州市美術館	

附：

| 梅花圖 | 軸 | 紙 | 水墨 | 不詳 | | 上海 朵雲軒 | |

畫家小傳：杭世駿。字大宗。號董浦。浙江仁和人。生於聖祖康熙三十五（1696）年。卒於高宗乾隆三十八（1773）年。雍正二年舉人。乾隆元年舉博學鴻詞。工詩、文。善寫梅、竹，間作水墨花卉，古樸富書卷氣。（見鶴徵後錄、心轂筆記、杭郡詩輯補、郎園消夏百一詩、中國畫家人名大辭典）

袁 鉞

| 山水圖 | 軸 | 紙 | 設色 | 不詳 | 乾隆乙未（四十年，1775）穀雨日 | 南京 南京博物院 | |

畫家小傳：袁鉞。字震業。號匏隱，自稱清谿先生。江蘇元和（一作長洲）人。生於聖祖康熙三十六（1697）年，卒於高宗乾隆四十四（1779）年。博雅工書，有聲藝林。晚年寄興六法，工畫山水，以元黃公望為宗，筆墨沉著蒼厚。（見墨香居畫識、墨林今話、中國畫家人名大辭典）

康 濤

仕女圖	軸	絹	設色	不詳	乾隆十八年（癸酉，1753）臘月	瀋陽 遼寧省博物館	
白描大士像	軸	絹	水墨	不詳	雍正六年（戊申，1728）冬十一月	北京 故宮博物院	
三娘子圖	軸	絹	水墨	不詳	雍正十一年（癸丑，1733）重九	北京 故宮博物院	
孟母教子圖	軸	絹	設色	88.5 × 31.4	乾隆癸未（二十八年，1763）	北京 故宮博物院	
三娘子圖	軸	絹	設色	不詳	雍正五年（丁未，1727）	北京 首都博物館	
賢母圖	軸	絹	設色	136.7 × 67	雍正庚戌（八年，1730）	北京 首都博物館	
掏水圖	軸	絹	水墨	89.2 × 34	癸丑（雍正十一年，1733）	天津 天津市藝術博物館	
大造化圖	軸	絹	設色	106.5 × 45.5	雍正十三年，乙卯	天津 天津市藝術博物館	

名稱	形式	質地	色彩	尺寸 高×寬㎝	創作時間	收藏處所	典藏號碼
					（1735）		
華清出浴圖	軸	絹	設色	120 × 66	（乾隆十年，乙丑，1745）涂月	天津 天津市藝術博物館	
七夕乞巧圖	軸	紙	設色	125.2 × 59.5		天津 天津市藝術博物館	
三娘子圖	軸	絹	設色	80.3 × 33		天津 天津市藝術博物館	
洛神圖	軸	絹	設色	96.5 × 53.7		天津 天津市藝術博物館	
牡丹仕女圖	軸	絹	水墨	186.7 × 99.3		合肥 安徽省博物館	
高抱琵琶圖	軸	絹	水墨	不詳	雍正己酉（七年，1729）冬十月	南通 江蘇省南通博物苑	
漢宮人馮嫽圖	軸	絹	設色	135.9 × 45.8	乾隆十七年（壬申，1752）春	杭州 浙江省博物館	
教子圖	軸	絹	設色	88.1 × 41.8		杭州 浙江省博物館	
舞倦脫饟圖	軸	絹	設色	不詳	戊子（乾隆三十三年，1768）	寧波 浙江省寧波市天一閣文物保管所	
二喬圖	軸	絹	設色	100.7 × 31.8	丙子（乾隆二十一1756）年仲春	重慶 重慶市博物館	
三娘子圖	軸	紙	設色	不詳	甲寅（雍正十二年，1734）	廣州 廣東省博物館	
福壽全圖	軸	絹	設色	177.8 × 97.5	乾隆二十七年（壬午，1762）秋七月	廣州 廣東省博物館	
採芝圖	軸	絹	設色	86.5 × 38		廣州 廣州市美術館	
馮嫽像	軸	絹	設色	不詳	乾隆十一年（丙寅，1746）春仲	廣州 廣州市美術館	
採芝圖	軸	絹	設色	95 × 50.4		加拿大 多倫多皇家安大略博物館	921.32.35
白描十六應真圖（8幀）	冊	絹	水墨	（每幀）28.5 × 24.2	著雍涒灘（戊申，雍正六年，1728）月	瀋陽 遼寧省博物館	
十六應真圖（8幀）	冊	絹	水墨	不詳	雍正四年，丙午（1726）	北京 故宮博物院	
人物故事圖（16幀）	冊	絹	設色	不詳	戊寅（乾隆二十三年，1758)春暮	上海 上海博物館	

名稱	形式	質地	色彩	尺寸 高x寬cm	創作時間	收藏處所	典藏號碼
花卉圖（高鳳翰、汪士慎等山水花卉冊之1幀）	冊頁	紙	設色	17 x 82.5		上海 上海博物館	
馮婕妤擋熊圖	摺扇面	紙	設色	不詳	丁亥（乾隆三十二年，1767）	寧波 浙江省寧波市天一閣文物保管所	
雜畫（6幀）	冊	紙	水墨	（每幀）24 x 32	昭陽赤奮若（辛丑，康熙六十年，1721）皋月	廣州 廣州市美術館	
附：							
長春圖	軸	絹	水墨	不詳	乾隆八年（癸亥，1743）	北京 中國文物商店總店	
牡丹圖	軸	紙	設色	不詳	乾隆八年（癸亥，1743）夏仲	北京 北京市文物商店	
麻姑進酒圖	軸	絹	設色	115 x 47	旃蒙赤奮若（乾隆十年，乙丑，1745)	上海 朵雲軒	
福祿壽圖	軸	絹	設色	不詳		上海 上海文物商店	
鍾馗渡河圖	軸	絹	設色	124.5 x 38	乾隆廿七年（壬午，1762）秋九月	香港 佳士得藝品拍賣公司/拍賣目錄1991.03.18.	

畫家小傳：康濤。字石舟。號天篤老人、蓮蕊峰頭不朽人、茅心老人。浙江錢塘人。善畫山水、花卉、翎毛；又工白描人物、仕女。
　　流傳署款紀年作品見於聖祖康熙六十(1721)年，至高宗乾隆三十三(1768)年。（見揚州畫舫錄、中國畫家人名大辭典）

丁景鴻

名稱	形式	質地	色彩	尺寸	創作時間	收藏處所	典藏號碼
山水圖	冊頁	紙	設色	不詳	辛丑（康熙六十年，1721）夏日	北京 故宮博物院	

畫家小傳：丁景鴻。字弋雲。號鷟峰。浙江仁和人。聖祖康熙四十七(1708)年舉人。善畫山水，宗法黃公望、董源，筆墨渾厚。流傳署款紀年作品見於聖祖康熙六十(1721)年，（見杭州府志、中國畫家人名大辭典）

崔　�

名稱	形式	質地	色彩	尺寸	創作時間	收藏處所	典藏號碼
仕女立像	軸	絹	設色	不詳		北京 故宮博物院	
廣育圖	軸	絹	設色	170.5 x 94	康熙辛丑（六十年，1721）	天津 天津市藝術博物館	
青立鵲巢圖（崔鏏、黃鼎合作）	軸	絹	設色	130 x 62	壬寅（康熙六十一年，1722）	濟南 山東省博物館	
橅宋人筆意伯爵圖	軸	絹	設色	161.5 x 96	庚申（乾隆五年，1740）立春前三日	廣州 廣州市美術館	

名稱	形式	質地	色彩	尺寸 高×寬㎝	創作時間	收藏處所	典藏號碼
花卉、草蟲圖（18幀）	冊	絹	設色	（每幀）31.4 × 32.4	康熙辛丑（六十年，1721）十月	北京 故宮博物院	

畫家小傳：崔鏏。字象九。三韓（今內蒙古喀剌沁旗）人。工畫人物、仕女，學焦秉貞法，傅染淨麗，風情婉約，翩翩足雋一時；畫梅亦佳。流傳署款紀年作品見於聖祖康熙六十（1721）年至高宗乾隆五（1740）年。（見國朝畫徵錄、中國畫家人名大辭典）

鮑元方

月季鵬鴒圖	軸	絹	設色	不詳	辛丑（康熙六十年，1721）	南京 南京市博物館	

附：

秋景花果圖	軸	絹	設色	不詳		蘇州 蘇州市文物商店	

畫家小傳：鮑元方。江蘇江寧人。身世不詳。善寫生，豪邁自喜。署款紀年作品見於聖祖康熙六十（1721）年。（見國朝畫徵續錄、中國畫家人名大辭典）

戴　洪

名稱	形式	質地	色彩	尺寸 高×寬㎝	創作時間	收藏處所	典藏號碼
院本清明上河圖（陳枚、孫祐、金昆、程志道、戴洪合繪）	卷	絹	設色	35.6 × 1152.8	乾隆元年（丙辰，1736）十二月十五日	台北 故宮博物院	故畫01110
梅雀圖	軸	紙	設色	167.6 × 91.1		台北 故宮博物院	中畫00181
花鳥泉石	軸	紙	設色	185 × 66.3		台北 故宮博物院	中畫00182
松鶴圖	軸	紙	設色	不詳		瀋陽 故宮博物院	
鳳凰靈芝（戴洪畫花鳥冊8之1）	冊頁	絹	設色	33 × 30		台北 故宮博物院	故畫03439-1
梅花山雉（戴洪畫花鳥冊8之2）	冊頁	絹	設色	33 × 30		台北 故宮博物院	故畫03439-2
桃竹山雀（戴洪畫花鳥冊8之3）	冊頁	絹	設色	32.7 × 30		台北 故宮博物院	故畫03439-3
牡丹錦雞（戴洪畫花鳥冊8之4）	冊頁	絹	設色	32.7 × 30		台北 故宮博物院	故畫03439-4
鷹鳥奇石（戴洪畫花鳥冊8之5）	冊頁	絹	設色	32.7 × 30		台北 故宮博物院	故畫03439-5
紅蓼鷺鷥（戴洪畫花鳥冊8之6）	冊頁	絹	設色	32.7 × 30		台北 故宮博物院	故畫03439-6
丹楓山�（戴洪畫花鳥冊8之7）	冊頁	絹	設色	32.7 × 30		台北 故宮博物院	故畫03439-7
緩帶鵪鶉（戴洪畫花鳥冊8之8）	冊頁	絹	設色	32.7 × 30		台北 故宮博物院	故畫03439-8

名稱	形式	質地	色彩	尺寸 高x寬cm	創作時間	收藏處所	典藏號碼

8）

| 樹林圖 | 摺扇面 | 紙 | 設色 | 17 x 52.3 | | 香港 潘祖堯小聽颿樓 | CP54 |
| 碧桃圖 | 摺扇面 | 紅箋 | 設色 | 不詳 | 辛丑（康熙六十年，1721） | 北京 中國歷史博物館 | |

畫家小傳：戴洪。籍里、身世不詳。善畫山水。供奉康、雍、乾三朝畫院。流傳署款紀年作品見於聖祖康熙六十（1721）年，至高宗乾隆元（1736）年（見熙朝名畫錄、國朝畫院錄、中國畫家人名大辭典）

朱岷

雲海孤鶴圖（朱岷、高鳳翰合作）	軸	絹	設色	110.5 x 53	雍正丙午（四年，1726）	青島 山東省青島市博物館	
山水圖（朱岷、胡玉昆山水冊21之14幀）	冊頁	紙	設色	（每幀）12.8 x 14		北京 故宮博物院	
山水圖（文心別寄圖冊之1幀）	冊頁	紙	設色	不詳		北京 中國歷史博物館	

畫家小傳：朱岷。畫史無載。字導江。善書畫。流傳署款作品約見於聖祖康熙六十（1721）年，至世宗雍正四（1726）年。身世待考。（見宋元明清書畫家年表）

傅諾

| 山水圖 | 摺扇面 | 紙 | 水墨 | 不詳 | 辛丑（？康熙六十年，1721） | 北京 故宮博物院 | |

畫家小傳：傅諾。畫史無載。流傳署款作品紀年疑為聖祖康熙六十（1721）年。身世待考。

畢邐

| 指畫山水圖 | 摺扇面 | 紙 | 設色 | 不詳 | 辛丑（？康熙六十年，1721） | 成都 四川省博物院 | |

畫家小傳：畢邐。畫史無載。流傳署款作品紀年疑為聖祖康熙六十（1721）年。身世待考。

陳俞

| 何琴山像 | 卷 | 絹 | 設色 | 31.5 x 55.1 | | 廣州 廣東省博物館 | |

畫家小傳：陳俞。字古虞。浙江嘉興人。為張庚弟子。工畫山水，筆墨清朗；尤長寫真。（見墨香居畫識、中國畫家人名大辭典）

顧言

山水圖（6幅）	軸	紙	設色	不詳		瀋陽 故宮博物院	
風雨歸舟圖	軸	紙	設色	不詳		金華 浙江省金華市太平天國侍王府紀念館	
仿王石谷漁隱圖	小軸	紙	水墨	26.3 x 19.2	辛丑（康熙六十年	日本 東京國立博物館	

名稱	形式	質地	色彩	尺寸 高x寬㎝	創作時間	收藏處所	典藏號碼
					，1721）秋月		
指畫雜畫（12幀）	冊	絹	設色	不詳	甲辰（乾隆九年，1744）如月	日本 中埜又左衞門先生	

畫家小傳：顧言。字行素。江蘇常熟人。善畫菜，願自重。分居斷炊，持畫質米，稍盈即取歸。有富家子以重金購之，不與。流傳署款紀年作品見於聖祖康熙六十（1721）年。（見海虞畫苑略、中國畫家人名大辭典）

曹相文

名稱	形式	質地	色彩	尺寸 高x寬㎝	創作時間	收藏處所	典藏號碼
花鳥圖	軸	絹	設色	不詳	丁酉（乾隆四十二年，1777）時年八十有一	天津 天津市藝術博物館	
天竺圖	軸	紙	設色	不詳	丙戌（乾隆三十一年，1766）	杭州 浙江省博物館	

畫家小傳：曹相文。浙江嘉善人。曹源宏之子。生於聖祖康熙三十六（1697）年，高宗乾隆四十二（1777）年尚在世。承繼家學，亦工畫花鳥。（見國朝畫徵續錄、中國畫家人名大辭典）

盛 禮
附：

名稱	形式	質地	色彩	尺寸 高x寬㎝	創作時間	收藏處所	典藏號碼
望月圖	軸	絹	設色	166.4 x 88.3	辛丑（康熙六十年，1721）秋月	紐約 佳士得藝品拍賣公司/拍賣目錄 1990.11.28.	

畫家小傳：盛禮。畫史無載。流傳署款紀年作品見於聖祖康熙六十（1721）年。身世待考。

李 良

名稱	形式	質地	色彩	尺寸 高x寬㎝	創作時間	收藏處所	典藏號碼
錦雞圖	軸	絹	水墨	不詳	癸卯（雍正元年，1723）春日	無錫 江蘇省無錫市博物館	
人物故事圖（彭祖窺井）	軸	紙	設色	不詳	辛丑（康熙六十年，1721）冬日	日本 江田勇二先生	

畫家小傳：李良。字寧士。江蘇吳縣人。善琴、棋。工書、畫。畫山水，學於張宗蒼。流傳署款紀年作品見於聖祖康熙六十（1721）年至世宗雍正元（1723）年。（見墨香居畫識、中國畫家人名大辭典）

邵□咸

名稱	形式	質地	色彩	尺寸 高x寬㎝	創作時間	收藏處所	典藏號碼
白雲紅樹（名人畫扇冊之9	摺扇面 紙		設色	不詳		台北 故宮博物院	故畫 03554-9

畫家小傳：邵□咸。畫史無載。身世待考。

童 基

名稱	形式	質地	色彩	尺寸 高x寬㎝	創作時間	收藏處所	典藏號碼
桃源圖	軸	絹	設色	118.6 x 46.4		日本 京都泉屋博古館	

名稱	形式	質地	色彩	尺寸 高×寬cm	創作時間	收藏處所	典藏號碼
法鮑瞻花卉（名人便面畫冊之8）	摺扇面	紙	設色	不詳		台北 故宮博物院	故畫 03558-8

畫家小傳：童基。字庭方。江蘇吳人。善畫人物、山水。（見圖繪寶鑑續纂、中國畫家人名大辭典）

曹松年

| 蕭翼賺蘭亭圖（名人便面畫冊（二）之2） | 摺扇面 | 紙 | 設色 | 不詳 | | 台北 故宮博物院 | 故畫 03559-2 |

畫家小傳：曹松年。畫史無載。身世待考。

汪巘

| 松閣閒眺圖（名人便面畫冊（二）之9） | 摺扇面 | 紙 | 設色 | 不詳 | | 台北 故宮博物院 | 故畫 03559-9 |

畫家小傳：汪巘。畫史無載。身世待考。

鶴道人

| 夏山清幽圖（各人書畫扇（壬）冊之25） | 摺扇面 | 紙 | 設色 | 不詳 | | 台北 故宮博物院 | 故畫 03560-25 |

畫家小傳：鶴道人。畫史無載。身世待考。

唐履雪

| 江邊孤亭圖（各人書畫扇（壬）冊之26） | 摺扇面 | 紙 | 設色 | 不詳 | | 台北 故宮博物院 | 故畫 03560-26 |

畫家小傳：唐履雪。畫史無載。身世待考。

宗原

| 春堤乍綠圖（各人書畫扇（壬）冊之27） | 摺扇面 | 紙 | 設色 | 不詳 | | 台北 故宮博物院 | 故畫 03560-27 |

畫家小傳：宗原。畫史無載。身世待考。

謝鑑

| 孤亭在望圖（各人書畫扇（壬）冊之34） | 摺扇面 | 紙 | 設色 | 不詳 | | 台北 故宮博物院 | 故畫 03560-34 |

畫家小傳：謝鑑。畫史無載。身世待考。

名稱	形式	質地	色彩	尺寸 高×寬㎝	創作時間	收藏處所	典藏號碼

傅承愈

秋江獨釣圖（各人書畫扇（王）摺扇面 紙			設色	不詳		台北 故宮博物院	故畫 03560-36
冊之 36）							

畫家小傳：傅承愈。畫史無載。身世待考。

應 臣

層巒林屋圖（各人書畫扇（王）摺扇面 紙			設色	不詳		台北 故宮博物院	故畫 03560-37
冊之 37）							

畫家小傳：應臣。畫史無載。身世待考。

鳳 儀

高松疊翠圖（各人書畫扇（王）摺扇面 紙			設色	不詳		台北 故宮博物院	故畫 03560-40
冊之 40）							

畫家小傳：鳳儀。畫史無載。身世待考。

雲槎璲

仿米氏山水圖（各人書畫扇（ 摺扇面 紙			水墨	不詳		台北 故宮博物院	故畫 03560-42
王）冊之 42）							

畫家小傳：雲槎璲。畫史無載。身世待考。

趙 侗

梅花圖	摺扇面	金箋	水墨	16.6 x 51.5		香港 劉作籌虛白齋	164

畫家小傳：趙侗。畫史無載。身世待考。

柳 岱

馬融絳帳傳經圖	軸	絹	設色	180 x 101		瀋陽 故宮博物院	
西園雅集圖	軸	綾	設色	220 x 99.5		成都 四川省博物院	

畫家小傳：柳岱。畫史無載。身世待考。

崔成名

仿米山水圖	摺扇面	金箋	水墨	不詳		北京 故宮博物院	

畫家小傳：崔成名。畫史無載。疑為康熙末人。身世待考。

高 蔭

名稱	形式	質地	色彩	尺寸 高×寬㎝	創作時間	收藏處所	典藏號碼
山水圖（8幀）	冊	紙	設色	不詳		北京 故宮博物院	
山水圖（8幀）	冊	紙	水墨	（每幀）19.8 × 40		天津 天津市藝術博物館	

附：

名稱	形式	質地	色彩	尺寸 高×寬㎝	創作時間	收藏處所	典藏號碼
林居圖	卷	絹	設色	29.9 × 64.2		上海 上海博物館	

畫家小傳：高蔭。字嘉樹。浙江杭州人。高岑之子。承家學，亦善畫。（見國朝畫徵錄、中國畫家人名大辭典）

李之時

名稱	形式	質地	色彩	尺寸 高×寬㎝	創作時間	收藏處所	典藏號碼
臨徐熙牡丹圖（李之時畫牡丹、黃鼎補石）	軸	絹	設色	不詳	康熙壬寅（六十一年，1722）	鄭州 河南省博物館	

畫家小傳：李之時。與黃鼎同時。畫史無載。流傳署款紀年作品見於聖祖康熙六十一(1722)年。身世待考。

符　曾

名稱	形式	質地	色彩	尺寸 高×寬㎝	創作時間	收藏處所	典藏號碼
竹里勘書圖像（王樹穀題記）	卷	絹	水墨	33.7 × 98	（康熙六十一年，壬寅，1722）秋八月	杭州 浙江省杭州市文物考古所	
蘭竹圖	摺扇面	紙	水墨	不詳	戊午（乾隆三年，1738）六月廿九日	北京 故宮博物院	

畫家小傳：符曾。字幼魯。畫史無載。流傳署款作品約見於聖祖康熙六十一(1722)年，至高宗乾隆三(1738)年。身世待考。

李　珩

名稱	形式	質地	色彩	尺寸 高×寬㎝	創作時間	收藏處所	典藏號碼
蠻谿使槎圖	卷	紙	設色	29.5 × 44.3	康熙壬寅（六十一年，1722）嘉平既望	長春 吉林省博物館	
腕底煙霞圖（？幀）	冊	紙	水墨、設色	（每幀）25.9 × 17.7		日本 私人	

畫家小傳：李珩。畫史無載。流傳署款紀年作品見於聖祖康熙六十一(1722)年。身世待考。

黃　若

附：

名稱	形式	質地	色彩	尺寸 高×寬㎝	創作時間	收藏處所	典藏號碼
墨花圖（？幀）	冊	紙	水墨	不詳	康熙壬寅（六十一年，1722）	北京 北京市文物商店	

畫家小傳：黃若。女。字若之。江蘇太倉人。適楊氏。工詩畫。畫宗文俶，親傳其花卉、翎毛。流傳署款紀年作品見於聖祖康熙六十一(1722)年。（見橋李詩繫、中國畫家人名大辭典）

名稱	形式	質地	色彩	尺寸 高×寬cm	創作時間	收藏處所	典藏號碼

周 禮

附：

| 秋老山清圖（為綏老年翁作） | 軸 | 絹 | 設色 | 145 × 47 | 壬寅（康熙六十一年，1690）陽月 | 天津 天津市文物公司 | |

畫家小傳：周禮。字令邑。江蘇長洲人。為王武弟子。畫花卉，入能品。流傳署款紀年作品見於聖祖康熙二十九(1690)年。（見國朝畫徵錄、吳門補乘、中國畫家人名大辭典）

李志熊

| 桐竹高士圖 | 軸 | 紙 | 水墨 | 不詳 | 壬寅（康熙六十一年，1722） | 上海 上海博物館 | |

畫家小傳：李志熊。畫史無載。流傳署款紀年作品見於聖祖康熙六十一(1722)年。身世待考。

謝時中

蘭石圖	軸	絹	水墨	56.1 × 45.4		日本 東京帝室博物館	
夷齊山居圖	軸	絹	設色	124.3 × 46.7	甲亥（？）年冬	日本 大阪橋本大乙先生	
漢高祖像	軸	絹	設色	116.1 × 47.5		日本 私人	
朱衣達磨巖上趺坐圖	軸	絹	設色	129 × 42.2		日本 私人	

畫家小傳：謝時中。畫史無載。康、雍間曾寓居日本長崎。身世待考。

鄭 岱

西湖圖	軸	絹	設色	不詳	丙子（乾隆二十一年，1756）秋日	北京 中國歷史博物館	
松下三星圖	軸	絹	設色	不詳	庚申（乾隆五年，1740）	北京 中央美術學院	
見客圖	軸	絹	設色	200.7 × 48		天津 天津市藝術博物館	
山水圖	軸	絹	設色	76.5 × 83	乙未（乾隆四十年，1775）	天津 天津市歷史博物館	
桃園夜宴圖	軸	絹	設色	200 × 54		石家莊 河北省石家莊文物管理所	
指畫蒼松瑞石圖	軸	絹	設色	不詳		濟南 山東省博物館	
松蔭三老圖	軸	絹	設色	不詳	甲辰（雍正二年，1724)元春	杭州 浙江省博物館	
左慈像	軸	紙	設色	不詳	丁卯（乾隆十二年，1747）	杭州 浙江省博物館	

名稱	形式	質地	色彩	尺寸 高x寬㎝	創作時間	收藏處所	典藏號碼
松下策杖圖	軸	絹	設色	118.9 x 80	辛未（乾隆十六年，1751）	杭州 浙江省博物館	
指畫梅禽圖	軸	紙	設色	不詳	辛酉（乾隆六年，1741）黃鐘月	杭州 浙江省杭州市文物考古所	
山水圖	軸	絹	設色	166.7 x 60.6		日本 東京森安三郎先生	
雷隱翁像	軸	絹	設色	163.2 x 94.8		日本 私人	
羅浮仙人圖	軸	絹	設色	129.1 x 61.2	己巳（乾隆十四年，1749）夏日	德國 科隆東亞藝術博物館	A10.8
松石圖（8幀）	冊	紙	水墨	不詳	康熙再壬寅（六十一年，1722）	天津 天津市藝術博物館	
蜀道高秋圖	摺扇面	紙	設色	26.4 x 76.4		日本 東京正木直彥先生	
附：							
松下弈棋圖	軸	絹	設色	不詳	乾隆己卯（二十四年，1759）秋杪	北京 北京市文物商店	
五松圖	軸	絹	設色	不詳	甲戌（乾隆十九年，1754）應鐘月	上海 朵雲軒	
仿米雲山圖	軸	絹	設色	不詳	丁丑（乾隆二十二年，1757）	蘇州 蘇州市文物商店	
松鶴圖	軸	絹	設色	199 x 94	戊寅（乾隆二十三年，1758）春王	成都 四川省文物商店	
人物圖（8幀）	冊	紙	設色	（每幀）18.5 x 22	康熙壬寅（六十一年，1722）夏六月望日	紐約 佳士得藝品拍賣公司/拍賣目錄1994,11,30.	

畫家小傳：鄭岱。字在東。號澹泉、瑞石山人。浙江錢塘人。與華嵒為詩畫友。能畫士女、花卉、山水，用筆蒼勁，華嵒以品逸勝，鄭岱以能勝。流傳署款紀年作品見於聖祖康熙六十一（1722）年至高宗乾隆二十四(1759)年。（見墨香居畫識、墨林今話、中華畫人室隨筆、中國畫家人名大辭典）

馬　昭

蘭石圖	摺扇面	金箋	設色	16.4 x 50		北京 故宮博物院	

畫家小傳：馬昭。畫史無載。身世待考。

張　星

名稱	形式	質地	色彩	尺寸 高x寬㎝	創作時間	收藏處所	典藏號碼
山水圖	摺扇面	金箋	水墨	16 × 51.2		北京 故宮博物院	

畫家小傳：張星。畫史無載。身世待考。

白夢鼐

松下清齋圖	摺扇面	金箋	水墨	不詳		北京 故宮博物院	

畫家小傳：白夢鼐。畫史無載。身世待考。

林尚古

得春先圖	卷	絹	設色	51 × 188		北京 中國歷史博物館	

畫家小傳：林尚古。畫史無載。身世待考。

王承詰

松林行騎圖	軸	絹	設色	不詳		北京 北京畫院	

畫家小傳：王承詰。畫史無載。身世待考。

杜爾梅

山水圖	摺扇面	金箋	水墨	不詳		北京 首都博物館	

畫家小傳：杜爾梅。畫史無載。身世待考。

陳一得

山水圖	摺扇面	金箋	水墨	不詳		北京 首都博物館	

畫家小傳：陳一得。畫史無載。身世待考。

祖率英

清谿漁隱圖	卷	絹	設色	不詳		北京 首都博物館	

畫家小傳：祖率英。畫史無載。身世待考。

馮 起

松陰高士圖	摺扇面	金箋	水墨	不詳		北京 首都博物館	

畫家小傳：馮起。畫史無載。身世待考。

夏建松

竹石圖	摺扇面	金箋	水墨	不詳		北京 首都博物館	

畫家小傳：夏建松。畫史無載。身世待考。

名稱	形式	質地	色彩	尺寸 高×寬㎝	創作時間	收藏處所	典藏號碼

張一齋

| 溪山無盡圖 | 卷 | 絹 | 設色 | 不詳 | | 北京 中央美術學院 | |

畫家小傳：張一齋。畫史無載。身世待考。

周之禎

附：

| 山水圖 | 軸 | 絹 | 設色 | 不詳 | | 北京 中國文物商店總店 | |

畫家小傳：周之禎。畫史無載。身世待考。

馮　仙

附：

| 秋涉圖 | 軸 | 絹 | 設色 | 不詳 | | 北京 中國文物商店總店 | |

畫家小傳：馮仙。畫史無載。身世待考。

程　夢

附：

| 松石圖 | 軸 | 絹 | 水墨 | 不詳 | | 北京 中國文物商店總店 | |

畫家小傳：程夢。畫史無載。身世待考。

鄭　奐

附：

| 耆英會圖 | 卷 | 絹 | 水墨 | 不詳 | | 北京 中國文物商店總店 | |

畫家小傳：鄭奐。畫史無載。身世待考。

俞　彭

| 竹溪夜別圖 | 軸 | 絹 | 設色 | 179.5 × 95.4 | 壬寅（康熙六十一年，1722） | 天津 天津市藝術博物館 | |

畫家小傳：俞彭。畫史無載。流傳署款紀年作品見於聖祖康熙六十一（1722）年。身世待考。

錢世徵

| 蘭花圖 | 軸 | 紙 | 水墨 | 不詳 | 壬寅（康熙六十一年，1722） | 天津 天津市藝術博物館 | |

畫家小傳：錢世徵。字聘侯。號寒樵（一作雪樵）。江蘇松江人。博學能文，工篆刻。善寫蘭花，以蕭疏取韻，以高曠傳神，縱橫宕逸，深得前人鄭所南、趙孟堅、文徵明諸大家遺意，有別於世之但知淡墨寫花、焦墨撇葉、專事嫵媚者。流傳署款紀年作品見於

名稱	形式	質地	色彩	尺寸 高×寬㎝	創作時間	收藏處所	典藏號碼

聖祖康熙六十一（1722）年。（見墨香居畫識、中國畫家人名大辭典）

朱 玟

| 半千遺格圖 | 軸 | 綾 | 水墨 | 156.4 × 48.5 | | 天津 天津市藝術博物館 | |

畫家小傳：朱玟。畫史無載。身世待考。

徐 浩

| 水閣納涼圖 | 軸 | 綾 | 設色 | 不詳 | | 天津 天津市藝術博物館 | |

畫家小傳：徐浩。畫史無載。身世待考。

朱自恒

| 溪山橫翠圖 | 卷 | 綾 | 水墨 | 14.2 × 150.8 | | 天津 天津市藝術博物館 | |

畫家小傳：朱自恒。畫史無載。身世待考。

李 晛

| 竹石圖 | 軸 | 綾 | 水墨 | 不詳 | | 天津 天津市藝術博物館 | |

畫家小傳：李晛。畫史無載。身世待考。

周 亮

| 秋光圖 | 軸 | 綾 | 水墨 | 104 × 47 | | 天津 天津市藝術博物館 | |

畫家小傳：周亮。畫史無載。身世待考。

項 松

| 山水圖（12幀） | 冊 | 紙 | 水墨 | 不詳 | | 天津 天津市藝術博物館 | |

畫家小傳：項松。畫史無載。身世待考。

鈕 樞

| 春園行樂圖 | 卷 | 紙 | 設色 | 不詳 | | 天津 天津市藝術博物館 | |

畫家小傳：鈕樞。畫史無載。身世待考。

董 雲

| 仿倪黃山水圖 | 軸 | 綾 | 水墨 | 不詳 | | 天津 天津市藝術博物館 | |

畫家小傳：董雲。畫史無載。身世待考。

名稱	形式	質地	色彩	尺寸 高×寬㎝	創作時間	收藏處所	典藏號碼

錢希仲

| 竹圖 | 軸 | 絹 | 水墨 | 123.4 × 82 | | 天津 天津市藝術博物館 | |

畫家小傳：錢希仲。畫史無載。身世待考。

秦　鑒

| 雪景山水圖 | 軸 | 絹 | 設色 | 179 × 104 | | 濟南 山東省博物館 | |

畫家小傳：秦鑒。畫史無載。身世待考。

楊　忠

| 高閣聽泉圖 | 軸 | 絹 | 設色 | 183 × 74 | | 濟南 山東省博物館 | |
| 山水圖（10幀） | 冊 | 紙 | 設色 | （每幀）42.7 × 17 | | 成都 四川大學 | |

畫家小傳：楊忠。畫史無載。身世待考。

顧　堅

海屋添籌圖	軸	紙	設色	不詳		濟南 山東省博物館	
蕉陰讀書圖	軸	絹	設色	不詳		泰州 江蘇省泰州市博物館	
柳林崇閣圖（清十家書畫冊10之1幀）	冊頁	紙	設色	11.4 × 16.5		日本 兵庫縣黑川古文化研究所	

畫家小傳：顧堅。畫史無載。身世待考。

陸　音

| 海屋添籌圖 | 軸 | 紙 | 設色 | 不詳 | | 濟南 山東省博物館 | |

畫家小傳：陸音。畫史無載。身世待考。

武進功

| 荷花圖 | 軸 | 絹 | 設色 | 126.5 × 62.3 | | 濟南 山東省濟南市博物館 | |

畫家小傳：武進功。字凌雲。山東人。善畫牡丹，取法宋人。（見耕硯田齋筆記、中國畫家人名大辭典）

冀　旭

| 蘆雁圖 | 軸 | 綾 | 水墨 | 140.7 × 48.5 | | 日本 京都國立博物館 | A甲745 |

附：

| 蘆雁圖 | 卷 | 絹 | 設色 | 不詳 | | 濟南 山東省濟南市文物商店 | |

名稱	形式	質地	色彩	尺寸 高x寬cm	創作時間	收藏處所	典藏號碼

畫家小傳：冀旭。畫史無載。身世待考。

譚 經

附：

| 絳帳授經圖 | 軸 | 絹 | 設色 | 169 x 50 | | 濟南 山東省濟南市文物商店 | |

畫家小傳：譚經。畫史無載。身世待考。

岳 嶼

| 東坡試硯圖 | 軸 | 綾 | 水墨 | 不詳 | | 太原 山西省博物館 | |

畫家小傳：岳嶼。畫史無載。身世待考。

李 熙

| 昭君出塞圖 | 橫幅 | 紙 | 設色 | 不詳 | | 太原 山西省博物館 | |

畫家小傳：李熙。畫史無載。身世待考。

韓 璧

| 西園雅集圖 | 軸 | 紙 | 設色 | 不詳 | 壬寅（？康熙六十一年，1722）秋 | 泰州 江蘇省泰州市博物館 | |
| 山水人物（韓璧等五人山水人物冊5之1幀） | 冊頁 | 紙 | 設色 | 不詳 | | 泰州 江蘇省泰州市博物館 | |

畫家小傳：韓璧。畫史無載。流傳署款作品紀年疑為聖祖康熙六十一（1722）年。身世待考。

陸 雲

| 梅雀圖 | 軸 | 綾 | 設色 | 不詳 | | 杭州 浙江省博物館 | |

畫家小傳：陸雲。畫史無載。身世待考。

武 玉

| 醉酒圖 | 軸 | 綾 | 水墨 | 不詳 | | 杭州 浙江美術學院 | |

畫家小傳：武玉。畫史無載。身世待考。

陳高彥

| 仿米山水圖 | 軸 | 綾 | 設色 | 不詳 | | 杭州 浙江省杭州市文物考古所 | |

畫家小傳：陳高彥。畫史無載。身世待考。

名稱	形式	質地	色彩	尺寸 高x寬㎝	創作時間	收藏處所	典藏號碼

劉 錚

| 攷江圖 | 卷 | 綾 | 設色 | 不詳 | 康熙壬寅（六十一年，1722） | 臨海 浙江省臨海市博物館 | |

畫家小傳：劉錚。畫史無載。流傳署款紀年作品見於聖祖康熙六十一（1722）年。身世待考。

劉 晉

| 藻魚圖 | 冊頁 | 絹 | 水墨 | 21.6 x 20.7 | | 日本 私人 | |

畫家小傳：劉晉。字少寅。廣西桂林人。工詩畫。畫山水宗法四王，極其沉著；間寫花竹，亦簡當不支，自是文人本色。（見粵西先哲書畫集序、中國畫家人名大辭典）

陸 源

附：

| 山水圖（明沈士充等山水合裝冊9之1幀 | 摺扇面 | 金箋 | 設色 | 不詳 | | 上海 朵雲軒 | |

畫家小傳：陸源。畫史無載。身世待考。

李修昌

附：

| 山水圖（明沈士充等山水合裝冊9之1幀 | 摺扇面 | 金箋 | 設色 | 不詳 | | 上海 朵雲軒 | |

畫家小傳：陸源。畫史無載。身世待考。

尤 萃

| 杏花雙雉圖 | 軸 | 絹 | 設色 | 196.7 x 96.5 | | 合肥 安徽省博物館 | |

畫家小傳：尤萃。畫史無載。身世待考。

吳伯英

| 胥江勝概圖 | 摺扇面 | 金箋 | 設色 | 不詳 | | 合肥 安徽省博物館 | |

畫家小傳：吳伯英。畫史無載。身世待考。

吳 慎

| 雪景山水圖 | 摺扇面 | 粉箋 | 設色 | 不詳 | | 合肥 安徽省博物館 | |

畫家小傳：吳慎。畫史無載。身世待考。

名稱	形式	質地	色彩	尺寸 高×寬cm	創作時間	收藏處所	典藏號碼

周吉士

| 杏花圖 | 軸 | 絹 | 設色 | 168.5 x 47.5 | | 合肥 安徽省博物館 | |

畫家小傳：周吉士。畫史無載。身世待考。

沈士志

| 春夜醉歸圖 | 摺扇面 金箋 | 設色 | | 不詳 | | 北京 故宮博物院 | |

畫家小傳：沈士志。畫史無載。身世待考。

朱應

附：

| 水仙湖石圖 | 摺扇面 金箋 | 水墨 | | 不詳 | | 天津 天津市文物公司 | |
| 牡丹圖 | 摺扇面 金箋 | 水墨 | | 不詳 | | 天津 天津市文物公司 | |

畫家小傳：朱應麐。畫史無載。身世待考。

方 瑞

附：

| 人物圖 | 摺扇面 金箋 | 設色 | | 不詳 | | 天津 天津市文物公司 | |

畫家小傳：方瑞。畫史無載。身世待考。

孫胤昌

附：

| 竹圖 | 摺扇面 金箋 | 水墨 | | 不詳 | | 天津 天津市文物公司 | |

畫家小傳：孫胤昌。畫史無載。身世待考。

曹 澄

| 群仙拱壽圖 | 軸 | 絹 | 水墨 | 180 x 99.3 | | 石家莊 河北省石家莊文物管理所 | |
| 花果圖（8幀） | 冊 | 絹 | 水墨 | 不詳 | | 北京 故宮博物院 | |

畫家小傳：曹澄。畫史無載。身世待考。

黃 漪

| 花鳥圖 | 冊 | 絹 | 設色 | 不詳 | | 石家莊 河北省石家莊文物管理所 | |

畫家小傳：黃漪。畫史無載。身世待考。

名稱	形式	質地	色彩	尺寸 高x寬cm	創作時間	收藏處所	典藏號碼

鄭公志

名稱	形式	質地	色彩	尺寸 高x寬cm	創作時間	收藏處所	典藏號碼
溫陵十二景圖（12幀）	冊	紙	設色	不詳		石家莊 河北省石家莊文物管理所	

畫家小傳：鄭公志。畫史無載。身世待考。

韓 范

名稱	形式	質地	色彩	尺寸 高x寬cm	創作時間	收藏處所	典藏號碼
天官圖	軸	絹	設色	142.1 x 77.5		天津 天津市藝術博物館	
入山圖	橫幅	紙	設色	55 x 193		石家莊 河北省石家莊文物管理所	

畫家小傳：韓范。畫史無載。身世待考。

潘 鳳

名稱	形式	質地	色彩	尺寸 高x寬cm	創作時間	收藏處所	典藏號碼
風雨歸舟圖	門房面	金箋	設色	不詳		上海 上海博物館	

畫家小傳：潘鳳。畫史無載。身世待考。

查非異

附：

名稱	形式	質地	色彩	尺寸 高x寬cm	創作時間	收藏處所	典藏號碼
林亭小景圖	軸	紙	水墨	77 x 34		上海 朵雲軒	

畫家小傳：查非異。畫史無載。身世待考。

祁鳴雷

附：

名稱	形式	質地	色彩	尺寸 高x寬cm	創作時間	收藏處所	典藏號碼
仿董其昌山水圖	軸	綾	水墨	不詳		上海 朵雲軒	

畫家小傳：祁鳴雷。畫史無載。身世待考。

錢 珊

附：

名稱	形式	質地	色彩	尺寸 高x寬cm	創作時間	收藏處所	典藏號碼
山水圖	摺扇面	金箋	設色	不詳		上海 朵雲軒	

畫家小傳：錢珊。畫史無載。身世待考。

王 綬

附：

名稱	形式	質地	色彩	尺寸 高x寬cm	創作時間	收藏處所	典藏號碼
荷花圖	軸	紙	水墨	190 x 77		上海 朵雲軒	

名稱	形式	質地	色彩	尺寸 高×寬cm	創作時間	收藏處所	典藏號碼

畫家小傳：王綬。畫史無載。身世待考。

周 麟

附：

仕女圖	軸	絹	設色	不詳		上海 上海文物商店	

畫家小傳：周麟。畫史無載。身世待考。

徐鳳彩

雜畫（6幀）	冊	絹	設色	不詳		上海 上海博物館	

畫家小傳：徐鳳彩。畫史無載。身世待考。

董 樵

芝蘭圖	摺扇面	金箋	水墨	不詳		揚州 江蘇省揚州市博物館	

畫家小傳：董樵。畫史無載。身世待考。

姚 咸

仿梅道人山水圖	摺扇面	金箋	水墨	不詳		南通 江蘇省南通博物苑	

畫家小傳：姚咸。畫史無載。身世待考。

楚興智

柳塘春水圖	摺扇面	金箋	水墨	不詳		南京 南京博物院	

畫家小傳：楚興智。畫史無載。身世待考。

歸 昭

竹石圖	摺扇面	金箋	水墨	不詳		南京 南京博物院	

畫家小傳：歸昭。畫史無載。身世待考。

羅 山

孤舟清眺圖	摺扇面	金箋	設色	18.8 × 52.8		南京 南京博物院	

畫家小傳：羅山。畫史無載。身世待考。

孫 鼇

吳臺獨坐圖	摺扇面	金箋	水墨	不詳		南京 南京市博物館	

畫家小傳：孫鼇。畫史無載。身世待考。

名稱	形式	質地	色彩	尺寸 高×寬㎝	創作時間	收藏處所	典藏號碼

成殿春

附：

| 花卉圖 | 摺扇面 | 金箋 | 設色 | 不詳 | | 常州 常州市文物商店 | |

畫家小傳：成殿春。畫史無載。身世待考。

馮　瑋

附：

| 松石圖 | 摺扇面 | 金箋 | 水墨 | 不詳 | | 常州 常州市文物商店 | |

畫家小傳：馮瑋。畫史無載。身世待考。

趙　芷

| 山村帆影圖 | 摺扇面 | 金箋 | 設色 | 不詳 | | 常熟 江蘇省常熟市文物管理 委員會 | |

畫家小傳：趙芷。畫史無載。身世待考。

華鏡宇

附：

| 山水圖 | 摺扇面 | 灑金箋 | 設色 | 不詳 | | 無錫 無錫市文物商店 | |

畫家小傳：華鏡宇。字題蓉。江蘇金匱人。家世不詳。工畫山水。畫史無載。身世待考。

朱　泵

附：

| 海棠春鳥圖 | 軸 | 絹 | 設色 | 不詳 | | 武漢 湖北省武漢市文物商店 | |

畫家小傳：朱泵。畫史無載。身世待考。

吳　諤

附：

| 山水人物圖 | 軸 | 絹 | 設色 | 不詳 | | 武漢 湖北省武漢市文物商店 | |

畫家小傳：吳諤。字青城。浙江秀水人。為鮑濟弟子。工畫花鳥、山水，亦善仕女、寫真。（見國朝畫徵錄、中國畫家人名大辭典）

于　德

| 樽圃秋容圖 | 摺扇面 | 金箋 | 設色 | 不詳 | | 成都 四川省博物院 | |

畫家小傳：于德。籍里、身世不詳。善畫山水。（見歷代畫史彙傳附錄、中國畫家人名大辭典）

名稱	形式	質地	色彩	尺寸 高x寬cm	創作時間	收藏處所	典藏號碼

金 蒿

| 花卉圖（8幀） | 冊 | 絹 | 設色 | 不詳 | | 成都 四川省博物院 | |

畫家小傳：金蒿。畫史無載。身世待考。

張 盍

| 松壑幽居圖 | 摺扇面 | 紙 | 設色 | 不詳 | | 成都 四川省博物院 | |

畫家小傳：張盍。畫史無載。身世待考。

史 載

| 杏花春燕圖 | 軸 | 絹 | 設色 | 186 × 48 | | 成都 四川大學 | |

畫家小傳：史載。畫史無載。身世待考。

通 琮

| 水仙圖 | 摺扇面 | 紙 | 水墨 | 不詳 | | 成都 四川大學 | |

畫家小傳：通琮。畫史無載。身世待考。

竇之儀

| 荷蟹圖 | 卷 | 絹 | 水墨 | 30.9 × 245 | | 成都 四川大學 | |

畫家小傳：竇之儀。畫史無載。身世待考。

陳 培

| 花鳥圖（8幀） | 冊 | 絹 | 設色 | 不詳 | | 成都 四川大學 | |

畫家小傳：陳培。畫史無載。身世待考。

朱亦軒

| 山水圖 | 摺扇面 | 金箋 | 水墨 | 不詳 | | 重慶 重慶市博物館 | |

畫家小傳：朱亦軒。畫史無載。身世待考。

張國忠

| 山水圖（12幀） | 冊 | 絹 | 設色 | 不詳 | | 重慶 重慶市博物館 | |

畫家小傳：張國忠。畫史無載。身世待考。

禹秉彝

名稱	形式	質地	色彩	尺寸 高x寬cm	創作時間	收藏處所	典藏號碼
隨齋把釣圖	卷	絹	設色	29 x 53		廣州 廣東省博物館	
採芝圖（畫祝定翁老先生嵩辰）	軸	絹	設色	128.1 x 54.6		英國 倫敦大英博物館	1910.2.12.52 5（ADD176）

畫家小傳：禹秉彝。畫史無載。廣陵人。身世待考。

庭 游

山水圖（書畫扇面綴裱屏風之第10幀）	摺扇面	金箋	水墨	16.9 x 51.4		日本 京都國立博物館	A甲577j

畫家小傳：庭游。畫史無載。姓氏、身世待考。

先 方

草蟲石圖（明清名家合裝書畫扇面一冊之10）	摺扇面	金箋	設色	16.2 x 51.6		日本 私人	

畫家小傳：先方。畫史無載。身世待考。

范 棋

法倪瓚山水圖（明清名家合裝書畫扇面二冊之8）	摺扇面	金箋	水墨	16.5 x 49.5		日本 私人	

畫家小傳：范棋。畫史無載。身世待考。

誠銘道人

山水圖（明清名家合裝書畫扇面二冊之12）	摺扇面	金箋	水墨	17.3 x 49.9		日本 私人	

畫家小傳：誠銘道人。畫史無載。身世待考。

曾 喦

山水圖（寫祝鏷翁壽）	摺扇面	金箋	水墨	16.5 x 51		日本 大阪橋本大乙先生	

畫家小傳：曾喦。畫史無載。身世待考。

張 翕

柳江漁樂圖	摺扇面	金箋	設色	15 x 47.7		日本 大阪橋本大乙先生	

畫家小傳：張翕。畫史無載。身世待考。

王 臣

名稱	形式	質地	色彩	尺寸 高x寬㎝	創作時間	收藏處所	典藏號碼
觀瀑圖	軸	綾	水墨	不詳		上海 上海古籍書店	
山水圖	摺扇面	金箋	設色	16.7 x 53.5		日本 大阪橋本大乙先生	

畫家小傳：王臣。畫史無載。身世待考。

大　鵬

墨竹圖	軸	紙	水墨	135.1 x 55.8		日本 長崎縣立美術博物館	AI 口 2
墨竹圖	軸	絹	水墨	104.1 x 43.1		日本 大阪橋本大乙先生	
雪竹圖	軸	絹	水墨	109.4 x 34.3		日本 大阪橋本大乙先生	
雪竹圖	軸	絹	水墨	113.5 x 34.7		日本 大阪橋本大乙先生	
雪竹石圖	軸	絹	水墨	108.1 x 32.3		日本 大阪橋本大乙先生	
蝦藻圖	軸	絹	水墨	99.7 x 36.4		日本 大阪橋本大乙先生	
風竹圖	軸	紙	水墨	124.1 x 56.2		日本 大阪橋本大乙先生	
蘇鐵樹圖	軸	紙	水墨	104.1 x 47.1		日本 大阪橋本大乙先生	
螃蟹圖	軸	紙	水墨	45.7 x 57.1		日本 大阪橋本大乙先生	
墨竹圖	軸	絹	水墨	不詳		日本 組田昌平先生	

畫家小傳：大鵬。畫史無載。為臨濟派僧。字東堂。旅居日本。自署支那笑翁、墨仙。善畫墨竹。身世待考。

陳應麟

秋鷹圖	軸	絹	設色	157.1 x 50.4		日本 東京小幡醇一先生	

畫家小傳：陳應麟。號璧山。楚人。先世死明季之難，故入清不仕，隱於繪事，專工蘆雁，有名畫苑。

史錫節

風竹圖	軸	絹	水墨	179 x 49		日本 江田勇二先生	

畫家小傳：史錫節。畫史無載。自號松樵居士。身世待考。